党委书记　朱灿平

校长　祝家贵

1月10日,学校召开校社科联2016年学术年会暨"创新与安徽发展"学术研讨会

3月16日,学校举办"巢湖学院—合肥(巢湖)创客巢合作框架协议"签约仪式

3月28日,学校举办第三届"清廉中国"作品征集活动获奖作品展

3月28日,学校召开2017年党建工作会议

3月31日,学校召开安徽省应用型本科高校联盟特殊类型招生专业人才培养研讨会

4月21~23日,学校承办"民俗文化与环巢湖美丽乡村建设"学术研讨会

4月22~23日,学校承办2017年中国四人制排球公开赛(巢湖学院站)

4月28日,学校王倩老师被授予"安徽省劳动模范先进工作者"荣誉称号

5月11日,学校举办第十四届运动会

5月27日,学校召开三届一次教职工、工会会员代表大会

6月7日,副校长黄志圣率学校相关部门开展毕业季校园安全大检查

6月8日,学校举办2017届学生毕业典礼暨学位授予仪式

6月8日,学校与合肥荣电实业股份有限公司产学研合作框架协议签约暨实习就业基地揭牌仪式在合肥荣电公司举行

6月28日,学校举行2017年大学生暑期"三下乡"社会实践活动出征仪式

7月1日,学校大学生文化艺术服务团赴武警安徽省总队第二支队开展文艺汇演

7月4日,学校召开第七次本科教学工作会议暨2017年夏季党政工作推进会

7月9~14日,学校在上海交通大学举办"巢湖学院中层领导干部能力提升班"

7月17~20日,学校机械与电子工程学院学生在第十二届全国大学生"恩智浦"杯智能汽车竞赛安徽赛区中获一等奖1项、二等奖3项

9月8日,学校举办2017年教师节表彰大会暨秋季工作推进会

9月22日,学校举行40周年校庆活动启动仪式暨第五届校园文化科技艺术节开幕式

10月14日,学校举办40周年校庆建设发展论坛

10月14日,学校举办40周年校庆暨第五届校园文化科技艺术节专场文艺演出

10月25日,爱尔兰阿斯隆理工学院校长卡荣·欧·凯恩教授一行来校访问

11月7日,学校承办2017年安徽省大学生排球联赛

11月16日,"高雅艺术进校园、黄梅戏曲献师生、徽风皖韵黄梅戏"专场演出走进巢湖学院

11月28日,学校党员干部学习习近平总书记在瞻仰中共一大会址时的重要讲话精神,重温入党誓词

12月6日,学校举行第十二期"青年马克思主义者培养工程"大学生骨干培训班开班典礼暨首场主题报告会

12月10日,学校举行巢湖市幼教联盟成立大会

12月13日,学校举办党支部书记暨科级干部学习贯彻党的十九大精神培训班

12月27日,副校长朱定秀一行赴黄麓镇考察调研

CHAOHU UNIVERSITY
YEARBOOK 2017

巢湖学院年鉴

2017

《巢湖学院年鉴》编委会 编

中国科学技术大学出版社

图书在版编目(CIP)数据

巢湖学院年鉴.2017/《巢湖学院年鉴》编委会编.—合肥:中国科学技术大学出版社,2018.10

ISBN 978-7-312-04554-7

Ⅰ.巢… Ⅱ.巢… Ⅲ.巢湖学院—2017—年鉴 Ⅳ.G649.285.43-54

中国版本图书馆CIP数据核字(2018)第192769号

出版	中国科学技术大学出版社
	安徽省合肥市金寨路96号,230026
	http://press.ustc.edu.cn
	https://zgkxjsdxcbs.tmall.com
印刷	安徽国文彩印有限公司
发行	中国科学技术大学出版社
经销	全国新华书店
开本	787 mm×1092 mm 1/16
印张	43.25
插页	10
字数	1140千
版次	2018年10月第1版
印次	2018年10月第1次印刷
定价	199.00元

编委会

主　任　朱灿平　祝家贵
副主任　徐柳凡　阮爱民　黄志圣　朱定秀
委　员（按姓氏笔画排序）
　　　　丁俊苗　万新军　王　进　王万海　方习文　古国平　史国东
　　　　伋麓琳　吕家云　朱玉票　刘洪涛　孙庆平　孙远春　杨汉生
　　　　肖圣忠　何照泽　余洁平　张安东　张连福　张继山　张道才
　　　　陈士群　陈和龙　陈恩虎　罗发海　周　祥　郑　玲　郑小春
　　　　郑尚志　单自华　赵开斌　胡是平　柳洪琼　姚　磊　钱　云
　　　　徐礼节　徐朝友　董金山　管　超

编写组

组　长　张连福
副组长　洪　燕
成　员（按姓氏笔画排序）
　　　　丁继勇　王　林　王　晖　王　雷　王　巍　云　建　孔银生
　　　　石　庭　石　敏　向泽雄　孙　冰　孙定海　吴　芳　何　涛
　　　　何冬冬　汪业群　张　凌　张园园　张凌晨　陈　凯　陈立钢
　　　　罗　蓉　赵光军　赵俊涛　胡　佳　秦鹏生　袁家峦　夏　勇
　　　　徐守成　郭　超　陶正妹　黄　钦　彭正生　蔡玲存

编辑说明

一、《巢湖学院年鉴·2017》(以下简称《年鉴》)是全面反映2017年巢湖学院基本情况及各项建设事业改革与发展的史料性文献和资料,收录了2017年内学校主要活动和各项工作的重要文献、文件与统计数据等资料,部分统计资料的时间跨度向前年度延伸。

二、本《年鉴》共分16个部分,内容涉及学校概况、年度聚焦、重要文献、制度汇编、机构与干部、党建与思想政治、群团工作、教学与人才培养、科研与社会服务、人才与人事、管理与服务、国际交流与合作、学院介绍、表彰与奖励、质量年度报告、大事记等方面。除另有说明外,所有资料的截止时间为2017年底。

三、本《年鉴》力求资料完整、内容翔实、数据准确。由于编辑力量和水平有限,疏漏、误差在所难免,读者如有发现,敬请批评指正。

四、本《年鉴》由校党政办公室组织编写,编辑出版工作得到了校领导、各学院、校直各单位的大力支持,谨此一并致谢。

编　者

2018年7月

目　录

编辑说明 …………………………………………………………………………………………… (001)

一、学校概况 …………………………………………………………………………………… (001)

二、年度聚焦 …………………………………………………………………………………… (005)
学校召开第二次党员代表大会 …………………………………………………………………… (007)
学校社科联召开2016年学术年会暨"创新与安徽发展"学术研讨会 ………………………… (007)
学校召开2017年党建工作会议 …………………………………………………………………… (007)
"政法综治江淮行"记者团来学校开展宣传采访活动 ………………………………………… (008)
学校承办2017年中国四人制排球（巢湖学院站）公开赛 …………………………………… (008)
学校承办"民俗文化与环巢湖美丽乡村建设"学术研讨会 …………………………………… (008)
学校领导班子在2016年度综合考核中获"好"等次 …………………………………………… (008)
学校召开第二届学术委员会成立大会 …………………………………………………………… (009)
学校召开三届一次教职工、工会会员代表大会 ………………………………………………… (009)
学校与皖西学院举行馆藏档案电子数据异地互备签约交接仪式 ……………………………… (009)
学校召开第七次本科教学工作会议 ……………………………………………………………… (010)
学校赴上海交通大学举办中层领导干部能力提升班 …………………………………………… (010)
学校文明创建成果丰硕 …………………………………………………………………………… (010)
学校主要领导走访看望校友 ……………………………………………………………………… (010)
学校举办40周年校庆建设发展论坛 ……………………………………………………………… (011)
巢湖市委书记胡启生莅临学校主持召开巢湖学院有关工作推进情况调度会 ………………… (011)
学校承办2017年安徽省大学生排球联赛 ………………………………………………………… (012)
学校再获大学生暑期"三下乡""全国先进单位" ……………………………………………… (012)
学校组织师生参加安徽省2017年脱贫攻坚第三方监测评估工作 ……………………………… (012)
安徽省文联副主席钱念孙先生做客"汤山讲堂" ……………………………………………… (012)

三、重要文献 …………………………………………………………………………………… (013)
在巢湖学院40周年校庆建设发展论坛上的致辞（党委书记　朱灿平） ……………………… (015)
坚持发展新理念　共创发展新局面
　　——在学校三届一次教代会工代会上的报告（校长　祝家贵） ………………………… (017)

全面开展专业评估　扎实推进应用型高水平大学建设
——在巢湖学院第七次本科教学工作会议上的讲话（校长　祝家贵）……………………（023）

四、制度汇编 …………………………………………………………………………………（031）

巢湖学院党风党纪监督员、特邀监察员工作规则 ……………………………………（033）
巢湖学院二级单位和中层领导干部综合考核实施办法（试行）………………………（034）
巢湖学院校领导接待日制度（试行）……………………………………………………（038）
巢湖学院辅导员职级评聘暂行办法 ……………………………………………………（039）
巢湖学院定编定岗定责实施办法（2017～2020）………………………………………（043）
中共巢湖学院委员会关于践行监督执纪四种形态的实施办法（试行）………………（046）
巢湖学院校园安全稳定工作实施意见 …………………………………………………（049）
巢湖学院教职工代表大会实施细则（修订）……………………………………………（055）
中共巢湖学院委员会关于建立党员活动日制度的实施意见 …………………………（061）
中共巢湖学院委员会理论学习中心组学习规则 ………………………………………（063）
巢湖学院关于加强重要事项督查督办工作的实施办法（试行）………………………（067）
中共巢湖学院委员会关于印发《巢湖学院二级学院党总支建设标准（试行）》等四个文件的通知
………………………………………………………………………………………（069）
巢湖学院领导干部外出工作调研管理办法（试行）……………………………………（078）
巢湖学院校级领导联系服务专家工作实施办法（试行）………………………………（079）
巢湖学院党支部考核实施办法（试行）…………………………………………………（081）
巢湖学院教职工师德考核实施办法（试行）……………………………………………（082）
巢湖学院本科教学质量与教学改革工程项目管理办法 ………………………………（084）
巢湖学院学术委员会委员产生办法 ……………………………………………………（091）
巢湖学院人才工作部门联席会议制度 …………………………………………………（093）
巢湖学院引进高层次人才及团队实施办法 ……………………………………………（094）
巢湖学院关于全面构建"小金库"防治长效机制实施办法 ……………………………（099）
巢湖学院通用办公设备家具配置标准 …………………………………………………（101）
巢湖学院学生素质综合测评办法 ………………………………………………………（102）
巢湖学院科研机构管理暂行办法 ………………………………………………………（106）
巢湖学院校外实习（实训）基地建设与管理办法（试行）………………………………（108）
巢湖学院大学生学科和技能竞赛管理办法（修订）……………………………………（110）
巢湖学院信息系统管理办法 ……………………………………………………………（114）
巢湖学院中外合作办学项目管理暂行办法 ……………………………………………（117）
巢湖学院成人高等教育函授站（教学点）暂行管理办法 ………………………………（119）
巢湖学院成人高等教育学生学籍管理实施细则（修订）………………………………（121）
巢湖学院学生申诉处理办法 ……………………………………………………………（124）
巢湖学院学术委员会议事规则（试行）…………………………………………………（126）
巢湖学院奖励性绩效工资分配办法（修订）……………………………………………（129）
巢湖学院校内资助经费管理与使用办法 ………………………………………………（136）
巢湖学院学生资助工作管理办法 ………………………………………………………（137）
巢湖学院国家奖助学金评审实施细则 …………………………………………………（140）
巢湖学院学生奖学金评选与发放办法 …………………………………………………（142）
巢湖学院家庭经济困难学生认定工作实施细则 ………………………………………（144）
巢湖学院学生转学管理实施办法（修订）………………………………………………（147）
巢湖学院学生违纪处分办法 ……………………………………………………………（152）
巢湖学院学生违纪处分解除实施办法 …………………………………………………（158）

巢湖学院学年学分制学生学籍管理办法(修订) ……………………………………………………(159)
　　巢湖学院学士学位授予工作实施细则(修订) ……………………………………………………(167)
　　巢湖学院新生入学资格审查实施办法 ……………………………………………………………(168)
　　巢湖学院学生转专业管理实施办法(修订) ………………………………………………………(171)
　　巢湖学院学生管理办法 ……………………………………………………………………………(173)
　　巢湖学院专业技术职务评审实施办法(试行) ……………………………………………………(181)
　　巢湖学院二级单位目标管理实施办法(试行) ……………………………………………………(185)
　　巢湖学院学生学业导师制实施办法 ………………………………………………………………(188)
　　巢湖学院教师教学质量考核实施办法(修订) ……………………………………………………(190)
　　巢湖学院中青年教师社会实践实施办法 …………………………………………………………(193)
　　巢湖学院考试管理办法 ……………………………………………………………………………(196)
　　巢湖学院听课管理实施办法(修订) ………………………………………………………………(200)
　　巢湖学院学生学业预警实施暂行办法 ……………………………………………………………(202)
　　巢湖学院学生网上评教实施办法(修订) …………………………………………………………(204)
　　巢湖学院基层学术委员会工作规程(试行) ………………………………………………………(206)
　　巢湖学院学术委员会专门委员会工作规程(试行) ………………………………………………(208)
　　巢湖学院科技成果转移转化管理暂行办法 ………………………………………………………(211)
　　巢湖学院重点实验室管理暂行办法 ………………………………………………………………(213)
　　巢湖学院教学骨干评选办法(试行) ………………………………………………………………(217)
　　巢湖学院学术骨干评选办法(试行) ………………………………………………………………(220)
　　巢湖学院管理骨干评选办法(试行) ………………………………………………………………(222)
　　巢湖学院教职工年度考核办法(修订) ……………………………………………………………(224)
　　巢湖学院教职工考勤管理规定(修订) ……………………………………………………………(227)
　　巢湖学院劳动合同用工人员年度考核办法(试行) ………………………………………………(231)
　　巢湖学院招标采购管理办法 ………………………………………………………………………(233)
　　巢湖学院合同管理办法 ……………………………………………………………………………(238)
　　巢湖学院国有资产出租出借管理暂行办法 ………………………………………………………(240)
　　巢湖学院采购项目验收管理办法 …………………………………………………………………(242)
　　巢湖学院图书馆社会化服务管理办法(修订) ……………………………………………………(244)

五、机构与干部 ……………………………………………………………………………………(247)
　　学校党政领导 ………………………………………………………………………………………(249)
　　学校纪委委员 ………………………………………………………………………………………(249)
　　处级机构设置 ………………………………………………………………………………………(250)
　　各单位科室设置(科级) ……………………………………………………………………………(251)
　　机关部门、教学科研及教辅单位负责人 …………………………………………………………(254)
　　基层党组织设置及其负责人 ………………………………………………………………………(256)

六、党建与思想政治 ………………………………………………………………………………(263)
　　组织统战工作 ………………………………………………………………………………………(265)
　　宣传文化工作 ………………………………………………………………………………………(267)
　　纪检监察工作 ………………………………………………………………………………………(269)
　　校党委中心组理论学习情况一览表 ………………………………………………………………(272)
　　"汤山讲坛"讲座情况一览表 ………………………………………………………………………(273)
　　党员干部教育培训情况一览表 ……………………………………………………………………(274)
　　发展党员情况统计表 ………………………………………………………………………………(275)

七、群团工作 (277)

工会工作 (279)
共青团工作 (280)
第三届教代会执委会及下设工作委员会组成人员名单 (283)
第三届工会委员会及各专门委员会组成人员名单 (284)
各分工会组成人员名单 (285)
三届一次教代会工代会代表名单 (286)
第十六届学生会主席团人员名单 (288)
第二十二届青年志愿者联合会主席团人员名单 (288)
第十五届学生社团联合会主席团人员名单 (288)
第三届汤山青年传媒中心主任团人员名单 (288)
第二十届艺术团主席团人员名单 (288)
学生社团信息一览表 (289)

八、教学与人才培养 (293)

教育教学工作 (295)
继续教育工作 (299)
学生指导与服务 (301)
教研室和实验室设置一览表 (304)
校内实验实习实训场所一览表 (307)
本科专业设置情况一览表 (308)
新增省级质量工程项目立项名单 (311)
年度国家级大学生创新创业训练计划项目信息表 (315)
年度省级大学生创新创业训练计划项目信息表 (318)
在校生人数及构成情况一览表 (322)
本科生招生录取情况信息表 (323)
毕业生考研录取情况一览表 (325)
2017届毕业生名单 (333)

九、科研与社会服务 (351)

科研与社会服务工作 (353)
环巢湖研究工作 (355)
校级重点学科一览表 (358)
校级重点实验室一览表 (358)
科研机构一览表 (359)
年度纵向科研项目立项资助一览表 (360)
"皖维科技创新孵化基金"项目结项一览表 (371)
年度结项课题一览表 (375)
产学研合作信息一览表 (381)
学术论文发表、著作出版情况 (383)
专利授权信息一览表 (384)
校内人员学术讲座一览表 (397)
校外人员学术讲座一览表 (399)

十、人才与人事 (403)

- 人才与人事工作 (405)
- 教职工结构与人数统计一览表 (408)
- 分部门在职教职工名册及人数 (408)
- 校内转岗人员名单一览表 (413)
- 安徽省高校拔尖人才培育项目一览表 (413)
- 教授、博士人员名单 (414)
- 专业技术职务晋升人员名单 (415)
- 出国培训、国内访问学者一览表 (420)
- 外出攻读博士人员名单 (421)
- 新进人员名单 (422)
- 调离人员名单 (425)
- 离退休人员统计表 (426)
- 退休人员名单 (426)

十一、管理与服务 (429)

- 综合服务工作 (431)
- 发展规划工作 (434)
- 财务管理工作 (436)
- 国有资产管理工作 (439)
- 审计工作 (440)
- 后勤保障与服务 (441)
- 文献保障与服务 (445)
- 校园信息化建设 (447)
- 校园安全稳定工作 (450)
- 档案工作基本情况、馆藏及设备一览表 (452)
- 年度学校经费收支总表 (453)
- 年度新增教科研仪器设备统计表 (453)
- 年度工程审计情况一览表 (454)
- 学校占地、绿地、运动场、建筑面积统计表 (456)

十二、国际交流与合作 (457)

- 国际交流与合作工作 (459)
- 国际交流信息一览表 (460)

十三、学院介绍 (463)

- 经济与管理学院 (465)
- 文学传媒与教育科学学院 (467)
- 外国语学院 (470)
- 体育学院 (472)
- 应用数学学院 (475)
- 机械与电子工程学院 (478)
- 化学与材料工程学院 (482)
- 信息工程学院 (484)

旅游管理学院 (487)
艺术学院 (489)
马克思主义学院 (492)

十四、表彰与奖励 (495)

上级部门的表彰与奖励 (497)
学校（含二级单位）获奖情况 (497)
教职工获奖情况 (498)
年度学科和技能竞赛成果汇总表 (501)
第十四届运动会甲组前三名统计表 (552)
第十四届运动会乙组前三名统计表 (553)
学生其他获奖情况 (554)
学生参加省内外体育类竞赛获奖情况一览表 (554)
2016～2017学年国家奖学金获奖名单 (560)
2016～2017学年国家励志奖学金获奖名单 (560)
安徽省普通高等学校品学兼优毕业生名单 (562)

学校的表彰与奖励 (564)
2016年度综合考核优秀单位和个人名单 (564)
年度考核优秀个人名单 (564)
2016～2017年优秀教师、优秀教育工作者、师德先进个人名单 (565)
安徽省第二届应用型本科高校联盟青年教师教学竞赛巢湖学院选拔赛获奖名单 (566)
安徽省第三届普通本科高校青年教师教学竞赛巢湖学院选拔赛获奖名单 (567)
第九届青年教师教学基本功竞赛获奖名单 (567)
2016～2017学年"三好学生"名单 (568)
2016～2017学年"优秀学生干部"名单 (571)
2016～2017学年"先进班集体"名单 (573)
2017年品学兼优毕业生名单 (575)
2017年"十佳大学生"名单 (576)
2016～2017学年优秀学生奖学金获奖名单 (577)

十五、质量年度报告 (587)

2016～2017学年本科教学质量报告 (589)
2017届毕业生就业质量报告 (606)
2017年度艺术教育发展报告 (623)

十六、年度大事记 (629)

附录　报道索引 (665)

国家级新闻媒体有关学校的报道索引 (667)
省级新闻媒体有关学校的报道索引 (668)

一、学校概况

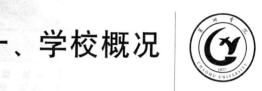

巢湖学院是安徽省属全日制普通本科院校。学校创建于1977年,前身是巢湖师范专科学校。2002年4月,经教育部批准,升格为本科院校,更名巢湖学院。2013年6月,顺利通过教育部本科教学工作合格评估。

学校坐落于风景秀丽的巢湖之滨——合肥巢湖经济开发区半汤温泉度假区。占地面积1324.5亩,总建筑面积35万平方米。教学科研仪器设备总值1.5亿元。图书文献资源总量265.72万册,其中纸质图书99.07万册。现有11个二级学院,51个本科专业,隶属于经、法、教、文、史、理、工、管、艺9大学科门类。有国家级特色专业建设点1个,省级特色专业建设点8个,省级专业综合改革试点5个,省级示范实验实训中心6个,省级卓越人才教育培养计划4项。全日制在校生16397人。

现有教职工798人,其中具有副高以上职称210人,硕士以上学历631人。皖江学者特聘教授1人,省级高水平教学团队8个,省级教学名师9人,省级教坛新秀19人,省学术和技术带头人及后备人选3人,省高校学科拔尖人才1人。近三年来,教师承担省部级以上教研项目30余项,纵向科研项目280余项,公开发表学术论文1000余篇,出版专著、编著、译著13部。荣获省级教学成果奖10项。获国家专利授权460余项,其中发明专利10项。近年来,荣获全国高校人文社会科学研究优秀成果二等奖、安徽省科技进步三等奖等市厅级以上科研奖励30余项,30余件作品入选文化部、中国美协等举办的艺术作品展,10余件作品获中国文联、中国书协等颁发的艺术奖。

学校坚持"德学并举、知行合一"的办学理念,以培养专业基础实、应用能力强、综合素质高,具有自立自强意识和开拓创新精神,适应地方经济社会发展需要的应用型人才为目标,不断深化教育教学改革,优化学科专业结构,创新人才培养模式,加强创新创业教育,应用型人才培养质量稳步提高。近三年来,学生获批创新创业训练计划省级以上项目280项(国家级102项);荣获省部级以上各类竞赛奖900余项(国家级134项),其中在中国机器人大赛暨RoboCup公开赛、全国大学生工程训练综合能力竞赛、全国信息技术应用水平大赛、全国高校美育成果展、创新创业"全国管理决策模拟大赛"、全国大学生沙滩排球精英赛等重大赛事中获得一等奖。近几年来,应届毕业生初次就业率均保持在90%以上,且用人单位满意度较高。

作为地方应用型本科院校,学校以服务地方经济社会发展为己任,以服务求支持,以贡献促发展。积极利用区位优势,打造环巢湖区域经济文化研究高地,成立安徽省人文社科重点研究基地"环巢湖文化与经济社会发展研究中心"1个,"水环境研究中心"等校级科研机构18个。整合人才队伍,围绕环巢湖区域的历史文化和旅游产业、生态环境与生态文明、创意文化与经济发展等开展专题研究,近年来,获批国家级、省部级、市厅级课题99项,公开发表相关论文240篇,出版相关专著8部,其中1部获2011年度全国优秀古籍图书二等奖。同时,发挥科研比较优势,在政策咨询、规划制定、文化遗产发掘整理、旅游线路开发、水环境治理、湿地保护、企业文化策划、产品设计、人员培训等方面,主动对接地方政府与企业,提供智力支持,服务社会能力日益提升。

学校立足应用型人才培养,不断强化产学研合作教育,在人才培养、资源共建、技术研发、师资培训、实习就业等方面,积极拓展校地、校企合作的深度与广度。与安徽富煌建设有限责任公司、安徽皖维集团有限责任公司、安徽华星化工股份有限公司、惠而浦(中国)股份有限公司等100多家企业长期保持稳定的合作关系。目前有国家级校企合作实践教育基地1个、省级基地5个。

学校注重把区域文化优势转化为办学资源优势，大力推进地方文化进校园、进课堂、进教材、进实践等"四进"工作，积极融合区域文化元素塑校育人，着力培育"地方性"办学特色。

学校坚持开放办学，以安徽省应用型本科高校"行知联盟"为依托，不断深化校际合作，实现学分互认和资源共享。积极推进国际交流合作，与韩国、美国、爱尔兰等国家及中国台湾地区15个院校建立合作关系，与韩国韩瑞大学开展视觉传达设计本科教育"2+2"合作项目，与爱尔兰阿斯隆理工学院开展酒店管理本科教育"3+1"合作项目。

2009年，学校在安徽省高校中率先荣获"全国文明单位"称号。近年来，先后荣获"全国精神文明建设工作先进单位"，安徽省"党建和思想政治工作先进高校""花园式学校""文明单位""文明单位标兵""卫生先进单位"等称号。连续几年被评为安徽省普通高等学校毕业生就业工作先进集体和标兵单位。2014年获批"安徽省普通高校大学生创新创业教育示范校"。2014、2015年连续两年获评"全国大中专学生志愿者暑期'三下乡'社会实践活动先进单位"称号。2016年获评安徽省学生资助工作先进单位。

"十三五"时期，学校将继续全面贯彻落实党的教育方针，坚持创新、协调、绿色、开放、共享五大发展理念，坚持立德树人，深化综合改革，推进深度转型，加强内涵建设，提升人才培养质量，提高社会服务与文化传承创新能力，努力建设有特色、高水平的地方应用型大学，为打造"创新型"三个强省、建设美好安徽做出更大贡献。

二、年度聚焦

学校召开第二次党员代表大会

1月5~6日,学校召开中国共产党巢湖学院第二次党员代表大会。

朱灿平代表学校党委作题为《坚持从严治党,加快内涵发展,为建设有特色、高水平地方应用型大学而奋斗》的工作报告,阮爱民代表学校纪委作题为《聚焦监督执纪问责,落实全面从严治党,为建设有特色、高水平地方应用型大学提供坚强保证》的工作报告。

与会代表认真听取了大会工作报告。大会通过了《中国共产党巢湖学院第二次党员代表大会关于中共巢湖学院委员会工作报告的决议》《中国共产党巢湖学院第二次党员代表大会关于中共巢湖学院纪律检查委员会工作报告的决议》等报告;选举朱灿平、朱定秀(女)、阮爱民、余洁平、郑尚志、祝家贵、徐柳凡、黄志圣(以姓氏笔画为序)为中共巢湖学院第二届党委委员,选举王光富、刘洪涛、阮爱民、肖圣忠、张安东、张继山、陈恩虎(以姓氏笔画为序)为中共巢湖学院第二届纪委委员。

学校社科联召开2016年学术年会暨"创新与安徽发展"学术研讨会

1月10日,学校社科联召开2016年学术年会暨"创新与安徽发展"学术研讨会。省社科联领导、学校领导班子成员、校社科联委员和校内外专家学者80余人参加会议。

校党委书记朱灿平致欢迎辞。省社科联党组书记、常务副主席马雷作题为《学习习近平总书记在哲学社会科学工作座谈会上讲话的几点体会》的主题报告;省委宣传部理论处处长、省社科规划办主任唐国富作主题发言;省政府发展研究中心社会研究处处长凌宏彬作题为《理念·使命·突破——关于安徽创新发展的认识》的专题报告。

学校召开2017年党建工作会议

3月28日,学校召开2017年党建工作会议。

朱灿平作学校党建工作报告。报告总结学校2016年党建工作开展情况,部署学校2017年党建工作任务。阮爱民作《坚持标本兼治,忠诚履职尽责,努力营造山清水秀的政治生态》的讲话,并宣读学校聘任党风党纪监督员、特邀监察员的决定。校领导向党风党纪监督员、特邀监察员颁发聘书。

"政法综治江淮行"记者团来学校开展宣传采访活动

4月19日,省综治办综合处处长常辉率人民网、凤凰网、安徽日报、法制日报、安徽法制报、新浪、网易、安徽广播电台、中安在线、万家热线、治安瞭望杂志社等中央和省市新闻媒体记者组成的宣传采访团,来学校开展"政法综治江淮行·健全落实综治领导责任制"系列访谈活动。

采访团围绕《安徽省健全落实社会治安综合治理领导责任制实施办法》、学校综治工作及相关内容,对校党委书记朱灿平进行专访,朱灿平联系学校实际,针对具体问题一一作答。

学校承办 2017 年中国四人制排球(巢湖学院站)公开赛

4月22日,学校承办2017年中国四人制排球(巢湖学院站)公开赛。

此次比赛历时2天,共有23所高校的37支运动队参加了男子普通高校组、女子普通高校组、男子体育院校组、女子体育院校组、教职工组5个组别的比赛。历经小组赛、淘汰赛和1~6名名次赛的激烈角逐,巢湖学院队在比赛中获得男子体育院校组冠军、女子体育院校组亚军的优异成绩。

学校承办"民俗文化与环巢湖美丽乡村建设"学术研讨会

4月21~23日,学校承办"民俗文化与环巢湖美丽乡村建设"学术研讨会。

来自中国社会科学院、中国科学技术大学、北京师范大学等省内外高校科研机构从事环巢湖文化研究的专家学者及地方政府、文化产业实体及相关媒体代表150余人参加会议。会议共收集相关学术论文80余篇,50余万字,有力地推进了环巢湖文化研究的力度和我校人文社会科学的建设发展,进一步扩大了环巢湖研究中心在省内外的学术影响。

学校领导班子在 2016 年度综合考核中获"好"等次

5月3日,省委第十八考核组组长欧阳鸣代表考核组对学校领导班子及人员2016年度综合考核情况进行反馈,宣布学校领导班子考核等次为"好",朱灿平同志考核等次为"优秀",并就学校2016年度领导班子的总体运行状况、发展考核情况、党建考核情况进行了通报。

学校召开第二届学术委员会成立大会

5月22日,学校召开第二届学术委员会成立大会。校长、校第二届学术委员会主任委员祝家贵教授,副校长、校第二届学术委员会副主任委员徐柳凡教授、朱定秀教授,校第二届学术委员会及其3个专门委员会、11个二级学院基层委员会全体委员出席会议。会议由校第二届学术委员会秘书长徐礼节教授主持。

会上,徐柳凡宣读了巢湖学院第二届学术委员会委员名单,祝家贵为委员代表颁发聘书并作总结发言。

学校召开三届一次教职工、工会会员代表大会

5月27日,学校召开三届一次教职工、工会会员代表大会。

祝家贵代表学校作题为《坚持发展新理念 共创发展新局面》的校长工作报告。孙庆平作题为《履职尽责谋发展团结奋进谱新篇》的"两代会"工作报告。徐柳凡就《巢湖学院奖励性绩效工资分配办法(修订)(草案)》起草情况作了说明。与会人员认真听取了有关报告。

会议选举产生了学校第三届教代会执委会委员、工会委员会委员、工会委员会经费审查委员会委员,通过了《关于校长工作报告的决议》《关于教代会执委会、工会委员会工作报告的决议》和《巢湖学院奖励性绩效工资分配办法》《巢湖学院教职工代表大会实施细则》。

学校与皖西学院举行馆藏档案电子数据异地互备签约交接仪式

6月9日,学校与皖西学院举行馆藏档案电子数据异地互备签约交接仪式。省档案局科技信息处处长王勇,省高校档案工作协会秘书长丁毅信,校党委书记朱灿平、校长祝家贵,皖西学院副校长杨成升等出席仪式。两校近70名专兼职档案员参加活动。签约交接仪式由校办公室副主任张连福主持。

校党委书记朱灿平致辞。会上,祝家贵和杨成升分别代表巢湖学院和皖西学院介绍了各自学校的档案工作情况,并签署了两校馆藏档案电子数据异地互备协议。两校档案馆互换了馆藏档案电子数据。

学校召开第七次本科教学工作会议

7月4日,学校召开第七次本科教学工作会议。

祝家贵作题为《全面开展专业评估,扎实推进应用型高水平大学建设》的主题报告。安徽农业大学发展规划处处长方明教授应学校邀请作大会专题报告。与会代表围绕校长报告、专家报告和《巢湖学院本科专业评估工作实施方案》《巢湖学院专业建设管理办法》等进行分组研讨,各组主持人作交流发言。

学校赴上海交通大学举办中层领导干部能力提升班

7月9～14日,学校在上海交通大学举办"巢湖学院中层领导干部能力提升班"。学校近70名处级领导干部参加培训。

本次培训班以高校党建创新和干部能力提升为主题。在为期4天的培训期间,培训班共开设了"十八届六中全会精神与党内两部法规学习""高校中层干部卓越领导力与执行力""新形势下高校党建新要求新举措""大学生创新创业教育""高校教学质量监督与保障体系建设""以习近平总书记为核心的中央领导集体治国理政智慧""国学智慧与领导力提升"等七个专题讲座,组织考察了全国红色教育基地——钱学森图书馆和中共一大会址,开展了班级交流讨论发言。

学校文明创建成果丰硕

2017年,经复查合格,学校继续保留"全国文明单位"荣誉称号,并获第十一届安徽省文明单位、第二届合巢经开区文明单位荣誉称号,文明创建工作成果丰硕。

学校主要领导走访看望校友

在建校40周年到来之际,为了更好地联络凝聚校友、宣传校友、服务校友,根据校庆工作安排,学校面向奋斗在各行各业的广大校友,组织开展走访活动。

8月4日,朱灿平率队赴灵璧走访看望学校90届中文专业校友、灵璧县委书记刘博夫,88届中文专业校友、灵璧县娄庄镇党委书记晏金两,93届政史专业校友、灵璧县纪委常委、监察局副局长徐群立。在蚌埠走访看望96届数学专业校友、安徽财经大学金融学院副院长、硕博士生导师、教授何启志。

8月15日,校长祝家贵率队赴萧县走访看望学校95届美术专业校友、京徽画院秘书长、内蒙古安徽商会常务副会长杜永,2000届美术专业校友、京徽画院常务院长、中国美术家协会会员郭庆志,84届美术专业校友欧阳举子、毛靖、姚贵逢,93届美术专业校友孙贤。16日,祝家贵一行在宿州走访看望84届数学专业校友、安徽两淮置业有限责任公司融景苑分公司副经理戚传水,87届体育专业校友、宿州职业技术学院党委委员、宿州教育学院副院长潘友棣,96届中文专业校友、宿州第九中学团委书记苏万利。

9月23日,祝家贵一行赴南京看望学校84届物理专业校友、原国际关系学院军调中心政委张宗效,84届中文专业校友、南京市紫东实验学校教师张德敏,82届物理专业校友、南京大学物理学院教授、博士生导师王智河,89届物理教育专业校友、南京信息工程大学计算机与软件学院研究员、硕士生导师王定成,89届电器专业校友、东南大学副教授彭毅。24日,祝家贵一行在南京走访看望80届体育专业校友、南京森林警察学院常务副院长张治平,91届数学专业校友、南京审计大学副校长董必荣。

学校举办40周年校庆建设发展论坛

10月14日,学校举办40周年校庆建设发展论坛。

朱灿平代表学校致欢迎辞。

中国科学技术大学副校长王晓平宣读中国科学技术大学贺信。合肥市人民政府副市长王民生、巢湖市人民政府市长张生、合肥巢湖经济开发区党工委副书记程习龙、安徽师范大学党委书记顾家山分别致辞。98届校友、共青团安徽省委少年部部长林伟,83届校友、合肥理工学校校长张良平,95届校友、内蒙古安徽商会常务副会长、京徽画院秘书长杜永代表历届校友发言。徐礼节作为教职工代表发言。伍景丽代表全校16000余名在校生发言。

祝家贵代表学校接受了来自政府、单位和个人的捐赠。

巢湖市委书记胡启生莅临学校
主持召开巢湖学院有关工作推进情况调度会

11月20日,合肥市委常委、巢湖市委书记胡启生莅临学校主持召开巢湖学院有关工作推进情况调度会。合巢经开区党政领导程习龙、潘守银、黄志斌,巢湖市党政领导夏群山、王劲、李雪、张明权,校领导朱灿平、祝家贵、徐柳凡、阮爱民、黄志圣、朱定秀等出席会议。

会上,朱灿平致欢迎辞,并就学校5大类15个问题在巢湖市、合巢经开区通力配合下取得良好解决效果表示感谢。祝家贵、黄志圣重点围绕征地拆迁、房改、龙泉路巢湖学院段建设等17个亟待解决的具体问题进行了汇报,提请校地合力解决。胡启生强调合巢经开区、巢湖市委市政府要统一思想,提高认识,高度重视巢湖学院的建设与发展,校地双方要建立完善工作对接沟通机制,加强工作沟通协调,为学校提供政策、资源支持,主动做好服务工作,切实解决制约学校发展的瓶颈问题,以便学校更好地服务地方经济社会建设。

学校承办 2017 年安徽省大学生排球联赛

11 月 21 日,学校承办 2017 年安徽省大学生排球联赛。本次联赛历时 17 天,共有 62 支代表队近 900 名运动员参加甲、乙、丙三个组别的比赛。历经小组循环赛、淘汰赛的激烈角逐,巢湖学院代表队获得男子丙组第三名、女子丙组第三名的优异成绩。

学校再获大学生暑期"三下乡""全国先进单位"

11 月 25 日,团中央公布的《关于 2017 年全国大中专学生志愿者暑期"三下乡"社会实践活动的通报》中,巢湖学院再获"全国先进单位"。在团中央公布的《关于 2017 年"镜头中的三下乡"活动的通报》中,巢湖学院组建的社会实践团队获"优秀摄影奖"和"优秀视频奖";化学与材料工程学院团总支书记李融老师获"优秀指导教师";校青年志愿者联合会柳阿康同学获"优秀通讯员"。

学校组织师生参加安徽省 2017 年脱贫攻坚第三方监测评估工作

12 月 4 日,学校举行参加安徽省 2017 年脱贫攻坚第三方监测评估师生出征仪式。按照省政府统一部署与要求,来自全校相关学院共 43 名教师、385 名学生,经过为期 6 天的工作,圆满完成对金寨县的 2017 年脱贫攻坚第三方监测评估工作。

12 月 27 日,学校召开 2017 年脱贫攻坚第三方监测评估总结表彰会,全面总结学校第三方监测评估工作,并对评选出的 28 篇优秀调研报告予以表彰。

安徽省文联副主席钱念孙先生做客"汤山讲堂"

12 月 29 日,安徽省文联副主席、省作家协会副主席、省社科院文学研究所所长、著名文化大家、学术大家、理论大家钱念孙先生应邀做客巢湖学院"汤山讲坛",为学校师生作了一场题为《君子文化——中国传统文化与当代核心价值观活态嫁接的老树新枝》的专题报告。

三、重要文献

在巢湖学院 40 周年校庆建设发展论坛上的致辞

党委书记　朱灿平

（2017 年 10 月 14 日）

尊敬的各位领导、各位嘉宾、各位校友，老师们、同学们、同志们：

大家上午好！

今天，我们齐聚巢湖之滨，汤山之麓，共同庆祝巢湖学院建校 40 周年。在此，我谨代表巢湖学院党委行政和全体师生员工，向拨冗莅临的各位领导、各位嘉宾以及专程返校的各位校友，表示最热烈的欢迎和最衷心的感谢！感谢大家一路陪伴、相濡以沫，感谢大家无私奉献、鼎力支持，感谢大家亲临四十周年校庆，送来深情厚谊和关怀温暖！

巢湖学院四十年，是艰苦奋斗、砥砺前行的四十年。巢湖学院诞生于改革开放大潮中，成长于科教兴国战略下。1977 年秋，经中共巢湖地区委员会、巢湖地区革委会研究决定，并经省教育厅批准，成立"安徽师范大学巢湖专科班"。1978 年，首届 6 个专业 261 名新生正式入学，分别在黄麓师范学校、无为师范学校、庐江师范学校三处接受培养。1979 年 9 月，中共安徽省委决定将学校更名为"安徽师范大学巢湖专科学校"。同年 10 月 14 日，79 级数学教育专业和英语教育专业新生在现校址入学，为纪念这一特殊日子，学校将 10 月 14 日确定为校庆纪念日。1980 年 5 月，省政府正式将学校更名为"巢湖师范专科学校"。1983 年 2 月，经国务院批准，正式设立"巢湖师范专科学校"。2002 年，在全国院校设置委员会第三届五次会议上，全票通过巢湖师专升格为本科院校。教育部、省政府正式批准"巢湖师范专科学校"升格更名为"巢湖学院"。学校由此迈上了由专科向本科的跃升发展新征程。

回首 40 年办学历程，从创业初期的筚路蓝缕、以启山林到全国文明单位、"花园式学校"；从安师大教学点到独立升格为本科学校；从一所单科性师范院校发展成为多学科协调发展的综合性院校，一次次迈进，一次次跨越，都昭示了不屈不挠的巢湖学院人为建设有特色、高水平地方应用型大学的梦想和决心，几代巢院人，用青春、智慧、激情和汗水，共同谱写了一所大学从诞生到成长、由弱小到壮大的创业史、奋斗史和发展史。

巢湖学院四十年，是执着求索、硕果满枝的四十年。经过 40 年的艰辛探索，学校的发展建设取得了显著成就，整体面貌发生了深刻变化。校园面积由最初的 130 亩经三次拓展增至目前的 1300 余亩，建筑面积由 7000 余平方米扩大到 35 万平方米；教职员工由 100 余人壮大到近千人，全日制在校生由 200 余人增长至 1.6 万余人；专业数由最初的 6 个专科专业，发展到 51 个本科专业，涵盖经、法、教、文、史、理、工、管、艺 9 大学科门类，基本形成了信息工程类、机电工程类、化工与材料类、公共管理与服务类、应用文科类 5 类专业群；以"专业牵动、能力驱动、校地校企联动"为主要特征的人才培养机制和以"能力"为导向的人才培养模式日趋成熟。

2009 年，学校在安徽省高校中率先荣获"全国文明单位"称号。近年来，先后荣获"全国精神文明建设工作先进单位"，安徽省"党建和思想政治工作先进高校""花园式学校""文明单位""文明单位标兵""卫生先进单位"等称号。连续多年被评为安徽省普通高等学校毕业生就业工作先进集体和标兵单位。2013年,学校顺利通过教育部本科教学工作合格评估。

巢湖学院四十年,是春风化雨、教学相长的四十年。四十年来,学校全面贯彻党的教育方针,始终坚持社会主义办学方向,始终以立德树人为根本任务,始终以服务地方经济社会发展而培养输送人才、提供智力支持为光荣使命,特别是升为本科以来,学校科学定位,传承立新,立足地方,打造应用型人才培养品牌。近年来,学生在省级以上各类竞赛中获奖750余项,其中国家级近200项。毕业生初次就业率始终保持在90%以上。"阳光、自信、包容、进取"已成为巢湖学院大学生形象的简明写照。

迄今学校所培养的6万余名学子已遍布祖国大江南北,其中江淮大地和环巢湖区域尤其密集。如果说巢湖学院是蒲公英的母株,那么6万余名学子就是蒲公英的种子,你们带着母校的殷殷期待,扎根基层,脚踏实地,吃苦耐劳,在各自岗位上开拓创新、建功立业。你们当中,既有大型企业的管理精英,也有弄潮商海的商界翘楚;既有诲人不倦的学界名师,又有执掌一方的党政领导;更有一大批奉献在基层各行各业的业务骨干。校友,是母校发展进步的坚定支持者,是母校社会声誉的忠诚代言人,是母校精神家园的永远守望者,你们用自己的实际行动,在各自领域勇攀高峰,创造了很多卓越不凡的业绩,为母校赢得了无上荣光,母校为你们自豪,为你们骄傲,为你们点赞!

巢湖学院四十年,是春华秋实、思源感恩的四十年。四十年来,巢湖学院从无到有、从小到大、从弱到强,一路攻坚克难、求索奋进。回望走过的四十年,我们充满喜悦,更心存感恩。我们要感恩为学校建设发展做出贡献的各级党委政府及其部门,各位领导同志,兄弟院校和各界朋友,因为你们的关心、帮助和支持,我们如沐春风,精神振奋,信心百倍;我们要感恩一代代由教学点到师专再到巢院的所有人,是你们身体力行,不断践行着"德学并举、知行合一"的校训和"文明和谐、自强不息"的校风,弦歌不辍,薪火相传,为学校的爬坡过坎和发展壮大无私奉献了自己的心血、汗水和智慧。在此,我谨代表学校党委行政以及党政领导班子全体成员,向各级党政组织和部门,各位领导,兄弟院校,社会各界,广大校友,向历任校领导、离退休老同志和正在辛勤工作的全体师生员工表示衷心的感谢和崇高的敬意!

各位领导,各位嘉宾,各位校友,老师们,同学们,同志们:

四十载栉风沐雨、负重前行;四十载励精图治、桃李芬芳;四十年荣光与梦想,汇聚成新的目标和希望。我们将以四十周年校庆作为学校承前启后、继往开来的里程碑,作为学校不惑追求、再创辉煌的新起点。

我们将在省委、省政府以及省委教育工委、省教育厅坚强领导下,在地方各级党委政府特别是合肥市委、市政府,巢湖市委、市政府,合巢经开区党工委、管委会关心支持下,在兄弟院校、社会各界、广大校友的关心支持下,紧紧依靠全校师生员工的力量,全面贯彻落实学校第二次党代会精神,紧紧围绕建设有特色、高水平地方应用型大学奋斗目标,坚持"五大发展"新理念,以更加振奋的精神、更加开阔的视野、更加务实的态度、更加扎实的作风,不忘初心,继续前进,我们坚信,巢湖学院的明天一定更加美好!

再过几天,举世瞩目的党的十九大将隆重开幕,让我们紧密团结在以习近平同志为核心的党中央周围,以新业绩新面貌新气象迎接党的十九大胜利召开!

最后,衷心祝愿各位与会的领导、嘉宾、校友和老师同学以及一如既往关心支持帮助巢湖学院,始终与巢湖学院同呼吸共命运的所有人士身体健康、工作顺利事业辉煌、平安幸福!

坚持发展新理念　共创发展新局面
——在学校三届一次教代会工代会上的报告

校长　祝家贵

（2017年5月27日）

各位代表、同志们：

现在，我代表学校向大会作工作报告，请各位代表审议，并请列席的同志们提出建议。

一、五年来的主要工作回顾

学校二届一次教代会工代会召开以来，在省委、省政府和省委教育工委、省教育厅的坚强领导下，全校上下共同努力，紧紧抓住高等教育发展的重要战略机遇期，坚持转型发展，走地方应用型办学道路，较好地完成了"十二五"既定目标任务，各项事业迈上了新台阶。

（一）学科专业布局更趋合理。先后增设软件工程等15个应用型本科专业，暂停物理学等12个专业招生；本科专业由35个增至50个，隶属经、法、教、文、史、理、工、管、艺9大学科门类，基本形成信息工程类、机电工程类、化工与材料类、公共管理与服务类、应用文科类等5类专业群。专业内涵建设不断强化，现有国家级特色专业建设点1个，省级特色专业建设点7个，省级专业综合改革试点5个。

（二）人才培养质量稳步提高。牢固树立人才培养中心地位，不断加强实践教学与创新创业教育，构建了以能力为导向的人才培养体系，人才培养质量稳步提升。五年来，学生在省级以上各类竞赛中获奖740余项；获批省级以上大学生创新创业训练项目336项。毕业生初次就业率、用人单位满意度均保持在90%以上。学校先后荣获国家级"大学生创新创业训练计划项目实施高校"、省级"大学生创新创业教育示范校"等称号。2013年，学校顺利通过教育部本科教学工作合格评估。

（三）师资队伍结构更加优化。多措并举，加大人才引进培养力度。五年来，引进各类人才133人；新增省学术与技术带头人及后备人选3人，省级教学名师6人，教坛新秀8人、教学团队4个；获评正高职称23人，副高职称107人。选派100余名教师参加专业培训、200余名教师到企事业单位挂职锻炼、30名优秀骨干教师赴国外进行专业研修。学校师资队伍建设工作入选《光明日报》编者按典型案例。

（四）科研与服务社会能力不断增强。累计承担各级纵向项目526项，横向项目65项。出版各类专著、编著、译著21部，荣获科研奖项43项，获批国家专利授权408项。加强科研平台建设，新设校级科研机构10个，获批省教育厅人文社会科学重点研究基地1个。学校主动融入地方经济社会发展，先后与和县、庐江县、巢湖市以及安徽富煌、皖维集团、华星化工、惠而浦（中国）等签订合作协议130余项，产教融合、产学研用合作不断推进。与企业共建研发平台，选派科技特派员深入企业，开展合作研究。

（五）办学条件明显改善。五年来，基本建设总投资达1.73亿元，新增建筑面积7.7万平方米。新建图书馆、慎思楼、人才公寓、学生公寓、工程实训中心等项目，完成田径运动场、电力扩容、空调安装等建设改造项目。新增教学科研仪器设备值近亿元、文献资源100余万册。积极推进校园网、电子政务、移动图书馆、档案馆、校医院等公共服务体系建设，保障服务能力不断提升。

（六）管理水平与效能逐步提升。坚持和完善党委领导下的校长负责制，实行党务政务公开，依法治校，民主管理。颁布《巢湖学院章程》，推进现代大学制度建设，完善内部治理结构。调整内部机构设置，启动二级管理体制机制改革。深化人事制度改革，实施绩效分配制度。加强财务管理，提高资金利用效率。重视审计工作，切实发挥审计监督职能。加强招标采购管理，提高国有资产使用效益。加强节能监管，推进节约型校园建设。加强学工队伍建设，构建"8+1"学生工作联席会议机制，提升学生教育管理与服务水平。

（七）对外合作交流稳步扩大。实现安徽省应用型本科高校联盟之间学分互认和资源共享。与韩国、美国、爱尔兰等国家及港澳台地区15个院校、教育机构建立合作关系，开展合作项目10余项，其中与韩国韩瑞大学、爱尔兰阿斯隆理工学院合作举办的"2+2""3+1"本科教育项目，实施效果与社会反响良好。

（八）校园文化建设彰显特色。重视党建和思想政治工作的实践与理论研究，以弘扬社会主义核心价值观为引领，融合区域文化元素塑校育人，开展"巢湖文化展""汤山讲坛""文化科技艺术节""读书月"等特色品牌活动，打造校园文化精品。连续荣获第三届、第四届"全国文明单位"和第九届、第十届"安徽省文明单位"称号。2015年荣获中组部等组织的"中华优秀传统文化知识竞赛"优秀组织奖。

（九）和谐校园建设深入推进。落实和完善教代会制度，进一步保障师生员工的知情权、参与权、管理权和监督权。大力实施民生工程，教职工人均收入实现5年翻一番。改善教职工就餐环境，关心教职工身心健康，定期慰问困难师生员工。落实国家资助政策，累计奖助学生近36000人次，资助金额8500余万元。新增社会奖助学金8项，奖助金额42.5万元，奖助学生163人，学校获评2015年全省学生资助工作先进单位。全力推进平安校园建设，校园及周边环境综合治理工作受到省"政法综治江淮行"宣传采访团关注报道。

各位代表、同志们，五年来学校各项事业的每一点进步，都离不开省委、省政府和省委教育工委、省教育厅的坚强领导，更离不开全校师生员工的共同努力以及历届领导班子打下的良好基础。在此，我代表学校，向关心支持学校发展的各级领导、各界朋友和广大校友，向为学校发展做出重要贡献的老领导、老同志，向兢兢业业、勤奋工作的全体教职员工表示衷心的感谢和崇高的敬意！

回顾五年来的改革发展实践，我们虽然取得了一系列实实在在的成绩，但我们也必须清楚地认识到，面对竞争日益激烈的高等教育发展形势，学校在发展过程中还存在一些突出的问题，主要表现在：师生员工的主人翁意识和凝聚力需要进一步增强；教育综合改革还有待进一步深化；高层次人才队伍建设力度还需要进一步加大；办学条件和校园环境还需要进一步改善；管理服务效能还需要进一步提升，等等。这些问题与困难，值得我们每一位师生员工警醒。我们必须坚持问题导向，从严从实，主动担当，迎难而上，精准发力，久久为功。

二、今后一段时期的工作思路和任务

各位代表、同志们,当前,学校正处于深度转型发展、建设地方应用型高水平大学的关键时期,机遇与挑战并存,希望与困难同在。

从国家战略形势来看,党和国家提出加快实施创新驱动发展战略,大众创业、万众创新已成为时代强音。"工业4.0""中国制造2025""一带一路"战略的实施,将进一步带动中国产业转型升级和科技创新发展,这为我们提升创新能力带来了新的发展机遇,也为创新人才培养提供了有力的环境支撑。

从区域改革发展来看,省委省政府出台《五大发展行动计划》,实施调转促"4105"行动计划;合肥市加快推进综合性国家科学中心和产业创新中心建设,打造全国创新创业试验区、高端产业集聚区、环巢湖科技创新走廊,这为学校融入地方、走应用型办学道路提供了难得的机遇。

从高等教育变革来看,国家启动高校"双一流"战略,实施"分类推进、分级支持",既支持综合性大学发展,也支持专业特色型高校发展。同时,国家出台引导部分地方普通本科高校向应用型转变意见,安徽省持续实施"高教强省"战略,都为学校加快深度转型发展,提供了方针指引和政策保障。随着高等教育发展的提档升级,教育资源配置方式将发生重大变革。高校之间、学科之间的竞争势必更加激烈,如何适应变化,抓住战略机遇,是今后一段时期学校发展的重要课题。

(一)总体要求。今后一段时期,我们要高举中国特色社会主义伟大旗帜,深入贯彻党的十八大及十八届三中、四中、五中、六中全会和习近平总书记系列重要讲话精神,学习贯彻省第十次党代会精神,全面落实学校第二次党代会提出的各项目标任务,主动适应区域经济社会发展需要,围绕人才培养、科学研究、社会服务、文化传承与创新,以提高发展质量和效益为中心,以立德树人为根本任务,全面推进各项建设,努力把学校建设成为有特色、高水平地方应用型大学,为建设美好安徽以及区域经济社会发展做出更大贡献。

(二)发展思路和工作任务。到"十三五"末,实现学校第二次党代会确定的"有特色、高水平地方应用型大学"发展目标,需要我们用正确的发展理念,破解发展难题,巩固发展优势。

站在新的起点,我们要深刻总结办学经验教训,深刻分析高等教育发展趋势,主动适应社会经济发展新常态,敏锐把握发展机遇,科学谋划未来,积极应对挑战。当前和今后一个时期,我们必须始终坚持五大发展理念,持之以恒地推进各项事业健康快速发展。

一是坚持创新发展。准确把握高等教育的发展方向与形势,以及区域经济社会发展新要求,抢抓机遇,以深化综合改革为抓手,不断破解管理体制不顺、创新能力不强、激励机制不完善、社会联系不紧密等严重制约事业发展的瓶颈问题,实现学校创新发展。

——完善内部治理体系建设。完善党委领导下的校长负责制,落实"三重一大"决策制度。贯彻实施学校章程,健全现代大学制度体系,推进校院两级管理和目标管理改革。充分发挥学术委员会、群团组织和民主党派的民主管理与监督职能,提高科学民主决策水平。推进内部控制建设,加强审计监督,规范内部经济和业务活动,强化内部权力运行制约,建立健全科学高效的控制与监督体系。

——深化创新创业教育改革。落实省政府创新创业教育改革工作要求，完善实施方案，强化平台基地建设，探索协同育人机制，构建社会责任、创新精神、实践能力"三位一体"培养体系。

——深化科研管理体制机制改革。强化科研项目管理，推进科研评价与经费管理改革，建立以创新、质量和贡献为导向的多元化科研工作分类考核评价体系与激励机制。

——深化人事分配制度改革。实行分类考评、晋升、聘任制度。完善激励机制，强化考核结果应用，建立以岗位、职责、业绩为依据的绩效分配制度。

——深化后勤管理改革。完善后勤服务社会化运营和监管机制，建设后勤服务一体化管理平台。建立和完善后勤服务标准规范和监督考核机制，全面落实岗位责任制，提高保障能力和服务质量。

二是坚持内涵发展。以国家和我省战略需求为导向，以提高人才培养质量、增强科技创新和服务社会能力为核心，强化内涵发展，推进深度转变，着力提升办学综合实力，凸显对创新型"三个强省"建设的有力支撑。

——提高人才培养质量。贯彻全国、全省高校思政工作会议精神，坚持人才培养中心地位，加强和改进思想政治教育工作，落实立德树人根本任务。完善人才培养机制，积极探索实践多元化、个性化的人才培养模式。完善人才培养质量评价体系，提升学生应用实践能力。做好专业认证和专业评估。加强网络教学资源建设，提高教育信息化程度。

——提升学科建设水平。加强学科建设顶层设计，推进学科分层建设、分类管理和科学评价。巩固优势学科，重点建设应用学科，着力培育特色学科和新兴交叉学科。

——增强科技创新实力。以环巢湖科技创新走廊建设为契机，以服务皖江示范区、合肥都市圈、新型城镇化建设需求为目标，深入推进环巢湖经济文化研究，加强协同创新，促进成果转化，提升服务能力。

——加强人才队伍建设。加大高层次拔尖人才引进与培养力度，实施教师"双能"素质提升计划。加强师德师风建设，强化学术道德规范。加强管理队伍建设，提高管理服务效能。

——提高学生服务水平。加强思想引领，强化学生日常教育、课堂管理和专业指导，培养文明行为习惯，促进优良学风建设。加强学工队伍建设，提升辅导员综合素质。加强就业创业指导培训，拓宽就业渠道，提高就业质量。

——完善校园基础设施。完善校园建设规划，加速完成500亩土地征迁工作。推进学校南大门、实验楼、工程实训中心、大学生活动中心、人才公寓、体育馆等工程建设和部分危房改造项目。推进节约型校园、人文校园、绿色校园、智慧校园建设。加强图书资料和文献档案建设，促进信息资源整合共享。

三是坚持特色发展。坚持走特色发展和错位发展道路，瞄准地方支柱产业和新兴产业，加强应用学科专业建设，突出应用研究，强化特色服务，凝练校园文化，努力培育办学优势。

——加强应用学科专业建设。凝练学科方向，重点培育智能技术、装备制造、新材料、现代服务业等应用性学科，重点增设面向战略新兴产业、先进制造业、网络产业、文化产业等应用型专业，打造一批特色专业和优势专业。

——深度融入地方发展。建立产学研合作、校企协同创新与社会服务激励机制,引导、激励教师参与地方重大科技计划项目,重点培育一批具有发展潜力的特色研究领域。依托环巢湖研究中心等平台,加强区域文化与经济社会发展研究,开展形式多样的社会服务。

——打造特色校园文化。坚持文化塑校理念,挖掘区域优秀文化资源,打造品牌活动,培育校园文化精品。广泛开展社团活动,深入推进文明创建。以40周年校庆为契机,挖掘学校历史文化资源,凝练校园文化精神,展现学校发展新风采。

四是坚持开放发展。坚持双向开放,统筹内外资源,积极拓展对外开放新渠道,不断提高开放化程度和国际化水平。

——完善合作育人机制。加强与地方政府、行业、企业、高校、科研院所的开放合作,创新共建、共享、共赢体制机制,实现优势互补,形成协同创新、合作育人新局面。

——提升国际化办学水平。响应"一带一路"战略,积极开展国际教育,广泛参与科技文化交流合作。推进教师互派、学生互换、学分互认和学位互授联授,加大骨干教师和管理干部海外研修力度。拓展合作办学渠道,主动参与"留学安徽计划"。

——拓展继续教育服务。整合优势资源,打造区域高素质技能型人才继续教育培训基地。加强校地校企合作,兼顾学历提升与技能培训,积极开展多种形式的继续教育和培训服务,为地方经济发展和社会建设提供人才支撑。

——探索实施理事会制度。探索建立学校理事会和教育发展基金会,推进学校与社会各界深度合作,协调社会各方共同支持学校发展,参与和监督学校办学。发挥校友会桥梁纽带作用,构筑互惠互利的资源共享网络。

五是坚持和谐发展。推进民主管理,改善办学条件,提高服务保障水平,落实民生工程,努力营造和谐稳定的发展环境。

——推进民主管理监督。推进教代会、工代会、学代会等制度落实,发挥师生员工主体作用。加大信息公开力度,畅通利益诉求渠道,依法保障师生员工参与民主管理监督的权利。

——优化资源配置管理。完善资产管理体系,促进资源有效利用。加强经营资产监管,维护学校合法权益。深化财务制度改革,完善校院两级预算编制和分配管理机制。强化审计监督,规范经费使用,提高办学效益。

——推进民生工程建设。树立以人为本发展理念,改善师生员工工作、学习和生活条件,维护师生员工合法权益。健全资助体系,完善奖助机制。加强心理健康教育,促进学生健康成长。关注就业困难群体,加大帮扶力度。拓展教职工事业发展空间,稳步提高收入水平,切实提升师生员工的生活质量、发展潜能和幸福指数。

——维护校园安全稳定。落实安全稳定工作目标责任制和包保责任制,完善安全稳定责任体系。强化安全宣传教育,加强校园及周边环境综合治理,确保校园治安安全、消防安全、食品卫生安全、道路交通安全和网络信息安全。健全矛盾化解和安全隐患排查机制,提升突发事件应急处置能力,努力建设平安和谐校园。

三、2017年重点工作

2017年是学校实施"十三五"规划的进阶之年,也是学校实现重点突破、带动全面的关键之年。年初,学校印发了党政工作要点,明确了264项具体工作任务,突出了11项重点工作。目前,学校各项工作开局良好,进展有序。

下面,我就年度部分重点工作讲几点意见:

(一)全面推进深化综合改革。去年11月,学校印发了《深化综合改革总体方案》,从内部治理体系、人事管理制度、学科专业建设机制、人才培养机制与模式、科学研究管理机制、资源管理机制与模式、服务保障体系等7个方面明确了改革目标,提出了65项具体改革任务。

今年,学校全面实行二级单位目标管理改革。这也是学校深化综合改革的一个重要部分。各单位要认真对照年度目标任务书,主动适应改革要求,切实抓好贯彻落实。

(二)深入推进本科教学审核评估。审核性评估工作是当前学校工作的重中之重,时间紧迫,任务艰巨。围绕审核评估和专业评估,学校出台了《本科教学审核性评估工作总体方案》和《本科专业评估工作方案》,对全校所有本科专业,计划用3年时间完成一轮全面评估。

各单位要认真领会评估工作的内涵与要求,充分认识评估工作的重要意义,切实转变思想观念,按照两个方案要求,有序推进评估工作。

(三)切实抓好高层次人才引进。高层次人才是高校发展的核心竞争力。各单位要把高层次人才引进工作放在关系全局、关系发展、关系长远的重要位置,摆上工作的重要议事日程,切实增强责任感和紧迫感,须臾不能放松,切实抓紧抓好,力争圆满完成学校年度人才引进工作任务。

(四)稳步推进"三定"及奖励性绩效工资改革。5月初,学校出台了《定编定岗定责实施办法(2017~2020)》,初步确定,到2020年底,学校各类人员总编制数控制在1000人左右。"三定"工作是学校人事管理制度改革中一项基础性、长远性、重要性的工作,各单位务必高度重视,认真对待,抓好落实。

关于奖励性绩效工资改革工作,在下面会议中,由柳凡副校长再详细进行说明。

(五)大力加强学科建设。要围绕国家发展战略与区域经济社会发展需要,进一步凝练学科方向和学科领域,加强应用性重点学科建设。切实推进校级重点学科、重点建设学科建设,逐步构建起紧密对接区域产业布局、产业集群与产业链的专业群,形成一批产教深度融合的特色专业、优势专业,为区域经济社会发展提供人才支持与智力支撑。

(六)努力提升服务地方水平。要继续拓展校企、校地合作领域,提升合作层次。深入推进与和县、庐江县、巢湖市的全面合作框架协议落实。加强与环巢湖10镇的对接联络,不断提升服务地方的广度与深度。同时要紧紧围绕地方经济社会发展需求,依托行业,主动融入地方、服务地方,积极推进产学研用合作。要鼓励、支持、引导广大教师沉下心来,俯下身去开展社会服务,融入地方,融入企业,实现双向共赢。

(七)积极推进智慧校园、绿色校园、和谐校园建设。今年,学校的基建工作项目多、任务重、工期紧。我们要根据项目的特点和要求,统筹推进学生公寓、学生食堂、第二运动场、校医院、新大门、中轴道路建设,以及明德楼、艺术楼改造和校园绿化提升工作,切实做到现场监督,跟踪审计,严把质量关,确保各项工程按期、保质完成。加快校园信息化建设步伐,做好校园网更新升级。巩固校园及周边环境综合治理成果,努力构建智慧校园、绿色校园、平安校园。

各位代表、同志们,回首过去,我们硕果累累;展望未来,我们信心满怀。踏在"十三五"的新征程,我们深感责任重大。让我们在校党委的坚强领导下,牢固树立创新、内涵、特色、开放、和谐的发展理念,汇集发展合力,聚焦发展重点,按照学校的统一部署,继往开来,乘势而上,抢抓机遇,开拓创新,为建设有特色、高水平地方应用型大学而奋斗,以优异成绩迎接党的十九大胜利召开!

全面开展专业评估
扎实推进应用型高水平大学建设
——在巢湖学院第七次本科教学工作会议上的讲话

校长　祝家贵

(2017年7月4日)

同志们:

大家上午好!

本科教学工作会议又一次隆重召开了,这是在学校发展的重要时期召开的一次有着不同寻常意义的会议。

去年,学校召开了第二次党代会,出台了《巢湖学院"十三五"事业发展规划》和《巢湖学院深化综合改革总体方案》。今年学校召开了三届一次教代会和工代会,并出台了《"十三五"学科专业建设规划》等五个专项规划和系列文件。这些会议和文件绘就了学校未来发展的宏伟蓝图。如今,目标已然确定,但摆在我们面前的重要问题是如何去实现,并转化为学校上升的强劲动力。

众所周知,专业是大学课程的一种组织形式,是人才培养工作的基本落脚点,也是学校办学特色和社会价值的根本体现。专业建设的质量和水平,对于学校的发展有着举足轻重的地位。如何切实推进专业建设以形成自有特色,如何建立与经济社会发展相适应的、灵活科学的专业动态调整机制,如何建立健全专业自我诊断、自我发展的内生机制等,这些诸多问题需要我们深入分析和研究。为此,结合本科教学工作审核评估需要,学校召开以"全面开展专业评估,扎实推进应用型高水平大学建设"为主题的第七次本科教学工作会议,具有重要的意义。通过专业评估,对专业建设和发展思路进行梳理,找到制约专业建设与发展的瓶颈问题,提升专业建设的社会适应性,促进应用型人才培养。

下面我围绕会议主题谈四个方面的问题,一是开展专业评估的意义;二是学校专业建设现状与存在的问题;三是专业建设的理念与任务;四是专业评估工作实施。

一、开展专业评估的意义

党的十八大以来,我国高等教育进入了新的发展时期,已经由规模发展步入以提高质量为核心的内涵式发展阶段;十八大报告明确要求,要"努力办好人民满意的教育""着力提高教育质量""推动高等教育内涵式发展"。十八届三中全会通过的《中共中央关于全面深化改革若干重大问题的决定》中又进一步强调,要"深化教育领域综合改革""促进高校办出特色争创一流""深入推进管办评分离"。

2016年,教育部发布《国务院教育督导委员会办公室关于组织开展普通高等学校本科专业评估试点工作的通知》(国教督办函〔2016〕6号),决定开展专业试点评估,以便为宏观调控高等学校本科专业布局提供客观依据,引导和促进高等学校加强专业建设,优化专业结构,办出特色和水平。我省教育厅根据要求,组织制定了《安徽省普通高等学校本科专业综合评估试点实施方案》,决定开展专业评估工作,希望通过专业评估促进高校不断明确办学指导思想,深化创新创业教育改革,充分挖掘自身潜力,优化资源配置,加强教学基本建设,改善办学条件,发挥优势,办出特色,逐步建立和完善自我发展、自我约束的运行机制,不断提高教育教学质量和办学效益,更好地为创新型三个强省和"五个美好"安徽建设服务。

1. 专业评估是开展审核评估工作的客观需要

2013年,学校顺利通过了教育部本科教学工作合格评估,这一评估的标准是实现"三个基本",即教学条件基本达标、教学管理基本规范、教学质量基本保证。2018年下半年,学校将接受教育部的本科教学工作审核评估,该评估与合格评估存在本质上的不同,不是达到国家规定的本科教学最低标准,而是用自己的尺子量自己,目的在于引导学校建立质量保障体系,保证质量达到标准,强化自我改进,不断提升办学水平和教学质量。具体到专业,强调的是"五个度":适应度——专业定位是否适应社会需求? 支撑度——资源条件是否能支撑? 保障度——质量保障是否有效? 满意度——学生用户是否满意? 达成度——人才培养目标有没有达成? 这在客观上需要我们对专业的建设与发展状况进行剖析和研判。

2. 专业评估是质量保障体系建设的内在需求

教育部开展的审核评估,对于学校来说,虽然意义重大,但是依然是外力,具有强制性。人才培养质量的保证、办学水平的提高,最终还得依靠我们自身不断改进的内生力量,要建立一套自我诊断、自我改进、自我发展的质量保障体系,如学校刚刚出台的《巢湖学院教学质量保障体系纲要》和《巢湖学院本科教学主要环节质量标准》。如果说,合格评估是一次全面的体检,用来确定体质是否合格,那专业评估则是专项体检,是对大脑、心脏等关键部位的深度体检,用来确定功能是否良好。专业评估工作是健全高等教育质量保障体系,提高人才培养质量的重要举措,可以说,专业评估是合格评估的深度推进,是人才培养质量保障体系的进一步提升和优化。

3. 专业评估是实现学校可持续发展的必然要求

学校"十三五"事业发展规划提出,要深化综合改革,加强内涵建设,全面提升人才培养质量,到2020年把学校建设成为特色明显、综合实力位居省内同类院校前列的地方应用型大学。特色明显、实力居前,究竟体现在什么地方? 最主要的就是体现在专业水平和专业特色方面,专业水平高了、特色明显了,那学校自然就是高水平、有特色。正如,没有一流的学科就不会有一流的大学,同样,没有一流的专业就很难有高水平的大学,况且,随着国家高考制度的改革,专业的地位也愈加受到重视。今年开始,浙江、上海、江苏等地已试点按专业招生,因此专业的质量、声誉对于学校来说,其重要性和意义将越发重要。由此来看,专业评估不仅仅是建设应用型高水平大学的发展问题,也是关乎学校生存的重要问题。

二、学校专业建设现状与存在问题

多年来,学校坚持"地方性、应用型"办学定位,本着"突出应用、加强重点、整体优化、特色发展"的原则,以服务地方经济社会发展为宗旨,优化布局结构,强化内涵建设,深化综合改革,推进开放合作,专业建设取得明显成效。

(一) 主要工作回顾

1. 布局结构优化,发展态势良好

过去的几年,学校通过项目引领、规模调整等举措,优化学科专业结构,合理调控专业建设进程,已形成了以文理为基础、以应用为重点、多学科协调发展的学科专业布局,先后增设了机械设计制造及其自动化、学前教育、商务英语、软件工程、金融工程、财务管理等近20个应用型本科专业,全力打造了五类专业群,即服务于地方建材与化工支柱产业的化工与材料类专业群,如无机非金属材料工程、化学工程与工艺等;服务于高新技术应用和城镇信息化建设的信息工程类专业群,如计算机科学与技术、网络工程等;服务于地方经济社会发展的公共管理与服务类专业群,如国际经济与贸易、旅游管理等;服务于地方重点支柱产业依托企业技术支持的机电工程类专业群,如电气工程及其自动化、机械设计制造及其自动化等;服务于地方文化教育事业的应用文科类专业群,如汉语言文学、美术学。同时,根据社会发展需求,先后暂停了历史学、物理学、教育技术学、小学教育等12个专业招生。截至当前,学校设有50个本科专业,隶属经济学、法学、教育学、文学、历史学、理学、工学、管理学和艺术学九大学科门类,其中,工学类占31%、管理学类17%、理学类16%,其他学科占36%;有44个专业获得学士学位授予权。专业建设步入良性轨道,整体态势良好。

2. 内涵提升加快,特色明显增强

学校紧紧围绕区域发展需求,通过观念转变、凝练方向、人才汇聚、平台建设等方式,不断提升专业建设水平。具体做法主要有:一是着力推行专业牵动、能力驱动和校企联动,创新管理体制和运行机制,走内外联合培养之路,持续深化以能力为导向的应用型人才培养模式改革;二是坚持以就业为导向、以能力培养为主线,积极探索专业能力分层培养体系和课程组成结构;三是充分发挥项目引领示范效应,挖掘校内外优质资源,推进教学资源立体化建设;四是深化教学综合改革,积极推动课程改革,促进课程教学模式和考核方式转变;五是建立三级"本科教学工程"建设体系,健全完善项目管理制度,依托各类项目建设,助推专业建设。目前已建有国家级特色专业1个、大学生校外实践教育基地1个,拥有省级特色专业8个、综合改革试点专业5个、教学团队8个、实验实训中心6个以及各类省级以上专业、课程类建设点50余个。

3. 转型步调深入,质量稳步提高

学校充分考虑社会多元主体的需求,坚持走学校主动、政府牵动、业界互动的合作发展之路,并通过加强实践教学体系建设、完善教学质量管理体系、推进创新创业教育、强化资源条件建设等方式,促进转型发展。近年来,围绕应用做文章,构建了以能力培养为目标的实践教学体系,加强了实践基地建设力度,积极改善实践教学条件,有序推进实践教学资源共享,并健全完善管理制度,进一步规范实践教学管理;建立了较为完善的教学质量管理和保障体系,组织制定教学质量标准,明确教学环节质量要求,完善质量管理环节;探索形成了具有本校特色的创新创业教育模式,积极打造卓越教育平台和体系,有力提升学生创新能力培养,有效推动学生就业和自主创业,等等。近三年来,学校教学资源总量不断增加,各类实验教学场所面积不断扩大,教师教学能力和水平不断提升,学生培养质量不断提高,在项目、奖项、竞赛、成果等各方面不仅数量增幅快,质量和水平逐年提升,显示了良好的发展势头。

(二)存在的主要问题

(1)转型发展与改造力度不足。特别是一些传统专业,方向凝练不够,深度转型有难度,应用性不强。

(2)与地方产业的契合度不高。适应新兴产业转升级所需要的应用型专业数量还偏少,专业的特色和优势不明显,国家级、省级特色专业建设点数量较少,已有的特色专业示范引领作用发挥不够。

(3)发展动态调控有待完善。专业建设的动态调控机制不够完善,专业的社会服务能力、技术贡献能力、学生就业水平等还不高,发展活力有待进一步激发。

(4)团队建设相对滞后。应用型教师队伍建设力度有待加强,新办专业师资力量较弱,学科领军人才、高水平创新团队、高层次教学团队等缺乏,教师的教学和研究水平有待进一步提高。

三、专业建设的理念与任务

"十三五"是学校教育事业发展的关键时期。国家和区域重大发展战略的相继提出为学校加快学科专业建设提供了良好的外部机遇,学校争创地方应用型高水平大学建设、接受教育部教学工作审核评估以及完成从"新建"到"新型"深度转变等目标的实现,既是时代赋予的新的历史使命,也提供了良好的内外发展环境。

(一)更新专业建设理念

"学生中心、成果导向、持续改进"是《华盛顿协议》的三大核心理念,也是专业建设的改革方向。"以成果为导向"(Outcomes-Based Education, OBE)是高校人才培养完美对接社会、企业需求的一剂良药。"成果"是指学生经过一段特定的学习经历后所表现出的清楚的预期学习效果,不是指学生头脑中的价值观念、态度或心理状态,而是指学习者用其知道的和学到的东西确实能做到什么,他们在学习历程结束以后真正能拥有的能力。强调教育改革的重点从重视资源投入变为重视学习成果;强调课程发展基于"产出"而非"输入";强调焦点放在学生"学到了什么",而不是学校老师教了什么;强调课程设计回归学生毕业后能"带走"的实际能力,而不是具体的课程要求。成果导向教育金字塔可以更好诠释OBE的内涵。

1. 一个范式(paradiam)

OBE认为"什么可以促使学生的成功"以及"学生是否可以成功"是最根本的指导理念。

2. 两个关键目的(key purposes)

OBE的两个实施目的:一是构建包括学生在毕业时所能达到的知识、能力、素质水平的成果蓝图,且描述的这些知识、能力、素质必须具体、可测量;二是搭建可以让所有学生获得预期成果的机会和条件,从而营造适宜成功的情境。

3. 三个关键前提(key premises)

一是所有学生均能学习并获得预期成果;二是学习的成功可以促进更成功的学习;三是学校掌控学生成功的条件,对其成功肩负全部责任。

4. 四个执行原则(principles)

OBE模式需要遵循四个基本原则:一是清楚地聚焦于学生在一段时间的学习后所能达成的最终学习成果;二是需要学校充分关注学生的个性差异,公平地为不同学生提供个性化的学习资源以及多元化的成果评价方式;三是高度期许并准许所有学生均能获得预期成果;四是从学生高峰成就开始向下设计基础成就,基础成就是学生最终获得高峰成就的过程成果。

5. 五项实践环节(practices)

实施OBE涉及五个基本环节:一是定义成果,需要充分考虑不同利益相关者、国内外发展趋势以及学校办学定位;二是设计课程,课程体系需要全面覆盖毕业时学生所能达到的能力水平;三是实施教学,强调学校开放并运用有助于学生实现最终学习成果的多元的教学方法;四是评量结果,OBE推崇采用达成性的评量模式,聚焦学习成果是否已实现,针对不同学生设计并实施个性化的评量方法;五是逐步达成,将高峰成果分解成若干基础成果,从基础成果开始,循序渐进地实现最终的目标成果。

归根到底,OBE强调的主要是如下四个问题:我们想让学生取得的学习成果是什么?为什么要让学生取得这些学习成果?如何有效地帮助学生取得这些学习成果?如何知道学生已经取得了这些学习成果?

与传统教育的"正向"设计不同,成果导向教育遵循的是"反向"设计,从需求开始,由需求决定培养目标,再由培养目标决定毕业要求,进而由毕业要求决定课程体系。"需求"既是起点又是终点,从而最大程度地保证了教育目标与结果的一致性。

(二)明确专业建设任务

1. 确定培养目标、核心能力、能力指标

培养目标的确定要以教育目的为依据,是对毕业生在毕业后3~5年能够得到的职业和专业成就的总体描述,是教育目的的具体化。

OBE理念指导下的核心能力是学生毕业时的学习成果,是应具备的、帮助学生取得专业成就的重要能力,是学生未来获得成功所必备知识、能力、素质的整体行动能力,是个人在不同学习或工作场景以及职业发展历程中所表现出的综合素质。

能力指标是对核心能力逐条分解、细化,使核心能力成为若干个更具体、易落实、可测量的指标,是考量核心能力实现程度的绩效标准,便于教师对其进行评量,从而检验能力指标的达成度情况。

培养目标是核心能力的确定依据,核心能力支撑培养目标的达成,核心能力决定了能力指标,能力指标是核心能力的延伸和覆盖。

2. 调整课程结构

在确定培养目标、核心能力、能力指标后,要针对核心能力和能力指标进行课程结构的调整,需要弃旧迎新,坚决摒弃因人设课和因无人不设课现象,通过整合课程内容,压缩必修课程,增加选修课程,提高课程对能力培养的针对性。

3. 设计课程大纲

课程设计是按照能力指标要求定义课程教学目标,确定教学内容和范围,分配课程能力指标权重,编排教学顺序的过程,同时也是开发课程大纲、编制教学单元的过程。在所有课程设计结束后,应该用绘制课程地图的方式向学生展现清晰易懂的学习路径。

4. 评量学习成果

OBE理念下的学习效果评量,要求针对学生的学习产出进行测量。它的关键理念是:我在学校学了几年要毕业了,我究竟能干什么?在学校学的这些东西对我的生活、就业有多大的帮助?它瞄准的是就业市场、职业能力。这对我们是一个挑战,我们习惯于出试卷考试,对于测量知识来说容易解决。现在要测量能力,从简单的认知、领会、运用,到最复杂的分析、综合、评价,深层次的才是能力。我们的任务是想办法做能力测试,如何知道学生取得了这些学习成果。

以上四个方面是各个学院必须扎实做好的基础工作,不仅需要我们有新的教育观、新的人才观,还要有新的质量关。只有实现"从灌输课堂向对话课堂转变、从封闭课堂向开放课堂转变、从知识课堂向能力课堂转变、从重学轻思向学思结合转变、从重教轻学向教服务于学转变"这五大转变,才能真正走向"成果导向"的培养之路。

四、专业评估工作实施

同志们,面对学校"十三五"时期"弯道超越"、深度转型发展的重要任务,迫切需要我们把准方向,找准切点,激发办学新活力。为此,要以专业评估为抓手,加快推进专业内涵建设和特色发展。下面,我就如何做好具体评估工作提几点要求:

(一)总体部署

学校于6月份制定了专业评估实施方案,明确了评估的指导思想、基本原则、组织结构、工作进程和具体程序,并借助评估指标体系,将有步骤、有重点、分类型、分层次系统地开展评估工作。计划在三年内,对有三届及以上毕业生的所有本科专业完成一轮评估,其中,今年年底前需要完成10余个本科专业的评估工作。具体方案和指标体系就不再细说了,大家参看会议材料。

(二)工作要求

1. 统一思想,明晰认识

要切实把专业评估当作自我诊断、自我发现问题、自我改进提高的重要手段,认清评估不是外在强加的,而是自身肌体健康成长的必然要求和必由之路。因此,希望全校上下统一思想认识,主动积极地开展专业评估,通过评估,健全完善的专业建设良性循环机制。

2. 综合考量,系统分析

要将专业评估的思想、理念与要求与学校的办学定位、人才培养目标定位等统一起来,以输出为导向,反向设计,重点考察人才培养目标、规格等是否适应经济社会发展,是否符合职业、岗位需求;要以人才培养质量为核心,重点考察人才培养质量是否达到预定的培养目标,考察学生就业质量和用人单位的满意度。总之,要将专业目标、人才培养过程和培养结果统一起来,进行综合分析和系统评估。

3. 增强危机感,明确责任

要增强专业评估的责任感,认真研究制定专业建设规划,将专业评估作为专业建设规划的重要组成部分,不断对专业建设目标和人才培养过程进行调整。要树立专业危机意识,学校将建立专业动态调整机制,根据专业评估的结果,确定重点支持、发展的优势、特色专业,同时对专业建设水平不高、人才培养质量差或就业质量低的专业适时缩招、停招,或进行专业改造。

4. 人人参与,共同推进

专业评估是综合性的,涉及专业适应性、人才培养目标、办学资源、师资条件、教学方法等诸多方面,绝不仅仅是学校层面或学院层面的事,而是每位教师、每位学生的事,是大家共同的事,因此,每个人都要认真领会评估指标体系,每个人心中都要有明确的质量意识,每个人都要积极承担专业建设的任务,共同推进专业评估,共同建设专业。

同志们,2017年是学校发展的关键之年,需要上下凝心聚力,继续奋进。开展专业评估是检验和促进人才培养质量的有效措施,是推动内涵建设、特色发展,办人民满意大学的内在要求,不能回避,责无旁贷,希望全校师生进一步树立专业意识,立足专业、聚焦专业、心系专业,把专业评估当成一项事业来做,通过专业评估这一杠杆,促进专业建设水平和人才培养质量的提高,也由此大力提升学校的办学水平和社会声誉。

四、制度汇编

巢湖学院党风党纪监督员、特邀监察员工作规则

校党字〔2017〕19号

第一条 为进一步健全党内监督、行政监察与群众监督相结合的监督机制,充分发挥党风党纪监督员、特邀监察员在学校党风廉政建设中的作用,结合学校实际,制定本工作规则。

第二条 党风党纪监督员、特邀监察员一般从人大代表、政协委员、民主党派、专家学者、工会委员、离退休人员和优秀共产党员、先进工作者中聘任。

第三条 聘任条件:

(一)坚决贯彻执行党的路线、方针、政策,政治立场坚定,有较强的事业心和责任感;

(二)关心纪检监察工作,具有较强的政策水平;

(三)坚持原则、秉公办事、清正廉洁;

(四)工作热情、身体健康。

第四条 主要职责:

(一)积极宣传党的路线方针政策、党和国家的法律法规,协助校纪委对教职员工进行遵纪守法、忠于职守、清正廉洁的教育;

(二)对学校各级党组织和党员、党政领导干部及工作人员遵守党纪国法和廉洁自律各项规定的情况,以及遵守学校各项制度和规定的情况予以监督;

(三)发挥"桥梁与纽带"作用,收集并反映广大教职员工有关加强党风廉政建设的要求、意见和建议,宣传学校党风廉政建设情况;

(四)完成校纪委委托的其他工作。

第五条 校纪委办公室、监察审计处会同有关部门协商确定拟聘人选,在征得拟聘人员及其所在单位同意后,报学校党委批准后颁发聘书。

第六条 党风党纪监督员、特邀监察员的聘任期限为三年,期满后可以续聘,未续聘的自然解聘;党风党纪监督员、特邀监察员因自身原因不能或不适宜履行职责时,可提前解除聘任。

第七条 党风党纪监督员、特邀监察员在学校纪委领导下开展工作。学校纪委办公室、监察审计处具体负责党风党纪监督员、特邀监察员的联络、组织和管理工作。

第八条 本规则由校纪委办公室、监察审计处负责解释,自公布之日起施行。

巢湖学院二级单位和中层领导干部综合考核实施办法(试行)

校党字〔2017〕24号

为推动学校全面从严治党主体责任和发展目标任务的落实,激励领导干部履职尽责、干事创业,现就进一步完善校直各二级单位及其领导干部的考核评价机制,制定如下实施办法。

一、考核对象

考核对象为校直二级单位(分为教学学院、职能部门、机关党总支三类)和中层领导干部(指担任领导职务的处级干部,以下简称"中层干部")。

二、考核内容与考核指标

(一)考核内容

二级单位考核内容分为"发展"和"党建"两个部分。中层干部考核内容为个人年度履行岗位职责情况,包括德、能、勤、绩、廉等方面的现实表现。

(二)考核指标

"发展"和"党建"考核指标分为基本职责指标和年度任务指标。基本职责指标根据二级单位职责设置,相对固定;年度任务指标为学校当年给各二级单位下达的年度目标任务,以及安排的临时性、突击性工作任务,该类指标实行"一年一版本,一年一调整"。

根据二级单位工作性质和职责界定,考核指标分为4类:

1. 教学学院发展考核指标:主要考核教学工作(含学科专业建设)、科研工作(含社会服务)、师资队伍建设工作、学生工作(含学生指导与服务)、资产与实验室管理工作等。

2. 教学学院和机关一、二总支党建考核指标:主要考核理论武装和意识形态工作、领导班子和干部队伍建设、基层党组织和党员队伍建设、作风建设、党风廉政建设与反腐败工作、统一战线和群团工作、党建工作责任制、和谐校园建设等。

3. 职能部门发展考核指标:主要考核职责履行情况、年度目标任务完成情况。

4. 职能部门党建考核指标:主要考核领导班子建设、党内政治生活、干部作风、廉洁自律、制度建设等情况。

三、考核方式和组织实施

成立学校综合考核工作领导组及其办公室。办公室成员单位为承担考核任务的相关职能部门。其中组织部牵头"党建"指标和中层干部的考核,人事处牵头"发展"指标的考核。

(一)考核方式

学校成立若干专项考核组。在单位工作总结的基础上,教学学院发展和党建考核采取"有关专项考核组评分+民主测评"的方式进行;职能部门发展和党建考核采取"有关专项考核组评分+民主测评+教学学院评分"的方式进行。中层干部在个人述职述德述廉报告的基础上,综合考核采取"所在单位综合考核得分分摊+民主测评"的方式进行。

（二）组织实施

综合考核一般按以下步骤实施：

1. 撰写总结报告。二级单位和中层干部对年度工作进行总结，撰写单位总结报告和个人述职述德述廉报告。

单位总结报告要依据考核内容和指标，逐项对照撰写，由主要负责同志主持起草，经过集体研究，并采取适当方式征求教职员工意见，一般3000字左右。

中层干部个人要依据考核内容和指标，结合岗位职责和工作分工，采取写实手法，撰写个人述职述德述廉报告，做到全面客观、简明扼要，一般2000字左右。

单位总结报告、个人述职述德述廉报告，按要求提前报送并统一在校园网公布。

2. 填写考核指标完成情况对照汇总表。二级单位对照《发展（党建）考核指标与评分标准》，将所有项目梳理出当年工作完成情况、收集辅助证明材料，并填写《二级单位综合考核工作完成情况对照汇总表》（以下简称《汇总表》），准备加分项目书面申请材料。

工作完成情况要对照评分标准逐条梳理，文字要简明扼要，尽量用数据说话，填写在《汇总表》的"对照说明"栏里。辅助证明材料要对照评分标准收集有关资料档案，包括过程材料、形成的文件（详细列出资料档案的形成时间、名称和文号等信息），填写在《汇总表》的"资料档案"栏里。

3. 提供相关支撑材料。根据考核文件和专项考核组要求提供相关材料，主要包括：工作文件，党政联席会、理论学习会、工作例会记录，民主生活会材料，有关发展、党建工作资料。

4. 专项考核组组织评分。在相关职能部门初步评分的基础上，专项考核组根据实地考核情况，结合汇总表、支撑材料、平时掌握情况、工作台账、统计数据以及被考核单位总结报告等，对照考核指标与评分标准，对被考核单位一一进行评分，力求客观准确，扣分有据。

5. 教学学院评分。由教学学院对职能部门评分。评分指标分"发展"和"党建"两部分，发展设置整体工作、履行职能、工作效能、按章办事、信息公开等5项指标，党建设置班子建设、党内政治生活、干部作风、廉洁自律、制度建设等5项指标。各教学学院要根据平时了解掌握的情况，对照考核指标，按照评分要求，坚持集体研究、综合研判，独立客观、实事求是地进行评价。评分要有一定的区分度，拉开适当分差。

6. 会议述职与测评。民主测评表分A、B、C三类，A类由校领导填写，B类由中层干部填写，C类由考核单位教职工填写。

7. 中层干部测评。根据情况进行会议或书面总结与述职，中层干部进行互评，同时对全校各二级单位进行民主测评。

学校成立若干实地考核组，受委托赴各考核单位查阅、核实有关档案资料并组织民主测评。各考核单位召开全体教职工会议，一般进行书面总结和述职，与会人员对本考核单位所辖的二级单位及其中层干部进行民主测评。

二级单位的民主测评分为优秀、良好、一般、较差，中层干部的民主测评分为优秀、合格、基本合格、不合格。优秀得100分，良好（合格）得80分，一般（基本合格）得60分，较差（不合格）得0分，弃权得30分，实行加权计分。

具体计算公式为：

二级单位民主测评得分=("优秀"票数×100+"良好"票数×80+"一般"票数×60+"弃权"票数×30)/("优秀"票数+"良好"票数+"一般"票数+"较差"票数+"弃权"票数);

中层干部民主测评得分=("优秀"票数×100+"合格"票数×80+"基本合格"票数×60+"弃权"票数×30)/("优秀"票数+"合格"票数+"基本合格"票数+"不合格"票数+"弃权"票数)。

民主测评表 A、B、C 三类分别按 40%、30%、30%的权重计分。

四、量化计分

根据专项考核组评分、民主测评、教学学院评分等情况,对二级单位和中层干部综合考核量化计分:

1. 二级单位综合考核得分实行双百分制,即发展 100 分、党建 100 分;附加分单列,实行加分扣分制。

教学学院发展(党建)考核得分=专项考核组评分占 60%+民主测评得分占 40%。

机关一、二总支考核得分=机关一、二总支党建考核得分+所辖部门发展考核平均得分。

职能部门发展(党建)考核得分=专项考核组评分占 40%+民主测评得分占 40%+教学学院评分占 20%。

2. 中层干部综合考核得分实行百分制,并体现不同岗位的职责要求;附加分单列,实行加分扣分制。

中层正职(含主持工作的副职)综合考核得分=所在单位综合考核百分制得分占 70%+中层干部民主测评得分占 30%。

中层副职综合考核得分=所在单位综合考核百分制得分占 60%+中层干部民主测评得分占 40%。

3. 建立加分扣分制度。加分扣分项目及标准见各考核指标与评分标准。

4. 考核指标中内容不适合的,得分换算计算公式为:评价得分=参评指标得分÷(100-不适合指标得分)×100%。

五、考核等次评定

(一)评定程序

考核办统计汇总后综合提出建议,报综合考核工作领导组审议后,经校党委会审定后予以公示。

(二)二级单位等次评定

二级单位分为优秀、良好、一般、较差四个等次。教学学院和职能部门(含机关一、二党总支)分别排序,以百分制换算,按不超过 25%的比例,从得分在 85 分及以上的单位中确定优秀等次;得分在 75 分(含 75 分)至 85 分的以及 85 分以上未获得优秀等次的,均为良好等次;得分在 60 分(含 60 分)至 75 分的,均为一般等次;得分在 60 分以下的,均为较差等次。

单位有下列情况之一者,该单位综合考核不能评为优秀等次:

1. 有弄虚作假行为;
2. 发生重大教学事故;

3. 发生群体性事件；

4. 被学校通报批评；

5. 年度各项量化目标完成率未达80%；

6. 有违反师德行为且造成不良影响；

7. 有其他不能评为优秀等次的情形。

单位有下列情况之一者，严格执行"一票否决"制，该单位综合考核应定为不合格：

1. 发生影响国家安全的重大事件；

2. 发生影响社会稳定的群体事件；

3. 发生安全生产责任事故；

4. 造成学校声誉受到不良影响或重大经济损失；

5. 廉政建设出现重大问题。

（三）中层干部等次评定

中层干部分为优秀、合格、基本合格、不合格四个等次。按不超过15%的比例，从得分在85分及以上的中层干部中确定优秀等次；得分在75分（含75分）至85分的以及85分以上未获得优秀等次的，均为合格等次；得分在60分（含60分）至75分的，均为基本合格等次；得分在60分以下的，均为不合格等次。

具有下列情形之一者，不得定为优秀等次：

1. 未完成年度岗位工作任务；

2. 全年累计事假10天以上，或病假20天以上；

3. 无故不参加政治学习（或学校组织的会议及活动）2次以上；

4. 工作中出现责任事故受到学校通报批评；

5. 党总支（直属支部）书记抓基层党建综合评价未达到"好"等次；

6. 所在单位年度考核未达到"良好"以上等次。

具有下列情形之一者，应当确定为不合格等次：

1. 发生道德品行问题且造成不良影响；

2. 服务意识和工作责任心薄弱，或者工作态度、作风差；

3. 不服从组织分配或无故不接受组织交给的任务；未能履行岗位职责，未能完成工作任务；

4. 在工作中因严重失误、失职，造成责任事故；

5. 存在不廉洁问题；

6. 因违法乱纪受到公安、司法机关处理；

7. 弄虚作假或有学术不端行为；

8. 擅自离岗连续超过3天以上或一年内累计达5天以上。

六、考核结果运用

1. 综合考核结果为"优秀"的单位，由学校授予"年度工作考核先进单位"称号，单位主要负责人年度考核同等条件下优先认定为"优秀"等次；

2. 考核结果作为年度奖励性绩效分配和中层干部聘任、调整、交流、轮岗、奖惩以及评先评优的重要依据；

3. 对考核结果确定为基本合格等次的中层干部或一般等次的单位,由学校党政主要负责人或分管负责人对中层干部本人或单位党政主要负责人进行诫勉谈话,指出存在问题和努力方向;

4. 对考核结果确定为不合格等次的中层干部或较差等次的单位,视具体情况分别对中层干部本人或单位党政主要负责人做出免职、责令辞职、降职等组织处理。

七、考核纪律

所有参与考核的单位和个人,要坚持公开公平公正原则,把握量化细化实化标准,落实严格严谨严肃要求,在考核工作中严格遵守组织人事纪律,严格遵守廉洁自律规定,严格保守工作秘密,严格规范操作,严禁弄虚作假,做到"26个不得"。对违反考核纪律的,依照《省委管理的领导班子和领导干部综合考核工作纪律》的有关规定严肃查处。

巢湖学院校领导接待日制度(试行)

(校党字〔2017〕27号)

为进一步畅通学校领导与广大师生员工的联系和沟通渠道,广泛听取师生员工对学校发展改革稳定方面的意见、建议和利益诉求,不断改进工作作风,营造民主、团结、和谐的校园氛围,推动学校各项事业健康发展,结合学校实际,特制定本制度。

一、接待原则:坚持公开透明、规范有序、沟通互动、方便群众的原则。

二、接待对象:全校师生员工及相关人员。

三、接待日受理事项范围:

(一)教学科研管理、学生管理及后勤服务保障方面存在的问题与建议;

(二)反映有关学校重大决策和重要工作事宜的问题;

(三)各部门、单位拖延不决或无力解决的问题;

(四)师生员工维权诉求和个人信访;

(五)亟须校领导处理的有关问题;

(六)其他问题的建议和意见。

四、校领导接待日原则上一周一次(节假日、寒暑假除外),即每周一下午上班时间,由一名校领导在办公室接待来访者,按规定进行处理和答复。相关部门、单位负责人视需要陪同接待。

五、一般实行预约登记制度。为提高工作效率,来访者可以提前通过电话、邮件、书面等形式与校办公室进行预约,以便有针对性地安排接待。办公室有关人员须认真填写《巢湖学院校领导接待日预约登记表》。联系电话:0551-82361990;邮箱:bgs@chu.edu.cn;地址:巢湖学院图书馆8楼0834室。反映同一问题的群体应推选代表预约访谈,代表人数一般不超过3人。

六、负责接待的校领导应认真听取来访者的意见和建议。对来访者所提的问题能答复的,当即予以答复;对不能当即答复的,要说明情况,做好思想疏导工作,并在"巢湖学院校领导接待日值班记录"上签署意见,对重大问题应建议提交学校党委会或校长办公会讨论决定。

七、协助校领导接待的工作人员,要严格遵守工作纪律,认真落实领导批示精神。学校相关部门和单位应积极配合,对于校领导的批示要按照要求落实,单独或会同学校办公室对来访者及时反馈处理结果。

八、来访者要自觉遵守国家法律法规和学校规章制度,依法有序反映情况和问题,自觉维护学校办公、教学、科研秩序。

九、对反映的有关问题,学校要认真对待,分类受理,对正当诉求和能够解决的问题,要积极采取措施加以解决;对一时难以解决的问题,要做好说服解释工作。任何单位和个人不得恶意阻挠问题解决,故意拖延或顶着不办。

十、学校办公室负责落实接待时间、地点和接待的领导,并及时通知预约申请人和相关部门、单位负责人参加。接待日形成的意见和结果,由学校办公室记录、督办。

十一、本制度自发布之日起施行。

十二、本制度由学校办公室负责解释。

巢湖学院辅导员职级评聘暂行办法

校党字〔2017〕31号

第一章 总 则

第一条 目的

为进一步加强我院辅导员队伍建设,根据《中共中央国务院关于进一步加强和改进大学生思想政治教育的意见》(中发〔2004〕16号)及《普通高等学校辅导员队伍建设规定》(教育部令第24号)精神,结合学校实际制定本办法。

第二条 岗位设置

辅导员岗位实行职级制,设立首席辅导员、高级辅导员、中级辅导员和初级辅导员四级。其中,高级辅导员配备控制在专职辅导员总数的8%,首席辅导员配备控制在专职辅导员总数的4%。

第三条 岗位设置原则

(一)按需设岗、合理配备;

(二)公开、公平、竞争、择优;

(三)德才兼备、师生公认;

(四)突出工作实绩;

(五)强调从事学生工作基本年限。

第二章 晋升条件

第四条 基本要求

（一）政治强。具有坚定正确的政治立场，热爱大学生思想政治教育事业，具有较高的思想政治觉悟和理论素养，能自觉与党中央保持一致。

（二）业务精。具有扎实深厚的业务素养，认真履行岗位职责，掌握大学生思想政治教育规律，善于运用各种新的工作载体，努力拓展工作途径，能够不断适应新的形势、胜任新的任务；学生活动开展有声有色，学生能够做到德、智、体、美全面发展。

（三）纪律严。严格遵守纪律，依法按章办事，坚持原则，秉持公正，能够自觉维护全局利益；所带学生班级精神面貌好，学习目的明确，勤奋好学，集体荣誉感强，团结互助，尊敬师长，遵纪守法，班风良好。

（四）作风正。坚持和发扬党的优良传统和作风，理论联系实际，密切联系学生，爱岗敬业，能够处处体现为人师表的品德风范。

第五条 工作要求

（一）初级辅导员：

1. 资格条件：

（1）本科毕业生在辅导员岗位工作满3年及以上，年度考核合格以上；硕士毕业生在辅导员岗位工作满1年以上，年度考核合格以上；

（2）辅导员每年须承担不少于16个课时学生思想政治理论教育、党（团）课、就业指导、军事理论、心理健康教育、创新创业、社会责任感等教育教学任务。

2. 业绩条件（以下条件符合其中一项即可）：

（1）在担任辅导员工作以来，独立或作为第一作者在四类以上期刊（需具有CN、ISSN刊号）发表关于大学生思想政治教育或学生管理方面的研究论文1篇（含1篇）以上；

（2）个人或所带学生团体（班级或团支部）获得校级学生工作方面的荣誉称号（下同）1次以上；

（3）在辅导员职业技能大赛、高校教师就业创业指导课程教学大赛等相关赛事中获得校级二等奖及以上；

（4）参与校级及以上思想政治教育课题或相关项目研究1项以上；

（5）获得国家三级及以上职业指导师、心理咨询师或创业咨询师资格证书，并能对学生进行有效的指导。

（二）中级辅导员：

1. 资格条件

（1）在初级辅导员岗位上工作满2年及以上，年度考核合格以上；

（2）硕士及以上学位；

（3）辅导员每年须承担不少于16个课时的学生思想政治理论教育、党（团）课、就业指导、军事理论、心理健康教育、创新创业、社会责任感等教育教学任务；

（4）须获得国家三级及以上职业指导师、心理咨询师或创业咨询师资格证书，并能对学生进行有效的指导。

2. 业绩条件(以下条件符合第 1 项和第 2~6 项中的一项)

(1) 在任初级辅导员以来,独立或作为第一作者在四类以上期刊(需具有 CN、ISSN 刊号)发表关于大学生思想政治教育或学生管理方面的研究论文 1 篇及以上;

(2) 在担任初级辅导员期间,年度考核获"优秀"等级 1 次以上,其他年度考核合格以上;

(3) 在担任初级辅导员期间,个人或所带学生团体(班级或团支部)累计获得校级学生工作方面的荣誉称号 3 次或省级以上荣誉称号 1 次以上;

(4) 在辅导员职业技能大赛、高校教师就业创业指导课程教学大赛等相关赛事中获得校级一等奖及以上;

(5) 在辅导员资助、就业、思政等优秀论文评比工作中获得奖项者;

(6) 参与校级及以上思想政治教育课题或相关项目研究 1 项以上。

(三) 高级辅导员:

1. 资格条件

(1) 在中级辅导员岗位上工作满 3 年及以上,年度考核合格以上;

(2) 硕士以上学位;

(3) 辅导员每年须承担不少于 32 个课时的学生思想政治理论教育、党(团)课、就业指导、军事理论、心理健康教育、创新创业、社会责任感等教育教学任务;

(4) 在担任中级辅导员期间,年度考核获"优秀"等级 1 次以上,其他年度考核合格以上;

(5) 须获得国家二级及以上职业指导师、心理咨询师或创业咨询师资格证书,并能对学生进行有效的指导。

2. 业绩条件(以下条件符合第 1 项和第 2~6 项中的一项)

(1) 具有较高的理论水平,任中级辅导员期间独立或作为第一作者在四类以上期刊(需具有 CN、ISSN 刊号)发表关于大学生思想政治教育或学生管理方面的研究论文 2 篇及以上,其中 1 篇需在三类期刊上发表;

(2) 主持校级及以上关于大学生思想政治教育或学生管理方面的课题 1 项及以上;

(3) 在担任中级辅导员期间,个人或所带学生团体(班级或团支部)获得省级以上教育主管(含同级部门)等部门颁发的荣誉称号 2 次以上或累计获得校级荣誉称号 5 次以上;

(4) 在担任中级辅导员期间,年度考核获"优秀"等级 1 次以上,其他年度考核合格以上;

(5) 在辅导员职业技能大赛、高校教师就业创业指导课程教学大赛等相关赛事中获得省级三等奖及以上;

(6) 在辅导员资助、就业、思政等优秀论文评比工作中获得三等奖及以上。

(四) 首席辅导员:

1. 资格条件

(1) 在高级辅导员岗位上工作满 2 年及以上,年度考核合格以上;

(2) 硕士以上学位;

（3）辅导员每年须承担不少于32个课时的学生思想政治理论教育、党（团）课、就业指导、军事理论、心理健康教育、创新创业、社会责任感等教育教学任务；

（4）在担任高级辅导员期间，年度考核获"优秀"等级1次以上，其他年度考核合格以上；

（5）须获得国家人社部门认可的二级及以上职业指导师、心理咨询师或创业咨询师资格证书，并能对学生进行有效的指导。

2. 业绩条件（以下条件符合第1项和第2~4项中的一项）

（1）具有较高的理论水平，任高级辅导员期间独立或作为第一作者在三类以上期刊（需具有CN、ISSN刊号）发表关于大学生思想政治教育或学生管理方面的研究论文2篇及以上，同时主持校级及以上关于大学生思想政治教育或学生管理方面的课题1项及以上；

（2）在担任高级辅导员期间，个人或所带学生团体（班级或团支部）获得省级以上教育主管（含同级部门）等部门颁发的荣誉称号3次以上或累计获得校级荣誉称号6次以上；

（3）在辅导员职业技能大赛、高校教师就业创业指导课程教学大赛等相关赛事中获得省级二等奖以上；

（4）在辅导员资助、就业、思政等优秀论文评比工作中获二等奖及以上。

第六条　特别说明

（一）从专任教师岗位或其他岗位转入从事专职辅导员工作者（必须是中共党员），原工作年限折半计入辅导员岗位工作年限，且在辅导员岗位工作满2年及以上，年度考核合格以上者可申请认定职级。

（二）其他岗位的副科级及以上干部调入从事专职辅导员工作，可任同级别辅导员。

（三）兼职辅导员转为专职辅导员时，兼职工作时间全额计入专职工作时间并可申请认定相应级别辅导员。

（四）在学生思想政治工作方面有突出贡献者，如获得"全国（省）教育系统劳动模范""全国（省）优秀德育工作者""全国（省）优秀辅导员"等荣誉称号的，同等条件下优先考虑。

第七条　限制条件

1. 受过党纪、政纪等相关处分的，处分期内不得申请职级评聘。

2. 年度考核基本合格者，一年内不得申请职级评聘，年度考核不合格者，两年内不得申请职级评聘。

3. 由于个人履职不尽责，出现学生非正常死亡或群体事件（如罢课、罢餐、上访、打群架、打砸等），但没有造成严重社会影响的，当年不得申请职级评定。造成严重社会影响的，延迟2年申请职级评聘。

4. 所管理班级的学生当年因违纪受到下列处分之一（辅导员主动报告的除外），当年不得申请职级评聘。

（1）开除学籍2人次及以上；

（2）留校察看3人次及以上；

（3）记过4人次及以上；

（4）严重警告5人次及以上；

（5）警告6人次及以上；

（6）学生私自外宿3人次以上。

5. 在新生入学、毕业生离校、学生工作迎评或宿舍突击检查等重大学生工作开展关键时期无故擅离岗位，当年不得申请职级评聘。

第三章　晋升程序与考核

第八条　基本程序

1. 公布职数；
2. 个人申报；
3. 资格审查；
4. 民主推荐；
5. 专家评审；
6. 组织考察（高级和首席有此程序）；
7. 党委决定；
8. 公示；
9. 履行聘任手续。

第九条　辅导员的职级评聘工作原则上每三年进行一次。

第十条　本办法中的首席辅导员、高级辅导员、中级辅导员和初级辅导员的相关待遇分别比照职员五级、六级、七级和八级进行。

第十一条　本办法所规定的职级只在专职辅导员岗位上有效，未在此职级聘任岗位工作满五年转到其他岗位的，取消其相应职级。

第十二条　学校每年均对各级辅导员进行考核。具体考核要求和办法参照学校相关考核办法进行。

第四章　附　　则

第十三条　本办法适用在岗专职辅导员。

第十四条　本办法自发布之日起施行，由学工部负责解释，原《巢湖学院辅导员任职管理暂行办法》（院党字〔2009〕16号）同时废止。

巢湖学院定编定岗定责实施办法（2017～2020）

校党字〔2017〕41号

为进一步深化干部人事制度改革，加强与规范学校机构设置和人员编制管理，合理配置人力资源，优化管理队伍结构，提高管理和服务水平，根据国家和地方有关编制管理和岗位设置的规定及精神，结合学校发展规划和实际，制定本实施办法。

一、实施目标

（一）通过定编，进一步明确目标规模，优化结构，科学合理设置各类岗位，使现有人力资源得到充分开发和利用。

（二）在定编基础上，明确各类人员的岗位和职责，建立健全岗位责任制，提高管理和服务水平，真正发挥编制管理的效力。

（三）在定编、定岗、定责基础上，不断完善全员聘任制，形成充满生机与活力的自我约束、竞争激励和人才流动机制，促进人员的合理流动，实现管理的科学化、规范化、制度化。

二、基本原则

（一）科学规划，总量控制。根据上级编制总数，结合学校发展规模和规划，适度确定人员总量。

（二）结构优化，合理配置。综合考虑管理、专技和服务三支队伍建设，规范合理设置各类人员岗位数，突出教师岗位的主体地位，兼顾管理和服务工作需要，合理进行人力资源配置，切实提高办学效益。

（三）按需核定，动态管理。保证各项工作需要，按需定编，按编定岗，按岗定责，根据需要适时调整，以科学合理的配置与定位，实现内部运行高效有序。

（四）分类管理，协调发展。创新固定岗位、流动岗位和非固定岗位相结合，事业编制与自主合同聘用相结合，实行分类管理，保证学校各项事业协调发展。

三、机构设置

依据安徽省机构编制委员会《关于印发巢湖学院机构编制方案的通知》（皖编办〔2008〕33号）核定的学校内设机构，学校处级机构及岗位和科级机构及岗位设置依照《巢湖学院处级机构及岗位设置方案》（院党字〔2015〕4号）和《巢湖学院第二轮科级干部聘任工作实施方案》（校党字〔2015〕62号）进行确定。

四、编制类别及数量

为进一步强化人员分类管理，根据事业单位人员分类管理原则，学校核定的各部门各类人员编制，按其聘任类别分为事业编制（含人事代理）和合同制（含劳务派遣）两类职工，其中事业编制人员（含人事代理）纳入学校人员总量管理。至2020年底，学校各类人员总编制数控制在1000人左右，其中事业编制数暂按上级主管部门核定的771人为基准，根据编制周转池制度实施情况按上级批准的周转编制进行调整。其中：

事业编制（含人事代理）职工指为保持队伍相对稳定，而聘用的具有国家事业单位人事编制或具有代理人事关系的教职工，占编制总量的96%左右。

合同制（含劳务派遣）职工指部分与学校签订劳动合同或劳务派遣合同的工作人员，占编制总量的4%左右。

五、岗位编制数

（一）教师岗位数（专业技术主体岗）

根据学校"十三五"事业发展规划，学校确定专职教师数为640人左右（含实验教师25人），为事业编制（含人事代理）。此外，另有一定数量的辅导员和双肩挑人员计入学校专任教师范畴，学校专职教师队伍相对稳定，且数量合理，以保生师比达标。

各学院教师编制数以现有人数为基数，在学校教师数总量控制内每年根据所在学院生师比和教师承担的教学工作量等因素统筹核定进编数。

学校在教师总量内设立一定数量(占教师岗位比例约为2%)的流动岗用于柔性引进高层次人才和企业技术和学术带头人及骨干。

(二)辅导员岗位数(专业技术主体岗或管理岗)

每200学生配备辅导员1人,辅导员队伍总量为85人左右,实行专兼结合制度,兼职辅导员队伍稳定在25人左右,确定专职辅导员60人左右(含团总支书记),为事业编制(含人事代理)。专职辅导员可根据学校工作需要,按照有关规定兼职从事学生管理等相关工作。

各学院辅导员队伍编制数以现有人数为基数,在学校辅导员总量控制内每年根据所在学院辅导员数及所承担的学生工作量统筹核增(减)编数。

(三)管理、教辅(专业技术辅助岗)和工勤人员岗位数

管理岗、教辅岗和工勤岗人员在处级岗位和科级岗位基础上按每天8小时工作制和岗位职责工作分析核定岗位编制数进行,岗位总数控制在300人以内,其中教学单位岗位数为70人左右,校领导及职能部门岗位数在230人以内。

1. 管理岗:指在岗从事党政管理工作的人员编制,其中部分需具有专业技术职务的岗位实行专业技术兼职岗,为事业编制(含人事代理)。

在较大的教学单位(学生数≥1500,且专业数≥4)增设教务员岗位。

2. 教辅岗(专业技术辅助岗):指从事实验技术、图书档案、编辑出版、会计统计、医疗卫生、工程技术等工作的岗位人员编制,一般为事业编制(含人事代理),少量为合同制(含劳务派遣)。

3. 工勤岗:指专职在岗从事技能操作、场地设备维修维护、后勤保障和图书资料服务的人员编制,根据现有人员情况确定事业编制和合同制,确需新增人员为合同制(含劳务派遣)。

学校另设一定数量的非固定编制岗,从严控制在教职工总量的2%左右(约20人),用于转任非领导职务处级干部、长期病假人员、科技人员创业停薪留职、未聘待聘人员、引进的高层次人才配偶工作、临时性机构人员岗位安排等。

六、编制管理

(一)编制核定

1. 学校成立机构编制管理领导组,负责机构编制方案的拟订、审议。学校机构编制管理领导组组长由校长担任,副组长由分管人事工作的校领导担任,办公室、组织部、学生工作部、发展规划处、人事处、教务处、科研处等部门负责人为成员,办公室设在人事处。

2. 学校机构编制方案经校长办公会审议报党委会研究审定后予以实施。学校科级以上机构根据工作需要可适时集中进行调整。

3. 编制每三到四年集中核定一次或在干部集中换届调整时重新核定(遇上级主管部门另有工作部署除外),实行动态管理。各单位申报编制调整方案,增设、撤销、合并机构,更改机构名称,改变机构隶属关系等,经学校机构编制管理领导组审定后报校长办公会研究,若涉及学校处级机构调整及干部职数变动的,报学校党委会研究。

(二)编制管理

1. 各部门在学校下达的编制数内,从本单位工作实际出发,科学合理规划并使用各类人员编制(含全日制劳动合同用工人员)。

2. 超编单位要制定缩编计划,应通过自然减员、校内流动等方式逐步将人员数量控制在核定的编制数内。

3. 超编或满编单位一般情况下不得进人,不允许延退、返聘相应人员。因部分专业技术岗位特殊需要或岗位工作人员在一年内退休的可予以考虑进人。

4. 管理岗位或专业技术辅助岗位空缺时,根据实际情况和工作需要可通过劳务派遣或合同制方式聘用。

5. 工勤技能岗位事业编制(含人事代理)一般不予补充新进人员,只退不进,需要可通过劳务派遣或合同制方式聘用。

6. 各部门编制数在岗位职责取消后岗位相应减少,涉及岗位职责调整的岗位数随之变动,编随事走,人随编走。对确因机构撤并、职责任务调整、业务发展等原因需要重新核定编制的,须由部门申报调整理由,由人事处报请学校审核批准后方可调整。

七、有关要求

(一)为促进人员结构优化,进一步改革、完善现行人事调配管理制度,逐步建立能进能出、具有竞争活力、高效灵活的用人机制;逐步建立身份转变和退出机制;加强合同签订、岗位聘任、管理考核,建立激励约束机制。

(二)随着后勤社会化改革推进,能够实现社会化服务的一般岗位,不再设置相应的工勤技能岗位,只设置负责监管、协调的工作岗位。暂时还没有实现社会化服务的工作岗位,尽快向社会化服务过渡。在过渡期间,按照工作量相对饱满的原则合理设置岗位。

(三)各单位应制定并明确各岗位工作职责(含处级岗位、科级岗位、教师岗位、辅导员岗位及其他各类人员岗位工作职责),经组织人事部门审定后汇编成册,并另行发文。

八、附则

(一)本办法未尽事宜按上级文件和学校有关规定执行。

(二)本办法由学校"定编、定岗、定责"工作领导组授权人事处负责解释。

(三)本办法自发布之日起执行,凡以前学校规定与本办法相抵触的,按本办法中有关规定执行。

中共巢湖学院委员会关于践行监督执纪四种形态的实施办法(试行)

校党字〔2017〕61号

第一章 总 则

第一条 为进一步落实全面从严治党要求,强化党内监督,推动学校党风廉政建设和反腐败工作向纵深发展,营造良好的政治生态和育人环境,根据教育部《关于高等学校践行监督执纪四种形态的指导意见》(教党〔2016〕21号)要求,结合学校实际,制定本实施办法。

第二条 监督执纪四种形态是指党内关系要正常化,批评和自我批评要经常开展,让咬耳扯袖、红脸出汗成为常态;党纪轻处分和组织处理要成为大多数;对严重违纪的重处分、作出重大职务调整应当是少数;严重违纪涉嫌违法立案审查的只能是极少数。

第三条 践行监督执纪四种形态应当按照"纪严于法、纪在法前、纪法分开"的要求,坚持抓早抓小、防微杜渐,动辄则咎、及时纠偏,治病救人、防止破法,反腐惩恶、除恶务尽的原则。

第四条 践行监督执纪四种形态要严明党的纪律,抓住关键少数,管住全体党员,实现惩处极少数、教育大多数的政治效果和社会效果。

第二章 四种形态适应情形与处理措施

第五条 第一种形态适用情形主要有:有苗头性、倾向性问题,虽然无违纪事实,但需要提醒、批评的;反映的问题难以查证,但有存在可能性的;有违纪事实或问责情形,但情节轻微,不需要纪律处分、组织处理的;巡视巡察、考核考察反馈问题整改不力,需要提醒、批评的;其他适用于第一种形态的情形。

第六条 对第一种形态可以采取谈心交心、谈话函询、严格民主生活会制度、通报批评、诫勉谈话及其他批评教育类措施处理。

(一)谈心交心。学校各级党组织要围绕纪律、作风、思想等方面情况,经常与党员干部谈心交心,积极开展深入细致的思想政治工作。校党委书记每半年至少要与班子成员进行一次谈心交心,经常与二级单位主要负责人进行谈心活动,党委其他成员每年要与分管部门领导班子成员、联系学院主要负责人进行一次谈心活动,二级单位主要负责人与班子成员、班子成员与分管范围内的干部要经常开展谈心交心。对重点领域和重点岗位的领导干部要进行重点谈心交心。

(二)谈话函询。对有苗头性、倾向性问题的党员干部,需要提醒、批评,或督促整改的,可对其进行谈话。按照干部管理权限由组织部或谈话对象所在党组织主要负责人进行谈话。谈话对象为党组织主要负责人的,一般由其上级党组织主要负责人或者其委托的相关负责人谈话;谈话对象为党组织班子成员的,一般由其所在党组织主要负责人谈话;谈话对象为其他党员干部的,一般由其分管领导谈话。

针对有群众反映,但问题比较笼统,需要被反映人书面说明情况的,或有必要以这种方式提醒的,可按照中央纪委和中央组织部的有关规定,校纪委、组织部可对被反映的党员干部进行函询,让其本人实事求是地说明情况。说明材料要由其所在党组织或单位负责人签字背书,对二级单位党政主要负责人函询,由其分管、联系校领导签字背书。

(三)严格民主生活会制度。严肃党内政治生活,认真开展批评与自我批评。党员领导干部因违规违纪受到提醒、函询、诫勉、组织处理、纪律处分的,或一年来存在应当向组织说清楚的其他有关问题的,在民主生活会上要作批评和自我批评,提出整改措施,并作为年度党风廉政建设考核的一项重要内容。

(四)通报批评。对经核查确有轻微违规违纪行为的党员干部、巡视或专项检查中发现的违反党纪党规的问题、领导干部经济责任审计中发现的问题,在一定范围进行通报批评,通报批评对象应作书面检查。

（五）诫勉谈话。对群众反映大并造成不良影响，或虽构成违纪，但根据有关规定免予党纪处分的党员干部，应进行诫勉谈话。对单位主要负责人和班子成员，应视具体情况，分别由其上级党组织主要负责人或分管领导、纪委主要负责人对其进行诫勉谈话；对其他党员干部，一般由其分管领导对其进行诫勉谈话。同时被反映的党员干部应作书面检查。

第七条 第二种形态适用情形主要有：有违纪行为，需要给予纪律轻处分、组织调整的；有问责情形，需要给予纪律轻处分、组织调整的；违纪情节轻微，经批评教育、诫勉谈话后，仍不改正，需要给予纪律轻处分、组织调整的；其他适用于第二种形态的情形。

第八条 对第二种形态可以采取党内警告、党内严重警告及其他组织调整类措施处理。

（一）给予纪律轻处分。对指向性明确的问题和线索，按规定程序进行核查。属于轻微违纪的，按照《中国共产党纪律处分条例》《中国共产党问责条例》有关规定，给予党内警告、严重警告处分。

（二）进行组织调整。根据党员干部违纪事实、性质和情节，组织部和纪委办公室依规依纪向校党委提出停职检查、调整职务、引咎辞职、责令辞职、免职等组织处理建议，由组织人事部门按照党委的决定办理。

第九条 第三种形态适用情形主要有：有严重违纪行为，尚不涉法，需要给予纪律重处分、重大职务调整的；有问责情形，需要给予纪律重处分、重大职务调整的；有违纪犯罪行为，但犯罪情节轻微，需要给予纪律重处分、重大职务调整的；其他适用于第三种形态的情形。

第十条 对第三种形态可以采取撤销党内职务、留党察看、开除党籍及其他重大职务调整类措施处理。

（一）给予纪律重处分。属于严重违纪的，按照《中国共产党纪律处分条例》《中国共产党问责条例》给予撤销党内职务、留党察看、开除党籍处分。

（二）做出重大职务调整。对违纪问题性质、违纪情节比较严重的，在按照规定给予党纪重处分的同时，可建议对其进行降职、撤职等重大职务调整，由组织人事部门按照党委的决定办理。

第十一条 第四种形态适用情形主要有：因严重违纪涉嫌违法，需要给予开除党籍、开除公职处分，并移送司法机关处理的；因问责情形涉嫌违法，需要移送司法机关处理，并给予开除党籍、开除公职处分的；经司法机关判处刑罚，需要给予开除党籍、开除公职处分的；其他适用于第四种形态的情形。

第十二条 对第四种形态应当及时作出开除党籍、开除公职处分，移送司法机关处理，或者根据司法机关处理结果，及时给予纪律处分。

（一）突出纪律审查重点。重点查处十八大后不收敛不收手，问题线索反映集中、群众反映强烈，现在重要岗位且可能还要提拔使用的领导干部问题，特别是对以上三类情况集于一身的必须严肃审查。

（二）做好纪法衔接。在纪律审查中发现党员有严重违纪涉嫌违法的，或者有刑法规定的行为，虽不涉及犯罪但须追究党纪责任的，或者有其他违法行为，影响党的形象，损害党、国家和人民利益的，按照《中国共产党纪律处分条例》《中国共产党问责条例》给予纪律处分。受到党纪追究，涉嫌违法犯罪的党员，应当及时移送有关国家机关依法处理。

第三章 保障机制

第十三条 学校党委要把践行四种形态作为落实管党治党主体责任的重要方式,作为关心爱护党员干部的重要手段,加强领导,及时听取有关情况的汇报,旗帜鲜明支持纪检部门开展工作。领导班子成员要把践行四种形态作为落实"一岗双责"的重要内容,加强对管辖范围内党员干部的教育与管理,促使干部健康成长。

第十四条 学校纪委要把践行四种形态作为检验工作的标准,切实履行监督责任,聚焦"六大纪律"严肃监督执纪问责。纪检干部要敢于担当,在大是大非和原则问题面前保持政治定力,增强履职能力,做到忠诚、干净、担当。

第十五条 学校党委、纪委要积极探索纪律教育经常化、制度化的途径,建立长效工作机制。要强化党内监督,坚持民主集中制,指导、督促各级党组织规范党内政治生活。要做好四种形态的转化工作,完善信访举报受理、问题线索管理、纪律审查和案件审理制度,明确执纪重点、规范执纪流程、转变执纪方式、提升执纪效果。

第十六条 学校党委、纪委要坚持把追责问责作为全面从严治党的重要抓手,对党组织和党员领导干部违反党章和党内其他法规,不履行或者不正确履行职责,有《中国共产党问责条例》规定的应问责情形的,应当予以问责。在践行四种形态过程中,对经核实不如实说明情况、提供材料,或拒不接受组织教育提醒、拒不改正的,依规依纪作出严肃处理;涉嫌犯罪的,应移送司法机关处理。

第四章 附 则

第十七条 本实施办法由纪委办公室(监察审计处)负责解释。

第十八条 本办法自印发之日起施行。

巢湖学院校园安全稳定工作实施意见

校党字〔2017〕72号

党的十九大即将召开,维护校园安全稳定是学校各项工作的重中之重和首要政治任务。为营造安全稳定的校园环境,严防突发事件发生,根据上级相关文件要求,结合学校实际,特制定校园安全稳定工作实施意见。

一、指导思想

以习近平总书记系列重要讲话和国家安全重大战略思想为指导,牢固树立安全发展理念。坚持国家利益至上,以师生安全为宗旨,坚守安全红线;坚持标本兼治,深化改革创新,健全体制机制;以维护校园安全稳定为首要任务,以预防和化解安全稳定风险和隐患为主线,以解决影响校园综治及安全稳定的突出问题为重点,以推进依法治校的制度化建设为保障,有效防控安全稳定风险,确保学校安全稳定大局。

二、工作目标

一是实现"四个到位":学生教育管理到位;安全稳定风险和隐患排查、干预、处置到位;舆情监控和网络治理到位;突发不稳定事件处置到位。

二是做到"五个坚决防止":坚决防止发生危害国家安全和社会稳定的重大政治事件;坚决防止发生严重暴力恐怖事件;坚决防止发生大规模群体性事件;坚决防止发生大规模进京上访活动和个人极端事件;坚决防止发生重大公共安全事件。

做到将校园维稳工作与其他工作同计划、同检查、同评比。校园安全稳定工作常抓不懈,将维稳工作做深、做细、做实,确保万无一失。

三、组织机构

学校成立校园安全稳定工作领导组(以下简称"工作组"),按省教育厅、公安厅等上级机关的文件要求,做好敏感节点期间维稳安保工作,根据省属高校领导班子党建考核要求,完善"一岗双责、党政同责、失职追责"责任制和责任追究制度,统筹、协调和指导学校安全稳定工作。人员组成如下:

组　长:朱灿平　祝家贵

副组长:徐柳凡　阮爱民　黄志圣　朱定秀

成　员:各二级学院和校直各单位党政主要负责人

工作组办公室设在保卫与校园管理处,管超同志兼任办公室主任,主要负责学校安全稳定研判情况收集、督促相关职能部门做好安全隐患排查、协调相关职能部门开展突发事件处置工作。

四、职责分工

保卫与校园管理处工作职责:负责学校安全保卫工作;负责突发事件的现场秩序维护和处置工作;负责实施门禁管理制度,坚决预防和制止校外人员进入校内从事不法活动;做好有关重点人员的控制工作;负责向国家安全部门、公安部门上报信息;协助国家安全机关、公安机关对事件开展调查和处理工作;负责校园及周边安全稳定排查;实行24小时值班制度;及时向工作组报告相关信息;督促、检查、指导各单位做好维护校园安全、社会稳定等工作;服从学校及工作组其他工作安排。

办公室(党委办公室)工作职责:协助校党政主要领导督促各单位落实上级与学校有关校园安全稳定工作的指示精神,加强与省、市有关部门的联系;健全信息报告制度,完善信息预警机制,做好影响学校和社会稳定信息的汇总、上报工作;协助工作组开展矛盾纠纷排查,做好群众来信、来访的处理,积极预防、妥善处置各类群体性、突发性事件;会同有关部门开展依法治校以及维护国家安全和保密宣传教育,制定、发布全校性规章制度;与保卫与校园管理处督促、检查、指导各单位做好维护校园安全、社会稳定等工作;服从学校及工作组其他工作安排。

学生工作部工作职责:做好学生的教育和心理疏导工作;会议期间,做好学生思想动态的引导工作,若发生突发事件,要及时有效控制有关事态发展,积极配合其他部门平息事件;会议之后,及时了解和掌握学生思想动态,解决学生合理诉求;向工作组办公室报告相关信息;服从学校及工作组其他工作安排。

教务处工作职责：负责全校各类教育教学活动安全管理；负责学生外出实习中安全管理工作；督促全体老师严密组织课堂教学，要把安全作为教育教学的第一要事，摆在首位；认真落实有关法规和上级文件对危化品安全管理规定，认真组织实验室教学活动。

人事处工作职责：负责学校人事、劳资等安全管理工作；严格做好专业技术资格评审、岗位评聘、劳动工资、保险福利、考核奖惩等方面的安全稳定工作；做好离退休人员的安全服务工作。

宣传部工作职责：负责做好十九大宣传工作，做好学校突发事件新闻媒体舆论正面引导工作，负责校内外新闻信息发布、审核工作；负责网上信息舆情监控工作，及时删除有害信息；向工作组办公室报告相关信息；服从学校及工作组其他工作安排。

国际交流与继续教育学院工作职责：负责做好外籍教师、留学生的教育和疏导及安全工作；如有境外媒体要求采访，与宣传部共同按照上级部门要求做好应对工作；服从学校及工作组其他工作安排。

后勤管理与基建处工作职责：负责油、气、水、电等安全工作；负责后勤保障工作，确保餐饮和水、电、气的正常供给，稳定学生食堂价格，确保饭菜质量；负责医疗保障工作，包括疾病的预防、紧急救治等工作；服从学校及工作组其他工作安排。

现代教育技术中心工作职责：负责全校计算机网络的监控及安全工作；协助宣传部做好网上重大突发事件舆论的正面引导工作；协助国家安全机关、公安机关开展网络有害信息的调查工作；向工作组办公室报告相关信息；服从学校及工作组其他工作安排。

团委工作职责：配合学生工作部做好学生的思想教育、心理疏导和聚集学生的安全疏导工作；配合各部门工作；服从学校及工作组其他工作安排。

二级学院工作职责：各学院全面做好师生安全稳定工作；制定并落实本单位的应急预案，确保本单位安全稳定；若发生突发事件，积极配合有关部门和单位做好应急工作。

五、工作措施

（一）重心下移，关口前移，建立健全机制体系

1. 各单位要建立并形成党政主要领导亲自抓、分管领导具体抓、重点岗位人员直接抓的"全员参与、群防群治"的工作格局，形成集管理与服务、防范与控处为一体的"横向到边、纵向到底"的立体化工作体系。（责任单位：各学院、校直各单位）

2. 严格执行问责追责制度，强化各单位管理责任的硬约束。一是对工作不深入细致、措施落实不力、管理履职不到位、处置化解不及时等原因而引发涉稳事件或造成不良后果的单位和个人，将视其情节追究其责任。二是严格落实年度《校直单位安全稳定工作目标责任书》中规定的硬性指标，对年度内发生有目标责任书规定的十项内容之一责任单位的党政主要负责人、相关责任人及当事人，取消其年度评先评优评奖、晋职晋级资格。（责任单位：人事处、组织部、监审处）

3. 严格执行联席会议制度。一是分别召开一次学校安全稳定和校地联席会议，专题研究综治及安全稳定工作，研判形势，解决问题，加强沟通，密切联系；二是深入做好学生工作联席会议制度，将安全稳定工作列入会议议程，及时收集、交流信息，研判、处置情况，安排、改进工作。（责任单位：保卫与校园管理处、学生工作部、宣传部、教务处、后勤管理与基建处、团委、图书馆、现代教育技术中心）

4. 健全应急工作机制,妥善处置群体性事件。一是对照《巢湖学院突发公共事件总体应急预案》,明确部门分工,责任落实到人,加强部门协调配合,一旦发生群体事件,避免激化矛盾,要及时处置,立即上报,防止事态扩大蔓延。二是在重要时间节点和特殊敏感时期,实行校领导带班、机关处级以上干部及二级学院党政领导参加的夜间值班制度,对师生反映的各种问题及时受理、及时解决,对校园突发事件及时发现并有效控处。(责任单位:各学院、校直各单位)

(二)完善制度,强化管理,加强校园秩序管控

1. 严格执行车辆门禁管理制度,实行送货、施工车辆准入审批手续,加强校内运行车辆的实时监管,确保校内交通安全及车辆管理有序。(责任单位:保卫与校园管理处、后勤管理与基建处)

2. 依靠"三防"体系严格执行以校门岗为据点、以通信为纽带、以数字化安防监控为依托,以动态化的校园巡逻为基础校园秩序管控及应急处突整体联动机制,充分发挥智能化技防措施功能及优势,对校园发生的异常情况和突发事件保证做到及时发现、及时报告、及时控处。(责任单位:保卫与校园管理处、现代教育技术中心)

3. 学生宿舍执行夜间出入登记制度,看好人,把好门,防止别有用心的人员到学校搞煽动及破坏活动。(责任单位:保卫与校园管理处)

(三)明确责任,加强监管,深入开展校园安全隐患排查

1. 全面排查当前影响学校安全稳定的因素,着力解决当前校园不稳定的薄弱环节。重点加强对人员集中场所(如学生宿舍、食堂、礼堂、教学楼、实验室、图书馆、实训中心等)、重点要害部位(如消防疏散通道、安全出口、建设工地等)、重点事物(如实验药品及危化物品的购置、运输、使用、保管、处理,校园绿色公交、直饮水等)的安全规范管理,学校每月组织专班进行常规性安全大检查和不定期抽查,对检查出的安全隐患逐一登记造册,落实整改措施,落实责任人员,限时整改。(责任单位:保卫与校园管理处、后勤管理与基建处、学生工作部、教务处、团委、化学与材料工程学院)

2. 各单位严格落实和履行年初与学校签订的《校直单位安全稳定工作目标管理责任书》的主体责任,按照规定内容落实常态化的自查自纠、立查立改的安全隐患排处制度,消除一切安全隐患,实行每月定期上报,建立翔实的工作台账。(责任单位:保卫与校园管理处、校办公室)

3. 食品卫生工作严格执行上级有关规定,各食堂设专兼职食品卫生管理员,监督检查本食堂食品卫生安全,每日抽查饭菜质量和服务质量。(责任单位:保卫与校园管理处、后勤管理与基建处、化学与材料工程学院)

(四)从高认识,积极应对,做好当前意识形态领域的各项工作

1. 要突出理想信念教育,全体教职员工都要坚定不移地坚持马克思主义在意识形态领域的主导地位,引导学生正确全面理解中国特色社会主义的科学内涵是实践、理论、制度的紧密结合。(责任单位:教务处、宣传部、人事处、马克思主义学院)

2. 严明课堂教学管理,坚持学术研究无禁区、课堂讲授有纪律、公开言论守规矩,完善课程设置管理、教学督导听课等制度;思想政治理论课教师要以高度的政治意识、政治责任开展课堂教学,坚持以正确的政治意识统领课堂教学,以高度的政治责任感开展理论讲解、

观点阐述,把握思想政治理论课的主方向、主责任。(责任单位:教务处、各学院)

3. 加强学生辅导员队伍建设,要了解、掌握学生在各个阶段意识形态的发展变化,科学认识、理性对待非主流意识形态并掌握其传播途径。及时发现学生管理工作中新情况、新问题,要增强主动意识,防范和抵制各种错误观点出现。(责任单位:学生工作部)

4. 落实一会一报、一事一报等制度,做好校园论坛、报告会、研讨会、读书会、学术沙龙以及课堂教学、班级微信、QQ 等新媒体管理,自觉发挥对意识形态领域工作的潜移默化作用,对自己拿不准的内容不能讲,讲出去的是必须能够传递正能量的。(责任单位:宣传部、学生工作部、各学院)

5. 建立健全全面覆盖、反应灵敏、预防有效、处置及时的网络舆情信息收集、反馈、处置机制,提高技术防范能力,实行校园网、校园贴吧 24 小时监控与关注,及时发现、消除有害信息。(责任单位:宣传部、现代教育技术中心)

6. 密切关注学生 QQ 群、微信群上的思想及言论,做好正面引导和疏通工作,一旦发现异常动态,要迅速干预、制止并及时上报。(责任单位:宣传部、现代教育技术中心、各学院)

7. 扎实做好学校宣传栏及其他公共场所监控管理,防止张贴有害的大小字报、传单。(责任单位:宣传部、保卫与校园管理处)

8. 通过举办丰富多彩的校园文化活动,将学生的注意力引导到校园。(责任单位:团委、各学院)

9. 国庆节至十九大期间,学校党委办公室要实行安全稳定工作"零报告"制度,有事即时报情况,无事报平安,各单位安排专人值班值守,有带班领导和值班人员。(责任单位:校办公室、各学院、校直各单位)

10. 加强意识形态领域阵地建设,对学生进行反邪教教育,禁止校园宗教活动。利用宣传栏、宣传手册等宣传工具,加强对师生的反邪教、防范校园传教工作,以崇尚科学、珍爱生命为主题,加强思想政治教育宣传工作,净化校园,确保校园稳定。(责任单位:校办公室、教务处、学生工作部、宣传部、团委、现代教育技术中心、马克思主义学院)

(五)加强宣教,注重实效,提高师生安防意识

1. 按计划分步骤开展安全教育活动,各学院及相关部门要以不同主题开展安全教育活动,坚持做好师生消防安全技能培训讲座和演练活动,做好消防日、禁毒日、国家安全日等主题宣传活动。(责任单位:各学院、校直各单位)

2. 加强"平安校园"微信平台,推送安全维稳知识公开课,开展安全知识竞赛活动,发挥手机移动媒体对电信诈骗、传销、网络贷款等学生集中受害问题防范知识的普及作用,提高教职工参与安全维稳工作的积极性和互动频率,积极营造"教育在前,防范在先"的安全维稳工作氛围。(责任单位:学生工作部、宣传部、保卫与校园管理处、各学院)

(六)突出重点,明确责任,杜绝因监管不到位而出现各类涉稳事件或安全险情

1. 针对校园发案特点,严格执行校园发案预警制度,利用学生工作联席会议,及时通报校园发案情况,详细介绍各类案件的防范措施,切实降低诈骗、盗窃、校园贷等一般类可防性案件发案数。(责任单位:保卫与校园管理处)

2. 强化措施,加强校规校纪的约束力,严格加强学生课堂考勤、夜间归宿、公寓安全等校内日常行为规范管理工作力度,坚决杜绝出现管理层面的低级失误和纰漏。(责任单位:

后勤管理与基建处、保卫与校园管理处、各学院）

3. 加强学生集体外出实习见习、写生采风、参加社会实践等校外活动的安全管理；严格加强和规范学生申请自主实习的审批流程，明确安全责任及注意事项。（责任单位：教务处、团委、各学院）

4. 严格加强节假日学生去向的情况摸底统计及管理，要求学生履行安全承诺，强化自我管理的责任意识。（责任单位：各学院）

5. 开展深入细致的思想政治教育和心理健康教育，做好学生管理和服务工作。重点妥善处理好学生催缴学费、成绩评定、奖励处分、奖助学金发放等问题，避免节外生枝，提高学生管理和服务的质量。（责任单位：教务处、学生工作部、财务处、各学院）

6. 深入开展爱国主义和大局观正面主题教育活动，把思想和行动统一到省委、省政府要求和委厅部署上来，与中央保持一致。充分发挥学生党员、团干部的骨干作用，依法、理性表达爱国情怀，合理引导学生的爱国热情，使其转化为刻苦学习、奋发成才的动力和实际行动。（责任单位：宣传部、学生工作部、教务处、团委）

（七）点面结合，牢牢把握，加强重点关注人员及群体的管理

进一步建立健全校内重点关注人员及群体（包括重点学生、少数民族学生、外籍教师、留学生、"两劳"人员等）基础信息档案，做到底数清、情况明，切实加强教育管理和疏导。重点做好以下工作：

1. 对有重大身体疾病的异质体质学生、有心理疾患的学生、有违纪前科或受处分的学生、情绪不稳定的学生和对学校教育管理有抵触情绪的学生等五类重点人群进行全面摸排，高度关注，耐心帮扶和进行心理干预，对重点人员必须盯死看牢，杜绝出现失管、漏管。（责任单位：学生工作部、保卫与校园管理处、各学院）

2. 进一步加强对少数民族学生在学习、生活、宗教信仰及思想意识形态领域的教育引导和规范管理。（责任单位：教务处、各学院）

3. 积极配合公安部门开展各专项斗争及打击行动，严防宗教极端势力渗透，严防涉疆、涉维、涉恐、涉稳等苗头和事件在校园发生；加强对各种活动的组织与监管，严防意识形态领域出现问题。（责任单位：学生工作部、保卫与校园管理处、国际交流与继续教育学院、各学院）

（八）畅通渠道，延伸手臂，加强情报信息工作

1. 各学院及相关部门必须认真、高效、扎实落实学生公寓安全管理，充分发挥学生寝室长、班团干部、学生党员及学生骨干在公寓宿舍安保工作中的自我教育、自我管理、自我防范作用，切实提高发现能力与预警能力，防止发生安全稳定事件。（责任单位：各学院）

2. 严格执行信息收集、处理和报送制度，对拖报、不报、谎报重要信息而延误事故处理、造成恶劣影响的，严肃依规追究有关人员和领导的责任。（责任单位：各学院、校直各单位）

（九）以人为本，耐心细致，妥善化解矛盾纠纷

1. 认真做好教学、行政、后勤等管理和服务工作，切实关心和解决好涉及师生切身利益的问题，以人为本，多办实事。（责任单位：校办公室、人事处、后勤管理与基建处）

2. 做好重要时期摸排、全面深入掌握可能影响学校和单位稳定的各类矛盾纠纷，从源头上解决师生诉求，认真做到预警在先、教育在先、控制在先、调解在先，切实把矛盾纠纷化

解在基层、化解在内部、化解在萌芽状态。（责任单位：人事处、后勤管理与基建处、保卫与校园管理处、学生工作部、各学院）

（十）校地联合，群防群治，优化校园育人环境

积极主动与地方政府各职能部门及校园周边社区联系沟通，紧密配合、充分依靠并发挥政府职能，加大校园及周边环境专项整治，联合集中整治存在的突出问题进行，大力整顿校园"五小"场所经营秩序，清理流动摊点经营和车辆违规停放等现象，维护学校及周边地区的良好秩序。（责任单位：办公室、后勤管理与基建处、保卫与校园管理处）

六、总体要求

1. 防患未然，预防为主。各单位要通过多种渠道，采取多种方式深入实际，及时了解和掌握有关信息，建立突发事件预警监测机制和排查机制。对涉及校园安全稳定的问题，通过排查和有效处置，把问题解决在萌芽状态。

2. 统一指挥，妥善处置。突发事件发生时，在工作组的统一指挥下，由工作组办公室发布预案启动指令，各单位应立即采取有效措施，有关单位负责人要立即赶到现场，组织开展处置工作。严格控制事态发展，力争把问题解决在基层，解决在校内，把损失减到最低，把影响降到最小。

3. 教育疏导，化解矛盾。在处置突发性群体事件时，坚持"晓之以理、动之以情，做到可散不可聚，可息不可激，可化不可理"的工作原则，要注意工作方法，讲究工作策略，切实做好疏导和稳定工作。

4. 反应迅速，及时上报。发生突发事件时，有关部门须将现场信息、工作进展情况在第一时间上报工作组，确保信息准确。同时，根据事件的发展情况，校办公室负责向上级有关部门报告情况，保卫与校园管理处负责向国家安全机关、公安机关汇报。确保信息第一时间报送、问题第一时间解决、突发事件第一时间在现场得到处置，不得迟、漏、错、瞒报信息。

5. 严明纪律，落实责任。发生突发事件后，有以下情形之一的，学校将依照有关规定追究单位主要负责人和相关责任人的责任：不服从学校应急处置工作统一指挥；未制定稳定预案；未及时采取处置措施或处置不当造成后果的；迟报、漏报、错报、瞒报安全稳定苗头信息及突发类事件信息造成后果的。

巢湖学院教职工代表大会实施细则(修订)

校党字〔2017〕73号

第一章 总 则

第一条 为保障教职工依法参与学校民主管理和监督，完善现代大学制度，促进依法治校，依据《学校教职工代表大会规定》（教育部令第32号）和《安徽省高等学校教职工代表大会工作规程》（皖教政法〔2013〕3号），结合我校教职工代表大会（以下简称"教代会"）工作实际，制定本实施细则。

第二条　教代会是维护教职工合法权益、完善学校内部治理结构、加强基层民主政治建设的重要途径，是教职工依法行使民主权利、参与学校民主管理和监督的基本形式，是促进学校决策科学化、民主化、制度化的重要途径。学校根据实际工作需要，不断完善教代会制度。

第三条　教代会高举中国特色社会主义伟大旗帜，以马克思列宁主义、毛泽东思想、邓小平理论、"三个代表"重要思想和科学发展观以及习近平系列重要讲话精神为指导，全面贯彻执行党的基本路线和教育方针，认真参与学校民主管理和监督。

第四条　教代会依法履行下列职责：认真宣传党的教育方针，积极推进学校的建设、改革、发展和稳定；引导教职工正确处理国家、集体、个人三者利益关系；如实反映教职工的建议、意见和要求，维护教职工合法权益；依照法律法规行使民主管理和民主监督各项职权。

第五条　教职工代表大会在学校党委的领导下开展工作。教职工代表大会的组织原则是民主集中制。学校党委把教代会工作列入党委重要议事日程，定期研究教代会工作，协调、解决教代会工作中出现的各种问题，支持教代会在法律法规和政策规定的范围内开展工作。

第六条　校长尊重和支持教代会行使民主管理的职权，定期向教代会报告工作，认真听取意见和建议。学校重大事项须征求教代会或教代会执行委员会（以下简称"执委会"）的意见和建议后方可实施。学校为教代会及其日常工作，为工会承担教代会工作机构的职责提供必要的工作条件和经费保障。

第二章　职　权

第七条　教代会根据统筹有力、权责明确的原则，在学校党委领导下行使下列职权：

（一）听取学校章程修订情况报告，提出修改意见和建议；学校章程修订工作负责人，应当就章程修订情况与主要问题，向教职工代表大会做出说明。

（二）听取学校发展规划、教职工队伍建设、教育教学改革、校园建设以及其他重大改革和重大问题解决方案的报告，提出意见和建议。

（三）听取学校年度工作、财务工作、工会工作报告以及其他专项工作报告，提出意见和建议。

（四）讨论通过学校提出的与教职工利益直接相关的福利、校内分配实施方案以及相应的教职工聘任、考核、奖惩办法。

（五）审议学校上一届（次）教职工代表大会提案的办理情况报告。

（六）按照有关工作规定和安排评议学校领导干部。

（七）通过多种方式对学校工作提出意见和建议，监督学校章程、规章制度和决策的落实，提出整改意见和建议。

（八）讨论法律法规规章规定的以及学校与学校工会商定的其他事项。

第八条　教代会的意见和建议，以会议决议方式做出。教代会决议须经大会表决并获代表总数半数以上通过方为有效。学校应当建立健全沟通机制，全面听取教代会提出的意见和建议，并合理吸收采纳；不能吸收采纳的，应当做出说明。

第三章 代　　表

第九条 凡与学校签订聘任聘用合同、具有聘任聘用关系的教职工，均可当选为教代会代表。教代会代表由教职工民主选举产生。教代会代表实行任期制，任期与教代会任期相同，可以连选连任。

第十条 教代会代表选举方案在筹备工作领导小组主持下，由学校工会提出，报经学校党委审定。方案应包括代表人数、组成比例、代表条件、代表团划分、代表名额分配和产生办法等，以及列席代表、特邀代表名额的分配、产生办法等。

第十一条 教代会代表名额应根据教职工人数，按一定比例确定。根据我校实际，代表名额应按教职工人数的 15%～30% 确定。

第十二条 教代会代表中，直接从事教学、科研工作的代表一般应占代表总数的 60% 以上。女教职工和青年教职工代表应占适当比例。

第十三条 按照教代会代表选举方案，各选区召开会议，依据分配的名额和条件酝酿提出代表候选人名单，采取无记名投票方式选举产生教代会代表，各选区到会人数应有本选区 2/3 以上教职工参加方为有效，被选代表获选区全体教职工半数以上赞成票方可当选。学校党政工主要负责人应作为代表候选人，可推荐到有关选区参加选举。教代会按选区建立或联合组建教代会代表团(组)，推荐选举正副团(组)长。

第十四条 教代会代表资格审查委员会负责对代表资格进行审查，主要审查当选代表是否符合规定条件，是否符合代表结构和比例，是否符合民主选举程序。审查结果向教代会预备会议报告。

第十五条 教代会代表资格的调整、撤换与增补：

（一）教代会代表在任期内退休、调离学校或解聘合同的，其代表资格自行终止。

（二）教代会代表被开除公职的，其代表资格自开除之日起即行停止。

（三）教代会代表请辞代表职务或未能履行职责失去群众信任的，由原选区向学校工会提出终止其代表资格的书面申请，报经教代会执委会讨论通过。

（四）因工作需要或教代会代表出现缺额，须增选、补选教代会代表的，其条件和程序与选举代表相同。

（五）教代会代表资格调整、撤换与增补结果应向下一次代表大会报告。选举、更换和撤换教职工代表大会代表的程序，由学校根据相关规定，并结合实际予以明确规定。

第十六条 根据需要，教代会可以邀请有关领导干部、专家、学者、学生、劳模和民主党派、离退休教职工及其他人员作为列席代表或特邀代表参加会议。列席代表或特邀代表在教代会上不具有选举权、被选举权和表决权。

第十七条 代表的权利：

（一）在教代会上享有选举权、被选举权和表决权；

（二）在教代会上可充分发表意见和建议；

（三）提交提案并对提案办理情况进行询问和监督；

（四）就学校工作向学校负责人和有关机构反映教职工的意见和要求；

（五）因履行职责受到压制、阻挠或者打击报复时，向有关部门提出申诉和控告。

第十八条 代表的义务：

（一）努力学习并认真执行党的路线方针政策、国家法律法规、党和国家关于教育改革发展的方针政策，不断提高思想政治素质和参与民主管理、民主监督的能力；

（二）积极参加教代会活动，认真宣传、贯彻教代会决议，完成教代会交办的工作；

（三）办事公正，为人正派，密切联系教职工群众，如实反映群众的意见和要求；

（四）及时向本选区教职工通报参加教代会活动和履行职责的情况，接受评议监督；

（五）自觉遵守学校的规章制度和职业道德，提高业务水平，做好本职工作。

第十九条 教代会代表的培训由学校工会负责实施，培训的内容主要包括：有关法律、法规、政策，教代会基本知识，校务公开、民主管理理论及参政议政实务等。

第四章 组织规则

第二十条 教代会每届届期为5年，期满应当进行换届选举。教代会每学年至少召开一次。教代会须有2/3以上代表出席。

第二十一条 凡是学校所属正式建制的二级学院和附属单位，应参照本细则的相关规定，建立健全教代会制度。

第二十二条 教代会在代表中推选人员组成主席团。主席团应当由学校各方面人员组成，其中包括学校、学校工会主要负责人，教师代表应占多数。主席团实行执行主席制，由执行主席轮流主持大会。

第二十三条 教代会根据实际情况和需要，可以选举产生执委会。执委会委员必须是本届教代会正式代表。执委会组成人员教师代表应占多数。

第二十四条 教代会根据工作的需要，可设立发展规划、教学科研、民主管理、提案工作、劳动保障、生活福利等若干个专门工作委员会（组），组成人员应是本届教代会正式代表。专门工作委员会（组）对教代会负责并报告工作。

第二十五条 学校工会是教代会的工作机构，负责教代会的日常工作和二级学院、附属单位教（职）代会制度建设的指导和协调工作。

第二十六条 学校工会承担以下与教代会相关的工作职责：

（一）做好教代会的筹备和会务工作，组织选举教代会代表，征集和整理提案，提出会议议题、组织方案和主席团建议人选。

（二）教代会闭会期间，组织传达贯彻教代会精神，督促检查教代会决议的落实，组织各代表团（组）及专门工作委员会（组）的活动，主持召开教代会代表团（组）长、专门工作委员会（组）负责人联席会议。

（三）组织教代会代表的培训，接受和处理教代会代表的建议和申诉。

（四）就学校民主管理工作向学校党组织汇报，与学校沟通。

（五）完成教代会委托的其他任务。选举产生的执委会可根据教代会的授权，承担前款有关职责。

第五章　筹备与召开

第二十七条　教代会换届会议,应成立筹备工作领导小组主持筹备组织工作,届中会议由本届教代会执委会或学校工会主持筹备组织。根据工作需要可下设若干专门工作机构。筹备工作领导小组由学校党政主要负责人或分管工会工作的负责人、工会主要负责人及有关部门负责人组成。

第二十八条　教代会筹备工作:

(一)教代会换届时,制定会议正式代表、特邀代表、列席代表的产生条件、名额分配、选举办法、代表团(组)划分;

(二)教代会换届时,提出大会主席团组成人员建议名单和产生办法,提出专门工作委员会(组)组成方案;

(三)征集会议提案,并对提案进行归纳、整理、审查、立案;

(四)围绕学校改革发展的中心任务,针对改革、发展、管理、分配和教职工普遍关心的热点问题,由工会提出会议中心议题,报学校党委审定;

(五)将须提交教代会讨论、审议、通过或者决定的文件在会前印发给代表,在广泛征求意见的基础上进行修改完善,并报学校党委审定;

(六)教代会安排民主评议干部时,参与制定民主评议干部方案;

(七)拟定会议日程和各项议程;

(八)做好会议的其他筹备组织工作。

第二十九条　教代会换届时,应召开预备会议。教代会预备会议的主要议程为:

(一)向大会报告本届教代会的筹备情况;

(二)通过代表资格审查委员会关于代表资格的审查报告;

(三)通过大会主席团成员名单和秘书长名单;

(四)通过大会议题和议程;

(五)通过、决定大会其他事项。

第三十条　教代会正式会议的主要议程为:

(一)听取审议校长工作报告。

(二)听取教代会工作、工会工作及各专门工作委员会(组)工作报告。

(三)听取学校财务工作报告、发展规划方案、薪酬改革方案等有关改革方案和工作报告。

(四)确认闭会期间决定事项。

(五)表决大会决议、决定和方案及其他事项。

(六)换届时,教代会根据需要可选举产生执委会。执委会成员必须是教代会代表,教师代表应占多数。

(七)换届时,通过专门工作委员会(组)组成人选。

(八)如有增补、替补代表事项时,做关于代表增补、替补情况的说明。

第六章 提　　案

第三十一条　教代会提案是教代会代表和教职工群众就学校发展规划、制度建设、党政管理、教学科研、人才队伍建设、工资分配、人事制度、民主管理与监督、生活福利、后勤服务等方面提出的议案。

第三十二条　教代会提案工作委员会(组)或学校工会应在教代会召开前30日发出征集大会提案通知,并将提案表印发给全体教代会代表。提案内容应当围绕教代会中心议题及教职工普遍关心的热点、难点问题提出;提案应一事一案。提案可由一名教代会代表提出或两名以上(含两名)教代会代表联合提出,也可由代表团(组)提出。

第三十三条　教代会提案工作委员会(组)收到教职工代表提案后,应及时进行登记、分类、整理。内容相同的进行并案处理,原提案人作为共同提案人。提案工作委员会(组)对提案进行审查并提出立案意见。提案立案的原则是:符合党和国家以及各级党政主管部门的方针、政策、法律法规的有关规定;属于学校职权范围内处理的问题。凡未立案的提案应作为意见或建议转有关部门处理并告知提案人。

第三十四条　经审查立案后的提案由提案工作委员会(组)根据提案内容,分送学校党政相关负责人批转承办部门落实。承办部门对提案提出的问题提出解决方案并认真整改落实,对因各种原因一时难以落实的提案,应做出合理的解释和答复。

第三十五条　提案工作委员会(组)或学校工会对提案处理情况进行检查和督促,建立信息公告发布平台,及时发布提案处理的相关信息。提案承办部门应在规定时限内向提案人反馈提案办理结果并征求对提案办理的意见。提案工作委员会(组)应向教代会作上一届(次)教代会提案处理工作的报告。

第七章 决议、决定

第三十六条　凡属教代会职权范围内的问题,都须提交教代会讨论通过或审议。需做出决议或决定的应做出相应的决议或决定。决议、决定的内容一般应包括:决议、决定的时间,决议、决定的事项,大会对决议、决定的意见和表决结果等。

第三十七条　决议、决定的形成一般须经过下列主要程序:
(一)起草决议、决定(草案);
(二)将决议、决定(草案)交各代表团讨论,征求意见;
(三)大会主席团集中讨论各代表团意见,对决议、决定进行修改;
(四)召开大会对各项决议、决定分别表决,重大事项应投票表决;
(五)宣布各项决议、决定的表决结果。

第三十八条　学校各部门要认真执行和落实教代会形成的各项决议、决定。教代会执委会和学校工会负责对决议、决定执行情况进行检查,并对决议、决定落实过程中存在的问题向学校相关负责人和职能部门提出整改意见和建议。教代会决议、决定的执行情况,应向下一次教代会报告。

第三十九条 教代会在其职权范围内形成的决议或做出决定的事项,未经教代会同意不得修改。在教代会决议、决定的执行过程中,情况发生变化,确需修订时,必须经过以下程序:

(一)由学校分管负责人或承办部门向教代会提出修改决议、决定的建议;

(二)由教代会执委会召集教代会代表团(组)长、专门工作委员会(组)负责人联席会议协商处理;

(三)对涉及教职工切身利益的重大问题,应通过教代会临时会议,就决议、决定的修订进行投票表决,同时做出新的决议、决定。

第八章 闭会期间工作

第四十条 遇有重大事项,经学校、学校工会或1/3以上教代会代表提议并报经学校党委同意,可以提前、延期或临时召开教代会。

第四十一条 执委会会议或专门工作委员会(组)、代表团(组)负责人联席会议每学期至少召开一次。遇有急需解决的重要问题,可由执委会联系有关专门工作委员会(组)与学校有关机构协商处理。其结果向下一次教代会报告。需要教代会审议的事项,经相关专门工作委员会(组)审议后,由执委会研究形成决议,向下一次大会报告,予以确认。

第四十二条 专门工作委员会(组)在闭会期间对教代会有关决议、决定的贯彻执行和提案的落实进行督促检查;参与学校有关行政部门对改革发展重大问题的调研论证;参与民主管理和监督;收集整理教代会代表对有关议案的意见建议,为修改议案决议提供依据等。

第四十三条 学校工会应为教代会代表、执委会发挥作用创造条件,可建立代表视察、质询、督查、听证等制度和执委会列席校长办公会、教职工接待日、提案督办等制度。

第九章 附 则

第四十四条 本细则经巢湖学院三届一次教代会审议通过后施行。

第四十五条 本细则解释权归学校工会,修订权归学校教代会。

中共巢湖学院委员会关于建立党员活动日制度的实施意见

校党字〔2017〕77号

为全面学习宣传贯彻党的十九大精神,扎实推进"两学一做"学习教育常态化制度化,持续推动全面从严治党向基层延伸,着力提升党支部建设制度化规范化科学化水平,根据《中共教育部党组关于加强新形势下高校教师党支部建设的意见》(教党〔2017〕41号)和《中共安徽省委组织部关于建立党员活动日制度的意见》(皖组发〔2017〕7号)等文件精神,结合我校实际,现就建立党员活动日制度提出如下实施意见。

一、目的意义

党员活动日是新形势下严格党的组织生活制度的生动实践,是发扬党内民主、保障党员权利的重要渠道,是从严教育管理党员的重要手段,是党组织联系服务群众、团结凝聚群众的桥梁纽带。通过建立党员活动日制度,固定活动时间,开展党支部主题党日,推动"三会一课"等基本制度执行到位,推动党的组织生活经常、认真、严肃,推动党员教育管理严格、规范,推动党组织和党员提升服务能力和水平,努力使党支部真正成为教育党员的学校、团结群众的核心、攻坚克难的堡垒;使广大党员真正按照"四讲四有"标准,做到政治合格、执行纪律合格、品德合格、发挥作用合格,在促进学校改革发展稳定中作表率、当先锋。

二、组织形式

1. 时间安排。坚持融入日常、抓在经常,原则上每月第一周周三为党员活动日,如遇法定节假日或重大活动等特殊情况,可视情作出适当调整。

2. 活动方式。坚持以党支部为基本单位,以党的组织生活、党内激励关怀帮扶等为主要方式,因地制宜开展形式多样、内容丰富的活动。注重创新载体平台,运用"互联网＋党建""智慧党建"等新思维新手段,将线下开展活动与线上互动交流有机结合起来,探索开展网上组织生活。各党总支也可以结合实际统一组织开展有关活动。

3. 参加范围。坚持全覆盖、齐参与,党员都要参加所在支部的党员活动日。根据不同活动主题,可以视情况吸收入党积极分子、发展对象、团员青年、群众代表等参加。年老体弱、行动不便的党员,可采取适当方式参加。外出流动党员根据实际情况,参加所在党支部或流入地党组织的党员活动日。党员领导干部严格执行双重组织生活制度,以普通党员身份带头参加所在党支部的党员活动日。

三、主要内容

根据实际需要,每次围绕以下4个方面内容,科学设置活动主题,开展党员活动日。

1. 学习教育。以坚定理想信念为重点,突出政治学习和教育,组织党员认真学习党章党规,深入学习党的十九大精神,学习领会习近平新时代中国特色社会主义思想,坚持读原著、学原文、悟原理,领会掌握基本精神、基本内容、基本要求,做到学而信、学而思、学而行。组织党员认真学习党的历史,利用我省的红色资源加强革命传统教育,运用正反"两面镜子"开展党性教育。要求党员根据自身实际制定个人自学计划,大力倡导网络选学、互鉴互学、实践研学等学习方式,开展特色活动。

2. 党员管理。以落实党的组织生活制度为重点,突出党性锻炼,教育引导党员按时交纳党费、定期参加"三会一课"、开展党员党性定期分析和民主评议党员等工作,增强党员党性意识,严守党的纪律特别是政治纪律和政治规矩。坚持从思想上、工作上、生活上关心和爱护党员,定期开展走访慰问、谈心谈话、结对帮扶等活动,帮助解决党员的实际困难和问题,增强党员的归属感、光荣感、责任感。

3. 民主议事。以发扬党内民主和保障党员权利为重点,落实党员知情权、参与权、选举权、监督权,向党员通报校党委决策部署、党总支重点工作、党员和群众关心关注的重大事项等,组织党员对涉及本支部重大事项、重点工作进行民主讨论、科学决策,做到重大决策党内先讨论、重大政策党员先知情,畅通党员参与讨论党内事务的途径,拓宽党员表达意见渠道。

4. 主题实践。坚持贴近师生思想、工作、学习、生活实际,建立务实管用、灵活多样的服务载体,组织引导党员广泛开展以便民利民、扶贫帮困、志愿服务等为主要内容的主题实践活动,把党支部建成党员之家、师生之家,形成有困难找支部、有问题找党员的常态化帮扶机制。

各基层党组织还可以结合自身实际和党员群众需要,自主确定其他富有创新性、针对性、实效性的活动主题。

四、工作要求

1. 加强组织领导。全校各党组织要把党员活动日作为基层党组织标准化建设的重要内容,切实加强组织领导,集中力量务实推进。各党总支要认真研究制订工作方案,精心抓好组织实施。党支部要落实主体责任,结合党员实际需求,制定年度计划安排,做好活动相关记录,确保党员活动日质量高、效果好。

2. 落实工作保障。要充分利用党员活动室、爱国主义教育基地、实习实训基地、对口帮扶点等场所,因地制宜地组织开展党员活动日;要为党支部开展活动提供必要保障,党员活动日所需经费从党建经费和党费中支出。

3. 强化督查考核。各级党组织要把严实要求贯穿到党员活动日的全过程,通过定期巡查、随机抽查等方式,切实加强对所属党支部的督查指导,防止出现随意变更、缩减活动时间或简单以工作会议代替党员活动日等问题。要把党员参加活动日情况作为评先评优、民主评议的重要依据;把组织开展党员活动日情况作为党组织书记抓基层党建工作述职评议考核的重要内容。要加强宣传引导,充分利用各类媒体宣传报道党员活动日开展情况,及时总结经验做法,为推进党员活动日营造浓厚氛围。

中共巢湖学院委员会理论学习中心组学习规则

校党字〔2017〕78 号

第一章 总 则

第一条 为了进一步推进校党委理论学习中心组制度化、规范化,推动理论武装工作深入开展,提高领导干部的理论水平和工作能力,加强领导班子思想政治建设,根据《中国共产党党委(党组)理论学习中心组学习规则》,结合学校实际,制定本规则。

第二条 党委理论学习中心组学习,是党委领导班子、领导干部在职理论学习的重要组织形式,是严肃党内政治生活、强化党性修养的重要内容,是加强各级领导班子思想政治建设的重要制度,是建设学习型服务型创新型的马克思主义执政党、提高党的执政能力和领导水平的重要途径。

各级党组织要把理论学习中心组学习列入重要议事日程,纳入党建工作责任制,纳入意识形态工作责任制。

第三条 党委理论学习中心组学习要以政治学习为根本,以深入学习习近平新时代中国特色社会主义思想为重点,以掌握和运用马克思主义立场、观点、方法为目的,坚持围绕中心、服务大局,坚持知行合一、学以致用,坚持问题导向、注重实效,坚持依规管理、从严治学。

第四条 本规则适用于校党委理论学习中心组学习,各党总支(直属党支部)理论学习中心组参照本规则组织学习。

第二章 组织与职责

第五条 党委理论学习中心组主要由校党委领导班子成员和党委有关部门负责人组成,可以根据学习需要适当吸收有关人员参加。

第六条 校党委对党委理论学习中心组学习负主体责任,对学校的理论学习负领导责任。

党委书记任理论学习中心组组长,是理论学习中心组学习第一负责人。书记不能参加学习时,由党委副书记代行职责。

党委负责宣传思想工作的成员是理论学习中心组学习直接责任人,主要职责是配合党委书记做好学习的组织工作。

理论学习中心组其他成员要积极参加学习,自觉遵守理论学习中心组学习制度,按照学习安排或者受委派承担相应职责。

党委理论学习中心组学习安排由宣传部牵头,配备学习秘书。宣传部、办公室、组织部等部门人员协助做好学习服务工作。

第三章 学习内容与形式

第七条 党委理论学习中心组学习内容包括:

(一)马克思列宁主义、毛泽东思想、邓小平理论、"三个代表"重要思想、科学发展观、习近平新时代中国特色社会主义思想。

(二)党章党规党纪和党的基本知识。

(三)党的路线、方针、政策和决议。

(四)国家法律法规。

(五)社会主义核心价值观。

(六)党的历史、中国历史、世界历史和科学社会主义发展史。

(七)推进中国特色社会主义事业所需要的经济、政治、文化、社会、生态、科技、军事、外交、民族、宗教等方面知识。

(八)改革发展实践中的重点、难点问题。

(九)省委重要决策部署。

(十)党中央、省委和上级党组织要求学习的其他重要内容。

(十一)高等教育改革发展新思想、新政策、新举措。

第八条 党委理论学习中心组可以通过以下适当形式,开展切实有效的学习活动:

(一)集体学习研讨。校党委理论学习中心组将集体学习研讨作为学习的主要形式,把重点发言和集体研讨、专题学习和系统学习结合起来,深入开展学习讨论和互动交流。理论学习中心组学习以中心组成员自己学、自己讲为主,适当组织专题讲座、辅导报告。

(二)个人自学。理论学习中心组成员要根据形势任务的要求,结合工作需要和本人实际,明确学习重点,研读必要书目,下功夫刻苦学习。

(三)专题调研。理论学习中心组成员要把理论学习与专题调研结合起来,深入基层、深入师生,扎实开展调查研究,深入理论学习。

理论学习中心组成员要积极参加学习讲坛、学习会、报告会等学习活动,充分利用"安徽干部教育在线"、"学习安徽"APP等网络学习平台开展学习,拓宽学习渠道,提高学习效果。

党委理论学习中心组要结合学校实际,创新学习方式,改进学习方法,增强学习的吸引力、针对性和实效性。

第四章 学习要求与管理

第九条 党委理论学习中心组要坚持把学习马克思主义理论作为做好一切工作的看家本领,把学习党的基本理论与学习党的理论创新成果结合起来,认真学习贯彻落实党的十九大精神,把握精神实质,掌握精髓要义,做到真学真懂真信真用。

坚持学以立德、学以修身、学以益智、学以增才,把提高理论素质与增强党性修养、提升工作本领结合起来,坚定理想信念,加强党性锻炼,提高精神境界。

大力弘扬理论联系实际的马克思主义学风,紧密结合改革开放和社会主义现代化建设的实际,紧密结合思想和工作实际,努力掌握马克思主义立场、观点、方法,学以致用、用以促学、学用相长,把学习成果转化为有效的政策举措。学习理论贵在精神、贵在管用。坚持问题导向,提高运用党的基本理论解决实际问题的能力。

理论学习中心组成员要发挥"关键少数"的示范和表率作用,自觉学习、带头学习,努力成为建设学习型党组织和学习型领导班子的精心组织者、积极促进者、自觉实践者,带动全校各级党组织和广大党员大兴学习之风。

第十条 党委理论学习中心组每年年初按照党中央、省委和上级党组织部署,结合工作实际,制定年度学习计划。年度学习计划由校党委审定后施行。

第十一条 校党委理论学习中心组要保证集体学习研讨的时间和质量,每年不少于12次。

第十二条 理论学习中心组成员要结合实际撰写学习心得、调研报告或理论文章。

第十三条 党委理论学习中心组成员因特殊情况不能参加学习的,要向组长请假,严格履行请假手续,并以适当的形式及时补学。

第十四条 党委理论学习中心组要加强外请报告管理工作,按有关规定履行程序,严格把关。

第十五条 校党委要运用报刊、广播、电视、网络或内部通报等多种形式,及时报道或通报理论学习中心组学习情况和成果。

第十六条 党委理论学习中心组应当建立和完善学习档案。学习档案包括学习制度、人员名单、学习计划、学习方案、学习资料、学习记录、发言材料、学习成果、考勤记录、宣传报道等。

学习秘书应当及时收集理论学习中心组成员和参与学习服务的相关部门、单位的学习材料并存档。

第十七条　党委理论学习中心组学习经费列入学校预算,专款专用。

第五章　学习督查、考核与问责

第十八条　校党委宣传部会同组织部等有关部门,负责党总支理论学习中心组学习情况的督查,并将督查情况通报校党委。督查可以采取自查、抽查或者普查等方式。自查应当在每年度报送的理论学习中心组学习情况中充分体现。抽查可以结合旁听党总支理论学习中心组学习进行。普查根据校党委要求适时进行。

第十九条　校党委宣传部会同组织部等有关部门,定期或不定期派员列席党总支理论学习中心组学习,现场旁听理论学习中心组学习情况。

第二十条　校党委宣传部会同组织部,定期举办培训班,对理论学习中心组学习秘书及相关工作人员进行培训。

第二十一条　校党委理论学习中心组每年年底向省委教育工委报送学校全年中心组学习情况。

第二十二条　校党委要把理论学习中心组学习情况作为巡视巡察重要内容,加强对学习情况的监督检查。

第二十三条　党委理论学习中心组组长要在领导班子年度述职时对理论学习中心组学习情况进行述学。理论学习中心组成员在年度述职时要报告学习情况。

第二十四条　校党委把理论学习中心组学习情况纳入领导班子和领导干部年度综合考核,作为考核领导班子和衡量领导干部思想政治素质的重要内容,把考核结果作为干部任用、奖惩的重要依据。

对党委理论学习中心组的考核主要包括:相关责任人履职情况,学习计划制定、备案和完成情况,学习制度建设和执行情况,学风建设情况,学习档案建设情况等。对理论学习中心组成员的考核主要包括:遵守学习制度情况,完成学习任务情况,学习效果和学习成果转化情况等。

第二十五条　对理论学习中心组学习开展不力、出现错误倾向产生恶劣影响的,应当按照有关规定问责。

第六章　附　　则

第二十六条　本办法由校党委负责解释,具体工作由校党委宣传部落实。

第二十七条　本办法自 2017 年 11 月 15 日起施行。此前我校发布的有关党委理论学习中心组学习的规定,与本办法不一致的,按照本办法执行。

巢湖学院关于加强重要事项督查督办工作的实施办法(试行)

校党字〔2017〕81号

第一条 为进一步加强督查督办工作,推动学校重大决策、重要工作部署的贯彻落实和上级交办重要工作任务的圆满完成,根据《中共中央关于加强新形势下党的督促检查工作的意见》和《安徽省人民政府办公厅关于进一步加强政府督促检查工作的实施意见》等文件精神,结合学校工作实际,特制定本办法。

第二条 基本原则

(一)统一领导,分工负责。建立校党政班子统一领导、分管校领导主抓、牵头单位负责落实、相关单位协同办理的工作机制。校领导为其分管工作督查督办的第一责任人。

(二)着眼全局,突出重点。服务学校发展大局,紧紧围绕学校中心工作开展督查督办,着力抓好重大决策、重要部署和重点工作的贯彻落实,既兼顾全局,又突出重点。

(三)明确时限,务求实效。以抓落实为出发点和落脚点,准确把握督查督办工作任务和时限要求,及时客观反映情况问题,不虚报、不瞒报,确保事事有着落、件件有回音。

(四)协调配合,齐抓共管。从全局出发考虑和处理问题,明确各督查督办主体的职能定位,加强协作配合,充分发挥各督查督办主体的积极作用。整合各方面资源和力量,形成联系紧密、运转协调、优势互补的工作格局。

第三条 组织机构

学校成立督查督办工作领导小组,全面负责指导、推进、协调督查督办工作。领导小组组长由党委书记、校长担任,副组长由其他校领导担任,成员由办公室、纪委办、组织部、发规处、人事处主要负责人组成。领导小组下设督查办公室,办公室设在学校办公室,由专人负责督查督办的日常工作。

第四条 工作范围

(一)上级单位工作部署和各级领导批示、交办、转办的重要事项的贯彻落实情况。

(二)学校事业发展规划、年度工作要点和季度工作推进会确定的主要目标任务的落实情况。

(三)学校党委会、校长办公会等重要会议议定事项的落实情况。

(四)学校重要文件、规章制度以及专项整改的落实情况。

(五)其他需要督查督办的重要事项。

第五条 工作形式

督查督办工作的主要形式为:常规督查、专项督查和机动督查。

(一)常规督查主要针对各种会议决议决定、学校常规工作、年度重点工作以及领导批示、交办、转办的工作。

(二)专项督查主要针对上级或学校明确限期完成的重要专项工作。

（三）机动督查主要针对影响重大、涉及面广、持续时间长的综合性工作。

第六条 工作流程

（一）立项：对于确需督查督办的事项，由督查办公室提出立项意见，报请学校主要领导审定后正式立项。立项内容包括立项编号、督办事项、承办单位（主办单位、协办单位）、交办时间、办理时限和工作要求等。

（二）交办：对立项的事项，督查办公室向承办单位发出督查督办通知单，交由承办单位办理。对各种会议已明确承办单位和办结时限的事项以及领导批示和交办的事项等无需立项的事项，督查办公室一般通过电话通知或口头督办，不再另发通知。

（三）催办：承办单位收到督查督办通知单或相关督办任务后，应按照要求认真办理，并将办理结果在规定时限内反馈至督查办公室。督查办公室应与承办单位加强联系，及时了解督查事项办理的进展情况，根据需要可通过召开专题工作会议、个别访谈、实地调查等方式，发现、反映和协调解决办理过程中出现的有关问题。对未按时完成的督办工作，应及时通过约见、邮件、电话等方式进行催办。

（四）办结：督查办公室对承办单位报送的办理情况进行严格审查，对办结的事项应及时报告校领导，对应办理而未办理或未办理好的，责成承办单位限期办理并报告落实情况。

（五）归档：督查事项办结后，督查办公室要及时将有关材料按文书档案管理要求立卷归档、妥善保管。

（六）通报：督查办公室根据督查督办情况，定期对督查督办结果进行通报。

第七条 有关要求

（一）督办事项有明确时限要求的，承办单位须按规定时限办理完毕。

（二）对办理周期较长的督查督办事项，承办单位应定期以书面形式向督查办公室反馈工作进展情况。

（三）因特殊情况不能按时、按要求办结的，承办单位须及时与具体工作的分管校领导请示，并将相关情况向督查办公室反馈。

第八条 结果运用

（一）年度考核依据。学校将各单位督查任务落实办理情况列入二级单位年度考核指标体系，并将督查工作中发现的不作为慢作为乱作为的干部和职工相关情况分别反馈给组织部和人事处，作为其个人年度考核的参考依据。

（二）实行责任追究。对列入督查督办事项的工作，承办单位无充分理由，敷衍推诿，经催办仍不能按时按要求完成，造成不良影响或重大损失的；或反馈的信息及办理情况严重失实、弄虚作假，造成不良影响或重大损失的，应依据相关规定追究有关责任人的责任。

第九条 本办法自发布之日起实施。

第十条 本办法由学校办公室负责解释。

中共巢湖学院委员会关于印发《巢湖学院二级学院党总支建设标准(试行)》等四个文件的通知

校党字〔2017〕82号

巢湖学院二级学院党总支建设标准(试行)

一、总则

1. 根据《中国共产党章程》《中国共产党普通高等学校基层组织工作条例》《中共安徽省委教育工委关于推进省属高校基层党组织标准化建设的实施意见》，制定本标准。

2. 本标准适用于有全日制在校生的二级学院(以下简称"学院")党总支。

二、党总支设置

3. 基本设置形式：经校党委批准，学院党员人数超过50人的设立党总支。

4. 设置调整：校党委根据机构设置和调整情况，规范设置和及时调整学院党总支。

5. 纪检机构：党的总支部委员会中设纪律检查委员。

6. 群团组织：党总支领导本单位工会、共青团、学生会等群团组织工作，做好统一战线工作，健全组织体系、完善工作机制，形成工作合力。

三、总支部委员会建设

7. 委员会职数：党的总支部委员会一般设委员5～7人，其中设书记、副书记各1人。

8. 委员会任期：党总支每届任期3～5年。期满按时换届，严格执行基层党组织换届情况定期报告制度。

9. 骨干队伍：党总支书记符合党性强、思想政治素质和业务素质好、组织管理能力强等要求。以专职人员为骨干、专兼职干部相结合的党务工作和思想政治工作队伍健全。选优配强党支部书记。

10. 自身建设：班子思想政治、履职能力、工作作风、廉洁自律制度健全，落实中心组学习制度，每月至少开展1次中心组理论学习。党总支书记和班子成员每年集中培训不少于1次。严格落实党建工作责任制和党风廉政建设"一岗双责"。

四、党员教育管理

11. 发展党员工作：贯彻落实学校党员发展计划，发展党员工作坚持标准、规范程序、保证质量，入党积极分子人数与发展对象人数之比一般不低于3∶1。重视发展优秀青年教师、学科带头人入党。每半年开展1次党员发展工作检查，及时纠正存在的倾向性问题。

12. 党员教育培训：落实学校党员教育培训计划，制定本总支党员教育培训计划，党员每年集中学习培训时间，一般不少于32学时。总支班子成员和所属党支部书记每年集中学习培训时间不少于56学时，至少参加1次集中培训。注重运用共产党员网、安徽先锋网或党员干部现代远程教育站点开展党员教育，共产党员微信易信和安徽先锋网微信党员订阅率不低于60%、党组织负责人订阅率不低于90%。突出党性教育，加强师德师风和学风建设，经常性教育有措施，集中培训有记录。

13. 党费收缴管理：配合有关部门核定党员交纳党费具体数额，督促指导党支部和党员自觉按时足额交纳党费。及时公布党费收缴情况，每年1月、7月，通过党内文件、党务公开栏、校园内网等形式，分别向党支部和党员公布1次收缴情况，并报校党委组织部备案。严格执行财务管理制度，党费使用符合相关规定。

14. 组织关系管理：配合校党委组织部，每年6月做好毕业生党员组织关系留、转工作，每年9月对党员组织关系进行1次集中排查。党员组织关系、入党积极分子接续培养转接工作规范，积极推进党员组织关系网上转接。

15. 流动党员管理：每学期开展1次流入、流出党员情况排查，积极开展流动党员网上登记，做到底数清、情况明，"双重管理"措施落实到位。

16. 党内激励关怀：动态建立困难党员台账，经常开展关怀帮扶活动，定期走访慰问生活困难党员和老党员。按照学校要求，做好党内表彰活动有关工作。

五、党内组织生活

17. 民主生活会：党总支每年至少召开1次班子成员民主生活会，会议召开情况及时通报。

18. 双重组织生活：党总支班子成员执行双重组织生活制度。

19. 指导党内组织生活：督促检查所属党支部执行"三会一课""党员活动日"制度情况。落实校党委部署，指导党支部开展民主评议党员、组织生活会等工作，基层组织生活正常。党总支班子成员每年至少到所在或联系支部讲1次党课，党总支书记、院长每学期至少为学生讲1次思想政治理论课。

20. 组织生活创新：紧密结合本学院实际和党员群体特点，注重运用"两微一端"等信息化手段，采取"微党课"、网上组织生活等形式，不断提高组织生活的吸引力和实效性。

六、作用发挥途径

21. 突出思想政治工作开展活动：坚持社会主义办学方向，把思想政治工作贯穿于教育教学全过程。将思想政治要求纳入教师日常管理，坚持学术研究无禁区、课堂讲授有纪律。建立常态化的政治理论学习制度，每月至少组织1次教职工政治学习。

22. 围绕教职工党员特点开展活动：活动开展与学科专业建设、教学科研、日常管理等工作相互促进。广泛开展"争做'四有'好干部、'四有'好老师、争创党员示范岗"活动。

23. 贴近学生党员实际开展活动：活动开展与学生的专业学习、志愿服务、社会实践、就业创业等工作相互促进。校地合作扶贫项目有效落实，暑期"三下乡"社会实践活动、深入基层送技术送服务活动等有计划、有举措。广泛开展"争做'四有'好学生、争创党员示范岗"活动。

24. 创新党组织党员发挥作用载体：落实"共驻共建""在职党员进社区"、认领志愿服务岗位、"青春建功在基层、携手共筑中国梦"等活动，活动有计划、有记录。立足实际，创新活动载体形式、丰富内容、深化内涵，选树一批先进党支部和优秀共产党员。

七、工作运行机制

25. 民主议事机制：党政联席会议等议事规则健全落实，严格执行民主集中制，通过党政联席会议，讨论和决定本学院重要事项。党务公开制度健全规范，党员参与党内事务渠道通畅,党员民主权利有效落实。

26. 协调运行机制:领导班子成员分工合理,职责明确,党政领导定期沟通制度落实到位。师生员工参与民主管理和监督的工作机制健全。

27. 责任落实机制:党员领导干部联系党支部制度健全完善,党总支目标管理制度落实到位,党总支会议、党政联席会议决定事项督办制度落实到位。每年开展1次党支部书记抓党建工作述职评议考核。

28. 联系服务机制:主题实践、服务承诺、结对帮扶、走访慰问等活动广泛开展。领导干部定期深入教学、科研、管理、学生工作等一线走访调研。

八、基本工作保障

29. 机构人员保障:党总支配备必要的专兼职党务工作人员,专兼职组织人员的工作覆盖所属各党支部。

30. 场所保障:建有固定的党员活动室,提倡一室多用,学生党支部有必要的活动场所。使用学校统一的活动场所标志、制度。党组织标牌悬挂在醒目位置;室内上墙制度简明规范,一般为组织架构、岗位职责、党内生活等基本制度;党务公开栏设置规范,公开内容简单明了、党内信息公布及时。具备条件的可配备党员电教远教设备,开通全国党员管理信息系统终端。

31. 经费保障:学校划拨的党建工作专项经费专款专用,党费使用向党支部倾斜。严格执行学校财务管理有关制度、经费管理使用规范。

32. 工作台账:党政联席会议、党总支会议和工作记录完备。党总支、党支部的年度工作计划、年终工作总结、特色工作等台账资料健全完善。党员花名册、组织机构图、党费收缴、组织关系转接等台账资料建立完备。

九、附则

33. 本标准由校党委负责解释,自发布之日起施行。

巢湖学院机关党总支建设标准(试行)

一、总则

1. 根据《中国共产党章程》《中国共产党普通高等学校基层组织工作条例》《中共安徽省委教育工委关于推进省属高校基层党组织标准化建设的实施意见》,制定本标准。

2. 本标准适用于学校机关职能教辅群团部门(以下简称"机关")党总支。

二、党总支设置

3. 基本设置形式:经校党委批准,机关党员人数超过50人的设立党总支。

4. 设置调整:校党委根据机构设置和调整情况,规范设置和及时调整机关党总支。

5. 纪检机构:党的总支部委员会中设纪律检查委员。

6. 群团组织:党总支领导本单位工会等群团组织工作,做好统一战线工作,健全组织体系、完善工作机制,形成工作合力。

三、总支部委员会建设

7. 委员会职数:党的总支部委员会一般设委员5~7人,其中设书记、副书记各1人。

8. 委员会任期：党总支每届任期3～5年。期满按时换届，严格执行基层党组织换届情况定期报告制度。

9. 骨干队伍：党总支书记符合党性强、思想政治素质和业务素质好、组织管理能力强等要求。以专职人员为骨干、专兼职干部相结合的党务工作和思想政治工作队伍健全。选优配强党支部书记。

10. 自身建设：班子思想政治、履职能力、工作作风、廉洁自律制度健全，落实中心组学习制度，每月至少开展1次中心组理论学习。党总支书记和班子成员每年集中培训不少于1次。严格落实党建工作责任制和党风廉政建设"一岗双责"。

四、党员教育管理

11. 发展党员工作：贯彻落实学校党员发展计划，发展党员工作坚持标准、规范程序、保证质量，入党积极分子人数与发展对象人数之比一般不低于3∶1。重视发展管理骨干、业务能手入党。每半年开展1次党员发展工作检查，及时纠正存在的倾向性问题。

12. 党员教育培训：落实学校党员教育培训计划，制定本总支党员教育培训计划，党员每年集中学习培训时间，一般不少于32学时。总支班子成员和所属党支部书记每年集中学习培训时间不少于56学时，至少参加1次集中培训。注重运用共产党员网、安徽先锋网或党员干部现代远程教育站点开展党员教育，共产党员微信易信和安徽先锋网微信党员订阅率不低于60%、党组织负责人订阅率不低于90%。突出党性教育，加强工作作风和效能建设，经常性教育有措施，集中培训有记录。

13. 党费收缴管理：配合有关部门核定党员交纳党费具体数额，督促指导党支部和党员自觉按时足额交纳党费。及时公布党费收缴情况，每年1月、7月，通过党内文件、党务公开栏、校园内网等形式，分别向党支部和党员公布1次收缴情况，并报校党委组织部备案。严格执行财务管理制度，党费使用符合相关规定。

14. 组织关系管理：配合校党委组织部，做好本总支党员组织关系留、转工作，每年9月对党员组织关系进行1次集中排查。党员组织关系、入党积极分子接续培养转接工作规范，积极推进党员组织关系网上转接。

15. 流动党员管理：每学期开展1次流入、流出党员情况排查，积极开展流动党员网上登记，做到底数清、情况明，"双重管理"措施落实到位。

16. 党内激励关怀：动态建立困难党员台账，经常开展关怀帮扶活动，定期走访慰问生活困难党员和老党员。按照学校要求，做好党内表彰活动有关工作。

五、党内组织生活

17. 民主生活会：党总支每年至少召开1次班子成员民主生活会，会议召开情况及时通报。

18. 双重组织生活：党总支班子成员执行双重组织生活制度。

19. 指导党内组织生活：督促检查所属党支部执行"三会一课""党员活动日"制度情况。落实校党委部署，指导党支部开展民主评议党员、组织生活会等工作，基层组织生活正常。党总支班子成员、所属部门党员处级领导干部每年至少到所在或联系支部讲1次党课。

20. 组织生活创新：紧密结合机关工作实际和党员群体特点，注重运用"两微一端"等信息化手段，采取"微党课"、网上组织生活等形式，不断提高组织生活的吸引力和实效性。

六、作用发挥途径

21. 突出思想政治工作开展活动：坚持社会主义办学方向，把思想政治工作贯穿于管理服务全过程。将思想政治要求纳入机关工作人员日常管理，加强遵纪守法、廉洁自律教育。建立常态化的政治理论学习制度，指导所属党支部每月至少组织1次教职工政治学习。

22. 围绕教职工党员特点开展活动：活动开展与管理规范、服务至上、质量第一、效能优先等日常管理工作相互促进。广泛开展"争做'四有'好干部、争创党员示范岗"活动。

23. 创新党组织党员发挥作用载体：落实"共驻共建""在职党员进社区"、认领志愿服务岗位、"青春建功在基层、携手共筑中国梦"等活动，活动有计划、有记录。立足实际，创新活动载体形式、丰富内容、深化内涵，选树一批先进党支部和优秀共产党员。

七、工作运行机制

24. 民主议事机制：总支部委员会会议等议事规则健全落实，严格执行民主集中制，通过总支部委员会会议，讨论和决定本总支重要事项。党务公开制度健全规范，党员参与党内事务渠道通畅，党员民主权利有效落实。

25. 协调运行机制：领导班子成员分工合理，职责明确。建立健全与所属部门负责人定期沟通制度并执行落实到位。教职工参与民主管理和监督的工作机制健全。

26. 责任落实机制：党员领导干部联系党支部制度健全完善，党总支目标管理制度落实到位，会议决定事项督办制度落实到位。每年开展1次党支部书记抓党建工作述职评议考核。

27. 联系服务机制：主题实践、服务承诺、结对帮扶、走访慰问等活动广泛开展。机关领导干部在学院建立联系点，定期深入教学、科研、管理、学生工作等一线走访调研、提供服务。

八、基本工作保障

28. 机构人员保障：党总支配备必要的专兼职党务工作人员或组织员。

29. 场所保障：建有固定的党员活动室，提倡一室多用。使用学校统一的活动场所标志、制度。党组织标牌悬挂在醒目位置；室内上墙制度简明规范，一般为组织架构、岗位职责、党内生活等基本制度；党务公开栏设置规范，公开内容简单明了、党内信息公布及时。具备条件的可配备党员电教远教设备，开通全国党员管理信息系统终端。

30. 经费保障：学校划拨的党建工作专项经费专款专用，党费使用向党支部倾斜。严格执行学校财务管理有关制度，经费管理使用规范。

31. 工作台账：党总支会议和工作记录完备。党总支、党支部的年度工作计划、年终工作总结、特色工作等台账资料健全完善。党员花名册、组织机构图、党费收缴、组织关系转接等台账资料建立完备。

九、附则

32. 本标准由校党委负责解释，自发布之日起施行。

巢湖学院教职工党支部建设标准(试行)

一、总则

1. 根据《中国共产党章程》《中国共产党普通高等学校基层组织工作条例》《中共教育部

党组关于加强新形势下高校教师党支部建设的意见》《中共安徽省委教育工委关于推进省属高校基层党组织标准化建设的实施意见》,制定本标准。

2. 本标准适用于校党委直属党支部和各党总支所属的教职工党支部。

二、党支部设置

3. 基本设置形式:学校基层单位正式党员达到3人以上的设立党支部;正式党员不足3人的,可由几个工作或业务相近的基层单位联合成立党支部。

4. 教职工党支部设置:在职教职工党支部设置与教学、科研、管理、服务等机构相对应,一般按学院(系、所、中心)、专业、教研室、部门等教学科研管理实体设置;离退休教职工党支部按便于活动开展的原则设置。

党总支每年9月份对所属党支部设置情况进行1次摸底,做到设置规范、调整及时。

三、支部委员会建设

5. 委员会职数:党的支部委员会一般设委员3~5人,其中设书记1人;党员人数较多的党支部,可增加副书记1人;党员不足7人的党支部,可只设书记1人。设委员会的党支部设纪律检查委员;不设委员会的党支部,应指定专人负责纪检工作。

6. 委员会任期:党的支部委员会和不设支部委员会的支部书记、副书记,每届任期3~5年。任期内党支部委员出现空缺时,应及时补选。期满按时换届,严格执行基层党组织换届情况定期报告制度。

7. 自身建设:注重选拔党性强、业务精、有威信、肯奉献的教师党员担任党支部书记,大力推进教师党支部书记"党建带头人、学术带头人"培育工程。党支部思想政治、履职能力、工作作风、管理制度健全。落实党支部学习制度,每月至少集中学习1次。严格落实党建工作责任制,认真履行党风廉政建设职责。

四、党员教育管理

8. 发展党员工作:上级党组织安排的发展党员计划落实到位。坚持标准、规范程序、保证质量。重视发展优秀青年教师、学科带头人、管理骨干、业务能手入党。

9. 党员教育培训:落实党员教育培训计划,党员每年至少参加1次集中学习培训,培训时间一般不少于32学时。注重运用共产党员网、安徽先锋网或党员干部现代远程教育站点开展党员教育,共产党员微信易信和安徽先锋网微信党员订阅率不低于60%,党支部负责人订阅率不低于90%。突出党性教育,加强师德师风、学风、工作作风和效能建设,经常性教育有措施,集中培训有记录。

10. 党费收缴管理:指定专人收缴党员党费,党员自觉按时足额交纳党费。正确履行困难党员党费减免的批准程序。每年1月、7月,向支部党员公示1次党费收缴情况。

11. 组织关系管理:做好教职工党员组织关系转接工作,每年9月对党员组织关系进行1次集中排查。党员组织关系转接工作规范,积极推进党员组织关系网上转接。

12. 流动党员管理:每学期开展1次流入、流出党员情况排查,积极开展流动党员网上登记,做到底数清、情况明,"双重管理"措施落实到位。

13. 党内激励关怀:动态建立困难党员台账,定期走访慰问生活困难党员和老党员。落实上级党组织开展的党内表彰活动,做好评选推荐等工作。

五、党内组织生活

14. "三会一课":支部党员大会一般每季度召开1次,支部委员会一般每月召开1次,党小组会一般每月召开1~2次,每季度上1次党课。

15. 民主评议党员:支部每年开展1次民主评议党员工作,开展党性分析,对党员进行评议,确定评议等次。稳妥慎重处置不合格党员。

16. 组织生活会:支部每半年召开1次党员组织生活会。遇有重要情况,及时召开。

17. 党员活动日:落实"党员活动日"制度,每月固定1天,组织党员开展活动,活动记录规范。

18. 组织生活创新:紧密结合工作实际和党员群体特点,注重运用"两微一端"等信息化手段,采取"微党课"、网上组织生活等形式,不断提高组织生活的吸引力和实效性。

六、作用发挥途径

19. 突出思想政治工作开展活动:坚持社会主义办学方向,思想政治工作贯穿教育教学全过程。将思想政治要求纳入教师日常管理,坚持学术研究无禁区、课堂讲授有纪律,强化管理人员的遵纪守法、廉洁自律教育。建立常态化的政治理论学习制度,每月至少组织1次教职工政治学习。

20. 围绕教师党员特点开展活动:教职工党支部活动与学科建设、教学科研、日常管理等工作相互促进。广泛开展"争做'四有'好干部、'四有'好老师、争创党员示范岗"活动。

21. 创新党组织党员发挥作用载体:落实"共驻共建""在职党员进社区"、认领志愿服务岗位、"青春建功在基层、携手共筑中国梦"等活动,活动有计划、有记录。立足实际,创新活动载体形式、丰富内容、深化内涵,选树一批优秀共产党员。

七、工作运行机制

22. 民主议事机制:严格执行民主集中制,认真执行党务公开、党内情况通报和党员定期评议党支部领导班子成员等制度。党员对党支部事务的知情权、参与权、选举权、监督权等民主权利有效落实。

23. 责任落实机制:党支部目标管理制度落实到位。

24. 联系服务机制:主题实践、服务承诺、结对帮扶、走访慰问等活动广泛开展。

八、基本工作保障

25. 场所保障:党支部有必要的活动场所。使用学校统一的活动场所标志、制度。党组织标牌悬挂在醒目位置;室内上墙制度简明规范,一般为组织架构、岗位职责、党内生活等基本制度;党务公开栏设置规范,公开内容简单明了、党内信息公布及时。具备条件的可配备党员电教远教设备,开通全国党员管理信息系统终端。

26. 经费保障:学校划拨的党建工作经费和下拨的党费专款专用。严格执行学校财务管理有关制度,经费管理使用规范。

27. 工作台账:"三会一课"和工作记录台账资料完备。党支部的年度工作计划、年终工作总结、特色工作等台账资料健全完善。党员花名册、党费收缴等台账资料建立完备。

九、附则

28. 本标准由校党委负责解释,自发布之日起施行。

巢湖学院学生党支部建设标准(试行)

一、总则

1. 根据《中国共产党章程》《中国共产党普通高等学校基层组织工作条例》《普通高等学校学生党建工作标准》《中共安徽省委教育工委关于推进省属高校基层党组织标准化建设的实施意见》,制定本标准。

2. 本标准适用于各学院党总支所属的学生党支部。

二、党支部设置

3. 基本设置形式:学院全日制在校生中正式党员达到3人以上的设立党支部;正式党员不足3人的,可设立师生联合党支部。

4. 学生党支部设置:学生党支部一般按学科专业设置或按年级、班级设置,党员人数一般不超过30人。根据实际需要,探索依托重大项目组、课题组和学生公寓、社区、社团组织等建立党组织。

党总支每年9月份对所属党支部设置情况进行1次摸底,做到设置规范、调整及时。

三、支部委员会建设

5. 委员会职数:党的支部委员会一般设委员3~5人,其中设书记1人;党员人数较多的党支部,可增加副书记1人;党员不足7人的党支部,可只设书记1人。设委员会的党支部设纪律检查委员;不设委员会的党支部,应指定专人负责纪检工作。

6. 委员会任期:党的支部委员会和不设支部委员会的支部书记、副书记,每届任期3~5年。任期内党支部委员出现空缺时,应及时补选。期满按时换届,严格执行基层党组织换届情况定期报告制度。

7. 自身建设:按照守信念、重品行、有本领、敢担当、讲奉献的要求,选优配强学生党支部书记和支部委员。注重从优秀辅导员、骨干教师、优秀大学生党员中选拔学生党支部书记。党支部思想政治、履职能力、工作作风、管理制度健全。落实党支部学习制度,每月至少集中学习1次。严格落实党建工作责任制,培育优良班风、学风,加强廉政文化教育。

四、党员教育管理

8. 发展党员工作:党总支安排的发展党员计划落实到位。坚持标准、规范程序、保证质量,学生入党积极分子人数与发展对象人数之比一般不低于3∶1。注重发展边疆少数民族优秀学生党员,在坚持标准的前提下给予倾斜政策。

9. 党员教育培训:落实党员教育培训计划,党员每年至少参加1次集中学习培训,培训时间一般不少于32学时。注重运用共产党员网、安徽先锋网或党员干部现代远程教育站点开展党员教育,共产党员微信易信和安徽先锋网微信党员订阅率不低于60%、党支部负责人订阅率不低于90%。突出党性教育,经常性教育有措施,集中培训有记录。

10. 党费收缴管理:指定专人收缴党员党费,党员自觉按时足额交纳党费。正确履行困难党员党费减免的批准程序。每年1月、7月,向支部党员公示1次党费收缴情况。

11. 组织关系管理:做好学生党员组织关系转接工作,每年9月对党员组织关系进行1次集中排查。党员组织关系转接工作规范,积极推进党员组织关系网上转接。

12. 流动党员管理：每学期开展1次流入、流出党员情况排查，积极开展流动党员网上登记，做到底数清、情况明，"双重管理"措施落实到位。

13. 党内激励关怀：动态建立困难党员台账，定期走访慰问生活困难党员。落实上级党组织开展的党内表彰活动，做好评选推荐等工作。

五、党内组织生活

14. "三会一课"：支部党员大会一般每季度召开1次，支部委员会一般每月召开1次，党小组会一般每月召开1~2次，每季度上1次党课。

15. 民主评议党员：支部每年开展1次民主评议党员工作，开展党性分析，对党员进行评议，确定评议等次。稳妥慎重处置不合格党员。

16. 组织生活会：支部每半年召开1次党员组织生活会。遇有重要情况，及时召开。

17. 党员活动日：落实"党员活动日"制度，每月固定1天，组织党员开展活动，活动记录规范。

18. 组织生活创新：紧密结合专业和学生党员群体特点，注重运用"两微一端"等信息化手段，采取"微党课"、网上组织生活等形式，不断提高组织生活的吸引力和实效性。

六、作用发挥途径

19. 突出思想政治工作开展活动：学生党组织在党员思想政治教育、管理、服务工作中针对性、实效性强。坚持解决思想问题与实际问题相结合，注重人文关怀和心理疏导，在引领优良班风、校风、学风，践行社会主义核心价值观和维护学校改革发展稳定大局中发挥战斗堡垒作用。

20. 贴近学生党员实际开展活动：活动开展与专业学习、志愿服务、社会实践、就业创业等工作相互促进。校地合作扶贫项目有序有效落实，暑期"三下乡"社会实践活动、深入基层送技术送服务活动等有计划、有举措。广泛开展"争做'四有'好学生、争创党员示范岗"活动。

21. 创新党组织党员发挥作用载体：落实"共驻共建""在职党员进社区"、认领志愿服务岗位、"青春建功在基层、携手共筑中国梦"等活动，活动有计划、有记录。立足实际，创新活动载体形式、丰富内容、深化内涵，选树一批优秀共产党员。

七、工作运行机制

22. 民主议事机制：严格执行民主集中制，认真执行党务公开、党内情况通报和党员定期评议党支部领导班子成员等制度。党员对党支部事务的知情权、参与权、选举权、监督权等民主权利有效落实。

23. 责任落实机制：党支部目标管理制度落实到位。

24. 联系服务机制：主题实践、服务承诺、结对帮扶、走访慰问等活动广泛开展。

八、基本工作保障

25. 场所保障：党支部有必要的活动场所。使用学校统一的活动场所标志、制度。党组织标牌悬挂在醒目位置；室内上墙制度简明规范，一般为组织架构、岗位职责、党内生活等基本制度；党务公开栏设置规范，公开内容简单明了、党内信息公布及时。具备条件的可配备党员电教远教设备，开通全国党员管理信息系统终端。

26. 经费保障：学校划拨的党建工作经费和下拨的党费专款专用。严格执行学校财务管理有关制度,经费管理使用规范。

27. 工作台账:"三会一课"和工作记录台账资料完备。党支部的年度工作计划、年终工作总结、特色工作等台账资料健全完善。党员花名册、党费收缴等台账资料建立完备。

九、附则

28. 本标准由校党委负责解释,自发布之日起施行。

巢湖学院领导干部外出工作调研管理办法(试行)

校党字〔2017〕83号

为进一步规范学校领导干部外出调研工作,根据中央八项规定、省委省政府"三十条"和《中共巢湖学院委员会贯彻落实改进工作作风、密切联系群众规定的实施办法》(院党字〔2014〕2号)精神,结合学校实际,特制定本办法。

一、调研原则

学校领导干部外出工作调研,应坚持以下原则:

(一)工作需要;

(二)注重实效;

(三)厉行节约。

二、适用范围

本办法适用于学校副处级及以上领导干部(以下简称"领导干部")。

三、工作程序

(一)安排依据

1. 上级部门文件或正式通知;

2. 学校研究安排;

3. 各单位业务工作安排;

4. 其他工作需要安排。

(二)审批程序

领导干部外出工作调研,应严格履行审批程序,须通过电子政务履行网上请假手续,并将调研函作为附件上传,经有关领导审核批准后方可外出。凡申请外出工作调研而又未能提供调研函的,一律不予审核批准。具体审批流程参照处级以上领导干部网上请假审批流程。

(三)报告总结

领导干部外出工作调研结束后,须及时认真总结调研成果,形成书面调研报告,并报送有关校领导审核。校领导外出调研结束后,须在校领导碰头会上汇报调研成果;处级领导干部外出调研结束后,须在本单位全体教职工会议上汇报调研成果。

四、费用报销

领导外出工作调研差旅费参照《巢湖学院差旅费管理办法》(院字〔2015〕9号)、《关于调整差旅住宿费标准等有关问题的通知》(校字〔2016〕63号)执行。

五、有关要求

(一)明确调研目的。学校鼓励支持领导干部外出工作调研,但调研须有明确的目的和任务,通过学习借鉴调研单位的成功经验和创新做法,不断加强和改进学校工作。

(二)科学安排行程。根据调研目的和任务,科学安排调研时间,合理选择调研地点,合理安排外出调研人员,严格控制外出人员数量。外出前要安排好相关工作,并随时保持通信畅通,确保学校工作正常有序开展。

(三)严格遵守纪律。领导干部外出调研期间,应严格遵守国家有关法律、法规,严禁公款吃喝、公款旅游、公款消费。要严于律己,维护领导干部良好形象。

(四)加强监督检查。办公室、纪委办公室(监察审计处)、组织部、人事处、财务处等部门应认真履行职责,加强监督检查。对违反规定的单位和个人,应依据相关规定,予以处理。

六、附则

(一)本办法自发布之日起执行。

(二)本办法由学校办公室负责解释。

巢湖学院校级领导联系服务专家工作实施办法(试行)

校党字〔2017〕89号

为做好新形势下的人才工作,有效地贯彻落实党管人才政策,积极实施人才强校战略,努力营造尊重人才的良好氛围,充分发挥专家在学校建设发展中的重要作用,根据中共安徽省委办公厅《关于进一步加强党委联系服务专家工作的意见》精神,结合学校实际,制定本办法。

一、总体要求

深入学习贯彻十九大精神和习近平总书记关于人才工作的重要指示精神,坚持党管人才原则,充分发挥党的思想政治优势、组织优势和密切联系群众优势,加强对专家的政治引领和政治吸纳,做到政治上充分信任、思想上主动引导、工作上创造条件、生活上关心照顾。坚持思想联系、感情交流,引导广大专家与党同心同德,紧密团结在以习近平同志为核心的党中央周围。坚持尊重信任、真心关爱,激发专家爱国报国情怀,增强专家的成就感、归属感、获得感。坚持发挥作用、成就事业、搭建工作平台、优化创新环境,支持广大专家担负起人才强校建设重任。进一步完善机制、改进方式、提升水平,激励各类专家为建设地方应用型高水平大学贡献聪明才智。

二、联系服务对象

联系对象主要为获得市厅级以上各类人才称号的专家学者、校级以上学科带头人、省级教学名师以及取得突出业绩的高层次人才。

建立联系专家名单和信息库,定期公布,并根据情况变化进行动态调整。学校中层干部原则上不纳入联系范围。

三、联系服务内容

（一）加强政治思想引领。深入了解专家思想状况,宣传党的教育方针政策,引导专家坚持党的领导,坚定"四个自信",进行社会主义核心价值观和奉献精神教育,对党员专家进行党性教育,促使他们牢固树立"四个意识",注重凝聚党外专家共识,巩固共同思想基础。定期向联系专家通报学校建设发展和党的建设重要情况,对重大规划、重要计划、政策文件等进行宣传解读。

（二）注重关心关怀激励。要与联系专家交朋友,虚心向专家学习。要在重大节假日和专家取得重大成就、罹患重大疾病时走访慰问专家。关心专家生活和工作困难,协调解决专家遇到的问题和困难,为专家充分发挥作用创造条件、提供服务,特别是要注重帮助解决专家在课题研究、技术攻关、成果转化、人才培养等方面遇到的问题和困难,激励专家为学校建设和发展做出更大贡献。

（三）发挥决策咨询作用。校党委主要领导要带头联系服务专家,积极推进专家建言献策机制,充分发挥专家在学校科学决策、民主决策中的作用。联系领导要主动听取专家对学校党委和行政工作的意见,特别是对学校重大改革方案、中长期发展规划、重大科研项目、人才人事等工作的意见和建议。尊重和包容专家个性特点,对专家提出的意见建议虚心听取、认真研究、积极吸纳。

四、联系服务方式

（一）校领导联系专家应以面对面交流为主,可通过个别访谈、座谈会、咨询服务等形式进行交流,可利用深入基层检查工作、调查研究等机会上门走访,也可利用互联网互动平台进行交流与联系,提高联系针对性和及时性。

（二）建立校领导与联系专家日常沟通联系"直通车"制度,联系对象可通过约见、电话、信函、邮件等方式主动向联系领导反映情况、提出意见和建议。

五、工作要求

（一）校领导联系专家工作由校人才办负责组织落实,组织部等有关部门密切配合,校领导联系专家人选名单由人才办会同有关部门遴选后报校党委研究确定。

（二）每位校领导要把联系专家工作作为深入群众、联系基层的重要内容之一,列入个人重要工作日程,每学期与联系专家面对面交流不少于1次,及时了解专家的思想状况和工作情况。

（三）专家所在单位党政主要领导要加强与专家的日常联系,注重听取他们的意见建议,关心他们的思想、工作和生活,及时帮助他们解决实际困难。专家如有工作变化、重大奖惩、重大疾病等情况,应及时向联系领导和人才办报告。需要调整联系专家的应及时调整,确保工作的连续性。

（四）专家所反映的困难问题和有关事项,联系领导能协调解决的应及时协调解决,涉及比较复杂的问题或工作事项,交由人才办汇总整理,符合条件或创造条件能够解决的,报党委会或校长办公会研究后予以解决或列入有关工作计划。落实情况应及时向专家通报。

巢湖学院党支部考核实施办法(试行)

校党字〔2017〕97号

为学习贯彻落实党的十九大关于党的建设的新要求,扎实推进学校基层党组织标准化建设,根据上级有关文件精神,结合我校实际,现就组织开展党支部考核工作,制定如下实施办法。

一、考核对象

各党总支所属的党支部,其中设立不足一年的提交书面述职报告,不定等次。

二、考核指标

考核指标分为基本职责指标和年度任务指标。基本职责指标根据校党委印发的《巢湖学院教工党支部建设标准(试行)》《巢湖学院学生党支部建设标准(试行)》设置,相对固定;年度任务指标为上级党组织当年下达的党建工作目标任务,每年以党支部书记抓基层党建述职评议考核的方式进行布置。

三、考核的组织领导、方式和实施

党支部考核分校党委和党总支两个层面进行,各党总支在对所属党支部考核后,推荐一个优秀党支部参加校党委组织的考核。

（一）组织领导

校党委和党总支分别成立考核工作组。党委考核工作组由党委书记、相关职能部门负责人组成,党委组织部负责具体组织实施。党总支考核工作组由不担任支部书记的总支委员、团总支书记、专职辅导员、师生党员代表组成。

（二）考核方式

考核采取"基本职责指标量化评分＋支部书记述职评议现场测评"的方式。

（三）考核实施

考核一般按以下步骤实施:

1. 撰写述职报告。支部书记根据当年校党委印发的基层党组织书记述职评议考核实施方案要求撰写述职报告。

2. 填写考核指标完成情况对照汇总表。对照《党支部考核指标与评分标准》,将所有项目梳理出当年工作完成情况、收集辅助证明材料,并填写《党支部考核工作完成情况对照汇总表》(以下简称《汇总表》)。

工作完成情况要对照评分标准逐条梳理,文字要简明扼要,尽量用数据说话,填写在《汇总表》的"对照说明"栏里。辅助证明材料要对照评分标准收集有关资料档案,包括过程材料、获奖情况等,填写在《汇总表》的"资料档案"栏里。

3. 提供相关支撑材料。根据考核文件和考核工作组要求提供相关材料,主要包括:理论学习会、工作例会记录、组织生活会材料等。

4. 考核工作组评分。考核工作组根据《汇总表》、支撑材料、平时掌握情况、工作台账、统计数据等,对照考核指标与评分标准进行评分,力求客观准确,扣分有据。

5. 会议述职与测评。党总支召开述职评议会,参会人员为总支委员、科级以上干部、师生党员代表。述职、点评后进行现场测评。校党委层面的述职评议会的参会人员为党委考核工作组成员、总支书记、师生党员代表。

述职要坚持实事求是,紧扣重点内容,把自己摆进去,讲清履职尽责抓党建情况、工作中的不足和下一步打算,作出整改承诺。校党委(总支)书记逐一点评,特别要点出存在问题、指明努力方向,可根据述职情况进行问询。述职后组织参会人员进行现场测评,并在会后公布述职报告摘要,接受监督。

现场测评分为好、较好、一般、差四个等次。"好"得100分,"较好"得80分,"一般"得60分,"差"得0分,"弃权"得30分。

四、考核等次评定

"基本职责指标量化评分"和"支部书记述职评议现场测评"完成后,对党支部采用百分制进行综合评价,其中量化评分和现场测评各占50%;按不超过25%的比例,从得分在85分及以上的党组织中确定"好"等次,得分在75分(含75分)至85分的以及85分以上未获得"好"等次的,按不超过60%的比例确定"较好"等次;得分在60分(含60分)至75分的,均为"一般"等次;得分在60分以下的,均为"差"等次。

五、考核结果运用

(一)党支部考核结果经党委会研究确定后,由党委发文通报表彰,并写入个人年度考核评价意见。

(二)考核结果作为年度奖励性绩效分配、评先评优、选拔任用干部的重要依据。

(三)在校党委层面的考核中被确定为"好"等次的党支部,由党委授予"年度考核优秀基层党支部"称号,党支部书记年度考核同等条件下优先认定为"优秀"等次。

(四)考核结果为"一般""差"的,要进行约谈、限期整改,情况严重的要依据《中国共产党问责条例》严肃问责。

巢湖学院教职工师德考核实施办法(试行)

校党字〔2017〕99号

为切实加强教职工的师德师风建设,提高教职工政治思想素质和职业道德水平,进一步激发广大教职工的主人翁意识以及工作积极性、主动性和创造性,根据《关于建立健全高校师德建设长效机制实施办法》(教师〔2014〕10号)等有关文件精神,制定本办法。

一、总体要求

本着实事求是的精神,采取定性与定量相结合的方法,坚持客观公正、公开公平的原则开展考核工作。

二、考核对象

所有参加学校年度考核的教职工(不含劳动合同用工)。

三、考核内容

教师着重考核师德师风表现,考核内容主要包括爱国守法、敬业爱生、教书育人、严谨治学和为人师表等五个方面;其他教职工着重考核政治思想表现,考核内容主要包括政治品德、职业道德、社会公德和个人品德等四个方面。

四、考核等次及比例

师德考核结果分为优秀、合格、基本合格、不合格四个等次,85 分以上为优秀,84~70 分为合格,69~60 分为基本合格,60 分(不含 60 分)以下为不合格,其中,考核优秀等次比例不超过年度参加考核教职工总人数的 40%。

五、考核时间

师德考核结合教职工年度考核同步进行,教职工年度考核中德、能、勤、绩、廉等方面中"德"的评价依照师德考核结果确定。

六、考核方法

师德考核由各考核工作组负责组织开展,其中教师考核由学生评议(可结合学生评教进行)、同事评议和领导评议三部分组成,权重分别为 30%、30%、40%,按《巢湖学院教师师德考核评分表》对考核对象进行评议打分;其他教职工考核由同事评议和领导评议两部分组成,权重为各占 50%,按《巢湖学院教职工"德"考核评分表》进行评议打分。考核实行百分制,根据得分确定师德考核等次,得分在 60 分以下的原则上确定为不合格。

处级干部"德"的考核由学校组织部门按照《巢湖学院处级领导干部考核办法》中"德"的考核有关规定执行。

有下列情况之一者,师德考核结果应确定为不合格等次,情节严重者,依法依规分别给予警告、记过、降低专业技术职务等级、撤销专业技术职务或者行政职务、解除聘用合同或者开除等处分。

(一)损害国家利益,损害学生和学校合法权益的行为;

(二)在教育教学活动中有违背党的路线方针政策的言行;

(三)在科研工作中弄虚作假、抄袭剽窃、篡改侵吞他人学术成果、违规使用科研经费以及滥用学术资源和学术影响;

(四)影响正常教育教学工作的兼职兼薪行为;

(五)在招生、考试、学生推优等工作中徇私舞弊;

(六)索要或收受学生及家长的礼品、礼金、有价证券、支付凭证等财物;

(七)对学生实施性骚扰或与学生发生不正当关系;

(八)因违法违纪违规行为受到纪律处分;

(九)因不正当诉求,扰乱正常工作秩序,损害学校和师生利益或造成不良影响;

(十)组织、诱导学生参加非法组织、"黄、赌、毒"和迷信活动;

(十一)无故旷教或无故拒不接受完成学校分配的教学、科研及其他工作任务,影响恶劣;

(十二)对学生安全工作不负责任,或侮辱体罚学生,影响恶劣;

(十三)在学生奖惩或资助等工作中徇私舞弊;

（十四）参与赌博、打架斗殴、损坏公物、破坏环境、生活作风不良的行为，造成较坏影响；

（十五）其他违反高校教师职业道德的行为。

七、考核结果的使用

（一）师德考核结果作为教师资格认定、专业技术职务评聘、岗位聘任、评奖评优和年度考核的重要依据，实行"一票否决制"。

（二）师德考核结果为优秀的，在评选各级优秀教师、师德先进个人或标兵、教学名师、学科带头人及骨干教师人选时，同等条件下优先考虑。

八、附则

本办法自发布之日起执行，由人事处负责解释。

巢湖学院本科教学质量与教学改革工程项目管理办法

校字〔2017〕3号

第一章　总　则

第一条　为进一步规范本科教学质量与教学改革工程（以下简称"本科教学工程"）项目管理，增进项目建设实效，不断增强办学效益，根据教育部和省教育厅等部门有关文件精神，结合学校实际，特制定本办法。

第二条　"本科教学工程"项目是以提高本科教育教学质量、提升人才培养水平为目标，按照"分类指导、深化改革、突出特色"的原则，通过优化结构布局、强化内涵建设、改革人才培养模式、创新体制机制、健全质量保障体系等举措，重点抓好一批具有基础性、全局性、引导性的项目建设，并通过发挥项目的引导、示范、激励和辐射作用，促进学校主动适应国家战略需求和地方经济社会发展需要，全面深化教育教学改革，充分调动地方、学校和广大师生的积极性、主动性和创造性，实现学校更好地培养应用型人才，进一步提升整体实力。

第三条　"本科教学工程"项目包括国家级、省级和校级三个层次。本办法适用于各级各类质量工程、安徽省支持本科高校发展能力提升计划（教学类）、安徽省高等教育振兴计划（教学类）等项目，具体分为以下类别：

1. 质量标准建设类项目，包括专业建设标准、课程建设标准、教学质量标准体系建设等。

2. 专业建设类项目，包括专业综合改革试点、特色专业、卓越人才教育培养计划、专业结构优化调整与专业改造等。

3. 课程建设类项目，包括精品资源共享课、精品视频公开课、应用型课程开发与建设、在线开放课程建设、规划教材、校本教材等。

4. 实践创新能力培养类项目，包括示范实验实训中心、虚拟仿真实验教学中心、校企合作实践教育基地、校内外实践教育基地、大学生创新创业训练计划、大学生创客实验室建设计划、高等教育品牌基地建设等。

5. 教师能力提升类项目：应用型教师能力发展中心、教学团队、教学名师、教坛新秀、教学成果奖、教学成果推广、重大教学改革研究、教学研究、课程教改、名师（大师）工作室等。

6. 其他类项目，包括由上级教育行政部门列出和学校自行设计的相关类别项目。

第四条 项目管理实行"统筹规划、明晰责任、分年实施、目标管理、质量为本"的原则；经费管理实行"统一规划、单独核算、专款专用、绩效考核、滚动资助"的原则。

第二章 组织管理

第五条 "本科教学工程"项目实行学校、项目承担单位、项目组三级管理。

第六条 "巢湖学院本科教学工程项目建设办公室"是项目建设的组织与领导机构，成员由学校教学指导委员会委员担任，全面负责项目建设工作，决定重大政策、总体规划和实施方案，并对建设过程中存在的突出问题进行协调和管理决策等。项目日常管理事务由教务处负责，其主要履行以下职责：

1. 组织制定项目建设总体规划、实施方案和管理办法。
2. 组织开展项目申报、评审、推荐、立项、检查验收等工作。
3. 负责协调和解决建设过程中存在的问题。
4. 负责项目经费使用的审核与监管等工作。
5. 总结、宣传和推广项目建设成果等。

第七条 各学院成立相应工作小组，院长为组长，分管副院长为副组长，专业负责人、教研室主任和骨干教师等为成员。各学院是项目承担单位（以下简称"承担单位"），实施院长负责制，具体负责本单位项目建设的规划、实施、管理等工作，主要履行以下职责：

1. 根据学校项目建设总体规划，结合实际，制定本单位"本科教学工程"项目建设规划和实施方案等。
2. 组织开展本单位项目的培育、申报和推荐等工作。
3. 负责本单位项目建设过程中的保障、监督、检查等工作，确保建设达到预期成效。
4. 统筹安排项目建设资金，负责项目建设经费使用的审核与监督，确保经费使用效益，并接受有关部门的检查与审计。
5. 负责所承担各项目建设的年度总结，宣传推广项目建设成果。
6. 其他与项目建设有关的工作。

第八条 "本科教学工程"项目组是项目建设的具体承担者，实施项目负责人制度。项目负责人的主要职责有：

1. 组织开展项目的调研、论证和相关材料准备工作等。
2. 依据项目建设目标和有关要求，制定项目建设计划（或建设任务）。
3. 负责项目的具体实施、自我评价并接受检查验收。
4. 按规定科学合理安排和使用项目建设经费。
5. 负责项目年度总结，宣传和推广项目建设成果等。

第九条 "本科教学工程"项目一经批准，不得随意调整项目负责人、人员组成、建设内容、建设任务、进度安排等。确因特殊情形如工作调动、身体原因、执行不力等需要调整的，须由项目负责人提出书面申请，承担单位签署意见，并视项目级别报学校或相关主管部门批准后方可实施。

第三章　项目申报

第十条　"本科教学工程"项目，采取学校先行立项培育、再择优逐级推荐的方式，以不断完善项目管理体系。教务处根据学校发展规划和建设目标，负责制定"本科教学工程"项目具体管理办法、质量标准和实施方案等。

第十一条　鼓励各单位和个人积极申报项目，所申报项目需满足以下基本条件：

1. 符合学校发展要求，论证充分，建设目标明确，研究方案及计划切实可行，方法运用科学，具有较好的前期基础。

2. 经费预算编制和人员组成结构合理，能够按时完成建设计划，实现预期建设目标。

3. 在推进教育教学改革、促进人才培养、提高教学质量方面具有一定的理论和实践指导意义。

4. 研究成果具有出版、应用、示范和推广价值。

5. 符合对应项目的具体要求。

第十二条　项目申报采取个人申报、学院审核推荐、学校评审推荐或立项的方式进行，具体程序如下：

1. 学校发布项目申报工作通知。

2. 各学院根据要求组织申报，对申报材料进行核实，并对申报人的工作业绩、研究能力和条件等签署明确意见，择优向学校推荐。

3. 教务处受理项目申报工作，组织开展项目评审并提出立项建议方案。

4. 学校审定立项建议方案，批准立项或向上级部门推荐申报。

第十三条　鼓励开展联合性的项目建设，以充分发挥校内外资源优势。跨单位之间的交叉合作项目，由项目牵头单位组织申报。

第十四条　为保证项目建设成效，确保项目负责人有足够的时间、精力完成项目建设任务，同时，营造公平优良的竞争环境，实行项目限制性申报办法。

1. 各类项目原则上采取逐级申报方式，即国家级项目在省级项目基础上申报、省级项目在校级项目基础上申报，特别是集体类项目。

2. 各项目负责人在完成原有项目前，不得申报同类新项目，但允许跨级申报；非同类项目则须间隔至少一年申报。

3. 同一项目负责人在建设期限内不得同时主持三个及其以上项目（含国家级、省级和校级），同一成员参与当年度的项目总数不得超过三项（含三项）。

4. 连续两年申报同一类别项目不成功的，暂停一年该项目申报资格。

第十五条　项目申报评审坚持客观公正、公平公开的原则，实行项目申报人评审回避制度。学校适时组建项目专家库，随机抽选专家开展项目评审、咨询、指导等工作。

第四章 立项建设

第十六条 "本科教学工程"省级及其以上项目建设周期按照上级有关文件执行,校级项目建设周期一般为1~3年,具体根据项目类别合理设定。

第十七条 项目立项后,应做好以下工作:

1. 承担单位督促各项目组及时根据项目建设要求制定明确的实施方案,编制项目建设计划书(或任务书),确定建设总目标和分年度建设任务,并认真组织实施。
2. 集体类项目(含课程类项目)须建立门户网站,及时公布项目建设内容、研究成果、研究进展情况和共享资源等,加强对建设成果的宣传推广。
3. 严格按照项目建设方案和计划书(或任务书)组织实施,加强过程管理,并接受学校和有关部门的监督检查。
4. 因各种原因导致建设期内无法完成既定建设任务的项目,允许延期一次,期限一年,且须办理延期手续,经批准后方可继续实施。

第五章 检查验收

第十八条 学校根据项目整体规划、建设要求、建设方案和任务书等,本着科学求真的精神,坚持实事求是、客观公正的原则,组织专家组对"本科教学工程"项目建设情况进行检查验收。专家组不少于5人,成员包括学校教学指导委员会委员、相关学科领域专家和校外同行专家,校级集体项目和省级及以上各类项目的检查验收须有校外专家参加且比例不低于专家总数的50%。

第十九条 项目检查一般安排在每年12月份进行,也可根据实际情况组织不定期检查。检查形式包括项目自查、汇报答辩、访谈、实地考察等。检查的主要内容包括:

1. 围绕建设目标,项目执行情况及采取的主要措施。
2. 项目进展情况,建设过程中所开展的主要活动和创新特色做法。
3. 项目建设经费使用情况。
4. 项目建设取得的成果、经验、成效及示范带动作用。
5. 项目建设中的主要问题和改进措施。
6. 其他。

第二十条 有下列情形之一的,学校视其情节轻重给予警告、中止或撤销项目等处理。

1. 项目申报与建设过程中存在弄虚作假、违背学术道德等不良行为。
2. 项目执行不力,未开展实质性建设工作或阶段性建设任务未完成。
3. 未按要求报送项目建设情况材料,无故不接受对项目实施情况的检查、监督与审核等。
4. 项目经费的使用不符合有关财经法规和制度规定。
5. 超过预定完成时间两年以上(含延期或整改时间)。
6. 存在其他违反项目建设管理规定的行为。

第二十一条　建设期满的项目须接受验收，一般安排在每年的6月份和12月份进行。项目完成后由承担单位和项目负责人提出申请，按要求及时报送验收材料，学校根据项目特点采取专家会议评议、实地考察等形式进行验收。验收的主要内容包括：

1. 项目建设目标和任务的完成情况。
2. 项目建设取得的成果、经验分析及推广应用情况。
3. 项目建设存在的问题、原因及对策。
4. 项目管理情况。
5. 项目经费使用情况。
6. 项目网站建设情况等。

第二十二条　项目检查验收结束后，学校发文公布结果。对于省级及其以上项目，经学校检查验收通过后，按上级有关要求提交具体材料，并接受上级实地检查或抽查。检查验收结果视为项目绩效考评结果，作为当年教研工作量核算和下一年度预算安排、经费核拨、项目指标划分、年度考核等重要依据。

第二十三条　检查验收通过的项目，可划拨下一年度经费或办理剩余经费报销手续，需授予相应称号的按有关文件执行；检查验收未通过的项目，责令限期整改，一年后复查，再次检查验收仍不通过的，撤销项目并追回部分项目经费，该项目负责人三年内不得申报任何"本科教学工程"项目，同时，对项目承担单位和项目负责人给予相应处理。

第六章　成果推广应用

第二十四条　"本科教学工程"项目的建设成果属巢湖学院所有，发表论文、著作或出版教材时，若作为该项目成果并使用经费支持的，须在相应成果中明确标注"巢湖学院本科教学质量与教学改革工程资助项目（××年度××级××项目，项目编号：××）"类似字样，未加以标注的不作为相应项目建设成果，且不得使用相应项目经费。

第二十五条　对推进教育教学改革，提高教学质量和办学效益等有重要意义的建设成果、集体或个人，学校将优先推荐申报相应奖项等或滚动进入高一级"本科教学工程"项目。

第二十六条　学校以适当形式组织开展"本科教学工程"成果汇报会、经验交流会等活动，积极促进成果的推广应用。

第七章　经费管理

第二十七条　"本科教学工程"项目的建设经费来源包括上级财政拨款、学校专项经费资助以及其他渠道筹集的经费，性质上属于教学基本建设经费，纳入学校统一管理，经费使用按照有关规定执行。鼓励各学院和个人以多种形式自筹建设经费，合理支出，任何单位和个人无权截留和挪用。

第二十八条　经费资助与预算

1. 经费资助

（1）学校保证对立项的"本科教学工程"项目给予相应建设经费资助，经费于每年年初预算安排下达,实行专项管理,保证专款专用。项目承担单位、教务处和财务处等部门对项目经费使用实行监督管理。

(2) 对不同级别的同一项目,学校不予重复资助。对成功申报上一等级的同一类项目按高级别建设项目资助标准补足差额部分,并实行分项检查验收。

2. 经费预算

(1) 预算承担单位应当按照项目经费总额制定项目预算,预算应当根据项目建设的合理需要,坚持目标相关性、政策相符性和经济合理性原则,对主要用途和理由给出说明。教务处、财务处对项目预算予以指导和审核。经费预算应确保按期执行和使用完毕,如遇特殊情况,年度预算安排未完成的部分,经必要程序后方可结转下一年继续使用。

(2) 经费预算在编制过程中,涉及政府采购的,严格按照相关规定执行;涉及劳务费支出的,要考虑相关人员的任务量和工作成效,按照规定标准合理发放,禁止随意或以任何变相的方式发放劳务费;涉及仪器设备采购的,按照学校资产管理有关规定执行。

(3) 经费预算一经批复,须严格执行,原则上不予调整,确需调整并在相关管理办法允许范围内的,可按照有关规定办理。

第二十九条 项目经费的使用实行项目负责人制度,由项目负责人根据计划书(或任务书)的预算合理分配经费使用。多人合作的项目,其经费使用应合理分配。

第三十条 项目经费采取一次批拨总额、分年核定报销的办法。学校将及时跟踪检查项目建设进展情况,通过年度检查的项目即可拨付下一年度建设经费,反之,暂停拨付经费和办理经费报销手续,直至整改通过后方可继续。经费使用须接受学校或上级有关部门审计。

第三十一条 项目经费分为项目建设经费和项目管理经费两部分。资助经费总额在1万元以上的项目,建设经费占总经费的95%,由各项目组按规定使用;管理经费占总经费的5%,由财务处单独立户,教务处统筹协调使用。项目管理经费主要用于项目的申报、评审、检查验收、奖项评选和管理等日常活动,以及与项目有关的对外交流、调研、专家咨询等。资助经费总额在1万元及其以下的项目不设管理费。项目专项经费不得用于与项目管理无关的支出。

第三十二条 项目建设经费按照批复的预算执行,其支出范围主要包括:

1. 设备费,是指在项目实施过程中购置或试制的专用仪器设备,以及对现有仪器设备进行升级改造,或租赁使用外单位设备所发生的费用。对于使用专项经费购置的单台/套/件且符合国有资产管理范围的设备,应当按照政府采购或学校有关管理规定执行。项目经费总额在1万元以上的,设备费支出不得低于总经费的30%;总额在1万元及其以下的,该部分支出比例不作要求。

2. 材料费,是指在项目实施过程中需要消耗的各种原材料、辅助材料、低值易耗品、元器件、试剂、部件、外购件、包装物的采购、运输、装卸和整理等费用。

3. 差旅费,是在项目实施过程中开展实验(试验)、考察、业务调研、交流研讨等所发生的外埠(国内)差旅费、市内交通费用等。差旅费的开支及其补助标准按照学校有关规定执行,但不得超出项目总经费的40%。

4. 会议费,是指在项目实施过程中为组织开展研讨、咨询以及协调项目等活动而发生的会议费用。报销会议费应按照有关规定,严格控制会议规模、会议数量、会议开支标准和会期。

5. 出版信息费,是指在项目实施过程中需要支付的出版费、资料费、印刷费、数据采集费、图书资料购置费、专用软件购买费、文献检索费、专业通信费、专利申请以及相关涉及知识产权事务等费用。

6. 劳务费,是指在项目实施过程中支付给没有工资性收入的相关研究人员、因项目研究需要外请的以及临时聘用人员的劳务性费用。劳务性支出控制在经费总额的15%以内。对于一些基础研究类、软件开发类等项目,劳务费支出总额控制在经费总额的25%以内。

7. 专家咨询费,是指在项目实施过程中支付给临时聘请的咨询专家的费用。具体开支标准严格按照有关规定执行,其总额不得超过经费总额的15%。

8. 绩效奖励费,是指实施项目绩效管理,在项目验收后根据项目建设成效给予项目团队成员的奖励性费用,具体由项目负责人根据成员任务完成情况,在项目经费总额中按一定比例予以分配,其中,经费总额在1万元以上、10万元以下(含10万元)的,绩效奖励比例为总经费的10%;经费总额在10万元以上、100万元以下(含100万元)的,绩效奖励比例为5%;经费总额在100万元以上的,绩效奖励比例为1%。

9. 其余费用,是指在项目实施过程中发生的除上述费用之外的其他支出。支出内容须与项目建设任务密切相关,如培训费、相关税费、维修费、检验测试费、单独计量的能源消耗费等。

第三十三条　经费审批报销程序

1. 除课程教学改革研究项目外,各项目在第三十二条支出范围内,按照财务和审计有关规定办理经费报销手续。

2. 对于课程教学改革研究专项项目,经验收合格,重点项目的50%经费以课时补贴形式直接发放给项目负责人,涉及多人合作的,由项目负责人自行分配,剩余50%按本条1款予以报销;一般项目的经费则以课时补贴形式直接发放给项目负责人。

第三十四条　承担单位在项目经费使用和管理中,不得存在以下行为:

1. 对项目经费不进行单独核算。

2. 编制虚假预算、套取项目经费。

3. 截留、挤占、挪用项目经费。

4. 违反规定转移项目经费。

5. 擅自变更项目承担主体。

6. 提供虚假财务信息,虚列开支。

7. 未按规定执行和调整预算。

8. 其他违规行为。

对于经费使用过程中出现违规行为的,视情节按有关规定严肃处理。

第三十五条　结余经费使用与管理

1. 结余经费是指项目验收结束或因故终止时,该项目经费总额扣减实际支出后的余额。

2. 项目验收通过后,结余经费在一年内由项目负责人安排,用于项目组成员继续开展项目深度研究的直接支出；验收一年后经费仍有结余的，由学校统筹安排，专门用于教学建设、改革和研究等方面的直接支出，同时，允许项目组继续使用；项目验收两年后经费仍有结余的，由财政予以收回。

第三十六条　项目经费使用过程中遇及特殊情形的，报请学校批准后执行。

第八章　附　　则

第三十七条　凡使用"本科教学工程"项目经费所形成的资产均属固定资产，纳入学校资产统一管理，并合理使用、精心维护。集体项目使用专项经费购置的设备、材料、资料等经必要登记手续后，由项目承担单位负责保管，供相关教师共享使用，任何个人不得占为己有。

第三十八条　本办法与上级部门管理制度相矛盾的，以上级文件为准；此前与本管理办法不一致的，以本办法为准。个别项目有专门规定的，依据相应条款并参照本办法执行。

第三十九条　本办法第十六条至第三十三条不适用于教学名师、教坛新秀和教学成果奖等奖励性项目。

第四十条　本办法由教务处负责解释，自公布之日起施行。原《巢湖学院本科教学质量与教学改革工程项目及其专项经费管理办法》（院字〔2014〕40号）即行废止。

巢湖学院学术委员会委员产生办法
校字〔2017〕24号

为保证学术委员会委员选举的民主性和公正性，充分发挥学术委员会的职能和作用，根据《高等学校学术委员会规程》（教育部令第35号）、《巢湖学院章程》（校党字〔2016〕6号）以及《巢湖学院学术委员会章程（修订）》（校字〔2016〕237号）等有关规定，制定本办法。

一、工作机构

学校学术委员会委员选举组织工作，由学术委员会秘书处（挂靠发展规划处，以下简称"秘书处"）具体负责。

二、委员及其候选人名额

选举前，秘书处根据《巢湖学院学术委员会章程（修订）》所规定的学术委员会组成规则，结合实际情况和工作需要，拟定学术委员会委员名额，并按照委员人数的两倍确定候选人名额，拟定候选人名额分配方案，提交校长办公会审议、确定。

三、候选人推选原则

（一）德才兼备。依据教授治学的要求，严格按照学校学术委员会章程与本办法所规定的条件，推选学术水平高、学术造诣深、品德高尚、治学严谨、为人师表、原则性强、服务意识好、在师生员工中有较高威信的候选人。

（二）结构合理。担任学校与职能部门党政领导职务的候选人数不超过候选人总数的1/4；不担任学校职能部门党政领导职务及二级学院主要负责人的候选人数不少于候选人总数的1/2;45周岁以下青年教师候选人数不少于候选人总数的1/5。

（三）民主公开。候选人的产生必须经过民主推荐、广泛征求意见、集体研究和集中公示等程序，推选过程公开透明，接受全校师生员工的监督。

（四）自我推荐与民主推荐相结合。候选人必须由本人提出申请，所在单位根据本人推荐，召开全体教职工大会进行民主推荐产生。

四、候选人条件

（一）坚持社会主义办学方向。

（二）学术造诣深，学术声望高。

（三）学风端正，治学严谨。

（四）公道正派，责任心强。

（五）能够正常履行职责。

（六）原则上具有正高级专业技术职务（兼具博士学位者优先）或副高级专业技术职务兼具博士学位。

（七）愿意为学术委员会热情工作，并严格遵守学术委员会章程规定。

五、候选人产生程序

（一）初步人选的推选。在候选人产生前，由二级学院、校办公室和秘书处负责推选初步人选。

二级学院在教师自我推荐的基础上，召开全体教职工大会，按照所分配的名额民主推选初步人选；经党政联席会议研究确定后，将初步人选报送秘书处。所推选的初步人选中，不担任二级学院主要负责人的高级职称教师或青年教师不少于50%。未经本人自我推荐的人员不得推选为初步人选。

校办公室根据候选人名额分配方案，负责校级领导初步人选的民主推选工作，并报送秘书处。

秘书处根据候选人名额分配方案，负责职能部门初步人选的民主推选工作。

（二）候选人的确定。秘书处对初步人选进行资格审查并向全校师生员工公示。公示无异议者，当选为候选人。

候选人数量不能满足正式委员产生的要求，秘书处可视情况向校长办公会议提交补选候选人方案，由校长办公会决定是否补选候选人。

六、委员的产生与聘任

秘书处组织校内专家组，按照《巢湖学院学术委员会章程（修订）》的有关规定和要求及候选人情况，拟定学术委员会委员组成方案，供候选人会议选举产生正式委员参考。

召开全体候选人会议（与会候选人不少于候选人总数的2/3方可举行），参考学术委员会委员组成方案进行署名投票选举（不署名的选票无效），按照得票多少产生正式委员。

选举结果提交校党委会议审定，当选委员由校长聘任。

七、学术委员会的产生

主任委员由全体委员选举产生。

副主任委员、秘书长由主任委员提名，全体委员选举产生。

八、选举工作纪律

（一）严禁拉票贿选，严禁弄虚作假，严禁干扰选举工作。

（二）不准在选举中通过打电话、发短信或邮件、当面拜访、委托或者授意中间人出面说情等形式，请求他人给予自己关照；不准采取拉关系或者其他不正当手段，拉取选票；不准阻挠对违反推选或选举纪律问题的调查和处理。

（三）委员候选人提供材料应真实有效。

（四）党员干部应严于律己、以身作则。

（五）如发现有违反上述规定的行为，一经查实，将取消候选人资格，直至纪律处理。

巢湖学院人才工作部门联席会议制度

校字〔2017〕31号

为深入实施人才强校战略，充分发挥学校人才工作领导组的统揽作用，加强人才工作成员单位的沟通协作和密切配合，切实推动解决学校人才队伍建设工作中存在的问题，进一步提升人才工作管理和服务水平。结合学校实际，特制定本制度。

一、成员单位

部门联席会议成员单位主要由组织部、监审处、发展规划处、人事处、教务处、科技处、后勤管理与基建处、国有资产管理处和国际交流与继续教育学院等九个单位组成。

二、工作职责

（一）协调有关部门和单位解决人才工作中的有关问题。

（二）督促检查有关部门落实人才工作政策和人才队伍建设的工作情况。

（三）讨论研究其他与人才工作有关的事宜。

三、工作规则

（一）联席会议由人才工作领导组一名组长或委托一名副组长主持，各成员单位主要负责人参加。可根据会议研究内容需要，邀请其他有关部门或二级学院负责人参加。

（二）联席会议原则上每季度召开一次，也可根据需要由学校人才办临时提请召开，并根据确定的议题内容协调有关成员单位做好各项准备工作。

（三）联席会议召开前，人才办应联合相关部门征集各单位对学校人才工作中存在管理和服务方面的具体问题的意见和建议。

（四）联席会议研究确定的有关事项，按照部门职能，由各成员单位负责具体落实，人才办负责定期检查任务落实情况，协调解决工作中遇到的问题，并将有关情况及时报学校人才工作领导小组组长、副组长。

（五）各成员单位相互配合，相互支持，及时沟通，努力形成工作合力，充分发挥联席会议的综合协调作用，建立协调顺畅、运转有序的人才工作机制。

（六）经联席会议讨论研究的事项，及时形成《人才工作部门联席会议纪要》，由领导小组组长签批下发。

（七）根据需要由人才工作领导组研究解决的引进人才等重要问题，由人才办提请组长、副组长召集有关成员单位召开人才引进工作专题会议讨论决定。

四、附则

（一）学校人才工作领导小组成员单位调整，人才工作联席会议成员单位自动随之调整。

（二）本制度由学校人才办负责解释。

巢湖学院引进高层次人才及团队实施办法

校字〔2017〕32号

为全面贯彻落实人才强校战略，切实加强高层次人才和学术团队引进工作，推进人才引进工作的科学化、制度化建设，确保人才队伍建设目标的实现和任务的落实，努力建设一支高水平的教师队伍，根据国家、省有关人事人才政策，结合学校实际，特制定本办法。

一、基本原则

（一）科学规划、按需引进。高层次人才引进与学校的发展目标相一致，既充分考虑教学科研工作的需要，又有利于促进学科专业建设与发展，有利于人才队伍的优化和整体水平的提升，有利于团队建设和人才培养，有利于教学科研水平的提高。

（二）突出重点、统筹兼顾。重点引进重点学科和重点建设学科、发展前景较好的新兴学科和学校优势学科急需的高水平人才，同时统筹考虑其他学科建设急需的教学科研骨干。

（三）严格程序、规范操作。高层次人才引进严格考核程序，坚持公平、公正、公开，坚持标准、全面考核、规范操作，确保引进人才的质量。

二、高层次人才引进

（一）正式引进

学校与其签订固定期限（一般为6年）或无固定期限合同，办理正式引进手续。

1. 引进对象及条件

根据实际条件，将高层次人才分为领军人才、学科带头人、学术拔尖人才、青年英才等四类。

A类：领军人才

教育部长江学者奖励计划特聘教授，国家"千人计划"入选者，国家杰出青年基金获得者，国家"百千万人才工程"入选者，中国科学院"百人计划"入选者，国家重大科技计划的首席科学家或项目负责人，国家自然科学一等奖个人排名前七、二等奖排名前五，国家技术发明、科技进步一等奖排名第一的获奖者等可全职或非全职引进的国家级人选，年龄一般要求55周岁以下。

B类：学科带头人

全国杰出专业技术人才、国家有突出贡献的中青年专家、教育部"新世纪优秀人才支持计划"入选者、中国青年科技奖获得者、高等学校全国优秀博士学位论文作者专项资金获得者、"全国杰出专业技术人才"、享受国务院特殊津贴人员、省级"百〈千〉人计划"人选、皖江学者、省学术和技术带头人等省级重要人才平台入选者；国家"973"计划课题、国家"863"计划重大专项、国家自然科学基金重大研究项目、国家社会科学基金重大项目、国家科技支撑计划重大项目、国家科技重大专项项目负责人;获得省(部)级自然科学、技术发明、科技进步一等奖(前三)或二等奖(第一),获得中国高校人文社会科学成果奖一等奖(前三)或二等奖(第一),中国青年科技奖获得者,获得国家教学成果奖特等奖(前五)或一等奖(前三)或二等奖(第一),获得国家社会科学基金项目优秀成果奖一等奖(前二)或二等奖(第一),近五年以第一作者在国内外核心期刊发表多篇高水平学术论文或出版有一定影响的专著。

原则上要求具有正高职称和博士学位,年龄一般要求 50 周岁以下,特别突出和紧缺急需的人才,条件可适当放宽。

C 类:学术拔尖人才

具有良好的个人品质、严谨求实的作风和与人合作的团队精神;学术思想活跃,科研能力强,有创新精神,与国内外同行有广泛联系,本人研究方向属于本学科前沿,有强势的发展潜力。近 5 年来,新主持国家级项目或省部级重点科技项目或其他较大横向项目;获省级以上科研奖励;在海内外重要学术期刊上发表或出版过高水平论文或著作。

具有正高职称或博士学位的副高职称人员,年龄一般在 45 周岁以下,正高职称或紧缺急需的人才,年龄可适当放宽。

D 类:青年英才

应在本学科核心刊物上发表论文 3 篇以上或在知名企业工作 3 年以上并取得突出技术创新成果。具有胜任核心课程讲授任务以及从事科学研究、技术创新的基本素质和发展潜力。

在国内外知名高校或科研院所取得博士学位(含博士后)或具有硕士学位的副高职称的中青年人才,年龄一般要求 40 周岁以下。

2. 引进待遇

学校为高层次引进人才提供国家规定的工资、福利、保险等待遇,同时首聘期内提供住房、安家费、科研启动经费及平台建设等待遇和条件。具体待遇如下:

人才类别	学科建设费	科研启动费	安家费	住房	其他
A 类	根据情况进行面议				
B 类	视学科提供 20 万～100 万元学科建设经费(含科研启动经费)		50 万～80 万元	提供免租住房一套	配偶根据实际进行适当安置
C 类	/	自然科学类 15 万元、人文社科类 10 万元	25 万～35 万元		
D 类	/	自然科学类 10 万元、人文社科类 5 万元	20 万～30 万元		校内绩效工资享受副教授待遇

备注:安家费一般以下限进行确定,提高部分与其现有成果挂钩或后期业绩进行绑定。

3. 有关说明

(1) 引进人才不需安置免租住房的,可享受 10 万～20 万元购房补贴,夫妻双方均符合学校人才引进条件的,住房待遇只能一方享受。

(2) 安家费(购房补贴)以借款形式一次性支付,服务期满后借款转为补贴。

(3) 引进人才配偶根据实际情况进行安置。

(4) 引进人才中符合学校或上级有关人才项目选拔和申报条件的,学校将予以积极推荐。对于受聘期间获得学校或政府人才类岗位津贴(奖励)的,实行"就高"原则,即政府人才类岗位津贴(奖励)低于学校安家费待遇的,则由学校按规定补足;反之,则不再享受学校安家费待遇。

(5) 交叉学科、专业紧缺的优秀人才,由校长办公会研究决定参照以上条件适当放宽要求,待遇另议,并签订个性化协议。对少数有标志性重要成果的优秀人才在无法按照上述标准确定时,可由相关职能部门组织校内外同行专家考核评审,学校学术委员会审议,报校长办公会研究确定。

(6) 引进的A、B类人才待遇可实行年薪制或协议工资制。

(7) 学校根据师资队伍建设需要补充一定数量的一般教学、科研人员或不符合相关引进人才要求的,不享受相关引进人才待遇或相关待遇面议。因工作调动进入学校,不属人才引进范畴。

(8) 引进人才待遇可根据实际需要,经学校研究后适时进行调整。

(二) 柔性引进

学校与其签订短期(或以完成一定工作任务为期限)的聘用合同,不办理工作调动手续,人事关系仍保留在原单位,定期或不定期来校从事教学、科研等工作。

1. 聘请条件

(1) 熟练掌握本学科前沿技术,学术造诣较深,在国内外权威刊物上发表过系列学术论文,取得显著的科研成果。得到同行专家的公认,能对学校事业发展起到积极的推进作用。

(2) 应具有博士学位,国内应聘者还应具有正高职称,海外应聘者一般应在高水平大学担任过助理教授以上职务。

(3) 每年一般在我校的工作时间不少于3个月。

(4) 身体健康,年龄一般不超过65岁,科研成果突出、学术影响大的专家年龄可适当放宽。能较好地履行约定的工作职责。

2. 主要工作任务

(1) 指导并参与申报高层次项目。指导并参与学校教师申报省部级以上科研项目,指导项目研究工作的开展,争取省部级以上科研立项取得较大增长和突破。

(2) 指导学科专业建设。指导所在学院做好专业设置的论证和申报工作,优化专业结构,培植新的学科增长点。

(3) 指导教学团队、科研团队建设。指导学院做好教学团队和科研团队建设,明确方向,凝聚团队,打造一支高水平的科研团队和高质量的教学团队。

(4) 培养中青年教师。定期举办专业讲座,介绍本学科专业前沿和发展动向,指导中青年教师开展教学和科研工作。

3. 相关待遇

(1) 提供其在校工作期间的临时住宿和办公、实验和研究等条件。

（2）提供从原单位到学校从事科研、教学工作所发生的差旅费。

（3）根据履职时间提供特聘津贴，津贴标准为每月2万～4万元，或实行项目工资制、协议工资制等报酬方式，实行"一人一策"。

三、团队引进

（一）引进条件和任务

1. 引进的团队应符合学校的学科专业布局与规划，在高端领域已取得杰出成就或具有显著创新潜力，有望在学科前沿和核心技术等方面取得突破，有利于提升学校在相关学科的核心竞争力。

2. 团队带头人或核心成员中，领军人才、核心成员应有3名属于A、B类人才范畴，其中原则上A类及以上人才不少于1人，成员间的专业结构合理，具有关联性和互补性，可稳定合作3年以上。

3. 引进的团队应具有在研的省部级以上重点项目，研究成果达到省部级一等奖以上水平。

（二）引进方式

1. 采取载体引进、团队集体引进、核心人物带动引进、高新技术项目开发引进等方式。优先引进海外留学归国人才、国内带项目来创业的各类领军人才与团队。

2. 团队成员应保证每年至少累计有6个月时间在学校工作。

（三）引进政策

对人才团队实行特殊政策，生活待遇和工作条件面议。团队核心成员符合相关人才引进条件的可以兑现个人待遇。

四、引进程序

（一）计划制定

学校根据学科和专业发展需要，制定高层次人才引进计划，研究确定引进高层次人才的类型。对于经学校确定可以作为A、B、C类人才引进的人才，可不受年度人才引进计划的限制。

（二）公开招聘

由人事处向国内外发布招聘启事或采取其他招聘方式，也可以由各学院物色向学校推荐合适人选。

（三）提供材料

应聘者提交个人简历、学历学位证明、任职证明、代表性论文论著、科研成果证明材料以及个人要求等相关材料，由有关学院负责填写《巢湖学院引进高层次人才审批表》，并将有关材料一同报学校人才办（人事处）初审。

（四）专家考核

对引进的C类及以上人才（包括人才团队），学校组织有关校领导、校内外专家、人事部门负责人等组成考核小组，以面试或通信评审的方式对引进人才的基本素质、学术水平、发展潜力等方面进行综合考核，并形成书面考核意见，经过校学术委员会评审。对于根据计划引进的D类人才，经用人单位或学校人才办组织相关学科副高以上职称专家（不少于5人）进行考核，并经党政联席会议集体讨论研究。

（五）审批签约

学校人才办（人事处）根据考核意见，进行审核后报校长办公会研究决定，并按有关规定进行公示、体检、考察和报批等程序后，学校与引进的高层次人才（人才团队）签订聘任合同，约定双方的权利和义务，明确高层次人才相关的目标责任和福利待遇。

五、合同管理和考核

（一）学校对引进人才实行聘任制和合同管理制度，引进人才的服务期至少为6年（解决配偶安排的为8~10年）。工作合同由学校、用人单位与引进人才共同协商确定，合同内容应明确包含聘期内在学科和实验室建设、科学研究、团队建设、人才培养等方面的工作目标和任务、工作待遇等内容。

（二）学校强化对高层次人才的评估意识，逐步完善人才评价和考核体系，不断提高引进高层次人才的质量和水平。高层次人才引进后，应当按照协议书的要求和标准，由相关单位及时组织年度考核、中期考核、聘期考核，考核可采取述职答辩、同行专家评价等多种方式进行，考核结果作为进一步聘任的依据。A类、B类、C类人才注重聘期考核。

（三）引进人才年度考核不合格的，予以调整聘期待遇。聘用期考核不合格的，双方解除聘用关系，终止聘用合同。引进人才因违反国家法律法规及学校各项规章制度，学校可终止聘用关系。

（四）引进人才（人才团队）未完成服务期离开学校（含调出、辞职、自费出国出境等）或工作考核不合格被学校解聘的，按聘用合同规定承担相应违约责任，且配偶同进同出。

六、保障措施

（一）学校设立人才专项经费，主要用于支付引进人才的安家费、购房补贴、科研启动费等。引进人才专项经费专款专用。

（二）学校根据人才引进计划预留一定数量的人才公寓或教职工宿舍，提供引进人才居住，以保证引进工作顺利进行。人才公寓或教职工宿舍由学校人才工作领导组提出分配方案，后勤管理与基建处负责落实。对人事关系未正式调入我校的引进人才，由学校按其所聘岗位提供校内过渡房。引进人才的房源由后勤管理与基建处和人事处共同负责管理。

（三）对于作为高层次人才引进时随调的配偶或子女，人事处根据各单位编制及引进人才配偶或子女的情况，提出初步安置意见，一经学校研究决定，相关单位应予以接受。

（四）学校将引进高层次人才情况纳入对各教学单位的目标管理考核指标体系进行考核。学校各单位应从学校发展的大局出发，以高度负责的精神做好人才引进工作。对引进的人才做到政策到位、关心到位、服务到位，使引进的人才能尽快发挥作用。

（五）高层次人才引进实行校院两级管理、以院为主体的方式。学校人才工作领导组加强对人才队伍建设的宏观指导和重大问题的协调，职能部门强化服务意识，提高工作效率和管理水平，各教学单位作为人才引进工作的主体，实行院长为第一负责人、党政共管负责制。

（六）为了切实发挥高层次人才在教学、科研和学科建设中的作用，避免高层次人才引进工作中的"重引进，轻管理"的现象，学校及有关部门应加强人才引进后的管理和评估等工作。

（七）各单位积极为高层次人才营造良好的工作、生活环境，充分发挥引进人才在学科建设中的作用，及时督促检查高层次人才岗位目标完成情况，并适时提出意见和建议。高层次人才的有关业绩和考核结果将通过适当的方式予以公开。

七、附则

（一）本办法自颁布之日起实施。同时,《巢湖学院引进高层次人才的暂行办法》（院字〔2005〕157 号）和《巢湖学院引进高水平人才暂行办法（院字〔2009〕73 号）》予以废止。

（二）本办法由学校人才工作办公室负责解释。

巢湖学院关于全面构建"小金库"防治长效机制实施办法

校字〔2017〕38 号

为进一步严肃财经纪律,加强财务管理,巩固"小金库"的治理成果,根据中共安徽省委办公厅、安徽省人民政府办公厅印发《关于全面构建"小金库"防治长效机制的意见》（皖办发〔2016〕60 号）精神,结合我校实际,制定本办法。

一、"小金库"表现形式

根据《关于在党政机关和事业单位开展"小金库"专项治理工作的实施办法》（中纪发〔2009〕7 号）等文件规定,"小金库"是指学校各部门违反法律法规及其他有关规定,应列入而未列入符合规定的单位账簿的各项资金（含有价证券）及其形成的资产。"小金库"主要表现形式包括：

1. 以违规收费、罚款及摊派获取资金设立"小金库"；
2. 用资产处置、出租收入设立"小金库"；
3. 以会议费、印刷费、劳务费、培训费、评审费和咨询费等名义套取资金设立"小金库"；
4. 以经营收入未纳入规定账簿核算设立"小金库"；
5. 虚列支出转出资金设立"小金库"；
6. 以假发票等非法票据骗取资金设立"小金库"；
7. 上下级单位之间或关联单位之间相互转移资金设立"小金库"；
8. 通过其他违法违规违纪方式设立"小金库"。

二、严格各项管理

1. 严格预算管理。全面推进全口径预算管理,学校所有收支业务必须全部纳入预算,严禁隐瞒、少列收入和巧立名目虚列支出设立"小金库"。严格预算执行,强化预算约束,严禁无预算或超预算安排支出。严格执行公务卡强制结算制度,严禁以会议费、劳务费、印刷费、评审费、培训费和咨询费等名义套取资金设立"小金库"。完善非税收入征缴制度和监督体系,严禁截留、占用、挪用、坐支非税收入设立"小金库"。

2. 严格资产管理。进一步规范资产配置、使用、处置和收益管理流程,强化国有资产占有、使用的动态管理和监督。加强经营性固定资产管理,严格"收支两条线"管理,严禁通过资产出租、出借、处置获取收益并转移资金设立"小金库"；严禁通过对外投资或向关联单位转移资产形成账外资产设立"小金库"。

3. 严格采购管理。全面细化编制政府采购预算,严格执行集中采购目录和限额标准的相关规定,严禁无预算采购、超预算采购;严禁随意拆分政府采购项目,规避项目集中采购和公开招标;严禁与供应商串通,签订虚假合同,虚列支出套取财政资金设立"小金库";严禁在采购活动中违规收受各种名义的回扣、手续费设立"小金库"。

4. 严格票据管理。严格执行《巢湖学院财务票据管理办法》(校字〔2016〕167号),学校一切收支票据由财务处进行统一管理,各部门在业务需要时,可以在财务处进行申请领用,并及时办理款项汇缴和票据核销工作。各种票据的开支必须遵照审批规定的收入项目进行列支;严禁串用财政票据,将财政票据与其他票据互相替代;严禁开具与本单位支付业务无关的票据;严禁以假发票等非法票据骗取资金设立"小金库"。

5. 严格现金管理。从严规范现金使用范围,凡不属于现金结算范围的款项或超过现金结算起点的经济业务活动,一律通过银行转账或公务卡办理结算。严禁将本单位收入的现金转由其他单位或个人名义存储;严禁用不符合财务制度的凭证顶替库存现金;严禁利用本单位银行账户为其他单位或个人存入或支取现金;严禁以现金方式支付个人的工资、津贴补贴等;严禁编造用途套取现金。

6. 严格账户管理。学校银行账户由财务处按照规定进行设立和管理。严禁违规提取现金、公款私存私放;严禁将零余额账户资金违规划转至学校或有预算隶属关系单位的实有资金账户使用;严禁将除国家规定以外的财政性资金转入工会、学会、协会等账户。

7. 严格财务管理。建立健全各项财务管理制度,加强财务报销审核力度,严格执行《巢湖学院经费审批办法(试行)》(校字〔2016〕137号)、《巢湖学院公务卡使用管理暂行办法》(院财字〔2013〕1号)等财务制度。对于项目经费的审核,严格按照实际发生的经济业务事项进行会计核算,严禁以虚假的经济业务事项或者资料套取资金设立"小金库"。强化财务管理基础工作,完善学校内部控制建设,规范学校内部管理,加强对关键岗位和风险点的控制,严禁同一人兼任不相容岗位,严禁违反规定越级、超权进行授权审批等。

三、加强监督检查

1. 推进预决算公开。积极推进部门预决算向社会公开,细化预决算公开的内容,除法定涉密信息外,部门预算公开到支出功能分类项级科目,一般公共预算基本支出公开到支出经济分类款级科目。推行部门定期向职工公开具体的财务信息和重大经济业务事项制度,通过群众监督和社会监督遏制"小金库"问题发生。

2. 实行年度承诺公示。学校每年年初开展"小金库"专项防治工作,各部门填报《"小金库"清理检查情况承诺书》。部门主要负责人公开承诺本部门已无任何形式的"小金库",并在承诺书上签字后,报送至"小金库"防治工作领导组办公室(设在财务处),同时,承诺书要在部门醒目位置予以公示,公示时间不少于7天。

3. 坚持常年受理举报。畅通举报渠道,学校监审处和"小金库"防治工作领导组办公室负责受理"小金库"举报,举报电话:监审处0551-82362578、财务处0551-82362860,同时,在学校图书馆一楼大厅设立举报箱,接受群众举报。

4. 实行公开曝光。加大对"小金库"问题公开曝光力度,对查实的"小金库"问题以及相关责任人员的处理结果实名公开曝光,强化反面典型案例运用,发挥警示和震慑作用。

5. 坚持常态化监督检查。为进一步强化财务监控,学校"小金库"防治工作领导组全面负责学校"小金库"清理和检查工作。不定期组织开展"小金库"专项检查。检查的形式包括账务报销清单的抽样核查以及深入部门进行走访调查等。

四、严肃执纪问责

1. 加大考核力度。学校将"小金库"防治工作纳入党风廉政建设考核范围，并将考核结果加以运用。

2. 加大问责力度。各职能部门主要负责人以及二级学院党政负责人作为部门"小金库"防治主要负责人，对部门"小金库"防治工作负责。凡是设立"小金库"的部门，不论金额大小，对主要领导和直接责任人依法依纪依规进行严肃处理。情节严重的，依据党纪政纪和有关法律法规追究责任。

3. 加大惩罚力度。坚持依法依纪依规严肃处理"小金库"问题。对查实的"小金库"，相关问题资金一律予以收缴，发放给个人的一律予以追回。打击报复举报人的，一律按规定从重处理，涉嫌犯罪的，移交司法机关处理。

五、强化责任落实

1. 形成责任体系。学校成立"小金库"防治工作领导组，领导组组成如下：

组　　长：祝家贵

副组长：阮爱民　黄志圣

成　　员：（按姓氏笔画排序）

　　丁俊苗　万新军　王万海　古国平　朱玉票　刘金平　孙庆平　肖圣忠
　　余洁平　张连福　陈和龙

"小金库"防治工作领导组办公室设在财务处，王万海兼任办公室主任。办公室具体负责"小金库"防治工作的组织协调实施及日常工作。各部门要严格按照"小金库"防治的要求，加强管理，确保形成"小金库"防治的长效机制。

2. 落实主体责任。各职能部门主要负责人以及二级学院党政负责人作为部门"小金库"防治主要负责人，要充分认识到"小金库"防治的重要性和紧迫性，自觉贯彻执行。

3. 明确监督责任。学校"小金库"防治工作领导组负责牵头、协调和推进"小金库"的防治工作。监审处和防治工作组办公室各负其责、密切配合、形成合力，对容易滋生"小金库"的关键环节重点监管，构筑严密完善的监督体系。

巢湖学院通用办公设备家具配置标准

校字〔2017〕41号

为规范学校通用办公设备家具配置，加强资产配置与预算管理的有机结合，提高办公设备家具的利用率，根据《中央行政单位通用办公设备家具配置标准》（财资〔2016〕27号），结合学校实际，制定本标准。

一、本标准适用各学院、校直各单位，是学校编制资产配置计划、审核资产配置预算、实施政府采购和资产处置管理等工作的基本依据。

二、本标准所称通用办公设备家具，是指满足办公基本需要的设备和家具，不含教学类、科研类及其他专项用途的设备、家具。

配置教学类、科研类及其他专项用途的设备、家具，应当按照与专业用途相适应的原则，从严控制，不再配置功能相同的通用办公设备、家具。

没有规定配置标准的，按照保障需要、节俭实用和节能环保的原则，从严控制。

三、本标准包括资产品类、配置数量上限、价格上限、最低使用年限和性能要求等内容。

资产品类根据办公设备、家具普遍适用程度确定。

配置数量上限是不得超出的数量限制标准，不是必须达到的标准。

价格上限是不得超出的价格标准，具体价格应按照节约的原则合理配置。

最低使用年限是通用办公设备、家具使用的低限标准。未达到最低使用年限的，除损毁且无法修复外，原则上不得更新。已达到使用年限仍可以使用的，应当继续使用。经批准更新的办公设备家具实行"减一添一"的配置方法。

四、配置办公设备应当按照《中华人民共和国政府采购法》的规定，配置具有较强安全性、稳定性、兼容性，且能耗低、维修便利的设备，不得配置超标准设备。

配置办公家具应充分考虑办公布局，符合简朴实用要求，不得配置豪华家具，不得使用名贵木材。

五、学校将根据国家政策、经济社会发展水平、市场价格变化等因素，适时更新和调整本标准。

六、各单位应当根据本标准的有关规定，结合单位职能和工作需要，统筹合理安排本单位通用办公设备、家具的配置。国有资产管理处根据各单位配置情况及配置计划，合理安排预算，集中招标采购。因工作岗位调整的人员，须及时办理资产变更手续。

七、本标准自发布之日起施行。原《巢湖学院办公设备管理暂行规定》（院字〔2009〕1号）同时废止。

八、本标准由学校办公室负责解释。

巢湖学院学生素质综合测评办法

校字〔2017〕43号

第一章 总 则

第一条 为全面推进素质教育，建立科学的学生评价体系，培养具有创新精神和实践能力的高素质人才，激励大学生全面发展，提高综合素质，根据《普通高等学校学生管理规定》（教育部41号令）和《高等学校学生行为准则》（教育部教学〔2005〕5号），结合我校学年学分制人才培养方案和大学生素质拓展实施方案的推行，特修订本办法。

第二条 学生素质综合测评（以下简称"综合测评"）采用综合评定的办法，是对学生一年来日常表现、学业成绩、素质拓展等方面进行的综合量化考评。

第三条 综合测评应坚持公开、公平、公正的原则,采取定量测评与定性评价相结合、过程测评与结果评价相结合、记实测评与民主评议相结合的方法,尽可能科学合理地反映学生的实际素质状况。

第四条 凡在本校注册并参加全日制学习活动的普通本专科学生,均应依据本办法,以班级为单位进行测评。综合测评按学年度进行,每年的9月份开展上一学年的综合测评。

第五条 日常表现的测评工作由班级测评小组(由辅导员、班长、团支部书记和由班级选举产生的6~8名学生代表组成)评议计分,报学院审核。

第六条 综合测评的结果可作为学生各类奖学金评定、评优评先、推优入党、推荐就业、毕业鉴定的重要依据,并随相关材料记入学生本人档案。

第二章 测评内容

第七条 综合测评总积分包括日常表现积分、学业成绩积分和素质拓展积分三个方面。计算方法为:

总积分=日常表现积分(A)×15%+学业成绩积分(B)×65%+素质拓展积分(C)×20%。

第八条 日常表现积分的评定

1. 日常表现积分是在平时考核记录的基础上,按照以下10项指标进行评分:

(1) 政治表现。包括坚持四项基本原则,拥护党的路线、方针、政策;努力学习马克思列宁主义、毛泽东思想、中国特色社会主义理论体系,深入学习习近平总书记系列重要讲话精神和治国理政新理念新思想新战略,树立中国特色社会主义共同理想;自觉践行社会主义核心价值观,弘扬中华优秀传统文化和革命文化、社会主义先进文化,不断增强社会责任感;自觉参加党团组织活动,注重用马克思主义的立场、观点、方法认识问题、分析问题、解决问题。

(2) 人生态度。包括热爱祖国,热爱人民,热爱生活;用科学理论武装头脑,树立正确的世界观、人生观、价值观;有理想,有抱负,积极进取,奋发向上,乐观豁达。

(3) 道德修养。包括自觉遵守社会主义道德规范,加强道德修养;为人正直,与人为善;团结同学,尊敬师长;敢于批评和自我批评。

(4) 诚信表现。包括为人诚实,遵守信用;忠诚待人,言行一致。

(5) 学习态度。包括专业思想牢固,学习态度端正,学习目的明确;勤于学习,善于思考,勇于实践,敢于创新。

(6) 集体观念。包括有集体荣誉感,热心为集体服务,积极参加集体活动,维护集体利益;能顾全大局,正确处理好个人利益、集体利益和国家利益之间的关系。

(7) 法纪观念。包括能自觉遵守国家法律,正确行使公民权利,模范履行公民义务;自觉遵守校规校纪。

(8) 劳动观念。包括热爱劳动,积极参加各种公益活动;搞好个人卫生和环境卫生;尊重他人劳动成果。

(9) 社会实践。包括积极参加社会实践活动,在实践中向群众学习,为群众服务,在学习和服务中增长才干;实践活动成绩突出。

（10）文明素养。包括讲文明、讲礼貌、讲卫生、讲道德、讲秩序，言谈举止文雅，保持良好的大学生形象；积极参加校园精神文明创建活动。

2. 根据学生的实际表现，测评小组根据以上10项指标按优（10分）、良（8分）、中（6分）、较差（4分）、差（2分）分别评分，满分为100分。各学院要结合本学院特点制定具体评分细则。

3. 日常表现积分违纪违规的减分情形如下：

日常表现积分测评实行在基准分上分项减分。在结合日常管理记录和测评小组评议，根据以下相关情况进行，扣分后的结果为该项最终得分，每项累计减分不超过20分，多项错误并发，减完100分为止。

思想政治表现方面：参与非法活动，损坏学校荣誉、利益和危害社会秩序活动的，经查实，减20分；无正当理由不参加学院、班级组织的集体政治学习、班团会和其他集体活动的，经查实，减2分/次。

个人品德修养方面：不讲社会公德、故意损坏公物，经查实，减4分/次；因不负责任，不讲诚信，造成一定负面影响和不良后果的，经查实，减3分/次；所在寝室在学院组织的寝室卫生检查中不合格的，减2分/次。

学习态度状况方面：无故旷课减2分/次；上课迟到、早退减1分/次；不按时完成学习任务的，经查实，减1分/次；考试作弊者，经查实，减20分。

组织纪律观念方面：此项针对学生行为违纪方面减分。触犯国家法律，构成刑事犯罪被追究刑事责任者，减20分；受到学校留校察看处分减15分/次；记过处分减10分/次；严重警告处分减7分/次；警告处分减5分/次；受到学校、学院通报批评的，减3分/次；不遵守学校公寓管理规定的，经查实，减2分/次。

身心健康素质方面：体育达标成绩不合格，减8分；应参加军训而未完成军训任务的，减5分；无正当理由不参加学校、学院组织晨跑活动的，经查实，减0.5分/次（最高减8分）。

4. 日常表现积分（A）=测评分－扣分。

第九条 学业成绩积分的计算

课程学习成绩是指学生参加所修专业人才培养方案规定的必修课程、选修课程的学习和所取得考核的成绩。各门课程考试成绩以百分制计算，若为五级记分，按优＝90分、良＝80分、中＝70分、及格＝60分、不及格＝50分的标准计算。

课程学习成绩测评满分为100分。该测评分为学生每学年每门课的平均学分成绩，平均学分成绩（B）按下式计算：

$$B = \frac{x_1 y_1 + x_2 y_2 + \cdots + x_n y_n}{Y_1 + Y_2 + \cdots + Y_n}$$

其中：1. 公式中X表示该门课程的实际得分，Y表示该门课程的实际学分；2. 公式中课程指必修课程和选修课程；3. 课程成绩指教务处记载的期末成绩。对旷考和考试作弊者，成绩以零分计算；补考按初次考试成绩计算，缓考按实际考分计算。

第十条 素质拓展积分（C）的计算

1. 素质拓展积分是将学生按照《巢湖学院大学生素质拓展计划实施方案》中规定的各模块参加活动所获得的学分折算而成的积分。

2. 素质拓展积分计算方式为：$C=$ 基本分 $(a)+$ 附加分 (b)。

(1) 基本分 a（60分）。

① 学年素质拓展总学分达到或超过4个学分者即可获得基本分60分。

② 学年素质拓展总学分未达到4个学分者，基本分计算方式为：

$$基本分(a)=(实际学分/4)\times 60。$$

(2) 附加分 b（40分）。

① 学年素质拓展总学分高于4个学分的，按照以下公式计算：$b=$（学年素质拓展总学分-4）$\times 25\%\times 40$。

② 素质拓展总学分修满12学分的学生，如当年未获得素质拓展学分的，素质拓展积分默认为60分，即 $C=60$；如当年仍获得素质拓展学分的，其素质拓展积分为：$C=$ 基本分(a) $+$ 实际修得的学分 $\times 25\% \times 40$；

③ 学年素质拓展总学分不高于4个学分者，附加分为零。

第三章　测评程序及实施办法

第十一条　各学院成立学生素质综合测评领导组，领导组组长由学院党总支书记书记和院长担任，负责综合测评工作的指导及相关问题的处理，团总支书记、教学秘书、辅导员任领导组成员，负责综合测评工作的具体实施。

第十二条　综合测评工作以行政班级为单位，由辅导员组织实施。班级成立测评小组，成员由辅导员、班长、团支部书记和民主选举的学生代表6～8人（学生干部不超过1/3）组成。

第十三条　测评组计算出每名学生的日常表现积分、学业成绩积分和素质拓展积分以及总积分，并分别标出学业成绩积分名次和总积分名次，同时按照总积分名次顺序填写《巢湖学院学生素质综合测评一览表》，报学院审核后在学院内进行不少于5个工作日的公示，公示期内，若有学生提出异议，学院应在三天内审核并做出裁决；如对裁决结果仍有异议的，可按程序上报学校有关部门。综合测评结果由学院统一汇总报至学生工作部（处）备案。

第十四条　如为正常办理休学手续而延长学习年限的学生，可参加复学后所在班级的综合测评。如为因自身原因没修满学分而延长学习年限的学生，在延长年限里不可参加综合测评。

第四章　附　　则

第十五条　自本办法发布之日起实施，原《巢湖学院学生素质综合测评办法（试行）》（院学字〔2012〕118号）同时废止。

第十六条　各学院可在遵照本办法原则的基础上制定具体实施细则。

第十七条　本办法由学生处负责解释。

巢湖学院科研机构管理暂行办法

校字〔2017〕44号

第一章 总 则

第一条 为规范和加强学校科研机构管理,更好地发挥科研机构在资源整合、学科支撑以及学术交流等方面的平台功能,依据学校实际,特制定本办法。

第二条 本办法所指科研机构主要包括:国家、省(部)、市厅相关行政主管部门(以下简称"上级主管部门")批准设置的,或学校批准设置的研究所(中心)、工程技术研究中心、人文社会科学研究基地、协同创新中心等专门从事科学研究的机构。

第三条 除上级主管部门或学校有专门规定之外,科研机构的组织、行政关系原则上隶属所在二级学院,不定行政级别;科研机构不具有法人资格,未经学校批准不得擅自刻公章、设立账号,无权直接对外签订负有法律责任的合同,但可独立开展学术交流,争取各级各类科研项目或进行项目洽谈活动。

第四条 科技处是学校科研机构的归口管理部门。

第二章 申报与遴选

第五条 校级科研机构申报条件

1. 符合学校办学定位和学科发展方向,具有为地方、行业服务的特色。

2. 具有稳定的研究方向和明确的研究目标,研究方向属于经济社会发展和学校中长期发展规划的重点领域。

3. 具有学术造诣较深、学风正派、富有开拓精神及较强组织管理能力的负责人和职称结构、专业结构、年龄结构较为合理的学术梯队。负责人应为学校在职在岗教职工,机构成员总数不少于5人。

4. 具有一定的前期研究基础和较稳定的科研经费来源,近三年承担三类及以上科研项目。

5. 具有相关学科基础和对外学术交流渠道。

第六条 校级科研机构遴选程序

1. 申请人填写《巢湖学院科研机构设置申请书》,准备相关申请材料,报所在二级学院审核。

2. 二级学院对申请材料进行审议评估,提出明确意见,报科技处审核。

3. 科技处组织专家进行评审,评审结果报校学术委员会审议。

第七条 学校与其他单位联合组建的科研机构,应在参照"第五条"规定的基础上,对合办机构的目的、近期任务和中长期目标、条件保障、固定资产产权归属、组织管理方式、合办期限、纠纷仲裁等进行充分协商,并以学校名义签订书面协议或合同。

第八条 上级主管部门设置的科研机构由学校按主管部门文件要求,统一组织申报。

第九条 各二级学院应根据学科建设需要,对科研机构进行统筹布局、合理设置。不允许以同批人员或在同一学科方向上建立多个校级科研机构,不允许教职工同时加入2个以上(含2个)校级科研机构。

第三章 运行与管理

第十条 上级主管部门设置的科研机构由学校按照主管部门的管理办法和相关文件要求进行统一管理。

第十一条 科技处负责校级科研机构的立项评审、检查、评估和考核等,组织申报上级主管部门设置的科研机构;对各类科研机构建设经费进行管理和监督,协调解决机构建设过程中出现的重大问题。

第十二条 二级学院负责本单位科研机构的条件建设、团队建设及运行保障等,督促机构负责人做好科研机构建设运行工作,协助科技处做好科研机构管理工作。

第十三条 校级科研机构实行所长(主任)负责制,其职责是全面做好本科研机构建设、日常运行、经费管理等,接受所在二级学院和学校对科研机构的指导、监督与管理。

第十四条 校级科研机构根据需要进行研究方向或研究人员调整、名称变更时,须提出书面申请及提供相关论证材料,经科技处审核后,报校学术委员会审议。

第十五条 学校按照"竞争入选、定期评估、择优扶强"的原则,定期对校级科研机构进行检查、评估、考核,实现动态管理。科研机构考核周期为4年,每2年进行中期检查,第4年进行考核。

考核通过对科研能力、学术成果、学术声誉、服务地方等方面的评估,划分优秀、合格和不合格三个等次。考核结果为合格以上等次的可继续作为校级科研机构进行建设;考核结果为不合格的限期一年整改,整改后仍不合格的,学校将予以调整或撤销;考核结果为优秀的,学校将视情况给予奖励,并优先推荐申报上级主管部门设置的科研机构。

第十六条 每个考核周期内,校级科研机构须完成以下科研业绩:

1. 新增主持三类以上科研项目2项;或争取各类科研经费,自然科学类科研机构到账经费不少于20万元,人文社科类科研机构到账经费不少于10万元。

2. 新增2项二类以上成果推广;或获得15项以上专利授权(或2项发明专利授权);或获得1项三类以上科研成果奖;或自然科学类科研机构发表一类期刊论文3篇以上,人文社科类科研机构发表二类以上期刊论文3篇以上;或出版较高水平学术著作1部。

3. 广泛开展对外学术交流与合作,每年举办与科研机构研究方向一致的校内学术报告1~2次。

第十七条 各类科研业绩须与科研机构研究方向一致,且须以科研机构成员为第一完成人、以科研机构为主要完成单位,其分类参照《安徽省普通本科高等学校教师专业技术资格申报条件》(皖教人〔2016〕1号)文件执行。

第十八条 在每个考核周期内,学校为科研机构安排专项经费预算,其中校级人文社科类科研机构4万元/周期,校级自然科学类科研机构6万元/周期。科研机构专项经费主要用于科研机构的条件建设、课题研究、学术交流、日常管理等。各二级学院、科研管理部门应引导科研机构积极争取各级各类科研项目,拓展经费来源渠道。

第十九条　科研机构专项经费预算与开支必须遵守上级主管部门及学校相关规定,接受财务和审计部门的审计与监督。如违反上述规定,由此引起的经济与法律责任由科研机构负责人和当事人承担。

第四章　附　　则

第二十条　本办法自公布之日起执行,原《巢湖学院科研机构管理暂行办法》(院字〔2013〕35号)同时废止。

第二十一条　本办法由科技处负责解释。

巢湖学院校外实习(实训)基地建设与管理办法(试行)

校字〔2017〕52号

校外实习(实训)基地(以下简称"实习基地")是指具有一定规模并相对稳定的能够供学生进行实习实训和社会实践的校外场所。实习基地在培养学生认知社会、理论联系实际和实践创新能力中具有重要意义。根据学校应用型人才培养定位,为充分发挥实习基地在教学中的重要作用,规范实习基地建设与管理,提高实习基地建设水平,结合学校实际,特制定本办法。

第一章　实习基地建立原则

第一条　实习基地应由学校与有关企事业单位、党政机关、科研院所等协商共同建立。

第二条　根据区域经济社会发展情况,实习基地应专业对口、相对稳定,立足安徽、就地就近。

第三条　实习基地建设应有明确的管理模式与运行机制,并建立完成教学任务和提高教学质量的保障体系。

第四条　学校优先支持层次高、规模大、接受学生及教师人数多的实习基地建设。

第二章　实习基地建设基本条件

第五条　立足于地方、服务地方经济社会发展,有利于实现学校办学定位和人才培养目标。

第六条 有适合开展实践教学的服务、生产、科研设备和条件,有一定经营规模及较高素质的管理、技术人员,能满足完成实践教学任务的各项要求。

第七条 能接受相关专业一定数量学生开展实践教学活动,并能提供满足教学需要和完成学生培养方案规定实习内容的指导教师。

第八条 能满足学生生活、学习、劳动保护和卫生安全等方面的基本要求。

第九条 实习基地建设双方能坚持互惠互利、共同发展、义务分担的原则,共同促进产、学、研合作。

第三章 合作协议书签订

第十条 实习基地共建双方有合作意向,在符合实习基地建立原则和条件的基础上,由二级学院向学校提出建立实习基地的申请(申请表见附件),经学校审批同意后,由学校与共建单位签订建立实习基地协议书。协议书应明确双方合作目的、范围、时间以及具体权利和义务等内容。

第十一条 学校与实习基地共建单位签订合作协议后,实习基地可挂"巢湖学院××实习基地"铜牌,具体名称由共建双方协商确定。

第四章 实习基地管理

第十二条 实习基地采用学校和二级学院两级管理、以二级学院管理为主的管理模式,其中教师教育实习基地主要由教务处负责管理。学校在分管校长领导下,由教务处牵头,负责制定实习基地建设和管理的规章制度,协调有关事宜。二级学院依据学科专业建设规划、人才培养方案、实践教学大纲等要求,具体落实基地的建设、管理与教学等工作。

第十三条 二级学院是实习基地建设的主体和实施责任人,要依据本单位专业发展规划和行业企业特点,制定实习基地建设规划,同时,充分发挥自身的专业优势、人力资源优势,有计划、有目的、有步骤地实施校外合作,巩固实习基地建设成果。

第十四条 二级学院要加强对实习基地的指导与管理,建立定期检查、指导工作制度,协助实习基地解决建设和管理工作中的实际问题,帮助实习基地做好建设、发展、巩固的各项工作。

第十五条 二级学院要加强实习基地的巩固与拓展工作,保证实习基地数量能满足学生实习实训需要,同时要积极与基地深度合作,加强研究,不断提升基地建设和产学研合作教育水平。

第十六条 学校一般不接受实习基地给予的有关费用,来自实习基地的赞助费等经费应用于实习基地建设、实践教学研究以及实习学生的资助等项目,经费的使用要符合国家和学校的有关财务规定。

第十七条 二级学院应根据本办法,结合本部门实际,制定相应的实施细则,并报教务处备案。

第五章 实习基地检查与评估

第十八条 为促进实习基地建设和规范管理,学校定期与不定期会同有关学院到实习基地检查、评估教学实习工作开展情况。

第十九条 学校定期对基地建设与教学运行等情况进行评估,对建设、管理、运行成绩突出的优秀实习基地,学校优先予以立项支持。对建设成效不明显、实践教学无法开展以及不能保证实践教学质量的基地,提出整改要求,整改不符合要求的,则撤销该基地。

第二十条 协议到期的实习基地,根据双方合作意向与成效,可办理协议续签手续,但须按本办法规定履行评估程序,评估通过的,方可续签,评估指标体系另行制定。

第二十一条 对实习基地建设与管理、教学运行与教学效果等的评估结论,纳入对二级学院的教学和年度综合考核。

第六章 附则

第二十二条 本办法由教务处负责解释,自发布之日起施行。

巢湖学院大学生学科和技能竞赛管理办法(修订)

校字〔2017〕53号

为充分发挥学科和技能竞赛在人才培养中的作用,提升大学生实践创新能力,不断推进学校应用型人才培养模式改革,使我校大学生学科和技能竞赛管理工作更加科学化、规范化、制度化,根据《安徽省教育厅关于做好大学生创新创业训练计划实施工作,加强学科和技能竞赛项目管理的意见》(皖教秘高〔2014〕1号),结合学校实际,特制定本办法。

第一章 总则

第一条 举行学科和技能竞赛旨在营造实践动手、探索研究、个性发展的人才培养氛围,构建实践创新平台,激发大学生的创新思维、创作灵感,提高实践创新能力,培养团队合作精神、创新精神,促进相应学科与专业的教育教学改革,为社会培养高素质应用型人才。

第二条 学校全日制在校生均可参加学校认定的各类学科和技能竞赛。学校鼓励学生跨学院、跨专业、跨年级组队参加竞赛,并积极将竞赛转换为创新创业项目。

第二章　竞赛组织与管理

第三条　学校成立由分管教学副校长任组长，教务处、科技处、学生处、团委及各学院主要负责人等组成的大学生学科和技能竞赛领导组。领导组下设办公室，办公室设在教务处。

第四条　学科和技能竞赛工作由领导组统一组织领导，领导组办公室负责协调管理，有关学院负责具体承办、组织与实施，其他部门协同配合。竞赛工作具体职责分工是：

（一）竞赛领导组负责宏观规划、组织协调全校各类竞赛活动，负责审核全校年度竞赛经费预算与执行。

（二）竞赛领导组办公室负责各类学科和技能竞赛日常管理工作，主要包括审核竞赛工作方案及经费使用情况、组织竞赛项目与奖励认定、核算工作量补助和相关奖励，以及各类竞赛结果公布及相关资料整理归档等。

（三）各学院是竞赛活动的具体实施单位，负责制订所承办竞赛项目的实施方案，负责竞赛的通知发布、宣传动员、学生报名等工作；落实项目负责人和指导教师、遴选参赛选手及组队，开展相关专题培训；安排竞赛所必需的仪器设备、材料和场地等；负责竞赛期间的安全和后勤保障工作；负责竞赛经费预算及项目开支的审核；完成竞赛工作总结，做好有关材料存档和报送备案工作。

第五条　学校对所有竞赛均实行项目制管理，承办单位由学校指定或经申报后审批确定。各承办单位在接受承办任务后，应及时填报《巢湖学院大学生竞赛申请表》，制定具体实施方案（包括是否需要校级选拔赛及奖项设置等），细化经费预算、明确预期成绩等，经领导组办公室审核后，方可组织实施。竞赛结束后，承办单位应及时向竞赛领导组办公室提交总结报告和获奖证书（复印件）、图片等竞赛相关材料，及时履行经费报账手续。

第三章　竞赛范围与类别

第六条　大学生学科和技能竞赛是指由政府部门、学校或其他社会组织举办的、与学科专业关系紧密的大学生课外竞赛活动。本办法所指大学生学科和技能竞赛包括：由国家、省有关主管部门及教育部教学指导委员会、企业或行业协（学）会、学校、联合国教科文组织或其他国际学术团体组织的、在校大学生参加的常设性竞赛。

第七条　学科和技能竞赛分为以下几类：

（一）A类赛事：教育部举办的国家级竞赛项目、省教育厅认定和批准的其他国家级或国际重大赛事。

（二）B类赛事：教育部专业教学指导委员会、行业协会、学会等举办的全国性赛事，安徽省级政府部门（省教育厅、省科技厅、团省委、省财政厅、省人力资源和社会保障厅、省经济和信息化委员会等）举办的全省性或跨省区的学科和技能竞赛，以及省教育厅参与举办的其他重要省级赛事，或参加A类竞赛比赛的省级选拔赛。

（三）C类赛事：参加B类竞赛全国比赛的省级选拔赛，A、B类竞赛以外经学校批准参加的校外大学生学科和技能竞赛。

（四）D类竞赛：以学校名义行文公布的全校性学科和技能竞赛，省级以上学科和技能竞赛的校内选拔赛。

第八条 列入目录的A、B类竞赛由学校专项经费支持，列入目录的C、D类竞赛经费由承办单位解决。未列入目录的竞赛，原则上不予支持参赛及指导费用，特殊情况（一般须有竞赛组织部门颁布的文件）向领导组办公室申请，经领导组同意后可补充列入本年度目录。未列入目录的，或已列入目录但属计划外参加的竞赛，如获得省级以上奖项的，可向领导组办公室申请，并经领导组同意后可按本办法有关规定给予一定物质奖励，指导和培训教师视具体情况予以计算工作量。

第四章 竞赛经费使用

第九条 经评审立项后列入竞赛目录的A、B类项目由学校专项经费支持，并按批准的预算执行。

第十条 各学院应于每年底对下一年度A、B类竞赛项目及所需经费做初步预算，并向竞赛领导组办公室提交详细的竞赛经费预算方案，竞赛领导组办公室汇总形成全校年度竞赛经费预算。

第十一条 竞赛经费主要用于：参赛报名、资料费，竞赛所需的元器件和耗材费，参加与竞赛有关活动的会务费、培训费、差旅费，指导教师的工作量补助，专家指导评审费，以及必须开支的组织和宣传费等。

第十二条 竞赛经费应由项目负责人严格按照学校财务相关规定，在竞赛活动经费预算计划内合理使用，厉行节约，原则上，实际执行的费用不得超过预算经费。

第十三条 使用竞赛经费购买的非消耗性材料、设备等归学校所有，承办单位应当按国有资产管理办法进行管理。受学校经费支持或使用学校经费制作的参赛作品、实物等，其知识产权归学校所有，作品或实物等由竞赛承办单位负责妥善保管，必要时应移交学校存档。

第五章 竞赛奖励办法

第十四条 学科和技能竞赛获奖级别按本办法规定的A、B、C、D四个级别进行认定，认定以竞赛组织文件发布单位或获奖证书的落款单位为依据。不在本办法规定范围内的，根据竞赛组织颁发的奖状落款和领导组的审定意见进行认定。

第十五条 对参加竞赛项目获奖的学生和指导教师，学校在综合测评、评奖评优、年度考核、职称评聘等方面加以体现。一个获奖团队或获奖学生对应一个指导教师或团队，以参赛报名信息为准。

第十六条 参加各类竞赛的学生，可以依据学校相关规定，申请认定大学生素质拓展学分。对于优秀竞赛成果，经申请和评审，可以进一步培育后作为毕业论文（设计）。

第十七条 学校优先帮助优秀竞赛成果进行专利申请、成果转化，优先推荐参加各类评奖评优和相关学术活动。

第十八条 学校对参与竞赛指导和培训的教师给予工作量补贴，指导和培训工作量不计入个人教学工作量，按 30 元/课时执行。补助办法如下：

指导学生人数/项	竞赛级别	标准（课时）
1~6 人	A	30~50
	B	20~30
	C	10~20
7~15 人	A	60~80
	B	50~60
	C	40~50
16 人以上	A	120~140
	B	110~120
	C	100~110

注：1. D 类竞赛不补贴工作量，发给一定补助，具体发放标准由承办单位在项目预算范围内确定。
2. 参加同一项竞赛不同级别比赛的，工作量不累加，可以根据实际情况增补不超过 50% 的工作量。
3. 有特殊要求的竞赛，须增加指导工作量的，可由承办单位提出书面申请，经批准后执行。
4. 教师指导学生个人并以论文、作品等形式参加 A、B、C 类竞赛，其工作量补助按以下标准认定：A 类竞赛 3 标准课时/人，B 类竞赛 2 标准课时/人，C 类竞赛 1.5 标准课时/人，原则上每项赛事指导工作量补助总额不超过 30 标准课时。

第十九条 推进竞赛活动课程化，鼓励各学院围绕学校品牌赛事开设相关综合培训类课程，经学校批准开班上课的，可以纳入学校通识教育选修课程计算教学工作量，并计入教学总课时。

第二十条 每个竞赛项目在立项时须提交该项目详细工作安排，项目结束时的实际指导工作量原则上不得超过规定的工作量。在项目进行期间，各承办单位负责统计指导教师的指导活动，竞赛结束后由承办单位统一报送工作量统计表并盖章确认，经领导组办公室复审，报领导组审核同意后，竞赛指导工作量补贴统一发放到各承办单位。

第二十一条 学校对在竞赛中获奖的学生和指导教师，视获奖情况分别给予相应奖励，标准如下：

（一）A 类竞赛：

获奖等级	指导教师奖励（元/项）	学生奖励（元/项）
特等奖	5000	6000
一等奖	3000	5000
二等奖	2000	4000
三等奖	1000	2000

（二）B类竞赛：

获奖等级	指导教师奖励(元/项)	学生奖励(元/项)
特等奖	1000	2000
一等奖	600	1000
二等奖	300	500

注：1. 体育类竞赛奖励等级认定：安徽省全运会及其以上赛事，根据比赛文件等级认定；其他赛事按照1～3名视同相应级别一等奖，4～6名视同相应级别二等奖，7～9名视同相应级别三等奖。
2. C、D类竞赛不认定奖励，指导教师、获奖学生可发给相关证书。
3. 按比例奖励名额到校或不需要参赛单位之间竞争的A、B类赛事，降一级认定奖励。

第二十二条　学生在校期间同一竞赛项目(成果、作品)获得不同级别奖项，以最高奖项计，不重复累计奖励，教师奖励情况参照本条执行。

第二十三条　竞赛指导教师应严格履行职责，提高指导成效，规范经费使用。对于挂名不参加实际指导的教师，不予承认工作量，也不予奖励，并追究相关责任。

第二十四条　学校每年度评选一次学科和技能竞赛优秀组织单位。凡积极参赛并取得较好竞赛成绩的学院，均可提出申请。优秀组织单位由学科和技能竞赛领导组组织评审，学校对评审通过的单位进行表彰，授予"学科和技能竞赛优秀组织单位"称号，并作为学院年度教学工作考核评比依据之一。

第二十五条　学校每年对学科和技能竞赛进行评选表彰活动，校内各承办(组织)单位须在每年12月10日前做好学科与技能竞赛奖励信息申报，提交获奖信息统计表、获奖证书复印件并填写《巢湖学院大学生学科与技能竞赛获奖奖励申请表》报教务处。教务处汇总并提交领导组审核认定后报学校批准进行表彰和奖励。

第六章　附　　则

第二十六条　本办法自颁布之日起执行，由教务处负责解释。原《巢湖学院大学生学科和技能竞赛管理办法(修订)》(院字〔2014〕58号)同时废止。

巢湖学院信息系统管理办法

校字〔2017〕55号

为加强校园信息系统安全管理，保障学校智慧校园整体安全运行，避免信息系统重复建设，根据《教育部关于加强教育行业网络与信息安全工作的指导意见》要求，结合学校信息化建设相关规定，制定本办法。

第一章 总　　则

第一条　学校信息化建设坚持"统筹规划、面向服务、分步实施、重点突破"的原则。

第二条　本办法所指"信息系统",是指学校各部门建设管理、面向学校师生和公众提供业务管理和信息服务,基于校园网运行的应用系统。

第三条　学校成立信息化建设领导组,领导组办公室设在现代教育技术中心。现代教育技术中心是学校信息系统建设的统一协调单位。各二级单位新建信息系统,现代教育技术中心须参与立项讨论和项目验收,并经现代教育技术中心备案。

第二章　规划与立项

第四条　各二级单位建设的信息系统,除满足自身业务需求外,还需符合学校信息化建设整体规划,确保在学校规划的总体框架内实现业务协同。

第五条　信息系统开发立项需经各二级单位分管校领导审批,或报学校信息化领导建设领导组讨论批准,方可正式立项。对于规模较大或业务重要的项目,原则上需进行可行性论证。

第六条　对于新建信息系统须根据《教育行业信息系统安全等级保护定级工作指南（试行）》（教技〔2014〕4号）进行系统定级,按照教育部政策要求,系统建设与系统安全同步规划、同步建设,确保信息系统建设完成时具备相应的安全防护能力。

第七条　信息系统建设项目招标需严格按照国家及学校招投标相关规定执行。参与招标的系统研发商,须具有相应的计算机软件研发资质。

第三章　经费与建设

第八条　信息系统建设所需经费,由建设单位在每年预算中申报,经学校财经领导组批准后,现代教育技术中心负责统筹协调使用。

第九条　信息系统项目的建设或改造,承建单位均须指定项目负责人,项目负责人应监督和管理项目的全过程,并制定项目实施计划,作为项目管理过程的依据。

第十条　信息系统项目建设如需外包,应选择具有服务资质、信誉较好的承包商,要求其已获得国家主管部门的资质认证并取得许可证书。对重要的信息系统工程项目外包,应在主管部门指定或特定范围内选择具有服务资质的信誉较好的厂商,并应经实践证明是安全可靠的厂商。外包方应签署信息安全保密协议。

第十一条　信息系统建设、实施过程中应严格遵守国家及学校信息化建设管理相关规定,遵循学校的信息标准与规范,并提供标准化的数据交换接口,共享数据应同步至学校主数据库。

第四章 验收与管理

第十二条 信息系统建设验收由委托建设单位提交申请。信息系统验收条件见附件1。

第十三条 信息系统项目承建方提供项目验收文档资料,并对所提供报告、资料、数据及结论的真实性和可靠性负责。验收文档资料包括但不限于附件2的内容。

第十四条 信息系统验收程序。验收程序按项目的合同金额分为三类,A类:合同金额20万元以上;B类:合同金额5~20万元;C类:合同金额5万元以下。

1. A类:信息系统项目承建方提交验收申请,建设方检查验收材料,根据信息系统等级保护要求开展系统安全检测,符合该系统安全等级所需安全防护要求后由国资处组织专家组进行评审验收。信息系统项目承建方提供的验收文档至少包括附件2材料准备中的1~5项和8~12项等相关材料。

2. B类:信息系统项目承建方提交验收申请,建设方检查验收材料,根据信息系统等级保护要求开展系统安全检测,符合该系统安全等级所需安全防护要求后由国资处组织专家组进行评审验收。项目承建方提供的验收文档至少包括附件2材料准备中的1~5项和9~12项等相关材料。

3. C类:信息系统项目承建方提交验收申请,建设方检查验收材料,根据信息系统等级保护要求开展系统安全检测,符合该系统安全等级所需安全防护要求后,建设方、现代教育技术中心根据建设方案进行验收测试,形成验收报告。项目承建方提供的验收文档至少包括附件2材料准备中的1~3项和9~12项等相关材料。

第十五条 验收结果处理

1. 验收合格

(1) 通过验收检查和专家评审;

(2) 系统安全评估达到相应等级保护标准;

(3) 基本满足运行条件;

(4) 根据建设内容,完成应用系统所涉及的用户培训。

2. 验收不合格

具有下列情况之一的,视为验收不合格:

(1) 未通过验收检查小组检查;

(2) 未通过验收专家组评审;

(3) 系统安全评估未达到相应等级保护标准;

(4) 所提供验收材料不真实。

验收不合格的,现代教育技术中心将以书面形式通知承建方限期整改,整改后由项目承建方重新申请验收。

第十六条 信息系统投入运行后,使用单位(部门)要按照学校有关网络与信息安全规定,及时配合学校开展信息系统安全等级保护工作,明确专人管理,落实信息系统运行安全管理制度。

第十七条　信息系统的调整、升级和运行维护方案,须由建设单位负责会同现代教育技术中心和系统供应商共同协商制定。

第五章　终止运行

第十八条　信息系统随着其生存环境的变化,具有产生、发展、成熟、终止的生存循环周期。信息系统需要终止运行时,应由使用者或管理者提出申请,说明原因及采取的保护措施,经过所在二级单位领导同意后才能进行信息系统终止审批。(申报表见附件3)

第十九条　按照信息系统等级保护要求已定为三级及以上的信息系统的终止,由学校信息化建设领导组负责审批,二级信息系统终止由国资处会同现代教育技术中心审批,其他则由使用部门自行审批,并报国资处及现代教育技术中心备案。

第二十条　信息系统终止运行前,使用单位应根据信息系统资产清单、存储介质等进行相关处理,并记录处理过程与结果。信息系统硬件设备若改变用途,应对原数据进行完全清除。

第二十一条　对信息系统数据和设备进行以上必要的处理后,经信息系统技术负责人认可才能正式终止运行,并形成文档备案。

第六章　附　　则

第二十二条　本办法由现代教育技术中心负责解释。

第二十三条　本办法自公布之日起实施。

巢湖学院中外合作办学项目管理暂行办法

校字〔2017〕82号

为进一步规范中外合作办学项目管理,加强对外合作与交流,拓展中外合作办学领域,推进我校国际化教育的发展,提升国际化办学水平,根据《中华人民共和国中外合作办学条例》《中华人民共和国中外合作办学条例实施办法》等文件精神,结合我校实际情况,特制定本办法。

第一章　总体要求

第一条　本办法中所称"中外合作办学项目"是指经国家教育部或安徽省教育厅批准的与外国教育机构合作开展的,列入招生计划内的学历教育项目。仅以互认学分方式与外国教育机构共同开展的学生交流活动,属于中外交流项目,该类项目参照学校其他相关管理规定执行。

第二条 开展中外合作办学的单位应把人才培养和社会效益放在办学首位,端正办学指导思想,积极适应社会发展需求,加快国际化人才的培养。中外合作项目的开展应密切结合我校的实际情况和"十三五"发展需要,注重前瞻性和持续性,有计划、有组织、有重点地选择共同感兴趣的领域开展多形式、多层次的合作。中外合作办学项目必须遵守中国法律法规和我校相关管理规定,有利于促进我校的学科专业建设和人才培养。

第三条 本着引进国外优质教育资源及发挥学校学科专业优势的目的,学校鼓励有条件的二级单位与学术水平和教育教学质量得到普遍认可的外国教育机构开展中外合作办学。

第四条 所有中外合作办学项目均由学校统一审核,报上级主管部门批准。

第二章 设立与审批

第五条 国际交流与继续教育学院统一负责学校各类中外合作办学项目的申报工作。作为主管部门,提供相关事宜的咨询、建议,并牵头负责对外国教育机构资质的审查、项目立项、合同签署、项目报批、项目监督等申报过程与环节。

第六条 二级学院作为合作办学项目的实施主体,应积极开展与国外大学的联系,寻求合作机遇,洽谈合作意向,形成框架方案,以书面形式,并附上国外合作方的有关资料,报国际交流与继续教育学院。国际交流与继续教育学院审核后上报学校。

第七条 学校领导审阅同意后,有关二级学院会同国际交流与继续教育学院、教务处等职能部门,与国外合作方商谈合作办学的具体内容、条件和相关事项,拟定合作办学协议文本,并形成符合要求的申报材料。

第八条 国际交流与继续教育学院负责审核所有申报材料,提出综合意见报学校审议批准后,国际交流与继续教育学院负责上报审批。

第三章 实施与管理

第九条 国际交流与继续教育学院负责中外合作办学项目的综合协调和政策指导;负责与上级涉外办学有关主管部门的沟通联络;负责办理中外合作办学项目中的外籍教师的聘任;协调、监督中外合作办学项目的实施情况;负责学生出国手续办理等相关工作。

第十条 承办学院负责具体实施项目的教育教学活动和学生管理工作;参与并协助中外合作办学项目设立中的材料准备等有关工作;做好项目教学计划、人才培养方案等工作;负责外籍教师日常教学管理事宜;负责中外合作办学项目的年度办学报告以及评估材料工作事宜;安排专兼职合作项目管理人员,主动了解项目班学生的思想动态,帮助学生努力完成学习任务,达到合作项目所规定的目标。

第十一条 教务处负责中外合作办学项目招生计划的确定、宣传、录取等工作;负责学生在国内外学习期间的学籍管理及学分转化工作;负责审定中外合作办学项目学生的教学安排、课程计划、学分设置、成绩认定及学历、学位授予等工作。

第十二条 中外合作办学项目就读学生由于专业水平、语言水平、签证等原因,不能按原计划完成所有教学内容,未能出国者,由本人提出申请,经批准,继续留在学校完成学业,遵照相关规定,达到毕业要求后可颁发巢湖学院证书。

第四章 经费管理

第十三条 凡举办中外合作办学并收取一定学费的项目,所有资金及各项服务收入均由财务处统一收取和管理。

第十四条 项目启动之前,学校同意的有关出访及接待费用由国际交流与继续教育学院在部门预算中开支。项目启动之后,与项目有关的开支原则上从项目经费中支付。

第十五条 为保证对中外合作办学项目的有效管理,学校根据实际情况,按每生100元标准设立专项列入年度预算。经费使用部门必须依照相关管理规定和财经纪律要求,专款专用,严格管理。财务处和监察审计处应加强对经费使用情况及使用效益的监督检查。

第五章 附 则

第十六条 与香港特别行政区、澳门特别行政区和台湾地区的教育机构联合举办合作办学项目的,参照本管理办法执行。

第十七条 本办法自公布之日起开始执行,未尽事宜由国际交流与继续教育学院负责解释。

巢湖学院成人高等教育函授站(教学点)暂行管理办法

校字〔2017〕83号

为加强学校成人高等教育函授站的建设和管理,提高函授教学质量,根据安徽省教育厅《安徽省成人高等教育函授站(教学点)设置与管理办法》等有关文件精神,结合学校函授教育实际情况,制定本办法。

第一章 函授站的设置

第一条 拟设站单位必须是具有独立法人资格的普通或成人高等学校、普通或成人中专学校、职业学校、企事业单位教育培训机构或经批准的民办高校。

第二条 函授站所在地应生源较集中,交通较发达方便,具有连续或隔年报考的生源。函授站应配备专职或专兼职结合的管理人员队伍,配备或聘请合格的辅导教师,提供符合教学要求的教学场所和其他教学条件,提供或筹集必要的办站经费。

第三条 学校(建站方)和设站单位(设站方)经协商,应签订建立函授站的协议书。协议书内容包括设站目的、培养目标、发展规模、招生范围、专业设置、设站地点、办学条件、机构设置、人员配备、经费来源以及双方的权利和义务等。协议书经双方负责人签字,加盖公章后,报上级主管部门和教育部门批准、备案后方可生效。

第四条 设站单位应根据函授教育事业发展规划,确定函授站的人员编制并配备站长及工作人员,函授站应设站长1人,副站长1～2人以及相应的工作人员,函授站人员配备情况必须报学校备案,工作人员若有变动,应及时通报学校。

第五条 函授站要严格履行备案、年检手续,凡未通过教育厅年检的函授站,一律不安排招生计划。未经学校同意,函授站不得随意变更办学地址。

第二章 函授站的管理

第六条 按照属地管理的原则,函授站日常办学行为接受所在地市教育行政部门的管理与监督,教育教学业务接受学校的指导和管理。

第七条 学校及时向所属函授站传达教育部和省教育行政部门有关成人高等教育的方针、政策。

第八条 学校负责制定函授站函授教育教学计划、课程教学大纲,指导函授站辅导教师的教学工作,学校监督、检查函授站协助开展学籍管理和招生等工作的执行情况。

第九条 学校对函授站的教育质量及教学环节负责,定期对函授站工作进行检查评估,对函授站管理人员和辅导教师进行思想政治和业务培训,表彰工作成绩优异的函授站和工作人员,研究解决函授站在招生、教学、管理等方面的问题。

第十条 函授站应重视函授生的思想政治教育工作,培养良好学风,保证函授教学和其他有关工作的顺利进行。

第十一条 函授站根据当地经济发展状况、生源情况,做好生源预测工作,并提前向学校申报招生计划,在学校的统一安排下开展招生宣传工作。

第十二条 函授站协助学校做好本站函授生的学籍管理工作。办理本站新生入学注册手续和老生报到注册手续,核对新生相关信息,进行新生入学资格审查,在规定时间内将新生信息报学校备案,以便进行新生电子注册。组织毕业生认真填写毕业生登记表,并在规定时间内报送学校。按照省教育厅规定的时间做好毕业生电子信息采集工作。按时颁发毕业证书,递转函授生学籍档案。

第十三条 函授站承担学校根据教学计划和教学大纲的要求交给的教学辅导任务,执行学校交给的有关教学环节的组织管理工作。

第十四条 函授站做好教学服务工作,每学期开学前,函授站应将新学期的课程表、教材、教学辅导资料等发到函授生手中,以便学生制订学习计划准时参加面授、考试等教学活动。

第十五条 函授站向学校推荐辅导教师,并协助学校做好辅导教师的管理工作,及时向学校反映函授生、辅导教师对教学及管理工作的意见、建议;学校负责选派主讲教师,审查、备案函授站聘任的辅导教师。

第十六条 函授站定期对本站所承担的教学和管理工作进行自查,积极配合学校和省、市教育行政部门对本站工作进行年审或评估。定期向学校、所在市教育行政部门报送工作计划和工作总结。

第十七条 函授站须严格执行学校规定的收费项目和标准,每学年第一学期,收齐该年的学费交学校财务处,不得擅自另立项目收费。

第三章 函授站的撤销

第十八条 函授站在办学条件、教学管理、经费、生源等方面存在突出问题,违反上级教育行政主管部门有关规定,不履行函授站职责和建站协议或超出函授站职责和建站协议进行活动,学校可根据不同情况予以停止招生,限期整改或撤销函授站。

第十九条 不履行年检手续以及连续两年整改不合格的函授站,学校可予以撤销。

第二十条 经决定撤销的函授站,不得继续以该函授站的名义举办任何形式的教育或培训活动,要做好有关资料、学籍、经费等方面的清理移交工作,同时,应在规定时间内将函授站的公章交回学校予以封存。

第四章 附 则

第二十一条 本办法自颁发之日起执行,未尽事宜由国际交流与继续教育学院负责解释。

巢湖学院成人高等教育学生学籍管理实施细则(修订)

校字〔2017〕84号

为加强学校成人高等教育学生学籍管理,根据《安徽省成人高等教育学籍学历管理工作实施细则》(皖教高〔2013〕10号)及相关文件精神,结合学校实际,制定本细则。

一、入学与注册

第一条 凡经学校录取的成人高等教育新生,应按规定的时间和要求办理入学手续。因故不能办理入学手续者,须持有关证明向学校国际交流与继续教育学院请假,请假一般不得超过半个月。未经请假,逾期半个月不办理入学手续者,取消其入学资格。新生一经入学注册,如果本人要求退学,原则上不退学费。

第二条 新生入学后,学校在三个月内按照有关规定进行入学资格复查,复查合格者予以注册,取得学籍。新生取得学籍后,学校发给学生证,复查不合格者,取消其入学资格。凡弄虚作假、徇私舞弊取得学籍者,一经查实,立即取消其学籍,并报省教育厅备案。

第三条 每学年开学时,学生应按面授通知规定的时间办理报到注册和缴费手续。因故不能按期办理者,必须向所在学院履行请假手续(病假附医院证明,事假附单位证明)。未经请假,逾期半个月不缴费注册者,作自动退学处理,注销其学籍。各学院班主任或辅导员负责所管班级的注册工作,学生凭缴费发票请班主任或辅导员在学生证上写下注册时间后加盖注册章。学生持注册后的学生证,可开具在籍或学业成绩等证明。

第四条 因当年无法开班以及特殊原因当年不能入学者,经教育厅备案,可保留入学资格一年,随下一级新生一起办理入学手续。

第五条 新生的年级以省教育厅规定的新生正式入学年份定称,如2014年底录取,2015春入学的新生年级,简称"2015级"。

第六条 新生入学后,按照省教育厅要求,按时在中国高等教育学信网上进行电子学籍注册。

第七条 已取得学籍的学生由学校建立学籍档案,档案包括报名登记表、学籍管理登记表、奖励与处分、学籍变动、毕业生资格审查表等材料。学生毕业或中途退学时,学籍登记表由学校归档备查,其他档案材料交学生所在单位或户籍所在地归档。

二、考核与考勤

第八条 学校成人高等教育学生考核,包括思想品德与学业两个方面。思想品德考核是指对学生思想情操、道德品德、遵纪守法等综合评定;学业考核是指对学生学习教学计划规定课程的成绩测试。

第九条 思想品德考核主要采取学生个人写出总结,所在学院和国际交流与继续教育学院进行评定等形式进行。

第十条 学业考核主要采用考试与考查两种方式。每学期结束时,学生必须参加教学计划规定的课程考核,成绩载入学生记分册,归入学籍档案。考试课程门数每学期不少于所开课程的二分之一,考核成绩的综合评定,以期末考核成绩为主,平时成绩所占比例一般不超过百分之四十。考试课程成绩采用百分制记分,考查课程和毕业论文(设计)一般采用五级分制(优秀、良好、中等、及格、不及格)记分。

第十一条 学生已通过的国家自学考试课程,可在每学期开课前向所在学院提出免修申请,并提交同层次、同科类、同专业的学习成绩原件,由学生个人填写课程免修申请表,经学院研究提出处理意见并加盖公章后,国际交流与继续教育学院方可承认其成绩。免修、免试课程不得超过四门。

第十二条 学生必须认真参加面授、辅导等集中教学活动,学院要建立考勤制度,对不能参加教学活动、无故旷课时间达三分之一者,取消本次面授课程的正常考核资格。

第十三条 学生必须按规定的时间和地点参加考试或考查。成绩不合格者可以在指定的时间内补考一次,通过补考获得的成绩,予以标注。因故不能参加考试或考查的学生,应事前向所在学院提出书面申请(由申请人所在的单位签署意见),经学院批准,报国际交流与继续教育学院备案后,方可作缓考处理,考核成绩按正常记分。

有下列情况之一者,均不得申请缓考:已累计有不及格的课程,并尚未参加补考者;已经补考仍不及格的课程;经批准缓考的课程尚未参加考试者。

第十四条 凡擅自缺考或考试作弊者,该课程成绩以"0"分记载,不准补考。累计旷考两门以上(含两门)课程的学生按自动退学处理,注销学籍。对旷考、舞弊的学生的处理材料,由所在学院报国际交流与继续教育学院,存入其学籍档案。

第十五条　学生要按期缴费注册,按时参加各项学习活动,一般不准请假。确因特殊情况者,应提前持有关证明向所在学院申请,经所在学院批准,报国际交流与继续教育学院备案。

第十六条　学生因请假造成两门以上(含两门)课程缺考,又不能按正常进度参加补考者,视其情况分别作休学、留级或退学处理。

三、休学与复学

第十七条　学生因病,经县级以上医院诊断必须长期治疗,不能坚持正常学习,或因其他原因需要休学者,由本人提出申请,经学校批准,报省教育厅备案,方可休学,休学期间,保留学籍。

第十八条　申请休学,期限不超过一年,因病休学的学生,申请复学时必须有县级以上医院诊断,证明已恢复健康。休学期满,应于学期开学前持有关证明连同休学证明一并报所在学院核定,经国际交流与继续教育学院批准后,方能复学。

第十九条　经批准复学的学生,要按时办理缴费、注册手续,按时参加面授、考试,逾期不交费者,按自动退学处理,注销其学籍。

第二十条　经批准复学的学生,应编入下一年级相同专业学习。下届无相同专业,若本人提出申请,可转入相近专业。

四、升留级与退学

第二十一条　学生学完本学年教学计划规定的课程,经考核,成绩及格(含正常补考及格),准予升级。

第二十二条　正常补考后不及格课程(含累计)三门者,应予留级。留级者原则上留入下一年级相同专业。

第二十三条　学生因故难以坚持长期学习或有其他特殊原因者,可申请退学。退学的学生,不保留学籍,也不能复学。

第二十四条　学生有下列情况之一者,学校应予退学:
1. 正常补考结束后,不及格课程累计在五门(含五门)以上者;
2. 休学期满逾期两周不办理复学手续者;
3. 有伤病经医院确诊,不能继续坚持学习者;
4. 本人申请退学者。

第二十五条　国际交流与继续教育学院及时将休学、复学或退学学生名单书面报省教育厅备案。

五、转学与转专业

第二十六条　学生因特殊原因不能在原校学习,可允许转学。由学生本人提出申请,转出与转入学校同意后,转出学校将学生录取审批表复印件(加盖转出学校公章)及学籍档案提交给转入学校,由转入学校携带上述材料,报省教育厅审批。学生因特殊原因确需转专业者,应在新生注册后一个月内办理,由学生本人提出申请,经学校批准,报省教育厅备案。转学或转专业依据上级有关文件执行。

六、奖励与处分

第二十七条　学生必须严格遵守国家政策法规及学校各项规章制度。

第二十八条　对德、智、体、美全面发展或在思想品德、学业成绩等某一方面表现突出的学生，可分别授予"优秀学生"称号或单项荣誉称号，获奖情况载入学籍档案。

第二十九条　对于违反国家政策法规及学校各项规章制度的学生，可视其情节轻重分别给予警告、严重警告、记过、留校察看、开除学籍等纪律处分。

第三十条　给予学生的纪律处分，由学校研究决定，存入学籍档案并报省教育厅备案。

第三十一条　学生平时听课、考试、课程设计、实验、毕业论文（设计）等学校规定活动都应实行考勤。因故不能出勤者，必须请假，凡未请假或超假者按旷课处理。

七、毕业、结业、肄业

第三十二条　学生学习期满，修完教育教学计划规定内容，成绩全部及格，德、智、体、美各方面达到毕业要求，准予毕业。毕业证书由学校颁发，由学生本人凭身份证、学生证按规定时间，到学校领取。

第三十三条　学生在学校规定的学习年限内，修完教育教学计划规定内容，未达到毕业要求，准予结业，学校发给结业证书。

第三十四条　学校按省教育厅规定，每年按时完成毕业生信息在中国高等教育学信网上的学历注册工作，并将注册材料上报教育厅备案。毕业、结业、肄业证书和学位证书遗失或损坏，经本人申请，学校核实后可出具相应的证明书，证明书与原证书具有同等效力。

第三十五条　学生毕业时经最后一次补考仍有一门至两门不及格者，允许在毕业后一年内向学校申请补考。经补考成绩合格，发给毕业证书，毕业时间随同下届按实际发证日期填写。经毕业后一年内补考仍有一门以上不合格者，作结业处理，发给结业证书。两门不及格者，发给肄业证书。

第三十六条　已学满一年以上的学生，中途退学（不包括开除学籍者）由学校发给肄业证书。

第三十七条　毕业班以毕业年份定称，如2015年毕业的班级简称为"2015"届。毕业班学生的毕业时间，按省教育厅规定时间办理。

八、附则

第三十八条　本细则由巢湖学院国际交流与继续教育学院负责解释，自2017级执行。原《巢湖学院成人高等教育学生学籍管理实施细则》（院字〔2012〕112号）同时废止。

巢湖学院学生申诉处理办法

校字〔2017〕99号

第一章　总　则

第一条　为保障学生合法权益，规范校内学生申诉工作，根据《普通高等学校学生管理规定》和有关法律法规，制定本办法。

第二条　本办法所称的申诉,是指学生对学校作出的涉及本人权益的处理决定有异议,向学校陈述理由,提出意见和要求。

第三条　本办法适用于已取得学校正式学籍的在校学生和按国家招生规定被学校录取并已报到,但尚未取得学校正式学籍的新生。

第四条　学生必须根据"诚实可信、有理有据"的原则提出申诉;学校应当坚持"公开公正、实事求是、有错必纠"的原则处理学生的申诉。

第二章　申诉受理机构

第五条　学校成立"学生申诉处理委员会",学生申诉处理委员会办公室设在监察审计处,负责日常工作。

第六条　学生申诉处理委员会由学校纪委书记任主任,监察审计处、学生处、教务处、保卫处、团委等职能部门主要负责人和法律专家任常任委员。学生申诉处理委员会处理具体申诉案例时,应当吸收申诉学生所在学院分管学生工作负责人、教师代表和学生代表各一名任委员。

第七条　学生申诉处理委员会的职责是:
(一) 受理学生申诉;
(二) 对学校作出处理决定的事实、理由和依据进行复查;
(三) 对学生提出的申诉理由、证据等进行调查、核实;
(四) 在规定时间内,根据调查结果,作出复查结论并书面通知学生。

第三章　申诉受理

第八条　学生对学校的处理或者处分决定有异议的,可以在接到学校处分决定书之日起10日内,向学校学生申诉处理委员会提出书面申诉。

第九条　学生申诉的范围是:
(一) 对学生本人作出的警告、严重警告、记过、留校察看、开除学籍等纪律处分;
(二) 对学生本人作出的取消入学资格、退学处理的决定;
(三) 法律、法规规定可以提出申诉的其他处理决定。

第十条　学生提出申诉时,必须递交申诉申请书,并附原处理决定复印件。申诉申请书应当载明下列内容:
(一) 申诉人的姓名、班级、学号、联系方式、通信地址及其他基本情况;
(二) 申诉的事项、理由、事实根据及要求;
(三) 相关的证据资料;
(四) 提出申诉的日期;
(五) 本人签名。

第十一条　对学生提出的申诉,学生申诉处理委员会应当在接到申诉申请书之日起三个工作日内,区别不同情况作出如下处理:

（一）予以受理，并告知申诉人；
（二）申诉材料不齐备，限期补正，过期不补正的视为不再申诉；
（三）不属于申诉范围，不予受理。

第四章 申诉调查与处理

第十二条 对决定予以受理的申诉，学生申诉处理委员会应当在决定受理后启动申诉的处理程序，并在自接到书面申诉申请书后的15日内形成对申诉的复查结论并告知申诉人。对确因客观原因限制，无法在规定期限内完成的，经学生申诉处理委员会主任批准，可延长15日。学生申诉处理委员会认为必要的，可以建议学校暂缓执行有关决定。

学生申诉处理委员会受理学生申诉后，对学生申诉的事项进行调查和核实。

第十三条 学生申诉处理委员会在决定受理申诉后，应当按第六条的规定组织相关人员，负责处理申诉，并提出具体处理意见。学生申诉处理委员会对涉及学生申诉的事项，有权进行查询和调查。

第十四条 学生申诉处理委员会要根据实际情况提出处理意见，区别不同情况，作出下列决定：

（一）事实清楚、依据明确、定性准确、程序正当、处分恰当的，予以维持；
（二）认为做出处理或者处分的事实、依据、程序等存在不当，可以作出建议撤销或变更的复查意见，要求相关职能部门予以研究，重新提交校长办公会或者专门会议作出决定。

第十五条 学生申诉处理委员会将申诉处理决定书及时送达申诉人。送达方式可采取下列任何一种：

1. 本人签收；
2. 按申诉人提供的通信地址挂号邮寄。

第十六条 自处理、处分决定书送达之日起，学生在申诉期内未提出申诉的视为放弃申诉，学校不再受理其提出的申诉。

第五章 附则

第十七条 本办法由监察审计处负责解释。

第十八条 本办法自发布之日起执行。原《巢湖学院学生申诉处理办法》（校字〔2016〕第111号）同时废止。

巢湖学院学术委员会议事规则（试行）

校字〔2017〕101号

为规范校学术委员会议事程序，提高议事效率，切实履行学术委员会职责，保证各项工作顺利有序开展,根据《巢湖学院学术委员会章程(修订)》(校字〔2016〕237号)的规定,特制定本议事规则。

一、议事范围

(一)《巢湖学院学术委员会章程(修订)》规定的学术委员会职责权限所涉及的学术事务决策、审议、评定与咨询等事项。
(二)校学术委员会和专门委员会的年度工作报告。

二、议题来源

(一)校党委会或校长办公会提出的由学术委员会讨论的议题。
(二)校学术委员会主任委员或1/3以上委员联名提出的议题。
(三)经校学术委员会主任委员会议研究确定的基层委员会、相关职能部门提交学术委员会决策、审议、评定的议题。
(四)校学术委员会委员收到的提交学术委员会讨论的与学校学术事务相关的校内外函件。

三、议题提交程序

(一)议题提出方需事先进行深入调研、论证和协商,填写《巢湖学院学术委员会(专门委员会)会议议题表》,并附上与议题相关的支撑材料,报校学术委员会秘书处或专门委员会办公室。议题提出方应协助秘书处或专门委员会办公室做好会议资料准备工作。涉及多方的议题,在相关方认真协商的基础上,由一方牵头提出。
(二)校学术委员会委员如收到提交学术委员会讨论的与学校学术事务相关的校内外函件,在第一时间转交秘书处。
(三)秘书处和专门委员会办公室在收到相关议题材料、函件后,根据本议事规则和所提交的材料提出相应处理建议,报校学术委员会主任委员审核、批准,由主任委员会确定会议召开的形式。

四、会议组织和表决

(一)学术委员会的会议形式包括全体委员会议、主任委员会议和专门委员会议。全体委员会议每学期至少召开1次。全体委员会议、主任委员会议、专门委员会议可根据需要随时召开。对于特急议题,24小时内组织召开会议;对于紧急议题,3个工作日内组织召开会议;对于一般议题,7个工作日内组织召开会议。
(二)全体委员会议主要审议学校重大学术政策决策、宏观学术标准、校学术委员会和专门委员会年度工作报告,审核各专门委员会和基层委员会章程(规程),就专门委员会和基层委员会提交的学术事务进行决策、审议、评定。主任委员会议主要商定学术委员会日常工作。专门委员会根据其章程规定的职责权限以及校学术委员会的授权或委托,处理专门性的学术事务。

（三）全体委员会议必须有 2/3 以上委员出席方能召开;会议由校学术委员会主任主持,主任因故不能主持可委托副主任代为主持。秘书长如不是学术委员会委员,列席会议,但没有表决权。

（四）校学术委员会主任委员可根据工作需要主持召开主任委员会议。主任委员会议由主任委员、副主任委员参加,秘书长列席。

（五）专门委员会议必须有 2/3 以上委员出席方能召开;会议由专门委员会主任主持,主任因故不能主持可委托副主任代为主持。校学术委员会主任委员、副主任委员、秘书长如不是专门委员会委员,可根据需要列席会议,但没有表决权。

（六）校学术委员会秘书处和专门委员会办公室负责相关会议的组织工作,应提前通知与会人员,并将有关书面材料呈送与会人员。

（七）根据需要,全体委员会议、专门委员会议可邀请校领导或者有关职能部门负责人到会通报有关情况。

（八）学术委员会议决事项一般采用举手、无记名投票、实名投票的方式。遇有紧急事项需要议决时,经学术委员会主任委员会议商定,可进行通信表决。

议决事项采取少数服从多数的原则,除法律、法规和学校规章规定的情况外,重大事项表决应当经与会委员 2/3 以上同意,方可通过。未到会委员不能委托其他委员代为投票表决。

（九）学术委员会议决事项,遇意见分歧较大或重要事实需进一步论证核查的,可暂缓作出决定。

（十）部分事项经校学术委员会主任委员会议同意,可授权相关职能部门组织专家处理。

（十一）学术委员会召开会议时,根据议题的需要,可通知有关部门和单位的负责人、相关专家、师生代表列席。列席会议人员可根据需要参与讨论,发表意见,但没有表决权。

五、决议审定、结果公示、异议申诉与复议

（一）全体委员会议、专门委员会议的会议纪要、审议意见和咨询建议,分别由秘书处、专门委员会办公室负责起草,校学术委员会主任委员、专门委员会主任委员负责审定。

（二）全体委员会议、专门委员会议的议事结果如需公示的,公示期限为 5 个工作日;公示期间,秘书处、专门委员会办公室负责受理与公示内容相关的举报、质疑、异议及申诉,必要时会同纪委（监审处）共同受理。

（三）全体委员会议、专门委员会议的议事结果,公示期内有异议的,经主任委员或 1/3 以上委员同意,召开会议复议。全体委员会议复议结果为终局结论。专门委员会议的复议结果,如仍有异议的,经专门委员会主任委员会议研究,可提交全体委员会议复议,复议结果为终局结论。

（四）对因公因病或其他特殊原因未出席会议的委员，会后由秘书处、专门委员会办公室向其报告会议的议事情况和结果。

（五）秘书处、专门委员会办公室负责向议题提出方反馈议事结果，同时报送学校相关部门，负责议事结果执行的协调工作，并向委员会反馈执行情况。

（六）校学术委员会、专门委员会实行年度工作报告制度，对其议事与履责情况进行总结。校学术委员会年度报告须提交教职工代表大会审议，对于校学术委员会与专门委员会议事结果的执行、落实与采纳情况，校长应当做出说明。

六、议事纪律

（一）与会人员应按时出席会议。委员因公因病或其他特殊原因不能出席会议，应在会前向校学术委员会主任委员或专门委员会主任委员履行请假手续。

（二）委员应本着对学校高度负责的精神，坚持原则、实事求是、客观公正地发表意见。

（三）与会人员对下列事项负有保密义务：

1. 涉密事项；
2. 涉密学术成果；
3. 委员在会议中发表的涉及他人和单位的评价言论；
4. 校学术委员会、专门委员会认为应当保密的内容和决定事项；
5. 未正式公布的校学术委员会和专门委员会的各种决定。

（四）议题涉及委员本人或其直系亲属需要回避的，该委员须主动回避，并不得参加审议和表决。

七、附　　则

本议事规则自发布之日起施行，由校学术委员会秘书处负责解释。

巢湖学院奖励性绩效工资分配办法(修订)
校字〔2017〕104 号

为深化人事分配制度改革，健全和完善校内分配制度，进一步做好绩效工资实施工作，根据安徽省人力资源社会保障厅、财政厅《关于其他事业单位绩效工资的实施意见》(皖政办〔2012〕7 号)及有关文件精神，结合学校实际，特制定本办法。

一、指导思想

以中国特色社会主义理论为指导，进一步理顺分配关系，健全激励机制，构建有利于调动广大教职工的工作积极性、有利于稳定和激励人才、有利于增强整体办学活力和竞争力的绩效工资分配制度,以提高教育教学质量、科研水平和办学效益,推进各项事业健康发展。

二、基本原则

(一)坚持"突出重点,兼顾公平"原则。既要重点向教学人员和高层次、高水平人才倾斜,增强学校核心竞争力,又要统筹考虑校内各类人员收入分配水平,体现公平。

(二)坚持"多劳多得,优劳优酬"原则。向做出突出业绩的教职工倾斜,做到收入水平与工作业绩和贡献度挂钩,充分发挥分配的激励和导向作用。

(三)坚持"强化岗位,注重考核"原则。按岗位职责进行分类定薪,将绩效分配与岗位职责和各项考核结果紧密挂钩。

(四)坚持"总量控制,适度自主"原则。根据绩效工资总量,保证教职工收入稳中有增。适度体现各二级单位在分配中的自主权,发挥工作主观能动性。

三、实施范围

本办法适用于学校在编在岗教职工(含人事代理人员)。

四、奖励性绩效工资构成

奖励性绩效工资由岗位业绩津贴、工作量补助、考核奖励、人才津贴和其他津贴等五部分构成。

(一)岗位业绩津贴

岗位业绩津贴根据工作岗位性质和贡献大小确定津贴标准,按月随工资发放。各岗位人员根据职级分档发放,各类人员岗位业绩津贴标准见附表。

有关规定:

1. 各类人员岗位业绩津贴在完成岗位职责的基础上予以发放,其中:教师(专业技术主体岗位)年教学工作量(课时,含公选课)应达到基本要求,辅导员年所带学生数应达200人,管理人员(包括管理岗位、专技辅助岗位和工勤岗位人员,下同)应完成岗位职责规定的工作任务。

2. 各岗位档级分为A档、B档。教师B档应达到基本教学工作量,其中进入A档的人员应达到相应的科(教)研工作量,科(教)研积分在三年内实行结余滚动计算,各档具体条件见下表;管理人员档级根据教职工年度考核结果确定,其中进入A档人员考核等次应为良好及以上。

3. "双肩挑"人员(具有教师专业技术职务的管理人员)若就高选择相应的教师岗位业绩津贴,全年至少应完成一门课程教学任务,教学工作量不作定额要求,科研工作量要求等同。具有其他系列专业技术职务的管理人员可就高选择相应的岗位业绩津贴。

教师档次基本条件表

职称	档级	教学工作量（课时）	科（教）研工作量（积分）
教授	A档	192	100
教授	B档	224	——
副教授	A档	224	60
副教授	B档	224	——
讲师	A档	224	30
讲师	B档	224	——
助教	A档	224	20
助教	B档	224	——

说明：1. 见习期人员教学和科研工作量不作定额要求，但应完成其他有关工作任务。

2. 取得重大科研业绩或产学研成果者的教学工作量要求可根据实际情况适当降低。

（二）工作量补助

工作量补助根据当年完成的实际工作任务量进行确定，于年末一次性或每学期末进行结算发放。

1. 教师工作量补助

教师工作量补助主要为当量课时补助、指导学生毕业论文补助及其他工作量补助。补助总额＝教师课时数×相应标准＋指导学生毕业论文当量数×相应标准＋其他工作量数×相应标准。

（1）课时补助实行分段计算，结合教师职称及教学质量考核等情况确定标准。指导学生毕业论文根据相关工作量及标准发放，优秀等次的标准给予增加。具体标准将另行制定。

（2）为保证教师投入更多的精力提升课堂教学质量，开展专业研究，教师全年最高课时（含公选课）一般不超过500课时。

（3）管理人员和专职辅导员承担的有关教学任务按相应标准单独计算。原则上每人每周不超过4节课，全年总量不超过128课时（含公选课）；指导学生毕业论文一般情况下不超过10篇。

（4）其他工作量补助包括专业负责人、技能竞赛指导、实践（社团）指导、课程设计、实习指导等工作量补助，根据学校相关规定统一执行。

2. 辅导员工作量补助

辅导员工作量补助主要为辅导员所带学生数补助。补助总额＝辅导员所带学生数×相应标准。

（1）学生数补助根据辅导员工作量等有关情况分段确认标准并计算，具体标准将另行制定。

（2）为保证专职辅导员工作质量和水平，专职辅导员所带学生数一般不超过360人。

（3）兼职辅导员按相应工作量标准给予补助，全年所带学生数一般不超过120人。

3. 管理人员工作量补助

管理人员工作量补助为岗位工作量补助。补助标准和额度根据岗位职责和实际完成有关工作量,结合教师和辅导员工作量补助标准和额度进行确定,具体标准和发放办法将另行制定。

4. 其他有关人员工作(量)补助

(1) 教研室(实验室)主任经考核后按有关规定给予发放补助。

(2) 团总支书记经考核后按有关规定给予一定工作量补助。

(3) 组织员经考核后按有关规定给予发放补助。

(4) 党支部书记经考核后按有关规定给予发放补助。

(三) 考核奖励

在奖励性绩效工资总量中安排一定的经费作为综合补助和考核奖励,由各单位自主按照有关规定进行分配。

1. 综合补助

(1) 学校对各单位给予一定的综合补助,用于各单位自行根据工作需要安排的承担职责外相关工作任务给予的补助。其中教学单位应用于学科专业和课程建设、教研室(实验室)建设、学生管理等专项补助或加班补助。

(2) 各单位补助额在统一给予基本补助的基础上结合教研室、专业、教职工人数(或教职工编制数)、学生数等情况综合考虑确定,具体补助标准及发放办法将另行制定。

2. 考核奖惩

对综合考核结果为良好及以上等次的单位给予发放综合奖;对单项目标管理考核结果为优秀等次的单位给予奖励。对未完成目标管理的单位扣减一定的综合补助,具体标准和办法另行制定。

(四) 人才津贴

1. 教授(博士)津贴:月发标准:具有博士学位的教授、教授、博士每月分别预发津贴 600 元、500 元、400 元。年终考核合格后分别一次性发放 6000 元、5000 元、4000 元。

2. 学术骨干津贴:分学科带头人、学术技术带头人和中青年学术骨干等层次,有关标准和发放办法另行制定。由科技处负责制定相关评选办法。

3. 教学骨干津贴:分特等教学骨干、优秀教学骨干和中青年教学骨干等层次,有关标准和发放办法另行制定。由教务处负责制定相关评选办法。

4. 管理骨干津贴:分优秀管理骨干和中青年管理骨干等层次,有关标准和发放办法另行制定。由组织部和人事处共同负责制定评选办法。

学术骨干津贴、教学骨干津贴与管理骨干津贴就高不重复发放。

(五) 其他津贴:

根据实际情况,按学校有关规定发放教职工误餐补助和节日慰问费等其他有关津贴。

五、有关人员规定

（一）外出脱产进修人员

经批准的访学、进修和顶岗实践等脱产学习人员正常享受岗位业绩津贴；经批准在外脱产攻读博士学位人员每月发放岗位业绩津贴的50%，剩余50%在取得学位证书后以生活补助方式一次性发放。脱产学习人员原则上不安排课程，如因工作需要和条件许可，可承担一定的教学任务，按相应补助标准发放课时津贴。

（二）外（返）聘人员

各教学单位应优先安排本单位在编在岗教师授课，以保证教师能完成年额定教学基本工作量，因专业或实践教学需要外请或返聘教师须按有关程序进行报批，并签订合同，外聘教师授课和指导学生毕业论文按学校有关规定支付酬金。返聘教师由所在学院按照在职教师相应标准给予发放酬金。

（三）兼课管理人员

为充分发挥和利用现有人力资源，管理人员在履行好工作职责时因教学工作需要可兼课，但应严格执行以下规定：一是应具有教师资格证且具有硕士学位或中级以上专业技术职务；二是在教学单位安排授课计划前，需经所在部门审批同意并报人事处备案后，由教务处开具兼职人员授课单，教学单位方可安排授课计划。不符合以上条件或未执行以上规定的不予计算课时补助。

（四）其他相关人员

1. 职务、岗位变动人员，从变动职务、岗位的次月起按新职务、岗位的岗位业绩津贴标准执行，其他津贴按分配有关规定执行。

2. 教职工达到退休年龄，自办理退休手续之下月起停发奖励性绩效工资。

3. 新增人员，自到岗之月起按实际承担工作任务计发奖励性绩效工资。

4. 学校明确主持工作的副职处级干部奖励性绩效工资按正职标准执行。

5. 经组织委派参加支农、支教、挂职、下派锻炼以及上级部门借用人员等，享受相应岗位的奖励性绩效工资。

六、相关要求规定

（一）考核、考勤相关规定

1. 年度考核合格者发放岗位业绩津贴，年度考核基本合格者岗位业绩津贴按50%标准发放；不合格者扣发岗位业绩津贴，已发部分在下年扣回；考核不合格者或无故不参加考核者不享受奖励性绩效工资。

2. 教职工病事假期间的岗位业绩津贴参照基础性绩效工资有关规定发放，不享受工作量补助，其他津贴按分配有关规定执行。旷工1天的，扣发一个月岗位业绩工资，旷工2天的，扣发半年岗位业绩工资，超过3天及以上的，扣发一年岗位业绩津贴并按照国家有关规定处理。

3. 职工法定产假期间,岗位业绩津贴比照在岗人员按有关规定予以发放,不享受工作量补助,其他津贴按分配有关规定执行。

(二)违规、违纪、违法等相关规定

受党纪、政纪、校纪处分及刑事处罚人员,按下列规定执行:

1. 受学校通报批评者,停发1个月岗位业绩津贴。
2. 受党纪、政纪处分者,根据受处分情况调整或停发岗位业绩津贴。
3. 被国家机关依法拘留或采取其他羁押措施者,停发相应的奖励性绩效工资。

(三)停发规定

属下列人员之一者,从当月起停发奖励性绩效工资:

1. 因各种原因停发工资人员;
2. 被停职审查人员在审查期间;
3. 拒不接受教学任务或不服从组织安排工作者;
4. 有问题待处理人员或待岗人员;
5. 经学校批准调出或辞聘人员,已不承担工作任务的人员。

七、附　则

(一)本办法在实施过程中将根据学校发展实际需要及上级有关政策规定,适时按一定程序进行修订调整。

(二)本办法自学校发文之日当年起施行,原奖励性绩效工资分配办法同时废止。

(三)本办法由学校绩效工资改革领导组授权人事处负责解释并制定相关实施细则。

附件

各岗位职务档次岗位业绩津贴标准（暂定）

岗位	职务	档次	标准（元/月）	岗位	职务	档次	标准（元/月）
专业技术主体岗位	教授	A档	3900	专业技术辅助岗位	正高	A档	3200
		B档	3200			B档	3000
	副教授	A档	2800		副高	A档	2500
		B档	2400			B档	2300
	讲师	A档	2100		中级	A档	1900
		B档	1800			B档	1700
	助教	A档	1600		初级	A档	1500
		B档	1400			B档	1400
	员级(见习期)		1300		员级(见习期)		1300
管理岗位	正厅	A档	4900		—	—	—
		B档	4700				
	副厅	A档	4200				
		B档	4000				
	正处	A档	3200				
		B档	3000				
	副处	A档	2600				
		B档	2400				
	正科	A档	2000	工勤岗位	技师	A档	1900
		B档	1800			B档	1800
	副科	A档	1800		高级工	A档	1700
		B档	1600			B档	1600
	科员	A档	1500		中(初)级工	A档	1500
		B档	1400			B档	1400
	办事员		1300		普工		1300

注：业绩津贴标准可根据绩效工资有关政策和学校财力适时适当按比例和级差进行调整。

巢湖学院校内资助经费管理与使用办法

校字〔2017〕110号

为进一步做好家庭经济困难学生资助工作,提高各类资助经费管理和使用水平,根据《安徽省人民政府关于建立健全普通本科高校高等职业学校和中等学校家庭经济困难学生资助体系的实施意见》(皖政〔2007〕74号)、《安徽省教育厅关于进一步加强高校家庭经济困难学生校内资助工作的通知》(皖教秘〔2012〕145号)等文件精神,制定本办法。

第一条 经费来源

学校事业收入4%~6%的比例提取,社会团体、个人捐赠等。

第二条 账户管理

学校设立校内资助资金专门账户,实行专款专用。

第三条 经费使用

(一)使用原则:足额提取,足额使用;

(二)资助项目:优秀学生奖学金、师范生奖学金、勤工助学、学费减免、特困生专项补助、风险补偿金等。

第四条 部门职责

(一)财务处

1. 编制学生资助经费预算,足额提取校内资助专项基金;
2. 根据各项资助评审结果,及时将资助资金发放到学生个人银行账户;
3. 会同学生处编制学生资助经费决算;
4. 接受上级相关部门的检查监督;
5. 处理学校资助资金管理工作中的其他临时性事务。

(二)学生处

1. 做好校内资助项目的整体规划;
2. 组织开展校内资助项目的评审工作;
3. 准确、及时、规范发放校内资助经费;
4. 监督检查二级学院学生资助资金分配使用情况;
5. 接受上级相关部门的监督检查。

第五条 经费使用程序

校内资助经费由学生处在学校学生资助工作领导小组的领导下,根据规定程序组织评审发放:

(一)发布评审通知,明确申请条件、评审程序、时间安排及需要提供的材料;

(二)学院在学生中进行政策宣传,组织学生申请,并提供相关证明材料;

(三)班级(或专业、或年级)对申请学生进行民主评议;

(四)学院学生资助工作领导小组对班级(或专业、年级)评议结果进行认真审议,提出

初评学生名单和资助等级,并在学院范围内公示;

(五)学生处归集、审核各学院报送的初评结果,将重点资助项目在全校范围内公示,如无异议,按程序上报;

(六)学校学生资助工作领导小组对学生处评审结果进程评审,并出具评审结果。重点资助项目提交学校会议研究决定;

(七)财务处根据学生处报送的资助结果发放资助资金。

第六条 检查和监督

(一)校内资助资金有限,应将有限的资金用在需要资助的学生身上;各级经费管理和使用部门要认真负责,坚持原则,严格工作程序,杜绝弄虚作假;

(二)巢湖学院学生资助工作领导小组组织开展校内资助经费的管理和使用进行检查和监督;

(三)按规定的时间、审定的标准、规范的方式(打进银行卡)进行发放,对弄虚作假,挤占、挪用、晚发、扣发、不按照规定方式发放等行为,进行责任追究,并按有关规定进行处理。

第七条 其他

本实施办法自 2017 年 9 月 1 日起施行,由学生处负责解释。

巢湖学院学生资助工作管理办法

校字〔2017〕111 号

为帮助家庭经济困难学生顺利完成学业,切实做好我校资助育人工作,根据国家教育部、安徽省教育厅加强对家庭经济困难学生资助工作的相关文件精神,结合我校实际情况,制定本管理办法。

第一条 工作原则

(一)坚持精准资助、应助尽助的原则;

(二)坚持公平、公开、公正的原则;

(三)坚持尊重和维护学生尊严的原则。

第二条 组织领导

学校成立巢湖学院学生资助工作领导小组(以下简称"领导小组"),全面领导学校学生资助工作。学生处学生资助管理中心负责家庭经济困难学生资助工作的组织实施;各学院成立相应的学生资助工作领导小组,负责本学院家庭经济困难学生的资助管理和服务工作。

第三条 经费来源

(一)上级教育主管部门下拨的学生资助工作专款;

(二)学校每年按照教育事业收入 4%~6% 的比例提取的校内资助专项经费;

(三)社会团体、个人捐赠的资金。

第四条 资助对象

(一)经过学校认定的家庭经济困难学生,家庭经济困难学生认定工作详见《巢湖学院家庭经济困难学生认定工作实施细则》。勤工助学、临时困难补助可根据实际情况适当扩大学生申请范围；

（二）符合具体资助项目相关规定的其他学生。

第五条 资助对象的基本条件

（一）热爱社会主义祖国，拥护中国共产党的领导；

（二）遵守宪法和法律，遵守学校规章制度；

（三）诚实守信，道德品质优良；

（四）勤奋学习，积极上进。

第六条 资助项目

（一）信用助学贷款。信用助学贷款是资助家庭经济困难学生的主渠道，家庭经济困难学生通过向国家开发银行、农村商业银行等金融机构办理生源地信用助学贷款支付学费和住宿费，本、专科生每年贷款金额不超过8000元，具体办理办法见当年的贷款办理指南。

（二）国家奖学金。由中央政府设立，用于奖励全日制本、专科在校生中特别优秀的学生，奖励标准为每生每年8000元。

（三）国家励志奖学金。由中央政府与省政府共同设立，用于奖励资助全日制在校本、专科学生中品学兼优的家庭经济困难学生，资助标准为每生每年5000元。

（四）国家助学金。由中央政府与省政府共同设立，用于资助全日制在校本专科学生中的家庭经济困难学生，实行差异化资助，分为三个档次：一档为每人每年4000元，二档为每人每年3000元，三档为每人每年2000元。

（五）应征入伍服义务兵役国家资助。对应征入伍服义务兵役及退役后自愿回校复学的高等学校学生国家给予资助。包括退役士兵教育资助和直招士官学生国家资助。

（六）毕业生求职创业补贴。每年3~4月份，省人力资源社会保障厅、省教育厅、省财政厅、省残联共同对享受城乡居民最低生活保障家庭（含建档立卡农村贫困家庭）、残疾（本人）、获得国家助学贷款的高校毕业生给予求职创业补贴，在学生自愿申请、提交材料并经学校和人社部门审核通过后，按800元/人的标准一次性发放，主要用于补助毕业生在求职创业过程中的相关费用。

（七）优秀学生奖学金。每学年评选一次，分一、二、三等奖，获奖比例分别为班级学生数的3%、7%、10%，奖励标准分别为1000元、700元、400元。

（八）师范生专业奖学金。凡毕业后在安徽省从事教育工作，持有关证件回校一次性领取师范生专业奖学金，每人每年500元。

（九）勤工助学。学校在校园内设立勤工助学岗位，每年9~10月份招聘家庭经济困难学生上岗。

（十）学费减免。学校对家庭经济特殊困难的孤残学生或家庭经济困难且一学年内非学生本人因素未能获得生源地助学贷款的少数民族学生、烈士子女、优抚家庭子女等学生，实行减免学费政策。

（十一）新生"绿色通道"。对家庭经济困难的新生开辟"绿色通道"，一律实行先办理入学手续，入学后核实家庭经济困难程度，分别采取不同办法予以资助。

（十二）特困毕业生就业帮扶补助。学校对建档立卡农村贫困家庭、享受城乡居民最低生活保障家庭、残疾(本人)和在家庭经济困难学生信息库中认定为"特别困难"的毕业生,毕业前顺利签约就业、升学、应征入伍或参加国家基层项目的,在提交相关证明材料并填写申请表后,经学校审核通过,按照500元/人的标准一次性发放就业帮扶补助,用于缓解毕业生到岗上班前的交通费、生活费等经济压力。

(十三)临时困难补助。因突发疾病、突发重大事故等原因造成家庭经济收入难以保证学生学习和生活基本费用的,学校根据学生本人申请及相关证明给予一定金额的临时困难补助。同一学年内符合条件的学生只可申请一次临时困难补助。

(十四)其他资助项目。

第七条 资助评审程序

(一)学生本人申请;

(二)辅导员审核,重大资助项目由班级评议小组评议决定;

(三)学院学生资助工作领导小组审议;

(四)学生处审核。重大资助项目必须提交巢湖学院学生资助工作领导小组评审,并由学校会议研究决定。

第八条 资助终止

有下列情况之一者,取消家庭经济困难学生认定资格,终止资助;情节严重的学校将追回资助资金,并依据有关规定给予相应处理。

(一)违反国家法律法规或校规校纪并受到纪律处分者;

(二)弄虚作假或通过不正当手段获得资助资格,骗取资助资金者;

(三)将资助资金用于奢侈消费、不当消费者;

(四)学校认为有其他不符合享受资助条件者。

第九条 检查与监督

(一)为保证资助工作的公正性、严肃性,学校建立家庭经济困难学生资助公示制度,设立举报电话,接受群众监督。

(二)巢湖学院学生资助工作领导小组负责组织对学生资助工作的专项督查,层层落实学生资助监管责任。

第十条 资助育人

鼓励受助学生积极参加社会公益活动,把资助育人与大学生思想政治教育相结合,与各类教育教学活动相结合,做好家庭经济困难学生的励志教育、诚信教育和社会责任感教育。

第十一条 附则

(一)本办法自2017年9月1日起施行。原《巢湖学院家庭经济困难学生资助管理办法》(院学字〔2012〕120号)即日废止。

(二)本办法由学生处负责解释。

巢湖学院国家奖助学金评审实施细则

校字〔2017〕112号

第一条 为激励学生勤奋学习、努力进取,在德、智、体、美等方面得到全面发展,帮助家庭经济困难学生顺利完成学业,根据省财政厅、省教育厅《转发财政部教育部关于印发〈普通本科高校、高等职业学校国家奖学金管理暂行办法〉〈普通本科高校、高等职业学校国家励志奖学金管理暂行办法〉〈普通本科高校、高等职业学校国家助学金管理暂行办法〉等三个文件的通知》(财教〔2007〕90、91、92号)文件精神,结合巢湖学院实际,制定本实施细则。

第二条 国家奖助学金评审工作实行校长负责制,学生处学生资助管理中心负责组织、审核全校国家奖助学金评审发放工作。学校成立国家奖助学金评审领导小组和评审委员会(合并成立),全面领导国家奖助学金评审发放工作;学院成立分管领导为组长,其他院领导、辅导员(班主任)、学生代表等为成员的评审领导小组,负责本学院国家奖助学金的评审推荐工作;以班级、年级或专业为单位,成立辅导员(班主任)任组长,学生代表为成员的评审小组,负责本单位国家奖助学金的评选推荐工作。

第三条 国家奖助学金每学年评审一次,坚持公开、公平、公正的原则。

第四条 国家奖学金由中央政府出资设立,用于奖励全日制本、专科学生中特别优秀的学生;国家励志奖学金由中央和地方政府共同出资设立,用于奖励资助全日制本专科学生中品学兼优的家庭经济困难学生;国家助学金由中央和地方政府共同出资设立,主要用于资助全日制本、专科在校生中家庭经济困难学生的生活费用开支。

第五条 国家奖学金的奖励标准为每人每年8000元。国家励志奖学金的奖励标准为每人每年5000元。国家助学金分为三个档次:一档为每人每年4000元,资助对象是当年被认定为家庭经济特殊困难的学生;二档为每人每年3000元,资助对象是当年被认定为家庭经济困难的学生;三档为每人每年2000元,资助对象是当年被认定为家庭经济一般困难的学生。

学校国家奖助学金的名额每年由省教育厅、财政厅确定,学校根据下达的指标、在校生总数和家庭经济困难学生总数等因素确定各学院的国家奖助学金名额。

第六条 国家奖学金的基本申请条件:
(一)热爱社会主义祖国,拥护中国共产党的领导;
(二)遵守宪法和法律,遵守学校规章制度,在校期间没有未解除的处分;
(三)诚实守信,道德品质优良;
(四)在校期间学习成绩优异,本学年度学习成绩排名与综合考评成绩排名均位于排名范围的前10%;
(五)在社会实践、创新能力、综合素质等方面特别突出,获得过校级及以上表彰、奖励。

第七条 国家励志奖学金的基本申请条件:
(一)热爱社会主义祖国,拥护中国共产党的领导;

（二）遵守宪法和法律，遵守学校规章制度；

（三）诚实守信，道德品质优良；

（四）在校期间学习成绩优秀，学习成绩或综合考评应在评选范围内位居前列，且必修课程没有不及格科目；

（五）家庭经济困难，生活俭朴。

第八条　国家助学金的基本申请条件：

（一）热爱社会主义祖国，拥护中国共产党的领导；

（二）遵守宪法和法律，遵守学校规章制度；

（三）诚实守信，道德品质优良；

（四）勤奋学习，积极上进；

（五）家庭经济困难，生活俭朴。

第九条　获得国家奖学金、国家励志奖学金的学生为全日制在校生中二年级以上（含二年级）的学生。

同一学年内，申请并获得国家奖学金的学生不能同时申请并获得国家励志奖学金；申请并获得国家助学金的学生，可以同时申请并获得国家奖学金或国家励志奖学金。

第十条　国家奖助学金的评审程序：

（一）广泛宣传

相关单位应大力宣传国家奖助学金政策，学生处要在部门网站主页公开国家奖助学金评审办法、申请流程图；二级学院要在每年9月份通过主题班会、"两节课"政策宣讲等活动动员符合条件的学生积极申请，保证全体在校生熟悉并深入了解国家奖助学金政策。

（二）班级、年级或专业评审

班级、年级或专业评审小组组织符合条件的学生参加申请，召开评审会议，通过民主评议的方式确定本单位国家奖助学金初评学生名单，在本单位公示5个工作日无异议后，提交给学院评审领导小组审核。

（三）学院评审

学院评审领导小组召开评审会议，对班级、年级或专业的评审情况和评审结果进行民主评议，等额确定本学院国家奖助学金初评学生名单，并出具书面的评审报告。初评学生名单在本学院进行不少于5个工作日的公示，如无异议，按程序上报。

（四）学校审查

学生处学生资助管理中心汇总、审核各学院国家奖助学金的评审材料，出具初审意见。学校国家奖学金评审领导小组和评审委员会召开评审会议，对学生处的初审意见进行审议，决定当年度国家奖助学金获奖（受助）学生名单，评审结果在全校范围内进行不少于5个工作日的公示，如无异议，经学校会议研究决定，按程序上报。

第十一条　学校将国家奖学金、国家励志奖学金一次性打入学生本人银行卡，并颁发国家统一印制的奖励证书，记入学生学籍档案。国家助学金分批次发放至受助学生银行卡。

第十二条　国家奖助学金与校内资助资金分账核算，专款专用，任何单位不得截留、挤占、挪用，同时接受相关部门的检查和监督，确保国家奖助学金用于资助家庭经济困难的学生。

第十三条 本实施细则自2017年9月1日起施行。原《巢湖学院国家奖助学金评审实施细则》（校字〔2016〕95号）即日废止。

第十四条 本实施细则由学生处负责解释

巢湖学院学生奖学金评选与发放办法
校字〔2017〕113号

第一章 总 则

第一条 为激励学生奋发向上，刻苦学习，促进学生德、智、体、美全面发展，培养合格的社会主义事业建设者和接班人，根据《中华人民共和国高等教育法》《普通高等学校学生管理规定》等有关法规，结合巢湖学院实际情况，制定本办法。

第二条 奖学金分为优秀学生奖学金、师范生奖学金、社会资助类奖学金。社会资助类奖学金评选与发放办法另行规定。

第二章 优秀学生奖学金

第三条 评选条件

巢湖学院正式学籍的全日制本专科、连续学习满一学年以上的学生，具备下列条件者，均可参加优秀学生奖学金评选：

1. 热爱社会主义祖国，拥护中国共产党的领导；
2. 遵守宪法和法律，遵守学校规章制度；
3. 诚实守信，道德品质优良；
4. 热爱所学专业，勤奋学习，学习成绩优秀。一、二、三等奖评选对象综合测评成绩位于评选范围前40%；
5. 积极参加社会实践、志愿服务和校内外其他文体活动；
6. 师范专业学生不参加三等奖学金评选；
7. 本学年已获得国家奖学金、国家励志奖学金的学生不参加优秀学生奖学金评选。

凡在参评学年度有下列情况之一者，取消其参评资格：

1. 因违法违纪受到纪律处分且处分尚未解除者；
2. 必修课有考试不及格科目者。

第四条 评选等级、比例和金额

一等奖学金：按参评学生数的3%评选，每人每学年1000元；

二等奖学金：按参评学生数的7%评选，每人每学年700元；

三等奖学金：按参评学生数的10%评选，每人每学年400元。

在先进集体评选活动中，获校级先进班集体或先进团支部的，可奖励1个一等奖学金指标;获省级先进班集体的,可奖励 2 个一等奖学金指标;获国家级先进班集体的,可奖励 3 个一等奖学金指标;同时获得多项先进班集体的,按最高指标予以奖励,不重复计算。

第五条 评选时间

优秀学生奖学金每学年 10 月份评选。

第六条 评选程序

1. 各班级成立评议小组,符合条件的学生向评议小组提交《巢湖学院优秀学生奖学金登记表》,辅导员主持召开班会,对申请学生进行评议,形成本班级的初步评审结论。

2. 学院学生资助工作领导小组通过民主评议方式等额确定本学院初评学生名单,并在本学院范围内进行不少于 5 个工作日的公示,如无异议,按程序上报。

3. 学校学生资助管理部门归集、审核各学院的初评结果,并在全校范围进行不少于 5 个工作日的公示,如无异议,提交给学校学生资助工作领导小组进行评审,确定当年学校优秀奖学金获奖学生名单。

第七条 发放和表彰

奖金由学校通过银行卡发放至获奖者本人。所填登记表装入学生本人档案,颁发获奖证书,并张榜公布,予以表彰。

第三章 师范生专业奖学金

第八条 师范生专业奖学金发放对象及金额

凡取得巢湖学院正式学籍的全日制师范专业本、专科学生,毕业后在安徽省内从事教师职业,可享受每学年 500 元的专业奖学金。

第九条 师范生专业奖学金发放办法

1. 毕业后在安徽省从事教师职业的学生,向巢湖学院提供所在单位开出的就业证明材料(须经所在县及以上教育主管部门确认),并附报到证、身份证复印件,学校将一次性发放在校期间的专业奖学金。

2. 师范类学生毕业后从事教师职业的,用人单位可与其签订就业协议,规定相应的服务年限。对不满服务期离开教师岗位的,应返还所发的师范生专业奖学金,由原用人单位收取用于师资培训。

3. 毕业生应提供真实的任教学校证明材料,严禁弄虚作假,一经发现有作假现象,立即取消发放资格。

第四章 附 则

第十条 本办法自 2017 年 9 月 1 日起施行。原《巢湖学院学生奖学金评选与发放办法(试行)》(校字〔2016〕97 号)即日废止。

第十一条 本办法由学生处负责解释。

巢湖学院家庭经济困难学生认定工作实施细则

校字〔2017〕114号

第一条 精准认定家庭经济困难学生是做好学生资助工作的重要前提,是决定资助政策落实效果的基础性工作,为做细做实此项工作,根据教育部、财政部《关于认真做好高等学校家庭经济困难学生认定工作的指导意见》(教财〔2007〕8号)、《教育部办公厅关于进一步加强和规范高校家庭经济困难学生认定工作的通知》(教财厅〔2016〕6号)和《安徽省高等学校家庭经济困难学生认定工作实施办法》(教助〔2007〕2号)精神,学校结合实际,制定本实施细则。

第二条 适用范围和工作原则

本实施细则适用于我校招收的全日制本专科(含专升本)学生。

家庭经济困难学生认定工作坚持实事求是,确定合理标准,由学生本人提出申请,实行民主评议和学校评定相结合的原则。

第三条 组织管理

家庭经济困难学生认定工作必须严格遵守工作制度,规范认定程序,做到公开、公平、公正。家庭经济困难学生认定工作实行四级认定工作机制:

(一)学校成立学生资助工作领导小组,负责全面领导、监督全校家庭经济困难学生认定工作。

(二)学生处学生资助管理中心负责组织、审核和管理全校家庭经济困难学生认定工作。

(三)各学院成立以分管学生工作负责人为组长,相关学院领导、学生辅导员、班主任等成员参加的认定工作组,具体负责组织、审核本学院的认定工作,学院认定工作组组成人员名单报学生处备案。

(四)各班级成立以辅导员(班主任)任组长,学生代表为成员的认定评议小组,负责本班级认定的民主评议工作。认定评议小组成员中,学生代表由各班级民主推选产生,一般不少于班级总人数的10%,其中班干部不超过班级总人数的5%,参评学生本人回避。认定评议小组成立后,其成员名单应在本班级内公示,并报所在学院存档备查。

第四条 认定标准

家庭经济困难学生是指学生本人及其家庭所能筹集到的资金,难以支付其在校期间的学习和生活基本费用的学生。

我校家庭经济困难学生认定标准设置为特别困难、困难和一般困难三个档次。具体认定标准如下:

（一）具有下列情况之一者,可被认定为家庭经济特别困难学生：

1. 建档立卡家庭学生；
2. 无生活来源、无法定赡养人或社会福利机构收养的孤儿；
3. 本人持《中华人民共和国残疾人证》的家庭经济困难学生；
4. 家庭经济困难的革命烈士或因公牺牲军人子女；
5. 本人或家庭主要成员长期患重大疾病导致家庭经济困难的学生；
6. 遭遇重大突发事件或自然灾害导致家庭经济特别困难的学生；
7. 农村或城市低保家庭学生；
8. 农村特困救助供养学生。

（二）具有下列情况之一者,可被认定为家庭经济困难学生：

1. 来自老少边穷,经济条件差,家庭无固定经济来源的；
2. 父母一方残疾、患重大疾病、部分或全部丧失劳动能力,家庭无固定经济收入的；
3. 单亲家庭,且家庭收入低于家庭所在地最低生活保障线的；
4. 多子女上学家庭,有2人以上(含)在接受非义务教育,且家庭收入有限、难以支付在校学习、生活费用的；
5. 农村除农业外没有其他收入来源的家庭学生。

（三）在校生中,除上述家庭经济特别困难学生和家庭经济困难学生外,学生本人及其家庭所能筹集到的资金较难支付其在校期间的学习和生活基本费用的,可被认定为家庭经济一般困难学生。

各认定档次应在整个学院范围内进行统筹,不能简单"一刀切",要统筹考虑不同专业、年级、学生经济困难程度等因素。家庭经济特殊困难学生的认定要严格把关,明确将家庭经济特殊困难学生作为重点资助对象,单独建立家庭经济特殊困难学生信息库,并报备学生资助管理中心。

第五条 认定程序

家庭经济困难学生认定工作每学年进行一次。学生处、学院认定工作组、班级认定评议小组应严格按照认定工作程序,根据各自的职责分工,认真、负责地完成认定工作。

（一）学校在向新生寄送录取通知书时,同时寄送《高等学校学生及家庭情况调查表》；在每学年结束之前,向在校学生发送《高等学校学生及家庭情况调查表》。需要申请认定家庭经济困难的新生及在校学生要如实填写《高等学校学生及家庭情况调查表》,并持该表到家庭所在地乡、镇或街道民政部门加盖公章,以证明其家庭经济状况。已被学校认定为家庭经济困难的学生再次申请认定时,如家庭经济状况无显著变化,可只提交《高等学校家庭经济困难学生认定申请表》,不再提交《高等学校学生及家庭情况调查表》。

（二）每学年开学时,学生处布置启动全校家庭经济困难学生认定工作。认定评议小组负责收集《高等学校学生及家庭情况调查表》,组织学生填写《高等学校家庭经济困难学生认定申请表》。

（三）认定评议小组根据学生提交的《高等学校家庭经济困难学生认定申请表》和《高等学校学生及家庭情况调查表》,对照本细则确定的认定标准,结合学生日常消费行为,以及影响其家庭经济状况的有关因素,认真进行评议,确定本班级各档次的家庭经济困难学生名单,报学院认定工作组进行审核。认定学生家庭经济状况时,主要依据其家庭经济状况,不能加入其他非经济因素;要注意保护学生个人及家庭的隐私,不能让学生当众诉苦、互相比困。

（四）学院认定工作组要认真审核认定评议小组申报的初步评议结果。如有异议,应在征得认定评议小组意见后予以更正。

学院认定工作组审核通过后,要将家庭经济困难学生名单及档次,以适当的方式,在本学院范围内公示5个工作日。如师生有异议,可通过有效方式向学院认定工作组提出质疑。认定工作组应在接到异议材料的3个工作日内予以答复;如对学院认定工作组的答复仍有异议,可通过有效方式向学生处提请复议。学生处应在接到复议申请的3个工作日内予以答复。如情况属实,应做出调整。

（五）学生处通过安徽省学生资助管理系统认真审核各学院的认定结果,审核无异议后,形成全校家庭经济困难学生认定名单,报校学生资助工作领导小组审批。

（六）各学院应建立健全家庭经济困难学生信息档案和资助台账,关注受助学生的成长过程,适当开展资助效果分析评价。

（七）每学年结束之前,各学院要提前部署,积极向在校生推介家庭经济困难学生资助政策并做好认定工作方案。我校家庭经济困难学生的认定工作原则上在每年秋季学期开学后的20天内完成。

第六条 认定结果的应用

家庭经济困难学生认定结果是确定国家助学金、国家励志奖学金、学费减免、勤工助学、特困生补助等政府和社会资助对象的重要依据,是切实做好学生资助工作的基础,各级认定机构要精准识别家庭经济困难学生,避免"平均主义"和"轮流受助"。

第七条 检查与监督

家庭经济困难学生认定是涉及学生切身利益的一项常规性工作,各级认定工作机构要认真负责,坚持原则,严格工作程序,杜绝弄虚作假。

（一）校学生资助工作领导小组组织相关部门对各学院家庭经济困难学生认定工作进行监督与指导,发现问题,及时纠正。

（二）各学院要通过数据分析、个别访谈、电话询问、实地走访等形式,深入、直观地了解学生家庭经济状况,及时发现那些困难但未受助、不困难却受助的学生,及时纠正认定结果存在的偏差。

（三）各学院应加强对学生的诚信教育,教育学生如实反映家庭经济困难情况,及时告知家庭经济状况显著变化情况,既不能隐而不报,更不能夸大虚报。

第八条 本细则自2017年9月1日起施行。原《巢湖学院家庭经济困难学生认定工作实施细则》（校字〔2016〕115号）即日废止。

第九条 本实施细则由学生处负责解释。

巢湖学院学生转学管理实施办法(修订)

校字〔2017〕118号

为进一步加强学生学籍管理,规范学生转学工作,保证正常的教育教学秩序,根据《普通高等学校学生管理规定》(教育部令41号)、《安徽省教育厅关于下放省内普通高校学生转学审核确认权限的通知》(皖教秘学〔2014〕29号)和《安徽省教育厅转发教育部办公厅关于进一步规范普通高等学校转学工作的通知》(皖教秘学〔2015〕19号)等文件精神,结合学校实际,制定本办法。

第一条 学生在校学习期间,如患病或者确有特殊困难,无法继续在本校学习或不适应本校学习要求的,可申请转学。其中患病学生需提供经转出学校、拟转入学校指定医院检查证明。特殊困难一般指因家庭有特殊情况,确需学生本人就近照顾的,以及符合学校规定的其他情形。

第二条 学生有下列情形之一的,不得转学:

1. 入学未满一学期或者毕业前一年的;
2. 高考成绩低于拟转入学校相关专业同一生源地相应年份录取成绩的;
3. 由低学历层次转为高学历层次的;
4. 以定向就业招生录取的;
5. 通过艺术类、体育类等特殊招生形式录取的;
6. 未通过普通高等学校招生全国统一考试或未使用高考成绩录取入学的(含单独考试招生、专升本等);
7. 拟转入学校与转出学校在同一城市的;
8. 跨学科门类的;
9. 应予退学的;
10. 其他无正当理由的。

第三条 学生因学校培养条件改变等非本人原因需要转学的,学校出具证明,由所在地省级教育行政部门协调转学到同层次学校。

第四条 组织领导

学校成立学生转学工作领导组,全面负责学生转学工作。其成员如下:

组长:分管教学工作副校长

成员:教务处(招生办公室)、学生工作部、监察审计处及相关学院行政负责人。

领导组办公室设在教务处,具体负责协调、办理学生转学工作。

第五条 办理程序

(一)转入程序

1. 学生本人向教务处提交如下书面材料:(1)《巢湖学院转学申请表》;(2)转学理由证明材料;(3)载有学生本人基本情况的省级招生部门录取审批表(复印件加盖学校招生部门

印章);(4)含拟转入专业最低分的省级招生部门录取审批表(复印件加盖学校招生部门印章);(5)学校出具的学业成绩、学籍变动情况等材料。

2. 教务处收到转学申请后,及时会同学生工作部和监察审计处等部门对转学申请材料进行初审,并向学生所在学校了解、核实其在校期间的表现等情况。如因病转学,须安排学生到学校指定医院进行体检。

3. 教务处初审通过后,在与相关学院充分沟通的基础上将学生安排到拟接收专业。由该专业所在学院对学生进行考查,并召开会议(须安排师生代表参会)研究接收事宜。

4. 相关学院将会议研究结果报校学生转学工作领导组审定。

5. 校学生转学工作领导组须对是否同意学生转学进行讨论、表决,并将转入学生名单、表决情况如实记入会议纪要。

6. 学校将学生姓名、转出、拟转入学校和专业名称、入学年份、录取分数、转学理由等通过学校网站公示5个工作日。

7. 公示结束后,如无异议,由校长签署接收意见。教务处为其办理转学手续,并在转学完成后3个月内报省教育厅备案。

(二)转出程序

1. 学生本人向所在学院提交《巢湖学院转学申请表》、转学理由的书面材料。

2. 学生所在学院对照本办法"第二条"进行初审。初审通过后,报教务处审核。

3. 教务处会同学生工作部和监察审计处等部门审核学生转学申请材料。审核通过后,报校学生转学工作领导组研究。

4. 校学生转学工作领导组须对是否同意学生转学进行讨论、表决,并将转出学生名单、表决情况如实记入会议纪要。

5. 学校将学生姓名、转出与拟转入学校、专业名称、入学年份、录取分数、转学理由等通过学校网站公示5个工作日。

6. 公示结束后,如无异议,由校长签署意见。教务处为其办理转学手续,并为其提供载有学生本人基本情况的省级招生部门录取审批表复印件、在校期间学业成绩、学籍变动情况等材料。

(三)省内转学

经对方学校审核确认后,教务处为学生办理后续转学手续。在规定时间内在教育部学籍学历信息管理平台为其办理学籍变更手续,并由转入学校发文报省教育厅备案。

(四)省际转学

经省外对方学校审核确认,由转出、转入学校所在地省教育行政部门审核确认后,教务处为学生办理后续转学手续。在规定时间内在教育部学籍学历信息管理平台为其办理学籍变更手续,并发文报省教育厅备案。

第六条 办理时间

学生转学办理时间为每年的2月10日至3月10日、8月10日至9月10日,其他时间一般不予办理。

第七条 职责分工

各相关单位应高度重视学生转学工作,做到各负其责、各司其职。教务处负责对转学政策的宣传、手续的办理和学籍政策的审查、学生高考录取成绩方面的审核等工作；学生工作部负责学生在校期间思想品德方面的审核；保卫处负责学生户籍方面的审核；校医院负责学生体检方面的审核；相关学院负责学生学业成绩方面的审核；其他单位负责与本职相关内容的审核；监察审计部门负责对转学工作的全程监督，受理相关举报、投诉。

第八条 本办法自 2017 年 9 月 1 日施行，原《巢湖学院学生转学管理实施办法（修订）》（院字〔2015〕62 号）同时废止。本办法由教务处负责解释。

附件1：

巢湖学院学生转学申请表

姓名		性别		入学时间		高考准考证号	
转出学校		转出专业			转出年级学历层次		
转入学校		转入专业			转入年级学历层次		
本人高考总分		高考录取批次			转入学校当年对应专业最低录取分数		
转学申请理由	申请人： 日期：						
家长意见	家长签字： 日期：						
学院意见	签字(盖章)： 日期：						
教务处意见	签字(盖章)： 日期：						
学校意见	签字(盖章)： 日期：						

注：本表由教务处留存。

附件 2：

安徽省普通高等学校学生转学备案表

姓名		性别		入学时间		高考准考证号		照片（一寸彩色近照）
转出学校			专业			转出年级学历层次		
转入学校			专业			转入年级学历层次		
本人高考总分			高考录取批次			转入学校当年对应专业最低录取分数		
转学申请理由								申请人： 年　月　日
转出学校意见	经办人： 部门负责人： 学校负责人签字：　　（学校公章） 　　　　　　　　年　月　日				转入学校意见	经办人： 部门负责人： 学校负责人签字：　　（学校公章） 　　　　　　　　年　月　日		
备注	1. 本表一式五份，由省级教育行政部门、转出学校、转入学校和办理户籍迁移的公安机关存档。 2. 随表附上学生本人在校期间学习成绩、学籍变动情况、载有学生本人基本情况的省级招生部门录取审批表、拟转入专业的最低分省级招生部门录取审批表(复印件加盖学校招生部门印章)。							

巢湖学院学生违纪处分办法

校字〔2017〕119号

第一章 总 则

第一条 为规范学生管理行为，维护学校正常的教育教学秩序和生活秩序，建设良好的校风，保障学生合法权益，促进学生德、智、体、美等全面发展，根据《中华人民共和国高等教育法》《普通高等学校学生管理规定》等有关法律、法规，结合我校实际，修订本办法。

第二条 学校坚持社会主义办学方向，坚持马克思主义的指导地位，全面贯彻国家教育方针；坚持以立德树人为根本，以理想信念教育为核心，培育和践行社会主义核心价值观，弘扬中华优秀传统文化和革命文化、社会主义先进文化，培养学生的社会责任感、创新精神和实践能力；坚持依法治校，科学管理，健全和完善管理制度，规范管理行为，将管理与育人相结合，不断提高管理和服务水平。

第三条 学校对违纪学生以教育为主，处分违纪学生本着"惩前毖后、治病救人"的原则，在深入调查研究的基础上，集体讨论决定，同时做好受处分学生的思想教育工作。

第四条 学生违规、违纪，学校视其情节轻重及其对所犯错误的认识，给予违纪警示、通报批评或相应的纪律处分。纪律处分的种类分为下列五种：（一）警告；（二）严重警告；（三）记过；（四）留校察看；（五）开除学籍。

第二章 违纪警示或通报批评

第五条 具有下列行为之一者，视其情节和认识态度，给予违纪警示或通报批评：

（一）损坏公私财物价值在300元以下，未造成严重后果，并能按价格赔偿损失的；

（二）违反校园治安规则，情节轻微者；

（三）一学期内累计旷课达10学时者；

（四）违反课堂纪律，未造成较大影响者；

（五）违反网络使用规定，情节轻微者；

（六）违反《学生公寓管理规定》，情节轻微者；

（七）围观赌博不予报告者；

（八）违反学校其他规定，情节较轻者。

第六条 违纪警示和通报批评的程序

（一）对学生执行违纪警示或通报批评，由学生所在学院党政联席会议决定。

（二）对违纪学生进行违纪警示，由学院开具书面警示单，报学生处备案。

（三）对违纪学生进行通报批评，由学院决定，并在学院内通报批评；需向全校范围内通报批评的，所在学院报学生处备案，由学校决定。

第三章 违纪处分的具体内容

第七条 违反国家法律、法规,受到公安、司法部门处罚者,给予以下处分:

(一)被司法或公安部门处以警告、罚款者,给予警告或严重警告处分。

(二)被司法或公安部门处以行政拘留者,视情节轻重,给予记过直至开除学籍处分。

(三)被司法机关处以刑罚者,给予开除学籍处分。

(四)违反宪法,反对四项基本原则、破坏安定团结、扰乱社会秩序的给予开除学籍处分。

第八条 寻衅滋事、打架斗殴致伤者,除要负担受伤人的全部医药费、营养费等相关费用,视情节给予以下处分:

(一)肇事者给予严重警告或记过处分,致人伤害者给予记过以上处分直至开除学籍;

(二)策划、唆使者给予记过处分,造成严重后果的,给予留校察看或开除学籍处分;

(三)纠集校外人员入校结伙斗殴、寻衅滋事、殴打他人者,给予留校察看或开除学籍处分;

(四)在打架过程中,持械打人者,视后果程度给予记过以上处分;

(五)为他人打架提供凶器者给予记过及以上处分,造成后果的给予留校察看或开除学籍处分;

(六)行凶报复者,给予记过及以上处分;造成后果的,给予留校察看及以上处分;

(七)因教育、管理、服务等原因威吓、辱骂、围攻或殴打教职工者,给予严重警告及以上处分。

第九条 偷窃、诈骗国家、集体或私人财物者,除追回赃款、赃物或赔偿损失外,视情节轻重,给予以下处分:

(一)凡有下列行为者,给予严重警告以上处分。

1. 单次作案价值在 500 元以下者,给予警告处分;

2. 单次作案价值在 500 元以上(含 500 元)1000 元以下,给予严重警告处分;

3. 单次作案价值在 1000 元(含 1000 元)至 2000 元,给予记过处分;

4. 作案价值在 2000 元(含 2000 元)以上者,给予留校察看处分;

5. 作案金额巨大(超过 3000 元)或经劝阻不改两次以上作案的,一律给予开除学籍处分。

(二)为盗窃分子窝赃、销赃、转移赃物或提供信息、作案工具者,给予警告直至开除学籍处分。

(三)凡经保卫或公安部门确认其为撬盗者,虽未窃得财物,给予警告及以上处分;凡经保卫或公安部门确认其为抢劫者,按国家相关法律处理并给予开除学籍处分。

(四)结伙偷窃、诈骗国家、集体或私人财物的为首分子,给予留校察看或开除学籍处分。

(五)偷窃公章、保密文件、重要档案等物品的,给予记过及以上处分。

第十条 对侵犯国家、集体利益和他人合法权益者,视情节给予以下处分:

（一）冒用学校或他人名义，侵害学校或他人利益，给学校或他人造成不良影响或损失的，除赔偿经济损失外，给予记过及以上处分；

（二）隐匿、销毁、私拆他人信件者，给予警告及以上处分；

（三）捏造事实，写诬告信件者，给予严重警告及以上处分，造成严重后果的，给予留校察看及以上处分；

（四）泄露国家机密，伪造证件，欺骗组织者，情节较轻的给予记过及以上处分，情节严重的给予开除学籍处分；

（五）敲诈、勒索、威胁或迫害他人者，给予严重警告及以上处分；

（六）盗用、涂改证件，冒领他人存款、邮寄钱物者，除追回或赔偿所冒领的钱物外，给予记过直至开除学籍处分。

第十一条　对从事或参与有损大学生形象、有损社会公德的活动者，视情节给予以下处分：

（一）打骚扰电话或通过手机传播淫秽信息，给予警告及以上处分，偷窥行为、偷盗异性隐私物品等给予警告及以上处分；

（二）处理男女关系不道德造成不良影响、在学生宿舍留宿异性的或留宿在异性宿舍的给予严重警告及以上处分；

（三）调戏、侮辱或以其他方式严重骚扰他人给予记过及以上处分；

（四）从事色情陪侍、卖淫嫖娼，视情节给予留校察看及以上处分；

（五）传播、复制、贩卖非法、淫秽书刊和音像制品者，其情节尚未构成治安或刑事处罚者，给予严重警告及以上处分。

第十二条　对以各种方式组织或参与赌博或走私、贩私、吸毒、贩毒等非法行为，视情节给予以下处分：

（一）赌博或者变相赌博、为赌博提供赌具或场地、为赌博通风报信、组织或发起赌博的，给予严重警告直至开除学籍处分；

（二）走私、贩私、吸毒、贩毒等非法行为，视其情节并根据有关部门的处罚结果，依照本办法第七条给予相应的处分。

第十三条　学生在校期间不得酗酒。对酗酒影响校园秩序、损害大学生形象者，给予警告及以上处分；酗酒滋事者，给予严重警告及以上处分；造成后果的，给予留校察看或开除学籍处分；因酗酒造成意外的，由学生本人负责，学校不承担任何责任。

第十四条　对扰乱正常教学、生活、公共秩序者，视情节给予以下处分：

（一）未经批准，随便调换、私自占用学生宿舍或出租床位，经批评教育不改者，给予警告或严重警告处分。

（二）未经批准，擅自留宿非本宿舍成员，经批评教育不改者，给予警告处分。

（三）扰乱学生住宿管理秩序，干扰其他人的正常学习、生活，经批评教育不改者给予警告或严重警告处分。

（四）违反宿舍消防、用电的相关规定，私用炉具、电热器、乱拉电线、灯头和点蜡烛照明等，给予警告直至记过处分；因以上行为引起火灾等造成严重后果者，给予留校察看直至开除学籍处分。

（五）擅自租房居住者，给予警告处分；对经教育不改造成不良后果者，给予严重警告直至开除学籍处分。私自外出造成的安全后果，由学生本人负责。

（六）未经请假，夜不归宿，经教育不改者，给予警告直至开除学籍处分。

（七）在学习、实验中违反操作规定造成人身伤害、设备损失事故者，除赔偿损失外，给予警告直至开除学籍处分。

（八）违反公共集会、体育比赛和其他公共场所纪律，起哄闹事、掷砸物品、扰乱教育教学生活秩序，不听劝阻，无理取闹、妨碍工作人员执行公务、干扰活动正常开展者，给予警告或严重警告处分。

（九）违反校园交通管理秩序，自行车、电瓶车、摩托车不按照指定地点乱停放，给予警告以上处分；酒后驾车、无牌无证、超载超速、私自改装车辆等一经查实，没收其车辆并给予严重警告及以上处分；造成交通事故及不良后果者，给予记过及以上处分。

（十）未经批准擅自组织群体活动并在组织群体活动时造成事故的，责任由组织者及全体参与者自行承担，并给予组织者严重警告及以上处分。

第十五条　对故意损坏公物及他人财物者，视情节给予严重警告及以上处分，并承担经济赔偿责任；对情节特别严重，造成国家、集体或他人财物重大损失的给予开除学籍处分。

第十六条　利用网络扰乱公共秩序者，视情节给予以下处分：

（一）登录非法网站、盗用他人IP地址者给予警告及以上处分；

（二）传播非法文字、音频、视频资料等给予严重警告及以上处分；

（三）编造或者传播虚假、有害信息给予记过及以上处分；

（四）攻击、侵入他人计算机和移动通信网络系统给予记过及以上处分；

（五）恶意破坏网络硬件造成网络不能正常运行者给予留校察看及以上处分。

第十七条　不遵守考场纪律，不服从监考人员的安排与要求，有下列行为之一的，认定为考试违纪，视情节给予警告或严重警告处分：

（一）携带规定以外的物品进入考场或未放在指定位置的；

（二）未在规定的座位参加考试的；

（三）监考人员要求其出示考试有关证件而拒绝出示的；

（四）考试开始信号发出前答题或考试结束信号发出后继续答题的；

（五）在考试过程中旁窥、交头接耳、互打暗号或手势的；

（六）在考场及其周围喧哗或实施其他影响考场秩序行为的；

（七）未经监考人员同意在考试过程中擅自离开考场的；

（八）将试卷、答卷等考试用纸带出考场的；

（九）预先约定团伙作弊，因本人意志以外的原因而未能实施的；

（十）纠缠、恐吓、威胁监考人员者；

（十一）其他违反考场规则但尚未构成作弊行为的。

第十八条　学生本人违背考试公平、公正原则，以不正当手段获得或试图获取试题答案、考试成绩，有下列行为之一的，认定为考试作弊，视情节给予严重警告及以上处分：

（一）携带与考试内容相关的文字材料或存储有与考试内容相关资料的电子设备参加考试的；

（二）抄袭或协助他人抄袭试题答案或与考试内容相关资料的；
（三）抢夺、窃取他人试卷、答卷或者强迫他人为自己抄袭提供方便的；
（四）在考试过程中使用具有发送或者接收信息功能设备的；
（五）故意销毁试卷、答卷或考试材料的；
（六）在答卷上填写与本人身份不符的姓名、考号等信息的；
（七）传、接与考试内容有关的物品或交换试卷、答卷、草稿纸的；
（八）交卷后有意在考场逗留，向他人泄露试题答案的；
（九）通过伪造证件获得考试资格和考试成绩的；
（十）考试结束后，在试场内发现有作弊痕迹或阅卷中发现有雷同卷面内容的；
（十一）参与团伙作弊的。

第十九条　学生在各类考试中，有下列行为之一的，属于情节特别恶劣，认定为考试严重作弊，可以给予留校察看或开除学籍处分：
（一）由他人代替考试或替他人参加考试的；
（二）预先约定，组织团伙作弊的；
（三）组织利用网络、通信工具等作弊的；
（四）其他严重作弊行为。

第二十条　学生一学期中连续2次及其以上被认定为考试违纪的，给予记过处分；连续2次及以上被认定为考试作弊的，给予留校察看处分。

第二十一条　在进行科学研究及撰写论文、报告中，有弄虚作假（如伪造数据和运算程序等），或以抄袭等手段剽窃他人成果者，视情节及后果，给予记过以上直至开除学籍处分。

第二十二条　发布相关代考、代写论文、买卖论文、作业等信息，或有其他扰乱学校教学秩序、损害校风学风行为，视情节给予警告以上处分。

第二十三条　学生在上课、政治学习、实验、实习、设计或参加军训、劳动、社会实践、运动会等活动中无故迟到、早退、缺席，给予以下处分：
（一）一学期旷课累计15～19学时的，给予警告处分；
（二）一学期旷课累计20～29学时的，给予严重警告处分；
（三）一学期旷课累计30～39学时的，给予记过处分；
（四）一学期旷课累计40～49学时的，给予留校察看处分；
（五）学生因旷课受到纪律处分后，又继续旷课者，旷课累计至50学时及以上的，给予开除学籍处分；
（六）一学期无故迟到、早退累计3次可作为旷课一学时计，给予相应的处分；
（七）擅自离校连续两周未参加学校规定的教学活动者，应予退学。擅自离校期间，造成的一切后果由学生本人承担。

第二十四条　违纪有下列情形之一者，从重或加重处分：
（一）违纪后不承认错误或受处分后无理纠缠者；
（二）对举报人、证人实施威胁或打击报复者；
（三）在本校已受过处分、屡教不改者；
（四）同时违反几项校纪校规者。

第二十五条 违纪后有下列情形之一者,可从轻或减轻处分:
(一)主动承认错误并及时改正者;
(二)主动检举、揭发他人违纪行为,并积极协助查处问题者。

第二十六条 处分附加:
(一)除开除学籍处分以外,给予学生处分一般应当设置6～12个月期限,到期按违纪处分解除程序予以解除。解除处分后,学生获得表彰、奖励及其他权益,不再受原处分的影响。
(二)对于受到警告、严重警告、记过和留校察看处分的师范生,学校分别停发两个月、四个月、六个月和一年的师范专业奖学金。

第四章 违纪处分的审批程序和权限

第二十七条 给予学生警告、严重警告、记过处分,由学院党政联席会议讨论,提出初步意见,由学生处研究决定,报学校备案。

给予留校察看、开除学籍处分,由学院党政联席会议讨论,提出初步意见,提交学生处研究,报校长办公会议研究决定;对被开除学籍处分的,报省教育厅备案。

第二十八条 对学生违纪事件的调查和处分,一般由学校有关职能部门和学生所在学院共同负责;涉及两个单位以上的问题,视不同情况,学生打架、偷盗、赌博、交通肇事等违纪事件由保卫与校园管理处牵头,学生考试违纪的由教务处牵头,会同学生处与学生所在学院共同进行调查,学生处根据调查结果提出处分意见,报学校批准后执行。

第二十九条 学校在对学生作出处分决定之前,需给学生送达《违纪处分告知书》,学院及相关职能部门听取学生或者其代理人的陈述和申辩。

第三十条 处分决定做出后,学校将处分决定书送达学生本人,对学生的处理,应当程序正当、事实清楚、证据确凿、依据准确、处分恰当。处分决定书包括:(一)学生的基本信息;(二)作出处分的事实和证据;(三)处分的种类、依据、期限;(四)申诉的途径和期限;(五)其他必要内容。

学生对学校的处理或者处分决定有异议的,可以在接到学校处分决定书之日起10日内,向学校学生申诉处理委员会提出书面申诉。

第三十一条 被开除学籍的学生,由学校发给学习证明,并在处分决定或者复查决定送达之日起5个工作日内办完相关手续离校,将其档案、户口退回家庭户籍所在地。

第三十二条 对学生的处分材料,学校将真实完整地归入学校文书档案和本人档案。

第五章 附 则

第三十三条 本办法没有列举的违纪行为,但确需给予处分的,可以参照本办法中相关条款给予处分。

第三十四条 本办法适用于我校全日制在籍学生。在校成人教育学生可参照执行。

第三十五条 本办法自 2017 年 9 月 1 日起施行。本办法由学生处负责解释,原《巢湖学院学生违纪处分暂行办法》(院学字〔2012〕119 号)同时废止。

巢湖学院学生违纪处分解除实施办法

校字〔2017〕120 号

为规范学生管理行为,维护学校正常的教育教学秩序和生活秩序,保障学生身心健康,保障学生合法权益,帮助受处分学生改正错误,鼓励受处分学生积极上进,体现学校对受处分学生的教育和关怀,根据《中华人民共和国高等教育法》《普通高等学校学生管理规定》和《高等学校学生行为准则》等有关法律、法规,结合巢湖学院实际,特制定本实施办法。

第一条 本办法适用于巢湖学院在籍的全日制普通本、专科学生。

第二条 处分解除申请期限:

(一)受到警告、严重警告处分者,从收到违纪处分决定书之日起,经过 6 个月的考核期可以申请处分解除;

(二)受到记过处分者,从收到违纪处分决定书之日起,经过 6~9 个月的考核期可以申请处分解除;

(三)受到留校察看处分者,从收到违纪处分决定书之日起,经过 12 个月的考核期可以申请处分解除。

第三条 处分解除条件

(一)申请解除处分者必须符合以下基本条件:

1. 在考核期内态度端正、真诚悔改,思想、学习、生活中表现良好,再无任何违反校纪校规的行为;

2. 在考核期内每 6 个月认真撰写思想汇报和日常表现总结一次,对违纪行为有深刻认识和反省;

3. 全班民主评议有 2/3 以上同学同意解除处分。

(二)有下列情况之一的,暂不予解除:

1. 班级民主评议通过率低于 2/3 者;

2. 在处分期内,再次发生违纪行为者;

3. 其他经认定不宜解除者。

第四条 申请处分解除的程序:

(一)符合处分解除条件的学生,自考核期结束起,可以向所在学院提出解除处分的书面申请,并填写《巢湖学院学生违纪处分解除申请表》,列举解除处分的原因和所具备的条件及有突出表现的相关材料,本人签字后提交辅导员。

(二)辅导员根据受处分学生在考核期内的思想汇报和日常表现及考核档案,组织班级全体同学民主评议,提出是否解除处分的初步意见,报所在学院,学院经研究提出处分解除的具体意见并提交学生处复审。

（三）受警告、严重警告的由学生处决定是否解除；受记过处分的由学生处签署意见后报分管校领导决定是否解除；受留校察看处分的由学生处签署意见后报校长办公会决定是否解除。

（四）学生对解除处分事宜有异议的，可向学生申诉处理委员会提出申诉。

第五条 学生申请处分解除须提交以下材料：

（一）学生违纪处分解除申请表；

（二）违纪学生思想汇报；

（三）处分前后班级综合测评成绩汇总表；

（四）学院对其考核期内的表现鉴定；

（五）有关证明材料原件及复印件。

第六条 学生处分解除后，恢复参与各项评奖评优、获得资助等其他权益的资格。对学生的处分解除材料，学校将真实完整地归入学校文书档案和本人档案。

第七条 本办法自2017年9月1日起执行，原《巢湖学院学生违纪处分解除实施办法（试行）》（校字〔2016〕94号）同时废止。

第八条 本办法由学生处负责解释。

巢湖学院学年学分制学生学籍管理办法（修订）

校字〔2017〕123号

为适应学年学分制改革要求，切实加强教学管理和学生学籍管理，维护教学秩序，充分调动学生学习的积极性和主动性，全面提高教育教学质量，培养德智体全面发展的合格人才，根据《中华人民共和国高等教育法》、《普通高等学校学生管理规定》（教育部令41号）等文件精神，结合学校实际，特制定本办法。

第一章 学 制

第一条 普通招生本科、对口招生本科学制均为四年，专升本学制为两年，专科学制为两年。

第二条 学校实行灵活学习制度，允许学生按本办法申请提前毕业，也可申请延长修业年限。申请提前毕业者，四年制学生在校修业年限不得少于三年，两年制学生原则上不得申请提前毕业。申请延长修业年限者，延长的总修业年限不得超过两年。除另有规定外，学生应在学校规定的最长学习年限内完成学业。

第二章 入学与注册

第三条 按国家招生规定录取的新生，持录取通知书，按学校要求和规定的时间到校办理入学手续。因故不能按期入学的,应向所在学院申请,办理请假手续(病假须附二级甲等以上医院证明,以下同),报教务处备案。请假一般不得超过两周,未请假或者请假逾期的,除因不可抗力等事由以外,视为放弃入学资格。

第四条 学校在报到时对新生入学资格进行初步审查,审查合格的办理入学手续,予以注册学籍;审查发现新生的录取通知、考生信息等证明材料,与本人实际情况不符,或者有其他违反国家招生考试规定情形的,取消入学资格。

第五条 新生因生病、创新创业等原因,可以向所在学院申请保留入学资格,经教务处批准、备案后,可保留入学资格。可保留入学资格时间最长为两年,保留入学资格期间不具有学籍。

第六条 新生保留入学资格期满前应向所在学院申请入学,经教务处审查合格后,办理入学手续。审查不合格的,取消入学资格;逾期不办理入学手续且未有因不可抗力延迟等理由的,视为放弃入学资格。

第七条 学生入学后,学校在3个月内按照国家招生规定进行复查。复查内容主要包括以下方面:

(一)录取手续及程序等是否合乎国家招生规定;

(二)所获得的录取资格是否真实、合乎相关规定;

(三)本人及身份证明与录取通知、考生档案等是否一致;

(四)身心健康状况是否符合报考专业或者专业类别体检要求,能否保证在校正常学习、生活;

(五)艺术、体育等特殊类型录取学生的专业水平是否符合录取要求。

第八条 复查中发现学生存在弄虚作假、徇私舞弊等情形的,确定为复查不合格,取消学籍;情节严重的,移交有关部门调查处理。

复查中发现学生身心状况不适宜在校学习,经学校指定的二级甲等以上医院诊断,需要在家休养的,可以按照第五条之规定申请保留入学资格,并应在5个工作日内办理离校手续回家医治,医疗费用等均由学生自理,不享受学校在籍学生待遇。

第九条 新生入学资格初查和3个月内的复查程序和办法,学校另行规定。

第十条 每学期开学时,学生应在两周内办理注册手续。不能如期注册的,应当履行暂缓注册手续。未按学校规定缴纳学费或者有其他不符合注册条件的,不予注册。逾期不注册且无正当理由者,按自动退学处理。

第十一条 因家庭经济困难不能按期缴纳学费及其他费用者,须提供有关证明,由所在学院签署意见,报教务处批准,保留学籍,办理暂缓注册手续,在规定期限内交清相关费用后,准予注册。家庭经济困难的学生在申请助学贷款或者其他形式资助期间,应履行暂缓注册手续,办理完助学贷款或者其他形式资助手续后予以注册。

第三章 人才培养方案及主辅修制度

第十二条 学校人才培养方案按专业制定,学生入学后,各学院应按专业向学生公布人才培养方案,并指导学生根据本专业人才培养方案要求,按学期进行修学。

第十三条 有修学方向的专业,学生可根据自己的学习情况及学习能力自主决定选修方向。有先行后续关系的课程,须先修先行课程,未取得先行课程学分者,一般不得修读后续课程。

第十四条 为积极适应经济社会发展需要,进一步拓展学生知识面,提高学生综合素质,培养社会需要的复合型人才,学校实行主辅修制,开设辅修专业。平均学分绩点达 2.0 以上的学生在修读主修专业人才培养方案规定课程的基础上,可申请修读一个辅修专业。辅修专业一经选定,不得变更。

第十五条 辅修专业的学习实行学分制管理,学习年限原则上不超过两年,特殊情形可申请延长,延长期限至多一年。辅修专业原则上安排在第四至第七学期进行修学。

第十六条 学生修读辅修专业应按照相应辅修专业人才培养方案进行,须完成该辅修专业人才培养方案规定的最低学分,达到毕业要求的颁发辅修专业毕业证书。取得主修专业学位的学生,符合学位授予条件的,可申请授予辅修专业的学位。

第十七条 辅修专业、双学位管理办法学校另行规定。

第四章 考核与成绩管理

第十八条 学生应参加学校统一安排、组织的各类教学活动,因故不能参加者,必须请假。凡未请假或超过假期者,以旷课论处,情节严重的,按规定给予相应纪律处分。

第十九条 学生应参加学校教育教学计划规定的课程和各种教育教学环节(以下统称"课程")的考核,考核成绩记入成绩册,归入学籍档案。

第二十条 考核分为考试和考查两种。考核和成绩评定方式按人才培养方案和课程教学大纲执行。

学生体育成绩评定突出过程管理,要根据考勤、课内教学、课外锻炼活动和体质健康等情况综合评定。

第二十一条 学生可以申请辅修校内其他专业或者选修其他专业课程;可以申请跨校辅修专业或者修读课程,参加学校认可的开放式网络课程学习。学生修读的课程成绩(学分),经所在学院审核报教务处审批后,予以承认。

第二十二条 学生参加创新创业、社会实践等活动以及发表论文、获得专利授权等与专业学习、学业要求相关的经历、成果,可以折算为学分,计入学业成绩。学分折算和学业成绩计算按如下程序和规定执行:

(一)学分折算和转换均须进行认定,认定由学生所在学院负责,报教务处审批。

(二)原则上学分只允许折算、转换为人才培养方案规定的集中实践教学学分、实验实践课程学分和理论课程中的实验、实践教学环节学分。

(三)转换后的集中实践教学、实验实践课程和理论课程中的实践、实验教学环节可以免修。成绩转换时按优秀、良好、中等、及格、不及格五等计,学分及学分绩点根据本办法换算、统计。

(四)集体成果以成果为单位折算学分,成员可根据承担任务分别进行学分认定,但主要完成人和参与人所获学分不得超过成果认定、折算总学分的 1.5 倍。

第二十三条　学校鼓励、支持和指导学生参加社会实践、创新创业活动,设置创新创业学分,学生所在学院应为学生建立社会实践、创新创业等学习档案。

第二十四条　学校真实、完整地记载、出具学生学业成绩,对通过补考、缓考、重修等获得的成绩,学籍表予以标注。

第二十五条　学生因退学等情况中止学业,其在校学习期间所修课程及已获得学分,学校予以记录。学生重新参加入学考试、符合录取条件,再次入学的,其已获得学分,经学校认定,可以予以承认。

第二十六条　学校开展学生诚信教育,以适当方式记录学生学业、学术、品行等方面的诚信信息,建立对失信行为的约束和惩戒机制;对有严重失信行为的,给予相应纪律处分;对违背学术诚信的,取消所获学分,情节严重的,撤销所获学位。

第二十七条　课程成绩考核采用百分制或优秀、良好、中等、及格、不及格五等级制进行,考试成绩合格即取得该课程学分,同时用绩点和平均学分绩点来综合评价学生的学习质量。考核成绩与绩点的对应关系为:

百分制成绩	绩点	五等级制成绩	绩点
90～100	4.0～5.0	优秀	4.5
80～89	3.0～3.9	良好	3.5
70～79	2.0～2.9	中等	2.5
60～69	1.0～1.9	及格	1.5
＜60	0	不及格	0

平均学分绩点的具体计算方法为:

(1) 一门课程的学分绩＝绩点×学分数。

(2) 一学期的平均学分绩点＝所修课程的学分绩之和÷所修课程的学分数之和。

例如:某学生某学期修学了5门课程,其学分和绩点如下:

课程学分为4、4、4、4、4,绩点分别为4、3、2、1、0,则其学分绩分别为16、12、8、4、0,那么该学生该学期的课程平均学分绩点等于所修课程的学分绩之和/所修课程的学分数之和,即(16＋12＋8＋4＋0)÷(4＋4＋4＋4＋4)＝2.0。

平均学分绩点作为衡量学生学习质量的指标,每学期核算一次。

第二十八条　学生若对其成绩有疑问,可在下一学期开学两周内向所在学院提出书面申请,经学院同意,集中报教务处备案后予以查卷。核查工作由课程所属学院主持,成立核查工作小组,核查结论报教务处审定后予以更正成绩。对超过规定期限的申请,不予受理。

第二十九条　学校建立学分转换机制。学分转换以人才培养方案中的课程为基本单位,转换原则为课程教学目标、教学内容、教学要求等基本相同,或是转换课程教学要求、标准高于被转换课程的。学分转换由学生提出申请,课程所在学院负责审定、确认,报教务处审批、备案。

第五章　旷考、缓考、补考与重修

第三十条　旷考课程考核成绩以零分计，该门课程不予补考，应予重修；考核违纪或作弊的课程以零分计，不予补考，应予重修。被取消考核资格者，该门课程按旷考对待。

第三十一条　学生若不能如期参加课程考核，则应当在考核进行之前向所在学院提出书面申请，经学院签署意见，报教务处审查批准后可以缓考。除学生本人生病、直系亲属亡故或重病、专业学习需要、学校工作安排等特殊情况或遇不可抗力等原因，其他情况一般不准缓考。一门课程只准申请缓考一次，缓考不通过不予补考，补考不得申请缓考。

第三十二条　考核不及格的课程，学校于下一学期开学后两周内安排一次补考，缓考与补考工作同时进行。补考、缓考课程平时成绩有效，按课程大纲规定折入总成绩。补考、缓考不及格的课程，应予重修。

第三十三条　补考、缓考不及格的课程随下一年级重修该门课程，因人才培养方案调整而不再开设相同课程的，经学院同意后，可以申请重修相近课程。全校性选修课不及格者，学校不安排该门课程的补考和重修，学生可在下一学期继续选修该门课程或者改修其他选修课程。

第三十四条　重修采用编班形式，分随班重修和不随班自修两种学习方式。随班学习的，重修课程成绩各部分比例关系按开课课程教学大纲执行，成绩包含平时成绩。不随班学习而通过自修直接参加考核的课程（有实验实训的课程，须参加实验实训，不参加实验实训的，取消课程考核资格，实验实训部分已及格的可不重修该部分），考核成绩以卷面成绩计。无论是随班重修还是不随班自修，学生均须按教务流程提出重修申请。

第三十五条　在允许的修业年限内，根据课程的学期开课安排，学生可多次申请重修。允许修业年限到期后，而仍有课程需要重修的，不再予以重修，按本办法第七章有关条款处理。

第三十六条　学生违反考核纪律或者作弊的，该课程考核成绩记为无效，并视其违纪或作弊情节，给予相应纪律处分。经教育表现较好，处分期结束或处分解除后，该课程给予申请重修机会。

第六章　预警、留级与退学

第三十七条　学生任一学期所修全部课程门数40%以上不及格者（含补考、缓考通过课程）或一学期获得学分（含补考、缓考通过课程）低于所修全部课程总学分60%者，学校提出预警。

学生一学年所修全部课程门数40%以上不及格者（含补考、缓考通过课程）或一学年获得学分（含补考、缓考通过课程）低于所修全部课程总学分60%者，应予留级。遇有专业调整的，留级学生安排在相近专业学习。

第三十八条　学生有下列情形之一，学校予以退学处理：

（一）任一学年所修全部课程门数60%以上不及格者（含补考、缓考通过课程）或一学年

获得学分(含补考、缓考通过课程)低于所修全部课程总学分40%者;

(二)休学、保留学籍期满,在学校规定期限内未提出复学申请或者申请复学经复查不合格的;

(三)根据学校指定医院诊断,患有疾病或者意外伤残不能继续在校学习的;

(四)未经批准连续两周未参加学校规定的教学活动的;

(五)超过学校规定期限未注册而又未履行暂缓注册手续的;

(六)在学校规定的学习年限内未完成学业的;

(七)学校规定的应予退学的其他情形。

第三十九条 学生退学按下列规定办理:

(一)退学的学生,应自退学决定书送达之日起,在5个工作日内办完离校手续,档案、户口转回家庭户籍所在地。因其他各种原因离校的学生也应在规定时间内办理离校手续,档案、户口转回家庭户籍所在地。

(二)退学学生学校发给退学证明,同时报省教育厅备案。根据学习年限和学业完成情况,学校发给肄业证书(须学满一学年)、结业证书,或出具写实性学习证明。擅自离校的学生不发给退学证明,不发给相关证书或出具写实性学习证明。

(三)学生对退学处理有异议,可在收到退学决定书之日起10日内向学生申诉处理委员会提出申诉。

第七章 毕业、延期毕业、结业与肄业

第四十条 学生在学校规定学习年限内,修完教育教学计划规定内容,成绩合格,达到学校毕业要求的,学校审核后,准予毕业,并在学生离校前发给毕业证书。

平均学分绩点达2.0以上,符合《巢湖学院学士学位授予工作实施细则》规定者,授予学士学位。

第四十一条 学生提前完成教育教学计划规定内容,获得毕业所要求的学分,且平均学分绩点达到3.5以上的,可以申请提前毕业,根据学位文件规定,申请学位。

第四十二条 学生在基本学制期满时未达到毕业条件,需继续修读主修专业或辅修专业的,学校允许其申请延期毕业。

基本学制内,学生学完教育教学计划规定的全部课程、尚未达到学校毕业要求的,可以申请结业,学校审核批准后,准予结业,发给结业证书。

基本学制期满时未提出延期毕业或结业申请的,一律按自动退学处理。

第四十三条 延期毕业或结业按如下规定办理:

(1)须学生本人申请,填写申请表,经学生家长签署意见、学生所在学院同意后,报教务处核准、审批。

(2)相关手续安排在第八学期毕业资格、学位授予资格审核期间统一办理,其他时间一般不予受理。

第四十四条 获准延期毕业或结业的学生在学校规定的学习年限内完成规定学习内容,达到毕业要求和学位授予条件的,准许毕业,授予学位,颁发的毕业证书、学位证书上的

毕业时间、获得学位时间按发证日期填写。

在学校规定学习年限仍未达到毕业要求的,按自动退学处理,延期毕业学生可主动向学校申请结业或肄业。

第四十五条 学满一学年以上退学的学生,学校可发给肄业证书,一学年以下的,学校只出具写实性学习证明。

第八章 休学、保留学籍与复学

第四十六条 学生申请休学或者学校认为应当休学的,经学校批准,可以休学,休学时间计入总修业年限。学生因病应当休学,若本人未提出申请,学生所在学院应通知学生本人限期办理休学及离校手续。

第四十七条 学生休学一般以一年为期,休学次数原则上不超过两次,因病休学或情况特殊,一年休学期满办理续休手续后,可以连续休学,累计时间最长不超过两年。学期中办理休学者,该学期按休学计算,已考核课程成绩有效。

第四十八条 休学学生应当办理离校手续。学生休学期间,学校为其保留学籍,但不享受在校学习学生待遇,学校不对学生在休学期间发生的任何事故负责。因病休学学生的医疗费按国家及当地的有关规定处理。

第四十九条 新生和在校学生应征参加中国人民解放军(含中国人民武装警察部队)的,学校保留其入学资格或者学籍至退役后2年。

第五十条 学生参加学校组织的跨校联合培养项目的,在联合培养学校学习期间,学校同时为其保留学籍。

第五十一条 学生因自费留学需保留学籍的,可申请按有关规定保留学籍,保留学籍期限为两年。自费出国保留学籍的学生不享受在校学生待遇。

第五十二条 对休学创业的学生,按《巢湖学院激励大学生创新创业学籍管理办法》执行。

第五十三条 在国(境)外学习、交流期间所修学的课程、取得的学分,根据学校相关规定进行学分置换。交流生在学校允许的修业年限内,获得专业人才培养方案规定的各类学分(包括经认可置换的学分),且达到毕业要求的,准予毕业,学校发给毕业证书。对符合学位授予条件的毕业生,授予学位并发给学位证书。

第五十四条 学生休学期满前应在学校规定的期限内提出复学申请,经学校复查合格,方可复学。复学的学生原则上随原专业相应年级学习,如该专业下一届未招生,则转入由学校安排的相近专业学习。

第五十五条 取消学籍、开除学籍或退学的学生,均不得申请复学。

第九章 转专业与转学

第五十六条 符合下列条件的,可以申请转专业:
(一)学生在学习期间对其他专业有兴趣和专长的;

（二）学生入学后发现某种疾病或学习过程中受伤者，经学校医院或学校指定的二级甲等以上医院检查，证明不能在原专业学习，但尚能在其他专业学习者；

（三）学生确有某种特殊困难，不转专业则无法继续学习者；

（四）本科学生学习确有困难，要求转入专科学习者。

以特殊招生形式录取的学生，国家有相关规定或者录取前与学校有明确约定的，不得转专业。

第五十七条 休学创业或退役后复学的特殊类型学生，因自身情况需要转专业的，学校优先予以考虑，按程序和规定转专业。学校根据社会对人才需求情况的发展变化，需要适当调整专业的，允许在读学生转到其他相关专业就读。

第五十八条 学生一般应当在被录取学校完成学业。因患病或者有特殊困难、特别需要，无法继续在本校学习或者不适应本校学习要求的，可以申请转学。有下列情形之一者，不得转学：

（一）入学未满一学期或者毕业前一年的；

（二）高考成绩低于拟转入学校相关专业同一生源地相应年份录取成绩的；

（三）由低学历层次转为高学历层次的；

（四）以定向就业招生录取的；

（五）通过艺术类、体育类等特殊招生形式录取的；

（六）未通过普通高等学校招生全国统一考试或未使用高考成绩录取入学的（含单独考试招生、专升本等）；

（七）拟转入学校与转出学校在同一城市的；

（八）跨学科门类的；

（九）应予退学的；

（十）其他无正当理由的。

第五十九条 学生因学校培养条件改变等非本人原因需要转学的，学校出具证明，由省级教育行政部门协调转学到同层次学校。

第六十条 学生转学由学生本人提出申请，说明理由，经所在学校和拟转入学校同意，由转入学校负责审核转学条件及相关证明，认为符合本校培养要求且学校有培养能力的，经校长办公会或者专题会议研究决定，可以转入。

跨省转学的，由转出地省级教育行政部门商转入地省级教育行政部门，按转学条件确认后办理转学手续。须转户口的由转入地省级教育行政部门将有关文件抄送转入学校所在地的公安机关。

第六十一条 学校按照国家有关规定，建立健全学生转学的具体办法，对转学情况及时进行公示，并在转学完成后3个月内，由转入学校报所在地省级教育行政部门备案。

第六十二条 转专业、转学的学生学籍变动情况载入其学籍档案。转专业与转学的程序与办法等，学校另行规定。

第十章 学业证书管理

第六十三条 学校严格按照招生时确定的办学类型和学习形式，以及学生招生录取时填报的个人信息,填写、颁发学历证书、学位证书及其他学业证书。

学生在校期间变更姓名、出生日期等证书需填写的个人信息的,应当有合理、充分的理由,并提供有法定效力的相应证明文件。学校进行审查,需要学生生源地省级教育行政部门及有关部门协助核查的,学校申请有关部门给予配合。

第六十四条 学校执行高等教育学籍学历电子注册管理制度,完善学籍学历信息管理办法,按相关规定及时完成学生学籍学历电子注册。

第六十五条 对违反国家招生规定取得入学资格或者学籍的,学校取消其学籍,不发给学历证书、学位证书;已发的学历证书、学位证书,学校依法予以撤销。对以作弊、剽窃、抄袭等学术不端行为或者其他不正当手段获得学历证书、学位证书的,学校依法予以撤销。

被撤销的学历证书、学位证书已注册的,学校依法予以注销并报教育行政部门宣布无效。

第六十六条 学历证书和学位证书遗失或者损坏,经本人申请,学校核实后出具相应的证明书。证明书与原证书具有同等效力。

第十一章 附 则

第六十七条 本办法适用于2017级及之后入学的全日制在校生,自2017年9月1日起执行。留学生等的学籍管理,参照本办法执行。

第六十八条 其他文件与本办法不一致的,以本办法为准。本办法由教务处负责解释。

巢湖学院学士学位授予工作实施细则(修订)

校字〔2017〕124号

为规范学士学位管理,保证学士学位授予工作的顺利进行,根据《中华人民共和国学位条例》《中华人民共和国学位条例暂行实施办法》及其他有关规定,结合学校本科教学工作实际,特制定本实施细则。

第一条 授予学士学位的基本条件

学士学位授予工作坚持综合素质与能力全面考核的原则。凡本科毕业生具备以下政治和学业条件的,可授予学士学位。

1. 拥护中国共产党的领导,拥护社会主义制度。
2. 具有正式学籍,在允许的修业年限内,修完所学专业教学计划规定的全部课程(含毕业实习、毕业论文或毕业设计等),成绩考核达到要求,经审核准予毕业。
3. 较好地掌握本门学科的基础理论、专门知识和基本技能;具有从事科学研究工作或担负专门技术工作的初步能力。

第二条 不授予学士学位的情况

修业期间有下列情形之一者,不授予学士学位。

1. 政治上有严重违背四项基本原则等的言行,虽经教育仍无明显转变表现者。
2. 在校学习期间因考试违纪或作弊、论文抄袭等违背学术诚信原因受过记过以上(含记过)处分者。
3. 在校学习期间未达到毕业要求,未能取得本科毕业证书者。
4. 在校学习期间平均学分绩点未达到2.0者。
5. 学籍管理规定中不应授予学位者。
6. 因特殊原因,经学院学位评定分委员会(基层学术委员会,以下同)研究、报校学位评定委员会决定不应授予学士学位者。

第三条 授予学士学位的工作程序

学士学位授予工作实行二级学院、学校两级学位评定委员会评定制度。具体工作程序如下:

1. 本科毕业生根据学校学位授予时间安排,及时向所在学院提出学士学位授予申请。
2. 各学院学士学位评定分委员会根据学校学士学位授予标准,逐个审核本科毕业生的学习成绩、毕业鉴定等材料,将初审名单报教务处审核后提交校学位评定委员会。
3. 学校学位评定委员会召开会议审议通过。两级学位评定委员会均须实到委员为委员总数的三分之二以上(含三分之二)方可召开会议;表决须半数以上到会委员通过才能决定授予或不授予学生学士学位。
4. 学校对审议通过的学生授予学士学位,颁发学士学位证书。

第四条 其他

1. 在学士学位授予工作中,如发现有舞弊等严重违反学位授予规定的现象,除对责任人给予应有的处分外,经校学位评定委员会复议,撤销所授学位。
2. 修学辅修专业的本科学生,在获得主修专业学位后,可申请授予辅修专业学位。学院学位评定分委员会、校学位评定委员会依据《巢湖学院辅修双学位管理暂行办法》,按照程序进行审核,符合授予条件的,授予辅修专业学士学位。

第五条 本细则适用于学校具有学士学位授予权的全日制本科各专业,自2017级学生起执行。

第六条 本细则由学校学位评定委员会负责解释。

巢湖学院新生入学资格审查实施办法

校字〔2017〕125号

新生入学资格审查是对考生录取资格再确认的重要环节,为维护普通高校招生工作的严肃性,根据《普通高等学校学生管理规定》(教育部令41号)文件精神,结合学校实际,特制定本办法。

第一条　组织领导

1. 学校成立新生入学资格审查工作领导组，领导组组长由校长担任，副组长由分管教学和学生工作的副校长担任，成员由教务处、学工部、监审处、后勤管理与基建处和各二级学院负责人组成。

2. 领导组下设办公室，负责组织安排审查工作，提供政策指导，办公室设在教务处招生办公室。

3. 各学院成立新生入学资格审查工作小组，具体负责落实本学院新生入学资格审查工作。

第二条　审查对象

巢湖学院招生录取的各类全日制新生。

第三条　审查重点

重点审查以弄虚作假、徇私舞弊等方式骗取高考加分资格、录取资格或冒名顶替入学的新生。

第四条　审查内容

基本信息核对；艺体类考生专业科目复测；身体健康复查；享受高考加分及其他形式照顾的新生资格复核。

第五条　审查阶段及分工

新生入学资格审查由报到时初步审查和入学后资格复查两部分组成，具体审查办法如下：

1. 初步审查

在新生报到时对新生入学资格进行初步审查，审查合格的办理入学报到手续，审查时需要查验的证件及要求如下：

（1）录取通知书：必须持巢湖学院统一发放的录取通知书报到；

（2）准考证：查验考生高考准考证照片是否是考生本人，考生号、姓名等信息是否与新生名册信息一致；

（3）身份证：新生报到时，要查验考生身份证是否是考生本人。

此项工作由各二级学院在新生报到时安排专人审查，严防利用假通知书或冒名顶替入学。复查时，证件不全的，相关学院要做好记录，并重点核查身份。审查发现新生的录取通知、考生信息等证明材料与本人实际情况不符，或者有其他违反国家招生考试规定情形的，取消入学资格。新生报到结束五个工作日内，各学院将审查结果报送教务处，予以注册学籍。

2. 入学资格复查

新生入学后，学校在3个月内按照国家招生规定进行复查。复查内容主要包括以下方面：

（1）新生身份信息核查

依据省级招生部门提供的录取新生电子档案信息，通过严查档案、比对照片、身份证件等重要信息的方式进行核查，具体复查内容与要求如下：

照片复查：按照录取电子照片、纸质档案照片、身份证照片和报到考生本人相貌相对照的原则进行比对,确认照片是否为考生本人。其中,电子照片与纸质档案里高考报名登记表、体检表上的照片为同一底版。

证件复查:查验身份证上的文字信息与电子档案的内容是否一致,主要复查身份证号、姓名、省区等信息。

档案复查:一是检查纸质档案的完整性,纸质档案一般包括高考报名登记表、考生体检表、高中学生学籍表(或毕业生登记表)等;二是检查纸质档案和电子档案的照片、身份证号、姓名、考生号、省区等信息是否一致。

此项工作由各二级学院负责组织实施,通过教务管理系统里的电子照片与信息进行新生入学资格复查(系统登录用户名和密码与教务处联系)。各学院新生入学资格复查工作于当年10月31日前完成,复查工作结束后,各学院须将具体实施情况和复查结果形成书面报告,于复查工作结束后5个工作日内报送领导组办公室。

(2) 艺体类考生专业科目复测

学校组织对艺术、体育类专业新生进行专业科目测试,相关学院要确保所有新生按时参加考试,对无故旷考的学生按校纪校规严肃处理。对复测成绩与高考成绩有较大差异的学生或存有疑问的考生,要查明原因、摸清情况,及时报送领导组办公室,由领导组办公室负责与生源地省级招生考试机构核实,严防冒名顶替和资格造假。具体复测科目及方案分别由艺术学院和体育学院负责组织实施,并对复测成绩负责,复测结束后,艺术学院、体育学院须将复测情况和结果在5个工作日内报送领导组办公室(可与新生身份信息核查报告合并报送)。

(3) 加分及照顾资格复核

学校要对录取时享受高考加分及其他形式照顾的新生资格条件进行逐一复核。对有疑问的信息,要认真与生源地省级招办核实,严防资格造假。此项工作由招生办公室负责实施。

(4) 身体健康复查

依据教育部高等学校招生体检工作的有关规定,对新生进行体检复查。复查中发现隐瞒既往病史、患有严重疾病、不符合专业录取要求及体检舞弊的学生,要如实登记并写出复查报告,提出延期入学、转专业、休学、退学等建议。此项工作由后勤管理与基建处(校医院)负责组织实施,复查情况在体检结束后5个工作日内报送领导组办公室。

第六条 工作要求

1. 新生入学复查工作是一项政策性、纪律性极强的工作,各有关单位要高度重视,加强领导,精心组织,安排专人负责复查工作,在统一时间内抽调骨干,集中力量做好审查工作,承担审查任务单位的负责人为第一责任人。

2. 招生录取结束后,教务处负责及时编排好学号、班级,在新生报到前向各学院和相关部门提供新生名单,并将电子档案上的照片、姓名、身份证号、考生号等信息导入教务管理系统。

3. 新生入学资格审查要求新生必须全部参加,有迟到、请假、休学、入伍及其他情况的,相关实施单位要做好记录,并进行重点复查。审查过程中对延期报到或档案材料不全考生进行重点复查;对存在弄虚作假、冒名顶替嫌疑的学生,要加强查验,迅速核实,发现问题要及时汇报；对在校期间提出更改姓名和身份证号的学生，各学院应进一步复核，严格把关。

4. 新生入学资格复审工作中涉及的所有学生信息，不得随意对外提供。对已证实属于弄虚作假、冒名顶替入学的学生，由学校按规定作出处理决定，在对学生未做统一处理前各学院和参与人要做好保密工作，不要散布或扩大影响。

5. 在审查过程中，既要严守政策法规，又要注意方式方法，并认真做好审查过程及结果的记录工作，长期保管，以备查验。

6. 对存在弄虚作假、企图冒名顶替入学的新生，招生办公室将会同监察审计处、学生工作部等部门认真调查，一经证实，取消学籍，并报告有关部门倒查追责。

7. 新生入学资格审查工作在学校纪检监察部门（监察审计处）监督下进行，凡在审查工作中因组织不力、重视不够、工作不认真，致使违规违纪、弄虚作假、冒名顶替、舞弊学生蒙混过关，一经发现或被举报属实，造成恶劣影响和后果的，学校将追究相关单位主要负责人和相关责任人的责任。

第七条 附则

1. 本办法自 2017 年 9 月 1 日起执行。
2. 本办法由教务处负责解释。

巢湖学院学生转专业管理实施办法（修订）

校字〔2017〕126 号

为充分调动学生学习积极性和主动性，给予学生较大的学习自主权和选择权，学校允许部分学生有条件地重新选择专业。为规范学生转专业工作，根据《普通高等学校学生管理规定》（教育部令41号）与学校学籍管理有关文件精神，结合学校实际，特制定本办法。

第一条 学生在校学习期间，有下列情况之一者可以申请转专业：

1. 学生在学习期间对其他专业有兴趣和专长的；
2. 学生入学后发现某种疾病或学习过程中受伤者，经学校医院或学校指定的二级甲等以上医院检查，证明不能在原专业学习，但尚能在其他专业学习的；
3. 学生确有某种特殊困难，不转专业则无法继续学习的；
4. 本科学生学习确有困难，要求转入专科学习的；
5. 其他符合学校转专业条件的。

第二条 休学创业或退役后复学的等特殊类型学生，因自身情况确需要转专业的，学校优先予以考虑，按程序和规定转专业。学校根据社会对人才需求情况的发展变化，需要适当调整专业的，允许在读学生转到其他相关专业就读。

第三条 学生有下列情形之一者，不予转专业：

1. 特殊招生形式录取的学生，国家有相关规定或者录取前与学校有明确约定的学生；
2. 文科招生专业转入理科招生专业的，理科招生专业转入文科招生专业的；
3. 文理类专业申请转入艺体类专业的，艺体类专业申请转入文理类专业的；

4. 专科专业申请转入本科专业的；
5. 对口招生、专升本专业的；
6. 国际合作办学专业申请转出的；
7. 其他不符合招生章程规定的；
8. 正在休学、保留学籍的；
9. 除第一条第2、3、4款外，转入新专业前所学课程考核有3门以上不及格、所获学分平均绩点未达到2.0者；
10. 无正当理由的。

第四条 转专业的程序
1. 学校一般在新生入学第一学期开展转专业工作。
2. 申请转专业的学生，应在学校公布通知后一周内向所在学院提交书面申请审批表，其他时间一般不办理转专业手续。
3. 经学生所在学院同意，分类汇总后提交教务处审核。
4. 教务处对要求转专业学生的书面申请进行整理统计，根据各专业学生数、教学条件等情况，制定转出和转入条件，必要时按高考成绩或通过考试确定转专业资格。
拟转入第一专业无法满足的，若申请转入的第二专业仍有缺额，将按照设定的条件进行审核。
5. 转专业审核结果提交学校校长办公会审批。
6. 校长办公会审批通过后，学生应该在规定时间内办好相关转专业手续，并入班上课。

第五条 学生申请转专业的材料准备
1. 要求转专业的学生必须本人提出申请。
2. 学生因有特长要求转学者，须附有省级以上发表的作品或省级以上竞赛获奖证书。
3. 学生因病要求转专业的，应出具学校指定的二级甲等以上医院诊断证明和校医院审核意见。
4. 拟转入专业要求必备的其他相关材料。

第六条 相关说明
1. 学生在校期间原则上只允许转专业一次（上位文件有规定的除外）。
2. 转入新专业的学生须修完新专业教学计划规定内容，成绩合格达到毕业要求的，方准予毕业，符合学位授予规定的，授予学位。
3. 转入新专业的学生，应补修转入专业已开过的课程，已学课程可根据学籍管理规定中学分转换原则进行转换。
4. 学生转专业后，其学籍转入新专业。
5. 被批准转专业的学生从转入的学年起按所转入专业学费标准缴纳学费。

第七条 本办法自2017年9月1日执行，原《巢湖学院转专业暂行规定》（院字〔2012〕80号）同时废止。本办法由教务处负责解释。

巢湖学院学生管理办法

校字〔2017〕127 号

第一章 总 则

第一条 为规范普通高等学校学生管理行为,维护普通高等学校正常的教育教学秩序和生活秩序,保障学生合法权益,培养德、智、体、美等方面全面发展的社会主义建设者和接班人,根据《普通高等学校学生管理规定》以及其他有关法律、法规,制定本办法。

第二条 本办法适用于在巢湖学院接受普通高等学历教育的全日制本、专科学生。

第三条 学校坚持社会主义办学方向,坚持马克思主义的指导地位,全面贯彻国家教育方针;坚持以立德树人为根本,以理想信念教育为核心,培育和践行社会主义核心价值观,弘扬中华优秀传统文化和革命文化、社会主义先进文化,培养学生的社会责任感、创新精神和实践能力;坚持依法治校,科学管理,健全和完善管理制度,规范管理行为,将管理与育人相结合,不断提高管理和服务水平。

第四条 学生应当拥护中国共产党领导,努力学习马克思列宁主义、毛泽东思想、中国特色社会主义理论体系,深入学习习近平总书记系列重要讲话精神和治国理政新理念新思想新战略,坚定中国特色社会主义道路自信、理论自信、制度自信、文化自信,树立中国特色社会主义共同理想;应当树立爱国主义思想,具有团结统一、爱好和平、勤劳勇敢、自强不息的精神;应当增强法治观念,遵守宪法、法律、法规,遵守公民道德规范,遵守学校管理制度,具有良好的道德品质和行为习惯;应当刻苦学习,勇于探索,积极实践,努力掌握现代科学文化知识和专业技能;应当积极锻炼身体,增进身心健康,提高个人修养,培养审美情趣。

第五条 实施学生管理,尊重和保护学生的合法权利,教育和引导学生承担应尽的义务与责任,鼓励和支持学生实行自我管理、自我服务、自我教育、自我监督。

第二章 学生的权利与义务

第六条 学生在校期间依法享有下列权利:

(一)参加学校教育教学计划安排的各项活动,使用学校提供的教育教学资源;

(二)参加社会实践、志愿服务、勤工助学、文娱体育及科技文化创新等活动,获得就业创业指导和服务;

(三)申请奖学金、助学金及助学贷款;

(四)在思想品德、学业成绩等方面获得科学、公正评价,完成学校规定学业后获得相应的学历证书、学位证书;

(五)在校内组织、参加学生团体,以适当方式参与学校管理,对学校与学生权益相关事务享有知情权、参与权、表达权和监督权;

（六）对学校给予的处理或者处分有异议，向学校、教育行政部门提出申诉，对学校、教职员工侵犯其人身权、财产权等合法权益的行为，提出申诉或者依法提起诉讼；

（七）法律、法规及学校章程规定的其他权利。

第七条 学生在校期间依法履行下列义务：

（一）遵守宪法和法律、法规；

（二）遵守学校章程和规章制度；

（三）恪守学术道德，完成规定学业；

（四）按《巢湖学院学生缴费管理办法》要求缴纳学费及有关费用，履行获得贷学金及助学金的相应义务；

（五）遵守学生行为规范，尊敬师长，养成良好的思想品德和行为习惯；

（六）法律、法规及学校章程规定的其他义务。

第三章 学籍管理

第一节 入学与注册

第八条 新生应按入学通知书规定日期持录取通知书和相关证件到学校办理入学手续。因故不能按期入学的，应向学校请假，请假一般不超过两周。未请假或请假逾期者，除因不可抗力等正当事由以外，视为放弃入学资格。

第九条 学校在报到时对新生入学资格进行初步审查，审查合格的办理入学手续，予以注册学籍；审查发现新生的录取通知、考生信息等证明材料，与本人实际情况不符，或者有其他违反国家招生考试规定情形的，取消入学资格。

第十条 新生可以申请保留入学资格2年。保留入学资格期间不具有学籍。新生保留入学资格期满前应向学校申请入学，经学校审查合格后，办理入学手续。审查不合格的，取消入学资格；逾期不办理入学手续且未有因不可抗力延迟等正当理由的，视为放弃入学资格。

第十一条 新生入学后，学校在三个月内按照国家招生规定对其进行复查。

复查内容主要包括以下方面：

（一）录取手续及程序等是否合乎国家招生规定；

（二）所获得的录取资格是否真实、合乎相关规定；

（三）本人及身份证明与录取通知、考生档案等是否一致；

（四）身心健康状况是否符合报考专业或者专业类别体检要求，能否保证在校正常学习、生活；

（五）艺术、体育等特殊类型录取学生的专业水平是否符合录取要求。

复查中发现学生存在弄虚作假、徇私舞弊等情形的，确定为复查不合格，应当取消学籍；情节严重的，学校应当移交有关部门调查处理。

复查中发现学生身心状况不适宜在校学习，经学校指定的二级甲等以上医院诊断，需要在家休养的，可以按照第十条的规定保留入学资格。

第十二条 每学期开学时，学生应当在两周内办理注册手续。不能如期注册者，应当履行暂缓注册手续。未按学校规定交纳学费或其他不符合注册条件的不予注册。

家庭经济困难的学生可以申请助学贷款或其他形式的资助,办理有关手续后注册。

学校按照国家有关规定为家庭经济困难学生提供教育救助,完善学生资助体系,保证学生不因家庭经济困难而放弃学业。

第二节 考核与成绩记载

第十三条 学生应当参加学校教育教学计划的课程和各种教育教学环节(以下统称"课程")的考核,考核成绩记入成绩册,并归入学籍档案。考核分为考试和考查两种。考核和成绩的评定方式以及考核不合格的课程的补考或重修另行规定。

第十四条 学生思想品德的考核鉴定,以本办法第四条、《高等学校学生行为准则》为主要依据,采取个人小结、师生民主评议等形式进行。

学生体育成绩评定突出过程管理,根据考勤、课内教学、课外锻炼活动和体质健康等情况综合评定。

第十五条 学生每学期或者每学年所修课程或者应修学分数以及留级等要求,具体按照《巢湖学院学年学分制学生学籍管理办法(修订)》执行。

第十六条 学生可以申请辅修校内其他专业或者选修其他专业课程;可以申请跨校辅修专业或者修读课程,参加学校认可的开放式网络课程学习。学生修读的课程成绩(学分),学校审核同意后,予以承认。

第十七条 学校鼓励、支持和指导学生参加社会实践、创新创业活动,建立创新创业档案、设置创新创业学分。学生参加创新创业、社会实践等活动以及发表论文、获得专利授权等与专业学习、学业要求相关的经历、成果,可以折算为学分,计入学业成绩。

第十八条 学校健全学生学业成绩和学籍档案管理制度,真实、完整地记载、出具学生学业成绩,对通过补考、重修获得的成绩予以标注。

学生严重违反考核纪律或者作弊的,该课程考核成绩记为无效,并视其违纪或者作弊情节,给予相应的纪律处分。给予警告、严重警告、记过及留校察看处分的,经教育表现较好,可以对该课程给予补考或者重修机会。

学生因退学等情况中止学业,其在校学习期间所修课程及已获得学分予以记录。学生重新参加入学考试、符合录取条件,再次入学的,其已获得学分,经录取学校认定,予以承认。

第十九条 学生应当按时参加教育教学计划规定的活动。不能按时参加的,应当事先请假并获得批准。无故缺席、情节严重的,给予相应的纪律处分。

第二十条 学校开展诚信教育活动,以适当方式记录学生学业、学术、品行等方面的诚信信息,建立对失信行为的约束和惩戒机制;对有严重失信行为的,给予相应的纪律处分,对违背学术诚信的,取消所获学分,情节严重的,撤销所获学位。

第三节 转专业与转学

第二十一条 学生在学习期间对其他专业有兴趣和专长的,可以申请转专业;以特殊招生形式录取的学生,国家有相关规定或者录取前与学校有明确约定的,不得转专业。学校根据社会对人才需求情况的发展变化,适当调整专业,允许在读学生转到其他相关专业就读。

休学创业或退役后复学的学生,因自身情况需要转专业的,学校优先考虑。

第二十二条 被巢湖学院录取的学生一般应在本校完成学业。因患病或者有特殊困难、特别需要，无法继续在本校学习或者不适应本校学习要求的，可以申请转学。学生因学校培养条件改变等非本人原因需要转学的，学校出具证明，由上级教育行政部门协调转学到同层次学校。

第二十三条 学生转学由学生本人提出申请，说明理由，经所在学校和拟转入学校同意，由转入学校负责审核转学条件及相关证明，认为符合本校培养要求且学校有培养能力的，经学校校长办公会或者专题会议研究决定，可以转入。

跨省转学的，由转出地省级教育行政部门商转入地省级教育行政部门，按转学条件确认后办理转学手续。须转户口的由转入地省级教育行政部门将有关文件抄送转入学校所在地的公安机关。

第二十四条 学校对转学情况及时进行公示，并在转学完成后3个月内，由转入学校报所在地省级教育行政部门备案。

第四节 休学、保留学籍和复学

第二十五条 学生可以分阶段完成学业，除另有规定外，应当在最长学习年限（延长年限不得超过2年，含休学和保留学籍）内完成学业。

学生申请休学或者学校认为应当休学的，经学校批准，可以休学或保留学籍。学生休学一般以1年为期限，次数原则上不超过2次，1年休学期满办理续休手续后，可连续休学，累计时间不超过2年。

第二十六条 学校根据情况建立并实行灵活的学习制度，对休学创业的学生管理依据《巢湖学院学年学分制学生学籍管理办法（修订）》执行。

第二十七条 新生和在校学生应征参加中国人民解放军（含中国人民武装警察部队）的，学校保留其入学资格或者学籍至退役后2年。学生参加学校组织的跨校联合培养项目的，在联合培养学校学习期间，学校同时为其保留学籍。学生保留学籍期间，与其实际所在的部队、学校等组织建立管理关系。

第二十八条 休学学生应当办理离校手续。学生休学期间，学校为其保留学籍，但不享受在校学习学生待遇。因病休学学生的医疗费按国家及当地的有关规定处理，学生在休学期间患病，其医疗费自理，学校不对学生在休学期间发生的事故负责。

第二十九条 学生休学期满前应当在休学文件规定的期限内提出复学申请，经学校复查合格，方可复学。

第五节 退学

第三十条 学生有下列情形之一，应予退学处理：

（一）任一学期所修全部课程门数75%不及格者（补考、缓考通过课程不包括在内）或一学期获得学分（补考、缓考通过课程不包括在内）达不到所修全部课程总学分75%者；

（二）休学、保留学籍期满，在休学、保留学籍限内未提出复学申请或者申请复学经复查不合格的；

（三）根据学校指定医院诊断，患有疾病或者意外伤害不能继续在校学习的；

（四）未经批准连续两周未参加学校教学活动的；

（五）超过学校规定期限未注册而又未履行暂缓注册手续的；

(六)在学校规定的学习年限内未完成学业的;
(七)学校规定的应予退学的其他情形。
学生本人申请退学的,经学校审核同意后,办理退学手续。

第三十一条 退学学生,应当在5个工作日内办理退学手续离校。退学学生的档案由学校退回其家庭所在地,户口应当按照国家相关规定迁回原户籍地或者家庭户籍所在地。

第六节 毕业与结业

第三十二条 学生在学校规定学习年限内,修完教育教学计划规定内容,成绩合格,达到学校毕业要求的,学校准予毕业,并在学生离校前发给毕业证书。

符合学位授予条件的,学校颁发学位证书,学生提前完成教育教学计划规定内容,获得毕业所要求的学分,可以申请提前毕业,具体要求见《巢湖学院学年学分制学生学籍管理办法(修订)》。

第三十三条 学生在学校规定学习年限内,修完教育教学计划规定内容,但未达到学校毕业要求的,学校准予结业,发给结业证书。

合格后颁发的毕业证书、学位证书,毕业时间、获得学位时间按发证日期填写。对退学学生,学校发给肄业证书或者写实性学习证明。

第七节 学业证书管理

第三十四条 学校严格按照招生时确定的办学类型和学习形式,以及学生招生录取时填报的个人信息,填写、颁发学历证书、学位证书及其他学业证书。

学生在校期间变更姓名、出生日期等证书需填写的个人信息的,应当有合理、充分的理由,并提供有法定效力的相应证明文件。

第三十五条 学校执行高等教育学籍学历电子注册管理制度,完善学籍学历信息管理办法,及时完成学生学籍学历电子注册。

第三十六条 对完成本专业学业同时辅修其他专业并达到该专业辅修要求的学生,由学校发给辅修专业证书。

第三十七条 对违反国家招生规定取得入学资格或者学籍的,学校取消其学籍,不发给学历证书、学位证书;已发的学历证书、学位证书,学校依法予以撤销。对以作弊、剽窃、抄袭等学术不端行为或者其他不正当手段获得学历证书、学位证书的,学校依法予以撤销。

被撤销的学历证书、学位证书已注册的,学校予以注销并报教育行政部门宣布无效。

第三十八条 学历证书和学位证书遗失或者损坏,经本人申请,学校核实后出具相应的证明书。证明书与原证书具有同等效力。

第四章 校园秩序与课外活动

第三十九条 学校、学生共同维护校园正常秩序,保障学校环境安全、稳定,保障学生的正常学习和生活。

第四十条 学校建立和完善学生参与管理的组织形式,通过校务公开、学生代表提案、校长信箱、学生工作联席会议等支持和保障学生依法、依章程参与学校管理。

第四十一条 学生应当自觉遵守公民道德规范,自觉遵守学校管理制度,创造和维护文明、整洁、优美、安全的学习和生活环境,树立安全风险防范和自我保护意识,保障自身合法权益。

第四十二条　学生不得有酗酒、打架斗殴、赌博、吸毒,传播、复制、贩卖非法书刊和音像制品等违法行为;不得参与非法传销和进行邪教、封建迷信活动;不得从事或者参与有损大学生形象、有悖社会公序良俗的活动。

学校发现学生在校内有违法行为或者严重精神疾病可能对他人造成伤害的,依法采取或者协助有关部门采取必要措施。

第四十三条　学校坚持教育与宗教相分离原则。任何组织和个人不得在学校进行宗教活动。

第四十四条　学校建立健全学生代表大会制度,为学生会等开展活动提供必要条件,支持其在学生管理中发挥作用。

学生可以在校内成立、参加学生团体。学生成立团体,应当按学校学生社团管理规定要求提出书面申请,报学校批准并施行登记和年检制度。学生团体应当在宪法、法律、法规和学校管理制度范围内活动,接受学校的领导和管理。学生团体邀请校外组织、人员到校举办讲座等活动,需经学校批准。

第四十五条　学校提倡并支持学生及学生团体开展有益于身心健康、成长成才的学术、科技、艺术、文娱、体育等活动。

学生进行课外活动不得影响学校正常的教育教学秩序和生活秩序。

学生参加勤工助学活动应当遵守法律、法规以及学校、用工单位的管理制度,履行勤工助学活动的有关协议。

第四十六条　学生举行大型集会、游行、示威等活动,应当按法律程序和有关规定获得批准。对未获批准的,学校依法劝阻或者制止。

第四十七条　学生应当遵守国家和学校关于网络使用的有关规章规定,不得登录非法网站和传播非法文字、音频、视频资料等,不得编造或者传播虚假、有害信息;不得攻击、侵入他人计算机和移动通信网络系统。

第四十八条　学校建立健全学生住宿管理制度。学生应当遵守学校学生公寓安全管理规定,鼓励和支持学生通过制定公约,实施自我管理。

第五章　奖励与资助

第四十九条　学校对在德、智、体、美等方面全面发展或者在思想品德、学业成绩、科技创造、体育竞赛、文艺活动、志愿服务及社会实践等方面表现突出的学生,给予表彰和奖励。

第五十条　学校对学生的表彰和奖励可以采取授予"三好学生"称号或者其他荣誉称号、颁发奖学金等多种形式,给予相应的精神鼓励或者物质奖励。对表现特别优秀的学生推荐参加省级以上各种评优活动,对学生奖励材料归入学生本人档案。

第五十一条　学校积极争取社会团体和个人出资设立奖、助学金,鼓励和支持各学院引进校外奖、助学金,符合条件的学生可以按资助相关规章制度申请。获得校外奖助学金的学生应当履行相应的义务。

学校对学生予以表彰和奖励,以及确定推荐国家奖学金人选等赋予学生利益的行为,建立公开、公平、公正的程序和办法,建立和完善相应的选拔、公示等制度。

第五十二条　学校对家庭经济困难学生进行资助,全面贯彻落实国家各项资助政策。

第六章　处分与申诉

第五十三条　对有违反法律法规、《普通高等学校学生管理规定》以及学校纪律行为的学生,学校给予批评教育,并视情节轻重,给予如下纪律处分:(一)警告;(二)严重警告;(三)记过;(四)留校察看;(五)开除学籍。

第五十四条　学生有下列情形之一者,学校可以给予开除学籍处分:

(一)违反宪法,反对四项基本原则、破坏安定团结、扰乱社会秩序的;

(二)触犯国家法律,构成刑事犯罪的;

(三)受到治安管理处罚,情节严重、性质恶劣的;

(四)代替他人或者让他人代替自己参加考试、组织作弊、使用通信设备或其他器材作弊、向他人出售考试试题或答案牟取利益,以及其他严重作弊或扰乱考试秩序行为的;

(五)学位论文、公开发表的研究成果存在抄袭、篡改、伪造等学术不端行为,情节严重的,或者代写论文、买卖论文的;

(六)违反《普通高等学校学生管理规定》和学校规定,严重影响学校教育教学秩序、生活秩序以及公共场所管理秩序的;

(七)侵害其他个人、组织合法权益,造成严重后果的;

(八)屡次违反学校规定受到纪律处分,经教育不改的。

第五十五条　学校对学生作出处分,出具处分决定书。处分决定书包括下列内容:

(一)学生的基本信息;

(二)作出处分的事实和证据;

(三)处分的种类、依据、期限;

(四)申诉的途径和期限;

(五)其他必要内容。

第五十六条　学校给予学生处分,坚持教育与惩戒相结合,与学生违法、违纪行为的性质和过错的严重程度相适应。学校对学生的处分,做到证据充分、依据明确、定性准确、程序正当、处分适当。

第五十七条　在对学生作出处分或者其他不利决定之前,学校告知学生作出决定的事实、理由及依据,并告知学生享有陈述和申辩的权利,听取学生的陈述和申辩。

处理、处分决定以及处分告知书等,直接送达学生本人,学生拒绝签收的,以留置方式送达;已离校的,采取邮寄方式送达;难于联系的,利用学校网站、新闻媒体等以公告方式送达。

第五十八条　对学生作出取消入学资格、取消学籍、退学、开除学籍或者其他涉及学生重大利益的处理或者处分决定的,提交校长办公会研究决定。

第五十九条　除开除学籍处分以外,给予学生处分一般设置 6～12 个月期限,到期按《巢湖学院学生违纪处分解除实施办法》予以解除。解除处分后,学生获得表彰、奖励及其他权益,不再受原处分的影响。

第六十条 对学生的奖励、处理、处分及解除处分材料,学校真实完整地归入学校文书档案和本人档案。

被开除学籍的学生,由学校发给学习证明。学生按学校规定期限离校,档案由学校退回其家庭所在地,户口按照国家相关规定迁回原户籍地或者家庭户籍所在地。

第六十一条 学校成立学生申诉处理委员会,负责受理学生对处理或者处分决定不服提起的申诉。

学生申诉处理委员会由学校相关负责人、职能部门负责人、教师代表、学生代表、负责法律事务的相关机构负责人等组成,必要时可以聘请校外法律、教育等方面专家参加。

第六十二条 学生对学校的处理或者处分决定有异议的,可以在接到学校处理或者处分决定书之日起10日内,向学校学生申诉处理委员会提出书面申诉。

第六十三条 学生申诉处理委员会对学生提出的申诉进行复查,并在接到书面申诉之日起15日内作出复查结论并告知申诉人。情况复杂不能在规定限期内作出结论的,经学校负责人批准,可延长15日。学生申诉处理委员会认为必要的,可以建议学校暂缓执行有关决定。

学生申诉处理委员会经复查,认为做出处理或者处分的事实、依据、程序等存在不当,可以作出建议撤销或变更的复查意见,要求相关职能部门予以研究,重新提交校长办公会或者专门会议作出决定。

第六十四条 学生对复查决定有异议的,在接到学校复查决定书之日起15日内,可以向学校所在地省级教育行政部门提出书面申诉。

第六十五条 自处理、处分或者复查决定书送达之日起,学生在申诉期内未提出申诉的视为放弃申诉,学校或者省级教育行政部门不再受理其提出的申诉。

处理、处分或者复查决定书未告知学生申诉期限的,申诉期限自学生知道或者应当知道处理或者处分决定之日起计算,但最长不得超过6个月。

第六十六条 学生认为学校及其工作人员违反《普通高等学校学生管理规定》(教育部令第41号),侵害其合法权益的;或者学校制定的规章制度与法律法规和《普通高等学校学生管理规定》抵触的,可以向学校所在地省级教育行政部门投诉。

第七章 附 则

第六十七条 对本校成人高等学历教育的学生管理参照本办法执行。

第六十八条 本办法由学生处负责解释。

第六十九条 本办法自2017年9月1日起施行,原《巢湖学院学生管理暂行办法》(院字〔2005〕174号)同时废止。

巢湖学院专业技术职务评审实施办法(试行)

校字〔2017〕161号

第一章 总 则

第一条 为规范和完善我校专业技术职务评审制度,保证工作的科学性、公开性和公正性,根据教育部《关于深化高校教师考核评价制度改革的指导意见》(教师〔2016〕7号)和《安徽省高校教师职称评审权下放工作实施方案(试行)》(皖教人〔2017〕3号)等文件精神,学校结合实际,特制定本办法。

第二条 专业技术职务评审工作的指导思想。根据学校发展定位、人才培养和学科建设需要,进一步加强政策导向,不断完善评审标准,充分发挥专业技术职务评审工作在教师队伍和其他专业技术人员队伍建设中的激励作用和导向功能,努力建设德才兼备、素质优良的教学科研管理、结构优化的人才队伍。

第二章 评审原则

第三条 优化结构、按需设岗、对岗申报的原则。以学校发展目标和长远规划为依据,以科学设岗为前提,以优化专业技术结构比例为目标,在经核定的岗位限额内进行申报和推荐评审。

第四条 坚持标准、全面考核、择优晋升的原则。坚持政治标准为前提,对申报晋升职务人员的师德师风、职业道德、工作态度、业务能力、学术水平、工作实绩等进行定性与定量相结合的全面考核,根据品德、能力和业绩择优晋升。严格实行师德考核"一票否决制"和教学考核"一票否决制"。

第五条 公开、公平、公正的原则。学校公开评审工作的程序、方法和任职条件,公示申报人员的基本情况和申报材料和评审结果,强化基层单位审核把关,严格按规定组织专家进行评审,建立健全监督机制,确保评审工作的公正性。

第三章 评审范围和对象

第六条 教师、实验、政工等系列的专业技术资格由学校组织评审。图书资料、编辑出版、档案、会计审计、工程技术、医疗卫生等系列的专业技术资格根据有关规定实行资格考试或由相关专业技术资格评审委员会进行评审。

第七条 参评对象为上一年度参加年度考核且考核结果在合格以上等次的在编在岗人员,申报专业技术职务须与现岗位专业一致或相近,并取得现岗位专业技术资格。其中,出现相关办法中延迟申报情形的,当年不予申报评审。根据上级文件规定,自2018年起,申报晋升教师系列中级及以上专业技术资格人员均需参加评审，不再开展直接认定工作。

第四章　评审组织

第八条　学校成立专业技术职务评聘工作"领导组"（以下简称"领导组"），全面负责专业技术职务评审和聘任的组织领导工作，研究确定评审工作方案，评审协调、处理工作中的有关问题。领导组由学校党政领导和监审处、人事处、教务处、科技处和学生处等部门负责人组成，组长由党委书记和校长担任。

领导组下设办公室（以下简称"职评办"），办公室设在人事处，根据领导小组的授权和委托，办理专业技术职务评聘工作的日常事务。

第九条　二级学院成立专业技术职务考核推荐工作组，负责本单位申报专业技术职务人员的资格审核、材料审查、考核评议和推荐。一般由5~7人组成，组长由基层学术委员会主任担任，成员一般由基层学术委员会成员等组成，也可聘请学校学术委员会或相关专门委员会成员担任成员。

校直有关单位应根据工作需要，相应成立专业技术职务考核推荐工作组，负责本单位有关非教师系列职务人员申报材料的审核以及考核、推荐工作。

第十条　学校设立专业技术职务评审专家委员会（以下简称"评委会"），负责对申报教师系列和有关非教师系列的专业技术人员的材料进行评审、表决。评委会一般由不少于19人组成，设主任1人，副主任2人，主任和副主任分别由校学术委员会主任和副主任担任。委员由具有教授职称的校内外专家组成，从有关专家库中抽取，其中学校专家不超过全体委员的1/3，委员应具有良好的思想政治及业务素质，学术造诣高，作风正派，在群众中具有较高威信。评委会及学科评议组人员每年调整一次，调整人数应占1/3以上，担任评委人员一般不得连续超过三次。

评委会下设专业技术资格申报审查委员会，负责申报人的资格审查。主任由分管人事工作的校领导担任，副主任由人事处处长担任，成员由相关部门负责人组成。

评委会下设若干学科评议组（以下简称"学科组"）。学科评议组负责审查被评审人的申报材料，对被评审人的业绩、成果（含著作、论文）等进行评估，负责对申报专业技术职务人员的申报材料复审和答辩工作，并向评审委员会提出评审意见，确定建议通过对象并提交评委会审议。每个学科组成员由5~7人组成。

评委会会议，须应参会成员的2/3以上出席方为有效。评委会在对学科组的推荐程序和结果进行充分审议，通过无记名投票方式表决，同意票数超过到会成员的2/3以上方为通过。未出席评委会会议的评委不得委托他人投票或预投票或补充投票。

第五章　评审资格和条件

第十一条　各级各类专业技术职务评审的资格申报条件按人社部、教育部、安徽省教育厅及有关主管部门制定下发的有关评审文件和学校有关规定执行。

第十二条　申报教师专业技术职务人员应具备《安徽省普通本科高等学校教师专业技

术资格申报条件(试行)》(教人〔2009〕1号)(仅适应于2017年度)或《安徽省普通本科高等学校教师专业技术资格申报条件》(皖教人〔2016〕1号)文件规定的申报资格条件,申报实验专业技术职务人员应具备《安徽省高等学校实验技术人员专业技术资格申报条件(试行)》(教人〔2010〕1号)文件规定的申报资格条件,申报政工师专业职务人员应具备《关于印发安徽省思想政治工作人员专业职务评定若干规定的通知》(皖宣字〔2011〕22号)文件规定的资格申报条件。

第十三条　学校专业技术职务实行评聘合一制度,为加强职称评审的政策导向作用,体现学校办学定位和办学水平,对学校具有评审权的申报人员除应满足前款第十二条的申报资格条件外,自2019年起,还应同时满足学校专业技术职务资格申报补充条件,具体规定另行制定。

第六章　评审程序

第十四条　教师和实验系列专业技术职务评审工作应经过以下程序:

(一)制订方案

学校每年制定职务评审工作方案,明确职称评审工作程序、资格条件、时间安排、专家组成等有关事项,并上报教育厅备案。

(二)个人申报

个人向所在单位提出申请,并按照申报要求提交本人任现职以来的教学、科研业绩成果申报材料。申报材料应真实、规范。

(三)成果鉴定

申报高级专业技术资格者须提供代表性成果,由学校统一送省内外3位以上同行专家匿名评审。同行专家匿名评审结果作为学术水平评价的重要依据,两年内有效。鉴定结果不符合有关规定的不得参加评审。并根据需要进行论文相似性检测,检测结果作为评审重要参考。

(四)二级单位考核推荐

1. 资格初审。各学院考核推荐工作组对申报人所提交申报材料的真实性和准确性进行核查,对申报人员是否达到所申报专业技术资格申报条件进行审核。

2. 材料公示。各学院将审查通过的申报人员的申报材料在本单位内公开展示5个工作日。公示前应在本单位张贴公示地点、时间、材料内容等信息。

3. 师德考核。各党总支组织召开会议,对申报人员政治思想表现进行考核,申报人汇报任现职以来在政治思想素质、职业道德、团结协作、集体观念、敬业精神等方面的表现,党总支根据任现职以来政治思想表现等情况综合考核并考核结果签署鉴定意见。

4. 评议推荐。各学院按照学校确定的各级各类专业技术职务岗位数,根据申报人的工作业绩、业务水平,由考核推荐工作组依据事前制定的相关评审细则和量化计分办法进行量化考核,经党政联席会议集体评议后,在岗位职数内向学校推荐人选,其中讲师人员进行排序推荐,并将推荐结果进行公示。

（五）教学质量评价

自2018年起，对申报教师和实验系列人员进行教学质量评价，评价结果作为职称评审重要依据。申报副高及以上岗位人员的教学质量评价整体工作由教务处负责实施（申报科研型人员不需进行教学质量评价），申报中级职称人员的教学质量评价整体工作由所在学院负责实施。申报人员教学质量评价办法另行制定。

（六）资格复审

专业技术资格申报审查委员会根据各单位推荐报送的材料，对申报人的教学、科研等资格条件材料以及其他材料进行审核。

（七）信息公开

职评办将经审核后符合条件的被推荐申报人履行现职以来的主要业绩材料在全校范围内集中公示，公示期限为3～5天。

（八）学校评审

学科组、评委会根据岗位设置及指标分配情况，对申报人思想素质、政治表现和工作业绩等方面进行认真、全面的评审并进行表决通过。讲师评审主要由评委会对各学院评审推荐结果进行审核确认。申报教授人员和破格申报副教授及以上人员应进行述职答辩。

（九）公示上报

评审结果经领导组审定后，在全校范围内公示，公示时间为5个工作日。公示无异议后，以书面形式上报上级主管部门备案或审定。

第十五条 申报政工系列专业技术职务，应经过个人申报—单位考核推荐—总支评议—职评办组织审核—学科组评议—职评委评审等工作程序。

第七章 评审纪律

第十六条 各级评审人员在评审工作中，严守保密纪律，不向外泄漏评审委员名单，不泄漏评审讨论内容和表决情况，不得有违反客观、公平和公正的语言暗示或提示。凡有违反评审纪律和程序规定的，评委会有权停止其参加评审工作，并按规定撤销其评委资格。

第十七条 实行回避制度。评审推荐人员与当年申报专业技术资格的人员有直系亲属或配偶关系的，应当主动回避，并做出承诺。

第十八条 实行严格问责制度。参与职称评审工作的各类人员违反评审纪律，经发现并查实有以权谋私、徇情等现象，视情节、后果轻重按有关规定给予处理。

第十九条 实行个人诚信制度。申报人应对本人的学术行为是否符合学术规范、申报材料是否真实做出承诺。如有弄虚作假者，一经查实，取消当年的申报资格，且从下一年度起三年内不得再次申报；已经评审的，其评审结果无效。

第二十条 评审活动的过程受学校监审处监督，学院纪检委员列席本单位评审推荐工作会议。

第八章 争议处理

第二十一条 申报人对专业技术职务资格评审过程或结果有异议的，应在公示期间，实名向学校人事处或监审处提出书面投诉,逾期不予受理。

第二十二条 人事处或监审处接到投诉后,对涉及评审程序公正性等问题的,应在15日内进行调查核实,对涉及学术不端行为的按有关规定调查处理。

第九章 其他

第二十三条 申请以考代评或考评结合系列(图书资料、编辑出版、档案、会计审计、工程技术、医疗卫生等)职称人员,取得任职资格后,在岗位职数内对岗向学校申请聘任,聘任前应由所在单位进行述职考核和所属党总支进行师德评议。

第二十四条 引进(调入)人员已在原单位评聘为相关专业技术职务资格的,须报学校专业技术职务评审领导小组审核确认后方可予以聘任,否则,应重新参加学校的资格申报和评审。

第二十五条 申报参评职称人员应与学校签订诚信承诺书和履行服务期承诺书,明确服务期限及违约赔偿责任,否则不予评聘。

第二十六条 取得各类专业技术资格人员在签署履行服务期后应提交学校岗位聘任委员会审议后报校长办公会予以聘任。自聘任时间起按有关规定执行相关待遇。

第二十七条 评审未获通过的评审对象,当年不进行复评。

第十章 附则

第二十八条 有关未尽事项,见皖教人〔2016〕1号等有关上级文件。学校其他文件中涉及专业技术职务资格评审的有关条款与本办法不一致的,以本办法为准。本办法未尽事宜,由领导组或学校专业技术资格评审委员会讨论决定。

第二十九条 本办法自发布之日起执行,由校职评办负责解释。

巢湖学院二级单位目标管理实施办法(试行)

校字〔2017〕170号

为进一步深化内部管理体制机制改革,建立有效的工作落实与激励机制,充分调动二级单位工作的积极性、主动性和创造性,不断提升管理水平和办学效益,根据学校实际,制定本实施办法。

一、指导思想

根据学校发展规划与年度工作任务,明确管理职权,落实目标责任,压实工作任务,加强考核管理,引导二级单位自我管理,自我约束,提升管理能力,提高工作实效。着力建立责、权、利相统一的目标管理奖惩机制,不断完善工作目标责任体系,为建成有特色的地方应用型高水平大学提供管理机制保障。

二、基本原则

（一）总体目标与单位目标相统一。学校总体目标是单位目标的统领，单位目标是学校总体目标的落实，二者高度统一，相辅相成。

（二）学校宏观调控与单位自主管理相结合。学校主要负责目标管理的宏观调控与督查考核，二级单位主要负责组织实施和具体落实。

（三）目标责任与权利效益相统一。充分考虑二级单位特点、类型、条件等实际，体现差异化要求，单位目标任务与其所承担的责任、占有的资源及享有的权益相一致。

（四）定量考核与定性评价相结合。目标管理工作的考核评价兼顾定量（数量）与定性（质量）两方面，尤其重视关键性指标任务的落实与完成情况。

三、组织领导

学校成立由行政校领导和办公室、学生处、发展规划处、人事处、教务处、科技处、财务处、后勤管理与基建处、国有资产管理处等相关职能部门主要负责人组成的目标管理工作领导组（简称"领导组"）。领导组在学校党委的领导下，全面负责学校目标管理工作的组织和实施。领导组办公室设在发展规划处。

四、目标任务的制定

（一）制定依据

以国家和安徽省高等教育发展战略与发展规划为指导，以学校发展战略与发展规划为统领，结合学校年度工作要点与重要任务，确定学校年度总体目标与任务。根据二级单位的工作职责，对学校总体目标与任务进行分解，确定各二级单位年度目标与任务。

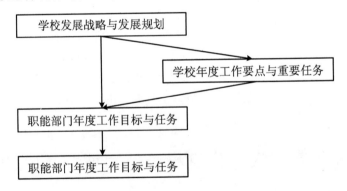

职能部门根据本部门工作职责，承担学校层面的年度目标与任务。

二级学院根据学校发展目标与任务，以及自身发展要求与实际、占有资源情况，承担职能部门分解的年度目标与任务。二级学院年度目标与任务由教学工作（含专业建设）、科研工作（含学科建设与社会服务）、师资队伍建设工作、学生工作（含学生指导与服务）、资产与实验室管理等五大部分组成。

（二）制定程序

1. 职能部门目标任务的制定

（1）领导组根据学校发展战略和发展规划，提出制定学校年度总体目标与任务的指导意见（含年度主要目标与任务）。

（2）职能部门根据领导组指导意见，结合部门工作职责和业务范围，制定本部门的年度目标与任务,并报分管校领导审批。

(3) 发展规划处汇总职能部门年度目标与任务,提交领导组审议。

(4) 职能部门根据领导组的意见和建议,完善年度目标与任务。

(5) 发展规划处汇总职能部门年度目标与任务,提交党委会审定。

2. 二级学院目标任务的制定

(1) 职能部门结合二级学院的发展要求与现状及其占有学校资源情况,合理分解本部门所承担的学校目标与任务,拟定二级学院年度目标与任务。

(2) 职能部门与二级学院充分沟通,共同完善、确定二级学院年度目标与任务;经分管校领导审批后,报送发展规划处。

(三) 任务书下达

学校下达二级单位年度目标任务书。任务书由各单位党政主要负责人与学校党委、行政主要负责人签字后执行。

各单位年度目标任务一经确定,不得随意更改。如有特殊原因确需调整,由单位提出书面报告,报分管或联系本单位校领导同意(涉及学校工作要点的,需学校党政主要负责人同意),由领导组审定后予以调整。

五、 目标管理的实施

(一) 实施目标管理责任制

1. 二级单位主要负责人为目标管理的直接责任人,单位主要负责人发生变动时,由继任者承担相关责任。

2. 涉及多个单位共同承担的目标任务,牵头单位的主要负责人为第一责任人,协助单位主要负责人为所协助工作的直接责任人。

(二) 加强过程管理

1. 二级单位制定目标任务落实计划与进度表,报送发展规划处。

2. 二级单位每月进行一次自查,掌握目标任务的落实与完成情况,及时解决出现的困难和问题;每季度向分管或联系本单位的校领导汇报目标任务落实与完成情况,并向发展规划处报送书面材料。

3. 根据二级单位目标任务落实与完成情况,领导组择用口头汇报、书面汇报或组织检查的形式,适时开展督查与检查工作,并视需要向全校教职员工通报督查结果。

4. 年终组织考核工作组,对照年度目标任务书,对二级单位进行考核和奖惩。

六、 目标管理的考核

(一) 考核对象

所有承担年度目标任务的二级建制单位,包括教学单位和机关单位。

(二) 考核内容

目标任务书所规定的目标任务的落实与完成情况,包括数量、质量,以及贡献或效益。

(三) 考核标准

结合学校年度综合考核工作另行制定,每年可根据需要作适当调整。

(四) 考核方法、考核等次和结果运用

根据学校二级单位和中层领导干部综合考核办法以及奖励性绩效工资分配办法的有关

规定执行。

七、附则

（一）本办法未尽事宜和在实施中出现的问题，由目标管理领导组研究决定。

（二）本办法由目标管理领导组办公室负责解释。

（三）本办法自公布之日起执行。

巢湖学院学生学业导师制实施办法

校字〔2017〕172 号

为进一步加强对学生的学业指导，推进个性化人才培养模式的形成，发挥教学、科研、管理人员在大学生成长成才过程中的重要作用，切实提高人才培养质量，根据学校实际，特制定本办法。

第一章 任职条件

第一条 本办法所称的学业导师是指受聘后对大学生的学业规划、专业学习、创新创业能力培养以及生活、思想、心理等方面进行指导的专业教师或科研、管理人员（以下统称"教师"）。

专职辅导员和兼职班主任一般不再受聘担任学业导师，如果受聘，学生原则上应是非本班学生。

第二条 受聘学业导师需具备以下条件：

1. 热爱教育事业，具有良好的职业道德，有较强的工作责任心，为人师表，关心学生成长成才。

2. 准确把握学校发展定位，熟悉专业人才培养目标、培养规格以及课程设置等，熟悉学校教育教学管理有关制度，关注专业的社会需求和学生就业、深造等问题。

3. 拥有较高的专业水平，有较丰富的教学经验和一定的科研能力，一般应具有中级及以上专业技术职务或硕士学位。二级学院也可根据实际情况建立由高级职称教师牵头的学业导师组，助教等可参加导师组工作。

第二章 工作职责

第三条 学业导师的主要职责有：

1. 指导学生正确认识专业。将专业以及就业等内容对学生进行教育，帮助学生了解专业的培养目标、培养规格和要求等，增强学生专业学习兴趣与专业自信心。

2. 指导学生做好学业规划。根据学生学习基础、学习兴趣、个性特点以及特长等，有针对性地指导学生选择专业发展目标、制定中长期学习计划，指导学生确立就业、创业以及考研、留学等的发展目标,并帮助、督促学生逐步实施学业规划。

3. 指导学生进行专业学习。指导学生合理选课、安排学习进程,引导学生端正学习态度,养成良好的学习习惯,指导学生掌握科学的学习方法和技能,不断完善专业知识和能力结构,顺利完成学业。指导学生辅修第二专业和双学位。

4. 指导学生积极实践创新。指导学生积极进行专业实践、能力培养,根据专业特点,有针对性地指导学生参加学科和技能竞赛、申报大学生创新创业训练计划项目,参加科技创新项目和导师课题、专业社会实践等,引导学生积极投身创新创业活动。指导学生毕业论文(设计),引导学生在二、三年级提前进行毕业论文(设计)选题,提前进行准备和研究。

5. 对学习出现困难的学生进行指导,帮助其分析原因,提出改进措施,确立努力方向,对受到学业预警的学生给予帮助,制定课程重修计划,落实学业帮扶措施。关心学生的生活和心理状态,与学生多谈心交流,帮助学生化解成长中的困惑。

6. 其他方面需要指导与帮扶的职责。

第三章 遴选与聘任

第四条 符合学业导师任职资格、愿意担负导师职责的我校所有教师均可申请或受聘担任学生学业导师。

第五条 学生学业导师聘用以学生所在学院为单位进行聘任,学院可以从本学院选聘,也可以从其他学院或科研机构、机关等部门选聘。跨单位选聘的,需经所聘教师所在单位同意。

第六条 学生学业导师的配备采取学院委派或学生自主选择两种方式进行,学校鼓励学业导师和指导学生"双向选择"。愿意承担学业导师工作任务的教师,也可向学院主动进行个人自荐。

第七条 学生学业导师的选聘在新生入学后的第一个学期完成,各学院完成学生学业导师的选聘工作后,报教务处、人事处备案后执行。

第八条 学校实施全程学业导师制,聘任的学业导师负责指导学生的大学全程学习,聘任后原则上不予调整。确有特殊情况需要调整的,学业导师或学生可提交书面申请,学院研究后予以调整,并将调整的结果于每学期期末集中报教务处和人事处备案。

第九条 学业导师指导学生原则上每级不超过10人,师资数量确实受限的,数量可适当放宽。

第四章 管理与激励

第十条 二级学院要从本单位的专业特点、师资力量、学生状况等实际情况出发,制定学业导师工作实施细则,把学业导师制工作落到实处,并确保取得实效,原则上每位学生都要配备学业导师。

第十一条 符合学业导师资格的教师都有义务承担大学生学业指导工作,受学院委派或聘任后都要积极承担学业指导任务,履行学业导师职责。

第十二条　学业导师指导工作采取定期指导与分散指导相结合的方式进行。每学期定期集中指导至少2次,每学年不少于4次,分散指导根据具体情况实施。

学业导师需要加强指导过程管理,做好资料积累。集中指导要有主题和记录,分散指导要注意记录指导时间、方式、指导内容,通话、邮件、QQ、微信等交流、指导信息要注意留存。

第十三条　二级学院要建立学业导师工作档案,定期讨论学业导师工作,每学期至少召开一次会议,以通报信息,研究问题,交流经验。

第十四条　学校设立优秀学业导师称号,对工作表现突出、成效显著、备受学生好评的学业导师学校给予表彰和奖励。被评为优秀学业导师的教师,在年度考核、评奖评优、岗位评聘、职称评审时,予以优先考虑。优秀学业导师原则上按每学年学业导师数量的25%确定,从学院推荐的优秀名单中复评产生。

第十五条　学校根据学业导师工作的具体落实情况,组织召开学生座谈会或工作经验交流会,并每学年评选一次学业导师工作优秀学院。优秀学业导师、优秀学业导师工作学院一般于每年的6、7月份进行评审。

第十六条　学业导师制是学校育人工作的一个重要组成部分,是教师高尚师德师风的重要体现,是每一位教师应尽的职责和义务,对于承担学业导师任务而不认真履行职责的教师,学生反映比较强烈的,取消学业导师资格。

第五章　附　　则

第十七条　本办法由教务处负责解释,自2017级学生起执行。其他年级学生可参照执行。

巢湖学院教师教学质量考核实施办法(修订)

校字〔2017〕173号

教学质量是高等教育的生命线,提高质量是高等教育改革和发展的核心任务。为认真贯彻落实安徽省教育厅《关于做好省属高校教师教学质量考核工作的指导性意见》(皖教人〔2011〕4号)等有关文件精神,推动教学改革和研究,切实提高教学质量,规范教学质量考核工作,结合学校实际,特制定本办法。

第一章　指导思想

第一条　建立较为科学的教学质量评价体系,形成有效的考核评价机制,激发和引导教师重视教学工作,改善教学方法,提高教学质量。

第二条　完善教学质量监控体系和运行机制,提高教学管理工作的规范化、制度化和科学化水平。

第二章 考核对象与内容

第三条 教师教学质量考核的对象为学校所有在编在岗从事教学工作的专任(含双肩挑)教师和实验技术人员(以下统称"教师")。外出进修、攻读学位等教师,只要讲授一门完整课程的,原则上都要参加考核。外聘教师参照执行,单独考核,不计入参加考核教师总人数。

第四条 教师教学质量考核是指学校组织对教师教学过程及其结果是否达到一定质量要求所做出的价值判断,是对教师进行年度考核的重要组成部分。教学工作是学校的中心工作,教师教学质量考核坚持以教师的课程教学为主,同时综合考虑教师的职业道德、岗位职责、教学研究等方面。

第三章 考核方式

第五条 教师教学质量考核的评价主体分为四个方面,即学生评价、教研室评价、学院评价、学校评价。

1. 学生评价:学生评价以学生期末网上集中评教为主,参考学生平时过程评教和学生教学信息员的评价等。学生网上评教工作按照学校有关管理办法组织实施。

2. 教研室评价:教研室评价由教研室主任主持,对教师的教学材料、教学过程、教学管理、教学效果以及教学改革与研究等方面进行综合评价。对有些课程的评价难于把握时,可跨教研室组织相关学科专业的教师对任课教师的教学质量进行评价。

3. 学院评价:学院评价由学院教师教学质量考核小组组长主持,根据本单位教师教学质量考核实施细则,结合学校评价,以教学为中心,对教师的思想政治方向、职业道德、岗位职责、教学任务、教学工作量、教学效果、教学研究以及协助教学管理工作等方面进行综合评价。

4. 学校评价:学校评价由教务处组织实施,根据学校领导、教学指导委员会、教学督导组听课信息、学生教学信息员反馈的信息以及教学检查、教学巡查等渠道获得的信息等,对教师的教学质量进行综合评价。学校评价的结果反馈到各学院,作为学院对教师教学质量进行考核的重要依据之一。

第六条 教师教学质量考核总分为100分,由学生评价、教研室评价、学院评价三部分组成,三部分的权重系数分别为30%、30%、40%。

第四章 考核结果

第七条 根据省教育厅《关于做好省属高校教师教学质量考核工作的指导性意见》,教师教学质量考核每学年考核一次,结果分为优秀、良好、合格、不合格四个等次。其中优秀等次比例不超过参加考核教师总数的25%,合格和不合格比例不低于参加考核教师总数的15%。

第八条 考核为优秀的教师除考核总分在学院排名靠前外,还要综合考虑教师承担的教学工作量、教学实际效果、教学改革与研究以及质量工程建设等方面的业绩。

第九条 对违反《高等学校教师职业道德规范》(教人〔2011〕11号)、师德低下,或出现严重及以上教学事故者,按照有关规定,考核定为不合格。凡在考核年度内,发生一般教学事故两次(含两次)以上的,不得定为良好及以上等级。

第五章 组织实施

第十条 为保证教师教学质量考核科学而有效地实施,学校成立教师教学质量考核领导组,考核领导组组长由校长担任,副组长由分管教学的副校长担任,领导组办公室设在教务处。考核的各项工作由教务处负责组织。

第十一条 教师教学质量考核以教师所在学院为单位进行。各学院相应成立教师教学质量考核小组,院长任考核小组组长,分管教学副院长任副组长,教研室主任等为小组成员。也可根据需要和实际情况,聘请师德高尚、教学水平高的教师为考核小组成员。考核小组人数一般应控制在7~11人。各学院根据具体情况,负责制定本单位的教师教学质量考核实施细则,报学校领导组办公室备案后实施。

第十二条 教师教学质量考核分上、下两个学期进行,考核时间一般应在每学期考试结束后两周内完成。学校教师教学质量考核一般在每年7月中旬完成,各学院将考核结果汇总后,按得分由高到低排序,并报送教务处。8月底前,学校将教师教学质量考核结果报省教育厅人事处、高教处。

第十三条 教学质量考核坚持以课程教学为中心,讲授课程的所有教师都要进行考核。教师教学质量考核按课程归属进行考核,双肩挑人员按讲授课程归入课程所在学院考核。对于跨学院授课的,归入一个学院考核,不得在不同学院重复考核上报。

第六章 原则要求

第十四条 教师教学质量考核涉及学校、学院和教师个人多方面利益,为做到客观公正,考核时须遵循以下原则:坚持公开公平公正原则;坚持有利于学生培养和教学质量提高原则;坚持分层次和分类别相结合原则;坚持定量考核和定性考核相结合原则;坚持日常考核与学期学年考核相结合原则;坚持课堂理论教学和实验、实训教学考核相结合原则。

第十五条 教师教学质量的考核要坚持标准,严格程序,规范操作,确保质量,防止教学质量考核走过场,不断提高考核工作的科学性和实效性。教师教学质量考核在注重质的基础上,也要突出教学工作量的要求;在注重常规教学方式方法的基础上,也要突出教学改革和创新性的要求。

第十六条 教师教学质量的考核要公开透明,阳光操作,确保考核结果的客观公正,考核结果须公示5个工作日。教师对考核结果持有异议的,可按规定程序,及时向学院考核小组申请复核。学校也可根据需要,组织对各学院教师教学质量考核工作进行检查,听取意见。

第七章　考核管理

第十七条　教师教学质量是衡量一个教师的师德师风、岗位职责、教学水平、教学效果、教学研究以及学校办学水平等的重要标准。教师教学质量考核是教师年度考核的重要组成部分,与教师职称评审、评奖评优等挂钩。

第十八条　学校实行教学质量考核一票否决制。连续两学年教学质量考核结果为不合格的教师,暂缓安排其教学任务。各学院要根据教学质量考核的结果,及时制定整改措施,帮助教师提升教学水平。

第八章　附　　则

第十九条　本办法自发布之日起实施,由教务处负责解释。原《巢湖学院教师教学质量考核实施办法(试行)》(院字〔2012〕22号)同时废止。

巢湖学院中青年教师社会实践实施办法

校字〔2017〕174号

为提升学校师资队伍建设水平,促进教师参加社会实践,强化教师专业应用能力,根据安徽省教育厅、中共安徽省委组织部、安徽省财政厅、安徽省人力资源和社会保障厅《关于实施高校青年教师社会实践计划的意见》(皖教人〔2013〕4号)等文件精神,结合学校实际,特制定本办法。

一、**选派对象**

学校选派赴企事业单位及政府部门进行社会实践的教师应符合以下条件:

1. 具有良好的思想品德和政治素养。
2. 近五年没有企事业单位、政府部门相关社会实践经历的45周岁以下在编教师。
3. 实践单位要求的其他条件。

二、**实践安排**

1. 实践类型。主要包括校外单位安排的社会实践计划(政府部门、行业协会和相关单位等)、学校、学院安排联系以及教师个人联系的社会实践计划。鼓励各学院依托学校各类产学研合作基地、学生实习(实训)基地等平台,组织开展教师社会实践工作。

2. 实践形式。社会实践的形式分为脱产、半脱产(兼职)两类。脱产实践时间累计不少于6个月,半脱产实践时间累计不少于12个月。鼓励教师利用节假日和不影响正常教学工作的其他时间进行社会实践。

3. 人员安排。每年按所在学院45周岁以下在编教师人数的30%左右进行择优选派。有社会实践相关项目建设任务者优先考虑。

三、实施流程

1. 计划核定。教务处根据学校工作需要，核定年度社会实践选派计划。

2. 信息发布。教师所在学院根据年度工作安排，结合产学研过程中联系的企事业单位等，将相关实践信息发布并组织报名。

3. 个人申请。有意实践的教师根据发布的实践信息，向所在学院提出实践申请，并填写《巢湖学院中青年教师社会实践申报书》。

4. 学院审核。所在学院会同接收社会实践的企事业单位等，按要求对申请人进行审核、遴选，确定最终人选。

5. 学校备案。所在学院将年度实践安排、拟选派实践人员名单、实践单位、过程管理与考核方案等有关材料报教务处备案。

6. 入职实践。教师按要求办理入职手续开展社会实践。

四、相关待遇

1. 实践期间，实践教师的人事关系不变，工资、福利、待遇、岗位与其他校内在职教师同等对待，正常发放岗位津贴。脱产实践期间，承认额定教学工作量（不计算课时补贴）。学校对实践教师给予补贴，脱产实践的教师每人每月600元，半脱产实践的教师每人每月300元，用于实践期间的交通和生活补贴。

2. 依托学科建设、质量工程项目等开展社会实践的，可以按项目建设计划从相关经费支出，享受出差补助并超过补贴标准的，不重复资助。

3. 若校外单位有实践专项经费，学校按相关管理规定执行，学校资助按就高原则，不重复资助。

五、日常管理

1. 教师在社会实践期间，由所在学院和实践单位实行双向管理。

2. 所在学院要适时与实践单位进行沟通联系，帮助落实实践计划，督促检查社会实践情况，并做好相关服务工作；实践教师应明确具体实践任务，实践前要制定具体的实践计划，并定期向所在学院汇报社会实践情况；实践期间，实践教师要填写实践日志。

3. 学校对选派的实践教师、实践单位及具体实践岗位等信息，在校内进行公示，接受监督。坚决杜绝"空挂、假挂"现象，一经发现，学校将追回所有补贴，并追究实践相关人员责任。

六、成效考核

社会实践结束后，实践教师需撰写社会实践报告，接受实践考核，考核结果分为优秀、合格和不合格。实践教师的考核必须达到合格以上，考核不合格者，取消实践期间的补贴，按无实践经历处理。

1. 考核程序

（1）"合格"考核。社会实践结束后1个月内，教师填写《巢湖学院中青年教师社会实践"合格"考核申请表》，由教师所属学院组织"合格"考核，考核结果经教务处复核认可后备案。分阶段安排实践的，应在每阶段结束后1个月内开展阶段性考核并达到"合格"要求，否则不计入累计实践时间。为保证效果，学校将对实践过程和成果组织随机抽查。

（2）"优秀"考核。社会实践结束2年内，教师填写《巢湖学院中青年教师社会实践"优秀"考核申请表》，经学院审核推荐，由教务处会同人事处、科技处等部门联合组织"优秀"考核，考核结果报请校长办公会审议通过。

实践成果和考核结果予以公示，有弄虚作假行为的，一经查实，按学术不端有关规定严肃处理。

2. 评价标准

（1）实践计划的针对性和可行性。社会实践应坚持目标导向和成果导向原则，实践计划应具有明确的针对性，符合学院学科专业和应用型课程建设等的现实需求，符合教师专业发展的自身需要，符合学校培养应用型人才的发展方向。工作计划应具有现实可行性。

（2）工作日志的真实性和科学性。实践日志应真实可信并与工作计划相符；有明显调整的，必须做出相应说明。

（3）计划目标的层次性和明确性。教师在填写《巢湖学院中青年教师社会实践申报书》"计划目标"时，必须包含"中期目标"和"后期目标"。

"中期目标"是指社会实践（阶段）结束时应实现的目标，应突出"问题导向"，根据学院基层学术委员会的统筹安排制定。学院在组织申请审核、"合格"考核时，必须以此为依据，考察该教师社会实践目标任务是否符合学院发展需求、是否完成既定目标。

"后期目标"是指因成果整理、项目申报、文章发表、专利申请等客观原因造成可预期目标延期实现，周期一般定为实践结束后2年内；主要作为教师申请"优秀"考核的成果条件。

所有目标成果必须与该次社会实践计划已经确定的内容密切相关，成果形式相对明确，具备可操作性和可考核性。

3. 申请"优秀"考核的主要成果条件

实践达到下列目标中2项及以上可申请"优秀"考核，最终"优秀"指标一般不超过当年度申请人数的25％。同类项目就高不就低，等次较低的项目可列入附加材料供评审专家参考，不重复计入申请必要条件。

（1）申报获批校级及以上应用型课程类项目1项；
（2）申报获批校级及以上校企合作类项目1项；
（3）申报获批校级及以上校企合作科研项目1项；
（4）发表符合实践计划内容的三类及以上论文2篇；
（5）申请获批专利1项；
（6）由实践单位鉴定、推荐的技改成果或咨询报告1项；
（7）参加由实践单位组织或推荐的培训并获得相应合格证书1项；
（8）所属学院基层学术委员会认可推荐的其他重要成果。

七、结果运用

企事业单位与政府部门的实践经历、成效与教师申请出国研修、岗位聘任、职称评审、项目申报等挂钩。

八、相关要求

1. 教师赴企事业单位、政府部门社会实践，主要是在实践中了解实践单位的生产流程、技术设计及研发过程等，参与实践单位的管理和技术等工作；联合开展专项课题研究，积极申报科研项目等工作；为实践单位提供决策咨询、业务培训等服务。

2. 教师在实践期间,应遵守实践单位的各项规章制度,服从工作安排,真正实现实践自身、建立关系、加强沟通、服务实践单位的目的。

3. 近五年已有1年以上企事业单位专业实践工作经历并且能够胜任实践性较强的课程教学,以及有过专业对口的科技特派员等工作经历,经认定可视为具有企事业单位社会实践经历。

4. 实践时间在3个月及以上的,回校后一个月内需为相关专业教师和学生做一场专业社会实践报告。

5. 脱产实践结束后的服务期参照学校关于教师进修培训的有关规定执行。

九、附则

本办法自颁布之日起实施,由教务处负责解释。原《巢湖学院中青年教师实践能力培养实施办法》(校字〔2016〕41号)同时废止。

巢湖学院考试管理办法

校字〔2017〕175号

为规范考试管理,严肃考试纪律,保证公平、公正和良好的考试秩序,参照《国家教育考试违规处理办法》(教育部令第33号),结合学校实际,特制定本办法。

第一章 考试组织

第一条 为提高考试工作的效率和针对性,学校考试分学校组织的全校统一考试(以下简称"学校统考")和二级学院组织的学院统一考试(以下简称"学院统考")两个层面,学校统考和学院统考都属于学校考试。

第二条 学期期末考试一般以学校统考和学院统考两种形式进行,学校一般统考3门课程,主要为专业主干或核心课程及量大面广的公共课程,其余课程考试由各学院进行组织实施。各学院组织的期末考试安排(含巡考安排)须于考试前3个工作日报教务处备案。

第三条 非期末课程结束后的考试,一般由学院组织实施,考试安排(含巡考安排)须于考试前3个工作日报教务处备案。

第四条 学校实行教考分离制度,每学期学校根据实际情况在考试课程中选取部分课程,实行教考分离。

第二章 考 生

第五条 考生要在考试规定开始时间前15分钟进入考场,根据座位号或监考教师安排,在指定位置就座,并将身份证、学生证(或校园一卡通)、考试证放在桌面右上角备查。无证件者、迟到15分钟以上者,不得参加考试,按旷考处理。

第六条 除必要的文具或开卷考试所允许携带的工具书、参考书、笔记等外，所有书籍、笔记、纸张等不得带入考场，已带入考场的，要放在监考教师指定的位置。不得携带移动电话、电子记事本等设备参加考试，已带入考场的，要关闭电源，交由监考教师统一保管。某些考试科目经任课教师允许可使用普通计算器，但不许使用有记忆贮存功能的计算器。

第七条 考生的试题、答卷、草稿纸等由监考教师统一发放，并在考试结束时统一回收，试题、答卷、草稿纸等一律不准考生带出考场。

第八条 考生应保持考场安静，遵守考试秩序，在考试过程中如有试题字迹不清、试卷分发错误等情况，应举手示意，请监考教师处理。

第九条 考试开始30分钟后，方可交卷出场。未经监考教师同意擅自离开考场的，不得重新进入考场继续考试。考试结束前15分钟，考生一般不得交卷出场。考生交卷后应立即离开考场，不得在考场周围或考区内逗留、喧哗。

第十条 考生在考试规定时间前答完试卷，应举手示意监考教师，监考教师清点完毕并同意后方可离开。监考教师宣布考试结束时，考生应立即停止答卷，将试卷按要求整理好，在座位上等待监考教师收卷清点，监考教师宣布可以离开时方可离开考场。

第十一条 考生应严格遵守考试纪律，诚信考试，凡违反考场纪律的、不服从监考教师安排的，监考教师（或巡考人员）如实填写《考场记录》（或《巡考记录》），记录实际情况。

第十二条 学生不能如期参加课程考试，应当按规定，在考试进行之前向所在学院提出申请，经学院签署意见，报教务处审批后缓考。凡未在开考前申请或申请未经批准而不参加考试的，一律以旷考论处。

第十三条 考生不遵守考场纪律，不服从考试工作人员的安排与要求，有下列行为之一的，认定为考试违纪：

（一）携带规定以外的物品进入考场或者未放在指定位置的；

（二）未在规定的座位参加考试的；

（三）考试开始信号发出前答题或者考试结束信号发出后继续答题的；

（四）在考试过程中旁窥、交头接耳、互打暗号或者手势的；

（五）在考场或者教育考试机构禁止的范围内，喧哗、吸烟或者实施其他影响考场秩序的行为的；

（六）未经考试工作人员同意在考试过程中擅自离开考场的；

（七）将试卷、答卷（含答题卡、答题纸等，下同）、草稿纸等考试用纸带出考场的；

（八）用规定以外的笔或者纸答题或者在试卷规定以外的地方书写姓名、考号或者以其他方式在答卷上标记信息的；

（九）其他违反考场规则但尚未构成作弊的行为。

第十四条 考生违背考试公平、公正原则，在考试过程中有下列行为之一的，认定为考试作弊：

（一）携带与考试内容相关的材料或者存储有与考试内容相关资料的电子设备参加考试的，在桌面、墙壁等地方书写与考试内容相关信息的；

（二）抄袭或者协助他人抄袭试题答案或者与考试内容相关的资料的；

（三）抢夺、窃取他人试卷、答卷或者胁迫他人为自己抄袭提供方便的；

（四）携带具有发送或者接收信息功能的设备的；
（五）由他人冒名代替参加考试的；
（六）故意销毁试卷、答卷或者考试材料的；
（七）在答卷上填写与本人身份不符的姓名、考号等信息的；
（八）传、接物品或者交换试卷、答卷、草稿纸的；
（九）其他以不正当手段获得或者试图获得试题答案、考试成绩的行为。

第十五条 在考试过程中或者在考试结束后发现下列行为之一的，认定相关的考生实施了考试作弊行为：
（一）通过伪造证件、证明、档案及其他材料获得考试资格、加分资格和考试成绩的；
（二）评卷过程中被认定为答案雷同的；
（三）考场纪律混乱、考试秩序失控，出现大面积考试作弊现象的；
（四）考试工作人员协助实施作弊行为，事后查实的；
（五）其他应认定为作弊的行为。

第十六条 考生及其他人员应当自觉维护考试秩序，服从考试工作人员的管理，不得有下列扰乱考试秩序的行为：
（一）故意扰乱考点、考场、评卷场所等考试工作场所秩序的；
（二）拒绝、妨碍考试工作人员履行管理职责；
（三）威胁、侮辱、诽谤、诬陷或者以其他方式侵害考试工作人员、其他考生合法权益；
（四）故意损坏考场设施设备；
（五）其他扰乱考试管理秩序的行为。

第三章　监考教师

第十七条 监考教师是组织、实施考试工作的具体责任人，是所在考场考试工作的组织者和监督者，是考试实施真实有效的见证人。监考教师要有高尚的职业道德和高度的责任心，熟悉考试规则和监考业务，既要关心爱护考生，又要敢于维护考试纪律。监考教师要对学校、考生和考试工作负责。

第十八条 监考是教师应尽的职责和义务，每学期学校在编教师有教学任务的都要履行监考任务（监考安排在学校教务系统查阅），非学校在编的外聘教师不安排监考任务。教师有特殊情况不能履行监考任务，需要提前向所在学院或授课课程归属学院提出申请，报教务处审批。

第十九条 监考日程一经确定，监考教师不得随意调换监考教师，特殊情况不能按日程监考的，应提前申请调换，经学院同意，报教务处备案，否则视为擅自更换监考教师，按学校有关规定处理。

第二十条 监考教师必须佩戴监考证。监考教师应在开考前20分钟到达考场，检查、清理考场，并根据情况，指导考生按指定的位置就座，或给考生重新编排座位，向考生宣布考场纪律和有关注意事项，引导学生将书包、书籍、笔记等物品放在指定位置，核对应考人数和实考人数。

第二十一条 监考教师应当众将试题拆封或开启试卷,按规定提前5分钟发卷。

第二十二条 监考教师应严格执行考试纪律,对迟到15分钟及以上的考生,不允许其进入考场,开考后30分钟方可允许学生交卷离场。监考教师要认真核对准考证、学生证和考生班级、姓名等信息,如有不符,应及时核实或向考试工作人员反映。监考教师对有违纪、作弊等苗头的考生要及时制止,提出警告,对不听劝告的考生,要终止其考试,并准确记录其违纪、作弊的行为,留存相关证据。对于考试违纪或作弊的考生,监考教师应要求其签字确认,对拒不签字的,同考场监考教师签字确认,并及时报告考试工作人员。

第二十三条 监考教师应熟悉学校有关考试纪律并严格执行,在考试过程中忠于职守,认真履行职责,维持考场秩序。监考时不得做任何与监考无关的事情,不得看书看报、不得玩手机、不得聚集交谈、不得擅离考场、不得给学生暗示答案等,也不要在考场内频繁走动。

第二十四条 考试期间,监考教师不要过多、过长时间地检查某一考生的答题情况,以免干扰其答卷。监考教师对试卷印刷不清楚之处的提问,应当众答复,对试题内容不得做任何解释。试题如有更正,应告知全体考生。

第二十五条 考试结束后,监考教师应要求考生立即停止答卷,清点无误后,方可允许考生退场。

第二十六条 监考教师要如实填写《考场记录》,记录考试情况,包括考场纪律、考生违纪与作弊行为、学生大面积提前交卷等情况。《考场记录》一式两份,一份随试卷返回课程所在学院,一份于考试结束后统一交到考区考试工作人员处。考试过程中如有特殊情况,要及时向学院、教务处、巡考人员等报告,并做好记录,保留好相关证据。

第四章 考试违规处理

第二十七条 考生考试违纪、作弊或有其他不遵守考试纪律的行为,根据学校学生管理规定、学籍管理规定等文件进行处理。违反《中华人民共和国治安管理处罚法》的,交由公安机关进行处理;构成犯罪的,由司法机关依法追究刑事责任。

第二十八条 对监考教师不认真履行职责,擅离职守,或私自调换监考,或在考场做与监考无关的事,或对考场上的违纪作弊行为不加制止,或不如实记录有关事实等行为的,一经查实,视情节给予批评或纪律处分。对履行职责不认真的监考教师,学校取消其监考资格。

第二十九条 任课教师、考务工作人员、监考教师在考试工作中有失职行为或违反教学管理规定和考试纪律的,按照学校教学事故等有关文件规定给予处理或处分。对出现大规模作弊或考场秩序混乱的考场,根据有关规定,对责任人员进行从重处罚。

第五章 有关要求及说明

第三十条 为保证考试顺利进行,各学院应按要求提前将试卷送达指定地点或考场,未按时间送达,而影响考试正常进行的,按学校有关规定处理。

第三十一条 学校建设了标准化考场,考试期间标准化考场启用,考生、监考教师、考试工作人员等除遵守考试纪律、履行考试职责外,还要注意行为规范。

第三十二条 巡考工作是考试的重要组成部分,巡考人员要认真履行岗位职责,按要求进行巡考,并做好巡考记录。

第三十三条 学校实行考风通报制,考试结束后一个工作日内即对前面考试情况进行考风通报,各学院、相关部门要认真对待考风通报,对通报中提出的问题要及时进行整改。

第三十四条 监考是学校教育教学工作的重要组成部分,教师应积极履行监考任务,承担监考工作量,监考工作量纳入教师教学考核。双肩挑人员根据授课情况,也要承担一定监考工作量,巡考人员巡考场次视同监考工作量。

第三十五条 界定监考教师是否迟到、试卷是否按时送达等,时间一律以本办法规定的提前时间为准(如八点半考试,提前二十分钟,即八点十分是界定是否按时的时间标准)。

第六章 附 则

第三十六条 本办法适用于学校组织的各类考试,符合《国家教育考试违规处理办法》规定的国家教育考试,还按《国家教育考试违规处理办法》处理。各类课程考查,相关内容参照本办法执行。

第三十七条 本办法自发布之日起执行,由教务处负责解释。原《巢湖学院监考教师守则》(院字〔2002〕29号)和《巢湖学院考场规则》(院字〔2002〕46号)同时废止。

巢湖学院听课管理实施办法(修订)
校字〔2017〕177号

为全面、客观地了解和掌握课堂教学动态,倾听师生对教学工作的意见,及时解决教学工作中存在的问题,进一步健全教学质量监控与保障体系,不断提高教师教学水平和教学质量,根据学校实际,特制定本实施办法。

第一章 听课人员与听课数量

第一条 学校领导带头坚持听课,每学期听课不少于6课时。

第二条 学校教学指导委员会成员每学期听课不少于8课时;教务处及各学院副处级以上领导每学期听课不少于8课时。

第三条 各学院教研室主任、实验室主任以及教务处教学质量管理科长、教务科长、教学研究科长、实践教学科长每学期听课不少于10课时。

第四条 教学督导(含学校和学院二级教学督导,以下同)、青年教师导师等听课数量按学校相关文件执行,其他与教学联系紧密的业务部门或科室也应积极听课,辅导员(班主任)也要根据实际情况深入课堂听课。

第二章 听课范围、方式与内容

第五条 学校每学期开设的所有课程都属于听课范围,听课主要分为调研性听课、检查性听课、鉴定性(评估性)听课以及为了解和掌握教学情况的日常听课几类。

第六条 听课方式以随机、随堂为主,听课前一律不预先通知授课教师;也可根据需要和工作安排有重点或有针对性地听课。

第七条 听课主要内容包括教学管理、教学实施、教学环境几大方面:

(一)教学管理:主要包括教师是否按要求考勤、加强教学管理,以及学生是否有旷课、迟到、早退等现象,上课是否遵守课堂纪律、认真听讲、动手实践等方面。

(二)教学实施:主要包括教书育人、教学内容、教学组织、教学态度、教学方法、教学效果以及课外辅导、课后作业等方面。

(三)教学环境:主要包括教室(实验、实训室)环境卫生、灯光照明、教学设备等以及其他影响教学的情况。

第三章 听课基本要求

第八条 听课人员每学期听课前应做好安排,听课时间尽可能分散到整个学期,避免期中或期末集中听课;尽可能扩大听课范围,兼顾到理论和实践课以及不同年龄段的授课教师。

第九条 听课人员每次听课后应认真填写"巢湖学院听课记录本",给出评语和分值(或等级),并及时与授课教师交换意见。听课过程中如发现教风、学风以及教学设备等方面的问题,应及时向教务处、相关部门及学院反馈。

第十条 学校实行听课公示制度,每两周公示一次。学校领导、教指委成员以及相关业务科长听课后直接将听课信息反馈至教务处质量管理科,教学督导听课后以教学督导组为单位反馈至教务处质量管理科,其他各类人员听课后以学院为单位将听课信息反馈至教务处质量管理科。期末教务处汇总一学期听课结果后向全校公布。

第十一条 学校加强听课档案管理,各学院副处级以上领导和教研室主任、实验室主任以及其他归学院管理的人员听课记录本交由所在学院归档(二级学院领导兼教指委成员的交由学院归档),学校领导及其他人员听课记录本统一交由教务处教学质量管理科分类归档。

第四章 听课管理及结果运用

第十二条 听课制度是学校教学质量监控与保障体系的重要组成部分,听课人员应高度重视听课,对被听课教师给出客观的评价,被听课教师应虚心接受听课和指导,不断改进教学,加强教学管理,提高教学水平。

第十三条 所有人员听课结果纳入教师教学质量考核，学校领导、教指委成员、教学督导三类听课人员听课结果作为学校评价，反馈至各学院作为教师教学质量考核的重要依据之一，其他人员听课，按课程归属由各学院纳入教师教学质量考核，作为教师教学质量考核的依据之一。

第五章 有关要求和说明

第十四条 各学院应根据自身情况制定本单位的听课制度，积极开展教学研究，交流教学方法，提升教学效果，提高教学质量。每学期分期中、期末两次及时对听课情况进行汇总、分析、总结。

第十五条 各类课程的评价标准参照《巢湖学院本科教学主要环节质量标准》执行，理论教学、实验教学、实训教学课标准及分值见附件。

第十六条 学校领导带头，各部门、各单位要严格执行听课制度，按要求完成听课任务。

第十七条 本办法自发布之日起执行，由教务处负责解释。原《巢湖学院听课制度若干规定》（院字〔2004〕177号）同时废止。

巢湖学院学生学业预警实施暂行办法

校字〔2017〕178号

为进一步加强学风建设，落实以生为本理念，增强学生学业管理的针对性和时效性，发挥学校、学生、家庭三方结合的育人功能，促进学生更好成长、成才，根据《巢湖学院学年学分制学生学籍管理办法》（院字〔2013〕137号）、《巢湖学院学士学位授予工作实施细则》（院字〔2013〕138号）等有关文件精神，结合学校实际，特制定本办法。

第一章 学业预警性质

第一条 学业预警是学校针对少数学生不能正常完成学业的情况，及时提醒学生本人并告知学生家长事实及可能出现的不良后果，以便学校、学生、家庭三方共同努力，及时采取措施，帮助学生顺利完成学业的一种教育和干预手段。

第二章 学业预警对象

第二条 学业预警的对象是指因学习成绩、上课考勤以及遵守纪律等原因而可能留级、退学以及不能如期毕业、获得学位的学生。

第三条 学业预警分为一般预警、留级预警、退学预警、毕业与学位预警四类。

（一）一般预警

1. 一学期课程考核 3 门以上不及格（含补考、缓考）的；
2. 一学期所修全部课程平均学分绩点低于 2.0 的；
3. 因考试违纪、作弊以及上课考勤等原因需要进行预警的；
4. 因其他事项需要提出学业预警的。

（二）留级预警

1. 一学期所修全部课程门数 40% 以上不及格（含补考、缓考通过课程）的，或一学期获得学分（含补考、缓考通过课程）低于所修全部课程总学分 60% 的；
2. 因其他事项有可能留级而需要提出留级预警的。

（三）退学预警

1. 一学期所修全部课程门数 60% 以上不及格（含补考、缓考通过课程）的，或一学期获得学分（含补考、缓考通过课程）低于所修全部课程总学分 40% 的；
2. 接近学校规定的最长学习年限仍未完成学业的；
3. 因未履行申请延期毕业或结业手续等原因需要提出退学预警的；
4. 因其他事项有可能退学而需要提出退学预警的。

（四）毕业与学位预警

1. 接近基本学制期满仍可能不完成学业的；
2. 接近基本学制期满所修课程平均学分绩点可能低于 2.0 的；
3. 因其他事项可能不毕业或不能获得学位需要提出毕业或学位预警的。

第四条 学生因违反学校学生管理规定等原因受到纪律处分而影响正常毕业、获得学位的，根据实际情况，参照上述预警类型，提出预警。

第三章 学业预警程序

第五条 学生学业预警工作由教务处、学生处负责组织，各学院负责具体落实。

第六条 进入学业预警范围的学生，各学院应安排学生所在班级辅导员或班主任，以学院名义向预警对象下达《巢湖学院学业预警通知书》。

第七条 《巢湖学院学业预警通知书》一式四份，学生本人签字确认后的第一份学院留存，第二份送达学生本人，第三份寄达学生家长，第四份为家长反馈联，反馈回来后连同第一份由学院存档。

第八条 学业预警一般安排在学期末或学期初补考、缓考工作结束后。根据实际情况和工作需要，学期过程中也可有针对性开展学业预警工作。各学院也可根据实际情况和工作需要，依据本办法适时开展学业预警工作。

第四章 学业预警工作要求

第九条 各学院应高度重视学业预警工作，把学业预警作为教风学风建设的重要内容，加强管理，责任到人，注重过程材料的积累和保存。

第十条 各学院完成与预警对象的首次谈话和预警告知工作后,应及时与学生、家长联系,组织教育引导与帮扶工作,并持续跟踪,督促学生完成学业。

第十一条 对于提出预警的学生,各学院要及时告知相关授课教师,授课教师要主动、经常与辅导员或班主任联系,及时沟通信息,密切配合,协同做好学业预警学生的学业咨询与学习指导等工作。

第十二条 学校对各学院学业预警工作开展情况定期或不定期进行指导、检查和考核。

第五章 附 则

第十三条 本办法适用于我校全日制在校学生,自发布之日起实施,由教务处、学生处负责解释。

巢湖学院学生网上评教实施办法(修订)

校字〔2017〕180号

学生网上评教是综合评价教师教学质量和帮助教师改进教学的重要方式。为了做好学生评教工作,增强学生评教的科学性和实效性,充分发挥学生评教在教学质量监控中的重要作用,进一步完善教学质量监控体系和运行机制,提高教学质量,根据学校有关规定,结合具体实际,特制定本办法。

第一章 指导思想

第一条 发挥学生在教学质量监控中的作用,进一步完善教学质量监控体系和运行机制。

第二条 学生网上评教重在以评促教、以评促管,旨在不断改进教学,切实提高教学质量。

第二章 评教主体、对象与类型

第三条 学生网上评教的主体是学校所有全日制在校生。

第四条 学生网上评教的对象为列入人才培养方案并开出的所有课程与承担该门课程教学任务的教师。

学生评教根据课程性质,实行分类评教,各类课程的评价标准参照《巢湖学院本科教学主要环节质量标准》。学生评教主要评价理论教学、实验教学、实训教学三类课程,根据需要,也可组织学生对课程设计、课程考核、实习、毕业论文(设计)等环节进行质量评价。

第五条 学生评教分平时过程评教和学期末集中评教两类。平时过程评教是学生在教学过程中，对教师授课及时提出意见和建议，作为授课教师、学院及时改进教学和加强教学管理，以及教师教学质量考核的参考。

第三章 工作职责

第六条 教务处职责。教务处在教务管理系统中开通学生网上评教子系统，全面负责学生网上评教的组织和实施工作，包括学生网上评教技术的提供和保障，学生网上评教指标体系的确定、调整与完善以及对相关工作人员的业务培训等。

第七条 二级学院职责。二级学院根据各专业人才培养方案与学生网上评教工作安排，负责本单位学生网上评教工作的具体组织与实施；负责分析、撰写本单位学生网上评教结果，并将分析结果及时报送教务处。

第四章 组织实施

第八条 学期末集中评教，时间一般安排在每学期的第十六周至第十七周。学生网上评教原则上要求授课班级的所有学生都要进行评教，最终参评率≥95%方为有效评教，各学院要采取积极有效的措施防止学生漏评。在规定的时间内，各学院根据实际情况，可组织学生集中评教，也可分散评教。

第九条 二级学院可成立专门的学生网上评教领导小组，负责本单位学生网上评教工作的宣传动员、组织实施和过程监控。网上评教领导小组要在学院教师教学质量考核领导小组的统一领导下开展工作。

第十条 教务处每学期对全校学生网上评教数据进行统计、分析，并将结果反馈给各二级学院和分管教学的学校领导，为学校教学管理和教学改革提供参考。

第五章 评教管理

第十一条 学生网上评教以教师讲授的课程为单位进行，每学期每门课程都要进行网上评教。讲授不止一门课程的教师，各门课程的平均分即为教师该学期的学生评教得分。

第十二条 平时过程评教，二级学院和授课教师登录教务系统自行查阅。期末集中评教结果按课程归属，向课程所在学院反馈。对评教结果有异议的，可在规定期限内向学院反映，报教务处复核。

第十三条 学生网上评教是考核教师教学质量的重要方式，评教结果作为二级学院对教师教学质量考核时学生评价的依据。对平时过程评教反映较差和期末集中评教排名处于末位的教师，二级学院应帮助授课教师分析原因，并要求写出书面的整改措施，进行整改。对期末集中评教连续三学期以上（含三学期）排名处于末位的教师，必要时二级学院应暂停安排其教学任务，经考核合格后再安排教学任务。

第六章 评教要求

第十四条 二级学院要高度重视学生网上评教工作,加强领导,精心组织,广泛、深入、细致地宣传动员,使学生了解评教指标的内涵,正确认识学生网上评教的意义。在教学过程和期末规定的时间内,及时组织学生在教务管理系统中,以用户名和密码的方式登录,进行网上评教。对于未完成期末集中评教的学生,教务系统将会对其选课、查阅课表等进行限制。

第十五条 学生要本着对教师负责、对自己负责的态度认真参加评教,自主、客观、公正、实事求是地评价每门课程和每一位任课教师。

第十六条 全体教师要充分认识学生网上评教工作的重要性与严肃性,认真组织课堂教学,正确对待评价结果。平时要充分利用各种平台和渠道与学生交流,及时沟通信息,改进教学,以最终达到以评促教、以评促管、教学相长、提高质量的目的。

第七章 附 则

第十七条 本办法自发布之日起实施,由教务处负责解释。原《巢湖学院学生网上评教实施办法(试行)》(院字〔2012〕20号)同时废止。

巢湖学院基层学术委员会工作规程(试行)

校字〔2017〕192号

第一章 总 则

第一条 为充分发挥基层学术委员会在学科建设、学术评价和学术发展等学术事务中的重要作用,尊重并保障其独立行使学术权力,规范其学术权力的运行,根据《巢湖学院学术委员会章程(修订)》(校字〔2016〕237号)制定本规程。本规程适用于各基层学术委员会。

第二条 基层学术委员会应当遵循高等教育规律,充分发挥教师在教学、学术研究和二级学院管理中的作用;坚持公平、公正、公开原则,保障和维护学术自由、学术民主,共同推进二级学院科学发展。

第二章 组成规则

第三条 基层学术委员会设置主任委员、秘书各1人,主任委员原则上应具有教授职称。

第四条 基层学术委员会委员数额一般为5~9人的单数。

第五条 基层委员会委员原则上应具备《巢湖学院学术委员会章程（修订）》第七条规定的条件。如确因人员条件限制，二级学院可向校学术委员会秘书处提出书面申请，经校学术委员会主任委员会议研究同意后，专业技术职务与学位条件可以放宽至"副教授兼具硕士学位"或"讲师兼具博士学位"。

第六条 所在二级学院的校学术委员会委员，原则上直接当选基层委员会委员。

第三章 职责与权限

第七条 基层学术委员会按照《巢湖学院学术委员会章程（修订）》和本规程的相关规定，独立行使本学院内部学术事务的决策、审议、评定和咨询等职权。

第八条 二级学院在以下事务决策前，须提交本学院基层学术委员会审议，或交基层学术委员会审议并直接做出决定：

（一）学科、专业及教师队伍建设规划，科学研究、对外学术交流合作等重大学术规划。

（二）本学院师资引进、考核的业务标准。

（三）学科专业设置，教学和科研改革的重大策略与措施，教学科研平台建设的标准，人才培养方案。

（四）学生毕业资格审定，学位授予事项。

（五）本学院认为需要提交审议或审议决定的其他学术事务。

第九条 二级学院实施以下事项，涉及对学术水平做出评价的，须由本学院基层学术委员会进行评定：

（一）向学校推荐教学与科学研究项目、成果及其奖励。

（二）向学校推荐高层次人才人选、推荐国内外重要学术组织的任职人选。

（三）向学校推荐教师中、高级职称评审人选。

（四）需要评价学术水平的其他事项。

第十条 二级学院做出以下决策前，应当通报基层学术委员会征求咨询意见：

（一）制定与学术事务相关的全局性、重大发展规划和发展战略。

（二）预算决算中教学、科研经费的安排和分配及使用。

（三）教学、科研重大项目的申报及资金的分配使用。

（四）开展中外合作办学，对外开展重大项目合作。

（五）各学院认为需要听取学术委员会意见的其他事项。

基层学术委员会对上述事项提出明确不同意见的，二级学院须做出说明、重新协商研究或者暂缓执行。

第十一条 基层学术委员会对涉及本学院教师、学生或者其他相关人员的学术不端和学术道德问题行为，负责组织进行调查和认定，对无法认定或调查确实有困难的，可提交校学术委员会调查和认定。

第四章 运行制度

第十二条 基层学术委员会实行例会制度，每季度至少召开1次全体委员会议。根据工作需要,基层学术委员会主任委员可以提议临时召开全体会议,商讨、决定相关事项。每年度末,以书面形式向校学术委员会报告年度工作。

第十三条 基层学术委员会主任委员负责召集和主持全体委员会议,全体会议须有 2/3 以上委员出席才能召开。

第十四条 基层学术委员会遵循民主集中制的组织原则,议事决策采取少数服从多数原则。重大事项表决经与会委员 2/3 以上同意,方可通过。

第十五条 基层学术委员会议事决策,可根据事项性质选择举手、无记名投票、实名投票方式表决。遇有紧急事项需要表决的,可采取通信表决。

第十六条 基层学术委员会议事决策实行回避制度,凡议决事项涉及委员本人或其直系亲属时,该委员须回避,不参加审议和表决。

第十七条 基层学术委员会做出的决定,须在本学院内予以公示。公示期内如有异议,征得半数以上委员同意后,可召开全体会议进行复议。复议后做出的决定不再复议。如仍有异议,可提交校学术委员会审议。

第十八条 基层学术委员会对学院内部重大学术事务所作出的决策或评定结论,党政联席会议如果认为不妥或无法执行,应建议重新决策或评定;如在重大学术事务上存在分歧而无法协调解决,可提交校学术委员会审议裁决。

第五章 附 则

第十九条 本规程未列举的基层学术委员会委员产生办法,依据《关于成立巢湖学院学术委员会专门委员会和基层委员会的通知》(校字〔2017〕47 号)执行。

第二十条 本规程未列举的其他议事规则以及议事纪律等,参照《巢湖学院学术委员会议事规则(试行)》(校字〔2017〕101 号)执行。

第二十一条 本规程自发布之日起施行。

第二十二条 本规程由校学术委员会秘书处负责解释。

巢湖学院学术委员会专门委员会工作规程(试行)

校字〔2017〕193 号

第一章 总 则

第一条 为充分发挥学术委员会各专门委员会在学术事务中的重要作用,尊重并保障其在校学术委员会授权下独立行使学术权力,规范其学术权力的运行,根据《巢湖学院学术委员会章程(修订)》(校字〔2016〕237 号)制定本规程。

第二条 各专门委员会是校学术委员会下设的决策、审议、评定和咨询有关学术事务的专门组织,在校学术委员会授权下,按照职责范围开展工作。

第三条　本规程适用于校学术委员会下设的各专门委员会。

第二章　组成规则

第四条　各专门委员会设置主任委员(主席)1人、副主任委员(副主席)1~2人。各专门委员会设置办公室,处理本专门委员会的日常事务,办公室主任原则上由相关职能部门负责人兼任。

第五条　各专门委员会委员数额,由校学术委员会秘书处根据实际情况拟定,报请校学术委员会全体委员会议审定。

第六条　各专门委员会委员中,校学术委员会委员不少于1/3。各专门委员会委员原则上应具备《巢湖学院学术委员会章程(修订)》第七条规定的条件;如确因工作需要,担任相关职能部门领导的专业技术职务与学位条件可以适当放宽。

第七条　各专门委员会委员的产生程序按照《巢湖学院学术委员会委员产生办法》(校字〔2017〕24号)执行。

第三章　各专门委员会职责与权限

第八条　教学指导委员会职责与权限。教学指导委员会在校学术委员会领导下,依据授权对学校本科教学建设、改革及教学管理工作中的重要学术事务进行决策、审议、评定和咨询。

(一)审议学校学科专业建设与发展规划、专业设置与调整办法。

(二)审定人才培养方案及人才培养质量考评方法。

(三)审定招生的标准、办法和拟申报的招生计划。

(四)审定各级各类本科教学工程项目的评审、遴选、推荐、结题验收、成果鉴定等办法及其他各类奖项的评审办法;评定提交教学指导委员会评审的本科教学工程项目及其他项目、奖项。

(五)审定教学实验室建设和实践教学基地建设规划。

(六)审定大型教学实验设备采购计划。

(七)审定教材建设规划,评选优秀校本教材。

(八)审定课程、专业评估标准与实施方案。

(九)审定学校教学管理有关规章制度。

(十)学术委员会授权的其他学术事务。

第九条　学位评定委员会职责与权限。学位评定委员会在校学术委员会领导下,依据授权审议、决定学位授予方面的事项。

(一)毕业资格终审。

(二)审议学士学位申请,并决定是否授予学士学位。

(三)作出撤销已授予学位的决定。

(四)调查处理与学位授予相关的举报、申诉等事项,并作出决定。

（五）审议学位授予的标准、规定和实施细则，提交校学术委员会审定，并负责有关条款的解释。

（六）向外推荐博士生、硕士生指导教师。

（七）学术委员会授权的其他学术事务。

第十条 职称评审委员会职责与权限。职称评审委员会在校学术委员会领导下，依据授权以及上级主管部门的相关规定，行使与专业技术职务评审、专业技术岗位聘用、人才引进、人才推荐等相关学术事务的决策、审议、评定和咨询职责。

（一）审议专业技术职务评审办法和工作方案。

（二）审议专业技术岗位设置办法和聘任的评价标准等，并提交校学术委员会审定。

（三）认定职评办提交的专业技术职务申报人员的业绩条件或教科研水平。

（四）评议认定学校引进高层次人才的学术水平。

（五）对师资队伍建设规划提出咨询意见或建议。

（六）学术委员会授权的其他事项。

第四章　运行制度

第十一条 各专门委员会根据校学术委员会的委托或工作需要适时召开会议，会议由主任委员或主任委员委托的副主任委员召集、主持，必须有2/3以上委员出席方能举行。

第十二条 专门委员会议事决策采取少数服从多数原则，可根据事项性质选择举手、无记名投票、实名投票方式表决，经与会委员2/3以上同意，方可通过。遇有紧急事项需要表决的，可采取通信表决。

第十三条 专门委员会议事决策实行回避制度，凡议决事项涉及委员本人或其直系亲属时，该委员须回避，不参加审议和表决。

第十四条 专门委员会议决重大事项若有重大异议或分歧，可由主任委员或1/3以上委员提议，提交校学术委员会议决。

第十五条 专门委员会议决涉及评优、评先、荣誉推选、限额申报等事项时，须以适当形式向全校师生公示议决结果，并明确相应异议期。

第十六条 各专门委员会议事规则和议事纪律，参照《巢湖学院学术委员会议事规则（试行）》（校字〔2017〕101号）的相关规定执行。

第十七条 各专门委员会向校学术委员会提交年度工作报告，并对校学术委员会提出的有关质询进行解释和说明。

第五章　附　　则

第十八条 专门委员会如进行调整，本规程将适时修订。

第十九条 本规程自校学术委员会批准发布之日起生效。

第二十条 本规程由校学术委员会秘书处负责解释。

巢湖学院科技成果转移转化管理暂行办法

校字〔2017〕210号

第一章 总 则

第一条 为提高学校科技创新和社会服务水平，规范科技成果使用、处置和收益管理，促进科技成果转化，根据《中华人民共和国促进科技成果转化法》《教育部、科技部关于加强高等学校科技成果转移转化工作的若干意见》《安徽省促进科技成果转化实施细则（修订）》等相关规定，结合学校实际，制定本办法。

第二条 本办法所称"科技成果"是指以学校名义承担的各类科研项目或利用学校的物质、技术、人力及其他条件以及执行学校任务所完成的职务科技成果。包括但不限于：知识产权成果（专利权、商标权、著作权等），未产权化的专有技术、算法及各种新产品、工艺、方法、设计、配方等。完成以上成果的研发团队或个人在本办法中统称为成果完成人。职务科技成果的持有权、使用权、转让权属于学校。

学校教职工与其他单位共同承担或实施的科研项目，在项目实施前应按照国家相关法律和学校规定就成果权属进行约定并签署协议，项目产生的科研成果权属按协议确定。

第三条 本办法所称的科技成果转化，是指为提高生产力水平而对科学研究与技术开发所产生的具有实用价值的科技成果所进行的后续试验、开发、应用、推广直至形成新产品、新工艺、新材料，发展新产业等活动。

第四条 科技成果转化应遵循自愿、互利、公平、诚信的原则，依法并依照合同的约定，享受利益，承担风险。在科技成果转化过程中应保护知识产权，遵守国家法律法规，不得侵害学校合法权益。

第二章 组织与实施

第五条 学校对科技成果转化实行统一管理。科技处负责科技成果的申报、登记、认定以及科技成果转化的组织和协调管理。财务处负责科技成果转化收益的管理；国有资产管理处负责拟转化成果的资产管理；监察审计处负责对科技成果转化工作进行审计监督。

第六条 依据国家法律法规，学校自主决定将拥有的科技成果进行转让、许可或作价投资，按规定对科技成果进行定价、确认股权和出资比例。通过转让协议、发起人协议、投资协议或公司章程等形式，与合作单位对科技成果的权属、作价、折股数量或出资比例等事项进行约定和明晰产权。

第七条 科技成果转化的具体方式由成果需求方、学校和成果完成人共同商定。可采用下列方式进行：

（一）向他人转让科技成果；

（二）许可他人使用科技成果；

（三）以科技成果作价投资，折算股份或者出资比例；

（四）国家允许的其他转化方式。

第八条 科技成果许可、转让程序

（一）申请：拟进行科技成果转化的成果完成人向科技处提交转化申请。

（二）初步定价：科技处组织成果完成人与受让单位对拟转化的成果进行初步定价。初步定价可通过协议定价、在技术市场挂牌交易、拍卖等方式确定。实行协议定价的，须公示科技成果名称和拟交易价格，公示期不少于15个工作日。

（三）审批：公示无异议，初步定价在5万元（含5万元）以下的转化项目，由科技处审核后提交分管副校长审批；初步定价在5万元以上的转化项目，由科技处审核后提交校长审批。

（四）合同签订：审批通过的转化项目，由学校与受让单位签署合同。未经学校同意，其他任何单位和个人不得私自对外签订转化合同。

第九条 以科技成果作价投资，折算股份或者出资比例形成企业股权的方式进行转化的，拟转化的成果应委托具有国家相关评估资质的第三方评估机构进行资产评估并提交校长办公会审议通过后方可实施。

第十条 涉密科技成果转让或科技成果向境外转让，要依法履行审批程序。对列入《中国禁止出口技术目录》中禁止出口以及其他影响、损害国家竞争力和国家安全的科技成果，禁止向境外许可或转让。

第十一条 国家允许的其他转化方式，按国家相关规定执行。

第十二条 经学校批准，可以委托校外服务机构推广学校的科技成果，学校与服务机构依法签订合同或协议，约定双方的责任、权利和义务，依据合同法、科技成果转化法和学校有关规定进行管理。

第三章 收益与分配

第十三条 本办法所指"收益"是指该成果转化产生的一切经济权益。通过科技成果转化所取得的收益一律纳入学校财务部门统一核算，统一管理。

第十四条 科技成果转化收入到账后，应首先根据国家相关政策法规扣除应缴纳的税费，以及交易过程中产生的评估费、中介费、产权交易费、拍卖佣金等相关成本，余下收益方可记为可分配收益（净收益），并按照本办法进行分配。

第十五条 学校科技成果转化净收益按如下办法分配：

（一）科技成果以转让或者许可他人使用等方式转化的，所取得的净收益按以下方式进行分配：90%归成果完成人，10%归学校。成果完成人可根据本人意愿将收益作为个人奖励或科研经费。

（二）科技成果以作价投资，折算股份或者出资比例形成企业股权的方式进行转化的，转化后形成的股权收益，70%归成果完成人，30%归学校。学校在与合作方签订合同时要约定学校不承担公司因任何因素所造成的亏损。

第十六条　成果完成人和学校的收益分配须在成果转化合同条款中明确约定,合同签署后按照合同执行。研发团队的收益,由团队负责人主持进行分配,相关事项需签订书面材料并报科技处备案。

第十七条　担任学校正职领导是科技成果的主要完成人或者为成果转移转化作出重要贡献的,可以按照本办法给予现金奖励,原则上不得给予股权激励;在担任现职前所获股权,任职后应及时转让,逾期未转让的,任期内限制交易,股权交易限制在本人不担任上述职务1年后解除。其他担任领导职务的科技人员,是科技成果的主要完成人或者为成果转移转化作出重要贡献的,可以按照本办法给予现金、股份或出资比例等奖励和报酬。

对担任领导职务的科技人员的科技成果转化收益分配实行公示和报告制度,明确公示其在成果完成或成果转化过程中的贡献情况及拟分配的奖励、占比情况等。

第四章　责任和义务

第十八条　任何单位和个人对学校的职务科技成果进行转化,均须经学校批准。成果完成人不得阻碍职务科技成果的转化,不得将职务科技成果及其技术资料和数据占为己有,不得将职务科技成果擅自转让或者变相转让。

第十九条　在科技成果转化活动中弄虚作假、非法牟利,或对科技成果提供虚假检测或评估证明,给学校和他人造成损失的,由当事人依法承担全部法律责任。

第二十条　调离学校人员,在学校期间所从事和接触的技术项目成果、资料等,均属学校知识产权,离开学校后应承担保密义务;未经学校同意,将其在学校期间掌握的科研成果私自进行技术贸易活动者,学校将依法追究其法律责任。

第二十一条　学校与其他单位合作进行科技成果转化的,应当依法以合同或协议形式约定该科技成果有关权益的归属。

第二十二条　科技成果转化合同中须约定经济赔偿总额不得超过合同成交价。如发生赔偿(或补偿)责任,由获益方按收益分配比例分担。

第五章　附　　则

第二十三条　本办法自公布之日起实施。
第二十四条　本办法由科技处负责解释。

巢湖学院重点实验室管理暂行办法

校字〔2017〕211号

第一章　总　　则

第一条　为加强学校重点实验室的建设与运行管理,根据《教育部重点实验室建设与运行管理办法》（教技〔2015〕3号）、《安徽省重点实验室建设与运行管理办法》（科基〔2017〕20号）、《安徽省教育厅重点实验室管理办法》（皖教科〔2017〕1号）等相关规定，结合学校实际，特制定本办法。

第二条　本办法适用于经上级主管部门批准依托学校组建的，或经学校批准设立的各级各类重点实验室。

第三条　重点实验室是学校科技创新体系的重要组成部分，是开展应用基础研究与关键共性技术研究、聚集和培养优秀科技人才、开展校内外科技合作与学术交流的重要平台。其主要任务是面向学科前沿和区域经济社会发展重要科技领域及方向，开展创新性研究，提升科技创新能力。

第四条　除上级主管部门或学校有专门规定之外，重点实验室的组织、行政关系原则上隶属所在二级学院，不定行政级别；重点实验室不具有法人资格，未经学校批准不得擅自刻公章、设立账号，无权直接对外签订负有法律责任的合同，但可独立开展学术交流，争取各级各类科研项目或进行项目洽谈活动。

第二章　职　　责

第五条　科技处是重点实验室的归口管理部门，其主要工作职责是：

（一）制定相关政策及规章制度，指导重点实验室的建设和运行。

（二）按照上级主管部门或学校要求，协助组建重点实验室学术委员会以及聘任学术委员会主任、实验室主任。

（三）根据重点实验室学术委员会建议，指导确定重点实验室的研究方向、科研任务和建设目标等。协调解决重点实验室建设与运行过程中的重大问题。

（四）按照上级主管部门或学校要求，组织开展重点实验室的遴选、检查、评估和验收等工作。

第六条　重点实验室所在二级学院是重点实验室建设和运行的具体管理和责任部门，其主要工作职责是：

（一）贯彻落实本办法的各项规定，组织实施实验室建设计划。

（二）优先支持实验室发展，提供日常运行的条件保障。

（三）协助开展遴选、检查、评估和验收等工作。

（四）根据学术委员会建议，提出实验室名称、发展目标、组织结构等重大事项的调整，报学校审议。解决或协助解决实验室建设与运行中的有关问题。

第三章　申报与遴选

第七条　校级重点实验室申报条件

（一）符合学校办学定位和学科发展方向，具有为地方、行业服务的特色。

（二）具有稳定的研究方向和明确的研究目标，研究方向属于经济社会发展和学校中长期发展规划的重点领域。

（三）具有学术造诣较深、学风正派、富有开拓精神及较强组织管理能力的实验室主任。实验室主任应为具有正高职称或具有副高职称且有博士学位的在职在岗教职工，首次聘任时一般不超过 55 岁。

（四）具有职称结构、专业结构、年龄结构较为合理的研究团队，实验室成员总数不少于 8 人。

（五）具有一定的前期研究基础和较稳定的科研经费来源，近三年承担三类及以上科研项目。

（六）具有相关学科基础和对外学术交流渠道。

第八条 校级重点实验室遴选程序

（一）填写《巢湖学院校级重点实验室申报书》，准备相关申报材料，报所在二级学院审核。

（二）二级学院对申请材料进行审议评估、提出明确意见，报科技处审核。

（三）科技处组织专家进行评审，评审结果报校学术委员会审议。

第九条 学校与其他单位联合组建的重点实验室，应对合办机构的目的、近期任务和中长期目标、条件保障、固定资产产权归属、组织管理方式、合办期限、纠纷仲裁等进行充分协商，并以学校名义签订书面协议或合同。

第十条 上级主管部门批准设立的重点实验室由学校按主管部门文件要求，统一组织申报。

第四章 建设与运行

第十一条 重点实验室实行实验室主任负责制，其职责是全面做好实验室建设、运行、经费管理等。

第十二条 重点实验室设学术委员会，学术委员会是重点实验室的学术指导机构，其主要职责是审议实验室的研究方向、发展目标、组织结构、重大学术活动等。

学术委员会由不少于 7 名校内外专家组成，其中重点实验室依托单位人员不超过 1/3。学术委员会会议每年至少召开一次，每次实到人数不少于总人数的 2/3。

第十三条 重点实验室建设和运行经费来源于各级各类财政支持以及学校专项经费。鼓励重点实验室及其依托单位通过科研项目、产学研合作、成果转化等方式多渠道筹措建设经费。

第十四条 学校每年根据需要设立专项经费，支持重点实验室的自主创新研究、开放运行和科研仪器设备更新等。

第十五条 学校对重点实验室运行经费实行分类支持，对于"一套人马，N 块牌子"的重点实验室，学校经费支持额度就高不就低，不重复计算。

校级重点实验室校拨运行经费的开支范围如下：

（一）实验室的日常运行与管理费用；

（二）实验室开放课题基金（占运行费的 60%，基金主要用于根据实验室研究方向设置的开放课题）；

（三）学术委员会会议费及专家咨询费；
（四）实验室学术交流费用；
（五）实验室网站建设与维护等日常运行开支；
（六）实验室开放运行的消耗性试剂和器材的补充费用。

各重点实验室必须根据重点实验室运行经费开支范围的要求，在学校制定下一年度财政预算之前向科技处填报重点实验室运行经费使用预算，没有填报运行经费使用预算的不予下拨运行经费。

第十六条　上级主管部门下拨给重点实验室的建设费、运行费等资金，按上级主管部门的相关规定安排使用。

第十七条　重点实验室仪器、设备、装置等的采购，应符合主管部门和学校有关政策。大型仪器、设备和装置的采购以及基本建设应采取招投标方式进行。

第十八条　重点实验室的建设应与学校整体建设发展相协调，必须配合和促进相关学院的教学、科研、学科建设与人才培养工作。鼓励与校外企事业单位联合共建重点实验室。

第十九条　获上级主管部门立项建设的重点实验室应按要求并结合学科建设的需要做好建设发展规划或计划任务书，并认真落实和执行，按时按质完成建设任务，确保顺利通过上级主管部门组织的验收。

第二十条　重点实验室应当重视和加强运行管理，建立健全内部规章制度；加强室务公开，重大事项决策要公开透明；严格遵守国家有关保密规定。

第二十一条　重点实验室应加大开放力度，积极开展科技合作和交流，参与重大科技合作计划；积极推动科技成果的转化，加强与产业界的联系与合作。

第二十二条　重点实验室应当加强知识产权保护。在重点实验室完成的专著、论文、软件、数据库等研究成果均应标注重点实验室名称，专利申请、技术成果转让、申报奖励等按国家和学校有关规定办理。

第五章　考核与评估

第二十三条　学校按照"竞争入选、定期评估、择优扶强"的原则，定期对校级重点实验室进行检查、评估、考核，实现动态管理。重点实验室的考核周期为4年，立项后第2年进行中期评估，第4年进行考核。

第二十四条　考核通过对科研能力、学术成果、学术声誉、服务地方等方面的评估，划分优秀、合格和不合格三个等次。考核结果为合格以上等次的，可继续作为校级重点实验室进行建设；考核结果为不合格的，限期一年整改，整改后仍不合格的，学校将予以调整或撤销；考核结果为优秀的，按学校奖励性绩效工资分配办法有关规定，给予重点实验室相应奖励，并优先推荐申报上级主管部门设立的重点实验室。

第二十五条　每个考核周期内，校级重点实验室须完成以下科研业绩：

（一）新增主持三类以上科研项目4项（或二类以上科研项目2项）；争取到账科研经费自然科学类不少于80万元，人文社会科学类不少于40万元。

（二）发表高水平学术论文3篇以上（自然科学类须为一类期刊，人文社会科学类须为二类以上期刊)。

(三) 完成下列 1 项科研成果:

1. 新增 3 项二类以上成果推广;

2. 获得 4 项以上发明专利授权;

3. 获得 1 项二类以上科研奖励;

4. 出版 2 部高水平学术著作。

(四) 广泛开展对外学术交流与合作,每年举办与重点实验室研究方向一致的校内学术报告或学术会议 1 次以上。

第二十六条 各类科研业绩须与重点实验室研究方向一致,且须以重点实验室成员为第一完成人,以重点实验室为主要完成单位,其分类参照《安徽省普通本科高等学校教师专业技术资格申报条件》(皖教人〔2016〕1 号)文件执行。

第二十七条 对于上级主管部门设立的重点实验室,按上级主管部门要求组织和实施相关考评工作。

第六章 附 则

第二十八条 本办法如与上级主管部门的规定相抵触,以上级主管部门的规定为准。

第二十九条 本办法自发布之日起施行,由科技处负责解释。

巢湖学院教学骨干评选办法(试行)

校字〔2017〕219 号

为培养和造就一支高水平教师队伍,激励广大教师扎根教学一线,全心投入教学研究、改革与建设,教书育人,创新进取,不断提高教学水平和人才培养质量,根据《巢湖学院奖励性绩效工资分配办法(修订)》(校字〔2017〕104 号)有关规定,结合学校实际,制定本办法。

一、评选原则

(一) 坚持质量优先、宁缺毋滥原则。注重教学质量,兼顾教学改革、研究与建设。

(二) 坚持向教学一线倾斜原则。同等条件下,优先考虑长期从事教学工作的一线教师,尤其是取得突出教学业绩的教师。

(三) 坚持客观、公平原则。做到过程公开,环节透明,评选公正,结果公平。

二、评选对象

学校在编在岗且连续承担课程教学两个学年以上的教师(含双肩挑人员)。

三、层级与名额

教学骨干设优秀教学骨干和中青年教学骨干两个层次。

教学骨干的指标总数控制在全校专职教师总数的10%以内,其中:优秀教学骨干与中青年教学骨干比例原则上按总指标数的4:6分配。处级干部当选总数控制在总指标的5%以内。

四、评选条件

(一)基本条件

1. 热爱祖国,热爱教育事业,模范遵守教师职业道德规范,为人师表,教书育人,作风正派;治学严谨,专业知识扎实,具有较深的学术造诣,教学水平高,受到学生普遍欢迎;关心集体,团结同事,积极作为,有志为学校发展作贡献。

2. 身体健康,能正常开展教学和研究等工作。

3. 教学工作量饱满,其中,双肩挑人员不少于学校规定同级教师教学工作量的1/2。

4. 积极参加教学研究、改革与建设,并取得实际业绩。

5. 师德优良,无教学事故发生,未受到任何处分。

6. 学生评教每学期排名均位于本学院前40%,教师教学质量考核结果均为良好以上等次且位于本学院前30%。

(二)具体条件

1. 优秀教学骨干

(1) 具有副高以上专业技术职务,特别优秀的可放宽至讲师职务。

(2) 主持1项省级以上"本科教学工程"项目,或获省级教学成果特等奖(前8名)、一等奖(前5名)、二等奖(前3名)、三等奖(第1名)1项以上。

(3) 发表1篇三类以上教学研究论文。

(4) 承担两门以上课程教学任务,教学质量考核或年度考核结果至少1次为优秀等次。

2. 中青年教学骨干

(1) 年龄一般在45周岁以下,具有讲师以上专业技术职务或硕士学位。

(2) 主持1项校级以上"本科教学工程"项目,或参与2项省级以上项目(排名前3名),或获校级以上教学成果一等奖(前3名)、二等奖(前2名)、三等奖(第1名)1项以上,或获校级教师教学竞赛一等奖1项以上。

(3) 承担两门以上课程教学任务,教学质量考核和年度考核结果均为良好以上等次。

(4) 取得四类以上教学效果1项以上。

在满足上述条件基础上,按照《巢湖学院教学骨干评分标准》,根据评分由高到低在规定限额内择优推荐和评选。

五、评选时间和程序

每两年评选一次,一般安排在年初进行。具体程序如下:

(一)个人申报。教师根据评选办法,在规定的时间内,向所在二级学院申报,并填写《巢湖学院教学骨干推荐申请表》。

(二)学院推荐。各学院组织评选,按不超过专职教师总数的15%比例择优向学校推荐。

(三)学校评审。在学院推荐基础上,学校组织评选,确定获奖人选。

1. 资格审核。教务处对学院推荐的候选教师资格进行审核。

2. 组织评选。教务处组织专家采取公开教学、材料展示、随机听课等方式,对候选教师的教学业绩综合评选。

3. 结果公布。评选结果提交学校教学指导委员会审议后公示,并经学校研究后发文公布。

六、奖励办法

(一)教学骨干实行津贴制,期限为两年,每年年终一次性发放,具体标准为:优秀教学骨干10000元/(年·人),中青年教学骨干6000元/(年·人)。

(二)评选当年,若获得校级及以上教学名师、教坛新秀和教学贡献奖等称号或奖项的,采取就高发放原则。

(三)学校为获得"教学骨干"荣誉的个人颁发证书,并将其材料存入个人档案,作为职务晋升与聘任、进修培训、评奖评优的一项重要依据。

(四)学校对获得"教学骨干"称号的教师以适当方式组织校内外交流推介。

七、有关规定

(一)教学骨干的评选与学术骨干、管理骨干的评选不重叠。

(二)评选为教学骨干后在当年受到纪律处分或出现教学事故等行为的,取消教学骨干津贴的发放。

八、有关说明

(一)学生评教和教学质量考核结果等按学年计算,以近两学年所获业绩为计量依据。

(二)教学工作量、教学类项目、论文、奖项及相关成果等按年度计算,以近两年所获业绩为计量依据。

(三)教学效果依据《安徽省普通本科高等学校教师专业资格申报条件》(试行)(皖教人〔2016〕1号)。

九、附 则

（一）本办法自公布之日起实施。
（二）本办法由教务处负责解释。

巢湖学院学术骨干评选办法（试行）

校字〔2017〕220号

为促进学术梯队和创新人才团队构建，提升学校整体科研水平和服务社会能力，结合学校实际，制定本办法。

一、原则和目标

坚持"公平公正、择优遴选、宁缺毋滥、动态管理"的原则，努力培养一批业务素质高、具有团队协作及创新精神，在本学科领域有一定学术地位，在省内同行中有一定学术影响力的高层次人才。

二、评选范围

学校在编在岗教职工（含人事代理人员）。

三、层次和名额

学术骨干分学术技术带头人和中青年学术骨干两个层次。

学术骨干每次评选的总数控制在全校专职教师总数的10%以内，其中：学术技术带头人与中青年学术骨干比例原则上按总指标数的4∶6分配。

四、评选资格和条件

遵守国家法律、法规及学校各项规章制度，热爱教育事业，具有良好的职业道德和学术道德；身体健康，事业心强，有奉献精神；有改革创新意识、团结协作精神。此外，应具备下列条件：

（一）学术技术带头人

1. 受聘副高级以上专业技术职务。
2. 有稳定的研究方向，近两年在科研方面取得下列成果中的2项及以上：

（1）获三类以上科研奖励1项以上。
（2）获批三类以上纵向科研项目1项以上。
（3）在本学科领域二类以上期刊公开发表学术论文1篇以上。
（4）正式出版与本人研究方向一致，且本人撰写10万字以上本学科学术著作1部以上。
（5）积极开展产学研合作，主持二类以上成果推广1项以上。
（6）授权发明专利1项以上，或制定国家行业标准（前5名）1项以上，或制定地方行业标准（前3名）1项以上。
（7）争取科研到账经费自然科学类40万元以上，人文社科类20万元以上。

(二) 中青年学术骨干

1. 年龄一般在 45 周岁以下,受聘中级以上专业技术职务或具有博士学位。
2. 有稳定的研究方向,近两年在科研方面取得下列成果中的 2 项及以上:
(1) 获三类以上纵向科研奖励 1 项以上。
(2) 获批三类以上科研项目 1 项以上;或参与二类以上科研项目(前 2 名)1 项以上,并获批四类纵向项目 1 项以上。
(3) 在本学科领域二类以上期刊公开发表学术论文 1 篇以上,或在北大中文核心期刊、CSCD(扩展版)和 CSSCI(扩展版)收录期刊公开发表学术论文 2 篇以上。
(4) 正式出版与本人研究方向一致,且本人撰写 8 万字以上本学科学术著作 1 部以上。
(5) 积极开展产学研合作,主持二类以上成果推广 1 项以上。
(6) 授权发明专利 1 项以上,或制定国家行业标准(前 5 名)1 项以上,或制定地方行业标准(前 3 名)1 项以上。
(7) 争取科研到账经费自然科学类 20 万元以上,人文社科类 10 万元以上。
学术技术带头人及中青年学术骨干参评人员,凡获二类以上科研奖励 1 项以上,或主持二类以上科研项目(含在研)1 项以上,可不受上述条件限制。

五、评选时间与程序

学术技术带头人和中青年学术骨干每两年评选一次。具体程序如下:

(一) 个人申报。申报人须填写《巢湖学院学术骨干申请书》,并提供能够反映本人科研水平的支撑材料。

(二) 基层学术委员会推荐。各学院基层学术委员会对照评选条件推荐人选,并报学院党政联席会议研究确定后将申报人材料在学院内公示。公示无异议后,将申报材料报送科技处。

(三) 校学术委员会评定。校学术委员会组织专家,根据学术骨干评选条件、申报人科研工作实绩等情况,参照《巢湖学院教师学术骨干科研业绩量化评分细则》(附件)进行量化赋分,综合评定,择优遴选。

(四) 学校审定。学校对校学术委员会评议推荐的学术骨干人选进行审定,并按规定进行公示。

六、奖励办法

(一) 学术骨干实行津贴制,期限为两年,每年年终一次性发放,具体标准为:学术技术带头人 10000 元/(年·人),中青年学术骨干 6000 元/(年·人)。

(二) 学校为获得"学术骨干"荣誉的个人颁发证书,并将其材料存入个人档案,作为职务晋升与聘任、进修培训、评奖评优的一项重要依据。

七、有关规定

(一) 学术骨干的评选与教学骨干、管理骨干的评选不重叠。且每项科研成果不能重复使用。

(二) 评选为学术骨干后在当年受到纪律处分或出现学术不端等行为的,取消学术骨干津贴的发放。

八、相关说明

(一) 本办法中各类奖项、成果分类标准依照《安徽省普通本科高等学校教师专业技术资格申报条件》(皖教人〔2016〕1号)。

(二) 申报人各类成果均为第一完成人,应署名"巢湖学院"。外出访学读博、学校引进的高层次人才和博士后出站回校人员等,可不受署名单位限制。

(三) 各类业绩成果按自然年计算,以近两年所获业绩为计量依据。

九、附则

(一) 本办法自公布之日起实施,原《巢湖学院科技工作先进集体和先进个人评选暂行办法》(院字〔2011〕77号)同时废止。

(二) 本办法由科技处负责解释。未尽事宜,学校另行研究决定。

巢湖学院管理骨干评选办法(试行)

校字〔2017〕221号

为进一步加强学校管理队伍的建设,充分调动管理人员工作的积极性和创造性,提高管理水平和服务效能,根据《巢湖学院奖励性绩效工资分配办法(修订)》(校字〔2017〕104号)有关规定,结合学校实际,制定本办法。

一、评选原则

坚持"实事求是、公平公正、择优遴选"的原则。

二、评选范围

从事党政管理、学生管理、教学科研管理、后勤管理服务等工作的在编在岗(含人事代理人员)管理人员。

三、层次与名额

管理骨干设优秀管理骨干和中青年管理骨干两个档次。评选指标控制在管理人员总数的15%以内,其中:处级及以上干部指标占比不超过总数的1/3,科级及以下人员指标占比不少于总数的2/3。

处级及以上干部中优秀管理骨干和中青年管理骨干比例原则上为6∶4,科级及以下人员优秀管理骨干和中青年管理骨干比例原则上为4∶6。

四、评选资格和条件

优秀管理骨干应来校工作满5年以上;中青年管理骨干应来校工作满2年以上,年龄一般在45周岁以下。此外,参评管理骨干应具备下列条件:

(一) 拥护党的基本路线,思想政治素质高,热爱教育事业,具有良好的职业道德,强烈的事业心和奉献精神,组织能力较强,善于团结协作。

(二) 遵纪守法、严于律己、清正廉洁、作风踏实、勇于创新,在工作中能积极发挥模范带头作用。

(三) 年度考核为良好等次及以上。

(四) 爱岗敬业、勤奋工作、甘于奉献,在学校建设、管理、服务、发展等方面起到表率作用,为学校的建设与发展做出积极贡献。工作业绩显著。

（五）关心学校的建设和发展，积极参与学校各项改革活动，自觉维护学校声誉和学校利益。主动承担各项工作任务，积极参与集体活动。

（六）坚持改革创新，工作有思路，善于思考，注重研究，不断探索新形势下教育管理的新思路、新方法，在管理改革和创新等方面做出重要贡献。

五、评选时间和程序

管理骨干每年评选一次，具体程序如下：

（一）个人申报

符合条件的参评人员根据学校年度管理骨干评选要求进行申报，并填报相关材料。

（二）单位评选推荐

处级及以上干部由组织部根据学校核定指标进行推荐评选；其他人员由各党总支根据推荐指标限额推荐参评人选（其中学院推荐人选需经党政联席会议研究确定），并由所在党总支进行公示。

（三）公开展示

人事处审核各推荐单位上报人选的申报材料，并将管理骨干材料公开展示。

（四）学校评选

学校成立由有关校领导和职能部门负责人以及党代会（教代会）代表组成的评选委员会，从各推荐单位报送的推荐人选中对照条件根据申报人业绩进行评选，并进行公示。

（五）学校审定

学校对评选的管理骨干人选进行审定，并发文公布。

六、奖励办法

（一）管理骨干实行津贴制，每年评选后一次性发放，具体标准为：优秀管理骨干6000元/(年·人)，中青年管理骨干4000元/(年·人)。

（二）学校为获得"管理骨干"荣誉的个人颁发证书，将其材料存入个人档案，作为职务聘任、进修培训、评奖评优的一项重要依据。

七、其他相关规定

（一）管理骨干的评选与教学骨干、学术骨干的评选不重叠。

（二）参评人员年度考核为优秀等次（或考核排名在前）或参评人员单位考核为优秀等次的，同等条件下优先予以考虑。

（三）处级干部所在部门当年年度考核结果为合格的或当年出现重大责任事故的，处级干部个人不能评为管理骨干。

八、附则

（一）本办法自公布之日起实施。

（二）本办法由党委组织部和人事处共同负责解释。

巢湖学院教职工年度考核办法(修订)

校字〔2017〕222号

为客观评价教职工的德才表现和工作实绩,为教职工的奖惩、培训、解聘,以及职务调整、专业技术职务评聘和工资晋升、绩效分配提供依据,激励教职工更好地履行岗位职责,提高工作效率,确保学校各项工作的顺利开展,根据上级有关文件精神,结合学校实际,制定本办法。

一、考核原则

(一)实事求是、客观公正、民主公开。

(二)定性考核与定量考核相结合。

(三)个人总结、群众评议和组织评价相结合。

(四)对各类人员进行分类考核。

二、考核对象

学校在岗教职工均应参加年度考核,其中校级领导的考核由上级主管部门组织实施。有关人员规定如下:

(一)学校新进人员首次就业,在试用期内参加年度考核,只写评语,不确定等次;非首次就业,本年度在学校工作累计不到半年的(含试用期),不参加本单位年度考核;非首次就业,本年度在学校工作累计超过半年的(含试用期),进行年度考核并确定等次。

(二)学校派出挂职锻炼、学习培训、执行其他任务的人员,除特殊规定外,一般由学校进行年度考核,主要根据挂职锻炼、学习培训以及执行其他任务的表现确定等次。相关情况由其挂职锻炼、学习培训以及执行其他任务的所在单位提供。

(三)病假(因公负伤除外)、事假、非学校派出外出学习累计超过半年的人员,不参加年度考核。

(四)受纪律处分人员年度考核按《关于纪律处分执行工作的规定》(皖纪发〔2017〕1号)等文件规定执行。

三、考核组织

(一)成立由学校党政领导、有关职能部门负责人组成的教职工考核工作领导组,负责领导全校的考核工作;领导组办公室设在人事处,负责考核的具体实施。领导组的职责是:

1. 根据上级考核工作规定制定考核实施办法;

2. 组织、指导、监督考核工作;

3. 审核考核结果;

4. 讨论决定考核工作中的其他事项。

(二)各考核单位成立由党政负责人及有关人员组成的考核工作组,工作组的职责是:

1. 根据学校考核文件规定,组织本单位的考核工作;

2. 负责考核工作中的材料审核、述职、测评、汇总与报送等具体事宜。

（三）学校成立由纪检监审、工会等部门负责人组成的考核申诉委员会（委员会办公室设在监审处），受理教职工对考核结果的申诉。

四、考核内容

考核内容包括德、能、勤、绩、廉等，根据管理、专业技术和工勤等岗位工作的特点，确定各类岗位的具体考核内容，重点考核工作实绩。

德，是指遵纪守法情况以及在思想政治素质、职业道德、社会公德、个人品德等方面的表现。

能，是指履行岗位职责能力、业务水平、专业技术技能以及管理水平、知识更新等情况。

勤，是指劳动纪律、工作作风、敬业精神、工作态度和责任心等方面的表现。

绩，是指履行岗位职责情况，完成工作任务数量、质量、效率和所产生的社会、经济效益以及服务对象的满意程度。

廉，是指廉洁从业方面的表现。

五、考核等次与标准

年度考核的结果分为优秀、良好、合格、基本合格、不合格五个等次。优秀比例控制在参加考核人数的15%以内，优秀和良好总比例控制在70%以内。

（一）确定为优秀等次应具备下列条件：

1. 量化考核分数达85分及以上；
2. 师德考核为优秀；
3. 教师教学质量考核达到良好及以上等次。

有下列情形之一的，不得定为优秀等次：

1. 未完成年度岗位教学、科研工作任务；
2. 全年累计事假10天以上，或病假20天以上；
3. 有迟到、早退3次以上或旷工现象；
4. 无故不参加政治学习（或学校组织的会议及活动）2次以上；
5. 工作中出现责任事故受到学校通报批评；
6. 发生教学事故；
7. 违反学校有关管理规定。

（二）确定为良好等次须具备下列条件：

1. 量化考核分数达75分及以上；
2. 师德考核为合格及以上；
3. 教师完成基本教科研工作量，且当年教学质量考核达到良好以上等次。

（三）具有下列情形之一的，应当确定为基本合格等次：

1. 量化考核分数未达65分；
2. 无正当理由，教师教学工作量超过80%但未达额定教学工作量。

（四）具有下列情形之一的，应当确定为不合格等次：

1. 量化考核分数未达60分；
2. 师德考核被认定为不合格；
3. 因违法乱纪受到公安、司法机关处理；

4. 教师教学质量考核被认定为不合格；

5. 擅自离岗连续超过3天以上或一年内累计达5天以上；

6. 无正当理由教师教学工作量未达额定工作量80%；

7. 对无正当理由不参加年度考核，经教育后仍拒绝参加。

六、考核方法

（一）教职工的考核采取领导考核与群众考核相结合、定性考核与定量考核相结合、日常考核与年度考核相结合的方法。

（二）学校根据实际情况对教职工分类组织考核。

1. 处级干部考核（不含非领导职务）由组织部负责，具体考核办法按学校有关规定执行。

2. 辅导员考核由学工部负责，具体考核办法按学校有关规定执行制定。

3. 其他管理人员、专业技术人员和工勤人员考核由各考核单位负责，各单位结合实际制定具体实施办法。

（三）"德"的考核按照《巢湖学院教职工师德考核实施办法（试行）》有关规定执行。"能、勤、绩、廉"考核实行量化考核，采用百分制，满分100分，其中教师采用各教学单位考核工作组依据评分标准量化打分和同教研室人员测评打分相结合的方式计分，比重分别为70%和30%；其他人员采用考核工作组依据评分标准量化打分和本部门同事测评打分相结合的方式计分，比重为70%和30%。得分作为考核工作组评定考核结果的主要依据。各考核单位可根据需要由服务对象或相关业务部门对考核对象进行满意度测评，测评结果也可作为评定考核结果的参考依据之一。教师和其他人员考核量化评分表分别见附件1和附件2。

（四）同时在两类岗位上任职的人员，应参加两类岗位的考核，等次确定以其履行主要岗位职责的考核结果为主，兼职岗位的考核结果作为参考。

七、考核程序

（一）个人总结自评。被考核人应依据岗位职责的要求，作出书面总结和自我评价，并填写相关考核表。

（二）述职测评。教学单位教师在各教研室进行述职测评，其他人员在一定范围内（含学院领导、科级干部、教研室主任、校级研究所负责人及优秀骨干教师等）进行述职测评；非教学单位考核人员在考核单位进行述职后，由同事（科级及以下人员）测评打分。

（三）评议定等。各考核工作组在个人自评述职的基础上，结合平时表现，依据量化评分标准分别对教师进行量化打分和对其他人员进行评议打分。依据测评分（30%）和评议分（70%）计算综合得分，提出对被考核人的等次意见，在本单位公示无异议后报送学校考核工作领导组办公室。

（四）学校考核工作领导组对考核结果进行审定，优秀等次人员在全校范围内公示。

（五）考核结果以适当形式告知被考核人。

（六）考核结果报上级主管部门审核备案，并存入本人档案。

八、考核结果运用

教职工年度考核的结果作为评奖、晋职、晋级、晋升薪级工资和核发绩效工资的依据。

具体按下列规定办理:

(一)年度考核确定为合格及以上等次者,具有评优、评奖、晋级、晋职的资格,本年度计算为岗位晋级的任职年限,晋升一级薪级工资,发放年度绩效工资。

(二)考核结果为良好及以上等次者,岗位业绩津贴根据学校绩效分配办法晋档发放,同等条件下优先晋职、晋级,并优先推荐参加省级或省级以上优秀教师和优秀教育工作者评选。

(三)考核结果为基本合格者,发放年度绩效工资的50%,单位主要负责人对其进行思想教育。

(四)考核结果为不合格者,不发放绩效工资;单位主要负责人对其进行诫勉谈话,必要时由学校调整其工作岗位或降职、降级。

(五)连续两年被确定为不合格者,按有关规定予以解聘。

(六)考核排名列同类考核人员末位者,单位主要负责人对其进行诫勉谈话,连续两个年度考核排名末位者,两年内不能参加岗位内部等级晋升的竞聘。

(七)未参加考核和考核未定等次人员不予晋升薪级工资。

九、考核管理与纪律

(一)各有关单位要高度重视教职工的考核工作,加强领导,强化责任,逐步建立以考核为主要环节的激励机制。

(二)年度考核应以平时考核为基础,各单位应认真做好日常考核工作,为年度考核提供切实可靠的依据。

(三)教职工如对考核结果有异议,可在公示期内向所在单位考核工作组申请复核或向学校考核申诉委员会提出申诉。

(四)要严格执行考核规定与程序,实事求是、公正公开地进行考核;对违反规定,在考核中徇私舞弊、打击报复、弄虚作假的,按有关规定严肃处理;情节严重的,追究有关人员责任。

十、附则

(一)本办法自下发之日起执行,原《巢湖学院教职工年度考核办法(试行)》(院字〔2014〕20号)自行废止。

(二)本办法由人事处负责解释。

(三)各有关部门和考核工作组可根据本办法制定实施细则,报人事处备案。

巢湖学院教职工考勤管理规定(修订)

校字〔2017〕223号

第一章 总 则

第一条 为进一步严明劳动纪律,强化教职工岗位意识,保证教学、科研、管理和服务等各项工作的顺利开展,提高工作效率和质量,根据《事业单位人事管理条例》《安徽省人口与计划生育条例》《关于工改后机关事业单位工作人员病事假期间工资待遇有关事项的通知》等有关规定,结合学校实际,制定本规定。

第二条　考勤结果是教职工年度考核、评奖评优和绩效工资等的重要依据之一。

第三条　学校各二级单位为考勤单位。各单位应加强对考勤工作的领导和管理,指定专人负责考勤。考勤工作要坚持实事求是、客观公正的原则。各单位应按学校考勤要求如实填报教职工考勤结果,并于次月5日前提交至人事处。

第四条　学校可通过多种方式加大教职工考勤力度,根据需要组成督查组对各单位考勤工作进行检查或抽查。

第五条　本规定的适用范围:校事业编制教职工、人事代理人员和劳动合同用工人员。

第二章　岗位制度

第六条　学校所有教职工必须认真履行岗位职责,严格遵守工作纪律和学校作息制度,不得迟到、早退或缺勤。如因公因私等不能上班上课,必须事先按程序履行请假手续,事后办理销假手续。

第七条　党政管理人员、教辅人员、工勤人员等实行坐班制,按学校规定的作息时间上下班。

第八条　教学人员必须严格按课表规定的授课时间上课,不得迟到、早退或旷课,并按时参加学校、所在教学单位组织的政治理论学习、业务学习及其他各项集体活动。

第九条　因工作岗位性质不便严格实行坐班制的人员,相关单位要根据岗位特点制定符合岗位要求的作息制度,报学校批准后执行,并按此作息制度进行考勤。

第三章　请销假制度

第十条　请假程序。

(一)教职工在工作时间内有正当理由确需离开工作岗位的,按学校有关规定履行请假手续(处级干部进行网上请假,其他人员请假超过一天的进行书面请假),并按规定的审批权限报批,获得批准并安排好工作后,方可离开工作岗位。

(二)教职工因病不能坚持正常工作的,可请病假。教职工因病请假,除按规定提交请假审批表外,还须附上校医院主治医师出具、院长审核属实的病假证明;校外医院出具的证明,须经校医院签署审核意见。因情况特殊或患急症、未能事先履行请假手续的,待病情缓解或病愈后,要及时补办请假手续。

第十一条　请假审批权限。

(一)校领导副职请假,由校两位主要领导审批;校领导正职请假,由两位校领导互相审批。

(二)处级干部副职请假,由正职签署意见后,报分管校领导批准。处级干部正职请假,由分管校领导签署意见后,报校主要领导批准。

（三）其他教职工请假3天(含3天)以内的,由所在单位主要负责人审批,其中:教学单位团总支负责人、辅导员由党总支书记审批,其他教职工由院长审批;超过3天的,由所在单位主要负责人签署意见后报分管和联系校领导批准;超过1个月的,报学校党政主要领导审批。

第十二条 假期规定。

（一）事假:教职工因私事假每次假期一般在3天以内,最多不超过7天,全年累计事假一般不得超过3个月。对有特殊情况,如直系亲属患癌症等疾病需外出陪医或陪院看护的,经批准后可适当延长假期。

（二）病假:病假期按实际情况审批。

（三）探亲假:教职工探亲假需符合《国务院关于职工探亲待遇的规定》范围,一般应安排在寒暑假,因公不能利用寒暑假探亲的,经学校批准后可在其他时间内给予适当的探亲假。

（四）婚假:教职工结婚,符合法定年龄,给予婚假3天,结婚时双方不在同一地的,可视路程远近,另给路程假。

（五）产假:

1. 女教职工生育在享受国家规定产假98天的基础上,延长产假60天,可休产假158天。男方享受10天护理假,夫妻异地生活的,护理假为20天。

2. 女教职工怀孕流产的,凭就诊医疗单位证明,给予相应假期。怀孕不满4个月流产的,休产假15天;怀孕满4个月不满7个月流产的,休产假42天;怀孕7个月以上终止妊娠的,休产假98天。

3. 女教职工在哺乳期内,由所在单位酌情给予其哺乳时间。

（六）丧假:教职工直系亲属死亡,经单位负责人批准,可给予丧假3天;去外地料理丧事的,可按往返路程另给路程假。

（七）工伤假:教职工因工负伤而必须治疗和休养的,由医院出具证明可休工伤假。工伤假期按实际情况审批。

（八）培训假:经学院批准提高业务水平、在职攻读学位等进修学习人员,持有关集中学习通知,在履行请假审批手续并安排好工作后,可以准假。在职攻读学位的教职工,要处理好工作与学习的关系,合理安排好选课与集中学习的时间。

第十三条 销假和续假。教职工如有特殊情况需续假的,应在假期期满前办理续假手续(与请假手续相同),得到批准后方可续假;确因客观原因不能提前办理的,应以其他方式得到所在单位负责人批准,事后及时补办。若教职工请假期满或提前到岗工作,须及时办理相应销假手续。

第十四条 假期计算。

（一）产假(自生育时间之前开始)、病假按日连续计算。事假、婚假、丧假、探亲假等按日计算,公休假日、法定假日和寒暑假日不计算为假期。因工作和教学需要,须在节假日上班上课的,如果请假,则计算为假期。

（二）实行坐班制的人员,迟到、早退累计3次按半天事假处理。

（三）不坐班的教学人员,因私请假调停课的,计算为事假;因公请假并按规定程序采取调课或补课方式完成教学任务的,不计算为事假。

第四章 假期的工资和生活待遇

第十五条 事假。

(一)全年累计事假超过15个工作日,不超过66个工作日,从第16个工作日起,基本工资全额计发,基础性绩效工资按日减发。全年累计事假超过66个工作日,从第67个工作日起工资总额按日减发。日减发工资计算方式为:每月应发工资总额除以21.75天。

(二)事假期间停发误餐补贴。

(三)事假期间的奖励性绩效工资按学校有关规定发放。

(四)事假期间有个人盈利收入的停发事假期间的全部工资。

第十六条 病假。

(一)病假在2个月以内的,基本工资和基础性绩效工资全额计发。

(二)病假超过2个月不满6个月的,从第3个月起按照下列标准计发病假期间工资:

1. 工作年限不满10年的,基本工资和基础性绩效工资按90%计发;

2. 工作年限满10年的,基本工资和基础性绩效工资全额计发。

(三)病假超过6个月的,从第7个月起按照下列标准计发病假期间工资:

1. 工作年限不满10年的,基本工资和基础性绩效工资按70%计发;

2. 工作年限满10年不满20年的,基本工资和基础性绩效工资按80%计发;

3. 工作年限满20年的,基本工资和基础性绩效工资按90%计发。

获得省、部级先进工作者等荣誉称号且保持荣誉的,病假期间的工资,可以提高5%;患有癌症等特殊疾病需长期(一年以上)治疗的,经学校批准,基本工资和基础性绩效工资可全额发放。

(四)病假期间工资低于地方最低生活费标准的,按最低生活费标准执行。

(五)病假期间有个人盈利收入的停发病假期间的全部工资。

(六)教职工在病假期间,可以继续享受学校的生活福利待遇。

(七)病假期间不享受误餐补贴。

(八)病假期间的奖励性绩效工资按学校有关规定发放。

第五章 旷工及其处理

第十七条 有下列情况之一者为旷工:

(一)未请假或未按规定程序办理请假手续或请假未批准,擅自离岗者;

(二)请假期满未办续假手续而逾期不到岗者;

(三)已查明请假理由是伪造者;

(四)未经批准不参加政治理论学习、业务学习及其他集体活动1次,按旷工半天处理;

(五)不服从组织调动,拒绝或不按指定的日期到新的工作岗位报到者;

(六)本人要求调动工作,虽经组织同意,但未办理调动手续,无故不上班者;

（七）无正当理由,拒绝接受职责范围内的工作任务和教学任务者;

（八）未经学校批准,擅自出国(境)或出国(境)逾期不归者。

第十八条 对旷工的处理。

（一）旷工2天以内的,按奖励性绩效工资有关规定扣发岗位业绩津贴;超过3天及以上的,扣发一个月工资和全年岗位业绩津贴。

（二）旷工1天及以上者,扣发当月的误餐补贴。

（三）连续旷工15天或一年内累计旷工达30天及以上者,已签聘用合同或劳动合同的,解除聘用合同或劳动合同,未签聘用合同或劳动合同的,按自动离职处理。

第六章 附 则

第十九条 本规定自发布之日起实施,由人事处负责解释,原《巢湖学院教职工考勤管理暂行规定》(院字〔2009〕78号)同时废止。

巢湖学院劳动合同用工人员年度考核办法(试行)

校字〔2017〕224号

为进一步规范劳动合同用工人员考核工作,正确评价和考核学校劳动合同用工人员的工作表现和实绩,充分调动劳动合同用工人员的积极性、主动性、创造性,特制定本办法。

一、实施范围

本办法适用的范围为学校因工作需要招用的与学校建立劳动关系、订立劳动合同的全日制劳动用工人员。

二、考核基本原则

（一）实事求是、客观公正、民主公开。

（二）注重实绩,群众评议和组织评价相结合。

（三）平时考核和年度考核相结合,定向考核与定量考核相结合。

三、考核内容

（一）思想政治。主要考核政治思想、遵纪守法、遵守职业道德、廉洁自律等方面表现。

（二）服务态度。主要考核工作主动性,服从学校、部门工作安排、爱岗敬业、团结协作。

（三）劳动纪律。按时到岗,不迟到、早退,不无故缺勤,不擅自离岗,不做与本职工作无关之事。

（四）工作业绩。主要考核履行职责情况,完成工作任务的质量、效率、满意度。

四、考核程序及办法

（一）平时考核

本着"谁用工,谁负责"的原则,各用人部门负责本部门劳动合同用工的平时考核工作。将劳动合同用工人员日常遵守工作纪律情况、工作量完成情况、出勤情况等记录在册,作为年度考核的重要依据。

（二）年度考核

1. 年度考核工作由人事处及有关部门组织实施，原则上按用人部门劳动合同用工人员总数15%的比例确定优秀名额，优秀和良好等次比例不超过总数的70%。

2. 个人进行工作总结、述职，用人部门成立考核工作组，组织民主测评及服务对象测评，并结合平时考核情况进行量化评分（评分表附后），研究后提出考核等次建议。

3. 人事处汇总考核结果，报学校考核工作领导组审定，优秀等次人员在全校范围内公示。

五、考核等次

考核等次分为优秀、良好、合格、基本合格和不合格五个等次。

优秀：政治思想表现好，模范遵守国家法律、法规和学校各项规章制度，业务精通，工作勤奋，责任心强，工作成绩突出。

良好：政治思想表现好，自觉遵守国家法律、法规和学校各项规章制度，业务熟悉，自觉履行岗位职责，工作积极，完成工作任务较好。

合格：政治思想表现好，遵守国家法律、法规和学校各项规章制度，有一定的业务能力，工作积极，履行岗位职责，能够完成工作任务。

基本合格：思想政治表现和组织纪律性一般，业务不够熟练，工作积极性一般，基本能够完成工作任务。

不合格：思想政治表现和组织纪律性较差，不能够履行岗位职责和适应工作要求，不能够完成工作任务，违反规程，造成不良影响。

劳动合同用工人员来校工作时间不足半年的，年度考核结果不定等次。

六、考核结果运用

劳动合同用工人员的考核结果作为奖惩、培训、岗位调整、工资兑现等的依据。

（一）年度考核确定为合格及以上等次者，发放年终津贴（一个月工资，下同）。另考核为优秀等次者发放考核奖1000元，良好等次者发放考核奖500元。

（二）考核结果为基本合格者，发放年终津贴的50%；由所在部门主要负责人对其进行诫勉谈话。

（三）考核结果为不合格者，不发放年终津贴，所在单位对其进行诫勉谈话，必要时可调整其工作岗位或解聘。

（四）连续两年均被确定为不合格者，予以解聘。

（五）未参加考核人员不予晋升薪级工资，不予发放年终津贴。

七、考核管理和纪律

（一）各用人单位按照考核要求做好劳动合同用工人员的考核工作，加强领导，强化责任，逐步建立以考核为主要环节的激励机制。

（二）年度考核以平时考核为基础，各用人单位认真做好日常考核工作，为年度考核提供切实可靠的依据。

（三）严格执行考核规定与程序，实事求是、公正公开地进行考核；对违反规定，在考核中徇私舞弊、打击报复、弄虚作假的，按有关规定严肃处理；情节严重的，追究有关人员责任。

八、附则

本办法自发布之日起施行，由人事处负责解释。

巢湖学院招标采购管理办法

校字〔2017〕225 号

第一章 总 则

第一条 为进一步规范学校招标采购工作，维护学校利益，依据《中华人民共和国招标投标法》(中华人民共和国主席令第 21 号)、《中华人民共和国政府采购法》(中华人民共和国主席令第 68 号)、《政府采购货物和服务招标投标管理办法》(财政部令第 87 号)以及安徽省有关招标采购规定，结合学校实际，制定本办法。

第二条 学校各单位使用财政性资金、学校自筹资金及其他资金进行货物、工程和服务采购活动，均适用本办法。

第三条 学校招标采购工作应遵循依法合规、公开透明、公平公正、节俭办学、资源共享的原则。

第二章 组织机构及职能

第四条 学校成立招标领导组，全面负责学校招标采购管理工作。招标领导组由分管校长任组长，成员由校办公室、国有资产管理处、财务处、工会等部门负责人组成。

招标领导组的工作职责为：

（一）研究审议学校招标采购工作的有关规章制度；

（二）讨论决定招标采购工作中的重大事项；

（三）审定采购计划及零星采购项目；

（四）审核重大项目采购方式；

（五）监督和检查采购工作；

（六）研究处理招标过程中的相关质疑和投诉。

第五条 领导组下设招标办公室，招标办公室设于国有资产管理处，办公室主任由国有资产管理处负责人担任。

招标办公室的工作职责为：

（一）研究起草学校招标采购工作的有关规章制度；

（二）组织政府采购项目的申报工作，汇总采购项目，编制和上报政府采购计划；

（三）汇总并初步审定校内零星采购项目，组织实施校内招标采购工作；

（四）审查并签订采购合同；

（五）组织或参与采购项目的验收工作；

（六）协调、处理招标工作中的有关问题；

（七）负责有关招标文件、投标文件、开标评标记录、中标通知书和合同等资料的归档；

（八）完成招标领导组交办的其他工作。

第六条 学校各类采购项目实行归口管理。各归口管理部门负责审核并上报管理范围内的采购申报材料。

各归口管理部门职责范围分工如下：

（一）校办公室归口管理办公设备与家具、车辆、档案管理设备与服务等采购项目。

（二）后勤管理与基建处归口管理基建与维修工程、医用药品、医疗器械、食堂厨具、食品原材料、学生公寓用品、物业服务等采购项目。

（三）现代教育技术中心归口管理多媒体教学、信息化建设设备与服务等采购项目。

（四）教务处归口管理教材、教学仪器设备、与教学管理有关的设备与服务等采购项目，以及个人使用教研经费购置设备与服务的采购项目。

（五）科技处归口管理科研仪器设备、与科研管理有关的设备与服务等采购项目，以及个人使用科研经费购置仪器设备、服务的采购项目。

（六）图书馆归口管理纸质图书、期刊、数据库资源、各类文献资料以及图书馆信息系统建设设备与服务等采购项目。

（七）校园管理与保卫处归口管理消防、安保设备与器材、军训服装、设备等采购项目。

（八）国有资产管理处归口管理其他设备与服务等采购项目。

第七条 招标采购项目须有明确的项目承办单位（以下简称项目单位）。项目单位参与项目的招标，负责项目的具体管理工作。主要工作职责为：

（一）撰写并按期提交项目采购需求或技术参数；

（二）对投标人提出的关于采购需求或技术参数的质疑出具答疑意见；

（三）参与评标；

（四）组织或参与合同文本的起草；

（五）检查项目质量、安全、进度，协调、督促采购合同的履行；

（六）参与或组织项目验收。基本建设与维修工程类项目、服务类项目由项目单位组织验收。

（七）收集、整理、归档项目资料。

第八条 监察审计处负责对招标工作进行监督。具体职责根据学校招标采购监督的有关规定执行。

第三章 采购范围、限额与方式

第九条 采购项目按照采购内容分为货物、工程和服务类采购等。

第十条 根据资金性质和规模不同，实行省级集中采购、省级分散采购、校级集中采购、单位自行采购相结合的形式。

（一）省级集中采购。对使用财政性资金，在省级集中政府采购目录以内且超过金额标准的采购项目，实行政府集中采购。

（二）省级分散采购。对使用财政性资金，在省级集中政府采购目录以外，但超过规定限额标准的采购项目，实行政府分散采购。

（三）校级集中采购。对使用学校财政性资金、自筹资金或其他专项资金，未超过政府集中采购金额起点或分散采购限额，且不应由校内各单位自行采购的项目，由学校组织集中采购。

（四）单位自行采购。校内各单位使用本单位的办公经费或业务经费可以自行采购以下范围的货物、服务与工程：

1. 采购金额低于固定资产认定标准的单一设备；
2. 批量采购金额低于10000元的办公用品、低值易耗品；
3. 单项采购金额低于10000元的服务；
4. 单项采购金额低于20000元的零星维修工程。

单位自行采购办公用品的，应当执行学校关于办公用品采购的有关规定。

第十一条 科研仪器设备采购，根据上级部门有关科研设备采购的规定，由学校自行组织或委托招标代理机构采购。

第十二条 学校集中采购项目，由招标办公室根据采购规模、范围、途径以及设备的性能，采取公开招标、邀请招标、竞争性谈判、单一来源采购、询价采购等方式进行采购。

第十三条 采购金额超过国家公开招标限额的省级分散采购与学校集中采购项目，应当采取公开招标的方式进行采购，本办法另有规定的除外。

第十四条 符合下列情形之一的货物与服务，可以采用邀请招标的方式采购：

（一）具有特殊性，只能从有限范围的供应商处采购的；

（二）采用公开招标方式的费用占采购项目总价值的比例过大的。

第十五条 符合下列情形之一的货物或者服务，可以采用竞争性谈判方式采购：

（一）招标后没有合格的供应商投标或者重新招标未能成立的；

（二）技术复杂或者性质特殊，不能确定详细规格或者具体要求，或者不能确定价格总额的；

（三）采用招标所需时间不能满足紧急需要的。

第十六条 符合下列情形之一的货物或者服务，可以采用单一来源方式采购：

（一）只能从唯一供应商处采购的；

（二）发生了不可预见的紧急情况不能从其他供应商处采购的；

（三）必须保证原有采购项目的一致性或者服务的配套性要求，需要继续从原供应商处添购的，且添购资金总额不超过原合同采购金额的百分之十的。

第十七条 采购货物的规格、标准统一，且价格变化幅度较小的，可以采用询价采购方式采购。

第四章　采购项目执行程序

第十八条 除单位自行采购的项目外，其他招标采购项目均需执行以下程序：

（一）项目立项与论证评估

项目单位在每年8月底前完成下年度采购项目的立项工作，经归口管理部门审核后，报学校研究决定立项。需报送有关主管部门审批的项目，经学校决定立项后，由项目单位按规定履行报批手续。

按照规定应报送省政府集中采购的项目，项目单位应当组织校内相关专业人员进行初步论证与评估。

经学校决定立项的项目需要聘请校外专家进行论证的，由招标办公室负责组织论证。进口仪器设备项目组织校外专家进行论证，学校监察审计处全程参与并监督论证过程。

（二）编制项目预算

项目单位应按规定编制项目支出预算。需要政府采购的，应同时编制政府采购预算。没有资金预算的项目，学校一律不安排采购。

（三）填报采购需求

项目单位根据学校财务预算编制的要求，编制本部门的年度采购计划，填写采购需求与技术参数。采购计划与采购需求、技术参数经归口管理部门审核后报招标办公室。非单一来源采购项目的需求与参数不得带有指定性或倾向性。

应报送省政府集中采购的项目，项目单位应当向招标办公室提交项目的初步论证与评估材料。

（四）组织招标采购

根据资金性质和规模的不同，分别按政府集中采购、政府分散采购、校内集中采购的有关规定组织招标采购。

预算超过50000元以上的学校集中采购项目，应当委托招标代理机构组织招标。

（五）合同签订

政府集中采购项目根据有关规定订立政府集中采购合同。学校自行采购的货物、服务与工程项目应当订立采购合同的，按学校合同管理的有关规定执行。

（六）合同履行与项目验收

项目单位负责与供应商协调沟通采购项目的执行，督促供应商按合同约定时间完成供货、安装（施工）与调试。

供应商履行全部合同义务后应当进行验收。采购项目验收按学校采购项目验收管理的有关规定执行。

第十九条 省级集中采购项目的招标采购按政府集中采购的有关规定执行。

招标办公室负责与省级政府采购主管部门、集中采购代理机构进行协调沟通，并通知项目单位派人参加招标项目的开标与评标。

第二十条 省级分散采购属于政府采购，应按规定执行以下程序：

（一）招标办公室申报分散采购项目并经省级财政部门批准；

（二）在省级财政部门指定的网站上公告采购项目；

（三）招标办公室组织校内招标或委托具有资质的招标代理机构组织招标。

第二十一条 学校自行采购项目采用公开招标方式的，应当按照公开招标的有关规定进行。

第二十二条 学校自行采购项目采用竞争性谈判方式的，应当遵循下列程序：

（一）制定谈判文件。项目单位制定谈判文件并报招标办公室审查。谈判文件应当明确谈判程序、谈判内容、合同草案的条款以及评定成交的标准等事项；

（二）成立谈判小组。谈判小组由项目单位的代表、国有资产管理处、财务处工作人员组成，或者由招标办公室从评标专家库中抽选专家组成；

（三）确定邀请参加谈判的供应商名单。谈判小组从符合相应资格条件的供应商名单中确定不少于三家的供应商参加谈判，并向其提供谈判文件；

（四）谈判。谈判小组所有成员集中与单一供应商分别进行谈判。在谈判中，谈判的任何一方不得透露与谈判有关的其他供应商的技术资料、价格和其他信息；

（五）确定成交供应商。谈判结束后，谈判小组应当要求所有参加谈判的供应商在规定时间内进行最后报价，谈判小组根据符合采购需求、质量和服务相等且报价最低的原则确定成交供应商或推荐成交候选人，并将结果通知所有参加谈判的未成交的供应商。

第二十三条 学校自行采购项目采取单一来源方式采购的，应当遵循下列程序：

（一）申请。项目单位向归口管理部门报送申请单一来源方式采购的报告，经归口管理部门审核并签署意见后报招标办公室。

（二）公示。招标办公室在校园网或指定的政府采购网公示单一来源采购项目的有关信息。

（三）成立谈判小组。谈判小组由项目单位的代表、国有资产管理处、财务处工作人员组成，或者由招标办公室从评标专家库中抽选专家组成。

（四）谈判。谈判小组与指定的供应商就采购项目质量、价格等有关事宜进行谈判，通过谈判确定成交价格。

第二十四条 学校自行采购项目采取询价方式采购的，应当遵循下列程序：

（1）成立询价小组。询价小组由招标办公室、财务处和项目单位的工作人员共三人以上的单数组成。询价小组应当对采购项目的价格构成和评定成交的标准等事项作出规定。

（二）确定被询价的供应商名单。询价小组根据采购需求，从符合相应资格条件的供应商名单中确定不少于三家的供应商，并向其发出询价通知书让其报价。

（三）询价。询价小组要求被询价的供应商一次报出不得更改的价格。

（四）确定成交供应商。询价小组根据符合采购需求、质量和服务相等且报价最低的原则确定成交供应商，并将结果通知所有被询价的未成交的供应商。

第五章 责任追究

第二十五条 任何单位和个人不得将依法必须进行招标的项目化整为零或者以其他任何方式规避招标。违反本办法的，除责令限期改正，并对相关责任人按照有关规定给予相应处理。

第二十六条 投标人相互串标，或弄虚作假骗取中标的，中标无效。未经招标人同意将中标项目全部或部分转让他人的，学校有权终止其中标项目合同的履行，另行组织招标。

巢湖学院合同管理办法

校字〔2017〕226号

第一条 为规范学校合同管理,防范合同风险,维护学校合法权益,依据《中华人民共和国合同法》(以下简称合同法)、《中华人民共和国高等教育法》等法律法规的相关规定,结合学校实际,特制定本办法。

第二条 本办法所称合同是指学校作为独立的民事主体在参与民事活动中与其他民事主体(自然人、法人或其他组织)之间为明确双方的权利义务关系所订立的书面协议。

第三条 学校合同坚持"统一签订、分类管理、各负其责"的原则。

第四条 校长是学校的法定代表人。任何以学校为一方主体的合同应由法定代表人或其授权委托人签署。未经授权,其他任何单位和个人不得利用学校公章或合同专用章,以学校名义签订任何合同。

第五条 学校与自然人、法人或其他组织之间就下列事项设立、变更、终止权利义务关系的,应当订立书面合同:

(一)学校基本建设项目、对外投资、土地使用权出让或购买。

(二)与国(境)内外教育机构和社会力量的合作办学、科研合作。

(三)学校固定资产租赁、学校有关对外承包、无形资产的有偿使用、融资租赁。

(四)货物、服务、工程类项目的采购。

(五)其他需要订立书面合同的有关事项。

除基建、维修工程项目外,金额低于10000元的其他经济事项,可以不签订书面合同。

第六条 学校合同的订立,应当遵守国家法律法规和学校相关规定,切实履行审批手续,维护学校正当权益,任何部门和个人不得利用学校签订合同之机谋取私利。

第七条 合同一般应具备当事人名称、标的、数量、质量、价款与酬金、履行期限与地点、履行方式、违约责任、解决争议的方法等条款内容。

第八条 合同文本由相关职能部门或项目申办单位(以下简称项目单位)草拟。合同事项涉及两个以上职能部门或项目单位的,起草合同文本时,应当由合同事项分管校领导确定负责的起草单位,并由起草单位会同其他相关单位组成起草小组完成合同文本的草拟工作。

第九条 合同起草单位起草合同文本前需要进行谈判的,应当就合同事项涉及的内容向分管校领导或起草小组汇报,形成意见后报学校法定代表人,由法定代表人签署授权委托书委托代理人谈判。

合同谈判涉及重大分歧或需要法律专业支持的,合同起草单位可以邀请法律顾问参加。

第十条 合同文本草拟工作完成后,应按规定报送审批。

(一)项目单位完成合同文本起草工作后,应填写《巢湖学院合同审批单》,并按规定流程履行审批程序。

1. 项目单位应根据合同类型的不同将合同初稿及有关资料、附件等报国有资产管理处或校办公室核稿。凡属应加盖学校合同专用章的基建合同、采购合同、资产租赁或处置合同等经济合同,由项目单位送国有资产管理处核稿。其他应加盖学校公章的合同送校办公室核稿。国有资产管理处或校办公室应在合同审批单上签署核稿意见。

2. 合同文本经核稿通过后,由项目单位将合同文本连同合同审批单报分管校领导审核并签署意见。

3. 分管校领导审核同意后,报校长批准。重要合同由校长决定是否将合同文本提交法律顾问审查。

4. 合同文本经校长批准后,由法定代表人签字,或由法定代表人授权分管校领导或相关部门负责人签字。

5. 合同经法定代表人或授权代表签字后,由项目单位送校办公室盖章。

(二)凡对外投资、基本建设项目、融资借贷、联合办学,以学校资产联合经营等重大合同,或涉及数额巨大的合同,属于"三重一大"事项的,应当按照学校关于"三重一大"事项决策的规定执行。

(三)审核批准后的合同初稿及审批表原件留存校办公室,复印件连同其他材料返还项目单位,由项目单位按审批的意见办理。

(四)签印的合同正式文本由项目单位送校办公室一份,涉经济事项的合同应同时送财务处、国有资产管理处、审计处各一份。

第十一条 合同生效后,项目单位应当遵循诚实信用的原则代表学校全面履行合同义务,并及时了解合同相对人履行合同义务的情况。

合同履行过程中发生纠纷时,项目单位应及时向分管校领导和法定代表人汇报,并及时采取有效措施维护学校正当权益。

第十二条 合同履行过程中因情况出现较大变化或出现不可抗力,需要变更或解除合同的,项目单位或有关职能部门应当将相关情况及时向分管校领导汇报并报法定代表人决定。

合同的变更和解除应当重新办理审批程序。

第十三条 重大合同履行完成时或合同权利义务终止时,项目单位或有关职能部门应当向分管校领导书面报告合同的执行情况及结果,并根据合同类型的不同报学校办公室或国有资产管理处备案。

第十四条 因合同履行出现纠纷,学校收到诉讼或仲裁的法律文书,由相关职能部门或项目单位及时向分管校领导和法定代表人汇报,会同办公室与相关单位及学校法律顾问组成处理小组,负责对法律纠纷的研究和处理。

第十五条 法律纠纷涉及诉讼或仲裁的,法定代表人可以签署授权委托书委托相关工作人员和法律顾问参加诉讼和仲裁。

第十六条 法律纠纷涉及的相关单位应当根据处理小组或者法律顾问的要求及时提供相关资料和信息。

第十七条 未经学校批准或授权,擅自对外签订合同,或者超越授权范围签订合同的,责任自负;给学校造成经济损失的,由责任人按实际损失金额承担赔偿责任;学校还须依据有关规定追究责任人的党纪政纪等其他责任。

第十八条 在签订、履行合同中因失职、渎职或以权谋私,损害学校利益的,学校依据有关规定追究当事人及相关责任人的责任;情节严重的,移送司法机关处理。

第十九条 各相关单位在学校处理法律纠纷过程中不及时汇报、消极应对或不及时提供必要支持,给学校造成损失的,学校依据有关规定追究相关责任人的责任。

第二十条 学校聘用合同或劳动合同的订立与管理,按学校有关规定执行,不适用本办法。

第二十一条 本办法自颁布之日起实行。原《巢湖学院合同管理办法》(校字〔2016〕122号)同时废止。

第二十二条 本办法由校办公室和国有资产管理处负责解释。

巢湖学院国有资产出租出借管理暂行办法

校字〔2017〕227号

第一章 总 则

第一条 为进一步规范国有资产出租出借行为,加强国有资产管理,防止国有资产流失,根据《安徽省行政事业单位国有资产使用管理暂行办法》和《巢湖学院国有资产管理办法》等有关规定,结合工作实际,制定本办法。

第二条 本办法所指国有资产,主要是指学校占有、各单位具体负责管理的房屋、土地、车辆、设备、家具等。

第三条 国有资产出租是指根据《中华人民共和国合同法》等相关规定,将学校的国有资产按照合同约定交付予承租人使用,并取得租金的行为。

国有资产出借是指将学校的国有资产临时或有限期无偿借给其他单位和个人使用的行为。

第四条 资产出租、出借,须在确保完成正常的教学、科研、管理等工作的前提下,按照相应的审批流程,经批准后进行。

第五条 可出租、出借的国有资产范围:
(一)各类教学、科研、行政类用房和经营性房屋;
(二)教学实验仪器设备、办公设备、后勤生活设备、文艺体育设施等;
(三)学校建筑物的内外平面及空间的使用权;
(四)学校同意出租出借的其他国有资产。

第六条 国有资产有下列情形之一的,不得出租、出借:
(一)已被依法查封、冻结的;
(二)权属有争议的;
(三)共有资产未取得其他共有人同意的;

（四）有关规章制度规定禁止出租、出借的其他情形。

第七条 资产出租、出借的期限一般不超过1年,特殊情况视资产情况、承租者经营内容、租金价格等因素可延长租借期限,原则上不超过5年。

第八条 国有资产的出租、出借应遵循公开、公正、公平、效益最大化和风险控制等原则,加强可行性论证和监管,确保国有资产保值增值。

第二章 出租、出借审批与实施

第九条 学校国有资产出租、出借,应按下列权限进行审批,未经批准,不得擅自出租、出借。

（一）账面价值低于5万元的设备和账面价值低于10万元的土地、房屋以及其他资产出租、出借的,由资产保管单位的分管校领导审批。

（二）账面价值在5万元以上(含5万元)10万元以下(不含10万元)的设备和账面价值在10万元以上(含10万元)20万元以下(不含20万元)的土地、房屋以及其他资产出租、出借的,由资产保管单位的分管校领导审核后报校长审批。

（三）账面价值在10万元上(含10万元)的设备和账面价值在20万元以上的土地、房屋以及其他资产出租、出借的,由校长办公会研究决定。资产出租出借事项属于"三重一大"的,应当按照学校关于"三重一大"事项决策的规定执行。

（四）出租、出借资产价值在50万元(含)以上且资产出租出借期限在6个月以上的事项,经学校会议研究后,报上级主管部门审批。

第十条 出租出借资产的保管单位应当向国有资产管理处提交资产出租出借申请报告以及相关材料,填写《国有资产出租出借审批表》。国有资产管理处根据出租、出借资产的性质、类别,按照规定权限报请相关领导审批或提交学校会议研究。

第十一条 资产出租出借事项经批准后,资产保管单位应制定出租、出借具体实施方案,由国有资产管理处、财务处等职能部门审核会签。出租实施方案应包括资产状况、出租用途、出租期限、承租条件、招租底价及确定依据、租金支付及递增方式、招租方式(公开招标、竞争性谈判、单一来源谈判)等内容。出借实施方案应包括借用单位、主要用途、归还时间及其他相关事宜等内容。

第十二条 资产归口管理部门代表学校按实施方案最终达成的结果与承租人签订出租或出借合同,出租或出借合同的签订按学校合同管理的有关规定执行。除特殊情况外,出租合同中应当约定不得转租。

第三章 出租、出借收入管理

第十三条 国有资产出租、出借取得的收入按"收支两条线"的原则,应及时全额上缴学校,财务处根据租借合同收取租金,其他费用按照实际发生额收取。原则上先缴费后实施,必要时可暂收押金。

第四章 监督管理

第十四条 国有资产管理处定期或不定期对国有资产出租、出借情况进行监督检查,加强资产出租、出借后续管理,防止资产及其收益流失。

第十五条 财务处负责对国有资产出租、出借租金的收缴入账等工作。

第十六条 资产保管部门负责对资产出租出借的经营管理进行监督,督促承租单位按合同规定缴纳租金。

第十七条 监察审计处负责对对出租、出借资产经营效益进行审计。

第十八条 各部门在国有资产出租、出借过程中不得有下列行为:

(一)未按规定程序申报或超越规定审批权限擅自出租出借国有资产。

(二)弄虚作假,串通作弊,低价出租国有资产。

(三)隐瞒、截留、挤占、坐支和挪用国有资产出租收益。

(四)其他违反国家有关规定造成国有资产损失的行为。

第十九条 学校各单位和个人擅自出租、出借国有资产,所签订的合同无效,因此产生的经济和法律责任由个人承担。

第二十条 在国有资产出租、出借工作中不履行相应职责、滥用职权、营私舞弊的单位和个人,由学校依据情节给予相应的纪律处分,并追究相关责任单位及人员的经济、行政和法律责任。

第五章 附 则

第二十一条 本办法自印发之日起实施。

第二十二条 本办法由国有资产管理处负责解释。

巢湖学院采购项目验收管理办法

校字〔2017〕228号

第一章 总 则

第一条 为规范学校采购项目的验收工作,保证学校项目实施的质量,依据国家有关法律、法规,结合学校实际,制定本办法。

第二条 本办法所指的采购项目验收是根据《巢湖学院招标采购管理办法》采购并签订采购合同的项目在合同执行完毕后进行的最终交付使用验收。

第三条 采购项目的需求或承办部门(以下简称项目部门)为验收的主要责任主体,资产管理部门对管理范围内采购项目的验收负管理责任。

第二章 验收分类与验收方式

第四条 根据组织验收主体的不同,采购项目验收分为自行验收、资产管理部门组织验收和专项验收三种类型。

自行验收为项目部门自行组织验收。适用于服务类项目、工程类项目和单项设备价值在10万元以下(不含10万元)或批量价值20万元以下(不含20万元)的货物类项目。

资产管理部门验收为资产管理部门根据项目部门的申请,组织财务部门、资产归口管理部门和项目部门,对单项设备价值在10万以上(含10万元)或批量价值在20万以上(含20万元)的货物类项目进行验收。

专项验收为资产管理部门邀请相关行业专家或第三方专业机构等,组成验收小组,进行履约验收。专项验收由资产管理部门根据项目具体情况组织实施。

第五条 根据验收内容的不同,项目验收分为商务验收和功能验收两种方式。

商务验收指检查产品的物理状态是否符合约定的要求。一般检查货物的品名、规格、数量等是否相符、齐全,工程项目的施工内容是否实施等。

功能验收指检查产品功能或服务效果是否满足约定要求。

货物类项目验收一般采取商务验收方式,合同约定需要安装调试的,验收时应检查货物安装调试情况。工程类项目一般采取功能验收与商务验收相结合的方式。服务类项目一般采取功能验收方式,并根据项目特点对服务期内的服务实施情况进行考核,结合考核情况和服务效果进行验收。

第三章 验收程序

第六条 自行验收应当由项目部门自行组织本部门人员或邀请其他部门的专业人员成立3人以上的验收小组进行验收。

工程类验收由基建部门按照国家相关规定组织验收。

特殊或特种设备(如电梯、高压设备等)的验收,如国家或行业有特殊规定的,从其规定,并由项目部门负责组织,验收结果报国有资产管理处备案。

第七条 资产管理部门验收和专项验收的采购项目,应当由项目需求单位进行初验。初验合格后,项目部门应向国有资产管理处提出正式验收申请。

国有资产管理处应当成立由国有资产管理部门、财务部门、资产归口管理部门和项目部门参加的验收小组,并通知供应商参加验收。本采购项目的有关投标单位申请参与监督项目验收的,应同时通知该投标单位参与验收监督。专项验收应根据项目的实际情况邀请相关行业专家或第三方专业机构参加验收小组对采购项目进行验收。

与学生或教职工利益密切相关的项目,验收小组可以邀请学生代表或教职工代表参加验收。

第八条 项目验收应严格按照采购合同开展。验收时,应当按照采购合同的约定对每一项技术、服务、安全标准的履约情况进行检查、确认。

第九条　验收结束后,由验收小组出具《履约验收报告》,列明各项标准的验收情况及项目总体评价结论,由验收各方共同签署。总体评价结论为:合格或不合格。

第十条　应当登记固定资产的采购项目,项目部门自行验收结束后,应当按照资产管理的规定办理资产登记手续。

基建工程验收结束后,相关部门应当及时办理项目决算,并根据决算结果办理房屋、构筑物的资产入账手续。

第十一条　验收合格的项目,应当按照采购合同的约定及时向供应商支付采购资金、退还履约保证金。

第十二条　在验收过程中,如发现有数量、规格、性能与采购合同或投标文件的承诺不符,或有残缺、损坏等情况的,验收小组应对其作验收不合格处理。

第十三条　采购项目履约验收不合格的,项目需求单位应及时查明原因和责任,并在合同约定的验收期间内,与供应商进行协商,根据具体情况责令供应商限期整改、检修、更换、退货、赔偿。协商未果的,应由组织验收部门报请学校研究解决。

第四章　纪律与责任

第十四条　参与验收的单位、部门和人员应遵守以下纪律:

1. 供应商履行采购合同后,有关部门应当及时组织验收或提出验收申请。

2. 项目验收应严格按照采购合同或相关资料进行验收,不得私下与供应商进行背离合同实质性内容的验收交易。

3. 不得向供应商索取或收受任何财物。

4. 其他工作纪律。

第十五条　有关部门和工作人员在项目验收工作中违纪、违规、不作为,给学校造成经济损失的,应追究相关部门或人员的责任。情节严重构成犯罪的,移送司法机关进行处理。

第五章　附　　则

第十六条　本办法自发布之日起执行。

第十七条　本办法由国有资产管理处负责解释。

巢湖学院图书馆社会化服务管理办法(修订)

校字〔2017〕229号

根据教育部《普通高等学校图书馆规程》和《安徽省教育厅关于推进高等学校教育科研资源有序开放的意见》要求,为充分发挥学校图书馆馆藏资源和专业服务优势,满足社会读者文献信息需求,结合学校实际,特制定本办法。

一、服务对象

巢湖市国家机关、事业单位及与学校有合作关系企业中的工作人员为图书馆服务对象。图书馆向此类人员发放拥有纸质图书借阅权和数据库资源使用权的社会读者卡300张,以后再依据学校实际情况和社会需求,逐步增发读者卡,扩大服务对象范围。

二、社会读者卡办理

1. 符合条件的市民在学校图书馆网站下载、填写巢湖学院社会读者卡申请表。

2. 携带填好的表格、身份证复印件、工作证(或盖有所在单位公章的证明)及电子证件照至图书馆办公室申请办理社会读者卡。

3. 图书馆审核申请人信息,并为通过审核的市民办理社会读者卡。

4. 接到图书馆通知的市民来馆取卡,并携带读者卡到图书馆二楼服务台开通借书证功能。

5. 读者卡期限一年,到期自动失效。读者可于期满前用登记手机联系图书馆申请续期,续期后社会读者卡期限依然为一年。

三、社会读者卡的使用和权限

1. 读者卡仅限本人使用,不得转借他人,不得委托他人代借图书;如发现借用或冒用,将予以没收,由此造成的损失也由本人承担。

2. 社会读者每次最多可借5本书,借期60天;并可在图书到期前15天内通过移动图书馆、微信和图书馆网站自行办理续借,可续借2次,续借天数同借期。

3. 读者卡请妥善保管,遗失后应立即通过移动图书馆或图书馆微信公众号或图书馆网站挂失,否则后果自负。挂失前读者卡上所借图书均由本人负责归还或赔偿。

4. 社会读者可免费享用图书馆各类文献信息资源和服务。

四、服务时间

图书馆开放时间对外开展图书借阅服务,数据库资源实行每周7×24小时不间断网络服务。

五、读者管理

1. 社会读者应遵守图书馆规章制度,服从管理,若有违规或书刊损毁、遗失,按图书馆相关规定处理。

2. 图书馆数据库资源仅供读者日常学习、科研之用,读者不得以任何方式恶意下载、非法复制。

3. 若因读者违规或不当,造成图书馆损失,读者要承担全部责任。

六、附则

1. 本办法自发布之日起实施,由图书馆负责解释。

2. 未尽事宜按学校图书馆规章制度执行。

五、机构与干部

学校党政领导

朱灿平	党委书记
祝家贵	党委副书记、校长
徐柳凡	党委委员、副校长
阮爱民	党委委员、纪委书记
黄志圣	党委委员、副校长
朱定秀	党委委员、副校长
余洁平	党委委员、党委组织(统战)部部长
郑尚志	党委委员、信息工程学院院长

学校纪委委员

阮爱民	纪委书记
肖圣忠	纪委副书记、纪委办公室主任、监审处处长
王光富	纪委委员、监审处副处长
张安东	纪委委员、环巢湖文化与经济社会发展研究中心主任
张继山	纪委委员、经济与管理学院党总支书记
刘洪涛	纪委委员、应用数学学院党总支书记
陈恩虎	纪委委员、旅游管理学院院长

处级机构设置

序号	机构名称	序号	机构名称
一	党政管理机构	vi	机械与电子工程学院(大学物理教学部)
i	办公室(党委办公室、院长办公室、校友总会办公室)	vii	化学与材料工程学院
ii	监察审计处(纪委办公室)	viii	信息工程学院(信息科学技术教学部)
iii	党委组织部(党委统战部、党校办公室)	ix	旅游管理学院
iv	党委宣传部(新闻中心、文明办)	x	艺术学院
v	党委学生工作部(学生处)	xi	马克思主义学院
vi	发展规划处(质量管理办公室、高等教育研究所)	三	教辅机构
vii	人事处(离退休工作处、关工委秘书处)	i	图书馆
viii	教务处(教师能力发展中心)	ii	现代教育技术中心
ix	科技处(学报编辑部、学科建设办公室、服务地方办公室、学术委员会秘书处)	四	科研机构
x	财务处	i	环巢湖文化与经济社会发展研究中心
xi	后勤管理与基建处	五	按章程设置的机构
xii	国有资产管理处	/	各学院总支部委员会
xiii	保卫与校园管理处(党委人民武装部)	i	机关第一总支部委员会
二	教学机构	ii	机关第二总支部委员会
i	经济与管理学院	iii	工会
ii	文学传媒与教育科学学院(心理健康教育中心)	iv	团委
iii	外国语学院(大学英语教学部)	六	直属机构
iv	体育学院(大学体育教学部)	i	国际交流与继续教育学院
v	应用数学学院(大学数学教学部)		

注:学院的排序原则上以教育部《普通高等学校本科专业目录》为准。

各单位科室设置(科级)

序号	二级机构名称	科级机构设置
1	经济与管理学院	办公室 教学科研秘书 团总支
2	文学传媒与教育科学学院	
3	外国语学院	
4	体育学院	
5	应用数学学院	
6	机械与电子工程学院	
7	化学与材料工程学院	
8	信息工程学院	
9	旅游管理学院	
10	艺术学院	
11	马克思主义学院	办公室
		教学科研秘书
12	办公室	文秘科
		信息科
		机要科
		行政科
		档案馆
		车队
13	监察审计处(纪委办公室)	秘书
		纪检科
		审计科
14	组织部(统战部)	秘书(干部科)
		组织科(统战科)
15	宣传部	秘书(理论教育科)
		新媒体中心(网络工作室)
		《巢湖学院报》编辑部

续表

序号	二级机构名称	科级机构设置
16	学生工作部(学生处)	秘书(学生教育管理科)
		学生资助管理办公室
		大学生就业指导中心
		学生公寓管理中心
17	发展规划处	秘书(规划统计科)
		质量评估科(高教研究所)
18	人事处	秘书(关工委秘书)
		人事科(人才交流中心)
		师资职称科
		工资社保科
		离退休工作科
19	教务处	秘书
		教务科
		招生办公室副主任
		实践教学管理科
		教研科
		质量检查科(教学督导组秘书)
		教师能力发展中心办公室
		学籍管理科
20	科技处	秘书(服务地方办公室)
		项目管理科
		学报编辑部副主任
		学科(学风)建设办公室
21	财务处	秘书
		核算科
		收费管理科
		后勤财务科

续表

序号	二级机构名称	科级机构设置
22	后勤管理与基建处	秘书(节能办公室秘书)
		基建管理科
		房产与水电维修管理科
		物业管理中心
		餐饮中心
		校医院院长
		校医院副院长
23	国有资产管理处	秘书
		招标采购管理科
		资产管理科
24	保卫与校园管理处(党委人民武装部)	秘书(政保科)
		治安与消防科
		校园管理科
25	图书馆	秘书
		采编部
		流通部
		期刊部
		信息技术部
26	现代教育技术中心	秘书
		信息部
		网络管理部
		工程实训部
		文科综合实训部
		电教部
27	工会	办公室
		计生干事
28	团委	办公室
		组织宣传部
		素质拓展部

续表

序号	二级机构名称	科级机构设置
29	国际交流与继续教育学院	办公室
		继续教育科
30	环巢湖文化研究中心	秘书

机关部门、教学科研及教辅单位负责人

张连福　党委（院长）办公室副主任（主持工作）
洪　燕　党委（院长）办公室副主任
肖圣忠　纪委副书记、纪委办公室主任、监审处处长
王光富　纪委委员、监审处副处长
余洁平　党委委员、党委组织部（统战部）部长
黄春芳　党委组织部副部长
夏桂林　大墩村第一书记、驻村扶贫工作队队长
张道才　党委宣传部部长
陈小波　党委宣传部副部长
刘金平　党委学生工作部部长、学生处处长
芮德武　学生工作部副部长
郭凤英　学生工作部副部长
徐礼节　发展规划处处长
徐兆武　发展规划处副处长
陈和龙　人事处处长
陈兆龙　人事处副处长
丁俊苗　教务处副处长（主持工作）
许雪艳　教务处副处长
万新军　科技处处长
杨松水　科技处副处长兼学报编辑部主任
王万海　财务处处长
刘亚平　财务处副处长
朱玉票　后勤管理与基建处处长
傀志平　后勤管理与基建处副处长
李书安　后勤管理与基建处副处长
张　蕊　后勤管理与基建处副处长
古国平　国资处副处长（主持工作）
管　超　党委人民武装部部长、保卫与校园管理处处长

洪作奎	保卫与校园管理处副处长
钱　云	图书馆馆长
吴　宏	图书馆副馆长
吕家云	现代教育技术中心主任
刘东生	现代教育技术中心副主任
张安东	纪委委员、环巢湖文化与经济社会发展研究中心主任
董金山	机关第一党总支书记
何照泽	机关第二党总支书记
孙庆平	院长助理、工会主席
胡世元	工会副主席
郑　玲	团委副书记（主持工作）
史国东	国际交流与继续教育学院院长
宋明友	国际交流与继续教育学院副院长
张继山	纪委委员、经济与管理学院党总支书记
罗发海	经济与管理学院院长
徐志仓	经济与管理学院副院长
王　进	文学传媒与教育科学学院党总支书记
方习文	文学传媒与教育科学学院院长
李曙光	文学传媒与教育科学学院副院长
袁凤琴	文学传媒与教育科学学院副院长
伋麓琳	外国语学院党总支书记
徐朝友	外国语学院院长
陈　文	外国语学院副院长
柯应根	外国语学院副院长
周　祥	体育学院党总支书记
姚　磊	体育学院副院长（主持工作）
刘洪涛	纪委委员、应用数学学院党总支书记
赵开斌	应用数学学院院长
吴永生	应用数学学院副院长
朱仁义	机械与电子工程学院党总支书记
杨汉生	机械与电子工程学院院长
汪世义	机械与电子工程学院副院长
陈海波	机械与电子工程学院副院长
陈士群	化学与材料工程学院党总支书记
程乐华	化学与材料工程学院副院长
李明玲	化学与材料工程学院副院长
孙远春	信息工程学院党总支书记
郑尚志	党委委员、信息工程学院院长
童先军	信息工程学院副院长

鲁业频　　信息工程学院副院长
柳洪琼　　旅游管理学院党总支书记
陈恩虎　　纪委委员、旅游管理学院院长
齐先文　　旅游管理学院副院长
单自华　　艺术学院党总支书记
胡是平　　艺术学院院长
李　勇　　艺术学院副院长
褚春元　　艺术学院副院长
郑小春　　马克思主义学院院长
赵光军　　马克思主义学院副院长

基层党组织设置及其负责人

一、经济与管理学院党总支

（一）总支部委员会

　　委　员：邓其志　孙定海　江　海　张继山　罗发海　金　晶　施　玮
　　书　记：张继山
　　副书记：罗发海

（二）支部书记

　　教工一支部书记：孙定海
　　教工二支部书记：施　玮
　　学生一支部书记：邓其志
　　学生二支部书记：赵　洁
　　学生三支部书记：张　浩（2017年11月任职）
　　学生四支部书记：何东海（2017年11月任职）
　　学生五支部书记：金　晶（2017年11月任职）

二、文学传媒与教育科学学院党总支

（一）总支部委员会

　　委　员：方习文　王　进　叶　磊　甘　超　李　艳　查　华
　　　　　　胡俊俊（2017年11月任职）
　　书　记：王　进

副书记：方习文

（二）支部书记

教工一支部书记：胡传双

教工二支部书记：查 华

教工三支部书记：李 艳

教工四支部书记：甘 超

教工五支部书记：叶 磊

学生一支部书记：胡俊俊

学生二支部书记：李 娜

学生三支部书记：李 昆（2017年11月任职）

学生四支部书记：晁天彩

学生五支部书记：王兴国

三、外国语学院党总支

（一）总支部委员会

委　员：田　平　伋麓琳　余荣琦　张园园　谷　峰　陈　文　柯应根

书　记：伋麓琳

副书记：陈　文

（二）支部书记

教工一支部书记：余荣琦

教工二支部书记：谷　峰

学生一支部书记：何后蒋（2017年11月任职）

学生二支部书记：李　吟（2017年11月任职）

四、体育学院党总支

（一）总支部委员会

委　员：江杭生　苏家本　周　祥　姚　磊　黄寿军　蒋圣祥　解雪梅

书　记：周　祥

副书记：姚　磊

（二）支部书记

教工一支部书记：黄寿军

教工二支部书记：蒋圣祥

教工三支部书记：苏家本
　　学生一支部书记：解雪梅
　　学生二支部书记：王　林

五、应用数学学院党总支

(一) 总支部委员会

　　委　员：刘洪涛　吴永生　赵开斌　郝江峰　陶正妹
　　书　记：刘洪涛
　　副书记：赵开斌

(二) 支部书记

　　教工一支部书记：谢如龙
　　教工二支部书记：陈佩树
　　教工三支部书记：陶有田
　　教工四支部书记：徐富强
　　学生一支部书记：郝成超（2017 年 11 月任职）
　　学生二支部书记：管成功（2017 年 11 月任职）

六、机械与电子工程学院党总支

(一) 总支部委员会

　　委　员：王　静　朱仁义　朱爱国　汪世义　陈海波　蔡玲存
　　　　　　刘雪刚（2017 年 11 月任职）
　　书　记：朱仁义
　　副书记：陈海波

(二) 支部书记

　　教工一支部书记：朱爱国
　　教工二支部书记：王　静
　　教工三支部书记：刘雪刚（2017 年 11 月任职）
　　学生一支部书记：汪　军
　　学生二支部书记：牛美芹
　　学生三支部书记：王　燕
　　学生四支部书记：陈　浩（2017 年 11 月任职）

七、化学与材料工程学院党总支

(一)总支部委员会

委　员:李　融　吴　蓉　李明玲　陈士群　曹海清
书　记:陈士群
副书记:李明玲

(二)支部书记

教工一支部书记:曹海清(2017年11月任职)
教工二支部书记:鲁文胜
教工三支部书记:吴　蓉(2017年11月任职)
教工四支部书记:李　融(2017年11月任职)
学生一支部书记:裴敏俊
学生二支部书记:涂　静(2017年11月任职)
学生三支部书记:许　齐(2017年11月任职)
学生四支部书记:许小兵(2017年11月任职)

八、信息工程学院党总支

(一)总支部委员会

委　员:刘晓波　孙远春　张步群　郑尚志　童先军　鲁业频
书　记:孙远春
副书记:郑尚志

(二)支部书记

教工一支部书记:刘晓波
教工二支部书记:黄贵林(2017年11月任职)
教工三支部书记:张步群
学生一支部书记:陈文静(2017年11月任职)
学生二支部书记:刘　旭
学生三支部书记:刘晓波
学生四支部书记:刘小燕
学生五支部书记:樊乐乐

九、旅游管理学院党总支

（一）总支部委员会
委　　员：吕君丽　孙　玮　杨　帆　陈　凯　陈恩虎　柳洪琼　胡茂胜
书　　记：柳洪琼
副书记：陈恩虎

（二）支部书记
教工一支部书记：李　舒（2017年11月任职）
教工二支部书记：胡茂胜
教工三支部书记：丁龙庆
教工四支部书记：郭晓艳（2017年11月任职）
学生支部书记：汪最中

十、艺术学院党总支

（一）总支部委员会
委　　员：王　倩　刘宣琳　李　勇　李超峰　单自华　胡是平　褚春元
书　　记：单自华
副书记：胡是平

（二）支部书记
教工一支部书记：王　倩
教工二支部书记：李超峰
教工三支部书记：余晓燕
学生一支部书记：邓菁菁（2017年11月任职）
学生二支部书记：李本祥
学生三支部书记：何冬冬

十一、马克思主义学院直属党支部

委　　员：余京华　杨　芳　郑小春　胡万年　赵光军
书　　记：郑小春
副书记：赵光军

十二、机关第一党总支

(一) 总支部委员会

委　　员：丁俊苗　孙　冰　宋明友　张安东　肖圣忠　郭凤英　董金山
书　　记：董金山
副书记：肖圣忠

(二) 支部书记

机关一支部书记：孔银生(2017年11月任职)
机关二支部书记：陈小波
机关三支部书记：丁继勇(2017年11月任职)
机关四支部书记：许雪艳
机关五支部书记：万新军
机关六支部书记：孙　冰
机关七支部书记：宋明友
机关十三支部书记：王光富(2017年11月任职)

十三、机关第二党总支

(一) 总支部委员会

委　　员：王万海　古国平　孙庆平　朱玉票　何照泽　陈和龙　管　超
书　　记：何照泽
副书记：孙庆平

(二) 支部书记

机关八支部书记：赵俊涛(2017年11月任职)
机关九支部书记：张　凌
机关十支部书记：袁俊武
机关十一支部书记(住校离退休党支部)：丁绪胜
机关十二支部书记(校外离退休党支部)：鲁有周
机关十四支部书记：赵子翔(2017年11月任职)

六、党建与思想政治

组织统战工作

2017年,学校组织工作认真落实省委组织部和省委教育工委部署要求,在校党委领导下,以迎接党的十九大召开和学习宣传贯彻十九大精神为主线,以基层党组织标准化建设为抓手,全面推进党建"七项"重点任务落实,聚焦问题,补齐短板,各项工作取得新进展。

一、党建工作

1. 扎实推进基层党组织标准化建设。根据学校基层党组织的不同类型,分别制定二级学院党总支等4个具体建设标准,同时,制定标准化建设验收方案,全年共组织了4次专题学习和动员部署培训,多次开展有针对性的调研督导,指导各基层党组织有序推进标准化建设。

统筹建设教师党支部和教研室综合活动室,为党员活动室统一配置电教设备,设置标志和规章制度等。组织各基层党组织书记做好标准化建设系统平台的填报工作。经考核验收,达标的党委1个,党总支11个,党支部46个。

2. 认真组织"两学一做"学习教育常态化制度化及"讲重作"专题教育和警示教育工作。制订实施方案,成立四个督导组,开展了2轮督导。在安徽先锋网"两学一做"网络平台推送并发布新闻稿件34篇,"两学一做"纪实评价系统填报率达99.26%。同时协调推进"讲政治、重规矩、作表率"专题教育和警示教育,制订实施方案,全校所有基层党组织按要求开展三个专题讨论和"三个一活动",按期召开专题民主生活会和组织生活会。

3. 做好党员的日常教育管理和服务工作。以学习宣传十九大精神为重点开展入党积极分子培训和党员教育,全年培训3008人;审核党员发展及转正材料共1022份,强化政治标准和程序。完善党员管理基础数据库,及时准确完成2017年党员信息相关数据的上报工作。

4. 做好抓党建述职评议工作,分类开展党建考核工作。制定学校2017年党的建设工作要点和"三个清单",对2016年度书记抓基层党建述职评议考核工作进行通报和总结。分类制定党总支、党支部和职能部门党建考核办法,强化考核结果运用,落实支部书记相关待遇。

5. 做好党费收缴工作。根据相关文件要求重新核定全校2017年党费标准,与巢湖市建行合作,在职党员全部通过手机缴纳党费。做好补交党费使用方案制定、统计、自查等工作。

6. 做好党员慰问工作。按要求汇总上报"四类"生活困难党员,切实做好春节、"七一"、十九大及建校四十周年前夕慰问工作,共计发放慰问金5万余元。

7. 做好基层党组织设置和人员调整工作。认真执行学校基层党组织换届工作实施办法,根据需要,在9月份对部分支部和委员、书记人选进行必要的调整,新增支部2个。

二、干部工作

1. 开展干部聘任工作。根据工作需要,按要求和程序先后选拔聘任了3名处级干部和6名科级干部。

2. 加强干部日常监督管理工作。做好中层领导干部的人事档案、兼职备案和"因私出国(境)证件"管理工作,做到处级以上干部因私出国(境)证件统一管理。与校纪委召开联席会议,交流有关来信来访情况,对干部队伍现状进行分析研判。

3. 严格领导干部个人有关事项报告工作。完成了2016年度6位校领导和36位处级干部报告个人有关事项年度集中填报工作,做好数据的采集、录入、报送、核实等工作,核实结果报送省委组织部干部监督处备案。

4. 加强驻村扶贫干部管理。学校选派的驻村第一书记、扶贫工作队队长工作实绩显著,被提任为副处级干部,同时在全校遴选两名同志担任扶贫工作队副队长和专干。三位扶贫干部履职尽责,年度考核均为"优秀",所帮扶村也成功出列。

5. 做好2017年选调生工作。组织做好网上报名、资格审查、面试资格复查、体检和考察等各环节工作,规范操作、严格把关,共有17名同学进入到选调生面试环节,最终9名同学被录用。

6. 做好干部教育培训工作。通过"汤山讲坛"邀请专家学者对干部进行教育培训,组织全体处级干部赴上海交通大学举办"中层领导干部能力提升班"。先后举办基层党组织标准化建设培训班、支部书记暨科级干部学习党的十九大精神培训班;推荐21名支部书记、100名学生党员参加国家教育行政学院网络培训班;2名支部书记、2名党员参加省教育工委培训班。选调干部26人次外出参加培训。

三、其他工作

1. 牵头组织做好省委对学校领导班子和领导人员的综合考核工作。与发规处合作,汇总完成综合考核指标体系的填报、材料收集和审核工作;组织考核组的实地考核工作,2016年度学校综考获得"好"等次。

2. 组织完成学校二级单位和中层领导干部综合考核工作。制定学校二级单位和中层领导干部综合考核实施办法,考核指标实行党建、发展双百分制。在实践中不断探索和优化,今年又对考核办法进行了修订,将目标管理任务纳入考核指标体系。

3. 协同做好"两代会"换届的组织工作。认真组织好"两代会"委员推荐、代表选举和资格审查等工作,为"两代会"的成功召开奠定了基础。

四、加强部门自身建设

认真开展"迎接党的十九大,做合格组工干部"主题实践活动,制订实施方案,认真组织学习,深入查摆问题,强化整改落实,组工干部的政治思想素质和业务能力有了较大提高,组织部在学校的年度综合考核中名列第一,获"优秀"等次。

(撰稿:王晖)

宣传文化工作

2017年,在校党委的正确领导下,宣传部认真贯彻落实中央和省委部署要求,围绕学校中心工作,服务师生员工,认真做好宣传思想文化工作,较好地完成了各项任务。

一、突出抓好习近平新时代中国特色社会主义思想和党的十九大精神学习宣传贯彻工作

印发《关于深入学习宣传贯彻党的十九大精神的工作方案》等文件,以学习宣传贯彻党的十九大精神为主线,贯彻"学懂、弄通、做实"的要求,在全校迅速组织开展十九大精神大学习、大宣传、大培训、大调研、大落实,深入开展习近平新时代中国特色社会主义思想和党的十九大精神学习教育,树牢"四个意识",坚决维护以习近平同志为核心的党中央权威和集中统一领导。

二、突出抓好理论学习工作

制定《中共巢湖学院委员会理论学习中心组学习规则》《中共巢湖学院委员会理论学习中心组2017年度学习计划》等文件,传达学习中央、省委重要会议文件及重大决策部署。一年来,安排校党委中心组理论学习12次,重点学习了习近平新时代中国特色社会主义思想和党的十九大精神、十八届六中全会精神、十八届中纪委七次全会精神、"两会"精神和新《党章》《习近平谈治国理政》《关于新形势下党内政治生活的若干准则》等重要内容。同时,结合学校实际,认真安排每月教职工理论学习的主要内容

三、突出抓好意识形态工作

认真落实党委意识形态工作责任制。按照《中共巢湖学院委员会落实意识形态工作责任制实施方案》要求,认真落实校党委意识形态工作责任制,定期对学校意识形态工作进行研判,认真分析学校意识形态工作形势,对学校重大事件、重要情况进行深入研究,维护学校意识形态工作安全,并将学校意识形态工作相关材料及时报送给上级领导部门。

不断加强意识形态阵地管理。加强对校内报纸杂志、广播、橱窗展板等内容管理,按照"谁主办、谁负责"的原则,严格履行审批程序。加强对哲学社会科学类报告会、研讨会、讲座、论坛,按照分类管理,实行"一会一批"制。2017年,学校举办"汤山讲坛"学术文化讲座3场,其他人文社科类讲座46场,全部实行"一会一报制"。

切实维护网络意识形态安全。充分发挥网络、新媒体平台作用,密切关注网络舆情动态,面对问题,积极应对,妥善解决。对学生在网上反映的学校至高铁站公交直达班车、学生食堂就餐等方面问题都予以妥善解决。邀请报社、电视台、广播电台专业新闻工作者、新闻发布平台管理人员对新闻通讯员进行培训,规范新闻写作和发布,严格新闻发布审核,做到校园新闻专业写作、专人审核、专人发布。

四、突出抓好思想政治工作

深入学习贯彻全国全省高校思想政治工作会议精神,加强师生员工思想政治教育,落实立德树人根本任务。印发《中共巢湖学院委员会关于学习贯彻落实全省高校思想政治工作会议精神的通知》《中共巢湖学院委员会关于学习贯彻落实全国高校思想政治工作会议精神实施方案》《关于加强和改进新形势下学校思想政治工作的实施意见》《巢湖学院2017年思想政治教育工作要点》,加强制度建设。充分利用校报、校广播台、条幅、橱窗展板、校园网、微博、微信、客户端等,广泛宣传贯彻全国全省会议精神,营造浓厚学习氛围。召开党委中心组理论学习会议、党建工作座谈会等专题会议,组织党员干部学习,将全国全省高校思政工作会议精神列为教职工理论学习重点内容,组织教职员工深入开展学习;做好全国全省高校思政工作会议精神进教材、进课堂、进头脑工作,组织学生广泛学习。

实施思想政治教育质量提升工程。召开"高校思想政治工作质量提升工程"学校有关部门工作协调会,深化思想政治理论课教学改革创新,制定我校思想政治教育相关制度,实施实施思想政治教育质量提升工程。制定巢湖学院思想政治理论课教学质量年实施方案。有效落实大听课、大调研等活动要求,配合教育部委派专家高正礼教授做好听课、调研等工作。结合重要时间节点,围绕十九大精神、全国全省思政工作会议精神等重要内容,通过"形势与政策"课教学、青马工程培训、"三下乡"社会实践等多种形式,举办"与大学生谈人生信仰"辅导报告,"喜迎十九大·青春建新功"等宣传教育活动,在师生加强理想信念教育、爱国主义教育、形势政策教育和"三观"教育。

加强宣传思想文化工作理论研究。依托学校中国特色社会主义研究基地,联合马克思主义学院、校社科联,加强党建和宣传思想文化工作理论研究,强化理论保障。2016～2018年安徽省高等教育振兴计划高校思想政治教育综合改革计划项目正在开展研究,《构建时代化中国化大众化的马克思主义正义理论》等4项课题获安徽省哲学社会科学规划项目立项,《如何构建新时代中国特色社会主义主流道德观——基于"道德的唯物性"视角探究》等3篇论文获省社会科学界第十二届学术年会论文三等奖,《弘扬马克思主义学风 学习贯彻十九大精神》《高校大学生思政教育新媒体平台建设探微》《高校"大思政"教育模式浅谈》等多篇理论文章已发表。

五、突出抓好社会主义核心价值观长效机制建设

制定《巢湖学院关于在全校深入开展培育和践行社会主义核心价值观活动实施方案》,列出任务清单,强化制度保障。结合党的十九大等重要时间节点,开展社会主义核心价值观主题宣传。举办2017年志愿服务文化月,在师生中广泛开展培育和践行社会主义核心价值观宣教活动。以巢湖创建全国文明城市为契机,加强校地合作,开展"图说我们的价值观"公益广告作品征集活动。

六、突出抓好校园文化建设

结合学校实际,不断加强校园文化建设。认真做好校庆宣传工作,营造浓厚校庆氛围。充分利用校园网、微博、微信、横幅、路牌、橱窗展板积极开展校庆宣传,联合新安晚报、合肥晚报巢湖晨刊、巢湖发布等媒体扩大校庆宣传,举办办学历程展、办学成果展,编印校庆纪念册、《巢院学子在基层》,设计校庆电子相册。继续打造"汤山讲坛"等校园文化

品牌,突出示范效应。邀请邀请中科院院士郭光灿教授、省社科院钱念孙研究员、省委党校邵明教授来校举办3场文化学术讲座。举办读书月、诗文朗诵大赛、读书沙龙、新生广播节目主持人大赛、校园记者大赛、校园摄影比赛等丰富多彩的活动,增加校园文化活动的参与度、美誉度。

七、突出抓好文明创建工作

深化校地合作。积极参与合肥市、合巢经开区开展的志愿服务引导扶持项目申报、"讲文明 树新风"公益广告设计大赛、学雷锋主题月、"半汤好人"、楼道楼宇好人评选等活动。加强校园环境建设。加强学校周边环境综合治理工作、学校雨污分流、校园绿化工程建设,开展消防演练,强化平安、和谐、美丽校园建设。加强优秀传统文化教育。在春节、清明、端午等传统节日积极开展"我们的节日"活动,举办大学生礼仪风采大赛、高雅艺术进校园、读书月、科技文化艺术节等活动。积极参与各级文明单位创建活动,进一步巩固拓展了文明创建成果。2017年,学校经复查合格继续保留"全国文明单位"荣誉称号,获第十一届安徽省文明单位、第二届合巢经开区文明单位荣誉称号。

八、突出抓好宣传报道工作

加强宣传阵地建设。充分发挥广播、校报、宣传橱窗、网络、微博、微信等校园宣传媒介作用,通过人物专访、专题访谈、系列报道等多种方式,先后开展"第二次党代会""校庆40周年""巢院学子在基层"、校运动会、迎新军训活动等专题报道活动,营造浓郁的校园文化氛围。加强对外交流合作。认真做好"政法综治江淮行"记者团来我校开展宣传采访活动,积极联系《新安晚报》《巢湖晨刊》、合肥电视台明珠频道记者、主持人参与学校新生主持人大赛、毕业生文明离校、"三下乡"等校级活动。先后在《新安晚报》《合肥晚报·环湖晨刊》、安徽教育网、中安在线等媒体上刊发新闻800余条,编印《媒体视野中的巢湖学院2016》,不断拓宽宣传报道工作的深度和广度,提升学校知名度和影响力。

(撰稿:夏勇)

纪检监察工作

2017年,在驻厅纪检组和学校党委正确领导下,校纪委牢固树立"四个意识",深入落实党的十九大精神,深入学习贯彻习近平新时代中国特色社会主义思想,紧紧围绕学校中心工作,认真履职尽责,推进学校党风廉政建设向纵深发展,为学校事业发展提供坚强纪律保证和作风保证。

一、提高政治站位,学习宣传贯彻党的十九大精神

全面准确领会把握党的十九大精神。校纪委把认真学习贯彻党的十九大精神,作为首要政治任务,组织纪检监察干部收看党的十九大开幕直播,学习习近平总书记在中国共产党第十九次全国代表大会上的报告和十八届中央纪委向党的十九大的工作报告。充分认识新时代党的建设总要求,深刻认识全面从严治党永远在路上、党风廉政建设和反腐败斗争形势依然严峻复杂的重大判断,深刻领会党的十九大关于党的政治建设、思想建设、组织建设、作

风建设、纪律建设以及制度建设和反腐败斗争的新部署，以更加坚定的信念，以更加科学、更加严密、更加有效的思路举措，持续深入开展党风廉政建设和反腐败斗争，当好学校政治生态"护林员"。

切实增强学习贯彻的自觉性和坚定性。校纪委通过十九大精神宣讲、学习交流、上党课途径学习宣传十九大精神，切实增强纪检干部学习贯彻党的十九大精神的思想自觉和行动自觉，把贯彻落实十九大精神与监督执纪问责和自身建设结合起来，提高政治站位和政治觉悟，牢固树立"四个意识"，坚定"四个自信"，推动全面从严治党向纵深发展，为学校事业发展提供坚强保证。

二、强化组织协调，推进主体责任全面落实

积极协助校党委全面落实管党治党政治责任。始终把党风廉政建设和反腐败工作纳入学校事业发展和党的建设总体布局，同部署、同推进、同落实、同检查。全年党委行政主要负责同志先后10次召开党委会、校长办公会对党风廉政建设和反腐败工作做出安排部署，带头遵规守纪、作出廉政承诺，带头讲授党课，作出示范引导。学校领导班子其他成员严格按照"一岗双责"的要求，自觉把党风廉政建设主体责任扛在肩上、抓在手上，着力抓好分管单位的党风廉政建设工作。

级级传导压力强化监督管理。落实党风廉政建设责任制，推进主体责任清单管理，明确学校各级领导干部主体责任和"一岗双责"范围与内容。组织召开党风廉政建设工作会议，印发学校年度党风廉政建设工作要点，签订党风廉政建设责任书，党委书记、校长对全校二级单位41名党政主要负责人落实主体责任进行集中约谈。施行《中共巢湖学院委员会践行监督执纪"四种形态"实施办法》，建立完善约谈提醒制度，将压力进一步传导到基层，将责任进一步落实到基层。

三、坚持履职担当，充分发挥党内监督专责机关作用

严格执行党的各项规章制度。把尊崇党章同执行新形势下党内政治生活若干准则、廉洁自律准则、党内监督条例、党纪处分条例、问责条例等党内法规贯通起来，参与"两学一做"学习教育、"讲重作"专题警示教育和民主生活会督导，加大对"三重一大"决策制度、党政联席议事制度、党风廉政建设责任制等执行情况的监督检查，把全面从严治党不断引向深入。

加强对"关键少数"的监督。严格执行领导干部述职述廉、个人重大事项报告、谈话函询等规定。倾向性苗头性问题，早提醒、早纠正，全年纪委书记与处级领导干部、重要岗位科级干部谈心谈话100余人次。

加强对重点领域和关键环节的监督。参与干部选拔任用、人才引进、年度考核、招生录取、职称评审和英语、计算机等级水平考试工作，监控廉政风险关键点，保证工作有序规范开展。参与学校第二次党代会筹备与召开工作，印发近300份换届纪律提醒卡，严明换届纪律，确保党代会顺利召开。对监督过程中发现的问题，及时谈话提醒，约谈相关职能部门，督促相关部门认真履行管理和监督职能，完善相关规章制度，促进权力规范透明运行。

充分发挥审计监督作用。督促做好校长任期经济责任审计反馈问题整改，对审计报告指出的六个方面问题和三点整改建议，细化为27个具体问题，建立整改问题清单、任务清单和责任清单，确保整改任务按时完成、取得实效。组织开展2016年度预算执行和财

务收支审计,针对审计发现的七个方面问题,明确责任领导、责任部门、责任人,确保整改到位。开展学校第二运动场、学生食堂、学生宿舍和校医院4个基建工程项目全过程跟踪审计。组织实施基建和维修工程项目竣工结算审计,全年共完成17项工程项目,审计金额19602375.69元,审定金额17915370.57元,审计核减金额1687005.12元,核减率8.61%。2017年,校审计处荣获全省内部审计"五年提升行动""先进集体",肖圣忠获安徽省"内部审计领军人物"。

四、加强作风建设,努力形成风清气正的发展环境

深化落实中央八项规定精神。紧盯重要节点,在元旦春节、中秋国庆等节假日前夕,充分利用电子政务平台、校园网络、处级干部飞信群和科级干部QQ工作群,向党员干部和全校教职员工发出廉政提醒,提出节俭文明廉洁过节的要求。开展"酒桌办公"进一步排查整治,突击检查公务接待90次,报销凭证155次,开展全校范围内办公用房检查,坚决防止"四风"问题反弹。

扎实开展专项治理活动。参与"小金库"专项治理"回头看",开展两轮"小金库"专项治理"回头看"、基建采购突出问题专项治理、科研经费规范管理专项治理、师德师风专项整治整改落实情况督查。开展教育扶贫领域突出问题专项整治,针对工作重点,实地走访学校结对帮扶单位,深入贫困户家庭详细了解享受教育扶贫政策、参加扶贫项目、扶贫干部工作作风等方面情况以及学校援建资金使用管理情况;开展2016~2017学年学生奖助资金专项检查审计,深入职能部门、二级学院和贫困生中,检查学生资助对象11651人次是否按照规定评定,资助资金1839.16万元发放过程有无贪污私分、侵占挪用等突出问题,督促职能部门修订完善相关制度4项。

五、深化廉政教育,营造"不想腐"廉洁氛围

常态化推动"两学一做"学习教育。围绕实现"三增强""三确保",聚焦落实"三坚持",通过校院两级中心组理论学习会、专题培训、支部党课、发放"讲重作"专题警示教育典型案例选编读本等形式,推进学习教育向基层延伸,强化党规党纪教育,进一步拧紧党员干部思想"总开关"。

积极推进校园廉政文化建设。组织开展第六届全国高校廉政文化作品征集活动,遴选5件作品上报。组织全校师生员工300余人观看廉政电影《丫山清风》。注重挖掘环巢湖文化中的廉政元素,环巢湖廉政文化理论研究成果即将出版。加大廉政文化专柜建设,完善硬件设施,丰富图书内容。发挥新媒体优势,组织发动全校党员干部订阅"安徽纪检监察"客户端、微信、微博,订阅关注比例分别达到62%、86%、55%。

六、深化标本兼治,着力建立健全惩防体系

严格纪律审查。2017年校纪委共接到各类信访件16件,其中问题线索4件,均一一进行细致深入的初步核查,对不属于问题线索的12件,督促有关单位及时办理,同时对2016年巡视移交的8件11个问题线索作出处理。全年开除党籍1人,通报批评7人,诫勉谈话5人,批评教育4人,提醒谈话5人,函询4人。回访有关单位,了解巡视移交线索问题整改落实情况。做好党纪处分和组织措施处理决定宣布工作,分管领导、相关党组织负责人运用身边的案例,加强对责任范围内党员干部教育引导,较好实现"处分处理一个人、红脸出汗一班人"的综合效果。

深入开展廉政风险再排查工作。突出标本兼治,坚持坚决惩治腐败和源头防治腐败同步推进,不断深化惩防体系建设。综合分析巡视、审计反馈的问题,分层次、分阶段广泛征求校领导、中层干部和教职员工意见,在2012年廉政风险防控工作基础上,再次深入排查学校廉政风险点。针对排查的基建工程,招标采购与资产管理,项目管理与科研经费,财务管理,师德师风,小金库,后勤管理,学生实习管理,干部选拔任用,人才招聘等十个方面主要廉政风险点,督促职能部门完善防控措施,强化权力运行的监督制约。

七、加强自身建设,锻造"忠诚干净担当"队伍

建立和完善工作机制。完善纪委会集体决策机制,严格执行纪委会会议议事规则,定期研究党风廉政建设工作情况,部署工作任务。建立纪委委员参与专项检查、督查、联系单位、基层党组织述职评议考核等工作制度,充分发挥纪委委员作用。出台并实行《党风党纪监督员、特邀监察员工作规则》,提升民主监督、群众监督实效,形成监督合力。严格落实《监督执纪工作规则》,积极探索信访件管理机制,建立近6年信访件材料电子档案,不断完善问题线索保管、初步核查、审理等工作机制,保障监督执纪问责各项工作规范有序。

强化学思践悟。加大理论培训和实践培训力度,全年选派干部参加省纪委、驻厅纪检组、省内审协会组织的培训8人次,参加省纪委和驻厅纪检组执纪审查4人次,参加省审计厅经济责任审计1人次。建立内部业务学习交流制度,及时召开培训心得座谈会,推动受训效果向实践转化,不断提升纪检监察干部履职尽责水平。

(撰稿:彭正生)

校党委中心组理论学习情况一览表

序号	时间	地点	学 习 内 容
1	1月19日	第二会议室	十八届中纪委七次全会公报
2	2月28日	第二会议室	1. 省部级主要领导干部学习贯彻十八届六中全会精神专题研讨班精神及《人民日报》有关评论员文章; 2. 省委中心组理论学习会议暨市厅级主要领导干部学习贯彻党的十八届六中全会精神专题培训班精神
3	3月21日	第二会议室	1. 全国"两会"精神; 2.《普通高等学校学生党建工作标准》
4	4月18日	第二会议室	1.《普通高等学校学生管理规定》; 2.《中华人民共和国民法总则》辅导报告
5	5月9日	第二会议室	1. 习近平总书记在安徽考察时重要讲话精神; 2. 习近平总书记在中国政法大学考察时重要讲话精神
6	6月20日	第二会议室	《中共安徽省委教育工委关于推进省属高校基层党组织标准化建设的实施意见》

续表

序号	时间	地点	学习内容
7	7月3日	致知楼报告厅	加强和规范党内政治生活,增强"四个意识"——学习《关于新形势下党内政治生活的若干准则》专题报告
8	8月28日	第一会议室	习近平总书记在省部级主要领导干部"学习习近平总书记重要讲话精神,迎接党的十九大"专题研讨班开班式上的重要讲话
9	9月26日	第一会议室	1. 中共中央政治局9月18日会议精神; 2.《关于深化教育体制机制改革的意见》
10	10月24日	第二会议室	十九大精神
11	11月28日	第二会议室	1. 习近平总书记在瞻仰中共一大会址时的重要讲话精神; 2.《中共安徽省委关于认真学习〈习近平谈治国理政〉第二卷的通知》; 3. 毛泽东同志《实践论》《矛盾论》
12	12月26日	第一会议室	中央、省委经济工作会议精神

"汤山讲坛"讲座情况一览表

姓名	时间	单位/职务/职称	讲座题目
郭光灿	10月9日	中国科学院院士、第三世界科学院院士、中国科学技术大学教授	量子奇异性及量子信息技术
邵明	12月1日	安徽省委党校科学文化教研部、主任、博士、教授	社会转型时期文化价值建设的理论与实践
钱念孙	12月29日	安徽省文联副主席、安徽省作家协会副主席、安徽省文艺评论家协会主席、安徽省社科院文学研究所所长、研究员	君子文化——中国传统文化与当代核心价值观活态嫁接的老树新枝

党员干部教育培训情况一览表

序号	时间	培训内容	参加人员
1	2月17日	全省高校领导干部学习贯彻党的十八届六中全会及省第十次党代会精神培训班	祝家贵　徐柳凡　阮爱民　黄志圣　朱定秀
2	3月20~23日	全省组织系统学习贯彻党的十八届六中全会精神集中培训班	余洁平
3	5月14日~6月2日	第1期加强高校思想政治工作专题研讨班	朱灿平
4	5月7~26日 6月4~23日	省哲学社会科学教学科研骨干研修班	徐兆武　吴兵　雷若欣　刘宣琳　肖迎春　兰顺领
5	8月10~12日	全省高校组织部长及干部科长培训班	余洁平　王晖
6	8月14~18日	全省高校国企统战部部长培训班	黄春芳
7	8月27~31日	第2期全省高校党外知识分子研修班	吴宏　刘东生
8	8月31日~10月14日	国家教育行政学院	阮爱民
9	9月3日~11月8日	第63期县处级干部进修班（社会治理研究方向）	史国东
10	11月12~17日	全省领导干部学习贯彻党的十九大精神集中轮训班第1期	朱灿平
11	12月3~8日	全省领导干部学习贯彻党的十九大精神集中轮训班第2期	祝家贵
12	12月4~9日	全省领导干部学习贯彻党的十九大精神集中轮训班第3期	徐柳凡
13	12月11~16日	全省领导干部学习贯彻党的十九大精神集中轮训班第5期	朱定秀
14	12月17~22日	全省领导干部学习贯彻党的十九大精神集中轮训班第6期	阮爱民
15	12月24~29日	全省领导干部学习贯彻党的十九大精神集中轮训班第8期	黄志圣

发展党员情况统计表

	教职工(人)	学生(人)	合计(人)
预备党员按期转正	5	443	448
发展预备党员	9	565	574

七、群团工作

工会工作

工会在校党委的正确领导下,充分发挥组织、引导、服务、维护教职工的基本职能,在推进学校民主管理、加强教师队伍素质建设、维护教职工合法权益、组织开展文体活动等方面,较好地完成各项任务。

一、推进学校民主管理

学校召开三届一次教代会工代会,听取并审议通过学校工作报告、教代会暨工代会工作报告、《巢湖学院教职工代表大会实施细则(修订)》《巢湖学院奖励性绩效工资分配办法》。开展提案征集工作,收到代表提案与建议39件。召开提案工作委员会会议,交办代表提案。召开承办部门会议,推进提案办理工作。提案办理工作进展顺利,提案代表对办理结果总体满意。召开教代会执委会、工会委员、分工会主席会议,通报学校重大建设事项及工会有关工作,并征询意见及建议。

二、加强教师队伍素质建设

6月,由教务处联合工会等部门组织开展了青年教师教学竞赛,推荐文科组、理科组、工科组第一名参加全省本科高校青年教师教学竞赛。9月,举办"践行社会主义核心价值观、弘扬劳动精神、展示教职工风采,喜迎党的十九大胜利召开"为主题的演讲展示,推进第一名参加全省展示。邀请安徽师范大学教授路丙辉做题为"用真实的自我 做温暖的教师"专场报告会。校党委书记朱灿平主持报告会,并勉励大家要不断提高自身的工作能力和师德师风水平,努力成为一名"温暖"的教师。

三、维护教职工合法权益

开展"病、困、孤、难、老"教职工"送温暖"活动,加大慰问力度。开展教师节、中秋节、国庆节及春节慰问活动。选派优秀教师、先进工作者参加省教科文卫体工会组织的暑冬季疗休养。开展省五好家庭、工会系统师德先进个人评选推荐工作。

四、组织开展文体活动

组织开展教职工篮球比赛、羽毛球比赛、乒乓球比赛、排球比赛、拔河比赛、掼蛋比赛、登山等文体活动。组织教职工运动会。协助团委做好40周年校庆专场文艺演出工作。组织青年教师亲子行活动。组队参加中国四人制排球赛(巢湖学院站),校领导徐柳凡、阮爱民亲自上场参赛,我校获教职工组第六名。

五、做好女工工作

组织全校女教职工开展女性健康专项体检。为女教职工免费举办瑜伽培训班。安排体检医院专家来校进行现场健康咨询和体检报告答疑。组织女教职工"三八"国际妇女节健身走活动。组织开展省教科文卫体工会组织的第一届"书香天使"读书活动暨参加第五届"书香三八"读书活动,我校获"优秀组织奖"。

六、建设教工之家

为给教职工提供一个休闲娱乐、释放工作压力、交流情感的场所,在逐步建设好学校的教工之家同时,工会根据自身及各分工会现有的实际情况,继续支持各分工会教工之家建设,为各分工会增添一定数量的活动器材。并在对各分工会人员状况、办公用房等情况充分了解的基础上,决定由点到面、由小到大加快教工之家建设。

七、加强工会自身学习

以习近平新时代中国特色社会主义思想为指导,深入学习贯彻党的十九大及习近平总书记的系列重要讲话精神。扎实开展"两学一做"教育。牢固树立"四个意识"。进一步学习贯彻中央关于加强和改进党的群团工作的意见及省委实施意见。学习与工会有关的法律法规,增强管理能力,提升服务水平。

(撰稿:徐守成)

共青团工作

一、工作思路与重点

2017年全校共青团聚焦大学生思想引领核心任务,以喜迎党的十九大和学习宣传贯彻党的十九大精神为主线,以推进团学组织改革、强化社会责任感教育、推进第二课堂成绩单制度、打造精品校园文化活动、提升创新创业教育质量、加强基层团组织建设和"网上共青团"建设为重点,全方位全过程抓牢大学生思想政治引领和价值引领,全面服务青年学生成长成才。

二、工作开展情况与成效

(一)聚焦思想政治引领和价值引领

将学生思想政治引领和价值引领作为学校共青团工作的核心任务,改革创新思想引领工作方式方法,全方位融入到学校"大思政"工作格局。

1. 探索构建分层分类思想引领工作体系

对思想引领工作进行分层分类分时分项的体规划和设计,实现了学校共青团思想引领工作的全员化、项目化、常态化和长效化。在第二课堂成绩单项目体系中设置"明德修身"模块,包含"政治理论学习""行为规范养成""道德实践先锋"三个类别,并认证实践学分;加强思想政治教育阵地建设,牢牢把握"线上线下"两个平台,借助"青年之声"、微信、微博、QQ公众号等新媒体手段,综合运用文、图、声、频全方位立体化展示传播思想引领内容;编辑出版第54、55、56、57、58期《汤山青年》和第5期《志愿者在行动》杂志。

2. 扎实开展喜迎党的十九大和学习宣传贯彻十九大精神主题教育活动

2017年,各级团组织开展喜迎党的十九大和学习宣传贯彻十九大精神主题教育活动80余场次。在建团95周年、建军90周年等纪念日,国庆、校庆,开学季、毕业季等重要节点和时段,开展各类主题教育活动;在"五四"期间,开展"不忘初心跟党走"专项主题活动;全年重点开展"学习总书记讲话做合格优秀团员"教育实践、四级书记宣讲十九大精神、优秀学子报告会、与信仰对话报告会、团学工作大走访大调研、第 5 期团干部培训班、第 12 期"青马工程"学生骨干培训班,举行团学骨干专题政治理论学习 9 次,带领全校团员青年践行"八字"真经,争做"六有"大学生。

3. 发挥先进典型的朋辈教育引领作用

开展"十佳大学生"和"自强之星"评选活动;联合学工部(处)评选表彰 816 名同学为"三好学生",301 名同学为"优秀学生干部",40 个班集体为"先进班集体";表彰 281 名同学为"优秀团员",177 名同学为"优秀团干",34 个团支部为"先进团支部";1 名学生获"中国大学生自强之星"提名奖;1 名团干获省"优秀共青团干部",1 名团干获省"三下乡"社会实践优秀指导教师;1 名青年志愿者获省第十一届青年志愿者"优秀个人";2 名学生入选省优秀大学生。

(二)稳步推进学校团学组织改革

1. 学习宣传改革精神,谋划学校改革,出台方案

分层分类召开团学骨干会议,学习研讨《高校共青团改革实施方案》;开展大调研大走访,并召开相关会议,广泛听取意见和建议,为改革提供依据;11 月底,党委会审议通过《巢湖学院共青团改革实施方案》,团委计划出台相关配套文件 19 项,已出台 11 项。

2. 具体改革措施落实推进情况

制定改革任务分工方案,稳步推进 15 项改革措施落实。截至 2017 年 12 月底,改革完善学生社团工作机制、实施共青团"第二课堂成绩单"制度、推进"互联网+共青团"建设、基于"青年之声"平台维护学生权益等 5 项工作已经基本落地,且初见成效。

深入推进第二课堂成绩单制度。2017 年,学校在大学生素质拓展计划良好基础上,免费引入"PU 口袋校园"第二课堂网络平台,从工作内容、项目供给、评价机制、组织实施等方面进行系统设计,逐步推行第二课堂成绩单制度。目前,PU 口袋校园网络平台实名注册人数 12939 人,406 个学生团体,发布活动 227 次,实现了对各级团组织的全覆盖;所有的第二课堂的活动均在 PU 平台发布,实现了信息扁平化传递;团支部、社团组织活跃度大幅提升;逐步实现思想引领、社会实践、创新创业等重点工作与 PU 平台的深度融合,使得工作有形化,活动规范化,学分认证精准化;客观记录学生参与素质拓展活动情况,综合评价学生素质拓展能力。

团学组织机构设置和治理。改革完善团学组织机构和职能设置,校团委实行"职能科室+青年中心"的工作机构设置模式;构建党领导下的"一心双环"团学组织格局,加强各级团组织建设,规范学生会组织建设,切实加强校院班三级学生组织联动。

班团一体化运行机制推行。强化班级团支部建设,建立班团联席会议制度,推进"四同"工作模式,实现"计划同定、活动同办、工作同商和难题同研";2017 年,在部分学院试点推行,计划 2018 年秋学期,在全校班级团支部全面推行。

学生会组织改革。校团委指导学生会召开专题会议学习宣传《学联学生会组织改革方

案》精神;校学生会分类召开各学生组织座谈交流会,修订《巢湖学院学生会章程》(征求意见稿),明确学生会改革各项措施、任务、时间等,谋划学生会改革相关事宜。

（三）持续强化大学生社会责任感教育

1. 开展暑期"三下乡"社会实践活动。2017年,学校对暑期三下乡社会实践工作更加重视,党委印发《实施方案》。以"喜迎十九大·青春建新功"为主题,组建国家级、校级、院级等重点团队百余支,4500余名志愿者分赴全国各地开展近100项内容充实、形式丰富的暑期社会实践活动。在全校上下共同努力下,取得明显成效。评选中,我校再获"全国暑期社会实践优秀单位"及其他省级以上奖项共计11项。

2. 开展志愿服务活动。积极开展校地合作,组织千余名大学生参与巢湖市创建全国文明城市工作,联合烔炀镇开展"镇校联动——周末志愿行"活动,积极组织学生参与大型赛会服务和校内文明创建等活动30余项,120余次。继续打造"汤山爱心学校""蚂蚁助学"等志愿项目品牌,新建"汤山爱心学校"7所,取得较好社会影响。其中"汤山爱心学校"支教项目获省第十一届青年志愿者"优秀项目"称号。

3. 多举措开展大学生创新创业教育。举办第七届"挑战杯"全省大学生课外学术科技作品竞赛校内选拔赛,遴选出6件作品参加省赛,荣获5个二等奖,1个三等奖,我校再次荣获"优秀组织奖";举办第八届"双百"大赛校内选拔赛;积极争取华为公司资助,为我校学生科技竞赛捐赠15.69万元资金。

4. 打造精品校园文化活动。以40周年校庆为契机,创新工作理念,以高品位文化活动为导向,组织举办第五届大学生艺术展演活动、第五届校园文化科技艺术节、四十周年校庆文艺汇演,承接"徽风皖韵进高校"黄梅戏专场汇演等活动;以专业特色活动为重点,举办第十四届宿舍文化节、第十一届大学生女生节、第六届大学生辩论赛等专业特色校园文化活动百余场次;以社团文化为延伸,鼓励支持引导各学生社团分层分类开展文化活动,实施社团活动项目化管理,打造"一社一品"的特色活动。

（四）全面从严治团,提升团组织活力

1. 完善组织建设,激发基层活力

构建"一心双环"团学组织格局,实行班团一体化运行机制。规范学生会组织建设。

落实"三会两制一课"制度。召开支部大会368次,支部委员会368次,团小组会1000余次,团员教育评议100余次,团课80余课时;开展"活力团支部"创建遴选活动,汤山青年传媒中心网络团支部获评"全国活力团支部"。

针对团学组织实施分类考核。分别对学院团总支、各校级学生组织进行考核,并加强对考核结果的运用。

2. 加强队伍建设,提升团干素养

建立团学骨干定期学习机制,全年共开展集中学习活动9次;鼓励团干申报、参与和指导教科研课题,将课题申报情况纳入团总支的绩效评价体系;搭建团干部锻炼平台。选派112名学生骨干到基层挂职锻炼;6名团学干部参加省级团干培训班。

3. 规范教育管理,增强团员意识

严格入团和推优入党程序,提升团员质量,吸收687名优秀学生成为团员,6名优秀团员作为党员发展对象;规范团员档案管理,做好2013级和2017级学生团组织关系的转出和转入工作。

创新团的组织生活方式,严肃团的组织生活,加强和改进团员关系接转等基础团务工作;引导团员成为青年网络文明志愿者,推动全体团员成为注册志愿者。

开展"学习总书记讲话做合格共青团员"教育实践。通过组织生活会、入团仪式、评选表彰、组织整顿、走访调研、团员志愿服务、主题团日活动、团员先锋岗创建等增强团员意识。

(五)深入推进网上共青团建设

1. 构建"互联网+共青团"工作体系

印发《巢湖学院"网上共青团建设"实施方案》,建立完善"四梁八柱"网上共青团工作格局;对"青年之声"、微信、微博等新媒体平台进行差异化分工,系统设计,整体规划,逐步实现团网深度融合;建设以网络文明志愿者、网络宣传员、网络信息员等为主的校、院、班三级新媒体骨干队伍;建立健全有效的管理、培训和激励机制。

2. 新媒体建设成效显著

我校团属新媒体平台运营良好,在全省乃至全国高校团属新媒体建设中位列前次。其中"汤青之声"微信公众号在安徽高校团委公众号榜单中长期名列前十,多次进入团中央学校部百强榜单,最好成绩全国第41位;QQ校园公众号长期位居高校公众号运营榜百强;微博向省学联供稿1615篇;志愿汇平台公益热度最高达到全国第三。

(撰稿:郭超)

第三届教代会执委会及下设工作委员会组成人员名单

教代会执行委员会

主 任 委 员:阮爱民

副主任委员:孙庆平 陶有田

秘 书 长:孙庆平

委 员:王万海 方习文 向泽雄 许雪艳 阮爱民 孙庆平 杨汉生
 杨松水 肖圣忠 陈和龙 罗发海 郑尚志 胡世元 陶有田
 鲁文胜

教学科研工作委员会

主 任:郑尚志

成　员：方习文　许雪艳　杨汉生　杨松水　罗发海　陶有田　鲁文胜

后勤保障与生活福利委员会

　　主　任：陈和龙
　　成　员：许雪艳　罗发海　胡世元　鲁文胜

经费审查委员会

　　主　任：肖圣忠
　　成　员：王万海　陈和龙　陶有田

提案工作委员会

　　主　任：孙庆平
　　成　员：方习文　向泽雄　胡世元

第三届工会委员会及各专门委员会组成人员名单

工会委员会

　　主　席：孙庆平
　　副主席：胡世元
　　委　员：王　倩　孙　玮　孙庆平　李曙光　杨　芳　何照泽　陈　文　陈士群
　　　　　　陈海波　周　祥　胡世元　洪　燕　徐志仓

工会经费审查委员会

　　主任委员：王万海
　　委　　员：王万海　孙　玮　徐志仓

工会女工委员会

　　主任委员：洪　燕
　　副主任委员：王　倩
　　委　　员：王　倩　孙　玮　杨　芳　陈　文　洪　燕

各分工会组成人员名单

机关一总支
  主 席：董金山
  委 员：董金山 汪业群 洪 燕 杨松水 黄春芳 郭凤英

机关二总支
  主 席：何照泽
  委 员：何照泽 王乃静 刘亚平 李季纲

经济与管理学院
  主 席：徐志仓
  委 员：徐志仓 左劲中 孙定海 张 号 严爱玲

文学传媒与教育科学学院
  主 席：李曙光
  委 员：李曙光 仝 俊 胡传双 施晓琼 王兴国 袁家峦 周洪波 叶 磊

外国语学院
  主 席：陈 文
  委 员：陈 文 李河发 朱巧霖 何后蒋

体育学院
  主 席：周 祥
  委 员：周 祥 蒋圣祥 苏家本 蔡 广 陶 花

应用数学学院
  主 席：赵开斌
  委 员：赵开斌 陶正妹 马松林 徐富强 蒋 澜

机械与电子工程学院
  主 席：陈海波
  委 员：朱仁义 杨汉生 汪世义 陈海波 王 静 代光辉 许 磊

化学与材料工程学院
  主 席：陈士群
  委 员：陈士群 刘志军 叶友胜 吴 蓉 裴敏俊

信息工程学院
  主　席：孙远春
  委　员：孙远春　孔晓琼　张步群　江家宝

旅游管理学院
  主　席：齐先文
  委　员：齐先文　孙　玮　吕君丽

艺术学院
  主　席：单自华
  委　员：单自华　胡是平　李　勇　张苏琴

马克思主义学院
  主　席：赵光军
  委　员：赵光军　何小玲　向泽雄

三届一次教代会工代会代表名单

第一代表团代表名单(21人)
  团　长：董金山
  副团长：张继山
  秘　书：向泽雄
  成　员（按姓氏笔画排序）：
    方　玲（女）　朱灿平　向泽雄　严爱玲（女）　杨　芳（女）
    余　雷　余洁平　张　倩（女）　张丽丽（女）　张连福　张继山
    张道才　罗发海　金　晶（女）　闻晓祥　洪　燕（女）　徐志仓
    郭启贵　黄春芳（女）　董金山　董颖鑫

第二代表团代表名单(24人)
  团　长：刘洪涛
  副团长：钱　云
  秘　书：王　倩
  成　员（按姓氏笔画排序）
    万　万　马　磊　王　倩（女）　宁　敏（女）　刘宣琳（女）　刘洪涛
    刘靖宇　汤艳艳（女）　孙　冰　李　勇　吴　宏　吴永生　何冬冬
    陆　云（女）　陈佩树　单自华　胡是平　祝家贵　钱　云　徐兆武
    陶正妹（女）　陶有田　谢如龙　褚春元

第三代表团代表名单(24人)

团　　长：柳洪琼

副团长：丁俊苗

秘　书：孙　玮

成　　员(按姓氏笔画排序)

丁俊苗　王　静(女)　王玉勤　叶　松　史良马　史国东　吕家云(女)
朱　明　朱爱国　齐先文　许雪艳(女)　孙　玮(女)　杨汉生　宋明友
余荣丽(女)　余建立　汪世义　陈和龙　陈恩虎　陈海波　侯加兵
柳洪琼(女)　徐柳凡　蔡玲存(女)

第四代表团代表名单(22人)

团　　长：周　祥

副团长：刘金平

秘　书：汪　健

成　　员(按姓氏笔画排序)

兰顺领　乔克满　刘金平(女)　孙庆平　阮爱民　李　雷　李　融
李月红(女)　李宏林(女)　李明玲(女)　肖圣忠　汪　健　张忠平
陈士群　郑　玲(女)　周　祥　赵胜国　胡世元　姚　磊
陶　花(女)　程乐华　鲁文胜

第五代表团代表名单(20人)

团　　长：何照泽

副团长：方习文

秘　书：张　凌

成　　员(按姓氏笔画排序)

王万海　方习文　甘　超　朱玉票　李书安　李曙光　何照泽　宋文峰
张　凌　张　蕊(女)　周洪波　查　华　俞　慧(女)　洪作奎
袁凤琴(女)　袁家峦(女)　黄志圣　曹栓姐(女)　傻志平　管　超

第六代表团代表名单(24人)

团　　长：孙远春

副团长：古国平

秘　书：刘　旭(大)

成　　员(按姓氏笔画排序)

卜华龙　王　钢　王　娟(大)(女)　王占凤(女)　古国平　伋麓琳(女)
朱定秀(女)　刘　旭(大)　孙远春　陈　文(女)　李河发(女)　杨松水
吴爱群　何后蒋　谷　峰　张帅兵　张安东　周　华　郑尚志　柯应根
徐秋月(女)　徐朝友　梁宝华　鲁业频

第十六届学生会主席团人员名单

主　席：李　凯
副主席：童　子　张秋实　张　宇　李元珍

第二十二届青年志愿者联合会主席团人员名单

主　席：项锦龙
副主席：林　婷　尹小伟　叶莉莉　孙宏伟

第十五届学生社团联合会主席团人员名单

主　席：徐鲜丽
副主席：王浩东　彭琪　马聪聪　王延焱

第三届汤山青年传媒中心主任团人员名单

主　任：张靖瑞
副主任：周钰漩　闵志强　李慧　田成

第二十届艺术团主席团人员名单

团　长：刘　溜
副团长：李　梅　方　跃　俞栋梁

学生社团信息一览表

序号	类型	社团名称	成立时间	社长	指导教师	挂靠单位
1	思想政治类	知行学社	2016	田远瑞	胡万年	马克思主义学院
2	学术科技类	计算机协会	2002	魏孙顺		校团委
3		英语协会	2004	徐晓艳	何后蒋	外语学院
4		争鸣法学社	2006	胡杭毅	王小骄	经管学院
5		电子创新设计协会	2009	吴志龙	任玲芝	机电学院
6		航模协会	2013	管晗阳	陈海波 孙春虎	机电学院
7		三维动画协会	2013	朱 庆	邢 刚	机电学院
8		数学建模协会	2013	张若愚	马松林 郝江峰	应数学院
9		机械创新协会	2014	季海龙	王玉勤	机电学院
10		智能机械与机器人创新协会	2015	胡忠斌	龚智强	机电学院
11		智能控制与创新协会	2016	赵 娜	王 静 王正创	机电学院
12		会计协会	2016	曹亚珍	赵 祺	经管学院
13	创新创业类	大学生就业创业者协会	2005	刘培莉	华紫武	学工部就业办
14		营销协会	2005	万俊波	谭晓琳	经管学院
15		电子商务协会	2007	程先同	张帅兵	校团委
16		商道俱乐部	2015	石俊东	余 雷	经管学院
17		毅远行旅游创意协会	2017	许开国	孙 玮	旅管学院
18	文化艺术类	汤山书法社	1984	吴加庆	王万岭	校团委
19		春笋文学社	1985	周顺发	王 林	校团委
20		飞鸿演讲与朗诵协会	2001	张九洲	谈 莉	校团委
21		逐日创作社	2002	汪 瑞	章杏玲	文教学院
22		大学生摄影协会	2002	陆雨晨	周 祥 夏 勇	宣传部

续表

序号	类型	社团名称	成立时间	社长	指导教师	挂靠单位
23	文化艺术类	自由时空吉他协会	2002	丁孙悦		校团委
24		汤山漫画社	2002	王彰懿		校团委
25		弈博棋社	2002	邢子豪	陈木	校团委
26		清音诗社	2003	刘勇建	刘康凯	文教学院
27		雷雨话剧社	2003	余昌	彭正生	校团委
28		草蜢手工艺美术协会	2004	戚贝贝		校团委
29		Vision 微电影创意协会	2014	阮婷	王宇明	文教学院
30		笛箫协会	2014	张志	蒋克华	校团委
31		奇迹时刻魔术协会	2014	胡宗旭	胡绪照	校团委
32		海之音合唱团	2015	杨晨丽		艺术学院
33		隽永画社	2015	徐梦龙	胡小平	艺术学院
34		DS 巢艺舞灵中国舞社团	2015	段岑		艺术学院
35		Puzzle 乐游社	2015	汤迪生		校团委
36		锦城 cosplay 社团	2015	李雨蓉	王倩	艺术学院
37		琼玖汉文化社	2017	钱婉秋	沈利	校团委
38	体育健身类	乒乓球协会	1999	李梦蝶	唐赵平	校团委
39		流波舞蹈健身协会	2002	张咪	宋丽娟	校团委
40		羽毛球协会	2004	姚楠	胡欢欢	校团委
41		武术协会	2004	孙健驰	陈启平	体育学院
42		美体形象社	2008	吴文倩	孙玮	旅管学院
43		Freestyle 轮滑协会	2011	奚光明		校团委
44		排球协会	2012	王成剑	钟翔	体育学院
45		健美操协会	2013	王志鹏	卜宏波	体育学院
46		台球协会	2013	邱亮	张号	校团委
47		骑行爱好者协会	2013	卫涛	鲁鹏程	校团委
48		篮球协会	2015	李宏园	郭世洪	体育学院
49		足球爱好者协会	2014	郑强廷	王晖	校团委
50		体育舞蹈协会	2016	汪洁	张斌	体育学院
51		网球协会	2016	王云奇	汪健	体育学院
52		跆拳道协会	2016	郑贺龙	许齐	体育学院

续表

序号	类型	社团名称	成立时间	社长	指导教师	挂靠单位
53	志愿公益类	启明星心理协会	2002	郭雯		文教学院
54		绿色人文环保协会	2005	司莫愁	程乐华 郭超	校团委
55		考研协会	2007	张志全	郝江峰	校团委
56		非物质文化遗产保护协会	2015	曹宜驰	张安东	环巢湖文化与经济社会发展研究中心

八、教学与人才培养

教育教学工作

2017年,教务处根据学校党政工作要点,坚持以建设有特色、高水平地方应用型大学为奋斗目标,以切实提高应用型人才培养质量和应用型办学水平为职责,全面落实立德树人根本任务,深入推进教育教学改革,着力强化内涵建设,大力完善质量保障体系,务实做好教学管理工作,较好完成了各项工作任务,现将本年度主要工作总结如下:

一、锐意进取,深入推进教学改革与教学建设

1. 深化人才培养模式改革

继续深化"以能力为导向的人才培养模式"改革,认真落实"实践、创新创业、社会责任感教育""三位一体"教育教学改革。完成2017级人才培养方案制(修)订工作。

2. 推进专业建设与评估工作

出台《巢湖学院"十三五"学科专业建设规划》,立项建设校级综合改革试点专业2个、特色专业1个。完成会计学、互联网金融两个新专业申报工作。组织完成专业负责人遴选推荐工作。组织召开省应用型联盟特殊类型招生专业人才培养研讨会。

组织召开主题为"全面开展专业评估,扎实推进应用型高水平大学建设"的第七次教学工作会议。依据《巢湖学院本科专业评估工作实施方案》,配合发规处完成首批15个本科专业校内评估工作。

3. 推进课程建设与评估工作

完成首批59门在线课程(校内SPOC)遴选推荐工作。立项建设省级大规模在线开放课程1门、精品资源共享课程3门;立项建设校级精品在线开放课程、应用型课程等18门。完成第四轮88门课程评估工作,启动第五轮课程评估。

4. 规范质量工程项目建设与管理

完成年度205项质量工程项目申报、评审工作,推荐省级项目30项,校级立项67项;完成年度183个本科教学工程项目检查验收工作。组织完成对12个高校思想政治项目进行检查验收。完成年度231项大学生创新创业训练计划项目申报、评审工作,推荐国家级41项、省级80项。完成年度127个大学生创新创业训练计划项目结题验收工作,通过验收项目66个。完善项目质量标准,并在项目申报和检查、验收环节予以实施,保证项目建设质量,完成年度项目经费使用管理和2018年度经费预算编制等工作。

二、持续用力,强化实践教学与创新创业教育

1. 完善以能力为导向的实践教学体系

继续加强以能力培养为核心的"三层次六模块"实践教学体系建设,完善"分层次、多模块、项目衔接、理论与实践融通"的实验教学体系。

2. 加强实验教学与实验室管理

扎实推进实验教学,实施"3+1"实验教学模式,在基础性、综合性和设计性实验基础上,增加开放性实验,让学生在解决问题过程中学习基础知识,训练综合技能,培养创新精神。

加大实验、实训室建设力度,2017年底,学校共有各类实验实训室195个,面积2.2751万 m^2,数量比上年增加19个、面积增加 $1235m^2$。组织开展实验教学专项检查与年度实验室考评,对实验教学与实验室管理人员进行业务培训。组织完成科研重点实验室与年度教学实验室安全检查工作。

3. 提升学科和技能竞赛工作成效

修订《巢湖学院大学生学科和技能竞赛管理办法》,加大支持与奖励力度。2017年组织开展40多项竞赛,获省级以上奖项396项,(其中国家级67项),获奖数量、获奖级别明显提高。

4. 强化实习教学管理工作

加强实习工作管理,严格控制自主实习学生比例,同时加强对自主实习学生的监控和考核。组织完成2017届师范毕业生324人自主实习答辩工作,完成2017届师范生教育实习工作。组织安排2018届师范毕业生740人的教育实习工作。组织召开2017年度巢湖学院教师教育实践基地建设研讨会。

5. 深化毕业论文(设计)教学改革

继续推进毕业论文(设计)教学改革,鼓励学生结合实验、实习、工程实践和社会调查,真题真做,确保在实践中完成的毕业论文(设计)比例在50%以上;鼓励学生以反映专业水平和创新能力的创新性实践成果替代毕业论文(设计),顺利完成2017届毕业论文(设计)工作。

6. 拓展专业实习基地建设

2017年分专业实习基地266个,数量较2016年有较大增长,现有实习基地能较好满足学生实习实训需求。教育实习基地拓展到凤台,专业实习基地拓展到江苏、江西、浙江等省份。

7. 推进职业技能鉴定工作

进一步规范职业技能鉴定工作,加强技能培训环节,开展电工培训和鉴定293人次,238人取得合格资格证书。与合肥职业技术学院协商,拟合作开展电工操作证培训。

8. 深化创新创业教育改革

采用线上线下相结合的混合模式组织教学,完成2016级学生《创新创业教育概论》教学工作。组织2015级学生专业创新创业教育课程教学工作,推进创新创业教育与专业相结合。

举办巢湖学院首届创新创业教育成果展,组织开展主题为"点燃创新激情 开启创业梦想"的巢湖学院第二届"创新创业教育活动月"活动。与学院合作,组织大学生创新创业项目培训师生近300人次。

组织完成2017年度巢湖学院创新创业总结宣传、教育部第二批深化创新创业教育改革示范高校申报工作及安徽省第二批创业学院申报备案工作。

组织2015级、2016级《创新创业教育概论》课程教学研讨会与专业创新创业教育课程教学研讨会。赴上海、合肥等地参加创新创业论坛、会议等,组织参与全国万名创业导师遴选工作,1人入选全国万名创业导师库,参与创新创业教育论文评选,2篇文章在省第十三届高校大学生就业创业优秀论文评选中分获一、二等奖。

三、规范管理,完善教学质量监控与保障体系

1. 完善各类教学规章制度

依据教育部 41 号令,修订《巢湖学院学年学分制学生学籍管理办法(修订)》《巢湖学院学士学位授予工作实施细则(修订)》等 5 项制度。修订《巢湖学院教师教学质量考核实施办法》《巢湖学院学生网上评教实施办法》等 4 项制度,新出台《巢湖学院学生学业导师制实施办法》《巢湖学院学生学业预警实施暂行办法》2 项制度。

2. 强化制度执行与持续改进

严格执行听课制度,适时在政务平台公示听课进程和听课结果。落实考试管理办法,2017 级大学英语(一)、高等数学两门课程试行教考分离。落实学业导师制,从 2017 级学生起,为学生配备学业导师。落实教研室、实验室管理办法,组织完成年度 57 个教研室、13 个实验室的考评工作。定期召开教学工作例会,全年共召开教学例会 8 次。

3. 坚持日常巡查和教学检查

合理安排教学值勤工作,学院每周轮流值勤。组织完成期初、期中和期末教学检查工作。2017 年度处理教师教学事故 4 人。组织考试巡考工作,及时发布考风通报;严肃考纪,共发现学生作弊 77 人次。

4. 强化教学督导队伍建设

在 4 个学院试点基础上,2017 年在 10 个学院实行二级督导。完成新一届校级教学督导换届工作。

5. 完成教师教学质量考核工作

修订评教指标体系,优化评教流程,组织完成二学期学生网上评教工作。组织完成 2016~2017 学年度全校教师教学质量考核工作。

6. 完成本科教学质量分析报告与数据采集工作

完成 2016~2017 学年度巢湖学院本科教学质量分析报告编制中教务处承担指标撰写工作。完成并协助发规处、学生处等部门做好各类教学状态数据的信息采集工作。

四、多措并举,大力提升教师教学能力

1. 积极组织教师进行培训

举办巢湖学院首届创新创业教育骨干教师培训班,40 余名教师参加培训。组织 9 批次 60 余人次参加省教师发展联盟培训、150 余位教师参加教育部高师培训中心网络学习和集中培训,组织专业教师参加各级各类专业培训 50 余人次。邀请安徽师范大学阮成武教授来校对参赛教师进行专题辅导培训,并作题为《应用型本科高校教师专业发展的理论与实践》的学术报告。配合人事处完成 2017 年新进教师的系列校本培训工作。

2. 组织开展青年教师教学竞赛

组织参加省第二届应用型本科高校联盟青年教师教学竞赛、省第三届普通高校青年教师教学竞赛等竞赛,获省级(联盟)"优秀组织奖" 2 项、联盟一等奖 1 项、最佳创意奖 1 项、二等奖 2 项、三等奖 4 项。举办巢湖学院第九届青年教师教学基本功竞赛。

3. 组织教师参加专业社会实践

修订《巢湖学院中青年教师社会实践实施办法》。确定 57 名教师参加专业社会实践,组织完成对参加社会实践教师全覆盖式回访。

4. 加强电子资源与网站建设

以"一次活动、永久保存、持续受益"为原则，2017年共整理出培训活动视频、教学竞赛视频66场次，时长2191余分钟，电子容量53.98G，并将视频整理剪辑后上传至教务处教师能力发展中心网站供学习交流。

五、严格流程，做好招生考试工作

1. 制定招生工作实施方案，合理编制招生计划

制定对口招生、专升本、普招招生工作实施方案，确保招生工作规范有序。编制对口招生300人、专升本招生360人招生计划。编制普招4300人招生计划（外省235计划名），暂停11个专业招生。

2. 多途径开展招生宣传工作，确保生源质量

印发《关于做好巢湖学院2017年招生宣传工作的通知》，编印《巢湖学院2017年招生手册》，制作招生宣传片、海报等；利用网站、微信、报纸等发布招生宣传信息，参加网上在线咨询活动，设立招生电话咨询专线；组织赴省内各地（高中）参加近30场高招现场咨询会，广泛进行招生宣传，吸引优质生源。

3. 坚持"阳光招生"，顺利完成招生录取工作

严格执行规定，实施"阳光招生"，2017年对口招生录取267人，专升本招生录取356人，普招录取3677人，顺利完成2017年招生录取工作。

4. 完成年度辅修双学位报名及黄师转制录取工作

完成年度法学、财务管理2个专业59人的辅修工作。完成黄麓教学点初中起点五年制高职的转制录取工作，录取考生67名。

5. 高效、优质完成新生入学前后各项工作

完成2017级新生数据整理、分班、编学号以及信息导入教务管理系统等系列工作，完成新生学信网学籍注册以及学生证的制作、发放等工作。完成新生入学资格初审、复查工作。

六、扎实有序，开展教学管理工作

1. 教学运行服务工作

完成两学期4360门次课程和103门次公共选修课的排课工作，完成18000人次的网络选修课程修学及成绩管理工作。完成年度教学工作量、教研工作量等核算工作。完成日常各类教务工作，如学生重修缓考、教师调停课、课表查询、系统功能咨询等。规范教室管理，全年共办理校内外借用教室3000余次。

2. 各类考试考务工作

完成两学期期末考试排考、考试组织工作，完成两学期开学初4358人次补缓考工作，完成2029人次重修安排工作。

精心组织，有序高效完成各项重要考试工作，主要有：2017年对口招生考试、专升本招生考试、黄麓师范"3+2"转制阶段考试工作；大学英语四、六级考试工作，专业英语四、八级考试工作；普通话水平测试工作；2018年专业英语四、八级报名工作。协助信息工程学院完成上、下半年的计算机水平考试、计算机等级考试工作。

3. 教材征订与教材款核算工作

组织完成春、秋两学期教材招标、征订与发放等工作。完成2017届毕业生教材款核算工作;完成年度教材款核算、结算工作。

4. 学籍、学位日常管理工作

完成繁杂的日常学籍工作,包括学生证补办、学历学位证书补办、成绩证明、在校证明、学籍信息维护、档案查询、成绩管理等。完成2018届毕业生图像采集工作,完成2018年毕业生数据整理上报、信息上传等工作。

先后三批组织毕业资格、学位授予审核工作,准予毕、结业4103人,授予学位4135人,并完成相关文件制定、证书制作与发放、学信网注册、档案整理与寄发等系列工作。组织完成辅修学生毕业资格和学位授予工作,颁发39人辅修专业证书、授予辅修学士学位。组织完成2017年度成人教育11人学位授予工作。

5. 教务管理信息化建设工作

完成新教务系统安装调试与新、老教务系统数据迁移工作。组织将2017级人才培养培养方案录入新系统,在实现人才培养方案信息化和规范化管理方面迈出重要而实质性的一步。

七、强化管理,提升管理效能和水平

1. 规范内部管理,提高办事效能

坚持周一工作例会,实行周表制、科室定期总结汇报制、专项工作总结制,及时查找、整改问题,提高工作成效。加强协作,协助人事处完成教师手册编制工作,协助办公室及相关部门完成巢湖学院年鉴及各类信息统计、材料编制工作。

2. 加大学习调研力度,提升业务水平

赴沈阳师范大学、沈阳工程学院,就本科专业评估、课程建设与教学改革等问题进行专题调研。积极参加各类教学会议,如全国新建本科高校联席会议、省应用型本科高校联盟会议、教师联盟会议以及各类专题会议,研讨交流。

3. 做好宣传与舆情处理工作

完善教务处网站以及招生网、创新创业网站、教师能力发展中心网站。扎实做好信息公开工作,发布教务新闻、教学通知、高教动态等信息逾百条。关注"今日校园""微邦"等校内学生舆情平台,及时进行舆情处理。

(撰稿:云建)

继续教育工作

一、学历继续教育宣传和招生

《教育部关于印发〈高等学历继续教育专业设置管理办法〉的通知》(教职成〔2016〕7号)对学历继续教育招生专业设置作出新规定:"普通本科高校、高等职业学校须在本校已开设的本、专科专业范围内设置高等学历继续教育本、专科专业"。在新的招生政策要求下,学历继续教育不能开设专科专业,因而失去一定专科生源。面对不利形势,为扭转不利局面,克服困难,稳定现有规模,国继院积极加大年度招生宣传力度,在"安徽省成人高校招生网""合肥人民广播电台巢湖之声""新安晚报"等媒体发布招生信息,多方寻求校地合作,先后与巢湖市烔炀镇、柘皋镇就提升基层行政管理人员学历层次达成一致意见。今年招生人数略有下降,基本完成2017年成人高等教育招生任务,2017年报考我校成人高等教育考生186人,共录取专升本新生146人。其中开办"烔炀镇法学专业班",首批招生19人,基本完成年度招生任务。

二、非学历继续教育工作

积极寻求继续教育合作,利用学校优质高等教育资源,服务地方,为不同行业从业者提供学习培训机会。2017年度以校地校企合作为平台,努力拓展非学历继续教育渠道,服务地方经济社会发展。与巢湖市柘皋镇、烔炀镇等乡镇达成非学历培训共识。

三、成人高等教育函授面授教学

圆满完成年度寒、暑假成人高等教育面授教学工作。召开寒暑假面授工作专题协调会,统一安排,统一要求,确保工作有序开展。面授教学遴选各专业优秀教师授课,强化教学过程管理,实行"双考勤"办法,与相关教学单位和职能部门工作人员坚守一线,切实保证课堂教学质量,维护办学声誉。

四、完善制度建设

积极顺应继续教育事业发展与政策调整所带来的新形势、新要求,及时制定出台《巢湖学院成人高等教育函授站(教学点)暂行管理办法》,修订完善《巢湖学院成人高等教育学生学籍管理实施细则(修订)》,进一步完善学校继续教育管理制度体系,为指导和规范继续教育办学行为、推动我校继续教育工作的开展提供了有力的制度保障。

五、学籍学历管理工作

组织完成2017级225名新生入学报名注册、入学资格审查工作,并对专升本新生的专科学历证书逐个审核,完成新生学信网学籍注册、教材征订发放等工作。完成2017届毕业生毕业资格审核及毕业生档案整理归档工作和毕业证书核发工作,共111人获得我校成人高等教育本科学历。完成2017届17名毕业生申请学士学位资格审核工作。11月3日组织申请学士学位的17名各专业毕业生进行两门专业核心课程加试,经过对申请条件的综合审核,最后有11位学员符合申请条件,获得我校成人高等教育学士学位。完成2018届340名成教学生的电子图像采集工作。完成2017年巢湖学院成人高等教育招生来源计划编制,上报至"教育部成人高校招生来源计划网上管理系统",完成2017年全国成人高校巢湖学院招生专业目录等信息的核实工作。

六、申请学士学位外国语考试工作

根据安徽省人民政府学位委员会《关于安徽省成人高等教育本科毕业生申请学士学位外国语水平考试有关问题的通知》(皖学位办〔2016〕6号)精神,2017年起成人本科毕业生申请学士学位外国语水平考试由各高校自行组织。面对政策变化,校领导高度重视,国继院沉着应对,积极联系兄弟院校,借鉴经验,寻求支持。经过两个月的精心准备,报考组织工作安排合理、细致有序,考试组织准备充分,秩序井然,考风考纪严明,考试前后各环节衔接顺畅,顺利完成年度成人高等教育本科毕业生申请学士学位外语考试工作。

(撰稿:汪业群)

附件

成人高等教育在校生人数统计表

年　　级	在校生数
2015 级	117
2016 级	340
2017 级	225
合计	682

成人高等教育专业设置与招生人数一览表

序号	招生专业	层次	招生人数
1	汉语言文学	专升本	23
2	英语	专升本	5
3	电气工程及其自动化	专升本	6
4	数学与应用数学	专升本	7
5	无机非金属材料工程	专升本	1
6	计算机科学与技术	专升本	4
7	应用化学	专升本	2
8	财务管理	专升本	15
9	电子商务	专升本	3
10	旅游管理	专升本	1
11	法学	专升本	41
12	学前教育	专升本	38
合计			146

学生指导与服务

2017 年,学生工作部(处)在校党政的坚强领导和各学院、校直部门的大力支持下,以学生为中心,立德树人,通过规范管理程序、改善育人环境,务实推动学生思想政治教育、就业创业、资助管理、学工队伍建设等工作。

一、学生思政教育和管理服务工作

1. "8+1"会议制度开创育人新格局。2017年,共召开"8+1"学生工作联席会议7次,研究议题8个,累计收集全校学生反馈问题97条,最终形成有效的解决方案和应对措施,并及时公示。第一轮会议后,汇编形成《学生工作联席会议第一轮会议资料汇编》。

2. 毕业生文明离校平稳有序。制定《2017届毕业生工作方案》,编印《2017届毕业生工作指南》,通过举办毕业典礼、报告会、座谈会等离校活动,营造良好的离校环境,确保2017届毕业生安全、文明、有序离校。

3. 新生入学教育秩序井然。编印《2017级新生服务指南》《巢湖学院资助项目简介》,随《2017年新生入学通知书》寄给新生,帮助其了解入学事宜。制定《2017年迎新工作方案》,编印《2017年迎新工作指南》,明确部门职责,保证了迎新工作圆满完成。新生入学后,制定《2017年新生入学教育计划》,开展了"校院两级、灵活多样"的入学教育活动。为新生发放了《学生手册》,并开展考试测验工作。

4. 强化制度建设,改善管理服务。按照教育部41号令《普通高等学校学生管理规定》内容,开展了学校相关规章制度的修订工作,共新建或修订9项管理办法,确保学生工作有章可循,有据可依。

5. 规范学籍异动,严肃处分程序。共办理学籍异动109人次,违纪处分153人次,违纪处分解除127人次,促进学生管理工作的规范化发展。

6. 保密有序,做好新生档案接收和管理。完成2017级4300份新生档案的接收与登记造册工作,为按时完成新生入学资格审查奠定基础。

7. 循序渐进,配合做好智慧化校园建设。配合"智慧化校园"建设,于2017年9月成功上线迎新系统,成功实现2017级新生报到率及生源地助学贷款回执验证码的智能化统计。

8. 常抓不懈,学风建设取得成效。修订完善《学风建设实施方案》,通过开展晨跑工作和晚自习巡查,促进学生良好作息习惯和优良学风养成;抓好主题班会教育,内容涉及学习、安全、思政、就业创业等,覆盖面广、学生参与度高。

9. 其他学生管理服务工作。办理火车票优惠卡4500张;做好假期学生安全管理教育工作及节假日后学生返校统计工作;开展防传销、防校园贷、防诈骗等主题宣传教育活动。

二、学生资助工作

1. 制度保障建设。出台或修订《巢湖学院校内资助经费管理与使用办法》《巢湖学院家庭经济困难学生认定工作实施细则》等5项学生资助制度,根据上级文件要求,对校内资助进行提标扩面。

2. 政策宣传落实到位。制定《巢湖学院2017年学生资助宣传工作计划》,开通"资助热线电话"、随《录取通知书》寄送资助宣传彩页,给建档立卡学生家长邮寄2382封"致家长朋友的一封信",走访建档立卡学生家庭62户,在校园网、"学工在线"微信公众号均设立"学生资助"专栏,全年推送学生资助信息100多条,其中19篇新闻报道被推送到安徽教育网、安徽学生资助网等,发挥了新媒体在学生资助政策宣传工作中的积极作用。

3. 育人活动丰富多彩。开展"诚信 感恩 自强"主题教育月、"汤山学子 引领向上"国家奖学金获奖学生风采展、十佳励志成才典型事迹评选、优秀学子报告会,获奖学子先进事迹选编等主题教育活动,促进学生全面发展。

4. 资金发放严格规范。全年发放各类学生奖助资金共计1916.59万元,发放11959人次。其中国家奖助学金、服义务兵役学生资助等财政拨款类资金1376.21万元,7719人次;奖学金、勤工助学、学费减免、特困生生活补助等校内资助资金534.38万元,4185人次;"昶兴奖学金""公悄英才奖学金"、关工委爱心助学金等社会资助资金6万元,55人次。建档立卡家庭学生全部获得最高档助学金资助,实现建档立卡家庭经济困难学生资助全覆盖、最高档、无遗漏;审核2017年农村合作金融机构生源地信用助学贷款1161人次;完成2017年国家开发银行生源地助学贷款1566人次的信息录入。按时足额汇缴国家开发银行生源地信用助学贷款风险补偿金和贴息9.8294万元,100%完成贷款学生毕业确认。

5. 日常工作全面细致。学生资助日常工作力争实现信息管理到位、监督检查到位、资料报送到位。11月,成立3个专项检查组,深入十个二级学院开展资助工作检查,及时完成各项资料报送工作,所报资料齐全、真实、准确。

三、辅导员队伍建设

1. 充实队伍,提高水平。新进专职辅导员14人;全年共选派30人赴教育部高校辅导员培训和研修基地(安徽师范大学)参加辅导员岗前培训、专题培训和高级研修;组织35人参加国家行政学院第四期普通高等学校辅导员职业能力提升网络培训课程。

2. 质量提升,成果丰富。一名辅导员获评省级"优秀辅导员";2名辅导员获得省高校辅导员职业能力比赛优秀奖;10名辅导员被评定具备讲师任职资格并予以聘任;辅导员队伍公开发表或参加各类论文比赛并获省级以上奖项超过20项;编印《辅导员工作案例汇编》,案例包含教育、管理和服务三个部分,内容全面,借鉴作用明显;一名辅导员主动响应国家扶贫攻坚战略,到霍邱县大墩村担任扶贫干部。

3. 完善制度,规范管理。出台《巢湖学院辅导员职级评聘暂行办法》,优化队伍职业发展路径;规范辅导员工作例会制,全年召开辅导员月工作例会11次,专题座谈会4次;强化理论学习,开展十九大精神和《普通高等学校辅导员队伍建设规定》学习活动,提升辅导员政治素养;依据《巢湖学院辅导员工作考核实施办法》,顺利完成辅导员年度考核工作。

四、就业创业工作

1. 规范就业指导,教育效果提升。依托大学生职业生涯规划与就业指导教研室完成新生职业生涯规划课程教学任务,编写出版《大学生职业生涯规划与就业指导教程》校本教材,编印《毕业生就业创业指南》介绍就业相关事项,在"巢湖学院学工在线"微信公众平台开设就业创业指导专栏,推送最新就业创业信息和政策法规,选派13名就业工作人员参加就业创业师资培训,组织教师参加省第五届创业指导课程教学大赛,获省赛铜奖1项,学校获"最佳组织奖",组织学生参加省第十一届大学生职业规划设计大赛暨大学生创业大赛,获银奖、铜奖各1项,学校获"最佳组织奖"。

2. 强化就业服务,拓展就业渠道。举办大型校园双选会2场、校园专场招聘会80余场,共计450多家用人单位来校提供就业岗位超过20000个;通过就业网、微信平台和QQ群等推送就业信息200余条,提供有效就业岗位超过8000个;举办"成长在基层"优秀毕业学子报告会,与蜀山区法院合作开展法学专业基层就业帮扶工作、支持湖北远山县委组织部来校招募基层工作人员、及时发布"三支一扶""特岗教师"选聘信息,引导毕业生面向基层就业,

2017届毕业生投身国家或地方基层项目就业的人数较上年增长40%;走访三只松鼠、中粮集团、中银商务、合肥荣电实业等数十家用人单位,洽谈深化合作事宜;与创客巢众创空间等建立合作关系,推荐3个学生创业项目入驻孵化;先后到滁州学院、安徽农业大学、黄山学院、安徽师范大学等院校开展调研交流活动,努力提升工作水平。我校2017届毕业生就业率高于往年,为94.71%。

3. 关注特殊群体,帮扶学生就业。建立就业困难毕业生档案,强化就业指导,做好离校帮扶工作,及时采集离校未就业困难学生信息并上报省人社部门,积极帮助284名困难毕业生办理求职创业补贴共计22.72万元;开展职业规划设计大赛、简历设计大赛、教师考编辅导讲座等;开办SYB、创业模拟实训培训14个班次,培训学员420人,其中困难毕业生将近70人。

4. 积极搭建平台,推动就业创业。先后与中国银行金融商务有限公司、芜湖华瑞光电、上海链家、三只松鼠股份有限公司等近10家单位建立了实习就业合作关系,并巩固信义玻璃、昌硕科技、安徽慕曼德家具有限公司等数十家实习就业基地;与合肥创客巢(巢湖)众创空间达成合作协议,推荐3个学生创业团队入驻孵化;配合科技处建成"巢荟众创空间",并全权管理空间运行事务,确定首批入驻项目7个,空间顺利申报合肥市"市级众创空间";开展项目遴选,进一步加强大学生创业孵化基地项目指导和管理。

(撰稿:胡佳)

教研室和实验室设置一览表

学院	序号	教研室(实验室)名称	分实验室设置	主任
信息工程学院	1	公共计算机		张步群
	2	软件工程		梁宝华
	3	网络工程		曹骞
	4	物联网工程		吴其林
	5	电子商务		苗慧勇
	6	计算机科学与技术		卜华龙
	7	信息工程实验实训中心	基础实验室	许荣泉
	8		专业实验室	程军
外国语学院	1	大学英语(一)		吴爱群(代)
	2	大学英语(二)		王钢
	3	商务英语		奚伟(代)
	4	专业英语		何后蒋
	5	外语综合实验室		童慧敏

续表

学　院	序号	教研室(实验室)名称	分实验室设置	主任
艺术学院	1	美术学		李超峰
	2	美术学(中国书画)		陈友祥
	3	视觉传达设计		刘宣琳
	4	环境设计		王丹丹
	5	动画		高芸芸
	6	音乐表演		顾婷婷
	7	视觉传达设计与音乐综合实验室		田世彬
经济与管理学院	1	国际经济与贸易		方　玲
	2	法学		刘德涛
	3	市场营销		余　雷
	4	公共事业管理		沈菲飞
	5	财务管理与审计		赵　祺
	6	审计学		严爱玲
	7	经济管理综合实验室		甘　泉
应用数学学院	1	大学数学		陈淼超
	2	金融工程		陶有田
	3	数学与应用数学		谢如龙
	4	信息与计算科学		陈佩树
	5	统计学		马永梅
	6	应用数学综合实验室		刘相国
旅游管理学院	1	旅游管理		吕君丽
	2	酒店管理		方玲梅
	3	会展经济与管理		雷若欣
	4	旅游管理综合实验室		丁龙庆
文学传媒与教育科学学院	1	学前教育		甘　超
	2	应用心理学		朱　平
	3	广告学		周洪波(代)
	4	广播电视学		宋文峰
	5	汉语言文学		曹栓姐
	6	教育与传媒综合实验室		吴　芸

续表

学　　院	序号	教研室(实验室)名称	分实验室设置	主任
化学与材料工程学院	1	无机非金属材料工程		李宏林
	2	应用化学		叶友胜
	3	化学工程与工艺		王新运
	4	生物工程		晏　娟
	5	生物制药		岳贤田
	6	化学与材料实验实训中心	基础实验室	李　雷
	7		专业实验室	高晓宝
马克思主义学院	1	马克思主义基本原理概论课		胡万年
	2	毛泽东思想和中国特色社会主义理论体系概论课		董颖鑫
	3	思想道德修养与法律基础课		杨　芳
	4	中国近现代史纲要课		余京华
	5	形势与政策课		向泽雄
机械与电子工程学院	1	大学物理		朱爱国
	2	机械设计制造及其自动化		王玉勤
	3	电气工程及其自动化		刘双兵
	4	电子科学与技术		叶　松
	5	电子信息工程		孔　兵
	6	机械与电子工程		龚智强
	7	材料成型及控制工程		靳国宝
	8	机械与电子实验室实训中心	机械工程	许　磊
	9		电子工程	余建立
体育学院	1	大学体育		兰顺领
	2	体育教育		黄寿军
	3	社会体育		赵胜国
	4	体育综合实验室		乔克满
	5	场馆与赛事管理中心		钟　翔
学生工作部(处)	1	大学生职业发展与就业指导		华紫武

校内实验实习实训场所一览表

序号	名称	院系(单位)名称	面积(m²)	面向专业	容纳人数
1	化学实验中心	化学与材料科学学院	7100	无机非金属;应用化学;化学化工;生物工程	530
2	教育与传媒综合实验室	文学传媒与教育科学学院	1135	应用心理学;学前教育;广告学;广播电视学;数学与应用数学;英语;体育教育;美术学	150
3	视觉传达设计与音乐综合实验室	艺术学院	1335	视觉传达;环境设计;美术学;动画	160
4	电子工程实验室	机械与电子工程学院	640	电子科学与技术;电气工程及其自动化;电子信息工程;机械设计制造及其自动化;生物工程;无机非金属材料工程;应用化学;化学工程与工艺;物联网工程;数学与应用数学;计算机科学与技术;软件工程;物联网工程;生物工程;无机非金属材料工程	500
5	机械工程实验室	机械与电子工程学院	2290	电子科学与技术;电气工程及其自动化;电子信息工程;机械设计制造及其自动化	300
6	大学生英语自主学习室	现代教育技术中心	800	不限定专业	360
7	文科综合机房	现代教育技术中心	310	国际贸易;市场营销;财务管理;公共事业管理;旅游管理;酒店管理	120
8	工程实训中心	现代教育技术中心	2000	工科专业	80
9	体育综合实验室	体育学院	360	体育教育;社会体育指导与管理	80
10	旅游管理综合实验室	旅游管理学院	320	旅游管理;酒店管理	290

续表

序号	名称	院系(单位)名称	面积(m²)	面向专业	容纳人数
11	经济管理综合实验室	经济与管理学院	400	法学;国际贸易;市场营销;财务管理	60
12	计算机软件基础实验室(含云实验室)	信息工程学院	480	不限专业	240
13	计算机组成原理实验室	信息工程学院	60	计算机科学与技术专业;网络工程专业	25
14	网络工程实验室	信息工程学院	120	计算机科学与技术专业	40
15	网络综合布线实验室	信息工程学院	60	计算机科学与技术专业;网络工程专业	25
16	物联网实验室	信息工程学院	120	网络工程专业;物联网专业	40
17	人工智能与嵌入式实验室	信息工程学院	120	计算机科学与技术专业;软件工程专业	40
18	智能机器人实训室	信息工程学院	60	计算机科学与技术专业;物联网专业	10
19	移动互联协同创新中心	信息工程学院	580	不限专业	150
20	应用数学综合实验室	应用数学学院	500	数学与应用数学;信息与计算科学;统计学;金融工程	220
21	外语综合实验室	外国语学院	310	英语;商务英语	180
22	风雨操场	体育学院	2000	不限专业	200

本科专业设置情况一览表

(截至 2017 年 12 月)

序号	专业名称	专业代码	修业年限	学位授予门类	教育部备案或批准设置时间	批准文号	所属学院
1	汉语言文学	050101	四年	文学	2002 年 5 月 31 日	教高函[2002]132 号	文学传媒与教育科学学院

续表

序号	专业名称	专业代码	修业年限	学位授予门类	教育部备案或批准设置时间	批准文号	所属学院
2	美术学	130401	四年	艺术学	2002年5月31日	教高函[2002]132号	艺术学院
	美术学(中国书画方向)	130401	四年	艺术学	2008年11月20日	皖教秘高[2008]132号	艺术学院
3	历史学	060101	四年	历史学	2002年5月31日	教高函[2002]132号	旅游管理学院
4	物理学	070201	四年	理学	2002年5月31日	教高函[2002]132号	机械与电子工程学院
5	体育教育	040201	四年	教育学	2003年2月10日	教高函[2003]2号	体育学院
6	英语	050201	四年	文学	2003年2月10日	教高函[2003]2号	外国语学院
7	视觉传达设计	130502	四年	文学	2003年2月10日	教高函[2003]2号	艺术学院
	视觉传达设计(中韩2+2)	130502	四年	艺术学	2008年2月22日	皖教秘高[2008]15号	艺术学院
8	数学与应用数学	070101	四年	理学	2003年2月10日	教高函[2003]2号	应用数学学院
9	无机非金属材料工程	080406	四年	工学	2003年2月10日	教高函[2003]2号	化学与材料工程学院
10	国际经济与贸易	020401	四年	经济学	2004年3月1日	教高函[2004]3号	经济与管理学院
11	教育技术学	040104	四年	理学	2004年3月1日	教高函[2004]3号	文学传媒与教育科学学院
12	应用化学	070302	四年	理学	2004年3月1日	教高函[2004]3号	化学与材料工程学院
13	电气工程及其自动化	080601	四年	工学	2004年3月1日	教高函[2004]3号	机械与电子工程学院
14	计算机科学与技术	080901	四年	工学	2004年3月1日	教高函[2004]3号	信息工程学院
15	市场营销	120202	四年	管理学	2004年3月1日	教高函[2004]3号	经济与管理学院
16	旅游管理	120901K	四年	管理学	2004年3月1日	教高函[2004]3号	旅游管理学院
17	法学	030101K	四年	法学	2005年3月4日	教高函[2005]7号	经济与管理学院
18	小学教育	040107	四年	教育学	2005年3月4日	教高函[2005]7号	文学传媒与教育科学学院

续表

序号	专业名称	专业代码	修业年限	学位授予门类	教育部备案或批准设置时间	批准文号	所属学院
19	社会体育指导与管理	040203	四年	教育学	2005年3月4日	教高函[2005]7号	体育学院
20	广告学	050303	四年	文学	2005年3月4日	教高函[2005]7号	文学传媒与教育科学学院
21	应用心理学	071102	四年	理学	2005年3月4日	教高函[2005]7号	文学传媒与教育科学学院
22	电子信息工程	080701	四年	工学	2005年3月4日	教高函[2005]7号	机械与电子工程学院
23	公共事业管理	120401	四年	管理学	2005年3月4日	教高函[2005]7号	经济与管理学院
24	广播电视学	050302	四年	文学	2006年3月10日	教高[2006]1号	文学传媒与教育科学学院
25	音乐表演	130201	四年	艺术学	2006年3月10日	教高[2006]1号	艺术学院
26	动画	130310	四年	艺术学	2006年3月10日	教高[2006]1号	艺术学院
27	信息与计算科学	070102	四年	理学	2006年3月10日	教高[2006]1号	应用数学学院
28	微电子学科学与技术	080704	四年	工学	2006年3月10日	教高[2006]1号	机械与电子工程学院
29	电子商务	120801	四年	管理学	2006年3月10日	教高[2006]1号	信息工程学院
30	电子科学与技术	080702	四年	工学	2007年2月25日	教高[2007]4号	机械与电子工程学院
31	化学工程与工艺	081301	四年	工学	2007年2月25日	教高[2007]4号	化学与材料工程学院
32	网络工程	080903	四年	工学	2008年12月18日	教高[2008]10号	信息工程学院
33	信息管理与信息系统	120102	四年	工学	2008年12月18日	教高[2008]10号	信息工程学院
34	统计学	071201	四年	理学	2010年1月22日	教高[2010]2号	应用数学学院
35	生物工程	083001	四年	工学	2010年1月22日	教高[2010]2号	化学与材料工程学院
36	机械设计制造及其自动化	080202	四年	工学	2011年3月8日	教高[2011]4号	机械与电子工程学院
37	学前教育	040106	四年	教育学	2012年2月14日	教高[2012]2号	文学传媒与教育科学学院

续表

序号	专业名称	专业代码	修业年限	学位授予门类	教育部备案或批准设置时间	批准文号	所属学院
38	商务英语	050262	四年	文学	2012年2月14日	教高[2012]2号	外国语学院
39	软件工程	080902	四年	工学	2012年2月14日	教高[2012]2号	信息工程学院
40	文化产业管理	120201	四年	管理学	2012年2月14日	教高[2012]2号	文学传媒与教育科学学院
41	金融工程	020302	四年	经济学	2013年3月28日	教高[2013]4号	应用数学学院
42	财务管理	120204	四年	管理学	2013年3月28日	教高[2013]4号	经济与管理学院
43	酒店管理	120902	四年	管理学	2013年3月28日	教高[2013]4号	旅游管理学院
44	环境设计	130503	四年	艺术学	2013年3月28日	教高[2013]4号	艺术学院
45	物联网工程	080905	四年	工学	2014年3月13日	教高[2014]1号	信息工程学院
46	会展经济与管理	120903	四年	管理学	2014年3月13日	教高[2014]1号	旅游管理学院
47	生物制药	083002T	四年	工学	2015年3月13日	教高司函[2015]1号	化学与材料工程学院
48	审计学	120207	四年	管理学	2015年3月13日	教高司函[2015]1号	经济与管理学院
49	材料成型及控制工程	080203	四年	工学	2016年2月16日	教高函[2016]2号	机械与电子工程学院
50	机械电子工程	080204	四年	工学	2016年2月16日	教高函[2016]2号	机械与电子工程学院
51	应用统计学	071202	四年	理学	2017年3月13日	教高[2017]2号	应用数学学院

新增省级质量工程项目立项名单

立项编号	项目类别（奖项级别）	项目名称（奖项名称）	项目负责人（获奖教师）	所属单位	建设周期	资助经费（万元）
2017kfk088	精品开放课程（资源共享课）	毛泽东思想和中国特色社会主义理论体系概论	王红丽	马克思主义学院	2	4

续表

立项编号	项目类别 (奖项级别)	项目名称 (奖项名称)	项目负责人 (获奖教师)	所属单位	建设周期	资助经费(万元)
2017kfk089	精品开放课程(资源共享课)	篮球	兰顺领	体育学院	2	4
2017kfk090	精品开放课程(资源共享课)	酒店文秘	吕君丽	旅游管理学院	2	4
2017jyxm0430	重大教学改革研究	应用型高校中华优秀传统文化传承创新教育体系构建与实践平台建设研究	丁俊苗	教务处	2	10
2017jyxm0435	重大教学改革研究	新建应用型本科院校艺术教育改革与实践研究	褚春元	艺术学院	2	10
2017jyxm0433	重点教学研究	以新工科创新人才为培养目标的微生物课程教学改革研究与实践	高玉荣	化学与材料工程学院	2	2
2017jyxm0438	重点教学研究	基于OBE的旅游管理专业核心课程教学模式改革与研究	齐先文	旅游管理学院	2	2
2017jyxm0428	一般教学研究	新工科背景下《酿酒工艺学》课程的教学改革新模式研究	张凤琴	化学与材料工程学院	2	1
2017jyxm0429	一般教学研究	基于能力培养的学前教育专业课程考核改革的研究与实践	胡传双	文学传媒与教育科学学院	2	1
2017jyxm0431	一般教学研究	"双创"背景下地方高校《VBSE跨专业综合实训》课程的开发研究与实践	甘泉	经济与管理学院	2	1

续表

立项编号	项目类别（奖项级别）	项目名称（奖项名称）	项目负责人（获奖教师）	所属单位	建设周期	资助经费（万元）
2017jyxm0432	一般教学研究	基于产学研融合的生物工程专业综合设计性实验课程体系的构建与实践	邓 方	化学与材料工程学院	2	1
2017jyxm0434	一般教学研究	基于创新创业能力培养的环境设计专业实践教学体系的构建	薛建军	艺术学院	2	1
2017jyxm0436	一般教学研究	基于能力本位的商务英语专业课程体系设计与建设研究	余荣琦	外国语学院	2	1
2017jyxm0437	一般教学研究	教师专业发展与课程建设关系的研究与实践——以教师教育类专业为例	陈先涛	教务处	2	1
2017jyxm0439	一般教学研究	当代大学生媒介素养教育通识课建设与实践——基于网络舆情引导背景	吴 兵	文学传媒与教育科学学院	2	1
2017jyxm1363	一般教学研究	提升内涵，培育特色——专业评估背景下巢湖学院音乐表演专业建设与发展路径研究(音乐与舞蹈类专业合作委员会项目)	顾婷婷	艺术学院	2	1
2017jxtd037	教学团队	体育教育专业主干课程群教学团队	姚 磊	体育学院	2	10
2017sjjd028	校企合作实践教育基地	巢湖学院信义光伏产业(安徽)控股有限公司实践教育基地	徐小勇	化学与材料工程学院	2	10

续表

立项编号	项目类别 （奖项级别）	项目名称 （奖项名称）	项目负责人 （获奖教师）	所属单位	建设周期	资助经费（万元）
2017ghjc193	规划教材	文学阅读与细读	方习文	文学传媒与教育科学学院	2	1
2017ghjc194	规划教材	操作系统（第2版）	郑尚志	信息工程学院	2	1
2017ghjc195	规划教材	应用型本科教育数学基础教材	祝家贵	应用数学学院	2	1
2017ghjc196	规划教材	Android 应用程序设计	吴其林	信息工程学院	2	1
2017jxcgj461	教学成果二等奖	地域文化塑校育人的理论与实践研究——以巢湖学院为例	张安东 徐柳凡 彭正生 郑小春 胡万年	环巢湖文化研究中心	/	0.6
2017jxcgj596	教学成果三等奖	价值多元化视阈下高校思政课弘扬社会主义核心价值观教育探赜与践行	余京华 郑小春 孙红姐 杨松水 郭启贵 季春芳	马克思主义学院	/	0.4
2017jxcgj613	教学成果三等奖	"新媒体＋课堂＋实践"三元分类教学模式构建与实践	吴凤义 程乐华 万新军 张忠平 王新运 程群群	化学与材料工程学院	/	0.4
2017jxcgj619	教学成果三等奖	基于产教融合的酒店管理专业应用型人才培养模式改革研究	陈恩虎 朱学同 齐先文 吕君丽 方玲梅 雷若欣	旅游管理学院	/	0.4
2017jxcgj134	教学成果二等奖（竞赛转评类）	地方应用型高校智能制造创新型人才的培养探索与实践	王 静 陈海波 方愿捷 唐 静 凌 景 叶 松	机械与电子工程学院	/	0.6
2017jxcgj234	教学成果三等奖（竞赛转评类）	基于创新实践能力培养的机械类专业应用型人才培养模式改革与实践	王玉勤 廖生温	机械与电子工程学院	/	0.4

续表

立项编号	项目类别（奖项级别）	项目名称（奖项名称）	项目负责人（获奖教师）	所属单位	建设周期	资助经费（万元）
2017jxcgj235	教学成果三等奖（竞赛转评类）	以校企合作和学科竞赛为驱动的计算机应用型人才实践与创新能力培养研究与实践	吴其林 黄贵林 郑尚志 方周 张正金 金加卫	信息工程学院	/	0.4
2017mooc275	大规模在线开放课程（MOOC）示范项目	计算机导论	徐秋月	信息工程学院	/	10

年度国家级大学生创新创业训练计划项目信息表

序号	项目编号	项目名称	项目类型	负责人	指导教师
1	201710380001	基于PSO-RBF混合算法的最优实验参数设计研究	创新训练项目	梅琴	徐富强 王冬银
2	201710380002	旅游景区儿童防丢失智能系统设计	创新训练项目	李纯	申海洋 王德喜
3	201710380003	掌上签到PP	创新训练项目	朱婷	刘波 方周 吴其林
4	201710380004	传统手工艺产业发展化研究——以巢湖"掇英轩"粉蜡笺为例	创新训练项目	陈燕	吕君丽 刘靖 李晓萌
5	201710380005	巢湖市大学生旅游创业的法律服务平台建设	创新训练项目	徐涛	汪开明 钱春 高瑞霞
6	201710380006	巢湖市幼儿园男师资状况调查研究	创新训练项目	管婷	朱明 江军
7	201710380007	智能节水型水表设计	创新训练项目	毛万中	李素平 潘正鹏 宁小波
8	201710380008	动画片对幼儿身心发展的影响研究	创新训练项目	国慧慧	江萍 朱明 李娜
9	201710380009	土壤及农产品中硒含量的检测与研究——以安徽部分地区为例	创新训练项目	纪鑫	晏娟

续表

序号	项目编号	项目名称	项目类型	负责人	指导教师
10	201710380010	安徽省大学生村官创业现状、问题及对策分析——以临泉县、含山县、歙县为例	创新训练项目	张子霄	陈小波　郝成超
11	201710380011	主题文化酒店宾客体验项目的优化与创新——以大禹·开元度假村为例	创新训练项目	许光林	吴　萍　曾　静　吕君丽
12	201710380012	摘果机的设计	创新训练项目	季海龙	王玉勤　许雪艳
13	201710380013	地域文化的另一种表达——以旅游纪念品为载体的环巢湖文化视觉形象研究	创新训练项目	尹良群	杨　帆　方文焕　陈　凯
14	201710380014	安徽省普通应用型高校转专业学生适应性调查分析——以巢湖学院为例	创新训练项目	李　浩	金　晶　沈菲飞
15	201710380015	共享经济视域下的环巢湖民宿旅游发展对策研究	创新训练项目	郭军扬	郭晓艳　陈　凯　袁晓亮
16	201710380016	智能陆空双栖汽车的设计与实现	创新训练项目	吴志龙	任玲芝　刘　丽
17	201710380017	联合收获机清选装置微缩试验平台设计	创新训练项目	宋玉龙	宁小波
18	201710380018	网络成瘾大学生健康体适能特征的心理健康研究	创新训练项目	姚梦月	张金梅　王成绩
19	201710380019	游客视角下城郊型乡村旅游地绩效评价与影响机理研究——以合肥大圩镇为例	创新训练项目	陈　瑶	刘　锐　方玲梅
20	201710380020	合肥市失独老人心理健康状况调查与干预	创新训练项目	马学佳	贾艳贤　信中贵　李曙光
21	201710380021	充放电电池均衡管理设备	创新训练项目	李会炯	李素平　宁小波
22	201710380022	基于K60单片机的数字逻辑芯片测试仪设计	创新训练项目	张光照	任玲芝　刘　丽
23	201710380023	人格视角下大学生网络行为倾向的实证分析	创新训练项目	徐一敏	孙志富　袁凤琴
24	201710380024	幼儿教育中幼儿角色游戏与身心健康发展关系研究	创新训练项目	马慧慧	鲁如艳　朱　明

续表

序号	项目编号	项目名称	项目类型	负责人	指导教师
25	201710380025	能量代谢视角下肥胖大学生最大脂肪氧化强度运动处方的实证研究	创新训练项目	杨 桐	王富鸿 乔克满
26	201710380026	多功能汽车外形文具盒	创新训练项目	杨梦圆	邢 刚 龚智强
27	201710380027	"互联网＋三农"背景下巢湖市槐林镇农村电子商务发展研究	创新训练项目	刘俊虎	李亚萍 张荣荣 袁凤琴
28	201710380028	基于在线点评的度假酒店产品与服务优化研究	创新训练项目	洪婷婷	曾 静 雷若欣
29	201710380029	大学生"校园贷"现状分析及对策研究	创新训练项目	金诗松	赵 祺
30	201710380030	氧化铜纳米线阵列生长调控及光学特性研究	创新训练项目	朱海洋	许明坤
31	201710380031	环巢湖休闲度假区网络营销策略研究	创新训练项目	杨雪松	方玲梅
32	201710380032	大学生第二课堂与新农村建设发展联动体系搭建——以巢湖学院与半汤镇对接为例	创新训练项目	张程前	甘 超 李曙光
33	201710380033	具有光催化活性的钛基复合材料性能研究	创新训练项目	涂成宇	王 新
34	201710380034	基于文化视角下巢湖半汤老街的墙绘设计研究	创新训练项目	方 慧	周洪波 袁凤琴
35	201710380035	创意茶歇工作坊	创业训练项目	江 龙	雷若欣 唐丽丽 吴 萍
36	201710380036	艺游工作室	创业训练项目	赵 晋	王 倩
37	201710380037	"巢青春 个性游"微信旅游	创业训练项目	谈陆君	余 雷 梁三金
38	201710380038	USB校园单车	创业训练项目	尤容容	赵 祺 李素平
39	201710380039	环巢幼游学社	创业训练项目	王 瑜	甘 超 卢凤玲 李 瑛
40	201710380040	互联网＋旧物再拾	创业训练项目	童茜茜	赵 祺
41	201710380041	互联网＋校园闲余中转"小客栈"	创业实践项目	赵瞳瞳	方 玲 亓永高

年度省级大学生创新创业训练计划项目信息表

序号	项目编号	项目名称	项目类型	负责人	指导教师
1	AH201710380001	儿童二手玩具体验	创新训练项目	姜方琴	朱小泉
2	AH201710380002	环巢湖旅游形象传播现状调查与分析——基于拉斯韦尔"5w"模式	创新训练项目	陶娴静	袁凤琴
3	AH201710380003	大美安徽　印象巢湖——环巢湖旅游资源影像记	创新训练项目	王玲玲	王宇明
4	AH201710380004	合肥市旅游景区公示语汉英翻译规范化研究	创新训练项目	乔舒萍	翟海霞
5	AH201710380005	基于智慧旅游的大别山精准扶贫	创新训练项目	王　燕	齐先文
6	AH201710380006	合肥市羽毛球培训市场发展现状及优化研究	创新训练项目	刘雪琴	汪　健 杨叶红
7	AH201710380007	基于黄金期货套期保值的金融投资策略研究	创新训练项目	张　潘	彭承亮
8	AH201710380008	共享经济背景下住宿业发展模式创新研究	创新训练项目	安　琳	齐先文
9	AH201710380009	改进的果蝇算法在多需求点配送网络优化中的研究	创新训练项目	罗成业	徐富强
10	AH201710380010	机床开式静压导轨液压控制系统数学模型建立	创新训练项目	陈帅帅	周明健 於孝鹏
11	AH201710380011	二胎开放背景下的托幼机构发展模式研究	创新训练项目	邓　敏	吴　芸 张　平
12	AH201710380012	"互联网＋"时代下巢湖市特色农产品电子商务发展研究	创新训练项目	叶英花	方　玲
13	AH201710380013	多功能便携折叠桌椅设计	创新训练项目	冯文彬	邢　刚
14	AH201710380014	传媒类学术期刊微信公众平台的传播策略研究	创新训练项目	葛成超	袁凤琴
15	AH201710380015	基于单片机的智能台灯系统	创新训练项目	张世运	余建立
16	AH201710380016	新媒体时代让"民歌唱响巢湖"的推广研究	创新训练项目	宋明艳	潘慧慧

续表

序号	项目编号	项目名称	项目类型	负责人	指导教师
17	AH201710380017	基于微信平台的大学英语移动学习创设与实践	创新训练项目	贡梦洁	王 钢
18	AH201710380018	合肥都市圈共享单车的研究	创新训练项目	章尼龙	陈佩树
19	AH201710380019	度假型酒店自媒体营销创新策略	创新训练项目	陈夫猛	吴 萍 俞周杰 曾 静
20	AH201710380020	环巢湖大道户外广告现状问题及对策分析	创新训练项目	张慧敏	孔银生
21	AH201710380021	掌上健康系统开发	创新训练项目	葛东东	曹 骞 赵 龙 方 周
22	AH201710380022	基于图像识别和智能控制技术的汽车系统设计	创新训练项目	郑 雨	李岩岩
23	AH201710380023	巢湖市电子商务产业发展现状及创新思考	创新训练项目	候进臧	黄玉霞
24	AH201710380024	一种寻位传球的篮球训练机	创新训练项目	周明志	兰顺领 兰 飞
25	AH201710380025	蚂蚁花呗的市场调查与研究探索	创新训练项目	章宁涛	陈佩树
26	AH201710380026	环巢湖湿地资源开发与生态监测体系构建策略研究	创新训练项目	杨 帆	邓 方 王俊萍
27	AH201710380027	大学生心理健康教育参与状况及课程认同调查研究	创新训练项目	刘晓宇	邹长华
28	AH201710380028	五星级酒店菜单翻译现状分析与对策	创新训练项目	樊 凯	吴 萍 刘 玲
29	AH201710380029	基于压电技术的道路能量收集系统设计	创新训练项目	杨回回	李岩岩
30	AH201710380030	全域旅游视角下地方特色小吃街发展路径研究	创新训练项目	李立健	曾 静 雷若欣 吴 萍
31	AH201710380031	酯化变性淀粉/PVA共混膜的性能研究	创新训练项目	胡永琪	刘志军
32	AH201710380032	具有潜在生理或药物活性的环状酰胺的合成	创新训练项目	钱文彬	孟祥珍 程 东
33	AH201710380033	互联网＋行于校园——云驿站发展状况调研	创新训练项目	尹学宝	陈佩树 高 峰

续表

序号	项目编号	项目名称	项目类型	负责人	指导教师
34	AH201710380034	"到这儿,住"	创新训练项目	王 杰	齐先文
35	AH201710380035	晨毅校园电子旅游信息平台	创业实践项目	陈青雲	张 号 丁继勇
36	AH201710380036	基于内滤效应荧光法检测牛奶中的三聚氰胺	创新训练项目	陆西亚	叶友胜
37	AH201710380037	聚乙烯醇/纳米 Si3N4 复合材料的制备及性能研究	创新训练项目	许文钦	王小东 李方山
38	AH201710380038	啤酒废酵母在酸奶中的应用研究	创新训练项目	宋存根	张凤琴
39	AH201710380039	金属诱导非晶硅薄膜低温晶化研究	创新训练项目	王又奇	许明坤 毛雷鸣
40	AH201710380040	高校大学生校园贷使用现状的调查与研究——以巢湖学院为例	创新训练项目	朱巡飞	王淑超 马永梅
41	AH201710380041	基于磁导航技术的新概念校园公交系统设计	创新训练项目	杨 浩	任玲芝
42	AH201710380042	氧离子电解质材料力学性能的研究	创新训练项目	祝精武	高晓宝
43	AH201710380043	共价有机骨架化合物的合成和应用研究	创新训练项目	赵玉玉	李 雷
44	AH201710380044	一种滋润防唇裂、淡唇纹的100%天然可食用唇膏的研发及其制备	创新训练项目	郑雨婵	蒋 澜
45	AH201710380045	基于互联网技术的大型超市销售模式研究	创新训练项目	李思源	胡 健 董慧芳 向泽雄
46	AH201710380046	一种革兰氏染色质控片的研制	创新训练项目	张永静	方 舒
47	AH201710380047	安徽省高校武术课程改革:赛训教一体化推进研究	创新训练项目	孙 路	陈启平
48	AH201710380048	安徽省体育非物质文化遗产活态传承的实证调查研究	创新训练项目	储 炀	周雪华
49	AH201710380049	优化菲涅尔透镜的照明灯的改进	创新训练项目	刘云开	王正创
50	AH201710380050	"功夫梦"咏春拳培训中心	创业实践项目	李和平	陈 木 龚学峰

续表

序号	项目编号	项目名称	项目类型	负责人	指导教师
51	AH201710380051	关于 E.coli 感受态细胞转化的研究	创新训练项目	谢恩诚	蒋慧慧
52	AH201710380052	废陶瓷在无土栽培技术中的创新实验研究	创新训练项目	贾嘉豪	方海燕
53	AH201710380053	服装 DIY 订制设计	创新训练项目	郭 静	罗发海
54	AH201710380054	基于红外的汽车盲区提示系统设计	创新训练项目	胡永倩	孔 兵
55	AH201710380055	浸润书香 文明"占座"之高校智能选座掌中宝——移动桌友 APP	创新训练项目	郭 庆	童 茜 赵 洁
56	AH201710380056	共享雨伞管理可行性分析	创新训练项目	施 磊	严爱玲
57	AH201710380057	合肥市网络直播的市场调查与预测分析	创新训练项目	刘 轩	陈佩树
58	AH201710380058	地方院校大学生专业认同情况调查研究	创新训练项目	吴亚楠	孙志富
59	AH201710380059	磁性水滑石光催化材料的制备及性能	创新训练项目	房然然	李宏林
60	AH201710380060	平面硅纳米线生长调控	创新训练项目	沈 新	许明坤
61	AH201710380061	高校学生沉迷网络游戏的现状分析及对策研究——以巢湖学院为例	创新训练项目	齐 豪	赵 祺
62	AH201710380062	走进教育之幼儿园教育"小学化"创新研究	创新训练项目	兰丽丽	林天水 刘相国
63	AH201710380063	乐享车位(一键智能找车位 APP)	创新训练项目	孙中明	方 周 曹 骞
64	AH201710380064	"专属路线,由您钦点"俱乐部	创新训练项目	朱 林	杨 帆 方文焕 陈 凯
65	AH201710380065	郁金香中总生物碱的提取工艺优化	创新训练项目	闵迁迁	葛碧琛 程乐华
66	AH201710380066	手绘服饰创新设计	创新训练项目	张保衡	沈瑞贵
67	AH201710380067	互联网+巢湖半岛养老小镇	创业训练项目	倪赛赛	赵 祺
68	AH201710380068	"闲拾光"APP	创业训练项目	史庆庆	李亚萍 邢慧芬 谭晓琳

续表

序号	项目编号	项目名称	项目类型	负责人	指导教师
69	AH201710380069	刘凡创业训练"衣试界"试衣APP	创业训练项目	刘 凡	黄玉霞
70	AH201710380070	"e+e"大学生DIY创意手机壳美化私人订制馆	创业训练项目	陆 华	汤玲玲 方灵芝
71	AH201710380071	衣致工作室	创业训练项目	章致远	赵 祺
72	AH201710380072	艺佳软件培训	创业训练项目	赵培培	王 倩
73	AH201710380073	亲子瑜伽游戏APP的开发与应用	创业训练项目	何雨晨	张 平 王 亮 张荣荣 李亚萍
74	AH201710380074	花点心思	创业训练项目	余 燕	孙 玮
75	AH201710380075	"蟹蟹"海鲜特色主题餐厅	创业训练项目	刁虎林	左劲中 邓其志
76	AH201710380076	互联网＋高校食堂,出"掌上食堂"APP	创业训练项目	刘 欢	赵 祺
77	AH201710380077	MEC(Musical English Corner)	创业训练项目	陈 培	黄燕芸
78	AH201710380078	温馨小家寝室设计装潢	创业训练项目	洪 早	张园园
79	AH201710380079	社区"拨浪鼓"——幼儿环保创意制作大篷车	创业训练项目	唐雨晴	甘 超 王 亮 张 平
80	AH201710380080	"互联网＋"时代新农村"旧"农民综合信息服务平台	创业训练项目	姚圣学	甘 泉

在校生人数及构成情况一览表

年级	本科	占比	专科	占比	合计
一年级	4230	98.42%	68	1.58%	4298
二年级	4243	98.1%	83	1.9%	4326
三年级	3849	100%	0	0%	3849
四年级	3924	100%	0	0%	3924
合计	16246	99.1%	151	0.9%	16397

本科生招生录取情况信息表

本科生招生录取情况信息表(分省)

省(市、自治区)	录取总人数	最高分	最低分	平均分
安徽(文史)	896	510	484	486.87
安徽(理工)	2146	493	447	451.19
浙江(理工)	25	549	536	540.32
河南(理工)	25	469	445	451.44
河北(理工)	30	471	334	425.87

备注：山东、甘肃、江苏三省录取的是美术考生，海南、四川、辽宁三省录取的是体育考生，录取原则不一，未统计在本表内；安徽艺体类采用综合分投档，也未列入本表内。

本科生招生录取情况信息表(分专业)

学院	专业	类别	学制	人数	备注
化学与材料工程学院	化学工程与工艺	本科	4	110	
化学与材料工程学院	生物工程	本科	4	80	
化学与材料工程学院	生物制药	本科	4	80	
化学与材料工程学院	无机非金属材料工程	本科	4	100	
化学与材料工程学院	应用化学	本科	4	100	
化学与材料工程学院	应用化学	本科	2	76	专升本
机械与电子工程学院	材料成型及控制工程	本科	4	80	
机械与电子工程学院	电气工程及其自动化	本科	4	150	
机械与电子工程学院	电子科学与技术	本科	4	80	
机械与电子工程学院	电子信息工程	本科	4	120	
机械与电子工程学院	机械电子工程	本科	4	80	
机械与电子工程学院	机械设计制造及其自动化	本科	4	150	
经济与管理学院	财务管理	本科	4	146	
经济与管理学院	法学	本科	4	80	
经济与管理学院	国际经济与贸易	本科	4	120	

续表

学　院	专　业	类别	学制	人数	备注
经济与管理学院	审计学	本科	4	146	
经济与管理学院	市场营销	本科	4	100	对口
旅游管理学院	会展经济与管理	本科	4	80	
旅游管理学院	酒店管理	本科	4	67	对口
旅游管理学院	酒店管理	本科	4	80	
旅游管理学院	旅游管理	本科	4	80	
旅游管理学院	旅游管理	本科	2	100	专升本
体育学院	社会体育指导与管理	本科	4	100	
体育学院	体育教育	本科	4	100	
外国语学院	商务英语	本科	4	100	
外国语学院	英语	本科	4	100	
文学传媒与教育科学学院	广播电视学	本科	4	80	
文学传媒与教育科学学院	广告学	本科	4	80	
文学传媒与教育科学学院	汉语言文学	本科	4	100	
文学传媒与教育科学学院	汉语言文学	本科	2	100	专升本
文学传媒与教育科学学院	小学教育	专科	2	30	3＋2 转制
文学传媒与教育科学学院	学前教育	本科	4	80	
文学传媒与教育科学学院	学前教育	本科	2	80	专升本
文学传媒与教育科学学院	学前教育	专科	2	27	3＋2 转制
信息工程学院	电子商务	本科	4	80	
信息工程学院	计算机科学与技术	本科	4	120	
信息工程学院	软件工程	本科	4	120	
信息工程学院	网络工程	本科	4	100	对口
信息工程学院	物联网工程	本科	4	80	
艺术学院	动画	本科	4	45	
艺术学院	环境设计	本科	4	60	
艺术学院	美术学	本科	4	70	
艺术学院	美术学(中国书画方向)	本科	4	35	
艺术学院	视觉传达设计	本科	4	70	
艺术学院	视觉传达设计(中外合作)	本科	4	35	

续表

学　院	专　业	类别	学制	人数	备注
艺术学院	小学教育(音乐方向)	专科	2	10	3+2转制
艺术学院	音乐表演	本科	4	40	
应用数学学院	金融工程	本科	4	120	
应用数学学院	应用统计学	本科	4	120	
应用数学学院	数学与应用数学	本科	4	80	

毕业生考研录取情况一览表

序号	姓名	学　院	班　级	考取学校
1	陈　昆	化学与材料工程学院	13化工1班	江南大学
2	左泽福	化学与材料工程学院	13化工1班	昆明理工大学
3	陈晓东	化学与材料工程学院	13化工1班	江苏大学
4	李　蓓	化学与材料工程学院	13化工1班	中国矿业大学
5	杨　利	化学与材料工程学院	13化工1班	南京工业大学
6	胡亚新	化学与材料工程学院	13化工1班	浙江理工大学
7	梁紫薇	化学与材料工程学院	13化工1班	中国矿业大学
8	张　悦	化学与材料工程学院	13化工1班	安徽工业大学
9	杜　梅	化学与材料工程学院	13化工1班	安徽师范大学
10	朱潜丰	化学与材料工程学院	13化工2班	南京工业大学
11	李宁芳	化学与材料工程学院	13化工2班	南京工业大学
12	武　用	化学与材料工程学院	13化工2班	湘潭大学
13	张成宇	化学与材料工程学院	13化工2班	浙江理工大学
14	陈莉莉	化学与材料工程学院	13化工2班	南京师范大学
15	孙无忌	化学与材料工程学院	13化工2班	苏州大学
16	李　康	化学与材料工程学院	13化工2班	南京工业大学
17	赵晓龙	化学与材料工程学院	13化工2班	南京工业大学
18	孙浩波	化学与材料工程学院	13生工1班	南京理工大学
19	刘　生	化学与材料工程学院	13生工1班	合肥工业大学

续表

序号	姓名	学　　院	班　　级	考取学校
20	蔡　敏	化学与材料工程学院	13生工1班	安徽农业大学
21	王　猛	化学与材料工程学院	13生工1班	湖北工业大学
22	许　新	化学与材料工程学院	13生工1班	安徽农业大学
23	陈　成	化学与材料工程学院	13生工1班	上海海洋大学
24	刘宏晖	化学与材料工程学院	13生工1班	广西大学
25	李前会	化学与材料工程学院	13生工1班	华东理工大学
26	程志华	化学与材料工程学院	13生工1班	华中农业大学
27	雷珊珊	化学与材料工程学院	13生工2班	南京农业大学
28	黄凯悦	化学与材料工程学院	13生工2班	东华大学
29	徐亦青	化学与材料工程学院	13生工2班	伯明翰大学
30	黄　靖	化学与材料工程学院	13生工2班	南京师范大学
31	张声平	化学与材料工程学院	13生工2班	东华大学
32	金　玲	化学与材料工程学院	13生工2班	南昌大学
33	陈嘉惠	化学与材料工程学院	13生工2班	上海大学
34	常吉祥	化学与材料工程学院	13生工2班	昆明理工大学
35	叶　倩	化学与材料工程学院	13生工2班	南京工业大学
36	张　丽	化学与材料工程学院	13生工2班	南京农业大学
37	陆　芳	化学与材料工程学院	13无机非1班	湖北大学
38	杨英英	化学与材料工程学院	13无机非1班	合肥工业大学
39	汪　铮	化学与材料工程学院	13无机非1班	安徽建筑大学
40	徐涛涛	化学与材料工程学院	13无机非1班	合肥工业大学
41	聂　宇	化学与材料工程学院	13无机非1班	南京理工大学
42	朱　勇	化学与材料工程学院	13无机非1班	浙江工业大学
43	葛曼曼	化学与材料工程学院	13无机非1班	上海工程技术大学
44	王　文	化学与材料工程学院	13无机非1班	西南科技大学
45	李　超	化学与材料工程学院	13无机非1班	郑州大学
46	何　贺	化学与材料工程学院	13无机非1班	上海理工大学
47	董银萍	化学与材料工程学院	13应化1班	上海师范大学
48	张　莉	化学与材料工程学院	13应化1班	东华大学
49	蒋　磊	化学与材料工程学院	13应化2班	安徽大学
50	刘波涛	化学与材料工程学院	13应化2班	江苏大学
51	孟　迪	化学与材料工程学院	13应化2班	南京工业大学

续表

序号	姓名	学院	班级	考取学校
52	戴志立	化学与材料工程学院	13应化2班	安徽建筑大学
53	姜羊林	化学与材料工程学院	13应化2班	中国人民大学
54	何金浩	机械与电子工程学院	13电科1班	合肥工业大学
55	张 晨	机械与电子工程学院	13电科1班	安徽大学
56	刘亮亮	机械与电子工程学院	13电科1班	安徽大学
57	徐存知	机械与电子工程学院	13电科2班	昆明理工大学
58	汪翔翔	机械与电子工程学院	13电科2班	北京邮电大学
59	陶德俊	机械与电子工程学院	13电气1班	安徽理工大学
60	黄麒麟	机械与电子工程学院	13电气1班	安徽理工大学
61	聂 融	机械与电子工程学院	13电气1班	安徽大学
62	刘翔宇	机械与电子工程学院	13电气1班	集美大学
63	王 勇	机械与电子工程学院	13电气1班	大连工业大学
64	许敬祥	机械与电子工程学院	13电气1班	江苏科技大学
65	许 健	机械与电子工程学院	13电气2班	浙江海洋大学
66	黄海东	机械与电子工程学院	13电气2班	安徽大学
67	邢官飞	机械与电子工程学院	13电气2班	合肥工业大学
68	廖凯文	机械与电子工程学院	13电气2班	合肥工业大学
69	何 娇	机械与电子工程学院	13电气2班	安徽大学
70	吴志伟	机械与电子工程学院	13电气2班	合肥工业大学
71	马 壮	机械与电子工程学院	13电气2班	西安理工大学
72	韩宝磊	机械与电子工程学院	13电气2班	上海工程技术大学
73	王 杰	机械与电子工程学院	13电气3班	贵州大学
74	丁士东	机械与电子工程学院	13电气3班	杭州电子科技大学
75	卢俊结	机械与电子工程学院	13电气3班	中国矿业大学
76	吴谊平	机械与电子工程学院	13电气3班	南昌大学
77	何 元	机械与电子工程学院	13电气3班	湖南工业大学
78	唐帅帅	机械与电子工程学院	13电气3班	杭州电子科技大学
79	向 豪	机械与电子工程学院	13电气3班	安徽大学
80	孙道林	机械与电子工程学院	13电信1班	南京邮电大学
81	徐小焱	机械与电子工程学院	13电信1班	上海师范大学
82	吴 燕	机械与电子工程学院	13电信1班	浙江工商大学
83	秦德浩	机械与电子工程学院	13电信1班	华东交通大学

续表

序号	姓名	学院	班级	考取学校
84	万谊丹	机械与电子工程学院	13电信1班	安徽工业大学
85	周秀秀	机械与电子工程学院	13电信2班	重庆邮电大学
86	方 超	机械与电子工程学院	13电信2班	云南大学
87	方 捷	机械与电子工程学院	13电信2班	安徽大学
88	杨 洋	机械与电子工程学院	13电信2班	北京林业大学
89	王义锋	机械与电子工程学院	13电信2班	浙江工业大学
90	许 辰	机械与电子工程学院	13电信2班	宁波大学
91	孙明戍	机械与电子工程学院	13电信2班	安徽大学
92	李维嘉	机械与电子工程学院	13机自1班	燕山大学
93	晋大鹏	机械与电子工程学院	13机自1班	上海理工大学
94	李学红	机械与电子工程学院	13机自1班	上海大学
95	王 鹏	机械与电子工程学院	13机自1班	安徽工程大学
96	陈 宇	机械与电子工程学院	13机自2班	安徽工程大学
97	胡华奎	机械与电子工程学院	13机自2班	安徽工程大学
98	常数数	机械与电子工程学院	13机自2班	浙江理工大学
99	黄 卫	机械与电子工程学院	13机自2班	安徽理工大学
100	王 云	机械与电子工程学院	13机自3班	杭州电子科技大学
101	王文款	机械与电子工程学院	13机自3班	西南石油大学
102	余吴建	机械与电子工程学院	13机自3班	杭州电子科技大学
103	张晓颖	机械与电子工程学院	13机自3班	广西大学
104	张 罗	机械与电子工程学院	13机自3班	杭州电子科技大学
105	徐 浩	机械与电子工程学院	13机自3班	太原理工大学
106	胡孝月	经济与管理学院	13财管1班	安徽师范大学
107	胡健翔	经济与管理学院	13财管1班	安徽师范大学
108	周春妹	经济与管理学院	13财管1班	黑龙江大学
109	涂玉琦	经济与管理学院	13财管1班	安徽财经大学
110	方晓萌	经济与管理学院	13财管1班	中国地质大学
111	胡 南	经济与管理学院	13财管2班	黑龙江大学
112	修毫宇	经济与管理学院	13财管2班	西安石油大学
113	卢 璐	经济与管理学院	13财管3班	安徽财经大学
114	陈 新	经济与管理学院	13财管3班	东华理工大学
115	吴天琦	经济与管理学院	13财管3班	安徽大学

续表

序号	姓名	学院	班级	考取学校
116	王康辉	经济与管理学院	13法学1班	安徽大学
117	何玉容	经济与管理学院	13法学2班	安徽大学
118	张可欣	经济与管理学院	13法学2班	安徽大学
119	丁益	经济与管理学院	13法学2班	上海对外经贸大学
120	何书贤	经济与管理学院	13公管	安徽大学
121	张黎	经济与管理学院	13公管	安徽大学
122	翁良玉	经济与管理学院	13公管	安徽大学
123	沈文超	经济与管理学院	13公管	安徽大学
124	赵杰	经济与管理学院	13国贸1班	云南财经大学
125	胡锦凡	经济与管理学院	13国贸2班	上海大学
126	余慧芬	经济与管理学院	13市营1班	安徽师范大学
127	胡善银	经济与管理学院	13市营2班	安徽财经大学
128	张雪	旅游管理学院	13酒管2班	安徽大学
129	李情	旅游管理学院	13旅管1班	安徽大学
130	唐佳丽	旅游管理学院	13旅管1班	安徽师范大学
131	汪迪	旅游管理学院	13旅管1班	上海师范大学
132	王娟	旅游管理学院	13旅管1班	南京师范大学
133	陈园园	旅游管理学院	13旅管1班	华中师范大学
134	周敏	旅游管理学院	13旅管2班	北京第二外国语学院
135	马楚君	旅游管理学院	13旅管3班	澳大利亚昆士兰大学
136	时蓓蓓	旅游管理学院	13旅管3班	云南大学
137	胡军	旅游管理学院	13旅管3班	中南财经大学
138	张敏	旅游管理学院	15旅管专升本	河海大学
139	郭琦	旅游管理学院	15旅管专升本	安徽农业大学
140	许燕	体育学院	13社体1班	上海体育学院
141	潘杨	体育学院	13社体1班	广州体育学院
142	毕雪莉	体育学院	13社体2班	广州体育学院
143	储松扁	体育学院	13社体2班	广州体育学院
144	曹洁	体育学院	13社体2班	广州体育学院
145	朱娟娟	体育学院	13社体2班	广州体育学院
146	陶玉恒	体育学院	13社体2班	西北民族大学
147	陶雯	体育学院	13体教1班	广州体育学院

续表

序号	姓名	学院	班级	考取学校
148	汤嘉敏	体育学院	13体教1班	安徽师范大学
149	屈丁怡	体育学院	13体教1班	上海体育学院
150	仰永丽	体育学院	13体教1班	武汉体育学院
151	袁天磊	体育学院	13体教1班	广州体育学院
152	苏宣玉	体育学院	13体教1班	上海体育学院
153	梁锐	体育学院	13体教1班	北京体育大学
154	黄益孟	体育学院	13体教1班	武汉体育学院
155	罗鹏	体育学院	13体教2班	杭州师范大学
156	汪浩	体育学院	13体教2班	上海体育学院
157	方孝文	体育学院	13体教2班	安徽师范大学
158	曹丹丹	体育学院	13体教2班	华东交通大学
159	俞赟帧	体育学院	13体教2班	中北大学
160	王亚峰	体育学院	13体教2班	广州体育学院
161	朱秋林	体育学院	13体教2班	首都体育学院
162	王银铃	外国语学院	13商英2班	南京航空航天大学
163	张振杰	外国语学院	13商英2班	河北科技大学
164	刘鑫	外国语学院	13商英3班	上海海洋大学
165	姚婷	外国语学院	13商英3班	天津工业大学
166	凌蜜蜜	外国语学院	13商英3班	北京第二外国语学院
167	赵莹	外国语学院	13英语1班	安徽师范大学
168	藏莉	外国语学院	13英语1班	上海海事大学
169	王莉莉	外国语学院	13英语1班	合肥工业大学
170	唐定秀	外国语学院	13英语2班	安徽大学
171	张彤彤	外国语学院	13英语2班	香港城市大学
172	曾蒙蒙	外国语学院	13英语2班	上海理工大学
173	胡轩琳	外国语学院	13英语2班	安徽师范大学
174	刘杰娟	外国语学院	13英语2班	安徽师范大学
175	刘雨晴	外国语学院	13英语2班	华东理工大学
176	高倩	外国语学院	13英语3班	合肥工业大学
177	高丁祎	外国语学院	13英语3班	合肥工业大学
178	巫荣	外国语学院	13英语3班	南京航空航天大学
179	丁畅	外国语学院	13英语3班	安徽师范大学

续表

序号	姓名	学院	班级	考取学校
180	奚天寒	外国语学院	13英语3班	上海师范大学
181	袁洁	外国语学院	13英语3班	安徽农业大学
182	主婕	外国语学院	15英语专升本1班	安徽大学
183	邢欢	外国语学院	15英语专升本1班	云南师范大学
184	檀昊	外国语学院	15英语专升本1班	南京林业大学
185	胡庆芳	外国语学院	15英语专升本1班	上海海事大学
186	凌盼盼	外国语学院	15英语专升本2班	安徽大学
187	余娜	外国语学院	15英语专升本2班	安徽财经大学
188	赵森森	外国语学院	15英语专升本3班	安徽大学
189	薛靖妍	外国语学院	15英语专升本3班	扬州大学
190	王梦雅	外国语学院	15英语专升本3班	合肥师范学院
191	韦康	外国语学院	15英语专升本3班	重庆大学
192	沈华玥	外国语学院	15英语专升本3班	合肥工业大学
193	李彭灿	文学传媒与教育科学学院	13广电1班	暨南大学
194	陈晨	文学传媒与教育科学学院	13广电1班	华中师范大学
195	唐传炳	文学传媒与教育科学学院	13广电1班	安徽大学
196	陈斐	文学传媒与教育科学学院	13广告学1班	华南师范大学
197	孙梦琼	文学传媒与教育科学学院	13广告学1班	德国多特蒙德工业大学
198	徐正江	文学传媒与教育科学学院	13广告学1班	安徽师范大学
199	方超	文学传媒与教育科学学院	13广告学1班	广西大学
200	翟浩	文学传媒与教育科学学院	13广告学2班	安徽大学
201	郭倩倩	文学传媒与教育科学学院	13广告学2班	上海师范大学
202	于静	文学传媒与教育科学学院	13汉语言1班	中国矿业大学
203	侯梦	文学传媒与教育科学学院	13汉语言1班	湖北大学
204	潘良艳	文学传媒与教育科学学院	13汉语言2班	中国科学技术大学
205	孙慧	文学传媒与教育科学学院	13汉语言2班	安徽大学
206	郑丽	文学传媒与教育科学学院	13汉语言2班	安徽大学
207	支琪皓	文学传媒与教育科学学院	13汉语言2班	安徽师范大学
208	刁筱蓉	文学传媒与教育科学学院	13汉语言2班	安徽大学
209	黄晴	文学传媒与教育科学学院	13汉语言2班	福建师范大学
210	王楚楚	文学传媒与教育科学学院	13学前1班	求职中
211	张雪倩	文学传媒与教育科学学院	13学前2班	求职中

续表

序号	姓名	学　　院	班　　级	考取学校
212	郭丽娟	文学传媒与教育科学学院	13学前2班	东北师范大学
213	许云鹏	文学传媒与教育科学学院	13应心1班	曲阜师范大学
214	吴倩南	文学传媒与教育科学学院	13应心2班	安徽师范大学
215	孙倩倩	文学传媒与教育科学学院	13应心2班	山东师范大学
216	朱倩倩	文学传媒与教育科学学院	15汉语言专升本1班	安庆师范大学
217	陈　晨	文学传媒与教育科学学院	15汉语言专升本2班	安徽师范大学
218	张珍珍	文学传媒与教育科学学院	15汉语言专升本2班	广西师范大学
219	肖　锐	信息工程学院	13计科1班	广州体育学院
220	周　晨	信息工程学院	13计科2班	中国地质大学
221	郭　炜	信息工程学院	13计科2班	浙江工业大学
222	朱庆祺	信息工程学院	13软工1班	桂林电子科技大学
223	吴礼斌	信息工程学院	13软工1班	江南大学
224	李　柳	信息工程学院	13软工1班	中南大学
225	宁金奇	信息工程学院	13软工1班	中国科学技术大学
226	吴　悔	信息工程学院	13软工2班	武汉大学
227	常青青	信息工程学院	13软工2班	南京航空航天大学
228	孙志玲	信息工程学院	13软工2班	上海大学
229	殷智慧	艺术学院	13动画2班	浙江师范大学
230	蔡恒程	艺术学院	13动画2班	武汉纺织大学
231	陈　盛	艺术学院	13环境设计	安徽农业大学
232	朱晓丽	艺术学院	13美术学2班	广西师范学院
233	张　雪	艺术学院	13美术学2班	常州大学
234	刘永风	艺术学院	13视觉设计1班	安徽工程大学
235	张荣荣	应用数学学院	13金工1班	安徽大学
236	余小婷	应用数学学院	13金工1班	合肥工业大学
237	王佳书	应用数学学院	13金工1班	上海理工大学
238	韦　薇	应用数学学院	13金工1班	安徽财经大学
239	汪梦婷	应用数学学院	13金工1班	宾州州立大学
240	王　茹	应用数学学院	13金工1班	安徽财经大学
241	刘金晶	应用数学学院	13金工2班	安徽农业大学
242	徐晨琛	应用数学学院	13金工2班	广东外语外贸大学
243	伍飞扬	应用数学学院	13金工2班	南京信息工程大学

续表

序号	姓名	学院	班级	考取学校
244	胡旭耀	应用数学学院	13金工2班	安徽大学
245	韦秋月	应用数学学院	13数应1班	青海师范大学
246	张郭健	应用数学学院	13数应1班	武汉大学
247	徐煜敏	应用数学学院	13数应2班	香港浸会大学
248	方明	应用数学学院	13数应2班	桂林电子科技大学
249	叶甜甜	应用数学学院	13数应2班	福州大学
250	储小艳	应用数学学院	13数应2班	浙江工业大学
251	陈影	应用数学学院	13数应2班	桂林电子科技大学
252	单思维	应用数学学院	13统计学1班	安徽师范大学
253	杨天文	应用数学学院	13统计学1班	安徽大学
254	夏婷婷	应用数学学院	13统计学1班	武汉理工大学
255	倪稳	应用数学学院	13统计学1班	华东交通大学
256	刘文洁	应用数学学院	13统计学2班	天津财经大学
257	汪家钧	应用数学学院	13统计学2班	安徽工业大学
258	张凡	应用数学学院	13信计	上海理工大学
259	陆小婷	应用数学学院	13信计	武汉大学
260	魏帅	应用数学学院	13信计	武汉大学
261	贾国华	应用数学学院	13信计	南京信息工程大学

2017届毕业生名单

经济与管理学院(602人)

法学(92人)

徐超　杨胜　陈婕　陈璐　陈宣顺　杜勇　丰杰　冯会杰　侯光远
黄庆雲　计振涛　贾梦露　金圣　柯蕾　李丹丹　李健梁　璨卢壮　吕巧
沈安安　沈琦　孙福泽　汪倩　王春秋　王锦　王康辉　王露　王露
王宁　王颖　王园园　武丽娜　辛大伟　徐晨雨　徐家飞　许宏莉　许智伟
姚汉青　余商　袁海燕　张倩倩　张松林　张薇娜　周亮　朱玉涛　邓涛
汤珂　常菊梅　陈扬　丁梦影　丁盛勇　丁益　杜亚男　甘加林　高铭泽
郭跃　何玉容　胡延文　黄琬如　瞿康宁　李俊杰　李曼　李敏　李士琴

林 菁	刘培琪	鲁悦悦	马思佳	孟令成	阮述宏	宋雪连	孙红霞	汪 勇
王 博	王 建	王 婕	王小钢	韦 静	夏定康	许婷婷	余林飞	袁春杰
詹 望	张可欣	张昀昊	赵德慧	赵恩灿	周京君	朱 静	朱思贤	储 晗
戴美娟	王 辉							

公共事业管理(56人)

吴 海	安柏洁	操 芳	程 琪	储元元	崔齐俊	邓 跃	豆德棣	杜贵莉
范世亮	方 娟	韩 毅	何建波	何书贤	贺亮亮	黄 敏	黄姝雅	姜晓娜
蒋奇峻	康佳奇	雷姗姗	李垚燕	李子函	刘 萍	刘文斌	刘星旭	马玮茜
彭加佳	齐亚旻	沈文超	孙晓庆	唐金磊	汪婷婷	魏 均	魏苏杭	翁良玉
吴爱军	吴 静	吴永康	夏顶欢	夏 艳	徐福瑞	徐 涛	许倩倩	杨梦婷
杨明波	易新媛	张 黎	张先智	张晓东	张晓慧	章金菊	郑孝飞	朱海波
朱思雨	朱 微							

国际经济与贸易(124人)

徐宗汉	胡聪玲	曹梦圆	陈兆全	陈竹军	程 雯	程 雨	崔 茵	邓 佳
丁 香	都菲菲	杜赛龙	方春华	顾文雅	何旭东	胡成龙	胡佩璋	胡新新
黄 球	江海宁	李奉贤	李慧文	李 娟	李旭峰	李雅楠	刘家玲	刘王利
刘玉兰	吕 成	缪 燕	潘芳芳	钱 庄	盛 雷	师彩霞	石 珏	宋 婷
汪 瑞	汪 欣	汪振威	王 洁	王双燕	王晓玉	王云婷	吴 昊	肖 芳
肖旌麾	徐婷婷	许翠云	许海飞	薛阿杰	杨 莲	殷倩倩	殷伫伫	张纯良
张慧慧	张 蕾	赵 杰	周安丽	周 鑫	申忠远	郭雁翎	钱 威	鲍 玉
陈王捍	陈信信	褚志云	崔波涛	单家伟	邓 强	董 琪	董玉莹	方江萍
方李燕	高 琳	高 妍	顾山军	郭为为	何晓红	何修龙	胡 锦	凡黄伟
李闪闪	刘 奔	马欢欢	马俊俊	马宁慧	牛清霞	裴海玲	任冰寒	孙 娟
孙梦蝶	邰瑞雪	汤培强	汪 飞	王家俊	王梦莹	王明冉	王艳伟	王韵诗
吴 博	伍 锦	肖学敏	肖 竹	谢金升	谢珊珊	徐飞鸽	许 娣	许婷婷
姚 蓓	姚姗姗	张 纯	张宏生	张利芝	赵 洁	赵 玥	郑 超	周 欢
周 琪	周中帼	朱雯雯	祝玲君	闻月月	谢皖豫	江珊珊		

财务管理(243人)

董 雪	陈飞宇	苏 敏	刘婧雯	周 星	曹 昱	余孟影	曹贡献	查 诺
常 军	陈慧慧	陈佳琦	程 鹏	董蝴蝶	方 靖	方晓萌	方 亚	萍付旭
付媛傅	凌 霄	韩良成	郝 杨	何家平	何玲玉	洪志丹	胡健翔	胡小燕
胡孝月	江 潇	晋小刚	雷赞祥	李茂腾	李 倩	李旭东	梁小洁	刘 玉
罗一星	马 静	孟环祥	穆 祥	彭秋丽	沈 浩	孙 承	武 涂	玉 琦
王 碧	王彬彬	王海伟	王家鹏	韦 琳	吴柠南	吴岳朋	邢星星	徐 凡
徐鑫鹏	徐雁行	徐 悦	许纤纤	杨 芳	杨 润	蕾 易	欢尹其	慧喻杰

张 慧	张晓青	张羽彤	章 晗	章 洁	章 敏	赵佰晶	赵泽光	周春妹
周 青	周 晴	朱亚军	朱漪勇	袁 梦	潘 婷	张 玥	袁路路	刘晓林
马崇婷	纪倩倩	宋姗姗	孙翮翮	陈文静	于媛媛	王小凤	卜凝智	曹 琼
曹皖翔	陈 洁	陈静亚	陈志云	崇 艺	丁 娟	冯 莉	高 洁	高玥晨
韩建兵	胡 南	胡 涛	黄燕银	蒋 艳	李 佳	李金东	李晶晶	李 宁
梁金榕	梁修诚	刘 娟	刘 晓	卢 越	陆正平	马盼盼	明 月	彭晶晶
蒲玉刚	沈 娜	时志强	孙晨浩	汪 翎	王 娇	王 锴	王林辉	王梦迪
王文博	魏家田	吴大圆	吴 爽	修亳宇	徐琴影	徐晓玲	徐祖国	杨 玲
杨小倩	杨雪云	杨亚芬	余建成	余汪云	余 颖	袁 伟	张京生	张克磊
张文文	张 昕	张雪萍	张 宇	赵文静	郑文萍	周登武	周芙蓉	周红艳
周素超	朱 震	张娜娜	王 悦	邢欣然	王金妹	夏 鑫	张圆圆	张苗苗
王 萍	刘 桠	戴 艳	陈 可	张 煜	邹梦强	方 元	高雅慧	陈 新
郭 帅	黄思雨	吴天琦	程环环	孟毅然	陈伟康	孙媛媛	刘立国	吴宸哲
卢 璐	李静文	韩玉玲	项 望	姚玲丽	胡 洋	汪 清	杨 娟	余润霞
李 伟	刘 恒	张 然	赵 薇	秦玲玲	黄颖颖	李淑斌	刘聪聪	闫宏辉
杨 傲	杨春标	陈 龙	李萌萌	梅若君	汪 蔚	田孝广	陈 荣	樊晓君
彭凯旋	宋莎莎	吴天文	王 琪	吴志鹏	张永丽	胡 淋	宋博文	周子杰
戚 敏	轩 彤	张鸿翼	朱梦宾	石雅甜	丁梦真	韩 雪	戴 丽	潘可欣
张 超	陈晓荷	郭 欣	孔慧影	刘 允	吴秀琳	施 雯	孙瑞瑞	王 婷
曹 冉	范小梅	王莲花	谢 珍	贺强强	陈玲莉	金婉宁	刘 畅	吕 瑶

市场营销(87人)

鲍世运	车 俊	陈 超	崔 怀	翔 代	冠 军	丁海燕	方楚威	胡雪琴
黄东升	黄 敏	黄兴龙	贾彬彬	江 萌	金 琼	李 芳	李媛媛	刘超群
卢晓敏	马 丽	马少波	彭翠玲	彭晓凤	屈俊强	任 刚	时 特	宋俊岭
汪文华	习 羽	邢建强	杨诗情	叶海勤	叶 俊	余慧芬	张金良	张 萍
张 珊	张雨薇	赵万里	赵万里	周 杰	庄勤军	杨木好	倪文英	曹松敏
曹正聪	陈鸿川	陈建雨	杜银银	郭昌鹏	何小燕	胡善银	胡宇欣	贾玮民
李洪亮	李晶晶	李乾龙	李婷玉	李 雨	刘 飞	刘合苗	刘 玲	刘梦娣
刘 敏	刘 洋	龙 飞	孙慧慧	陶玉王	呈 祥	王 倩	王 顺	魏家向
谢尚生	徐小燕	杨 博	杨 丹	叶 青	袁青青	张 洁	张昆伦	张乐乐
张明磊	赵梦雅	钟傲冬	周文华	刘 帅	陆 辉			

文学传媒与教育科学学院(725人)

汉语言文学(专升本)(97人)

查亚丹　陈冰心　陈春芳　陈 淼　程 晨　杜 辰　段 菲　方 甜　凤 舒

高利萍	葛宣宣	郭玉杰	何 鑫	何艳辰	胡 婧	金奇奇	李静静	李 茜
李稳稳	刘亚龙	马 静	潘菱花	钱雨露	施 琳	宋炎懋	孙红艳	孙小利
孙宇航	孙志强	汪文倩	王 欢	王祝琴	吴大玲	谢鹏飞	邢 捷	熊 昕
徐芳芳	徐亚芳	李天健	许 婧	许玉娥	杨庆龄	姚 瑶	张书敏	张 璇
周姗姗	周小凤	朱健平	朱倩倩	王紫艳	陈 晨	陈海龙	陈 蒙	程小雯
楚 智	丁 妹	丁宁宁	高子文	耿烁烁	何 敏	洪 彦	黄 薇	季 薇
李冉冉	李 艳	刘凡涛	刘莉莎	刘思祺	申崇阳	司 瑞	孙彤彤	孙子楣
唐 静	陶 源	王娟娟	王君文	王 蕾	王 萍	王琦琦	王 雨	吴昊天
武瑞瑞	辛 颖	徐林妹	徐若男	许修栋	杨 茜	易 蕊	余丽红	张晨晨
张世坤	张珍珍	周莉莉	周 妙	朱 蕾	朱丽丽	朱子晨		

学前教育(专升本)(71人)

蔡丹丹	陈 雅	陈艳燕	程 伟	方肖肖	郭亚楠	何晨晨	李 君	李 玲
梁 爽	刘俊杰	刘伟靓	刘玉莹	钱蓉蓉	阮婷婷	邱婉玉	石雪凤	司成玲
苏 慧	苏霄霄	孙 松	陶宏胜	万 晶	王君洁	吴珊珊	吴思婷	肖 严
徐婷婷	於 婷	岳建萍	曾慧敏	占银银	赵慧玲	赵 菁	周立群	钱 雨
曹倩倩	陈晓霞	陈欣欣	陈莹莹	储盛亚	郭 丽	何珊珊	胡 娇	胡子文
梁维齐	刘 霖	刘秋霖	骆少华	马泼玲	牛黎娜	宋小梅	孙青青	汤婷婷
唐姗姗	王玉妹	魏东艳	吴 景	吴奕莹	许丽媛	许 玥	杨 雅	俞能靓
岳凯月	张 欣	张杨红	张莹莹	赵梦娇	赵雨芮	赵云蕊	朱 珠	

广播电视学(89人)

陈 晨	任小娟	余 婷	陈梦倩	王如南	袁 丽	彭慧芳	汪 莹	陈 琪
何 静	陈亚南	陈 梅	陈 露	李彭灿	郭琳娜	张碧瑶	陆辉梅	周 利
谭 丽	钱广甜	何 飞	马 兰	胡香玲	冉庆帮	范丽兰	吴珊珊	许 倩
张孝超	王宏康	刘琼琼	姜义芝	陈 晓	刘庭安	范永兵	王 怡	孟 钰
金陈兰	刘成莹	黄后胜	唐传炳	江 彬	马 强	张玉宽	李嘉欣	宋 翔
刘雨杰	刘 晋	吴 云	陈雨薇	戴丹丹	吴小慧	黄苏苏	尹 慧	董 俊
刘红艳	项彩玲	荣 荣	夏丹丹	徐 恋	郑国君	崔侠梅	朱超群	余 玲
汪智敏	杨 旻	蔡莹莹	孟 洁	李孜恒	朱淑敏	王 娜	李 锐	徐若非
姜丹丹	鲍晓双	赵 杰	仲 科	孙柳君	郑文娜	马丹青	戎美菱	李欣茹
邓献武	牛祯睿	张 宇	李倩文	金 湖	刘 举	丁银建	文巧云	

广告学(88人)

王雪涛	李海兰	孙梦琼	黄彩蓝	汪瑶瑶	李丽源	孙 岩	林 汝	何丽霞
何婷婷	郑雪梅	张莉莉	徐正江	苏文怡	徐 航	纪 平	曹文强	黄梦柯
杨玮珊	鉴海潮	王保侠	吴花舜	杨 庆	刘 艺	刘全华	汪文磊	朱晓青
钱冬冬	周雅芬	张 慧	潘 艺	王 峒	胡 引	檀 娟	陆 倩	汪 显

钱　波　　胡　静　　姚　凯　　王　锐　　程　爽　　方　超　　陈　斐　　舒　丽　　严　桐
夏德泽　　陈　莞　　翟　浩　　胡城城　　葛志成　　马雪曼　　郭倩倩　　董义婷　　束星星
段　锐　　刘　俊　　李徐川　　苏秀坤　　刘文娟　　孙紫莹　　邱京晶　　江珊珊　　张　灵
许　岗　　戴朝霞　　蔡晓烨　　崔莉莉　　承晰朦　　吴先丽　　钱　爽　　姚　健　　牛　勤
徐俊杰　　王雪莹　　赵静静　　方文玉　　闫　欣　　杨　婷　　张　敏　　李南南　　周方圆
张云峰　　毛福东　　张双成　　马　莹　　江　浩　　洪晋同　　程雨婷

应用心理学(88人)

吴　娟　　卢文君　　丁　瑞　　李宗玲　　刘　欢　　李　璐　　张其凤　　张　利　　李　莹
许晴晴　　杜婷婷　　彭　颖　　章　琴　　卓姣姣　　钱欣怡　　唐　萍　　袁　耀　　牛家旺
薛　飘　　张童丽　　王益欢　　徐梦茹　　许云鹏　　李增辉　　刘　慧　　程　豆　　曹书晴
张　琪　　夏浣娟　　方　瑞　　汪舒婷　　陈　艳　　王子焰　　王玲利　　万婷婷　　江凌云
张雪晴　　祁　旭　　魏　龙　　王俐丽　　万　顺　　汪宣成　　王雨潇　　马泽蓉　　吴晓峰
项　月　　自昭阳　　马晓邈　　彭□悦　　杨宝梅　　翟庆丽　　张晓蕾　　叶士燕　　王珊珊
陈　锁　　孙倩倩　　王　慧　　徐　明　　张　莉　　王明艳　　朱海燕　　曹　春　　范淼磊
万胜男　　杨新柳　　王　坤　　李芝红　　杨丽君　　吴倩南　　丁　犇　　蒋正文　　王丹丹
王亚兰　　张明珠　　袁丽萍　　李学天　　胡　成　　尤　雪　　何华丽　　蒋玉颖　　余　磊
徐桂玲　　姚二如　　王海辉　　华运达　　夏若宇　　卜　林　　牛　泉

学前教育(106人)

文　华　　曹维芳　　戴文霞　　邓　敏　　耿倩茹　　谷成薇　　桂　颖　　洪　方　　胡　蝶
胡婉戈　　黄　芳　　见欢欢　　姜方琴　　李翠翠　　李梦旋　　李朋宁　　程　颖　　李　璇
李　珍　　鲁　玲　　吕丽荣　　罗　娜　　马慧慧　　马姗姗　　马晓菲　　木慢慢　　聂婷婷
钱玲玲　　尚晶晶　　苏　燕　　汤凤霞　　汪　杰　　汪梦琦　　王阿玉　　王　芳　　王　敏
王　琴　　王雅婷　　韦雪花　　魏晓洁　　吴婷婷　　谢娟娟　　徐　珂　　徐梦凡　　徐婷婷
杨蔷薇　　杨晓艳　　易　锦　　余梦琪　　袁如梦　　张丹丹　　张　悦　　周　燕　　朱停停
陈　芮　　陈雪雪　　程佳莉　　邓筱莉　　段　夏　　冯关蕊　　高玉玲　　管　婷　　国慧慧
何　卫　　何玉雪　　黄丽文　　李　静　　李子艳　　林如玉　　苏　雅　　刘梦雪　　刘萍萍
刘小草　　刘晓晴　　鲁李琴　　马　燕　　邱恣君　　邵丹凤　　邵文婷　　帅　衍　　许慧慧
檀　晶　　田成荣　　王超琪　　王豆豆　　王　慧　　王　娟　　王　蕾　　王　敏　　王　茜
王雯雯　　吴　燕　　伍香香　　徐佳佳　　许文锦　　杨伟伟　　杨　鑫　　杨　雪　　殷翠翠
殷秀君　　张婷婷　　秦　雨　　孙慧敏　　张文静　　章家苇　　周　尹

汉语言文学(93人)

胡小燕　　程路雅　　储小敏　　狄青云　　丁若雯　　丁小倩　　方　芳　　方　宇　　高海波
贺瑞瑞　　侯　梦　　江亚平　　李　娜　　李胜南　　李晓双　　李　阅　　厉　芳　　刘翠婷
刘星蕾　　牛素红　　潘余同　　潘玉林　　裴　娇　　彭　靖　　彭律程　　芮昌伟　　邵厚群
石小利　　王梅丽　　王文生　　夏志强　　邢雪薇　　徐　芳　　杨　暄　　杨玉凤　　杨玉环
于　静　　余　颖　　袁　敏　　张玲莉　　张荣苗　　赵婧雯　　周阿慧　　朱桂芬　　邹　璇

吴 静	夏晓艳	许康君	杨 丹	张文雅	张雪娇	郑 丽	支琪皓	朱丽云
朱亚南	朱园园	闫刚阳	毕景春	蔡慧云	陈园园	程慧慧	单志平	刁筱蓉
段子臣	付 荣	高红梅	何梦梦	胡梦瑶	胡一波	黄 倩	黄 晴	黄 莹
李 凯	李 席	李先悦	李星星	刘希林	鲁晶晶	孟 伦	聂宗惠	宁 潇
潘良艳	任卫卫	孙 慧	孙兰兰	孙宁宁	唐 飞	汪 慧	汪 鑫	汪雨婷
王海云	王 欢	王润杰						

计算机教育(3+2)(15人)

孙冬冬　陶婷绒　王 芳　王希贤　薛韫韬　张 娟　张 政　杜步恒　谷和平
金彤彤　刘梦凡　缪舒展　沐永贵　潘 聪　段 然

英语(3+2)(11人)

鲍 琳　冯颜萌　黄文惠　刘 妍　孙佳佳　童雅丽　许文婕　杨丽敏　杨 洋
赵聪聪　莫 俊

学前教育(3+2)(67人)

曹仙琼	陈思佳	陈雅倩	陈亚琴	陈园媛	迟莺菲	代蓉蓉	范文萍	方 娟
方露露	方颜冰	谷 宇	郭 琼	何迎翠	洪 星	胡晓源	黄 敏	黄 青
黄 霞	蒋文文	赖小丽	李芳芳	李 敏	李文超	李 莹	刘小莉	刘云燕
罗婉琪	马程程	马盼盼	裴 静	钱 云	任林琳	盛 倩	孙 静	孙雪晴
陶玉婵	童 子	宛露露	汪 瑾	王枞林	王鹭青	王 岳	魏天文	魏玉玲
闻玉婷	吴 珺	夏 夏	夏昀鋆	徐方雨	徐晶晶	徐美娜	徐若珺	徐迎迎
徐 悦	许珏玉	许灵芬	尹 璐	翟慧娟	张玲玲	张雨田	张雨瞳	赵锡生
赵 霞	朱 玲	戴舒嫚	王何艳蓉					

外国语学院(326人)

英语(124人)

陈 秀	陈 影	丁 畅	丁 蕾	高丁祎	高 倩	郭 君	宦冬霞	黄莹涵
李红晨	李 茹	刘 杰	鲁 静	裴媛琳	彭家瑞	阮晓宇	童雪莉	王 宁
王苏珍	魏丽娜	巫 荣	武晓曦	奚天寒	徐伟明	徐雪梅	余 奕	周倩倩
周雨晴	朱玲玲	朱 娜	朱晓娟	朱雪彤	章洒洒	朱海燕	朱文燕	曹 幸
王 红	谢 静	袁 洁	侯美冉	陈圆圆	陈 颜	方 希	符倩倩	洪 烨
胡丽媛	季贝贝	孔玫琪	李 娇	李仁亚	李文客	李小蝶	鲁 桢	聂开明
濮子莹	宋千云	汤善颖	汪明帆	汪绪琴	汪玉兰	王彩虹	王莉莉	王明健
王玮祺	王 育	吴苏曼	杨爱丽	张 晴	张婷婷	张 雅	张兆君	赵 莹
郑月月	刘倩倩	王海露	张新颜	刘丽忠	王倩云	张欢欢	藏 莉	刘 倩
徐倩倩	曹佳丽	陈美玲	池凤艳	崔凯丽	韩欢欢	韩珊珊	胡传云	胡轩琳
胡 艳	凌桂芳	刘杰娟	刘 静	孟 慧	闵思路	潘 虹	潘玉琳	潘 辕

唐定秀 田 龙 汪 芸 王传雪 王 方 王亚菲 王 燕 吴爱萍 吴 桐
尹媛媛 余海蕾 张访贤 张 晗 张秋璇 张彤彤 周自强 杨艺乐 宋 峰
曾蒙蒙 胡晓梅 徐玲玲 王越颖 刘雨晴 朱明月 朱寒婧娟

商务英语(102 人)

卜 凡 陈雨敏 陈朱华 程 凡 丁玉霞 董懿婵 耿娇娇 管雅萍 江 琴
焦 茜 李小妮 凌蜜蜜 刘存芝 刘晶晶 刘 鑫 刘玉婷 罗香燕 马晨阳
钱志远 孙嘉慧 万 野 王 娟 王 涛 王婉晨 韦可娜 姚 婷 于 洋
张丽娜 朱曼雨 曹 君 谢婉莹 张甜甜 魏茹萍 朱娟娟 蔡赛雅 曹 茹
查小芳 陈 优 程佳丽 程梦茹 储海涛 邓二壮 何 薇 胡友玲 黄文婷
刘蓓蓓 鲁自敏 聂家佳 潘 炎 乔 志 宋 佳 孙 娟 孙 腾 陶月婷
汪金玉 王 盼 王荣倩 吴文文 杨婷婷 杨 震 俞明星 张国月 张 润
张子豪 朱 淼 代绣绣 王敬彭 苏 瑞 蔡慧莹 程昊哲 邓 娟 董 洁
方 剑 高爱美 高莹莹 何 玉 黄洪倩 纪燕燕 雷培培 李思远 李心雨
凌 雷 刘梦瑶 刘亚男 罗亚男 马俊凤 钱 蕾 邵佳丽 宋倩妮 唐语杰
汪 雅 王 意 王银铃 王圆圆 吴婷婷 杨雪芳 姚庆峰 叶 群 张振杰
郑慧敏 郑世虎 左辛格

英语(专升本)(100 人)

陈嘉珉 丁梦云 董 欣 杜正兰 何蓉蓉 洪 娟 胡庆芳 王 玉 黄慧敏
江 柳 李培君 沈小丽 孙月姣 檀 昊 王辰心 王 洁 王 营 王振宇
翁成希 吴 倩 吴 琴 夏 青 刑 欢 熊 艳 徐志群 晏珍妮 张松林
张 莹 赵雪娣 郑萌萌 郑 轶 周 丽 主 婕 陈晶晶 陈庆庆 程 苗
程亚楠 戴珺楠 陈花香 方 敏 高 茜 黄 伟 季阿妹 井 敬 李玉蓉
梁席席 凌盼盼 刘银银 刘云娟 刘兆婷 尚其娟 汪 蓓 汪磊磊 王仲迪
吴红伟 吴小进 徐晶晶 叶秀娟 余 娜 张红飞 张纪伟 钟 磊 吕 惠
刘真枝 卢媛媛 马 媛 吴 瑾 薛婧妍 严 霞 姚 炘 姚 瑶 余 玲
余贤芝 喻 妍 张阳阳 赵晨晨 赵森森 朱定争 束永云 孙锐颖 汪 佳
王 慧 王梦雅 王婷婷 韦 康 陈绪梅 陈迎路 董仙霞 方佳欣 黄雅莉
李晶晶 李 冉 刘 静 刘美美 刘小磊 刘媛媛 刘珍珍 倪轻灵 潘斯偲
沈华玥

体育学院(190 人)

体育教育(104 人)

胡 东 贾 浩 罗 鹏 王鑫源 王星星 刘 翔 苏宣玉 曹莉娟 陈 凯
陈 强 崔志刚 邓树益 郭 亮 黄益孟 蒋康康 李 娟 李 严 梁 锐

陆忠晨	马 建	倪家云	裴青龙	钱 昊	秦维维	屈丁怡	任育祥	芮传权
沈 琼	舒 凯	斯雪霜	孙君君	汤嘉敏	汤 健	陶 雯	陶武斌	陶雨微
田 磊	童校健	汪少强	吴 彬	吴 涛	吴 友	奚 晨	徐 威	仰玲玲
叶 炳	叶镇东	余晓东	张汪苗	周亦鹏	朱 尧	艾 恒	蔡 罕	蔡 涛
曹丹丹	陈京委	程贤高	杜 康	方孝文	方永超	胡超龙	胡 赫	胡心成
黄 俊	季文涛	江 涛	蒋 涛	李 莉	李 蓉	李文卓	李永久	刘 鹏
刘倩倩	马 强	潘 岗	盛 猛	陶雪梅	汪 浩	汪南南	汪涛涛	汪小你
王世辰	王亚峰	谢 鹏	徐 超	徐佳佳	杨 成	杨 桦	叶 彬	俞赟帧
詹昌青	张 磊	张 荣	周章建	朱胡斌	朱秋林	袁天磊	詹正义	仰永丽
胡 月	宫 会	王 乐	钱中华	周先进				

社会体育指导与管理(86人)

毕茂磊	陈 衎	陈兰芳	陈 娜	陈中存	褚进松	崔国稳	胡 涛	胡婷燕
黄童童	江 超	刘富能	刘 浩	刘 洋	鲁云飞	倪刘敏	潘 杨	芮露萍
陶 涛	王 斌	魏安黎	谢天明	胥正韬	徐 涛	许 燕	杨仁军	杨逸杰
张金鑫	张 猛	张 涛	章 平	郑欢欢	朱家秀	朱少帅	邹 聪	毕雪莉
蔡发楠	曹 洁	陈 波	陈从参	陈仿银	陈 麟	程 康	程 伟	程 源
储松扁	崔天喜	方山桥	高 陶	黄 帅	黄芷青	解志远	蒯 芳	李青青
冉亚军	沈人文	时义豪	陶玉恒	万勇强	王 皓	王建业	王 磊	王招招
王正宏	魏 高	肖 伟	许韶兵	许 岩	颜晓东	杨克克	于雪芝	余昌彬
袁一鸣	曾先真	张梦云	郑小龙	周 玉	周 正	朱娟娟	朱 磊	陈功明
戴 鹏	刘 南	王 鹏	张树辉	徐宝林				

应用数学学院(393人)

数学与应用数学(95人)

刘 娣	鲍彩云	操大晋	曹 泉	陈美玉	陈思宇	崔 婷	戴 鑫	刁寒雅
韩 克	贺 鹏	贺 袁	侯娇娇	黄圆圆	黄云逸	李含星	李文龙	李 燕
刘 静	石 林	石淑雅	唐开秀	唐文丽	田 婷	涂成玉	汪 颖	汪志远
王 晨	王 成	王雪飞	王 影	韦秋月	武 顺	夏以骏	邢佳晴	熊 斌
徐瑞雨	徐时珍	姚有平	张 安	张东升	张郭健	张 敏	张淑雅	张玉倩
赵状状	郑 李	陈春兰	陈 影	陈祖伟	储小艳	楚 贝	范学慧	方 明
何成梦	胡 冉	胡宜涛	黄丹丹	黄 群	刘 静	刘毛蛋	陆海萍	潘金龙
钱金配	任思维	宋凯凯	孙冰冰	孙文婷	孙 震	檀文秀	汪 颖	王鹤旭
王 慧	王文杰	王 勇	王 尊	卫 杰	魏 奇	文 露	吴 含	胥 灿
徐煜敏	杨海云	杨勇翔	姚 伟	叶甜甜	殷 丹	余宏炜	张梦梦	张 涛
张先伟	张晓燕	周小伃	朱思洋	刘华梅				

金融工程(126人)

梅正健　褚鹏程　程　昊　程明珏　单　俊　高建勇　顾翠翠　顾运飞　郝雪静
胡光宝　胡盛艳　黄　娟　黄宇星　蒋宏健　李春阳　李文杰　李文婷　李小路
李　雪　梁　超　刘　彬　刘　昊　刘　捷　刘　伟　吕怡佳　孟令然　齐鹏飞
乔文静　阮晋鹏　佘杨敏　陶　林　陶　琴　汪　浩　汪　珂　汪梦婷　王佳书
王　晶　王景玉　王　康　王　茹　王　彤　王晓玉　韦　薇　熊　婷　徐锦绣
薛媛媛　杨　兴　姚琪琪　余小婷　张高云　张仁静　张荣荣　张守标　赵春雪
周林巧　周楠楠　朱　可　朱曼丽　纵四美　胡　敏　皮洪飞　郎家洋　孙乔蔓
王珊珊　张　芳　曹　政　查　培　查姗姗　陈灵静　陈晓雅　程　莉　邓晨晨
方　芮　方睿娟　冯浩琼　洪胜男　胡旭耀　胡瑜琪　华德亚　黄　非　黄万强
李纯波　李　冉　李忠稳　廖晶晶　刘加娅　刘　健　刘金晶　鲁雅丽　钱正艮
秦晓鸣　施　慧　斯　尉　孙秀秀　唐　焰　陶青文　滕国庆　童诚刚　童　凡
汪　刚　王冬冬　魏芳芳　闻广红　吴传芬　吴虔诚　伍飞扬　徐晨琛　徐家莉
徐娟娟　徐荣荣　徐　瑞　徐文秀　徐玉珠　杨鹏程　姚雅玲　叶海德　余　婷
张成美　张　创　张国强　张建军　赵姜伟　周秀秀　陶　肖　张晨威　董大强

统计学(98人)

艾运莹　操涛涛　曹丽娟　曹文霞　陈　慧　陈　静　陈平平　单思维　杜前云
胡　景　胡丽燕　黄　青　江　肖　雷振友　李　解　李　娜　李舒慧　倪　稳
潘　琳　沈　颖　石超敏　时音好　孙小冲　汤玉苗　陶少娟　田　俊　汪　琪
王春雪　王　枫　王　慧　王　露　王雅梅　吴婉秋　夏婷婷　谢慧慧　徐晓霞
许　品　许　霞　薛莹莹　杨　芳　杨天文　余　峰　岳子奇　张春燕　张　培
张新椰　赵　震　朱　瑶　卞龙波　陈　萍　陈士兵　陈　颖　程奇敏　程琪麟
程　苑　董晓颖　范妍妍　高　强　高天池　葛　辉　葛秀秀　龚　俊　顾玲玲
郭成好　韩　琦　胡华阳　黄小龙　雷　婷　李　芳　梁贤芳　梁志星　林　强
刘　芳　刘　丽　刘　敏　刘文洁　刘月杰　梅　峰　孟贝贝　潘威勤　尚学文
沈　聪　孙佳薇　孙　利　汪家钧　汪兆祺　王轻轻　王素珍　吴怀宽　徐爱芬
徐洁玉　徐　萍　杨丽英　曾舒妮　张二林　张利君　郑　维　朱爱萍

信息与计算科学(74人)

鲍李华　曹　军　曹仁俊　曹　瑞　陈明有　陈鹏飞　陈启银　陈　锐　程　竹
储浩明　慈宁宁　慈延升　代超凯　窦元庚　段　超　方志浩　冯　涛　凤汝飞
付明珠　葛　鹏　郭梦风　何　磊　洪　涛　洪　义　胡　伟　黄　杰　纪兰兰
贾国华　蒋晴晴　解永庆　李　用　刘　欢　刘姣丽　刘　琪　刘　勇　陆小婷
孟小献　蒲永健　秦海南　邵亭玉　沈中建　施　思　宋思敏　陶　健　陶秋霞
王冬冬　王恒刚　王金浩　王　莉　王　宁　王　鹏　魏　帅　魏　巍　翁　菊
吴仁健　吴　伟　吴　翔　徐　典　徐飞虎　徐佳利　徐　钰　许元元　宣青青

严飞龙　杨丽贝　张　凡　张家洋　张　健　张　宁　张少捷　张永波　赵　恒
赵有欢　朱梦云

机械与电子工程学院(618人)

电子科学与技术(120人)

王繁季　苏　群　邵春波　季海洋　适正超　陈　涛　程　然　程　琳　韦　波
朱朝阳　许超杰　梁荣荣　李伟洋　张　晨　崔德兵　檀　宇　刘　恒　张广银
裴睦睦　周克俭　胡晓敏　李海旭　赵　芳　刘亮亮　任　满　营　亮　王青华
张文杰　王文君　林　丛　王清宽　甘　强　钱　波　邵高峰　叶政军　徐惠明
汪金娣　刘　梦　王明月　陈　丽　张雷鸣　周　鹏　适正超　程永宝　崔德兵
丁大伟　董敏慧　何　城　何金浩　金谱俊　刘　锴　齐　帅　尚启胜　宋志勇
涂琴宜　吴　伟　武　林　项立波　徐晓辉　薛腾飞　余是之　詹传林　张　磊
张　涛　朱正成　姚志鸿　陈　林　樊宗龙　关张品　江　涛　景　仅　李　波
苗　飞　秦永军　徐自强　闫　松　赵义海　任辉龙　曹兴芳　范　涛　房笛笛
何艮平　胡铭松　晋　蕊　康如梦　李　飞　李　凯　林佳凤　刘贝贝　刘　俊
刘　洋　马兆炎　任子鸣　邵　宝　司金艳　汤海斌　汤文涛　唐沪怀　万　磊
汪　华　汪翔翔　王　慧　王　平　王小龙　王志久　吴　超　吴其洪　徐存知
徐亚南　许　涛　许杨杨　杨　驰　张　迪　张朋辉　张　震　赵　杰　赵　显
周婷婷　朱承彦　朱亚群

电气工程及其自动化(180人)

刘翔宇　张天元　史宏宇　黄文军　梁　强　时　飞　谷　宇　王　勇　付光宇
许敬祥　李亚洲　王大帅　郑　聪　陈晓祥　李伟健　李凯明　魏侨文　连　春
夏承樑　何孔飞　徐　钧　叶　飞　张　飞　徐茂华　黄麒麟　崔士涛　赵　振
陶树声　闫　龙　任逸飞　张朋朋　钱　龙　聂　融　朱俊杰　王晨起　刘凯文
汪　军　时　悬　于赛赛　柳　青　周家伟　陆　林　李明钰　张治国　江尚锟
张　磊　裴　勇　许　炎　陈　鑫　李佳丽　吴珂珂　丁　杰　刘　津　陶　训
马　戈　陶德俊　陈汉生　丁志振　陈润志　杜荣生　李　浩　李天雨　方　润
刘　欢　管吉祥　张宝顺　陈　然　曹承坤　陈道洲　陈　然　陈时时　陈　威
陈伟德　程　佳　程　鹏　代　李　戴细雨　邓文祥　樊金松　方开武　方　强
方志远　葛浩才　桂作为　韩宝磊　韩金龙　何　娇　何泽鹏　洪　涛　华　军
黄　超　黄海东　黄要迪　江秀兵　蒋少华　金振江　李保健　李开胜　李孟君
廖凯文　刘　峰　刘浩宇　刘滔滔　刘　威　刘晓飞　路银康　马　壮　倪　萍
潘江北　钱聪聪　戎　杰　尚　鸣　宋文强　孙　杰　唐冬冬　陶津平　田　振
汪孟德　王金星　吴志伟　奚正宾　邢官飞　徐　晴　许　健　许益伟　杨振涛
叶　民　张　化　张亮亮　张　明　张皖宁　张　扬　周梦萍　周艳鹏　朱良管

吴鹏飞	吴谊平	鲁 顺	王 杰	李子强	范 拯	李志勇	邓 焱	汤 程
李 武	陶以哲	周 红	储 敬	吴增强	李 广	向 豪	刘祖登	谢 东
朱庆伟	赵万通	何 元	随红亮	张忠孝	杜二宁	王建国	缪旭辉	程 帆
陶勇君	蔡大院	唐帅帅	王欧阳	孙建国	刘方正	徐承磊	汝 磊	丁士东
卢俊结	徐忠元	肖 雨	朱陆儒	林广森	杨 盛	于 帅	付 顺	王邵军

电子信息工程(136人)

包 琦	蔡 敏	陈 浩	陈 倩	陈 思	崔志勇	高 飞	韩 菲	韩鹤松
何 明	何炫霖	洪玉琴	胡兴楠	姜海辉	李 雷	李齐德	李 芹	李若飞
梁 毅	刘 勇	陆呈祥	马悦悦	毛新杰	毛玉琢	梅 枫	梅庭辉	孟令慈
彭 看	彭悦悦	秦德浩	孙道林	孙明强	唐 军	万寿伦	万谊丹	汪 凡
汪贵敏	汪青青	王安伟	王 灿	王长钱	王 豪	王昊昊	王 俊	王 敏
王首清	王 伟	王 玉	王 韵	王 政	王子林	魏晶玲	魏详详	吴 伟
吴文平	吴 燕	徐慧慧	徐小焱	杨 静	尹 涛	张婉婉	张 旺	朱永振
张 影	王志闯	何永琪	张苗苗	周黎明	钱勇局	王博宇	王 刚	曹业伟
陈昌玉	陈 峰	陈宗秋	代凌枫	丁井皓	丁 力	丁 丽	方 超	方 捷
封飞扬	付宏旺	高艳萍	戈传林	郭林涛	郭轩宇	来洪林	李济深	李俊士
李渴望	林 锁	刘 成	刘云飞	马艺菲	闵珞琪	潘家敏	沈 娟	盛 波
宋 涛	宋田文	苏新生	孙 珂	孙明戍	孙 帅	孙玉玲	唐成振	汪澜澜
汪 银	汪振东	王宁山	王义锋	吴保朝	吴 凡	吴方伟	吴功贵	吴远禄
邢啊康	徐婷婷	徐湛雄	许 辰	许 育	薛文婕	闫风波	颜 彦	杨 帅
杨 斯	杨 洋	张 李	张文文	张 翌	赵宇翔	周秀秀	朱邦红	朱志林
欧阳金金								

机械设计制造及其自动化(182人)

刘扬扬	黄兴举	谷 磊	徐清晨	张慈行	张荣春	李 鹏	刘 健	查王春
孙 壮	李欢欢	卜明冬	陈 迪	安 朋	董志文	钱吟坤	王 海	母超林
邵 帅	慈乔彬	靳 魁	李 广	汪朝勇	黄怀良	王 瑞	王 宇	李维嘉
李学红	晋大鹏	刘 萌	李维嘉	盛思涵	王锦璋	崔北乐	宋 靖	全松岭
康 志	陈 义	陈 胜	马 帅	裴 震	余 祥	李 健	刘遇军	孙利成
宋聚磊	卢建锋	金 强	汪 澄	黄少华	沈启明	华 俊	王 鹏	邵 强
王 磊	姜雪丽	王梦强	孙宏奎	唐 磊	李友明	江 煜	胡 钊	张海枫
周宗亮	曾亨利	余天龙	袁文剑	李青松	吴阳阳	李丹丹	李凌豪	曹 杰
刘 文	李尔康	许 升	刘 冰	王 振	陈 飞	曹志勇	丁琼琼	薛 少
马向阳	常数数	陈俨然	朱德康	谢圣达	杨道明	杨山山	朱洪富	陆创创
魏如志	刘永庆	邓家一	陈 爽	杨龙蕊	陈 宇	孙 玮	陶新亮	刘少黄
胡毓洁	程 森	杨 伟	吴 瀚	余宏乐	胡华奎	李建国	赵洪亮	王 旭
王少壮	冯少鹏	魏振毅	韩 康	华菲阳	黄 卫	周少武	潘 东	牛宏帅

刘 涛	潘浩宇	汪 锴	杨 静	桂雪娟	侯文华	郑 浩	张 凡	张 涛
杨 冲	陶新雨	张福林	孙方旭	周小祥	杨震宇	孙之全	王 晨	杨传喜
谢仁升	杨 俭	周万军	吴 祥	王 云	彭凤武	王文款	赵 将	金 明
杨 亮	周 伟	汪明友	吴 锐	余吴建	王 亮	余 璜	孙 浩	李劭玮
王铭安	王哲浩	陈磊磊	张东方	阚文宾	刘 阳	张 飞	张晓颖	吴克奇
于广森	张雷魁	朱啊楠	朱毅然	徐 旷	吴双雷	郑子扬	王 飞	吴 娜
汪 洋	余新城	张沪陶	张 罗	吴泽众	张金旺	王 鹏	顾金芋	司 剑
赵润翔	徐 浩							

化学与材料工程学院(375人)

无机非金属材料工程(96人)

陈春光	肖 健	吕 远	叶满霞	杨骏陶	王纪同	刘同炜	迟慧芳	谢天龙
罗 军	翟 壮	姚 鹏	王 凯	吕 盼	赵振伟	徐佳彬	陈 航	张 昊
于 涛	王玲玲	罗伟青	茆敏祥	葛曼曼	陈 康	张 亮	张 杰	王路远
骆 伟	聂 宇	桂 灿	陈 夏	张 龙	张 鹏	王友国	马朋兴	陶 磊
何 贺	丁 红	张文清	张 婷	项凤梅	安 邦	汪 铮	后丽君	董 铮
张小选	章应备	孔 宇	陈 磊	王本贵	李 超	方可嘉	周传君	周 玄
李晓婉	程建林	王 标	李 魁	朱 勇	李永强	朱久山	李 英	樊 迪
王冰彬	李文志	徐涛涛	母旭龙	钱 令	刘 兵	管昌魁	王建波	李延军
严 瀚	潘会议	石杜娟	刘 迪	管 伟	王 文	鲁 宁	杨英英	徐增周
孙业庆	刘 森	韩 贾	王余磊	陆 芳	姚龙钱	严 强	王慧萍	刘帅帅
韩燕米	吴 杨	何文佳	何文涛	胡秀明	俞 进			

应用化学(78人)

陈芳军	胡晓芬	贾亚婷	缪 琦	张 梦	戴志立	杨绪骞	刘波涛	花绣翔
姜羊林	石 磊	赵 巍	高 高	姚 浩	陈勇士	贾 浩	蒋 磊	孙功禹
钟俊超	龚琦艳	张 莉	周红浪	赵晓宇	梁启敏	王二斌	周 芳	郭 磊
张龙芳	万 毅	侯 影	孟 迪	王 荣	周 骁	王秋雨	张路路	胡腾蛟
黄 静	孟海文	王 瑞	朱鸿雁	文 兰	张 勇	王会朵	李 奎	潘忠君
王武杰	王 艳	吴 成	吴杰庆	周福臣	李 玲	彭严婷	斯紫薇	吴 琳
吴凤华	杨 建	陈健平	李 菱	申文清	杨 超	邢会会	陈 哲	杨金凤
程雪连	李志伟	刘 丽	叶 萍	徐保玲	达维松	杨晴雪	董银萍	梁 晨
刘胜男	尤如南	霍康康	马 瑞	代志翔	窦贤良			

化学工程与工艺(108人)

柏明红	李晓玉	王子良	张 悦	张 琦	王晓倩	陆 凯	陈 昆	李元奎
位 允	赵 亮	张 强	王云云	陆正丽	陈晓东	梁紫薇	魏 娟	周 飞

张文志	魏 雯	吕甜甜	陈晓龙	刘 雪	吴慧玲	周 可	章慧霞	吴 刚	
麻 帅	杜 梅	吴金香	周森林	赵晓龙	武永勤	施小泽	江 胜	范旺康	
钱雪梅	徐 杰	周 正	赵自云	武 用	孙莎莎	方 浩	阮德林	徐黎萍	
朱浩辉	郑 磊	许剑飞	孙无忌	方 利	宋 伟	许光亮	左 进	郑述安	
闫 晗	孙 展	高伟伟	孙二冬	许心蕊	左泽福	周梦雪	李 剑	曹 焕	
韩亚飞	孙 剑	严 豪	杨振飞	朱潜丰	李 军	陈莉莉	胡德才	孙全坤	
严 伍	杨 志	万俊杰	李 康	高 超	胡亚新	汪小龙	杨 军	翟晓康	
汪华剑	李 磊	葛 琦	胡 妍	王 超	杨 利	张成宇	汪泽峰	李宁芳	
巩雪银	李 蓓	王 丽	岳鹏鹏	张访将	王存兴	李 萍	何增云	李 辉	
王 悦	詹 光	张 锦	王冬冬	梁 庆	胡 安	贾 强	姜雪柳		
欧阳丽红									

生物工程(93人)

吴 姣	王松年	刘 仲	郭海颜	许 可	马玲丽	何 瑞	夏小菊	王永旭	
卢荣波	郭 帅	闫 鹏	邵怡慧	华中健	许 新	王章婷	蔡 敏	韩富强	
阳 双	施文慧	黄 靖	杨焱博	侯雪松	陈 成	李 肖	叶 倩	寿文静	
黄凯悦	尹晨晨	胡安安	陈俊仿	张 显	张红波	田家军	金 玲	袁丽芳	
胡昌磊	陈 睿	赵青青	张 康	汪思林	雷珊珊	钟 锦	蒋 干	陈义强	
赵世伟	张 丽	王 静	李春秋	石 磊	李前会	陈振兴	周文康	张声平	
王少坤	李 顺	孙浩波	盛叶明	程志华	朱天成	张士祥	王 禹	李皖玉	
王 玲	李永贵	崔绍杰	朱文展	卢 俊	吴冯奇	林子浩	王玲玉	刘宏晖	
党冠淮	徐江文	卢 奎	徐洪文	常吉祥	王 猛	刘慧敏	甘珊珊	徐 鹏	
罗宝龙	陈忠锐	陈嘉惠	王 鹏	刘 生	顾亚楠	徐亦青	马建军	程加冕	
陈君燕	陈思凯	储 盛							

信息工程学院(299人)

电子商务(66人)

陈正亚	冯 鑫	祝嫚媛	曹 枫	陈 慧	陈庆来	陈 伟	程莹莹	褚浩东	
窦 淦	杜一恒	方雨娴	葛亚男	桂淑萍	郭 腾	韩菲菲	何书颖	胡金晶	
胡丽艳	胡子旋	黄海燕	黄浩宇	江桂秀	解 维	鞠雪慧	李 斌	李国童	
李玉龙	刘 健	刘宇婷	鲁玉晴	陆 彪	孟丽娟	施一凡	时唯唯	宋露露	
苏 磊	苏晴晴	汤子健	滕爽爽	涂 凡	汪 琪	汪小文	王敬敬	王岚琦	
王思思	王 雪	韦慧娟	吴松林	吴 涛	邢玉娜	徐 蜜	徐瑞玲	许恩扬	
许海燕	燕慧缘	姚成诚	叶志龙	虞结爱	张俊杰	张妍歆	赵海寅	郑家敏	
周 凡	朱婉玲	任 靖							

软件工程(112人)

马东辉	许 鑫	柴雄锋	陈苗苗	陈强强	陈 松	陈旭东	方程源	方 涛
葛玉祥	顾莹莹	侯梦祥	胡 杨	金 亮	晋 睿	李灵芝	李 柳	李 强
郦玮劼	刘君茹	刘太月	刘 洋	鲁锐锋	罗阳阳	麻 超	马 辉	宁金奇
亓鹏博	荣 煜	尚 康	谭统伟	王路路	王莹莹	吴礼斌	西晴晴	谢 飞
谢文倩	杨灿芳	杨 磊	杨 旋	杨云帆	姚元元	宇旭松	詹寿高	张 栋
张 凡	张 磊	张良玲	张梦春	张 涛	张 鑫	张志强	周 玉	朱庆祺
朱衣正	吴泽佳	毕学升	毕正博	蔡 皓	常青青	陈东海	陈 健	陈 杰
陈金华	陈 奇	储先赞	杜 冲	冯冠青	高成达	高光耀	顾传君	韩 飞
胡志强	华凯涛	黄阿龙	黄静宇	贾行陈	金从信	李 扬	刘晓明	柳 平
吕青青	聂林超	庞聪聪	秦宏旺	佘月越	申志鹏	宋文超	孙坤鹏	孙 宇
孙志玲	陶家辉	田晓伟	汪珍华	王丹凤	王 锋	王浩然	王佳瑶	吴 悔
吴健林	邢泽雄	严 振	叶亦品	易宏妙	于佳婷	余 静	袁 杰	张 迪
张 康	赵 严	左 健						

计算机科学与技术(121人)

柏志兵	程 蕾	程少铭	代克佳	邓 瑛	段元帅	方献阳	傅麦显	葛秋红
光正飞	贺慧子	胡海涛	胡文刚	江守红	李俊俊	李兴锴	刘善勤	鲁皖筠
陆丽曼	钱 蕊	余修平	於 敏	申家明	施良玉	宋斌彬	宋 振	孙成龙
田 君	田俊生	汪 宏	汪维嘉	王怀龙	王 莹	魏广琴	吴世达	席春光
相万春	肖 锐	肖亚伟	徐良凯	杨建恒	尹建飞	尹 松	余娜丽	余 政
郁星星	张恒武	张剑峰	张熙周	张亚东	章海波	赵鑫宇	赵旭升	钟代芳
周 昂	周剑峰	朱飞翔	朱 浩	朱 兰	朱勤峰	祝琼燕	林文耀	夏 磊
李 钢	李汪泉	李志明	刘 清	刘艳丽	宁燕春	钱 玄	任 静	商启楠
邵仕杨	沈飞洋	沈 政	施庭建	孙 川	孙基彭	陈 尚	仝 磊	王海迪
王 燕	王梓铭	魏 帅	吴 翎	张克楠	张晓宇	章秀秀	赵 亮	郑大伟
周 晨	朱曼婷	方 春	陈 月	程素素	程谭秋	戴婷婷	方 星	关皓文
郭 炜	蔡雅宁	伍振宇	奚 雄	夏卫业	夏新飞	邢 磊	徐万玲	许亚玲
杨 春	侯小草	胡根莲	胡 亮	胡小敏	胡英涛	霍利利	金 颜	杨 林
杨小东	叶雨强	叶振国	徐樊远鹏					

旅游管理学院(309人)

旅游管理(223人)

班雅婷	陈 芬	陈 琼	陈小旋	陈园园	程庆杰	程淑娟	储晗宇	董娜娜
董巧凤	方 伟	葛兰兰	郭 靖	韩秀云	胡海琴	解玉祥	孔莉莉	李彬彬

李 情	刘佳佳	刘璐璐	刘文涛	马元培	盛美琴	舒 畅	舒和军	孙 彬
汤 忞	唐佳丽	汪 迪	汪丽娟	汪莹雪	王欢欢	王 娟	王 敏	王 霞
吴孟伟	熊婷婷	徐 韬	许 昊	闫加茹	杨刘云	杨 倩	张炳森	张 博
张利利	张婉莹	赵章伟	周鑫鑫	包 琳	陈 琼	陈 婷	程 晨	池嘉欣
杜云慧	桂 灿	桂 芹	杭 颖	胡万勇	江林燕	蒋传鹏	蒋 倩	李冰滢
李晓玉	梁芳芳	刘 畅	刘庆庆	娄 燕	罗娟娟	马凌敏	潘 清	屠洪雪
汪 峰	王 蕾	王 露	王美芳	王 昕	王引弟	吴 洁	吴悠悠	郗寒月
徐永辉	杨丽娜	杨松波	杨 旭	杨云芳	尹晓彤	余刘红	张金龙	张 扬
赵婷婷	周陇陇	周 敏	周 伟	周业琪	朱春勤	陈 伟	程骏涛	单萍萍
方静云	房云霄	顾士瑞	洪 岚	洪敏君	胡 军	胡文玲	胡燕凤	江 燕
蒋诗好	雷 俊	李美丽	李梦遥	李娜娜	李 宁	李苏梅	李振坤	刘启杰
吕志腾	马楚君	秦子涵	沙 宇	时蓓蓓	孙 梦	唐玉杰	汪维维	汪玉婷
王 博	王姣姣	王文瑞	王瑶瑶	薛中健	杨文慧	袁 亮	张海潮	张密密
张世良	张银银	张志鹏	赵啊敏	钟雪玲	周 倩	朱忠侠	高文凤	毕露芳
卞璐璐	蔡炜骅	陈 爽	陈小超	陈燚红	储 贝	丁 祥	董丽珍	董 荣
董 伟	方 雨	方 月	冯商恺	葛灿坤	葛 芳	郭 琦	何婉颖	侯春妍
胡耀宗	黄碧清	黄剑锋	黄 杰	黄丽琴	黄 荣	霍远佳	蒋文翰	李 玲
李南南	李婷婷	李银芳	李 跃	林惠兰	鲁恩昕	陆艳秋	马 丽	倪虹剑
倪倩倩	潘 红	彭晓磊	史俊洁	苏 娟	孙 虎	孙 星	孙元元	万瑞捷
王丹丹	王 璐	王梦梦	王鹏程	王 伟	王亚君	吴 丹	吴 凡	吴恒松
吴丽玲	吴沁婷	许筱乔	许兆杰	杨苗苗	姚晓月	叶 姗	于 晴	张安琪
张方军	张红霞	张 炯	张 龙	张 敏	张世龙	张素文	张 涛	张雅琪
张雅清	张 严	赵雅新	郑 凯	周文青	周 颖	祝艳艳		

酒店管理(86人)

常雨娜	陈 珍	储青山	杜 姗	方祺娟	方香玉	高 捷	侯巧莉	黄 娟
黄珺珺	江锦燕	江 磊	姜 曼	姜 猛	李俊杰	李倩文	李伟安	李 雯
刘 童	刘 娅	陆 敏	马圆圆	任晓霞	阮正叶	宋 玉	唐文娟	王金龙
谢丹丹	徐巧园	徐 婷	徐婉晴	薛敬元	薛 朔	杨 静	杨雅云	殷田田
余 琪	俞 亭	袁 阳	张枢衡	张秀秀	赵婷婷	周 薇	朱 梦	朱明慧
曹雅璇	陈俊茹	陈倩文	陈云云	程 倩	崔 刚	方栓平	龚海生	谷宁宁
顾凯峰	胡燕燕	解 玲	刘双玉	刘雪娇	刘雪琴	彭小涵	屈家欢	邵玉红
施 燕	陶舒华	童亚丽	王 芳	王 梅	王 伟	王文洁	王文秀	吴晓娇
项芬芬	徐 鹏	许晓芹	杨乾萍	姚 锐	张豆豆	张静茹	张莲月	张璐璐
张 甜	张 雪	张 媛	章婉琦	周 琴				

艺术学院(321 人)

美术学(94 人)

陈　诚　陈春燕　陈婷婷　费苗苗　高　萍　高臻真　李　旭　刘　欢　刘科含
刘译文　彭佳琪　邱　月　赛靓靓　石其隆　宋阳春　谭　渊　唐楚俊　王梦瑶
王玉婷　王　智　吴琪睿　熊　颖　闫心坤　杨　露　叶晓银　张晨悦　张姣雅
张兴莉　章锦云　周　强　朱健强　陈　慧　蔡　尧　曹广文　丁雅君　付　瑶
高银银　郭志蓉　计雅娟　江泽源　姜　欣　蓝俊凤　雷青滢　李海红　李善思
刘　晨　刘加南　马柳璇　秦瑶瑶　齐　欢　任晓荣　阮小芳　史雪锋　唐俊迪
万孔明　王　蕊　魏顺萍　徐素平　杨　晶　姚吕刚　余　琼　翟重益　张浩浩
张　俊　郑　凯　朱晓丽　朱珍琴　宗佩佩　张　雪　陈　敏　陈　巍　程峥嵘
冯根儿　甘雪菲　胡安娌　黄　卉　季丽娟　焦文强　李佩佩　刘圣坤　刘晓玲
刘彦江　吕　悦　水苗苗　邰倩倩　汪丽萍　汪思捷　王运河　严思琴　叶晓菊
袁立娅　张家欣　张艳然　朱亮妹

视觉传达设计(112 人)

阮　佳　王　静　赵　莹　曹　茹　何　冉　胡　敏　李青林　傅　芝　徐明芳
张彩珍　薛李晨　王　敏　刘晨璟　牛　艳　王荷蓉　覃丽嘉　刘永风　苏　倩
成胜利　张文静　贺雨蘅　王　鹏　郝洪明　万　伟　李听政　王　猛　葛泽亮
陈金超　宋广涛　陈　祥　刘　江　刘　康　金　镪　徐一凡　刘玉华　莫锦昌
李　成　钱　宽　张　川　张玉涵　张志豪　郑敏萍　周海煜　薛　壮　张杨俊
吴中豪　袁　磊　周梦颖　王　升　王绍铭　苑立明　徐旭坤　姚首冲　杨　朔
俞宏明　叶亚红　王佩珊　殷雨菲　陈　文　单　伟　段紫瑜　樊建飞　高珊珊
高　帅　胡家铭　黄贵兴　黄孟澜　李　洁　刘际照　童晶晶　孙　蕊　刘　红
莫婉珍　李　琦　李　娴　汪世阅　陶　蕾　李亚楠　曹梦玲　常沛沛　陈梦婷
陈思颖　代晨阳　丁志宇　杜梦静　葛静涛　孔帅帅　李　凤　李　蒙　李星辰
李　宣　乔　建　沈芷瑶　宋　玮　苏永永　孙田聪　陶安杰　田　鹏　万璐璐
王晨龙　王佳俪　王善书　王　通　蔚景松　吴火兰　吴乐乐　余丁玲　张　姗
张思茹　张雨晴　周　泳　王惠民

环境设计(39 人)

卢欢欢　宋艳婷　王蒙蒙　潘　燕　尹博文　王珊珊　邱　超　艾　琳　曹康丽
陈　盛　陈文柔　邓　玉　董　俐　杜兰花　方　叶　侯现伟　杜雅丽　杨　进
杨琪琪　张闪闪　瞿晓茹　季纯璠　张露露　魏　雨　应婉儿　张丹丹　高晓敏
李明明　李　杨　蒋玉龙　郭娇娇　李　泉　李宣妹　何晓薇　张圆蕴　汪　伦
阚方合　刘桃李　罗　斌

动画(68人)

黄发潭 孙明涛 姚东凯 马 峰 庞晓东 盖一帆 叶英飞 张美祥 邢泽炳
丁 翔 康 宁 诸葛凤 韩海婷 马玉琼 柏 红 杜留霞 孟维华 苏韵逸
孙小亮 李梦龙 周鹏程 周文来 宋 伟 聊 磊 虎 跃 陈金夏 叶 琳
鞠 萍 朱甜甜 杨 琦 张一帆 史盈银 姜紫璇 李 晶 严玉霞 高 昀
崔 霖 黄卫国 黄 杰 林 楠 蔡恒程 肖 凯 胡静兰 朱 玲 李文啸
袁腾伦 殷智慧 陈学娟 姬张瑞 章雯楠 李 田 李晓晓 张 睿 许绍江
桂 帅 沈 阳 尹玉彩 王 彪 韩 娟 张一帆 王 梅 郝玫君 徐海龙
文浩旭 郭 莲 刘倩瑶 熊 锋 王文卜

初等教育(音乐方向)(8人)

郑晓涵 叶丽君 王 玫 汪 莹 孟令慧 茆 玲 李 可 何春梅

国际交流与继续教育学院(106人)

国际经济与贸易(专升本)(2人)

张 倩 陈武涛

法学(专升本)(12人)

刘 丹 刁旭山 孟 瑶 宫仁亮 王 琪 李洁琼 陈光军 叶凌云 赵 维
李 凯 高 艳 李 妮

学前教育(专升本)(6人)

金兆霞 张 红 孔 婧 陶晶晶 鲁成玉 李 静

小学教育(专升本)(23人)

张 芳 苏 静 胡义甜 李玉梅 沈业标 高杏生 张 军 赵燕燕 高 勇
孙 敏 刘姗姗 张 妍 王雪琴 罗 君 李晓晓 沐 丽 王大春 徐小艳
钱立凤 李念霞 张毛毛 张 莉 丁凤云

汉语言文学(专升本)(22人)

王 媛 黄 蓉 洪 羽 胡晶晶 班跃跃 尹大兰 谢 耘 章笑雪 周家照
陈小菲 高美玲 曹光辉 孔 翠 李盼盼 王方根 潘媛媛 雷 洁 马 蓉
杜 娟 李雪梅 周雅婷 夏 菊

英语(专升本)(2人)

司菁菁 盛霜艳

数学与应用数学(专升本)(1人)

魏 征

应用化学(专升本)(3人)

　　陆凤琴　何文静　占文敬

无机非金属材料与工程(专升本)(1人)

　　吴　霖

电气工程及其自动化(专升本)(3人)

　　李海峰　胡华俊　姜自国

计算机科学与技术(专升本)(3人)

　　雍梦熊　车学海　王玉林

财务管理(专升本)(10人)

　　王春长　项伟光　赵　晶　方娟娟　周志成　汤智君　李　锐　温　健　陈　虎　魏　扬

旅游管理(专升本)(1人)

　　李　伟

电子商务(专升本)(1人)

　　卢　庆

市场营销(专科)(3人)

　　李　汀　昌丽娟　孔　露

电子商务(专科)(5人)

　　王腾远　徐金花　成佩文　朱玉凤　吴洁萍

学前教育(专科)(4人)

　　任　莉　李朝霞　范小丽　熊国萍

法律事务(专科)(2人)

　　钱海涛　洪　磊

语文教育(专科)(2人)

　　朱四美　汪前兵

九、科研与社会服务

科研与社会服务工作

以党的十九大精神为引领,紧紧围绕"建设有特色、高水平地方应用型大学"的总体目标,全面贯彻落实《巢湖学院2017年度党政工作要点》中提出的目标任务,认真做好各项工作,努力提升学校科研水平和服务社会能力。

一、科研目标管理全力推进

根据《巢湖学院科研工作目标管理考核实施暂行办法》,以科研到账经费为主要指标,充分调动校内各学院科研工作的积极性、主动性和创造性,统筹谋划、细化分解、攻坚克难,科研工作目标管理工作向纵深推进。全年共争取科研经费899.7万元,较2016年增长57.2%。

二、科学研究水平稳中有升

组织完成国家社科基金项目、国家自然科学基金、教育部人文社科一般项目等24类课题近300项纵向科研项目的推荐申报工作。其中,国家社科基金项目19项、国家自然科学基金项目17项、教育部人文社科一般项目22项、教育部哲学社科后期资助项目1项。累计获批各级各类纵向科研项目151项,其中教育部人文社科一般项目2项、省哲学社会科学规划项目4项、省高校人文社会科学研究项目17项、省高校自然科学研究重点项目9项、省高校优秀青年人才支持计划项目6项、上海外语教育出版社外语类委托研究项目2项、合肥市哲学社科规划项目1项、省社会科学创新发展研究课题1项、省社科普及规划项目1项。

三、学科建设稳步推进

坚持以"双一流、高水平"为建设目标,稳步推进学科与平台建设。对现有重点学科负责人、方向带头人和团队成员进行调整优化,增设"马克思主义理论"为校重点建设学科。加强平台建设,出台《巢湖学院科研机构管理暂行办法》《巢湖学院重点实验室管理暂行办法》,根据学科发展和人才培养需要,新增校级重点实验室2个、校级科研机构3个,并对校级科研机构进行人员优化调整。积极推进众创空间建设,"巢荟众创空间"获合肥市市级众创空间认定,并争取政策奖励资金100万元。积极开展硕士学位点培育工作,与西安体育学院签订联合培养硕士研究生协议。

四、专利成果转化竞进提质

专利质量和布局结构进一步优化,发明专利占比显著提高。全年共授权专利221项,其中发明专利授权25项,另有53项发明专利进入实审。争取专利政策奖励到账经费69.52万元。广泛开展知识产权宣传教育工作,以科普展、科普讲座等形式宣传专利申报、转化、知识产权保护等知识,先后选派10余名教师参加省知识产权局举办的专利培训。同时,注重专利成果转化,出台《巢湖学院科技成果转移转化管理暂行办法》。积极与相关企事业单位合作,成功转让"一种计算机信息系统"和"一种计算机信息安全防护装置"2项专利,实现专利成果转化零突破。

五、服务地方能力持续增强

一是校地合作不断深化。先后与柘皋镇、中庙街道办签署产学研用合作协议,为柘皋镇民俗文化节、中庙5A级景区创建提供服务。积极与安徽居巢经济开发区、巢湖市发改委、炯炀镇、黄麓镇等环巢湖乡镇开展合作交流。与砀山县、旌德县地方政府开展产学研合作。二是在服务地方经济文化发展上取得新成果。与江苏风云科技公司共建"移动互联协同创新中心",与巢湖创客巢共建"双创"基地,联合培养"双创"人才,与砀山县双鹿车业有限公司合作成功申报宿州市工程技术研究中心。三是在提供决策参考上取得新突破。徐志仓教授的《改进农民专业合作社税收管理的五点建议》《关于安徽抢抓量子通信产业部署先机的建议》2项咨询报告获省委常委、组织部部长、省政府常务副省长邓向阳批示。四是在提供人才智力支持上取得新成效。选派2名教师分别赴巢湖市科技局和商务局挂职担任副局长,推荐5名教师担任巢湖市第七批科技特派员。

六、管理服务水平不断提高

一是加强规章制度建设。先后出台《巢湖学院科研机构管理暂行办法》《巢湖学院科技成果转移转化管理暂行办法》《巢湖学院重点实验室管理暂行办法》等3项科研管理制度,修改完善《巢湖学院纵向科研项目管理暂行办法》。二是加强科研项目过程管理。完成教育部人文社科项目中期检查3项、国家社科基金项目中期检查3项、省哲学社科规划项目中期检查13项。三是加强科研经费使用管理。根据《巢湖学院关于开展科研经费规范管理专项治理工作实施方案》等文件精神,完成省级财政科研项目资金管理落实情况相关检查和科研项目经费使用管理审计等工作,并围绕专项治理内容及科研项目经费支出存在的问题,认真开展整改工作。四是加强信息化建设。完成科研项目管理系统的招标、验收和启用工作,进一步完善科研经费预算管理系统。

七、学报办刊水平稳步提升

完成《巢湖学院学报》2017年1~6期编辑、出版和发行工作,完成《魅力巢湖——环巢湖研究论文选粹》编印工作,进一步推进"环巢湖研究"特色栏目建设,积极探索"双创"教育改革。成功举办纪念学报创刊30周年座谈会、2017年安徽省高校学报研究会年会等交流活动,不断提高学报的学术水平和学术影响力。《巢湖学院学报》被评为安徽省优秀学报,其"环巢湖研究"栏目获得安徽省高校学报"特色栏目"称号。

八、学术交流氛围不断加强

组织邀请南京大学李喜英和张晓东教授、华中科技大学孔东民教授、台湾交通大学郭良文教授等校内外专家及知名校友举办学术报告和专题讲座共计72场。先后赴安徽省委党校、皖西学院、中国(肥东)互联网生态产业园就科研项目管理、科技成果转化、学科发展、重点实验室建设、"环巢湖廉政文化"研究、大学生创新创业、众创空间建设等方面开展交流与合作。成功举办省社科联2017年学术年会政治专场、"民俗文化与环巢湖美丽乡村建设"学术研讨会,受邀参加安徽省数学会2017年学术年会、柘皋镇民俗文化研讨会、柘皋镇夏至民俗文化节等学术文化交流活动。

九、校社科联工作再创佳绩

认真做好省社科联"三项课题"研究优秀成果和科研项目的组织申报工作。先后3次组团赴庐江同大镇及槐林镇、黄麓镇、炯炀镇、柘皋镇等地开展调研。13项成果获省社科联"三项课题"研究优秀成果,其中一等奖2项、二等奖2项、三等奖6项、优秀奖3项,校社科联被评为"三项课题"研究活动"先进单位"。获批省社会科学创新发展研究课题1项、省社会科学普及规划项目1项,获评"安徽省社科普及工作先进个人"1人。完成省社科联第十二届学术年会"国家治理体系与治理能力现代化"专场的学术组织工作。2篇论文获安徽省社会科学界第十二届学术年会优秀论文三等奖,2篇论文获优秀奖,巢湖学院社科联获安徽省社会科学界第十二届学术年会"先进组织单位"。

十、科学普及活动持续开展

举办"巢湖学院第四届科技活动月"、巢湖学院首届绿色科技文化节等活动。活动期间,开展船模设计大赛、CAD制图大赛、大学生绿色环保知识竞赛、绿色健康饮水知识竞答大赛等多项科技创新比赛,累计参与人数超过3000人。全国科技活动周期间,会同巢湖市科技局开展主题为"科技强国 创新圆梦"的科普知识图片展,宣传科学知识,弘扬科学精神。

十一、学风建设工作扎实开展

出台《巢湖学院关于开展师德师风问题专项治理工作实施方案》,全面落实师德师风专项治理工作。围绕"弘扬科学道德、遵守科研纪律",通过建立专题网站、座谈、研讨、科普展等形式,开展学风建设宣传教育活动。组织师生400余人集中观看"学习贯彻党的十九大精神——2017年全国科学道德和学风建设宣讲教育报告会"视频直播。在全校范围内开展师德师风问题自查自纠,组织所有专兼职教师完成师德师风自查表填写,对自查出的问题和师生举报反映的问题,建立台账,开展问题线索核查,及时整改,并对涉及学术失范和构成学术不端的行为进行查处。

(撰稿:陈立钢)

环巢湖研究工作

一、基本建设方面

(一)中心建设方面

1. 机构建设

完善中心办公、科研条件建设。充分利用新增加的会议资料活动室,尽可能为研究人员开展科研工作提供更好的环境;购置更多的图书资料以满足科研工作的需要。同时根据中心发展需求,购置了相关办公用品,仪器设备配备专门技术人员管理,定期维护,提高使用效率,以满足中心科研发展的需要。

2. 队伍建设

目前中心有专职研究人员20名,校内兼职人员20名。其中教授14名,副教授21名,博士16名,博士后2名。扩大聘请校外相关研究专家为中心兼职研究员,现有校外兼职研究人员13名。同时吸纳并扶持校内青年教师进入中心进行专题研究,在三个研究方向上建立一支团结、合作、结构合理的研究队伍。

3. 图书资料建设

中心委托图书馆先后赴合肥、北京参加全国春季大型图书展销会,选购了和本中心研究密切相关的专业文献、图书资料和文史类史料文献数字化光盘。目前图书资料室藏书5000余册。

4. 网络信息建设

进一步建设好中心网站,及时进行网络维护与网页内容更新,及时发布最新的学术研究动态,使中心成为环巢湖研究学术和信息资源交流的重要平台。介绍和推广基地研究成果,不断扩大学术影响力。

5. 规章制度建设

进一步修订完善各种制度,依照制度开展研究中心各项工作,建立和编制研究中心经费预决算制度,以及研究中心工作总结与计划安排等。

二、科研方面

(一) 项目招标

1. 公布2017年度安徽省高校人文社会科学重点研究基地招标项目;发布校级基地专项项目。项目研究以环巢湖历史文化和旅游产业、环巢湖生态环境与生态文明、环巢湖创意文化与经济协同发展研究等为主要内容。项目选题可根据课题指南拟出的重点研究方向申报,也可在符合课题立项宗旨前提下,结合实际自拟题目。经过专家遴选,马磊《巢湖民歌的传承——以"跨界"唱法促进传唱的探究》,夏明群《环巢湖优秀文化融入大学生社会主义核心价值观教育研究》,林凯《巢湖开发与治理的生态伦理研究》等3项课题获人文重点基地2017年度招标项目专项资助。薛梅《环巢湖地区"古石桥文化"在现代景桥设计中的应用研究》,潘娟娟《环巢湖红色文化的时代价值及传承与保护研究》等2项课题获2017年度校级基地项目专项资助。

2. 以环巢湖历史文化与旅游产业研究、环巢湖生态环境与生态文明研究、环巢湖创意文化与经济协同创新研究三大方向为研究方向,征集2018年省、校级招标项目选题。

3. 督促、检查2015年度、2016年度、2017年度科研项目的进展情况。

4. 《环巢湖文化研究丛书》(第二辑)项目正式启动。

为更好地实施《环巢湖文化与经济社会发展研究中心建设规划》和年度计划,提高建设成效,发挥中心服务安徽省和环巢湖区域地方经济文化建设的作用,结合当前实际工作需要,经研究决定,对《环巢湖文化研究丛书》(第二辑)编撰向校内外公开招标。第二辑包括环巢湖廉政文化研究、环巢湖生态文明研究、环巢湖名人文化研究、环巢湖文化九讲、环巢湖文化资源数字化开发研究、环巢湖民俗文化研究等6个研究课题。目前已经正式签约4项招标项目:万新军《环巢湖生态文明建设研究》、石庆海《环巢湖文化九讲》、吕君丽《环巢湖名人文化研究》、李厚木《环巢湖廉政文化研究》。

5. 中心专兼职研究人员踊跃申报科研项目,成效显著。

中心鼓励帮助中心专兼职研究人员积极申报各级各类科研项目。中心专兼职研究员申报和参与了各类各种科研项目,涵盖部级、省厅级、校级等各个级别。

6. 《环巢湖研究》(第二辑)编撰完成。

收集论文70余篇,50余万字,分四大研究板块:环巢湖历史文化和旅游产业研究;环巢湖生态环境与生态文明研究;环巢湖创意文化与经济协同发展研究;安徽区域历史文化与人物研究。所选论文具有较高的学术价值和现实意义,集中反映了环巢湖文化研究的最新成果。

三、学术交流方面

（一）举办学术会议

4月21～23日,由中心承办的"民俗文化与环巢湖美丽乡村建设"学术研讨会在巢湖学院召开。来自中国社会科学院、北京师范大学、中国科学技术大学、华南师范大学、厦门大学、上海大学、赣南师范大学、济南社科院、安徽省政府文史研究馆、安徽省社科院、安徽省地方志办公室、安徽大学、安徽师范大学、合肥工业大学、安庆师范大学、淮北师范大学、池州学院、宿州学院、合肥学院、巢湖学院、合肥职业技术学院、芜湖职业技术学院等省内外高校科研机构从事环巢湖文化研究的专家学者及地方政府、文化产业实体及相关媒体代表150余人参加会议。在大会主题报告和分组论坛讨论中,来自全国各地的专家学者就区域民俗文化发展的框架性思路、中国乡村文化及其产业化发展路径、巢湖流域民俗与远古文明传承、美丽乡村建设中民俗文化传承与保护、环巢湖民俗旅游开发研究、环巢湖古建筑保护与美丽乡村提升研究等方面发表精辟讲解、交流研究心得,气氛热烈。研讨会后,与会专家学者赴烔炀南湖方村实地考察美丽乡村建设,和当地文化工作者进行了广泛深入的交流。会议共收集相关学术论文80余篇,50余万字,有力地推进环巢湖文化研究的力度和我校人文社会科学的建设发展,进一步扩大了环巢湖研究中心在省内外的学术影响。

（二）学术交流

中心积极开展学术交流、调研活动。中心专职研究员张安东、王雷先后应邀合肥文化大讲堂作专题学术讲座。中心组织专兼职研究员积极参加省内外学术会议。先后参加"创新与安徽发展"学术研讨会、第七届中国地方志学术年会、"杏花村历史文化与杏花村文化旅游区建设"学术研讨会、安徽省新型智库建设现场推进会、第六届"巢湖·中华有巢氏文化"学术研讨会、第六届巢湖市亚父纪念节暨学术研讨会、省内高校人文社科重点研究基地负责人学术委员会会议、巢湖文化学术研讨会、"安徽省历史学会学习十九大精神暨纪念安徽建省350周年"学术研讨会等,和省内外高校学术机构进一步加强交流,不断扩展中心的学术影响。

（三）举办"环巢湖讲坛"系列讲座

讲座以巢湖区域文化为依托,以弘扬中华传统、现代文化为目的,邀请校内外专家学者定期举办系列文化讲座。邀请著名学者周业柱、夏冬波,省委党校邵明教授、张彪教授等专家学者进行学术讲座,在学院师生中具有一定的知名度和影响力。

四、服务地方经济与文化建设

2017年,中心在产学研合作方面取得显著成效。进一步充实完善各类专家库,为地方政府经济、社会、文化发展以及重大项目的评估、论证和成果鉴定、评奖等工作提供智力支持；为地方发展各级各类发展规划和重大决策的制定提供咨询服务。6月13日，巢湖学院环巢湖文化与经济社会发展研究中心与中共安徽省委党校科学文化教研部合作签约仪式在巢湖学院隆重举行。中共安徽省委党校副校长王正国携科文部、科研处、省情中心等部门负责人专程来巢湖学院参加签约仪式。环巢湖文化与经济社会发展研究中心主任张安东与科学文化教研部主任邵明签署具体合作协议。

12月1日，安徽省委党校科学文化教研部主任邵明教授做客巢湖学院"汤山讲坛"，作《社会转型时期文化价值建设的理论与实践》的专题报告。邀请安徽省委党校省情研究中心主任张彪教授为全校支部书记暨科级干部培训班宣讲党的十九大精神。12月中旬，环巢湖研究中心和安徽省委党校联合发布"习近平新时代中国特色社会主义课题暨2018年度全省党校系统重点课题"。以上科学研究合作是是巢湖学院与安徽省委党校产学研合作的延续和深化，是环巢湖研究中心同安徽省委党校科文部科研项目对接的继续发展。为双方深度合作、持续推进研究奠定了良好基础。

（撰稿：王雷）

校级重点学科一览表

序号	学科名称	学科门类	立项类别	学科负责人	立项时间
1	应用经济学	经济学	重点学科	朱礼龙	2016
2	模式识别与智能系统	工学	重点学科	杨汉生	2016
3	旅游管理	管理学	重点建设学科	陈恩虎	2016
4	食品科学与工程	工学	重点建设学科	高玉荣	2016
5	马克思主义理论	法学	重点建设学科	胡万年	2017

校级重点实验室一览表

序号	实验室名称	所属学科领域	负责人	设立时间
1	功能材料制备与应用实验室	功能材料	徐小勇	2017
2	现代功能材料与器件实验室	电子科学与技术	叶松	2017

科研机构一览表

序号	机构名称	负责人	职称	类　　别	设立时间
1	环巢湖文化与经济社会发展研究中心	张安东	教授	省级人文社科重点研究基地	2013
2	戏剧文学研究所	褚春元	副教授	校级科研机构	2008
3	数字控制技术研究所	鲁业频	教授	校级科研机构	2008
4	新型功能材料与精细化学品研究所	李明玲	副教授	校级科研机构	2008
5	巢湖流域经济文化研究所	陈恩虎	教授	校级科研机构	2008
6	高等教育研究所	朱　明	副教授	校级科研机构	2010
7	艺术与创意产业研究中心	张晓刚	教授	校级科研机构	2010
8	哲学研究所	胡万年	教授	校级科研机构	2010
9	翻译研究所	徐朝友	教授	校级科研机构	2011
10	配位化学研究所	程乐华	副教授	校级科研机构	2011
11	应用型高校人文素质教育研究中心	郑小春	教授	校级科研机构	2011
12	乡村治理研究所	董颖鑫	教授	校级科研机构	2011
13	水环境研究中心	万新军	教授	校级科研机构	2012
14	中国书画艺术研究所	胡是平	教授	校级科研机构	2013
15	网络与分布式系统研究所	吴其林	副教授	校级科研机构	2013
16	旅游发展与规划研究中心	陈恩虎	教授	校级科研机构	2014
17	数理工程研究中心	笪　诚	讲师	校级科研机构	2015
18	聚合物微成型模具技术研究所	靳国宝	讲师	校级科研机构	2016
19	智能机械与机器人研究所	龚智强	讲师	校级科研机构	2016
20	应用经济学研究所	徐志仓	教授	校级科研机构	2017
21	全民健身及体育教育发展研究中心	姚　磊	教授	校级科研机构	2017
22	移动互联协同创新中心	吴其林	教授	校级科研机构	2017

年度纵向科研项目立项资助一览表

教育部人文社会科学研究项目

序号	项目名称	项目类别	主持人	项目批准号	批准经费（万元）
1	供给侧改革推进体育产业模式的研究	规划基金	樊贤进	17YJA890006	8
2	形态视阈中的我国世界一流学科发展策略研究	青年基金	朱 明	17YJC880143	8

安徽省高校优秀拔尖人才培育资助项目

序号	项目名称	项目类别	主持人	项目批准号	批准经费（万元）
1	优秀青年人才支持计划项目	重点项目	余 雷	gxyqZD2017077	6
2	优秀青年人才支持计划项目	重点项目	朱 明	gxyqZD2017078	6
3	优秀青年人才支持计划项目	一般项目	谢如龙	gxyq2017070	6
4	优秀青年人才支持计划项目	一般项目	王玉勤	gxyq2017071	6
5	优秀青年人才支持计划项目	一般项目	秦国旭	gxyq2017072	6
6	优秀青年人才支持计划项目	一般项目	余荣琦	gxyq2017073	6
7	优秀青年骨干人才国内外访学研修项目	国内访学	梁宝华	gxfx2017100	3
8	优秀青年骨干人才国内外访学研修项目	国内访学	陈立钢	gxfx2017101	3
9	优秀青年骨干人才国内外访学研修项目	国内访学	田世彬	gxfx2017102	3
10	优秀青年骨干人才国内外访学研修项目	国内访学	席景霞	gxfx2017103	3
11	优秀青年骨干人才国内外访学研修项目	国外访学	吴克平	gxfx2017104	15

安徽省高等学校自然科学研究项目

序号	项目名称	项目类别	主持人	项目批准号	批准经费（万元）
1	离子液体中金属钯催化乙烯基结构碘化物与不饱和键的反应研究	重点项目	程 东	KJ2017A446	6
2	微纳结构 TiO2-xNx@磁性膨润土复合材料的可控合成与光催化性能	重点项目	李明玲	KJ2017A447	6
3	巢湖流域富硒水稻品种及适宜供硒水平研究	重点项目	晏 娟	KJ2017A448	6
4	矿井无线电传输模型与动目标定位精度增强技术研究	重点项目	乔 欣	KJ2017A449	6
5	基于CFD技术的脱硫除尘离心泵结构优化设计及应用研究	重点项目	王玉勤	KJ2017A450	6
6	多特征融合的文物碎片虚拟拼接研究	重点项目	张 勇	KJ2017A451	6
7	三值光学处理器重构与控制策略的研究	重点项目	江家宝	KJ2017A452	6
8	非等熵黏性可压缩流体方程组解的大时间行为和黏性极限研究	重点项目	陈淼超	KJ2017A453	6
9	几类偏微分方程解的爆破分析研究	重点项目	谢如龙	KJ2017A454	6

安徽省高等学校人文社会科学研究项目

序号	项目名称	项目类别	主持人	项目批准号	批准经费（万元）
1	巢湖健康旅游地形象感知及旅游要素评价	重点项目	沈菲飞	SK2017A0479	2
2	"两型社会下"安徽省农村土地信托流转法律问题研究	重点项目	朱鹤群	SK2017A0480	2
3	基于产业集群转移的区域协同发展效应研究	重点项目	余 雷	SK2017A0481	2

续表

序号	项目名称	项目类别	主持人	项目批准号	批准经费（万元）
4	马克思主义社会正义论原则的现实化路径	重点项目	闻晓祥	SK2017A0482	2
5	不同再融资动机下上市公司派现行为及其对未来盈利影响研究	重点项目	王 政	SK2017A0483	2
6	安徽省碳排放转移研究：产业和区域的双重视角	重点项目	王晶晶	SK2017A0484	2
7	环湖旅游区乡村旅游发展与当地人居环境优化耦合机制研究——以巢湖、太湖为例	重点项目	刘 锐	SK2017A0485	2
8	环巢湖优秀文化融入大学生社会主义核心价值观教育研究	重点项目	夏明群	SK2017A0486	2
9	功利主义逻辑下中国足球发展的路径之弊	重点项目	张 辉	SK2017A0487	2
10	高校科研管理中学术成果承载媒介认同研究	重点项目	丁明刚	SK2017A0488	2
11	中国建国初期十七年翻译口述史研究	重点项目	张 健	SK2017A0489	2
12	复调叙事结构解读研究	重点项目	田 平	SK2017A0490	2
13	社会整合视域下新媒体与城乡文化认同构建研究	重点项目	王宇明	SK2017A0491	2
14	巢湖开发与治理的生态伦理研究	重点项目	林 凯	SK2017A0492	2
15	历史文化名城视阈下巢湖民歌的传承与保护	重点项目	顾婷婷	SK2017A0493	2
16	环巢湖地区建筑风貌与景观规划应用研究	重点项目	薛 梅	SK2017A0494	2
17	巢湖民歌的传承——以"跨界"唱法促进传唱的探究	重点项目	马 磊	SK2017A0495	2

安徽省哲学社会科学研究项目

序号	项目名称	项目类别	主持人	项目批准号	批准经费（万元）
1	历史中的自由民主制——福山"历史终结"思想研究	一般项目	肖迎春	AHSKY2017D64	2
2	我国中小学校园足球发展模式转型与创新研究	一般项目	蔡 广	AHSKYG2017D159	2
3	巢湖流域古村落环境设计应用研究	青年项目	薛 梅	AHSKQ2017D56	1
4	"一带一路"背景下徽州民歌外译的文化调适研究	青年项目	谷 峰	AHSKQ2017D57	1

安徽省社会科学创新发展研究项目

序号	项目名称	主持人	项目批准号	批准经费（万元）
1	一带一路背景下黄梅戏的外宣翻译及其媒体融合传播研究	谷 峰	2017CX057	0.5

安徽省社科普及规划项目

序号	项目名称	主持人	批准经费(万元)
1	安徽地域优秀文化传承发展规划研究	吕君丽	1

合肥市软科学研究项目

序号	项目名称	主持人	项目类别	批准经费（万元）
1	合肥市新能源汽车充电桩平台建设应用与管理研究	王 静	一般项目	8

合肥市哲学社会科学规划项目

序号	项目名称	主持人	项目类别	批准经费（万元）
1	提升合肥城市文化品位对策研究	吕君丽	资助项目	2
2	合肥市现代农业发展及其新功能拓展对策研究	徐志仓	非资助项目	

上海外语出版社外语类委托项目

序号	项目名称	主持人	项目批准号	批准经费（万元）
1	商务英语专业教学团队的运作及评估机制研究	奚伟	SK2017A1065	1
2	基于生态翻译学视角下的环巢湖国家旅游休闲区外宣翻译研究	周华	SK2017A1066	1

校级科学研究项目立项资助一览表(人文社会科学)

序号	项目名称	主持人	项目类别	批准经费（元）	项目批准号
1	耦合理论视角下的农村金融供给侧结构性改革路径研究——以安徽省为例	严爱玲	重点项目	7000	XWZ-201701
2	文学翻译审美陌生化性研究——以《蓝色笔记本》为个案研究	王娟	重点项目	7000	XWZ-201702
3	冯玉祥家训及其当代价值研究	沈瑞贵	重点项目	7000	XWZ-201703
4	安徽省粮食主产区现代农业发展模式选择与对策研究	梁三金	一般项目	4000	XWY-201701
5	高校辅导员创新创业教育能力提升研究	赵洁	一般项目	4000	XWY-201702
6	供给侧视角下电视新闻传播的转型研究	胡雪梦	一般项目	4000	XWY-201703

续表

序号	项目名称	主持人	项目类别	批准经费（元）	项目批准号
7	基于儿童文化视角的幼儿园美术教育	朱小泉	一般项目	4000	XWY-201704
8	环巢湖农村居民新媒介素养现状调查与提升路径	毛莎莎	一般项目	4000	XWY-201705
9	精准扶贫视域下高校基层党组织建设工作研究	王 晖	一般项目	4000	XWY-201717
10	基于全民健身背景下共享单车广告标识语认知翻译策略的研究	汤玲玲	一般项目	4000	XWY-201708
11	基于场所符号学的合肥市语言景观研究	翟海霞	一般项目	4000	XWY-201709
12	安徽省高校体育专业大学生参与社区体育实践研究	郭世洪	一般项目	4000	XWY-201710
13	环巢湖"美丽乡村"建设中农村体育资源配置与优化机制研究	周雪华	一般项目	4000	XWY-201711
14	旅游文化村标志及墙绘设计	任明明	一般项目	4000	XWY-201712
15	环巢湖地区"古石桥文化"在现代景桥设计中的应用研究	薛梅（小）	基地专项项目	5000	XWY-201713
16	环巢湖红色文化的时代价值及传承与保护研究	潘娟娟	基地专项项目	5000	XWY-201718
17	巢湖灯歌表演：新媒体时代的民间戏曲现状探究	章杏玲	科研机构专项项目	6000	XWY-201706
18	历史中的自由民主制——福山"历史终结"思想研究	肖迎春	科研机构专项项目	6000	XWY-201716
19	合肥·华中国际珠宝城品牌策划与推广	张荣荣	产学研专项项目	5000	XWY-201707
20	巢湖特产（湖鲜酱、焖炀糕点、银鱼干、纯芝麻油）包装设计开发	王永虎	产学研专项项目	5000	XWY-201715
21	酒店装饰性数码版画创作	杨广红	产学研专项项目	5000	XWY-201714
22	文学典籍注释基本理论研究	丁俊苗	学术著作出版资助项目	12000	XSZZ-201701

校级科学研究项目立项资助一览表(自然科学)

序号	项目名称	主持人	项目类别	批准经费（元）	项目批准号
1	产品精度控制的装配公差建模与分析方法研究	陈 姣	重点项目	10000	XLZ-201701
2	基于概率潮流分析的微网分布式协调控制策略研究	王 静	重点项目	10000	XLZ-201702
3	社会感知D2D通信无线资源分配研究	曹 骞	重点项目	10000	XLZ-201703
4	基于韦森堡效应流体输送的微笔直写行为与调控	王 伟	一般项目	5000	XLY-201702
5	重型汽车油液混合动力技术研究	胡 健	一般项目	5000	XLY-201703
6	无刷双馈风发电机无差拍矢量控制研究	牛进才	一般项目	5000	XLY-201704
7	3D NoC测试调度协同优化研究	凌 景	一般项目	5000	XLY-201705
8	挖斗可偏转挖掘机工作装置及其关键部件特性研究	张晴晴	一般项目	5000	XLY-201706
9	新型酞菁-多壁碳纳米管化合物的合成及性能研究	杨绳岩	一般项目	5000	XLY-201711
10	安徽庐江汤池温泉水中嗜热菌的分离鉴定及特性研究	张凤琴	一般项目	5000	XLY-201712
11	郁金香中总生物碱的提取工艺优化	葛碧琛	一般项目	5000	XLY-201713
12	局部极差倒数惩罚的自适应样条Lasso	严恒普	一般项目	5000	XLY-201701
13	波浪补偿器的控制特性研究	周明健	产学研专项项目	5000	XLY-201707
14	小型四旋翼无人机的自适应模糊协同控制	孙春虎	产学研专项项目	5000	XLY-201708
15	车辆跟驰模型动力学参数模式识别算法的研究	高 杰	科研机构专项项目	6000	XLY-201709
16	基于IPMC驱动的盲文点显器研究	董慧芳	科研机构专项项目	6000	XLY-201710

校级科研启动经费项目一览表

序号	项目名称	项目类别	主持人	所属学科
1	大数据时代网络意识形态安全的技术支持系统研究	博士/教授启动基金	朱礼龙	管理学
2	跨境旅游消费者权益保护问题研究	博士启动基金	王小骄	法学
3	现代农业示范区功能演变研究	教授启动基金	徐志仓	应用经济学
4	具身理论视阈下的认知语言研究	教授启动基金	柯应根	讲师
5	历史唯物主义的真理维度与道德维度研究——基于高校《马克思主义基本原理概论》课教学模式改革的视角	教授启动基金	余京华	法学
6	管柱力学理论中屈曲微分方程的数值求解研究	教授启动基金	陶有田	数学
7	汽车悬挂梁冲挤成形工艺研究	博士启动基金	王可胜	材料加工工程
8	游梁式抽油机尾梁平衡技术研究	博士启动基金	杨胡坤	机械工程
9	联合收获机模糊神经网络作业速度控制系统研究	博士启动基金	宁小波	工学
10	交通流参数模式识别算法的研究	博士启动基金	高杰	力学
11	降胆固醇降甘油三酯益生菌的筛选及功能性食品开发	博士/教授启动基金	高玉荣	化学工程
12	非对称性梯度锆铝复合陶瓷膜改性、微结构调控及其应用研究	博士/教授启动基金	徐小勇	材料学
13	无铅压电陶瓷的制备及性能研究	博士启动基金	张扬	工学
14	石墨烯基复合物及其吸附性能研究	博士启动基金	丁文兵	高分子材料

"皖维科技创新孵化基金"项目立项资助一览表(人文社会科学)

序号	项目名称	主持人	指导教师	所属学院	批准经费(元)	项目批准号
1	人才流动与中小型城市"用工荒"和"就业难"问题的相关性研究——基于合肥市部分高校的问卷调查	王文定	洪晗 朵伟芝	应用数学学院	3000	WWRW-201701

续表

序号	项目名称	主持人	指导教师	所属学院	批准经费(元)	项目批准号
2	基于卡方检验的企业文化在企业发展过程中的作用与影响研究——以皖维集团为例	张晶莹	陶有田 韩 龙	应用数学学院	3000	WWRW-201702
3	校企合作下的新媒体宣传创新方式研究	王琪	李亚萍 朵伟芝	文学传媒与教育科学学院	3000	WWRW-201703
4	二胎政策下关于职业女性特殊权益的研究调查	李梦含	贾艳贤 朵伟芝	文学传媒与教育科学学院	3000	WWRW-201704
5	关于发挥女职工在家庭、家教、家风建设中独特作用的探索与思考	邓齐苗	王兴国 朵伟芝	文学传媒与教育科学学院	3000	WWRW-201705
6	新媒体视域下半汤老街的品牌文化塑造	路其晴	周洪波	文学传媒与教育科学学院	3000	WWRW-201706
7	皖维集团员工人际关系心理压力的调查研究	胡月荣	秦鹏生 朵伟芝	文学传媒与教育科学学院	3000	WWRW-201707
8	"绿色皖维"品牌形象在巢湖公众中的提升策略	张佳炯	周洪波	文学传媒与教育科学学院	3000	WWRW-201708
9	和合共生——皖维集团与巢湖学院双向交流机制的提升	李宗宏	许洁	文学传媒与教育科学学院	3000	WWRW-201709
10	皖维集团80、90后青年员工恋爱心理的调查研究	钱丽	甘超 朵伟芝	文学传媒与教育科学学院	3000	WWRW-201710
11	"一带一路"战略与皖维国际化路径研究	黄浩浩	欧雅琴 朵伟芝	经济与管理学院	3000	WWRW-201711
12	大学生度过职场"菜鸟期"的策略与方法研究——基于皖维企业人力资源管理视角	戴影	余雷 朵伟芝	经济与管理学院	3000	WWRW-201712
13	企业文化在企业发展过程中的作用和影响——以皖维集团为例	毕林枫	余雷 韩龙	经济与管理学院	3000	WWRW-201713
14	国际化工产业发展趋势与皖维集团创新升级研究	查秦辉	朱礼龙 朵伟芝	经济与管理学院	3000	WWRW-201714

续表

序号	项目名称	主持人	指导教师	所属学院	批准经费(元)	项目批准号
15	新经济背景下皖维集团人力资本提升调查研究	陈新静	徐志仓	经济与管理学院	3000	WWRW-201715
16	巢湖家装乳胶漆市场消费者偏好的调查研究	汪凤萍	王 政	经济与管理学院	3000	WWRW-201716
17	关于皖维内部员工创新创业的激励机制研究	吴梦娟	谭晓琳	经济与管理学院	3000	WWRW-201717
18	挖掘新形势下企业在微信平台的应用——以旅游产业为例	谈陆君	邓其志	经济与管理学院	3000	WWRW-201718
19	环湖地域文化旅游纪念品的开发与研究	王济廷	王晓晖	艺术学院	3000	WWRW-201719
20	皖维可分散性乳胶粉外包装改良设计	赵梓寓	沈瑞贵	艺术学院	3000	WWRW-201720
21	色彩的视觉心理在车间的运用——以皖维为例	何蕊蕊	黄 玮	艺术学院	3000	WWRW-201721
22	"互联网+"背景下大学生职业生涯规划研究	孙雨芹	胡 倩 朵伟芝	旅游管理学院	3000	WWRW-201722
23	新形势下外语如何更好地服务于巢湖旅游	姚 瑶	景西亚 朵伟芝	外国语学院	3000	WWRW-201723
24	中国青年梦,你我在征程——十九大精神下大学生创业正能量中英原创微电影制作	陆 华	汤玲玲 朵伟芝	外国语学院	3000	WWRW-201724
25	"源回"——校园资源共享爱心服务平台	梁美景	潘月红	外国语学院	3000	WWRW-201725
26	试论学生社团对青年学生职业发展的影响——以巢湖学院为例	徐鲜丽	李 昆 朵伟芝	团委	3000	WWRW-201726

"皖维科技创新孵化基金"项目立项资助一览表(自然科学)

序号	项目名称	主持人	指导教师	所属学院	批准经费(元)	项目批准号
1	基于 ZigBee 无线自组织网络的全自动水质采集检测系统	方 涛	陈海波	机械与电子工程学院	4000	WWZR-201701
2	自行车智能管理摆放装置的设计	葛业豹	代光辉	机械与电子工程学院	4000	WWZR-201702
3	水龙头节水器研究及更优节水结构设计	谭展华	孙 钊	机械与电子工程学院	4000	WWZR-201703
4	基于振动方式的振动电源系统设计	刘文慧	牛进才	机械与电子工程学院	4000	WWZR-201704
5	液压打包机的创新设计及其故障率降低方案	张红成	廖生温	机械与电子工程学院	4000	WWZR-201705
6	填料塔液体分布器对塔内气液两相分布的影响研究	胡慢谷	江 克 王旭芳	机械与电子工程学院	4000	WWZR-201706
7	环型轨道式立体车库	黄 举	王 伟	机械与电子工程学院	4000	WWZR-201707
8	智能控制垃圾桶	徐书婷	王 静	机械与电子工程学院	4000	WWZR-201708
9	共享智能无线充电平台	承浩	唐 静	机械与电子工程学院	4000	WWZR-201709
10	基于可见光导航的智能车系统设计	吴志龙	任玲芝	机械与电子工程学院	4000	WWZR-201710
11	一种新型多功能洗鞋机设计	王寅斌	王玉勤	机械与电子工程学院	4000	WWZR-201711
12	一种食堂垃圾自动清理与分类装置的研究与分析	曹荣辉	龚智强	机械与电子工程学院	4000	WWZR-201712
13	多自由度柔性立体车库	李思源	胡 建	机械与电子工程学院	4000	WWZR-201713
14	汽车涂装车间涂料输送管道在线监控系统	欧闯闯	董慧芳	机械与电子工程学院	4000	WWZR-201714

续表

序号	项目名称	主持人	指导教师	所属学院	批准经费(元)	项目批准号
15	基于逻辑门电路的硬件看门狗安全置位装置	朱再武	李素平	机械与电子工程学院	4000	WWZR-201715
16	核壳结构氧化铜纳米线制备及其光学性能研究	江 煜	许明坤	机械与电子工程学院	4000	WWZR-201716
17	关于pva土壤改良剂对土壤结构,PH,钾离子浓度及含水量影响的研究	余晓晓	鲁文胜	化学与材料工程学院	4000	WWZR-201717
18	聚乙烯醇自然降解过程	张海林	李志寒	化学与材料工程学院	4000	WWZR-201718
19	类水滑石紫外功能材料的合成及性能研究	姚 澳	李宏林	化学与材料工程学院	4000	WWZR-201719
20	纳米$Mg(OH)_2$/聚乙烯醇复合材料的制备及阻燃性能研究	余明清	王小东	化学与材料工程学院	4000	WWZR-201720
21	酵母富硒培养及富硒酵母抽提物的制备	周洋枝	高玉荣	化学与材料工程学院	4000	WWZR-201721
22	复合添加剂TiO2/MgO-ZTA陶瓷的制备及性能研究	高 原	徐小勇	化学与材料工程学院	4000	WWZR-201722
23	面向企业客户的服务推荐组合模型研究	葛东东	张正金	信息工程学院	4000	WWZR-201723
24	化工行业上市公司融资结构与经营绩效的相关性研究——以安徽省5家为例	刘大刘	林天水	应用数学学院	4000	WWZR-201724

"皖维科技创新孵化基金"项目结项一览表

"皖维科技创新孵化基金"项目结项一览表(人文社会科学)

序号	项目名称	主持人	指导教师	所属学院	最终成果	评定等级
1	"大众创新,万众创业"背景下高校"三创"赛事对大学生创新能力培养的调查研究	郭子娇	李 融	化学与材料工程学院	论文、报告	优秀

续表

序号	项目名称	主持人	指导教师	所属学院	最终成果	评定等级
2	新媒体在高校团学工作中的应用及优化策略研究——以巢湖学院为例	纪 鑫	李 融	化学与材料工程学院	调研报告	合格
3	二本院校学生干部综合素质的调查与分析——以巢湖学院为例	方 浪	陈 侃	应用数学学院	调查报告	优秀
4	皖维集团组织传播形式创新研究	倪士妍	李文娟	文学传媒与教育科学学院	论文、报告	合格
5	皖维集团绿色化工理念现状调查及改善策略	胡蕭兰	毛莎莎	文学传媒与教育科学学院	调查报告	合格
6	社交媒体时代企业舆情风险与危机应对	王 琛	王宇明	文学传媒与教育科学学院	报告	合格
7	皖维集团在职员工职业归属感的调查研究	何 浩	李曙光	文学传媒与教育科学学院	调查报告	良好
8	心理健康教育在社区矫正中的实践应用	郑文艳	信中贵	文学传媒与教育科学学院	报告	合格
9	大学生就业心理问题的调查研究	周新颖	朱 平	文学传媒与教育科学学院	报告	合格
10	基于巢湖旅游发展下创意公交站台建设	赵义婷	周洪波	文学传媒与教育科学学院	论文	良好
11	巢湖市3~6岁儿童家庭教养状况调查与实践	管 婷	张 平	文学传媒与教育科学学院	报告	良好
12	皖维公司网站、微信公众号等宣传平台优化	张 循	欧雅琴 朱宝华	经济与管理学院	研究报告	优秀
13	加强高校与企业技术交流和科技创新的研究	刘先彬	左劲中 韩 龙	经济与管理学院	论文	优秀
14	"互联网+"趋势下皖维集团新型销售模式构建	李 健	余 雷 朱宝华	经济与管理学院	研究报告	合格
15	皖维公司主要产品市场情况及发展趋势分析	丁晓旭	徐志仓 朱宝华	经济与管理学院	研究报告	合格
16	皖维集团物流发展及研究改进	杨 佩	张 洁 朱宝华	经济与管理学院	论文	合格
17	皖维集团职工体育管理现状研究	徐世伟	钟 翔	体育学院	调研报告	合格

续表

序号	项目名称	主持人	指导教师	所属学院	最终成果	评定等级
18	环巢湖国家休闲区体育旅游产品开发与营销策略研究	姚梦月	艾显斌	体育学院	论文	良好
19	交互设计在企业展示空间中的应用——以皖维为例	张丽	薛梅 朱宝华	艺术学院	设计方案	合格
20	环巢湖地区古镇的风物传说及其旅游利用	李芸东	雷若欣	旅游管理学院	报告	合格

"皖维科技创新孵化基金"项目结项一览表(自然科学)

序号	项目名称	主持人	指导教师	所属学院	最终成果	评定等级
1	基于纳米银的PVA彩色薄膜制作	赵祥祥	叶松	机械与电子工程学院	报告	合格
2	环境无线能量收集系统设计与实现	董苹苹	刘双兵	机械与电子工程学院	实物	合格
3	防震逃生门设计	汪业成	邢刚	机械与电子工程学院	专利	良好
4	巢湖水质物联网监测系统及APP开发	尤容容	李素平	机械与电子工程学院	软件、论文	良好
5	二次供水水质智能监控系统的设计	曾奥运	王正创	机械与电子工程学院	实物、报告	合格
6	无人监控智能灌溉系统的设计	蒋光好	王静	机械与电子工程学院	实物、专利	优秀
7	智能停车场管理系统设计	陈伟	凌景	机械与电子工程学院	实物	合格
8	脚踩式抽水泵的结构设计	谢傲	张晴晴	机械与电子工程学院	设计说明书、设计图	合格
9	新型旅游杯	武海峰	王玉勤	机械与电子工程学院	论文、专利	优秀
10	基于ZigBee技术的室内环境参数显示系统设计与实现	曹恩智	乔欣	机械与电子工程学院	实物、专利	良好

续表

序号	项目名称	主持人	指导教师	所属学院	最终成果	评定等级
11	波浪补偿起重机变幅机构的受力分析	朱伟平	周明健	机械与电子工程学院	论文、报告	合格
12	高校多自由度振动筛分装置设计与研究	杨成树	龚智强	机械与电子工程学院	专利	优秀
13	小功率不间断电源的设计	何良	任玲芝	机械与电子工程学院	实物、研究报告	合格
14	互联网＋PVA销售	杨田田	赵祺 朱宝华	经济与管理学院	报告	合格
15	巢湖流域土壤、水以及特色水产品含硒量检测的调查研究	董文文	晏娟	化学与材料工程学院	研究报告	合格
16	银耳菌发酵液制备功能性酸奶的研究	吴振国	张凤琴	化学与材料工程学院	专利、报告	合格
17	提高聚乙烯醇溶解性能的研究	李晴	程东 王旭芳	化学与材料工程学院	研究报告	合格
18	铁氧体/PA6磁性纳米复合材料的制备及性能研究	程紫文	李宏林	化学与材料工程学院	研究报告、论文	优秀
19	聚醋酸乙烯制备聚乙烯醇催化剂技术研究	胡进	钱德胜 李家鸣	化学与材料工程学院	研究报告	良好
20	半汤温泉旅游度假区温泉水质调查与评价	时顺波	钱德胜	化学与材料工程学院	研究报告	合格
21	杂化介孔TiO_2膜电极的制备及其电催化性能研究	曹玉峰	秦国旭	化学与材料工程学院	实验报告	合格
22	$TiO_2/Mn0.8Zn0.2Fe_2O_4$复合粉体的制备	刘帮	李明玲	化学与材料工程学院	研究报告	合格
23	纳米金功能化鲁米诺电化学发光传感器制备及应用	奚胜	叶友胜	化学与材料工程学院	报告	良好
24	基于Java Web的微信扫码定位考勤系统	葛东东	张正金	信息工程学院	软件	合格
25	萌宠在线	周冰雪	刘旭(小)	信息工程学院	软件	合格
26	验真背景调查平台开发	黄山	刘晓波	信息工程学院	软件	合格

续表

序号	项目名称	主持人	指导教师	所属学院	最终成果	评定等级
27	关爱皖维离退休老年人——夕阳暖 APP	孙晨浩	刘旭	信息工程学院	软件	优秀
28	基于熵值法的合肥市循环经济发展水平评估	俞高娃	林天水	应用数学学院	论文(录用)	合格
29	大学生网络贷款影响因素及风险防范研究	倪翔	彭承亮 朱宝华	应用数学学院	论文、报告	良好
30	皖维集团企业员工身体活动现状调查及健康状况评估	杨桐	张金梅	体育学院	调查报告	优秀

年度结项课题一览表

序号	项目名称	主持人	项目类别	项目批准号
1	负载紫杉醇的超顺磁性纳米复合材料的制备及其抗肿瘤作用研究	鲁文胜	安徽省高校自然科学研究重点项目	KJ2012A204
2	基于 deep web 数据集成的企业情报个性化推送系统	钱云	安徽省高校自然科学研究重点项目	KJ2012A205
3	基于机器学习的入侵检测关键技术研究	汪世义	安徽省高校自然科学研究重点项目	KJ2012Z266
4	极性冷分子静电囚禁新方案及其静电晶格研究	许雪艳	安徽省高校自然科学研究重点项目	KJ2012Z271
5	介观超导体涡旋物质的性质研究	史良马	安徽省高校自然科学研究重点项目	KJ2012A203
6	一类限制性 Padé 逼近及其在矩阵指数计算中的应用	陶有田	安徽省高校自然科学研究重点项目	SK2013A194
7	无线多跳协作网络中跨层路由关键问题研究	吴其林	安徽省高校自然科学研究重点项目	KJ2014A172
8	基于洛伦兹力的直流永磁球电机控制策略研究	方愿捷	安徽省高校自然科学研究重点项目	KJ2014A173
9	广义齐次树上任意信源与马氏信源的极限性质	彭维才	安徽省高校自然科学研究重点项目	SK2014A174
10	基于半群作用的 Li-Yorke 混沌和拓扑熵之间关系的研究	关鹏	安徽省高校自然科学研究一般项目	KJ2013B165

续表

序号	项目名称	主持人	项目类别	项目批准号
11	低温溶胶-凝胶法制备 TiO_2 纳米材料及其光化学性质的研究	王 新	安徽省高校自然科学研究一般项目	KJ2013B161
12	安徽省体育文化产业的发展现状及对策研究	鲁 琦	安徽省高校人文社科研究重点项目	SK2013A114
13	民国时期刑事司法创新研究	施 玮	安徽省高校人文社科研究重点项目	SK2013A117
14	城湖联动视角下的合肥滨湖休闲度假旅游地发展研究	方玲梅	安徽省高校人文社科研究重点项目	SK2014A103
15	基于主体功能区视角的环巢湖区域特色农产品营销模式研究	徐志仓	安徽省高校人文社科研究重点项目	SK2014A326
16	融媒时代巢湖半汤国际温泉度假区形象系统设计研究	成素珍	安徽省高校人文社科研究重点项目	SK2014A328
17	产业转型与大学生就业问题研究——基于皖江城市带产业转移的背景分析	汪 军	安徽省高校人文社科研究重点项目	SK2015A419
18	南海争端的演变与中国的策略选择	张连福	安徽省高校人文社科研究一般项目	SK2012B322
19	翻译的差异性价值研究	夏晓荣	安徽省高校人文社科研究一般项目	SK2012B323
20	安徽国画艺术品市场研究	孙国良	安徽省高校人文社科研究一般项目	SK2013B322
21	战国文字地域性特点研究	何家兴	安徽省高校优秀青年人才基金重点项目	2013SQRW064ZD
22	1910~1953年安徽人口与社会变迁	石庆海	安徽省高校优秀青年人才基金重点项目	2013SQRW065ZD
23	安徽省高校优秀青年人才支持计划项目	彭正生	安徽省高校优秀青年人才计划重点项目	gxyqZD2016283
24	安徽省高校体育资源社会化服务体系的构建	江杭生	安徽省高校优秀青年人才基金一般项目	2011SQRW094
25	莫言小说叙事研究	彭正生	安徽省哲学社会科学规划项目	AHSKY2014D111
26	环巢湖地区科技、金融与产业融合创新发展研究	余 雷	合肥市软科学研究项目	

续表

序号	项目名称	主持人	项目类别	项目批准号
27	科技翻译译者能力拓展的平台构建:创新与实践	谷 峰	上海外语教育出版社外语类委托研究项目	SK2015A797
28	环巢湖地区建筑风貌及景观规划应用研究	薛 梅	环巢湖研究中心校级基地专项	XWY-201418
29	清末民初环巢湖地区交通建设与区域开发研究	王红丽	环巢湖研究中心校级基地专项	XWY-201416
30	环巢湖山水旅游景点"诗意化"广告表现研究	李文娟	环巢湖研究中心校级基地专项	XWY-201415
31	TiO_2基复合材料的自组装法合成及催化性能的研究	王 新	巢湖学院科研机构专项	XLY-201319
32	铁炭微电解-芬顿氧化联用处理腈纶废水工艺研究	叶友胜	巢湖学院科研机构专项	XLZ-201502
33	符号思维在平面设计中的应用研究	安 静	巢湖学院科研一般项目	XWY-201010
34	国内医院品牌的视觉系统形象研究——以巢湖市三康医院为例	肖 康	巢湖学院科研一般项目	XWY-201207
35	汉字设计"形态"语意学研究	曹 艺	巢湖学院科研一般项目	XWY-201305
36	歌剧《加尔默罗会修女的对话》之音乐风格研究	李 颖	巢湖学院科研一般项目	XWY-201307
37	图式视觉化特征的语言表达——写意花鸟画创作的构成要素和形式法则研究	刘靖宇	巢湖学院科研一般项目	XWY-201011
38	中国企业对外直接投资的机遇、挑战及对策研究	黄玉霞	巢湖学院科研一般项目	XWY-201014
39	农村地区发展关系融资的研究与探索	刘红梅	巢湖学院科研一般项目	XWY-201210
40	高校无偿献血者流失与服务失误研究	沈菲飞	巢湖学院科研一般项目	XWY-201301
41	"90后"独生子女大学生代际伦理研究	林 凯	巢湖学院科研一般项目	XLY-201211
42	高校转型背景下的师范类专业产学研合作教育研究——以学前教育专业为例	甘 超	巢湖学院科研一般项目	XLY-201417

续表

序号	项目名称	主持人	项目类别	项目批准号
43	"90"后大学生消费现状分析及教育对策研究——以巢湖学院为例	孙红姐	巢湖学院科研一般项目	XLY-201312
44	新媒体时代环巢湖水文化传播研究	黄 颖	巢湖学院科研一般项目	XWY-201407
45	巢湖市"十三五"文化产业发展规划研究	陈海银	巢湖学院产学研项目	XWZ-201504
46	酒店装饰性数码版画创作	杨广红	巢湖学院产学研项目	XWY-201714
47	巢湖特产(湖鲜酱、烔炀糕点、银鱼干、纯芝麻油)包装设计开发	王永虎	巢湖学院产学研项目	XWY-201715
48	钴矿湿法冶炼中副产品粗制碳酸锰精加工技术与应用	李明玲	巢湖学院产学研项目	XLY-201416
49	建立健全大学生党员践行雷锋精神的长效机制研究	季春芳	巢湖学院科研一般项目	XWY-201215
50	生活德育视域下高校道德教育生活化研究	夏明群	巢湖学院科研一般项目	XWY-201315
51	地方本科高校党员发展工作模式化构建研究	王 晖	巢湖学院科研一般项目	XWY-201513
52	新时期我国体育利益均衡发展的研究	王 巍	巢湖学院科研一般项目	XLY-201310
53	英国女作家简·奥斯汀代表作《傲慢与偏见》中婚姻价值观的研究	王 娟	巢湖学院科研一般项目	XWY-201314
54	基于主成分分析的预测模型研究	陈 侃	巢湖学院科研一般项目	XLY-201005
55	关于水环境反问题的一些研究	刘相国	巢湖学院科研一般项目	XLY-201006
56	不确定语言判断矩阵的群决策方法研究	郝江锋	巢湖学院科研一般项目	XLY-201102
57	农用XG/HA/AA三元高吸水性树脂的制备及性能研究	程 磊	巢湖学院科研一般项目	XLY-201104
58	基于线粒体DNA序列探讨巢湖湖鲚与长江刀鲚的分类地位	张 凌	巢湖学院科研一般项目	XLY-201107
59	固体碱催化合成生物柴油的研究	李 川	巢湖学院科研一般项目	XLY-201306
60	无限维线性随机关联大系统的稳定性研究	许 磊	巢湖学院科研一般项目	XLY-201112

续表

序号	项目名称	主持人	项目类别	项目批准号
61	表面等离激元传输损耗补偿与光刻应用	叶 松	巢湖学院科研重点项目	XLZ-201201
62	发电机气门的分数阶 PID 控制策略的研究	唐 静	巢湖学院科研一般项目	XLY-201303
63	带传递关系的循环 ALC 固定点语义	张 勇	巢湖学院科研一般项目	XLY-201408
64	从社会语言学角度探究杜拉斯作品女性话语风格——以《副领事》为例	张露露	巢湖学院科研一般项目	XWY-201409
65	安徽发展低碳经济——以碳排放交易体系为视角	王晶晶	巢湖学院科研一般项目	XWY-201501
66	合肥市网球俱乐部经营管理模式研究	汪 健	巢湖学院科研一般项目	XLY-201516
67	大合肥背景下巢湖市网球发展研究	卜宏波	巢湖学院科研一般项目	XLY-201315
68	基于模糊综合评价法的 B2C 电子商务网站评价模型研究	李玲玲	巢湖学院科研一般项目	XLY-201407
69	芯片测试集合并方法研究	黄贵林	巢湖学院科研一般项目	XLY-201409
70	感知哈希在图像认证中的应用	刑慧芬	巢湖学院科研一般项目	XLY-201410
71	组织中跨边界学习:模式及策略研究	张帅兵	巢湖学院科研一般项目	XLY-201513
72	基于大数据的社交网络社团发现算法的研究	韩俊波	巢湖学院科研一般项目	XLY-201614
73	电动车充电站多功能智能充电器的研究	孙春虎	巢湖学院科研一般项目	XLY-201508
74	新常态下利用优秀校友资源开拓高校就业市场研究	万 运	巢湖学院科研一般项目	XLY-201507
75	气缸型人工肌肉结构与工作特性的研究	代光辉	巢湖学院科研一般项目	XLY-201504
76	休假排队模型的研究	陈佩树	巢湖学院科研启动基金项目	
77	文艺复兴时期西欧女性休闲娱乐活动生活研究	雷若欣	巢湖学院科研启动基金项目	

续表

序号	项目名称	主持人	项目类别	项目批准号
78	张籍诗重出误收考	徐礼节	巢湖学院科研启动基金项目	
79	张籍王建研究	徐礼节	巢湖学院科研启动基金项目	
80	权益保护、企业融资与资本配置效率	吴克平	巢湖学院科研启动基金项目	
81	Fe_3O_4超顺磁性抗癌药物载体的构建	鲁文胜	巢湖学院科研启动基金项目	
82	高产琥珀酸钝齿棒杆菌工程菌的构建	陈小举	巢湖学院科研启动基金项目	
83	基于二茂铁离子催化电化学发光免疫传感技术及其应用研究	叶友胜	巢湖学院科研启动基金项目	
84	溶胶-凝胶法制备TiO_2基复合材料及其催化性能的研究	王 新	巢湖学院科研启动基金项目	
85	基于烯酮亚胺为中间体的一些新反应研究	程 东	巢湖学院科研启动基金项目	
86	协作自组织网络中跨层路由算法研究	吴其林	巢湖学院科研启动基金项目	
87	杂化表面等离激元光刻技术研究	叶 松	巢湖学院科研启动基金项目	
88	振动气吸盘式精密排种装置工作机理研究	龚智强	巢湖学院科研启动基金项目	
89	富悦大酒店智慧化管理模式构建策略	丁龙庆	横向项目	
90	余姚宾馆软装饰与英语标识存在的问题及解决对策	吴 萍	横向项目	
91	绍兴五星级酒店实习生管理的对策研究	方玲梅	横向项目	
92	湖州开元名都大酒店个性化服务质量提升策略	胡茂胜	横向项目	
93	基于游客感知的扬州瘦西湖温泉旅游提升策略	齐先文	横向项目	
94	天津滨海圣光皇冠假日酒店绩效管理存在问题与对策研究	刘亚峰	横向项目	

续表

序号	项目名称	主持人	项目类别	项目批准号
95	初中英语分层讲练复习资料(上)	周 华	横向项目	
96	初中英语分层讲练复习资料(中)	周 华	横向项目	
97	初中英语分层讲练复习资料(下)	周 华	横向项目	
98	柘皋镇文明创城墙绘	田世彬	横向项目	
99	巢湖·庙岗全年特色旅游节日策划	石 惠	横向项目	
100	巢湖市烔炀镇南湖方村文化提升	石 惠	横向项目	
101	巢湖半岛国家级体育公园规划	兰顺领	横向项目	
102	巢湖市体育中心水上乐园市场调研、布局规划及人力资源培训	王归然	横向项目	
103	河北电信 Android 物流查询系统	方 周	横向项目	
104	江苏风云科技软件咨询项目	吴其林	横向项目	
105	新能源乘用车 DC-DC 转换系统开发	王正创	横向项目	
106	呼叫中心交互式语音系统开发	王正创	横向项目	
107	基于 ZigBee 技术的水质监测系统研发	乔 欣	横向项目	

产学研合作信息一览表

序号	合作单位	协议/合同类型	项目负责人
1	安徽皖维集团有限责任公司	皖维科技创新孵化基金	祝家贵
2	安徽省教育招生考试院	产学研合作协议	祝家贵
3	巢湖学院承办中国四人制排球公开赛	产学研合作协议	祝家贵
4	国元证券股份有限公司	产学研合作协议	祝家贵
5	合肥精创科技有限公司	技术委托开发合同	朱定秀
6	安徽雅格立展示用品有限公司	委托开发合同	郑 艳
7	兴业银行巢湖支行	委托开发合同	毛莎莎
8	南京中创书局有限公司	委托开发合同	丁俊苗

续表

序号	合作单位	协议/合同类型	项目负责人
9	安徽徽韵心理咨询有限公司	委托开发合同	信中贵
10	巢湖金典文化传媒有限公司	委托开发合同	袁凤琴
11	巢湖唯动广告有限公司	委托开发合同	潘慧慧
12	巢湖市柘皋镇文化站	委托设计合同	田世彬
13	巢湖市唯阁竹木业有限公司	委托设计合同	李 勇
14	庐江县中远建筑工程有限公司	委托设计合同	薛 梅
15	安徽慕曼德家具有限公司	委托设计合同	褚春元
16	合肥尚艺影视传媒文化有限公司	委托设计合同	田世彬
17	巢湖市坝镇人民政府	委托设计合同	王晓晖
18	巢湖荷花渔网有限公司	技术委托开发合同	万新军
19	合肥燕美新材料科技有限公司	技术委托开发合同	万新军
20	国电中自(合肥)电气科技有限公司	技术委托开发合同	万新军
21	巢湖市审计局	产学研合作协议	徐志仓
22	巢湖市司法局	产学研合作协议	罗发海
23	安徽才联人力资源管理有限公司	产学研合作协议	罗发海
24	上海盛世龙文教育培训有限公司	产学研合作协议	周 华
25	巢湖教育局	产学研合作协议	兰顺领
26	巢湖市柘皋镇人民政府	委托设计合同	周雪华
27	安徽乐宇体育文化交流有限公司	产学研合作协议	王归然
28	扬州瘦西湖温泉度假村	产学研合作协议	刘 锐
29	盐官古城开元酒店	产学研合作协议	陈 凯
30	绍兴大禹开元度假村	产学研合作协议	雷若欣
31	嘉兴晶晖酒店有限公司	产学研合作协议	丁龙庆
32	上海富悦大酒店、嘉兴富悦大酒店	产学研合作协议	方玲梅
33	绍兴开元名都大酒店	产学研合作协议	曾 静
34	浙江余姚宾馆	产学研合作协议	杨 帆 刘亚峰
35	杭州三立开元名都大酒店	产学研合作协议	唐丽丽 过慈明
36	昆山曙光国际大酒店有限公司	产学研合作协议	朱学同

续表

序号	合作单位	协议/合同类型	项目负责人
37	天津滨海洲际酒店	产学研合作协议	胡 倩
38	湖州开元酒店	产学研合作协议	胡茂胜
39	国家统计局巢湖调查大队	产学研合作协议	赵开斌
40	合肥中南光电有限公司	技术委托开发合同	王可胜
41	安徽南风环境工程技术有限公司	技术委托开发合同	乔 欣
42	安徽易联星通服务外包有限公司	技术委托开发合同	王正创
43	合肥东胜新能源汽车	技术委托开发合同	王正创
44	宣城亨泰电子化学材料有限公司	技术委托开发合同	王正创
45	安徽新合大工程管理有限公司	技术委托开发合同	叶友胜
46	深圳宜和勤环保有限公司	技术委托开发合同	王小东
47	金科院南京技术服务公司	技术委托开发合同	方 周
48	驰马拉链(安徽)有限公司	技术委托开发合同	吴其林
49	江苏风云科技服务有限公司	产学研合作协议	吴其林
50	北京安软信息科技有限公司	产学研合作协议	曹 骞

学术论文发表、著作出版情况

时间	类别	数量	合计
2017年	SCI、EI 检索	32 篇	348 篇
	CSSCI、CSCD 检索	26 篇	
	CSSCI 扩展版、CSCD 扩展版及中文核心检索	28 篇	
	其他论文	262 篇	
	专著、编著、译著	8 部	8 部

注：论文第一作者均为本校教师。

专利授权信息一览表

序号	专利权人	发明人	专利号	专利名称	专利类型
1	巢湖学院	李宏林　李英　罗伟青　刘帅帅　李明玲	201610256463.3	一种磁性水滑石的制备方法	发明专利
2	巢湖学院	方愿捷	201510514505.4	基于三自由度球型电机的相对坐标变换算法及检测系统	发明专利
3	巢湖学院	周明健　杨汉生　王玉勤	201510001494.X	伺服阀控马达装置的参数识别方法	发明专利
4	巢湖学院	龚智强　冯大建　邢刚　杜康　常数数　刘凯翔	201510727056.1	一种机械便捷式冲水马桶装置	发明专利
5	巢湖学院	龚智强　常数数	201610030841.6	一种气吸溜种式精密播种装置	发明专利
6	巢湖学院	龚智强　常数数	201610030884.4	一种气吸溜槽翻转式精密播种装置	发明专利
7	巢湖学院	龚智强　常数数	201610030907.1	一种精密播种机的精量均匀加种装置	发明专利
8	巢湖学院	龚智强　魏如志　刘永庆　梁三金	201610073797.7	一种自动精量均匀加种装置	发明专利
9	巢湖学院	龚智强　常数数　杨道明　梁三金	201610073816.6	一种水陆两栖垃圾捡拾机器人	发明专利
10	巢湖学院	龚智强　檀竹鹏　梁三金　邢刚	201610368603.6	一种四自由度并联减振担架平台	发明专利
11	巢湖学院	龚智强　杨道明　魏如志　梁三金　常数数　刘永庆	201610092478.0	一种精密水平调节装置	发明专利
12	巢湖学院	龚智强　杨道明　常数数　邢刚　魏如志　刘永庆	201510716997.5	一种自动分类的垃圾压缩装置	发明专利

续表

序号	专利权人	发明人	专利号	专利名称	专利类型
13	巢湖学院	龚智强 刘永庆 魏如志 邢 刚 杨道明 常数数	201510727417.2	一种可调式晒场收粮装置	发明专利
14	巢湖学院	龚智强 吴志聪 袁 强 梁三金 王成军	201610368421.9	一种三自由度汽车座椅减振平台	发明专利
15	巢湖学院	龚智强 李鑫海 梁三金 邢 刚	201610270630.X	一种三自由度混联振动筛分装置	发明专利
16	巢湖学院	龚智强 汪义木 梁三金 蒋天让	201610368099.X	一种二自由度振动分级装置	发明专利
17	巢湖学院	龚智强 刘永庆 魏如志 梁三金	201610074438.3	一种可调式中医按摩装置	发明专利
18	巢湖学院	龚智强 杜安杰 梁三金 陈海波 邢 刚	201610334030.5	一种旋转气吸振动式播种装置	发明专利
19	巢湖学院	龚智强 陈礼群 王子豪 梁三金	201610368161.5	一种多功能康复锻炼装置	发明专利
20	巢湖学院	龚智强 常数数 魏如志 刘永庆 杨道明	201610124624.3	一种半自动纸箱成型及封装装置	发明专利
21	巢湖学院	龚智强 杨道明 常数数 梁三金 魏如志 刘永庆	201610092479.5	一种可调平四自由度并联振动筛	发明专利
22	巢湖学院	龚智强 刘全波 陈礼群 范继强 梁三金	201610074479.2	一种多功能气吸滚筒式精密播种装置	发明专利
23	巢湖学院	龚智强 刘永庆 魏如志 梁三金	201610073799.6	一种气吸振动滚筒式精密播种装置	发明专利
24	巢湖学院	龚智强 常数数 刘永庆 邢 刚 魏如志 杨道明	201510821464.3	一种可调节式纸箱成型及封装装置	发明专利
25	巢湖学院	龚智强 汪无病 梁三金 陈海波	201610368570.5	一种水陆两栖垃圾打捞装置	发明专利
26	巢湖学院	龚智强 李 玲 梁三金 杨汉生	201620505463.8	一种垃圾自动清扫装置	实用新型

续表

序号	专利权人	发明人	专利号	专利名称	专利类型
27	巢湖学院	龚智强 叶小冬 袁 强 梁三金	201620518835.0	一种三自由度振动搅拌装置	实用新型
28	巢湖学院	龚智强 孙 浩 梁三金 邢 刚	201620400111.6	一种半自动仿人手掂锅翻炒装置	实用新型
29	巢湖学院	龚智强 李 玉 崔飞健 梁三金 陈海波	201620504971.4	一种墙壁清洁装置	实用新型
30	巢湖学院	龚智强 杨 冲 周智文	201720527893.4	一种多功能果蔬采摘机械手	实用新型
31	巢湖学院	龚智强 赵保岗 徐 旷 梁三金	201720541276.X	一种货物上下楼梯搬运装置	实用新型
32	巢湖学院	龚智强 吴 胜 曹 杰	201720527896.8	一种苗木移栽装置	实用新型
33	巢湖学院	龚智强 许大明 赵小杰 宁 壮 胡忠斌 王认认 李泉君 贺 龙	201720648609.9	一种可调滚筒式水面垃圾打捞收集装置	实用新型
34	巢湖学院	龚智强 杨成树 梁三金 华文广 崔飞健 鲁兴义	201720606690.4	一种高效多自由度振动筛分装置	实用新型
35	巢湖学院	陈初侠 陈海波 鲁业频 李 健	201720647665.0	一种转筒式自动加料的印刷设备	实用新型
36	巢湖学院	陈初侠 陈海波 鲁业频 李 健	201720648226.1	一种便携式易清理印刷装置	实用新型
37	巢湖学院	陈初侠 陈海波 鲁业频 李 健	201720648227.6	一种推拉式印刷设备	实用新型
38	巢湖学院	代光辉 张志远 蔺安军 程 健 谢 傲	201620579975.9	一种高度可调鞋架	实用新型
39	巢湖学院	代光辉 张志远 程 健 蔺安军 谢 傲	201620469104.1	一种气动仿生机械手	实用新型
40	巢湖学院	代光辉 吴昌盛 王 恺 李 攀 江弘治	201620370544.1	一种改进型脚踩式升降台	实用新型

续表

序号	专利权人	发明人	专利号	专利名称	专利类型
41	巢湖学院	代光辉 谢 傲 蔺安军 程 健 张志远	201620579973.X	一种快速拆装桌	实用新型
42	巢湖学院	方愿捷 陶以哲 李 广 王邵军	201621082127.3	一种自调整火箭发射平台	实用新型
43	巢湖学院	方愿捷 陶以哲 王邵军 张 兵	201620671856.6	一种带手动模式智能模型火箭发射平台	实用新型
44	巢湖学院	方愿捷 韩金龙	201720504063.X	一种船舶管道密封机构	实用新型
45	巢湖学院	唐 静 许雪艳 王 静 殷天宇 夏 坤	201720300660.0	一种室内智能光控装置	实用新型
46	巢湖学院	王 静 唐 静 夏 坤 何 元	201720083469.5	结合记忆卡摆设槽的移动电源	实用新型
47	巢湖学院	王 静 余建立 唐 静 曾奥运 夏 坤	201720300308.7	一种压力检测装置	实用新型
48	巢湖学院	王 静 邢 刚 唐 静 王鹏程 夏 坤	201720300306.8	一种密封检测装置	实用新型
49	巢湖学院	王 静 乔 欣 蒋光好 唐 静 夏 坤	201720300312.3	一种智能浇灌装置	实用新型
50	巢湖学院	王 静 陈海波 蒋光好 唐 静 夏 坤	201720300300.0	一种用于露天花圃浇灌的装置	实用新型
51	巢湖学院	王 静 刘雪刚 凌 景 乔 欣 刘 波 夏 坤	201720300311.9	一种电路检测装置	实用新型
52	巢湖学院	王 静 许雪艳 唐 静 凌 景 何 源 夏 坤	201720300252.5	一种电路教学检测装置	实用新型
53	巢湖学院	王 静 邢 刚 刘雪刚 唐 静 夏 坤 曾奥运	201720300295.3	一种电路检测报警装置	实用新型
54	巢湖学院	王 静 朱爱国 唐 静 李昕龙 夏 坤	201720300292.X	一种电源电压检测装置	实用新型

续表

序号	专利权人	发明人	专利号	专利名称	专利类型
55	巢湖学院	王 静　刘双兵　凌 景　刘雪刚　蒋光好　夏 坤	201720300307.2	一种电源检测装置	实用新型
56	巢湖学院	靳国宝　靳 魁　张 兵　宗兆洋	201620418708.3	一种新型捣蒜器	实用新型
57	巢湖学院	靳国宝　鲍中瀚　李修明　程 浩	201620506139.8	一种布娃娃式奶瓶	实用新型
58	巢湖学院	靳国宝　沈 聪　李修明　洪莹莹	201620505826.8	一种太阳能电池板加热式花盆	实用新型
59	巢湖学院	靳国宝　李修明　张 兵　范利军	201620560774.4	一种自动破壳装置	实用新型
60	巢湖学院	靳国宝　李泽恒	201620562719.9	一种多功能腋杖	实用新型
61	巢湖学院	靳国宝　宗兆洋	201620560771.0	一种自动调节衣架	实用新型
62	巢湖学院	靳国宝　李修明　鲍中瀚　张 兵	201620578362.3	一种基于墙角可收缩装置	实用新型
63	巢湖学院	靳国宝　鲍中瀚　宗兆洋　董康佳	201620582239.9	一种吸附式勺子	实用新型
64	巢湖学院	靳国宝　鲍中瀚　宗兆洋　李修明	201620582187.5	一种折叠式书架	实用新型
65	巢湖学院	靳国宝　李泽恒　陈秀秀	201620626358.X	一种头戴式遮阳伞	实用新型
66	巢湖学院	靳国宝　汪 青　张 兵	201620626360.7	一种多功能便携式茶几	实用新型
67	巢湖学院	靳国宝　张 兵　靳 魁　李修明	201620647400.6	一种脚踏式马桶	实用新型
68	巢湖学院	孔 兵	2016206247873	一种下肢康复训练装置	实用新型
69	巢湖学院	孔 兵	2016206745328	一种用于豆浆机的具有接电防水功能的连接装置	实用新型
70	巢湖学院	孔 兵	2016206745309	一种新型豆浆机	实用新型
71	巢湖学院	孔 兵	2016206745313	一种便于清洗的豆浆机	实用新型
72	巢湖学院	孔 兵	2016206727211	一种便于冲泡茶叶的保温杯	实用新型
73	巢湖学院	孔 兵	2016207051757	一种夏威夷果开壳器	实用新型

续表

序号	专利权人	发明人	专利号	专利名称	专利类型
74	巢湖学院	孔 兵	2016207053860	一种新型手术钳	实用新型
75	巢湖学院	孔 兵	2016207499636	一种电动车灯随动装置	实用新型
76	巢湖学院	孔 兵	2016208043103	分类计数储蓄罐	实用新型
77	巢湖学院	孔 兵	2016207637706	一种废纸打碎搅拌装置	实用新型
78	巢湖学院	孔 兵	2016207783613	一种可伸缩的防滑拐杖	实用新型
79	巢湖学院	孔 兵	2016207783562	一种防滑拐杖	实用新型
80	巢湖学院	孔 兵	2016208268126	一种水果切碎装置	实用新型
81	巢湖学院	孔 兵	2016208268130	一种搅拌装置	实用新型
82	巢湖学院	孔 兵	2016208268183	一种中药材清洗烘干装置	实用新型
83	巢湖学院	孔 兵	2016208268200	一种中药材清洗分筛装置	实用新型
84	巢湖学院	孔 兵	2016208500109	一种茶叶多级分筛装置	实用新型
85	巢湖学院	孔 兵	2016208802594	一种反应釜	实用新型
86	巢湖学院	孔 兵	201620905404X	一种自带传动机构的除锈刷辊装置	实用新型
87	巢湖学院	孔 兵	2016208268198	一种中药材烘干装置	实用新型
88	巢湖学院	孔 兵	2016207386356	一种剥虾钳	实用新型
89	巢湖学院	孔 兵	2016206247820	一种纺织用烘干装置	实用新型
90	巢湖学院	孔 兵	2016207653145	一种简易麻醉范围探测装置	实用新型
91	巢湖学院	孔 兵	2016207783401	一种拐杖	实用新型
92	巢湖学院	孔 兵	2016207479967	伸缩挂包架	实用新型
93	巢湖学院	孔 兵	2016207053875	一种手术钳	实用新型
94	巢湖学院	孔 兵	2016207055349	一种端头可拆卸手术钳	实用新型
95	巢湖学院	孔 兵	2016207479948	挂包架	实用新型
96	巢湖学院	孔 兵	2016207479933	可调挂包架	实用新型
97	巢湖学院	孔 兵	2016207479929	新型挂包架	实用新型
98	巢湖学院	孔 兵	2016207386318	夏威夷果剥壳钳	实用新型
99	巢湖学院	孔 兵	2016207386337	一种新型夏威夷果剥壳器	实用新型

续表

序号	专利权人	发明人	专利号	专利名称	专利类型
100	巢湖学院	孔 兵	2016207386271	一种夏威夷果剥壳钳	实用新型
101	巢湖学院	孔 兵	2016207386341	一种快速剥虾钳	实用新型
102	巢湖学院	孔 兵	2016207386360	一种钳式夏威夷果开壳器	实用新型
103	巢湖学院	孔 兵	201620705388X	一种可转动手术钳	实用新型
104	巢湖学院	李素平	201720271858.0	电池组充放电均衡设备	实用新型
105	巢湖学院	李素平	201720435373.0	一种电瓶车防盗系统	实用新型
106	巢湖学院	刘雪刚 贾 靖 霍兴旺 何 聪 丁泽文	201720633163.2	一种模块式水泥抹墙机	实用新型
107	巢湖学院	乔 欣	201621288568.9	分布式矿山灾害信息感知与多源联动预警装置	实用新型
108	巢湖学院	乔 欣	201621314638.3	矿井无线电传输模型与动目标定位精度增强装置	实用新型
109	巢湖学院	乔 欣	201620513952.8	一种基于UWB的TOF装置	实用新型
110	巢湖学院	乔 欣	201720398396.9	分布式矿山灾害信息感知与多源联动预警系统	实用新型
111	巢湖学院	乔 欣	201720396135.3	用于分布式矿山灾害信息感知系统传感器安装支架	实用新型
112	巢湖学院	乔 欣	201720396134.9	矿井内输送机专用升降支架	实用新型
113	巢湖学院	王正创 何 瀚	201621495296.X	一种智能双开式窗户	实用新型
114	巢湖学院	王正创 陈 哲	201720587825.7	一种噪声环境下的声纹识别设备	实用新型
115	巢湖学院	王正创 闫 鹏	201720587821.9	一种噪声环境下基于耳蜗倒谱系数的声纹识别装置	实用新型
116	巢湖学院	王正创 石博文	201720587822.3	一种便于拆装的语音信号处理设备	实用新型
117	巢湖学院	孙春虎	ZL201620458898.1	一种基于SMT32的RLC测试仪	实用新型

续表

序号	专利权人	发明人	专利号	专利名称	专利类型
118	巢湖学院	孙春虎	ZL201720207562.2	一种基于DSP的转差频率控制的变频调速装置	实用新型
119	巢湖学院	孙春虎	ZL201720203080.X	一种基于PLC的节能路灯控制系统	实用新型
120	巢湖学院	孙春虎	ZL201720330403.1	一种多功能蓄电池快速充电器	实用新型
121	巢湖学院	邢刚 徐浩 王云 王文款	201620391797.7	一种具有封闭空间的防地震桌子	实用新型
122	巢湖学院	邢刚 王云 徐浩 王文款	201620488789.4	一种餐厨垃圾处理装置	实用新型
123	巢湖学院	邢刚 崔飞健 杜安杰 檀竹鹏 郭超	201620601741.X	一种防震高低床	实用新型
124	巢湖学院	邢刚 张罗 余吴建 吕家云	201620601853.5	一种多功能可拆装桶	实用新型
125	巢湖学院	邢刚 檀竹鹏 崔飞健 杜安杰 郭超	201620459007.4	一种地震避险橱柜	实用新型
126	巢湖学院	邢刚 蒋华俭 汪业成 杨金星 康永莉 吕伟	201720661113.5	一种新型防震逃生门	实用新型
127	巢湖学院	邢刚 张祥坤 金星 丁紫薇 陈成 周雪健	201720578371.7	一种电动车电池防盗装置	实用新型
128	巢湖学院	徐兵	201620647397.8	家用可收缩式雨伞架	实用新型
129	巢湖学院	徐兵	201620647490.9	一种搓动式洗筷机	实用新型
130	巢湖学院	许磊	201720389212.2	一种快速粉墙装置	实用新型
131	巢湖学院	杨汉生 王静 方愿捷 唐静 何元	201720077887.3	一种携带式移动电源装置	实用新型
132	巢湖学院	杨汉生 王静 蒋光好 方愿捷 唐静 夏坤	201720308598.X	一种检测辅助工装	实用新型
133	巢湖学院	杨汉生 季海龙 霍新旺 王宇	201620579994.1	自动换纸盒	实用新型

续表

序号	专利权人	发明人	专利号	专利名称	专利类型
134	巢湖学院	周明健　张程前	201720006198.3	一种立式混料机	实用新型
135	巢湖学院	周明健　张程前	201720006188.X	一种冷却式搅拌机	实用新型
136	巢湖学院	周明健　高孙权	201720041407.8	一种环保型混合机	实用新型
137	巢湖学院	周明健　高孙权　程　健	201720113177.1	一种环保型烘干搅拌机	实用新型
138	巢湖学院	周明健　高孙权	201720041403.X	一种脉冲反吹除尘设备	实用新型
139	巢湖学院	申海洋　陈初侠　史淑仙　王德喜	ZL201720217989.0	直角结构通信线缆滑车	实用新型
140	巢湖学院	申海洋　陈初侠　徐　兵　史淑仙	ZL201720347331.1	一种可移动式景区网络覆盖装置	实用新型
141	巢湖学院	申海洋　陈初侠　徐　兵　史淑仙	ZL201720347333.0	一种车辆交通事故视频监测装置	实用新型
142	巢湖学院	申海洋　陈初侠　徐　兵　史淑仙	ZL201720347372.0	一种适用于开阔水域的水质远程采样装置	实用新型
143	巢湖学院	申海洋　陈初侠　徐　兵　史淑仙	ZL201720347335.X	一种景区内可移动网络监控与环境治理装置	实用新型
144	巢湖学院	申海洋　陈初侠　史淑仙　王德喜	ZL201720357583.2	通信维修用爬高装置	实用新型
145	巢湖学院	申海洋　陈初侠　史淑仙　王德喜　徐　兵	ZL201720357581.3	通信线缆剥线装置	实用新型
146	巢湖学院	申海洋　陈初侠　徐　兵　史淑仙	ZL201720576239.2	一种智能家庭防盗门	实用新型
147	巢湖学院	孙　钊	ZL201720389211.8	一种切菜装置	实用新型
148	巢湖学院	刘　波	201720082392.X	一种桶式光生物反应器	实用新型
149	巢湖学院	贾昌娟	201620574608.X	一种新型笔架	实用新型
150	巢湖学院	程雯雯	201720534551.5	一种影视动画立体数控轨迹拍摄装置	实用新型
151	巢湖学院	王丹丹	201720690558.6	一种适用于室内外植物立体栽培使用的装置	实用新型
152	巢湖学院	陈佩树　龚志强　彭维才	ZL201620577565.0	一种调味瓶放置装置	实用新型

续表

序号	专利权人	发明人	专利号	专利名称	专利类型
153	巢湖学院	梁三金 韩大宝 龚智强 陈海波 邢 刚	201620459016.3	一种肩部和颈部按摩装置	实用新型
154	巢湖学院	梁三金 崔飞健 龚智强 邢 刚	201620381589.9	一种宿舍单人床蚊帐便捷收搭装置	实用新型
155	巢湖学院	梁三金 袁 强 龚智强 陈海波 邢 刚	201620416578.X	一种便携式多功能手动按摩装置	实用新型
156	巢湖学院	梁三金 苏明周 龚智强 陈海波 邢 刚	201620459010.6	一种多功能脚部运动按摩装置	实用新型
157	巢湖学院	梁三金 桂 超 龚智强 邢 刚	201620381608.8	一种便携式花样锻炼臂力器	实用新型
158	巢湖学院	柳传长	201621021631.2	一种便携式洗车器	实用新型
159	巢湖学院	王玉勤 朱 明 耿 壮 王 宇 霍新旺 何 聪	201620497751.3	一种高精度丁字尺	实用新型
160	巢湖学院	王玉勤 王 宇 霍新旺 季海龙 李 健 许洋洋	201620579950.9	一种新型纸巾盒	实用新型
161	巢湖学院	王玉勤 史寒蕾 霍新旺 王 宇 耿 壮	201620538976.9	手持式清洁吸尘器	实用新型
162	巢湖学院	王玉勤 霍新旺 范 琳 许 蒴 陈泽平 季海龙 许洋洋 何 聪 杨 帆	201720224956.9	一种自动机械表用摆动手表盒	实用新型
163	巢湖学院	王玉勤 霍新旺 范 琳 何 聪 耿 壮 许 蒴 陈泽平 季海龙 许洋洋	201720224957.3	一种用于投掷类运动的摄像装置	实用新型
164	巢湖学院	王玉勤 霍新旺 范 琳 何 聪 孙其龙 耿 壮 许 蒴 陈泽平 许洋洋	201720225758.4	一种带有安全网的车门	实用新型

续表

序号	专利权人	发明人	专利号	专利名称	专利类型
165	巢湖学院	王玉勤 霍新旺 孙其龙 何聪 许蒴 陈泽平 季海龙 杨帆	201720224930.4	一种汽车侧窗安全网	实用新型
166	巢湖学院	王玉勤 霍新旺 范琳 武海峰 何聪 许蒴 陈泽平 杨帆	201720225759.9	一种电动汽车脱困装置	实用新型
167	巢湖学院	王玉勤 季海龙 武海峰 孙其龙 何聪 许蒴 陈泽平 杨帆	201720228166.8	一种杀鱼用的橡胶手套	实用新型
168	巢湖学院	王玉勤 武海峰 范琳 许蒴 陈泽平 季海龙 许洋洋 何聪 杨帆	201720223038.4	一种取果器	实用新型
169	巢湖学院	王玉勤 孙其龙 季海龙 武海峰	201720374502.X	一种电动摘果机	实用新型
170	巢湖学院	王玉勤 季海龙 武海峰 孙其龙	201720632714.3	电动摘果机	实用新型
171	巢湖学院	宁小波	201720719863.3	基于物联网联合收获机作业数据监测与智能控制系统	实用新型
172	巢湖学院	田世彬 成仲雅 高昀 杨涛	201621315649.3	一种多功能饰品	实用新型
173	巢湖学院	田世彬 成仲雅 闫玉兰 杨涛	201621315648.9	一种手机膜存放盒	实用新型
174	巢湖学院	田世彬 成仲雅 曹多军 杨涛	201621315851.6	一种便于拆装的水杯	实用新型
175	巢湖学院	李月红	201620715177.4	一种健美操踏板	实用新型
176	巢湖学院	林天水	201720419610.4	一种高校证券模拟用临时存储装置	实用新型
177	巢湖学院	林天水	201720420125.9	一种税收单据用便携式存储装置	实用新型
178	巢湖学院	疏志年 李小荣	201621312870.3	一种微计算机软件加密保护装置	实用新型

续表

序号	专利权人	发明人	专利号	专利名称	专利类型
179	巢湖学院	秦 艳	201720587750.2	一种可伸缩插电板	实用新型
180	巢湖学院	秦 艳	201720368012.9	一种卡通插线板	实用新型
181	巢湖学院	廖生温 汪 超 赵 虎 苏 启 王同飞	201620626325.5	一种折叠伸缩的扫帚	实用新型
182	巢湖学院	王正创	2017SR142267	呼叫中心交互式语音系统V1.0	软件著作权
183	巢湖学院	刘 拥 张克楠	2017SR147763	校园素质拓展系统V1.0	软件著作权
184	巢湖学院	周明健	2017SR095459	智能机械模拟控制系统V1.0	软件著作权
185	巢湖学院	王玉勤 孙其龙 霍新旺 许洋洋 季海龙 许 蒴 陈泽平 杨 帆	201730062046.0	离心泵(脱硫除尘)	外观设计
186	巢湖学院	王玉勤 耿 壮 孙其龙 霍新旺	201730076424.0	卧式离心泵(脱硫除尘)	外观设计
187	巢湖学院	王玉勤 许洋洋	201730115624.2	离心泵	外观设计
188	巢湖学院	王玉勤 孙其龙	201730115176.6	脱硫除尘离心泵(柱状卧式)	外观设计
189	巢湖学院	陈佩树 赵开斌 龚志强	ZL201730190831.4	幼儿教具(鳄鱼数字图)	外观设计
190	巢湖学院	陈佩树 赵开斌 龚志强	ZL201730190832.9	儿童算盘	外观设计
191	巢湖学院	邢 刚 檀竹鹏 郭 超	201630120628.5	漏勺	外观设计
192	巢湖学院	邢 刚 陈力钢 孙向平	201630260215.7	花瓶	外观设计
193	巢湖学院	邢 刚 张世军 任灵芝	201620260229.9	香皂架	外观设计
194	巢湖学院	王 云 徐 浩 邢 刚 王文款	201630562575.2	减速器	外观设计
195	巢湖学院	邢 刚 袁宗文 李 健	201730318064.0	电视墙	外观设计

续表

序号	专利权人	发明人	专利号	专利名称	专利类型
196	巢湖学院	邢 刚 李岩岩 贾 佳	201730345781.2	机器人模型	外观设计
197	巢湖学院	邢 刚 朱仁义 笪 诚	201730287357.7	怪物玩偶	外观设计
198	巢湖学院	邢 刚 张晴晴 余荣丽	201730287177.9	人偶	外观设计
199	巢湖学院	邢 刚 陈新河 许明坤	201730342919.3	摆件	外观设计
200	巢湖学院	邢 刚 乔 欣 毛雷鸣	201730282201.X	汽车挂机	外观设计
201	巢湖学院	邢 刚 许 磊 孙春虎	201730318065.5	儿童书架	外观设计
202	巢湖学院	邢 刚 陈海波 洪求三	201730358968.6	游乐设施	外观设计
203	巢湖学院	邢 刚 常红霞 张迪凡	201730358997.2	动物模型(长颈鹿)	外观设计
204	巢湖学院	陈海波	201730277853.4	儿童游乐椅	外观设计
205	巢湖学院	许雪艳	201730275438.5	攀岩墙	外观设计
206	巢湖学院	邵 瑞 陈新河	201730333447.5	玩具(大象)	外观设计
207	巢湖学院	邵 瑞 余建立	201730287309.8	装饰物	外观设计
208	巢湖学院	邵 瑞 朱仁义	201730329679.3	木雕工艺品	外观设计
209	巢湖学院	邵 瑞 洪求三	201730275439.x	玩具模型	外观设计
210	巢湖学院	程雯雯	201730178574.2	明信片(卡通漫画)	外观设计
211	巢湖学院	高芸芸	201730242882.7	T恤	外观设计
212	巢湖学院	梁三金 龚智强 韩大宝	201630237995.3	茶叶罐	外观设计
213	巢湖学院	梁三金 龚智强 郭 孔	201630237952.5	红酒杯	外观设计
214	巢湖学院	王晓晖	201730070193.2	盒子(孟买红茶)	外观设计
215	巢湖学院	任明明	201730070186.2	木盒(蟹掌柜)	外观设计
216	巢湖学院	任明明	201730070187.7	盒子（天然橘汁）	外观设计
217	巢湖学院	曹 艺	201730169350.5	包装盒	外观设计

续表

序号	专利权人	发明人	专利号	专利名称	专利类型
218	巢湖学院	曹艺	201730169349.2	包装盒	外观设计
219	巢湖学院	解雪梅	201730022355.5	油画笔	外观设计
220	巢湖学院	解雪梅	201730022356.X	包装盒（油画棒）	外观设计
221	巢湖学院	吴家宽	201630243603.4	筷筒	外观设计

校内人员学术讲座一览表

序号	主办单位	讲座题目	主讲人	职称（职务）	所在单位
1	机械与电子工程学院	量子科技的新篇章：量子卫星与量子雷达	笪诚	副教授	机械与电子工程学院
2		冷分子的静电囚禁及应用研究	许雪艳	副教授/副处长	教务处
3		模糊控制技术	宁小波	副教授、博士	机械与电子工程学院
4	经济与管理学院	环巢湖农业发展新思维	徐志仓	教授/副院长	经济与管理学院
5	体育学院	"互联网＋体育"民族传统体育文化保护与传承	乔克满	副教授	体育学院
6		"健康中国"背景下的农村体育基本公共服务供给机制构建	姚磊	教授/副院长	体育学院
7		环巢湖区域大众体育项目投资优先顺序的研究	樊贤进	副教授	体育学院
8	马克思主义学院	环巢湖红色文化巡礼	张安东	教授/主任	环巢湖研究中心
9		人生与信仰	胡万年	教授	马克思主义学院
10	文学传媒与教育科学学院	论明代神魔小说代际冲突的文化审美	章杏玲	副教授	文学传媒与教育科学学院
11		易本烺及其《字体蒙求》简介	雍淑凤	副教授	文学传媒与教育科学学院
12		本科毕业论文文字复制比检测问题与对策	李瑛	教授	文学传媒与教育科学学院

续表

序号	主办单位	讲座题目	主讲人	职称(职务)	所在单位
13	化学与材料工程学院	聚合物接枝碳纳米材料的制备及应用	丁文兵	副教授	化学与材料工程学院
14		稻壳微波裂解制取液体燃料	王新运	副教授	化学与材料工程学院
15	应用数学学院	经济排队博弈模型研究	陈佩树	副教授	应用数学学院
16		非齐型空间上的算子理论	谢如龙	副教授	应用数学学院
17		数据分析的三个层次	赵开斌	教授/院长	应用数学学院
18	外国语学院	文化与语言的盛宴——品读班扬的《天路历程》	周建华	副教授	外国语学院
19		应用语言学研究方法及论文写作	柯应根	教授/副院长	外国语学院
20		解读《老人与海》	田 平	副教授	外国语学院
21	旅游管理学院	基于旅游新业态背景下环巢湖旅游人才队伍建设研究	吕君丽	副教授	旅游管理学院
22	艺术学院	设计传统与文化创意的当代价值	刘宣琳	副教授	艺术学院
23	环巢湖研究中心	环巢湖国家级体育主题公园发展展望	兰顺领	副教授	体育学院
24		和平将军张治中	王 雷	副教授	环巢湖研究中心
25		环巢湖养老产业发展现状研究	郭晓艳	副教授	旅游管理学院
26		冯玉祥将军的历史地位	郑小春	教授/院长	马克思主义学院
27		环巢湖旅游资源与开发现状	唐丽丽	副教授	旅游管理学院

校外人员学术讲座一览表

序号	主办单位	讲座题目	主讲人	职称(职务)	所在单位
1	机械与电子工程学院	走进材料的微观世界	吴学邦	研究员	中科院固体物理研究所
2		计算机模拟技术在材料成型中的应用	沈晓辉	教授	安徽工业大学
3		语音识别与人工智能	郭 伟	高级研究员	科大讯飞
4		超导材料研究进展	王智河	教授	南京大学
5	信息工程学院	基于词向量空间模型的中文文本分类方法	胡学钢	教授/博导	合肥工业大学
6		Researches on the Processor and Internet of Things	孟 林	助理教授	日本立命馆大学
7		计算机非线性编辑广播电视系统中的应用技术	杨 沈	工程师	宣城广播电视台
8	经济与管理学院	大数据背景下的审计监督	宋谊红	高级审计师	巢湖市审计局
9		我们身边的经济责任审计	张 丽	副局长	巢湖市审计局
10		晋升激励、人力资本错配与企业劳动投资效率	孔东民	教授/博导	华中科技大学
11		管理者的素养能力及其自我提高	司有和	教授	重庆大学
12		皖北经济发展与制约因素研究	马成文	教授	安徽财经大学
13	体育学院	新形势下学校体育发展	席玉宝	教授/院长	安徽师范大学
14		我国群众体育发展思考	刘 玉	教授/院长	阜阳师范学院
15		中国民族民间体育文化研究	郭学松	副教授/所长	宁德师范学院
16		体育学科发展展望	刘少英	教授/院长	吉首大学

续表

序号	主办单位	讲座题目	主讲人	职称(职务)	所在单位
17	马克思主义学院	道德与人生——与大学生谈谈人生观价值观	李喜英	教授	南京大学
18		中国传统文化的人文精粹	张晓东	教授/博导	南京大学
19		大学生的逻辑素养	王习胜	教授/博导	安徽师范大学
20		美国"白人至上"主义败局与多元文化政策困境	韩家炳	教授/硕导	安徽师范大学
21	文学传媒与教育科学学院	论新传播革命	芮必峰	教授/院长	安徽大学江淮学院
22		从定性研究取向分析台湾达悟族原住民恶灵文化之传播	郭良文	教授/博导	台湾交通大学
23		近几年全球新媒体发展趋势探析	严三九	教授/博导	华东师范大学
24		用镜头留住爹娘——焦波纪录片创作谈	焦 波	教授	
25		中国"一带一路"与对外汉语教学	代云海	教授	韩国南首尔大学
26	化学与材料工程学院	挥发性有机物及治理技术	俞志敏	教授	合肥学院
27		环境类司法鉴定案例概况	韩 蔚	总经理	安徽合大环境检测有限公司
28		三高废水的处理技术及工艺方案	陈永勤	总经理	苏州红昇环保科技有限公司
29		生态架构技术在巢湖富营养化治理中的应用	金 杰	教授	合肥学院
30		构建科研平台,促进环保发展	吴 克	教授	合肥学院
31	应用数学学院	农村中小金融机构发展现状及改革方向	伍和庆	行长	安徽巢湖扬子村镇银行
32		稀疏算子与A2猜想	胡国恩	教授	解放军信息工程大学
33		经济新常态下互联网金融风险控制与监管	何启志	教授	安徽财经大学

续表

序号	主办单位	讲座题目	主讲人	职称(职务)	所在单位
34	艺术学院	肖像漫画的艺术	李 坤	画家	中版集团漫画公司
35		好用的透视	詹学军	教授	安徽师范大学
36		设计与印刷技术之关系	叶应涛	董事长	皖中印务有限公司
37		韦君琳谈书籍装帧艺术	韦君琳	副研究员	安徽省文史研究馆
38		同构与嵌入——对于技能感知与音乐理论整体交互的思考	罗可曼	教授	合肥师范学院
39	外国语学院	Make English a Plus to the Study of Law	吴 琼	首席合规官	上海纽约大学
40	旅游管理学院	如何为即将步入的职业生涯作好准备	周鸿哲	总经理	余姚宾馆
41		优质度假村品牌培育与宣传	郭 鲲	总经理	扬州瘦西湖温泉度假村
42		为乡音喝彩	蔡善康	会长	巢湖民歌研究会
43	环巢湖研究中心	科研咨询的方法与技巧	周业柱	教授/主编	安徽行政学院
44		风流千古数周瑜	夏冬波	研究员/处长	合肥市文广新局
45		国家治理体系与治理能力现代化	张 彪	教授/主任	安徽省委党校

十、人才与人事

人才与人事工作

一、人才工作成效日益显现

（一）认真贯彻落实上级人才政策

根据安徽省深化人才发展体制机制实施意见精神，出台学校加强人才工作的实施意见，两次召开人才工作领导组（扩大）会议，宣传贯彻落实有关人才政策。人事处（人才办）落实专人负责人才工作。

（二）做好人才引进和公开招聘工作

制定公开招聘实施方案，通过国家性报刊等媒介加大招聘宣传力度，严格按照"规范、公开、公正、择优"原则开展引才招聘工作，全年共根据需要开展20余次人才引进和公开招聘考核工作，共新进硕士及以上人员74人，其中教师和辅导员岗位共69人，从引进人才的数量、质量和层次上，较往年有了大幅提升。

（三）加强高层次人才引进

出台引进高层次人才和学术团队实施办法，建立引进高层次人才"周调度"工作机制，实行"一人一策""一人一议"。全年共引进教授4人（其中3人具有博士学位）、博士7人（其中2人为副教授）、副教授3人。积极推进柔性引进人才工作力度，全年共与中国人民大学、华中科技大学等5名知名高校的专家学者洽谈柔性引进工作，推荐经管学院柔性引进人才华中科技大学孔东民申报2018年度高校领军骨干人才项目的皖江学者特聘教授。

（四）做好各级各类人才项目申报推荐工作

积极推荐艺术学院辅导员王倩教师申报参评安徽省先进工作者并光荣当选。组织开展安徽省高校拔尖人才培育项目申报与推荐，11人获批2017年度省高校拔尖人才培育项目，推荐13人申报2018年省高校拔尖人才培育项目。推荐4名教师申报安徽省学术与技术带头人及后备人选，推荐1名教师申报"万人计划"教学名师，推荐1名教授为2017年文化名家暨"四个一批"人才建议人选，推荐1人为安徽省三八红旗手候选人，推荐1支团队申报全国黄大年式教师团队，推荐4人申报巢湖市第五批专业技术拔尖人才，推荐1名教授为省委教育工委联系专家。

（五）调整并落实高层次人才待遇

根据合同及时兑现引进和培养的高层次人才安家费和补贴。加强和规范科研启动经费项目管理和经费使用，完成11项科研启动经费项目结项工作，受理15名新引进和新晋升高层次人才科研启动费项目申请立项。

（六）做好人才服务工作

建立人才工作部门联席会议制度，广泛征集人才工作意见。制定学校党政领导联系服务专家工作制度。加强与巢湖市人才办和合巢经开区有关部门联系对接，协调解决学校人才在住房、配偶就业、子女入学、人才项目申报及青年教师住房等方面的有关政策和具体事

宜。经积极争取,巢湖市已将我校纳入其人才政策范畴,合巢经开区提供87套公租房用于我校引进人才和新进青年教职工过渡用房安置。

二、师资队伍建设得到加强

(一)加强师资队伍规划制定和执行

印发学校"十三五"师资队伍建设规划,细化"十三五"师资队伍建设规划目标和任务,编制师资队伍建设分年度执行计划,确定并落实2017年度师资队伍建设各项目标,并将有关目标任务分解到二级学院。

(二)推进审核性评估师资队伍建设自评与建设工作

加大外聘教师聘用力度,规范外聘教师管理工作,新增外聘教师56人,外聘教师累计达165人。协同教师能力发展中心推动青年教师社会实践基地建设和开展青年教师实践能力提升工作,鼓励50余名教师到企业挂职实践锻炼。依据《安徽省应用型本科高校联盟"双能型"教师认定标准》等,启动学校"双能型"教师认定与实施工作。

(三)加强青年教师培训工作力度

开展2017年新进人员岗前培训工作,选送3人参加国培班学习。加大校本培训中学校管理制度解读和教学技能培训等内容,提高针对性和实效性,组织56名教师参加岗前培训结业考试。开展2017年度学校教师资格认定申报工作,共为26人申请办理高校教师资格。实施好青年教师导师制工作,为新进41名青年教师配备导师,并召开青年教师导师制见面会和工作推进会,开展2016年新进22名青年教师导师制考核工作。

(四)加大骨干教师培养工作

加大教师与管理人员出国(境)研修培训力度,组织开展教师进修访学,鼓励教师攻读博士学位。全年共选派7名教师出国进修,5名教师国内访学,3名教师国外访学,3名青年教师在职考取攻读博士,全校在读博士达38人。提前谋划布置2018年度教师培养培训工作。

(五)加强"四有"教师队伍建设

召开庆祝第33个教师节座谈会。组织开展2016~2017年度"两优一先"评选活动,表彰优秀教师、优秀教育工作者、师德先进个人共17人。邀请"全国师德标兵"安徽师范大学路丙辉教授来校做师德师风报告。制定学校教职工师德考核实施办法,加大师德考核运用,实行师德"一票否决制"。

(六)稳妥做好职称评审工作

依据省教育厅职称评审权下放有关规定,首次开展职称自主评审工作,制定学校专业技术职务评审实施办法和工作实施方案,召开职称评审申报工作布置和培训会,建立健全相关职称评审工作组织,严格程序、规范操作。2017年,共有119人通过相关专业技术职务评审取得任职资格,其中教授7人、副教授27人、高级实验师2人、高级政工师1人、高级工程师1人、讲师78人、政工师3人。学校职称评审通过率为85%,师资队伍结构得到有力改善。评审工作开展平稳有序,结果公平公正,并及时召开职称评审工作总结会进行总结提高。

三、人事制度改革持续深化

（一）做好编制和岗位设置工作

制定《巢湖学院编制周转池制度工作实施方案》，并报经省编办批复同意，学校引进高层次人才编制的瓶颈得到解决。及时调整学校岗位设置方案，优化岗位结构比，提高教师系列中高级职称岗位数。制定出台《巢湖学院定编定岗定责实施办法（2017~2020）》，完成校内各二级单位岗位人员定编工作，明确各类人员岗位职责。开展第二轮岗位设置与聘用工作调研。

（二）推进目标管理工作

牵头制定《学校目标管理实施办法》，全面推行二级单位目标管理，做好目标管理考核相关工作。积极协调推动制定校院两级管理实施办法，明确校院两级管理权责，加强巡视整改工作力度。

（三）完善工资收入分配体系

按规定程序修订并实施学校奖励性绩效工资分配办法，出台实施细则，牵头制定教学、学术和管理三类人才选拔办法。按政策兑现发放教职工提租补贴。全力争取省直事业单位一次性工作奖励政策，并按规定进行了发放。教职工全年收入得到大幅增长和提升。按要求实施机关事业单位工作人员养老保险改革，按时完成全校在编人员养老保险参保信息采集和登记工作。进一步规范津贴、补贴等劳务费发放管理，与财务处共同做好非职务性劳务费发放审查工作，巩固和加强巡视审计整改工作成度。

（四）进一步加强考核考勤管理

完成2016年度教职工考核和二级单位综合考核工作，108人获得年度考核优秀等次，9个单位获得年度考核先进单位。落实好教育部深化教师评价制度改革指导意见等文件精神，修订教职工年度考核办法，按业绩进行量化评价考核，加大考核结果与绩效分配、职称晋升、评奖评优的运用力度。修订学校考勤管理规定，强化劳动纪律，充分利用信息化手段，加大各类人员考勤工作力度。加强劳动合同用工管理，制定劳动合同用工人员年度考核办法，做好劳动用工人员聘用与考核等管理工作。

四、离退休服务与管理水平逐步提高

（一）加强离退休党建工作

协助机关第二党总支完成离退休两个支部换届工作，进一步加强离退休党组织建设和离退休人员思想政治工作。

（二）进一步做好离退休人员服务工作

支持15名退休人员参加老年大学学习，安排好87名离退休人员进行健康体检，全年做好38名离退休老同志节日、祝寿、生病住院、困难、逝世等各类慰问工作，送去慰问金30400元，做好12名离退休老同志医疗报销和34名离退休人员自行体检报销工作。

（三）保障好离退休人员活动开展

进一步加强离退休活动场所建设和管理，配置部分活动设施。组织50余名离退休老同志赴李克农和张治中两位将军故居开展传承红基因和爱国主义文化教育活动。组织开展重阳节离退休人员代表座谈会和重阳节老同志"校园美丽健康行"系列活动,参与人数近100人。

(四)做好关工委日常工作

建立和完善学校关工委日常工作制度,召开校关工委年度会议,积极联动各相关单位共同做好关工委工作。开展"第四届手绘巢院"专题培训讲座,举办"老少对话"主题教育和书画交流活动。配合合肥市关工委巢湖工作处资助36名贫困学生。参加江淮片高校关工委会议交流和学习,积极同兄弟院校开展关工委工作交流。

(撰稿:吴芳)

教职工结构与人数统计一览表

年度		2016年底		2017年底	
类别		教职工数量	专任教师数量	教职工数量	专任教师数量
人数		739	603	798	655
职称	正高级	35	33	45	43
	副高级	170	156	195	178
	中级	316	258	364	304
	初级	171	156	169	130
学位	博士	55	55	64	64
	硕士	508	470	568	523
	学士及以下	176	78	166	68

分部门在职教职工名册及人数

(截至2017.12.31)

部门	人数	名单
院领导	6	朱灿平 祝家贵 徐柳凡 阮爱民 黄志圣 朱定秀
办公室(党委办公室、院长办公室、校友总会办公室)	10	张连福 洪燕 原博 蒋飞 石庭 廖莎莎 孔银生 宋闽春 张海堂 罗蓉
监察审计处(纪委办公室)	6	肖圣忠 王光富 李磊 汪泰 彭正生 金璇

续表

部门	人数	名单
党委组织部 (党委统战部、党校办公室)	7	余洁平　黄春芳　王　晖　宣金玲　余文英　林　凯 夏桂林
党委宣传部(新闻中心、文明办)	5	张道才　陈小波　赵自勇　夏　勇　王震宇
党委学生工作部(学生处)	8	刘金平　崔海光　芮德武　郭凤英　朱春花　胡　佳 丁继勇　华紫武
发展规划处(质量管理办公室、 高等教育研究所、 学术委员会秘书处)	5	徐礼节　徐兆武　张凌晨　关　鹏　赵尚松
人事处 (离退休工作处、关工委秘书处)	8	陈和龙　陈兆龙　张　郭　赵子翔　吴　兵　吴　芳 丁智敏　昌少晖
教务处 (教师能力发展中心)	19	丁俊苗　许雪艳　石申松　云　建　戴风华　赵琳彬 宗　玙　刘　宾　王　敏　孔鲲鹏　朱冬平　朱　明 陈霞光　陈先涛　江　军　方　帆　江　萍　任春阳 张小伟
科技处(学报编辑部、 学科建设办公室、 服务地方办公室)	8	万新军　杨松水　陈　凤　陈海银　陈立钢　邓　方 潘娟娟　李　晓
财务处	11	王万海　刘亚平　盛玉梅　赵俊涛　刘　尹　许　兵 石仁来　丁卫萍　胡海明　李　方　张秀娟
后勤管理与基建处	30	朱玉票　傻志平　张　蕊　李书安　龚　平　吴仁斌 张　凌　常世科　程　耀　俞成香　兰　天　王　巨 张飞雪　孔小东　张文娟　李红梅　朱寒冰　赵　虎 朱守堂　武成伟　汪善金　俞　慧　李　琳　黄世文 徐桂芳　袁俊武　郑向阳　张　号　王占棋　张　伟
国有资产管理处	5	古国平　李季纲　高华敏　秦鹏生　万　运
保卫与校园管理处 (党委人民武装部)	12	管　超　洪作奎　汤　刚　王乃静　张　敏　尤信虎 戴华冬　李雪贵　黄亚军　何　涛　蔡昌武　朱　华
图书馆	24	钱　云　吴　宏　孙　冰　万　万　许家珍　张　琴 方千平　何劲松　江　静　缪亚东　陆　云　黎小辉 王玉亮　夏晓荣　丁修侠　吴新兰　李秀琴　丁明刚 孙启泉　马　红　杨小雨　陆春华　樊振华　鲁炳芳
现代教育技术中心	12	吕家云　刘东生　石　敏　柳传长　褚道璜　薛建跃 钱德秀　王宏卫　侯加兵　史寒蕾　顾正波　许　航
环巢湖文化与经济 社会发展研究中心	2	张安东　王　雷

续表

部　　门	人数	名　　单
机关第一党总支	1	董金山
机关第二党总支	1	何照泽
工会	4	孙庆平　胡世元　曹　红　徐守成
团委	5	郑　玲　蒋克华　鲁鹏程　郭　超　汤　艳
国际交流与继续教育学院	5	史国东　宋明友　汪业群　朱华平　荣　幸
经济与管理学院	64	罗发海　张继山　徐志仓　江　海　高小芹　王　娟 左劲中　路稳玲　翟清兰　李竣泓　赵　祺　孙定海 张　洁　沈菲飞　方　玲　施　玮　苗丽娜　张丽丽 闻晓祥　刘　捷　张　倩　杨　峰　刘德涛　钱　春 褚业娴　何　莎　汪开明　甘　泉　王　烨　姜　萱 朱鹤群　刘红梅　高瑞霞　童　茜　谭晓琳　王　政 梁三金　赵　洁　邓其志　胡成卉　黄　河　蔡明东 吴克平　陈文静　王晶晶　方淑苗　金　晶　余　雷 程晶晶　章　砚　严爱玲　李璐涵　李　芈　欧雅琴 朱礼龙　王小骄　李　雷　朱　丽　江　宏　杨　冰 朱紫嫣　刘耀娜　何东海　张　浩
文学传媒与教育科学学院	63	方习文　王　进　李曙光　袁凤琴　张晓刚　施小琼 谈　莉　雍淑凤　袁家峦　潘慧慧　朱大银　章杏玲 杜红梅　褚群武　查　华　李　艳　冯学红　曹栓姐 宋文峰　文春凤　潘玉梅　徐兴菊　刘康凯　刘玲玲 周洪波　李　娜　李文娟　石　惠　黄　颖　张荣荣 李亚萍　王宇明　许　洁　袁　华　李　昆　李　瑛 倪　冰　杜迎春　邹长华　甘　超　信中贵　叶　磊 韩建涛　胡传双　郑　艳　吴　芸　孙志富　仝　俊 朱　平　孙　颖　王兴国　贾艳贤　张　平　胡雪梦 鲁如艳　毛莎莎　胡俊俊　朱小泉　晁天彩　柳　泳 张萌萌　陶　玮　钱昶臻
外国语学院	70	徐朝友　伋麓琳　陈　文　柯应根　王仲宏　田　平 李河发　戴永龙　任世梅　高红兵　余荣琦　周建华 李　玮　潘月红　董　艳　童慧敏　景西亚　王　丽 杨　雪　翟海霞　周　华　祖　艳　黄燕芸　彭二梅 徐　琴　吴　兵　何后蒋　张　琴　奚　伟　程　艳 张园园　王　凯　朱巧霖　杨晓燕　张　艳　潘爱华 胡　丽　方灵芝　汪　琳　杨郭婷　彭金花　吴爱群 王　钢　何　新　徐结平　徐　艳　甘梅华　江淑婧 王　娟　邓新梅　王　慧　徐　洁　孙琼琼　沈　园 张　健　朱海燕　王　娟　熊章斌　谷　峰　李　明 贺　静　张露露　张晓冬　郑　颖　王珊珊　汤玲玲 宋　涛　高　洁　李　吟　陈国君

续表

部　　门	人数	名　　单					
体育学院	50	周　祥 黄寿军 汤　珍 戴清华 王成绩 徐继超 解雪梅 张　辉 胡欢欢	姚　磊 苏家本 史登文 卜宏波 陶　花 王归然 张金梅 周雪华 曹保彦	蒋圣祥 唐赵平 朱桂华 莫明竹 赵胜国 樊贤进 李芳菲 艾显斌	陈永军 江杭生 陈小舟 蔡　广 乔克满 陈　木 汪　健 郭世洪	倪再谢 兰顺领 钟　翔 余　明 李月红 王富鸿 张　斌 王　林	胡跃兵 陈启平 刘秀珍 杨叶红 李　靖 宋丽娟 李　李 丁源源
应用数学学院	44	赵开斌 陶有田 陈淼超 陈佩树 王　珺 周运东 张　玉 沈　辉	刘洪涛 王冬银 陈　侃 侯勇超 卜珏萍 王海莲 汪　峰 刘燊菘	吴永生 陶正妹 郝江锋 秦喜梅 彭维才 管成功 肖淑梅	贾正华 柏丽娟 徐富强 谢如龙 周燕茹 严恒普 洪　晗	马松林 夏　静 马永梅 刘相国 林天水 彭承亮 杨晓伟	刘　敏 葛国菊 戴泽俭 郝成超 王淑超 蒋　澜 穆　澜
机械与电子工程学院	84	杨汉生 唐瑞华 邢　刚 袁宗文 常红霞 毛雷鸣 王　静 靳国宝 王正创 笪　诚 陈姣 牛进才 赵　峻 苏洁红	朱仁义 孔　兵 邵　瑞 陈新河 刘双兵 蔡玲存 唐　静 龚智强 牛美芹 王　燕 王　伟 孔俊超 胡绪照 王靖国	张宏彬 叶　松 许明坤 洪求三 余荣丽 陈初侠 孙春虎 宋　文 徐　兵 张自锋 凌　景 王玉晶 朱守琴 刘　怡	汪世义 余建立 许　磊 汪　军 向　荣 张迪凡 方愿捷 宁小波 张晴晴 孙　钊 董慧芳 高　杰 周　玉 杨胡坤	陈海波 史良马 张　彬 张世军 李　健 王玉勤 周明健 朱爱国 代光辉 乔　欣 胡　健 郑　祥 陈　宇 孔令立	刘　丽 任玲芝 李华荣 马　慧 李素平 廖生温 李岩岩 周　立 申海洋 刘雪刚 陈　浩 陈席国 江　克 王可胜
化学与材料工程学院	59	陈士群 汤家华 王小东 李宏林 叶友胜 方　舒 张凤琴 岳贤田 许　齐 朱双双	程乐华 王　新 陈继林 王新运 王冬梅 李　川 蒋慧慧 吴　蓉 张　杨 宋俊梅	李明玲 汪海燕 方海燕 季　明 杨绳岩 丁文兵 程群群 程　东 李志寒 徐小勇	储先萍 孟祥珍 李　雷 韩阐俐 刘志军 陈　宏 陈小举 裴敏俊 高玉荣 许小兵	彭　贞 鲁文胜 钱德胜 吴凤义 方志林 秦国旭 李　融 涂　静 李大鹏 黄　钦	张忠平 晏　娟 高晓宝 曹海清 张维强 程　磊 杨继亮 葛碧琛 吴梦晴

续表

部　　门	人数	名　　单					
信息工程学院	49	郑尚志	孙远春	鲁业频	童先军	陆　军	徐秋月
		陈丽萍	卜华龙	刘　拥	曹　骞	许荣泉	张步群
		武　彬	程　军	韩俊波	孙佑明	陈从新	严小燕
		吴其林	李小荣	叶海燕	孔晓琼	苗慧勇	王占凤
		张　勇	李玲玲	王　巍	刘晓波	黄贵林	徐　芳
		江家宝	邢慧芬	汤柱亮	金加卫	张帅兵	刘　旭
		张正金	丁为民	梁宝华	刘　波	方　周	疏志年
		刘小燕	樊乐乐	刘　运	申晨阳	陈文静	石俊峰
		鹿建银					
旅游管理学院	30	陈恩虎	柳洪琼	齐先文	雷若欣	曹传兰	过慈明
		唐丽丽	郭晓艳	刘　锐	胡茂胜	刘　斌	方玲梅
		曾　静	刘亚峰	吴　萍	汪最中	吕君丽	杨　帆
		丁龙庆	孙　玮	陈　凯	朱学同	胡　倩	李晓萌
		袁晓亮	李秋秋	鲍小雨	储小乐	李　舒	蒋世民
艺术学院	66	胡是平	单自华	李　勇	褚春元	成素珍	杨　凯
		朱蓓蓓	沈瑞贵	刘宣琳	高芸芸	薛建军	陈　茜
		赵关键	王永虎	安　静	仇慧琴	孔　慧	杨广红
		秦　艳	李二荣	席景霞	姚为俊	刘靖宇	孙国良
		李鹏凯	徐频频	朱冬梅	顾婷婷	曹司胜	田世彬
		杨　丹	刘　杨	马　磊	黄　玮	张　磊	俞　青
		曹多军	程雯雯	张苏琴	王丹丹	陈友祥	李超峰
		李本祥	伍和友	李　颖	曹　艺	聂鑫明	汤艳艳
		薛　梅	王晓晖	余晓燕	韩　伟	王　倩	丁　晗
		潘池勇	贡　婷	任明明	崔　寅	薛　梅	沈　利
		贾昌娟	肖　康	何冬冬	杜姗姗	郭　华	邓菁菁
马克思主义学院	25	郑小春	赵光军	尤朝阳	胡万年	郭启贵	余京华
		杨　芳	肖迎春	夏明群	何小玲	洪礼维	张飞熊
		向泽雄	李　霞	季春芳	董颖鑫	王红丽	石庆海
		开　琛	周玲玲	聂圣平	孙红姐	吴多智	肖结红
		伍小运					
合　　计	798						

校内转岗人员名单一览表

序号	姓名	原单位（岗位）	现单位（岗位）	时间	备注
1	孔银生	文学传媒与教育科学学院　团总支书记	办公室　机要科	2017.6.22	调动
2	郑向阳	机械与电子工程学院　团总支书记	后勤管理与基建处物业管理中心	2017.6.22	调动
3	张号	经济与管理学院　专职辅导员	后勤管理与基建处宿舍管理	2017.5.4	调动
4	万运	机械与电子工程学院　专职辅导员	国有资产管理处资产管理	2017.6.22	调动
5	朱华	办公室　档案管理员	保卫与校园管理处户籍管理	2017.6.22	调动
6	袁俊武	保卫与校园管理处	后勤管理与基建处商贸管理中心	2017.6.22	调动
7	柳泳	后勤管理与基建处　物业管理中心	文学传媒与教育科学学院　教师	2017.6.22	调动
8	伍小运	经济与管理学院　专职辅导员	马克思主义学院教师	2017.6.22	调动
9	肖结红	经济与管理学院　教师	马克思主义学院教师	2017.7.18	调动
10	王玉晶	应用数学学院　专职辅导员	机械与电子工程学院　教辅	2017.6.22	调动

安徽省高校拔尖人才培育项目一览表

1. 年度高校优秀青年人才支持计划项目入选名单

序号	所属单位	姓名	项目类别	项目编号	资助金额（万元）
1	经济管理与法学学院	余雷	重点	gxyqZD2017077	6
2	教务处	朱明	重点	gxyqZD2017078	6
3	应用数学学院	谢如龙	一般	gxyq2017070	6

续表

序号	所属单位	姓名	项目类别	项目编号	资助金额（万元）
4	机械与电子工程学院	王玉勤	一般	gxyq2017071	6
5	化学与材料工程学院	秦国旭	一般	gxyq2017072	6
6	外国语学院	余荣琦	一般	gxyq2017073	6

2．年度高校优秀青年骨干人才国内外访学研修项目入选名单

序号	所属单位	姓名	访学类型	项目编号	资助金额（万元）
1	信息工程学院	梁宝华	国内	gxfx2017100	3
2	科技处	陈立钢	国内	gxfx2017101	3
3	艺术学院	田世彬	国内	gxfx2017102	3
4	艺术学院	席景霞	国内	gxfx2017103	3
5	经济管理与法学学院	吴克平	国外	gxfx2017104	15

教授、博士人员名单

学院	教授		博士	
	人数	名单	人数	名单
经济与管理学院	4	罗发海　徐志仓　朱礼龙　李雷	7	徐志仓　吴克平　闻晓祥　施玮　严爱玲　朱礼龙　王小骄
文学传媒与教育科学学院	6	方习文　徐礼节　张晓刚　李瑛　丁俊苗　朱明	8	张晓刚　丁俊苗　徐礼节　褚春元　朱大银　刘康凯　朱明　李瑛
外国语学院	3	徐朝友　柯应根　田平	0	/
体育学院	3	孙庆平　姚磊　赵胜国	0	/
应用数学学院	5	祝家贵　赵开斌　钱云　陶有田　陈佩树	4	祝家贵　陶有田　陈佩树　谢如龙
机械与电子工程学院	5	张宏彬　杨汉生　鲁业频　吕家云　史良马	15	张宏彬　杨汉生　史良马　叶松　靳国宝　龚智强　笪诚　张自锋　陈姣　许明坤　宁小波　高杰　杨胡坤　王可胜　孔令立

续表

学院	教授 人数	教授 名单	博士 人数	博士 名单
化学与材料工程学院	5	万新军　鲁文胜　李明玲　高玉荣　徐小勇	12	鲁文胜　晏　娟　叶友胜　王　新　李宏林　程　东　陈小举　杨继亮　丁文兵　张　杨　高玉荣　徐小勇
信息工程学院	2	郑尚志　吴其林	2	汪世义　吴其林
旅游管理学院	4	陈恩虎　朱定秀　杨松水　张安东	8	陈恩虎　雷若欣　过慈明　胡茂胜　杨松水　张安东　王　雷　唐丽丽
艺术学院	1	胡是平	0	/
马克思主义学院	5	徐柳凡　郑小春　胡万年　董颖鑫　余京华	8	郑小春　胡万年　董颖鑫　余京华　杨　芳　张飞熊　郭启贵　聂圣平
合计	43	/	64	/

注：1. 2017年新进教授4人：朱礼龙、李雷、高玉荣、徐小勇。
2. 2017年新进博士9人：朱礼龙、王小骄、高杰、杨胡坤、王可胜、孔令立、张杨、高玉荣、徐小勇。

专业技术职务晋升人员名单

序号	姓名	性别	所属单位	任职资格	学科（类别）	任职时间
1	朱　明	男	教务处	教授	教育学	2017.12.29
2	丁俊苗	男	教务处	教授	中国语言文学	2017.12.29
3	赵胜国	男	体育学院	教授	体育学	2017.12.29
4	田　平	男	外国语学院	教授	外语	2017.12.29
5	陈佩树	男	应用数学学院	教授	数学	2017.12.29
6	吴其林	男	信息工程学院	教授	计算机科学与技术	2017.12.29
7	李明玲	女	化学与材料工程学院	教授	材料科学与工程	2017.12.29
8	王小骄	女	经济与管理学院	副教授	法学	2017.12.29
9	关　鹏	男	发展规划处	副教授	管理学	2017.12.29
10	吴克平	男	经济与管理学院	副教授	会计学	2017.12.29

续表

序号	姓名	性别	所属单位	任职资格	学科（类别）	任职时间
11	陈立钢	男	文学传媒与教育科学学院	副教授	教育技术	2017.12.29
12	韩建涛	男	文学传媒与教育科学学院	副教授	心理学	2017.12.29
13	曹栓姐	女	文学传媒与教育科学学院	副教授	中文	2017.12.29
14	杨帆	女	旅游管理学院	副教授	历史	2017.12.29
15	季春芳	女	马克思主义学院	副教授	马克思主义理论	2017.12.29
16	吴多智	男	马克思主义学院	副教授	马克思主义理论	2017.12.29
17	王钢	男	外国语学院	副教授	外语	2017.12.29
18	马磊	男	艺术学院	副教授	音乐学	2017.12.29
19	田世彬	男	艺术学院	副教授	动画	2017.12.29
20	孙国良	男	艺术学院	副教授	美术学	2017.12.29
21	李超峰	男	艺术学院	副教授	美术学	2017.12.29
22	席景霞	女	艺术学院	副教授	美术学	2017.12.29
23	王永虎	男	艺术学院	副教授	设计学	2017.12.29
24	赵关键	男	艺术学院	副教授	美术学	2017.12.29
25	彭维才	男	应用数学学院	副教授	数学	2017.12.29
26	翟清兰	女	经济与管理学院	副教授	数学	2017.12.29
27	江家宝	男	信息工程学院	副教授	计算机科学与技术	2017.12.29
28	张勇	男	信息工程学院	副教授	计算机科学与技术	2017.12.29
29	孟祥珍	女	化学与材料工程学院	副教授	化学	2017.12.29
30	陈小举	男	化学与材料工程学院	副教授	生物工程	2017.12.29
31	秦国旭	女	化学与材料工程学院	副教授	化学	2017.12.29
32	张自锋	男	机械与电子工程学院	副教授	电子	2017.12.29
33	袁宗文	男	机械与电子工程学院	副教授	电子信息工程	2017.12.29
34	靳国宝	男	机械与电子工程学院	副教授	机械	2017.12.29
35	刘志军	男	化学与材料工程学院	高级实验师	化学工程与技术	2017.12.29
36	刘双兵	男	机械与电子工程学院	高级实验师	电子	2017.12.29

续表

序号	姓名	性别	所属单位	任职资格	学科(类别)	任职时间
37	王宏卫	男	现代教育技术中心	高级工程师	网络规划师	2017.12.29
38	郭超	男	团委	高级政工师	政工系列	2017.12.29
39	鲁鹏程	男	团委	政工师	政工系列	2017.12.29
40	汪泰	男	监察审计处	政工师	政工系列	2017.12.29
41	夏勇	男	党委宣传部	政工师	政工系列	2017.12.29
42	陈文静	女	经济与管理学院	讲师	工商管理	2017.12.29
43	谭晓琳	女	经济与管理学院	讲师	工商管理	2017.12.29
44	方淑苗	女	经济与管理学院	讲师	工商管理	2017.12.29
45	许洁	女	文学传媒与教育科学学院	讲师	广告学	2017.12.29
46	李亚萍	女	文学传媒与教育科学学院	讲师	中文	2017.12.29
47	张荣荣	女	文学传媒与教育科学学院	讲师	新闻传播学	2017.12.29
48	贾艳贤	女	文学传媒与教育科学学院	讲师	应用心理学	2017.12.29
49	李晓萌	女	旅游管理学院	讲师	管理学	2017.12.29
50	陈凯	男	旅游管理学院	讲师	管理学	2017.12.29
51	刘旭	男	党委学生工作部	讲师	思政教育	2017.12.29
52	邓其志	男	党委学生工作部	讲师	思想政治教育	2017.12.29
53	赵洁	女	党委学生工作部	讲师	思想政治教育	2017.12.29
54	李娜	女	党委学生工作部	讲师	思想政治教育	2017.12.29
55	裴敏俊	男	党委学生工作部	讲师	思想政治教育	2017.12.29
56	王兴国	男	党委学生工作部	讲师	思想政治教育	2017.12.29
57	李李	女	体育学院	讲师	体育学	2017.12.29
58	丁源源	女	体育学院	讲师	体育学	2017.12.29
59	张金梅	女	体育学院	讲师	体育学	2017.12.29
60	吴爱群	男	外国语学院	讲师	英语	2017.12.29
61	王珊珊	女	外国语学院	讲师	英语	2017.12.29
62	孙琼琼	女	外国语学院	讲师	英语	2017.12.29
63	张露露	女	外国语学院	讲师	法语	2017.12.29

续表

序号	姓名	性别	所属单位	任职资格	学科(类别)	任职时间
64	潘池勇	男	艺术学院	讲师	美术学	2017.12.29
65	任明明	女	艺术学院	讲师	设计学	2017.12.29
66	刘杨	女	艺术学院	讲师	音乐舞蹈	2017.12.29
67	贡婷	女	艺术学院	讲师	音乐学	2017.12.29
68	开琛	女	马克思主义学院	讲师	马克思主义理论	2017.12.29
69	方周	男	信息工程学院	讲师	计算机应用技术	2017.12.29
70	金加卫	男	信息工程学院	讲师	管理学	2017.12.29
71	张正金	男	信息工程学院	讲师	计算机科学与技术	2017.12.29
72	邢慧芬	女	信息工程学院	讲师	计算机科学与技术	2017.12.29
73	程群群	女	化学与材料工程学院	讲师	化学工程与工艺	2017.12.29
74	高杰	男	机械与电子工程学院	讲师	机械电子工程	2017.12.29
75	胡健	男	机械与电子工程学院	讲师	机械工程	2017.12.29
76	董慧芳	女	机械与电子工程学院	讲师	机械工程	2017.12.29
77	代光辉	男	机械与电子工程学院	讲师	机械设计制造及其自动化	2017.12.29
78	徐兵	男	机械与电子工程学院	讲师	机械设计制造及其自动化	2017.12.29
79	王正创	男	机械与电子工程学院	讲师	电气	2017.12.29
80	乔欣	女	机械与电子工程学院	讲师	电信	2017.12.29
81	孙春虎	男	机械与电子工程学院	讲师	电气	2017.12.29
82	童茜	女	党委学生工作部	讲师	思想政治教育	2017.12.29
83	张艳	女	党委学生工作部	讲师	英语	2017.12.29
84	解雪梅	女	党委学生工作部	讲师	美术学	2017.12.29
85	王燕	女	党委学生工作部	讲师	体育人文社会学	2017.12.29
86	王政	男	经济与管理学院	讲师	管理学	2017.12.29
87	王晶晶	女	经济与管理学院	讲师	经济学	2017.12.29
88	周洪波	男	文学传媒与教育科学学院	讲师	广告学	2017.12.29
89	王宇明	男	文学传媒与教育科学学院	讲师	新闻传播学	2017.12.29
90	张平	女	文学传媒与教育科学学院	讲师	教育学	2017.12.29

续表

序号	姓名	性别	所属单位	任职资格	学科（类别）	任职时间
91	潘慧慧	女	文学传媒与教育科学学院	讲师	新闻传播学	2017.12.29
92	奚伟	男	外国语学院	讲师	英语	2017.12.29
93	熊章斌	男	外国语学院	讲师	英语	2017.12.29
94	彭金花	女	外国语学院	讲师	英语	2017.12.29
95	张斌	男	体育学院	讲师	体育学	2017.12.29
96	汪健	男	体育学院	讲师	体育学	2017.12.29
97	宋丽娟	女	体育学院	讲师	体育学	2017.12.29
98	李芳菲	女	体育学院	讲师	体育学	2017.12.29
99	王海莲	女	应用数学学院	讲师	数学	2017.12.29
100	林天水	男	应用数学学院	讲师	金融学	2017.12.29
101	王淑超	女	应用数学学院	讲师	统计学	2017.12.29
102	方愿捷	男	机械与电子工程学院	讲师	电气工程及其自动化	2017.12.29
103	周明健	男	机械与电子工程学院	讲师	机械工程	2017.12.29
104	李岩岩	女	机械与电子工程学院	讲师	工学	2017.12.29
105	申海洋	男	机械与电子工程学院	讲师	通信技术	2017.12.29
106	唐静	女	机械与电子工程学院	讲师	电子信息工程	2017.12.29
107	程磊	男	化学与材料工程学院	讲师	化学工程与工艺	2017.12.29
108	蒋慧慧	女	化学与材料工程学院	讲师	生物工程	2017.12.29
109	张帅兵	男	信息工程学院	讲师	管理学	2017.12.29
110	黄贵林	男	信息工程学院	讲师	计算机	2017.12.29
111	刘波	男	信息工程学院	讲师	计算机科学与技术	2017.12.29
112	朱学同	男	旅游管理学院	讲师	管理学	2017.12.29
113	胡倩	女	旅游管理学院	讲师	管理学	2017.12.29
114	余晓燕	女	艺术学院	讲师	动画	2017.12.29
115	孔慧	男	艺术学院	讲师	美术学	2017.12.29
116	王晓晖	男	艺术学院	讲师	美术学	2017.12.29
117	曹艺	女	艺术学院	讲师	设计学	2017.12.29
118	周玲玲	女	马克思主义学院	讲师	马克思主义理论	2017.12.29
119	张杨	男	机械与电子工程学院	讲师	机械	2017.12.29

出国培训、国内访问学者一览表

一、出国培训

序号	学院	姓名	性别	进修学校	专业	培训时间
1	外国语学院	何后蒋	男	美国加州州立大学	英语	2017.7.26～2017.8.24
2	外国语学院	周华	男	美国加州州立大学	英语	2017.7.26～2017.8.24
3	外国语学院	周建华	女	美国加州州立大学	英语	2017.7.26～2017.8.24
4	机械与电子工程学院	靳国宝	男	美国俄亥俄州立大学	材料成型与加工	2017.10.30～2018.1.29
5	经济与管理学院	方玲	女	美国俄亥俄州立大学	国际贸易	2017.10.30～2018.1.29
6	化学与材料工程学院	李宏林	女	美国俄亥俄州立大学	材料科学与工程	2017.10.30～2018.1.29
7	应用数学学院	陈佩树	男	美国俄亥俄州立大学	应用数学	2017.10.30～2018.1.29

二、国内访学

序号	部门	姓名	性别	访学学校及专业		访学时间
				学校	专业	
1	外国语学院	王慧	女	浙江大学	外语	2017.9～2018.7
2	教务处（机械与电子工程学院）	许雪艳	女	上海大学	理学	2017.9～2018.7
3	旅游管理学院	雷若欣	女	安徽师范大学	旅游管理	2017.9～2018.7
4	体育学院	戴清华	男	北京体育学院	体育学	2017.9～2018.7
5	监察审计处（文学传媒与教育科学学院）	彭正生	男	北京师范大学	汉语言文学	2017.9～2018.7

外出攻读博士人员名单

序号	学院	姓名	性别	进校时间	读博起始时间	进修学校及专业	
						学校	专业
1	经济与管理学院	余 雷	男	2006年7月	2012年3月	东南大学	产业经济学
2		汪开明	男	2004年7月	2014年9月	上海师范大学	法制史
3		路稳玲	女	2006年1月	2014年9月	辽宁大学	行政管理
4		张 郭	男	2001年7月	2014年9月	武汉大学	新闻学
5		杨 峰	男	2004年7月	2015年9月	安徽大学	经济法学
6		钱 春	男	2004年7月	2016年2月	南京大学	法学
7	文学传媒与教育科学学院	林 凯	男	2009年7月	2012年9月	中国科学技术大学	哲学
8		韩建涛	男	2004年7月	2014年9月	华东师范大学	发展与教育心理学
9		孙 颖	女	2007年7月	2014年9月	安徽师范大学	心理语言学
10		雍淑凤	女	2002年7月	2015年9月	安徽大学	古文字专业
11		胡传双	男	2006年7月	2015年9月	中国科学技术大学	公共管理
12		彭正生	男	2006年7月	2017年9月	安徽师范大学	中国现当代文学
13	体育学院	刘秀珍	女	2004年7月	2014年9月	北京师范大学	运动与神经调控
14		蔡 广	男	2005年7月	2014年9月	上海大学	体育学
15		杨叶红	男	2007年7月	2015年9月	上海体育学院	体育管理
16	应用数学学院	关 鹏	男	2008年7月	2014年3月	南京理工大学	管理科学与工程
17		彭维才	男	2010年7月	2015年9月	上海财经大学	企业管理
18		候勇超	男	2007年7月	2015年9月	燕山大学	管理科学与工程
19	机械与电子工程学院	刘双兵	男	2008年7月	2011年9月	上海大学	电磁场与微波技术
20		李华荣	男	2007年7月	2012年9月	合肥物质科学研究院	核能工程电气自动化
21		向 荣	女	2003年7月	2013年9月	安徽大学	物理电子学
23		马 慧	女	2009年7月	2015年9月	南京大学	电子科学与技术
24		常红霞	女	2008年7月	2015年9月	河海大学	信息与通信工程
25		方愿捷	男	2013年7月	2016年5月	上海大学	控制理论与控制工程

续表

序号	学院	姓名	性别	进校时间	读博起始时间	进修学校及专业	
						学校	专业
26	化学与材料工程学院	孟祥珍	女	2007年7月	2013年9月	安徽师范大学	有机化学
27		王小东	男	2002年7月	2013年9月	中国科学技术大学	火灾科学国家重点实验室
28		岳贤田	男	2014年7月	2014年12月	南京林业大学	化学
29		李川	男	2010年7月	2015年9月	合肥工业大学	环保设备及工程
30		李明玲	女	2003年7月	2015年9月	安徽大学	材料科学与工程
31		秦国旭	女	2007年6月	2017年9月	安徽师范大学	无机化学
32	信息工程学院	张勇	男	2006年7月	2015年9月	西北大学	计算机应用
33		江家宝	男	2007年4月	2015年9月	上海大学	计算机应用技术
34	旅游管理学院	刘斌	男	2003年7月	2016年5月	复旦大学	中国史
35	艺术学院	曹司胜	男	2008年7月	2015年9月	中国艺术学院	美术学
36		孙国良	男	2007年7月	2017年9月	中国艺术研究院	美术学
37	马克思主义学院	李霞	女	2009年7月	2011年9月	安徽师范大学	思想政治教育
38		肖迎春	女	2000年7月	2015年9月	南京师范大学	马克思主义基本原理
39		季春芳	女	2007年7月	2015年9月	社科院	中共党史

新进人员名单

序号	单位	姓名	性别	学历	学位	毕业学校	专业	岗位
1	经济与管理学院	朱礼龙	男	研究生	博士	南京航空航天大学	管理科学与工程	教师
2		王小骄	女	研究生	博士	中南财经政法大学	法学	教师
3		李雷	男	研究生	硕士	电子科技大学	电子商务	教师
4		朱丽	女	研究生	硕士	南京财经大学	企业管理	教师
5		江宏	男	研究生	硕士	新疆财经大学	金融学	教师
6		杨冰	男	研究生	硕士	内蒙古工业大学	企业管理	教师
7		朱紫嫣	女	研究生	硕士	安徽农业大学	技术经济及管理	教师
8		刘耀娜	女	研究生	硕士	东北林业大学	会计学	教师

续表

序号	单 位	姓 名	性别	学历	学位	毕业学校	专 业	岗 位
9	经济与管理学院	何东海	男	研究生	硕士	安徽大学	法律	辅导员
10		张 浩	男	研究生	硕士	中国矿业大学	行政管理	辅导员
11	文学传媒与教育科学学院	张萌萌	女	研究生	硕士	苏州大学	戏曲与影视学	教师
12		陶 玮	女	研究生	硕士	西南大学	学前教育	教师
13		钱昶臻	男	研究生	硕士	安徽师范大学	学前教育学	辅导员
14	外国语学院	宋 涛	女	研究生	硕士	西安外国语大学	法语	教师
15		高 洁	女	研究生	硕士	对外经济贸易大学	英语口译	教师
16		李 吟	男	研究生	硕士	安徽大学	英语语言文学	教师
17		陈国君	男	研究生	硕士	上海海事大学	英语笔译	教师
18	体育学院	丁源源	女	研究生	硕士	武汉体育学院	体育教育训练学	教师
19		曹保彦	女	研究生	硕士	华南师范大学	体育人文社会学	教师
20		胡欢欢	女	研究生	硕士	南京师范大学	体育教育训练学	教师
21	应用数学学院	张 玉	男	研究生	硕士	安徽大学	统计学	教师
22		汪 峰	男	研究生	硕士	安徽大学	统计学	教师
23		肖淑梅	女	研究生	硕士	安徽财经大学	金融	教师
24		洪 晗	女	研究生	硕士	东北财经大学	保险	教师
25		杨晓伟	男	研究生	硕士	广西师范大学	统计学	教师
26		穆 澜	女	研究生	硕士	云南大学	国防经济	教师
27		沈 辉	男	研究生	硕士	安徽财经大学	金融学	教师
28		刘燊菘	男	研究生	硕士	宁波大学	食品工程	辅导员
29	机械与电子工程学院	高 杰	男	研究生	博士	中国科学技术大学	固体力学	教师
30		郑 祥	男	研究生	硕士	安徽理工大学	机械工程	教师
31		陈席国	男	研究生	硕士	哈尔滨工业大学	材料加工工程	教师
32		赵 峻	男	研究生	硕士	安徽工业大学	材料科学与工程	教师
33		胡绪照	男	研究生	硕士	安徽工业大学	材料科学与工程	教师
34		朱守琴	女	研究生	硕士	东北大学	材料成型及控制工程	教师
35		周 玉	女	研究生	硕士	安徽工业大学	材料科学与工程	教师
36		陈 宇	男	研究生	硕士	辽宁工程技术大学	机械工程	教师
37		江 克	男	研究生	硕士	浙江工业大学	化工过程机械	教师

续表

序号	单位	姓名	性别	学历	学位	毕业学校	专业	岗位
38	机械与电子工程学院	杨胡坤	男	研究生	博士	哈尔滨工业大学	机械工程	教师
39		苏洁红	男	研究生	硕士	广西师范学院	文艺学	辅导员
40		王靖国	男	研究生	硕士	云南民族大学	翻译	辅导员
41		刘怡	女	研究生	硕士	安徽农业大学	思政	辅导员
42		王可胜	男	研究生	博士	合肥工业大学	材料加工工程	教师
43		孔令立	男	研究生	博士	中国科学技术大学	核能科学与工程	教师
44	化学与材料工程学院	张杨	男	研究生	博士	同济大学	材料科学与工程	教师
45		李志寒	男	研究生	硕士	厦门大学	药理学	教师
46		高玉荣	女	研究生	博士	天津科技大学	发酵工程	教师
47		李大鹏	男	研究生	硕士	中国农业大学	农产品加工及贮藏工程	教师
48		吴梦晴	女	研究生	硕士	南昌大学	药学	教师
49		朱双双	女	研究生	硕士	安徽中医药大学	中药学	教师
50		宋俊梅	女	研究生	硕士	安徽中医药大学	药剂学	教师
51		徐小勇	男	研究生	博士	湖南大学	材料科学与工程	教师
52		许小兵	男	研究生	硕士	天津工业大学	材料工程	辅导员
53		黄钦	女	研究生	硕士	安徽工程大学	思想政治教育	辅导员
54	信息工程学院	刘运	男	本科	硕士	中国科学技术大学	软件工程	教师
55		申晨阳	女	研究生	硕士	西南大学	计算机应用技术	教师
56		鹿建银	女	本科	硕士	合肥工业大学	计算机应用技术	教师
57		陈文静	女	研究生	硕士	华中师范大学	社会保障	辅导员
58		石俊峰	男	研究生	硕士	安徽农业大学	思想政治	辅导员
59	旅游管理学院	李秋秋	女	研究生	硕士	四川大学	旅游管理	教师
60		储小乐	女	研究生	硕士	安徽师范大学	旅游管理	教师
61		鲍小雨	女	研究生	硕士	四川大学	旅游管理	教师
62		李舒	女	研究生	硕士	安徽大学	中国史	辅导员
63		蒋世民	男	研究生	硕士	东华大学	行政管理学	辅导员

续表

序号	单位	姓名	性别	学历	学位	毕业学校	专业	岗位
64	艺术学院	杜珊珊	女	研究生	硕士	安徽师范大学	音乐与舞蹈学	教师
65		郭华	女	研究生	硕士	首都师范大学	音乐学	教师
66		邓菁菁	女	研究生	硕士	安徽大学	中国现当代文学	辅导员
67	监察审计处	金璇	女	研究生	硕士	安徽大学	会计	管理
68	教务处	张小伟	男	研究生	硕士	中国海洋大学	环境规划与管理	管理
69	财务处	张秀娟	女	本科	/	中国政法大学	法学	管理
70	后勤管理与基建处	王占棋	男	研究生	硕士	合肥工业大学	岩土工程	管理
71		张伟	女	研究生	硕士	安徽理工大学	建筑与土木工程	管理
72	图书馆	鲁炳芳	女	专科	/	中国广播电视大学	小学教育	教辅
73	团委	汤艳	女	研究生	硕士	对外经济贸易大学	英语	管理

调离人员名单

序号	单位	姓名	性别	职称	原因	去向	时间
1	经济与管理学院	黄玉霞	女	讲师	考博	南京大学	2017.8
2	经济与管理学院	尤春智	男	/	辞职	江苏常州经开区综合行政执法大队	2017.8
3	经济与管理学院	王娟娟	女	讲师	调动	南京玄武中等专业学校	2017.7
4	机械与电子工程学院	严梅	女	/	辞职	安徽工业大学	2017.8
5	信息与工程学院	刘旭	男	助教	辞职	安徽农业大学	2017.8
6	财务处	陈静	女	/	辞职	济宁医学院	2017.8
7	后勤管理与基建处	郑玮玮	女	初级	调动	芜湖市急救中心	2017.9

离退休人员统计表

分　类			人数	
			2016 年底	2017 年底
总人数			137	145
年　龄		50～59 岁	15	14
		60～70 岁	70	75
		71～80 岁	39	40
		80 岁以上	13	16
职务(职称)、技术等级	职　务	厅级	3	4
		处级	35	38
		科级及以下	9	11
	职　称	高级	32	31
		中级	18	21
		初级及以下	5	5
	技术等级	技师	1	1
		高级工	27	27
		初级工、普工	7	7

退休人员名单

一、退休人员

序号	姓名	性别	出生年月	行政职务	职　称	退休时间
1	张千祥	男	1957.2	处级正职	/	2017.2
2	雷敏玲	女	1962.2	/	会计师	2017.2
3	王助民	男	1957.1	厅级副职	/	2017.3
4	钟俊	男	1957.3	科级正职	/	2017.3

续表

序号	姓名	性别	出生年月	行政职务	职　称	退休时间
5	尹必水	男	1957.3	科级副职	/	2017.3
6	顾晓松	男	1957.4	处级副职	/	2017.4
7	吴家宽	男	1957.6	/	高级实验师	2017.7
8	鲁　琦	女	1957.9	处级正职	教　授	2017.9
9	李　正	男	1957.10	处级正职	副教授	2017.10

二、离世人员

序号	姓名	性别	出生年月	行政职务	职称（技术等级）	离世时间
1	王欣生	男	1936.4	/	副教授	2017.3
2	曹大启	男	1936.11	/	副教授	2017.11

十一、管理与服务

综合服务工作

办公室在校党委行政坚强领导下,在各学院各部门大力支持下,紧扣党建和发展两大主题,围绕学校大局和中心工作,充分发挥主动性创造性,部门人员同心同向,团结协作,履职尽责,圆满完成年度工作目标任务,为促进学校更快更好发展发挥了积极作用。

1. 持续加强学习和思想教育

坚持周三学习例会制度,通过支部会和部门工作会,加强部门人员政治理论和业务技能学习,深入学习领会十九大精神和习近平新时代中国特色社会主义思想,贯彻落实学校第二次党代会精神,扎实开展"两学一做""讲重作"专题教育和专题警示教育,强化劳动纪律和各类安全教育,切实改进工作作风。

2. 党风廉政建设常抓不懈

学习贯彻《准则》《条例》,严肃政治纪律规矩。坚持主任办公会制度,严格落实一岗双责。强化管理监督,规范工作流程。通过学习、教育、引导、警示等多种形式,加强廉政警示教育和内部风险控制。

3. 全力推进巡视审计整改

主动协调有关部门,持续推进巡视审计整改、"4+4"专项整治和"管党治党宽松软问题"专项治理。全力组织推进中央巡视"回头看"和省委巡视反馈问题整改工作,截至年底,省委巡视反馈的11个方面38个问题,已整改完成34个。按照上级要求,及时报告学校4个季度整改情况,协调督促违规款项清退工作。

4. 充分发挥综合协调职能

发挥中枢作用,加强综合协调,积极与上级部门、地方政府、兄弟院校、校内单位、合作企业、广大校友加强沟通协调,为做好巡视整改、40周年校庆、校地合作、征地拆迁、综治江淮行记者团采访等发挥了应有作用。主动协调三大通信商,优化学生宿舍及校内管线布设,规范租赁费用与电费收缴,严格约束校内经营业务。主动牵线搭桥,为学院实验室建设、学生实习就业基地建设提供服务。

5. 广泛开展调研咨询

围绕40周年校庆、定点扶贫、省委综考等重大活动,通过网络、电话、实地走访等多种方式,开展校庆筹备策划、第三方监测评估、公务接待、公务用车、二级学院发文管理、校友会等工作调研,主动为校领导提供决策咨询,当好参谋助手。

6. 突出加强制度建设

制定出台《巢湖学院校领导接待日制度(试行)》《巢湖学院领导干部外出工作调研管理办法(试行)》《巢湖学院关于加强重要事项督查督办工作的实施办法(试行)》《巢湖学院校内二级学院发文有关规定》《巢湖学院通用办公设备家具配置标准》等5项规章制度,深入推进制度"废改立释"工作。

7. 精心组织40周年校庆活动

制定40周年校庆活动方案,先后发布4份校庆公告,走访联络优秀校友,积极争取师生员工参与、社会各界支持。牵头举办40周年校庆活动启动仪式、建设发展论坛、专场文艺演出、校友半岛考察等系列活动。规范捐赠资金、实物管理,及时进行校庆工作总结答谢。印制《2016届毕业生影像集》,开展"优秀校友回母校"活动。

8. 有效实施精准扶贫

制定实施扶贫工作年度计划要点,关心帮助扶贫工作队解决生活困难。组织帮扶干部2次入户走访慰问,协调组织大学生暑期"三下乡"社会实践活动,开展扶贫慰问,成立汤山爱心学校——大墩村分校。大墩村顺利通过省脱贫攻坚第三方监测评估,实现整村出列。选派428名师生圆满完成对金寨县脱贫攻坚第三方监测评估。组织开展扶贫工作自评和先进单位及个人申报工作。驻村干部在省委组织部选派办组织的年度考核中获评"优秀"等次。

9. 努力做好文字材料工作

组建文字材料写作班子,努力提高文字材料起草质量。全年起草校领导在党代会、教代会、40周年校庆、四季工作推进会等全校性重大活动中的讲话稿20余份。完成学校2016年度省委综合考核材料、2016年度党政工作总结、2017年度工作要点与任务分解、校党委2017年度述责述廉报告、校领导班子述职述廉报告、2018年新年贺词、全省高教工作会交流材料等撰写工作。编印校领导碰头会纪要38期、党委会纪要25期、校长办公会纪要25期、校办通报5期。积极参与本科教学质量报告、就业质量报告、校庆纪念册、教师手册等材料编制工作。

10. 切实提高公文处理效率

全年登记、传阅、流转、处理各类收文2272份、学校发文487份。开展公文办理业务培训,实施并规范二级学院发文工作。强化电子政务功能,提高文件传阅实效。及时进行提醒提示,加强文件督办落实。规范收文发文流程,加强发文审核把关,提高文件起草质量。全面推广电子公文,节约办公成本。及时对各类公文进行整理归档,为有关部门提供查询服务。

11. 充分发挥电子政务系统效能

协调OA系统开发商,扩展OA系统功能。运用大数据,按月统计通报处级、科级干部阅读公文情况,督促领导干部及时阅处公文。全年在电子政务平台发布主动公开文件900余份,网络公告700余条。协助现教中心完成OA系统与智慧校园对接工作。督促各单位按时填报工作周表,增强工作协调性,提高电子政务使用效率。

12. 加大信息报送与公开力度

召开2次信息公开工作会议,组织开展业务培训。加强信息研判、收集、整理和报送工作,年内向省厅报送学校重要信息10条。加强部门网站、信息公开专题网站维护与更新,规范信息公开程序,丰富信息公开内容。利用校园网、信息公开专网、电子政务、会议纪要等多种渠道,加大信息公开力度,主动公开各类信息1800余条。编制发布学校2016~2017学年度信息公开工作年度报告。

13. 做好领导活动安排和信访接待工作

协调校领导接待日和每周重要活动安排,及时填报、随时更新学校周表。做好日常来信、来电、来访的登记、接待、传达等工作。安排专人做好书记、校长信箱管理,全年接收办理各类信访件44件。

14. 精心安排会务及督办工作

精心安排、合理使用学校会议室、报告厅。做好党代会、教代会、党委会、校长办公会、校领导碰头会等重要会议和汤山讲坛的会场布置与会议服务。完成全国四人制排球赛、安徽省青少年沙滩排球赛、安徽省大学生排球联赛等大型赛事服务。加强党委会、校长办公会各项议定事项的催办、督办、协办和落实工作。

15. 严格公务接待和公车管理

全年接待上级、属地领导检查指导和兄弟院校校际交流20余次。严格执行上级和学校有关公务接待管理规定,规范程序,厉行节约,校级招待费开支由2016年的7.8万元下降至6.1万元。加强车辆日常管理和使用调度,全年安全行车16万公里。在保障校领导公务用车的同时,为校内二级单位提供用车服务50余台次。

16. 强化机要与保密工作

及时调整校保密委成员,组织召开保密委会议,学习贯彻上级有关工作要求。严格按照保密工作规定,安排专人加强机要室建设管理,做好密级文件的收发、传阅和清退工作。加强保密宣传教育,以试代训,组织全校副处级以上领导干部开展保密知识测试。在全校2次组织开展互联网门户网站等保密检查,强化学校会议保密和信息公开保密审查,确保全年无失泄密事件发生。

17. 强化通信保障和用印服务

编印2017版学校电话号码簿。完成办公电话铜缆改光纤工程。每月按时完成固定电话话费结算、清单查询工作。加强校园通信保障服务,对办公电话安装、移机、维修等做到响应及时,确保通信畅通。规范学校党政印章和党委书记、校长印鉴的管理使用。强化合同印章使用审批程序,严格执行合同印章用印法人审批制度。全年共提供用印服务2万余次。

18. 加强和改进档案管理

加强档案收集、整理与归档,全年收集文件材料4222件(卷),检查、修裱档案材料4万余页。接待各类档案查调服务713人(次)、1751件(卷)。积极参加全省档案业务培训交流,学校被增补为省高校档案工作协会常务理事单位。成功承办省直单位档案工作第九协作组暨合肥片高校2017年2次会议。与皖西学院签署档案数据异地备份协议,完成数据第1次互备。编写学校2007年1~12月大事记。圆满完成学校年鉴(2013卷、2016卷)和《巢湖学院40周年年谱(1977~2017)》编印工作。《巢湖学院·校简史》系列丛书(3卷),获评全省高校档案学术成果编研类二等奖。

19. 主动做好值班应急维稳等工作

统筹协调安排节假日和寒暑假值班工作,强化值班工作纪律,严格落实值班人员签到在岗制度,协助做好校园安全稳定和应急工作。续签文印承包与法律顾问聘请合同,节约文印成本,提高文印质量,协调法律顾问及时处理涉校法律事务。组织开展办公用房清理整改"回头看"工作。及时调整图书馆电梯运行状态,强化办公场所安全管理。配合国资处做好国有资产管理、清查和清退工作,配合发规处完成高基报表年度填报工作。完成春秋两学期教职工交通补贴审核发放工作。协调安排全校节日慰问工作,为符合条件的50名教职工办理保健证。及时沟通、认真办理教代会有关提案建议等。

(撰稿:石庭)

发展规划工作

发展规划处围绕"十三五"规划落实、审核评估、专业评估、目标管理、学术委员会换届、质量监测、高教研究等中心工作,认真履行工作职责,圆满地完成了既定的工作计划和任务。

1. "十三五"规划落实工作

4月,制定《巢湖学院关于贯彻落实"十三五"发展规划的实施意见》。

5月,印发师资队伍建设、学科专业建设、信息化建设、校园文化建设、校园建设五个"十三五"子规划。

3~5月,细化"十三五"事业发展规划的目标和任务,按照部门职责,进行年度任务分解。

5月,协助各单位按照"十三五"事业发展规划及子规划制定年度工作计划,并全面落实。

2. 目标管理工作

3~5月,赴多部门调研,制定《巢湖学院2017年二级单位目标与任务》,签订并下达实二级单位目标任务书。

9月,组织开展2017年度目标任务完成情况检查,并向学校提交检查总结报告,组织召开目标管理工作推进会。

10月,印发《巢湖学院二级单位目标管理实施办法(试行)》。

3. 学术委员会换届工作

3月13日,印发《巢湖学院学术委员会委员产生办法》《巢湖学院关于开展校学术委员会换届工作的通知》,启动巢湖学院学术委员会委员换届选举工作。

3月29日,完成第二届学术委员会委员选举工作,5月8日,完成第二届学术委员会专门委员会和基层委员会委员选举工作,5月22日召开巢湖学院第二届学术委员会成立大会。

7~12月,制定《学术委员会议事规则》《巢湖学院学术委员会专门委员会工作规程》《巢湖学院基层学术委员会工作规程》。

3~12月,共组织召开六次全委会,审议《巢湖学院专业技术职务评审实施办法(试行)》、校级重点学科、校级重点实验室等议题。

4. 审核评估工作

6月,制定《巢湖学院本科教学主要环节质量标准》《巢湖学院本科教学质量保证体系纲要》。

6月,编印《本科教学审核评估学习手册》。

7月,印发《巢湖学院关于开展本科教学审核评估教学档案材料专项检查的通知》以及附件《巢湖学院审核评估基本教学档案材料参考目录》。

9月,开展审核评估相关人员培训工作。

11月,制定审核评估重点工作与任务分解表。

12月,完成本科教学审核评估教学档案材料专项检查,并向学校提交检查报告。

2018年1月,成立校第一届教学质量管理工作委员会。

5. 专业评估工作

7月,印发《巢湖学院关于校内专业评估近期工作安排的通知》以及4个附件《巢湖学院本科专业评估指标体系、内涵及等级标准》《巢湖学院本科专业评估自评报告》《巢湖学院本科专业评估定量指标清单》《巢湖学院本科专业评估定性指标清单》,启动首轮校内专业评估各专业自评工作。

9月,协助学校召开首轮校内专业评估工作推进会,在前期专业自评工作的基础上,遴选法学等15个首批参评专业。

10月,协助学校召开首轮校内专业评估(首批专业)工作布置会,并出台《巢湖学院首轮校内专业评估(首批专业)工作实施办法》。

10月,到各二级学院开展专业评估调研工作。

11月,制定《巢湖学院首轮校内专业评估(首批专业)专家工作安排》《巢湖学院首轮校内专业评估专家进校考察工作总体方案》等,并聘请校内外专家,完成首轮校内专业评估(首批专业)工作。

12月,协助学校召开校内专业评估总结暨整改工作布置会议,启动首批参评专业整改工作。

6. 国家数据平台数据采集与高等教育事业统计工作

9月,出台《巢湖学院2017年度高等教育质量监测国家数据平台数据采集工作方案》《关于做好2017年教育事业统计工作的通知》,启动国家数据平台数据采集与高等教育事业统计工作。

10月,完成高等教育质量监测国家数据平台数据采集填报工作。

11月,完成高等教育事业统计工作并向教育厅报送数据。

7. 本科教学年度质量报告编制工作

11月,出台《关于编制〈巢湖学院2016~2017学年年度本科教学质量报告〉工作安排的通知》,启动本科教学质量年度报告编制工作。

12月,完成《巢湖学院2016~2017学年年度本科教学质量报告》,并报送教育厅。

8. 数据采集与质量监控系统建设工作

9~10月,开展校本数据采集与质量监控系统建设论证工作。

11月,编制校本数据采集与质量监控系统采购方案,拟申报立项建设。

9. 学校事业发展专题调研工作

12月,编制《巢湖学院章程》2017年度执行与落实情况调查问卷(学生卷、教工卷),开展调查,并完成分析总结报告。

12月,编制巢湖学院教育教学状况社会调查问卷(毕业生卷、学生家长卷、用人单位),并开展调查工作。

10.《高教资讯》编印工作

3~12月,共编印10期《高教资讯》,总计15万多字。

(撰稿:张凌晨)

财务管理工作

财务处严肃财经纪律,严格财务管理,加强预算管理,严格收费管理,完善信息化建设,积极开展"小金库"专项治理等工作。认真履行各项工作职责,完成年度工作目标,为学校持续健康发展提供了有力保障。

一、综合管理方面

1. 增强服务意识,提升服务质量

做好教职工报销审核、工资津贴发放、公积金、医保、个税等代扣代缴和学生学费收缴、"一卡通"结算、奖助学金的发放、各类考试报名费收缴、门诊医疗费结算、毕业生各类费用清算等日常服务工作。编印《财务报销手册》,提高服务质量;完善学生缴费系统,提供手机、电脑、平板等多平台登录;编印《学生缴费指南》,指导学生便捷完成缴费工作。

2. 加强报销审核管理,提高工作效率

结合巡视审计整改情况,进一步加强报销审核力度,规范工作流程,积极指导职工规范报销。全年财务处报销业务做到当日账务当日处理,年内报销经费到账及时程度较去年有大幅提高。

3. 加强债务管理,完成外贷还本付息工作

根据外贷还款计划,分别于3月和9月份完成两次购汇还贷工作,共704.81万元。按时完成了以色列贷款还贷计划,并于年底填报年度债务统计报告,接受上级部门的监督和核查。

二、职责履行方面

1. 加强财务管理,完善制度建设

结合学校发展新形势,不断完善财务制度建设,加强财务管理,规范各项财务行为。印发《巢湖学院关于全面构建"小金库"防治长效机制实施办法》(校字〔2017〕38号)。编印《财务报销手册》《学生缴费指南》《2018年预算编制手册》《"小金库"知识手册》等。起草修订《巢湖学院经费审批办法》《巢湖学院学生缴费管理办法》《巢湖学院差旅费管理办法》《巢湖学院非职务性劳务费发放管理办法》。

2. 加大教育经费投入,提高资金使用效益

学校预算收入23543.00万元,其中:财政拨款16171.00万元,事业收入7372.00万元;学校预算支出23543.00万元,收支平衡。在保证人员经费稳步增长的基础上,继续加大对基础教学保障条件、公共服务体系、人才师资建设、科研能力提升、实践教学能力等方面的投入。教学日常运行经费比去年增长3.66%,生均日常运行支出1338.48元,满足新建本科院

校经费投入要求。

3. 积极筹措资金，为学校争取更多的建设经费

学校年初预算拨款16171万元。财务处多次前往教育厅、财政厅联系工作，为学校争取中央财政支持高校发展资金600万元，专项资金200万元，另外，根据我校预算执行较好的情况，积极争取到按规定拟收回的581.77万元采购结余资金。

4. 加强"暂付款"清理，提高资金利用率

印发《关于全面清理暂付款的通知》（校财字〔2017〕2号），开展"暂付款"清理工作。5月和11月份先后安排专人梳理出各部门暂付款项清单，下达到相关部门，协助及时进行款项结算工作。本年全面清理往来款和暂付款项300多万元，及时回笼资金，提高资金使用效益。

5. 严格预算管理，积极推进年度预算执行

学校预算编制采用"二上二下"流程，与报送省教育厅预算口径一致，确保预算编制准确性、及时性和科学性。全年多次联系相关部门召开预算执行推进会，及时解决预算执行过程中遇到的问题，推进学校基建项目以及其他采购项目开展实施，积极推进预算执行。学校预算执行在全省高校排名比去年有所上升，其中政府采购预算执行全省高校排名第四。

6. 严格预算编制，推进预算管理精准化、精细化

编印《预算编制手册》，积极指导各部门规范预算编制工作。优化预算编制流程，采用"二上二下"流程、"一上"是各预算部门9月份编制预算草案；"一下"是学校论证确定后下达的预算指标；"二上"是各部门根据下达的预算指标进行细化上报；"二下"是学校正式发文下达2018年度预算。预算项目进行归口管理，政府采购项目归并到国资处进行论证细化；信息化建设归并到现教中心进行细化论证等。就2018年度预算编制情况组织召开10余次项目论证，提高预算编制的科学性和合理性及预算的可执行性。提高预算编制质量，增加预算管理精准化和精细化。

7. 加强公务支出管理，严控"三公"经费支出

控制"三公"经费年初预算，"三公"经费预算保持逐年下降。加强"三公"经费报销审核力度，严格执行相关报销规定。招待费支出28.12万元，比去年减少16.5%，公务用车支出21.76万元，比去年下降23.3%，公务出国经费为零。

三、信息化建设方面

1. 加强收费管理，完善学生缴费管理系统

升级"学生网上缴费系统"，提供手机、电脑、平板等多种平台登录，方便学生缴费；定期统计公示下达学费缴费情况，督促学生尽快缴费；与教务处、学生处对接，对于恶意欠费学生限制其进行选课和考试。学生缴费率达到97.3%。

2. 加强科研经费管理，完善科研管理系统

设立科研经费管理岗位，专门负责科研经费资金立项、审核报销。新建"科研管理系统"，集教师课题申报、经费预算、科研项目管理和科研经费管理于一体，项目负责人通过科研管理系统填写课题信息、查询经费使用情况，增强科研经费管理使用，提升服务质量。多

次就系统使用情况与软件公司沟通。5月份会同科技处邀请软件公司根据学校实际情况，进一步加以完善，并于10月份完成更新完善工作。

3. 推进财务信息化建设，实现劳务费申报管理网络化

新建劳务费申报管理系统，该系统能够实现劳务费网上申报签批，各部门直接登录网上平台进行自行申报，简化了劳务费申报流程，提高了工作效率。该系统于12月份进入试用阶段，目前运行较好，为学校实现网络报销打下基础。

四、专项工作开展方面

1. 严肃财经纪律，规范财务管理，推进内部控制建设

根据学校内部控制建设情况，不断完善各项业务操作流程，规范各项管理。重新编印《巢湖学院内部控制手册》，填报2017年度事业单位内部控制报告，报告显示学校内部控制建设良好。

2. 严肃财经纪律，积极开展"小金库"专项治理"回头看"工作

为进一步严肃财经纪律，加强财务管理，巩固"小金库"的治理成果，印发《巢湖学院关于全面构建"小金库"防治长效机制实施办法》。根据《中共安徽省教育工委 安徽省教育厅关于印发〈全省教育系统开展"四个专项治理"实施方案〉的通知》（皖教工委〔2017〕47号）要求，制定《巢湖学院开展"小金库"专项治理"回头看"工作实施方案》等四个方案的通知（校党字〔2017〕39号），组织开展"小金库"专项治理"回头看"工作。专项整治工作从4月20日至6月30日结束。6月份初财务处印发《巢湖学院开展"小金库"专项检查方案》，同时，编印《"小金库"知识手册》，成立"小金库"专项检查组，6月底完成了对学校各部门的重点检查工作；7月份对7家关联单位进行业务往来核查；通过全面检查未发现设立"小金库"的情形。

3. 积极做好巡视、审计整改任务，配合完成2016年度预算执行与财务收支审计工作

为积极配合学校开展2016年度预算执行与财务收支审计工作，财务处加班加点，准备相关账务材料，各类账目做到清晰可查。审计组驻校期间，财务处安排专人负责对接，对审计组提出的问题及时进行解答，积极配合完成2016年度预算执行与财务收支审计工作。针对提出的问题，及时向各部门进行反馈，落实整改工作，规范财务管理。

4. 积极配合完成省教育厅开展的各项专项检查工作

8月9～10日，接受省教育厅教育技术装备采购监督办一行到我校检查预算执行情况及基建采购突出问题专项治理工作情况。财务处汇报了学校2017度预算执行的整体情况以及学校在预算管理方面作出的努力，提供了预算管理编制手册以及财务处相关规章制度，得到了检查组的肯定。

8月24日，中审众环会计师事务所一行3人受省教育厅、财政厅、科技厅委托来我校进行科研项目资金管理改革政策落实情况核查。检查组按照核查要求从学校科研项目资金管理权限、完善差旅会议采购管理、创新服务方式、规范管理、贯彻落实方式、成效、其他事项等6个政策内容、13个具体要求、57个落实要求方面进行逐个核查，财务处按照检查内容提供了翔实的支撑材料，完满地完成了检查任务。

（撰稿：赵俊涛）

国有资产管理工作

国有资产管理处在校党政的正确领导下,在全校各部门的大力支持和密切配合下,加强"以教学为中心,规范管理、服务全校"的工作理念,不断深化工作作风建设,完善国有资产的管理和规章制度,努力提升规范化管理水平。有序推进各项工作,较好地完成了年度各项国有资产管理工作任务。

1. 招标采购工作

① 组织实施政府采购项目。采取有效措施加快招标进度,截至12月31日,完成46项政府采购项目的招标。加强项目验收,及时办理款项支付,截至12月31日,共支付7800万元,在全省高校政府采购预算执行进度排名中名列前茅。

② 及时完成学校自主采购任务。为确保学校教学科研、行政办公和后勤保障等各项工作的顺利开展,年内组织并完成教材、军训服装、低值易耗品、食堂粮油等51项货物、工程与服务等项目采购的自主采购工作。

2. 资产管理工作

① 加强资产登记工作。对采购的设备及其他固定资产及时登记入账,年内累计登记新增3600万元设备和19700万元房屋与构筑物。

② 组织国有资产清查。制定了资产清查实施方案,并按方案要求及时组织开展年度国有资产清查工作。

③ 开展教学科研设备考核。下发关于开展教学科研设备使用效益与管理考核工作的通知,启动教研设备考核工作。

④ 加强固定资产报废管理。完成现教中心部分废旧设备的报废鉴定与处置工作,并开展公益性捐赠,将部分闲置多媒体设备捐赠给皖西育才中学。

⑤ 加强资产使用与处置的管理工作。完成学生公寓洗衣机场地租赁的招租工作和学生第三食堂三楼资产出租的报批工作。清查各类资产出租事项,开展出租合同的备案与租金清缴工作。

⑥ 组织设备维修。及时受理有关管理部门与教学单位提交的专业设备的维修申请,积极联系供货商、厂家安排专业人员及时维修,有效保证教学、管理工作的正常运转。

3. 制度建设工作

根据国家和上级新的规定及时修订有关制度文件,年内已完成对《巢湖学院招标采购管理暂行办法》《巢湖学院合同管理办法》的修订,并新订《巢湖学院国有资产出租出借管理暂行办法》《巢湖学院采购项目验收管理办法》,为规范招标采购与资产管理工作提供了制度依据。

4. 基建采购突出问题专项治理工作

根据安徽省教育工委、教育厅关于《全省教育系统开展"四个专项治理"实施方案》(皖教工委〔2017〕47号)和《巢湖学院关于开展基建采购突出问题专项治理工作方案》(校党字

〔2017〕39号）的要求，及时开展了招标采购突出问题的专项治理工作，收集整理采购项目和资产处置项目等资料，同时认真分析、汇总有关数据，查找采购活动与资产处置中存在的问题。积极配合教育厅组织的专项检查，并对检查中发现与反馈的问题深入分析根源与原因，提出针对性的整改办法，并立行立改。

5. 配合学校完成专项工作

① 配合学校开展2016年度预算执行财务收支审计工作，整理并提供各类采购项目资料和资产管理等专项材料，并对审计提出的有关问题进行了说明。

② 参与新建运动场、新建学生食堂、新建学生公寓等基建项目、球场改造、教学楼维修和雨污分流等维修项目的隐蔽工程验收和竣工验收，参与后勤部门组织的零星维修项目的竞价工作。

（撰稿：秦鹏生）

审计工作

监察审计处遵照《中华人民共和国审计法》《安徽省内部审计条例》和《安徽省人民政府关于加强审计工作的意见》等法律法规要求，围绕学校建设发展需求，依法履行审计职责，为学校规范财务管理、提高资金使用效益、促进党风廉政建设、保障学校经济活动的健康运行发挥积极作用，完成各项审计工作任务。

1. 狠抓制度落实，推动审计工作规范

一是重视审计工作。学校领导高度重视审计工作，批准审计立项，听取审计工作报告，深入听取审计意见，并把审计结果作为相关决策的重要依据，有重点、有深度、有成效地推进审计全覆盖，提升了审计地位。在履行审计职责所需的人员配备、审计经费、信息资源和相应工作条件等方面给予了重点保障，保证了审计工作正常开展。二是坚持依法审计。严格执行《巢湖学院财务收支审计实施办法》《巢湖学院内部审计工作规定》和《巢湖学院基建、修缮工程审计实施办法》等规定，根据工作安排有计划地严格开展年度预算执行与财务收支审计，基建（维修）工程决算审计。在审计工作中强化管理，严格工作规范，客观公正评价，强化审计质量控制。三是坚持与时俱进。遵照中共中央办公厅、国务院办公厅《关于完善审计制度若干重大问题的框架意见》及其配套文件《关于实行审计全覆盖的实施意见》精神，通过公开招标或在巢湖学院工程造价咨询服务机构和巢湖学院会计师事务所备选库中遴选的方式选定审计中介机构，对基建工程项目进行全过程跟踪审计。将审计关口前移，实现由事后审计为主向事前防范、事中控制和事后审计相结合为主的转变。

2. 聚焦主业主责，增强审计工作实效

一是注重风险防控，做好财务收支审计。认真落实省教育厅文件，按时完成巢湖学院2016年度预算执行与财务收支审计，指出问题7项15条，提出了三条审计建议。积极配合省教育扶贫领域专项治理工作，开展学校2016~2017年度学生奖助资金专项检查审计。二是抓住重点，推动工程审计。组织完成17项工程项目竣工结算审计，审计金额19602375.69

元,审定金额 17915370.57 元,审减金额 1687005.12 元,审减率 8.61%。其中:完成了对学校第二运动场全过程跟踪审计,审计金额 6957363.46 元,审定金额 6770246.57 元,审减金额 187116.89 元,审减率 2.69%。对学生食堂、学生宿舍和校医院等基建项实施全过程跟踪审计,重点就实际工程建设与图纸设计的符合度、工程变更审批程序与现场签证的规范度、隐秘工程的真实性等内容进行审核,并参与施工现场的监督。三是落实主体责任,加强审计整改。为巩固审计成效,积极沟通协调,认真督促整改,先后完成省审计厅校长任期经济责任审计、年度预算与财务收支审计等共计 42 个审计发现问题的整改工作。

3. 夯实队伍基础,提升审计专业水平

一是加强政治理论学习。注重党性修炼,深入学习贯彻党的十九大精神,扎实开展"两学一做"学习教育活动,提升审计人员政治素养,增强"四个意识"。二是注重业务培训,积极参加省审计厅、省教育厅和省内部审计协会组织召开的会议和交流活动,拓展审计人员视野,提高政策水平。三是强化能力培养。注重以会促学、以训提能,组织审计人员参加安徽省内部审计协会组织的培训班,把握高校审计前沿动态,广纳博思,互学互鉴。积极选派人员参加省审计厅的政府审计项目,以干代学,以践促学,通过实践检验并提高审计人员的工作能力。

2017 年,巢湖学院监察审计处通过推进财务审计、基建和维修工程审计、专项审计等审计工作,真抓实干,认真履职,敢于监督,成效明显。巢湖学院审计处被评选为全省内审"五年提升""先进集体",负责人被评为安徽省"内部审计领军人物"。

(撰稿:彭正生)

后勤保障与服务

后勤管理与基建处在学校党委、行政的正确领导和全校各部门的大力支持下,牢记"立德树人"根本任务,牢固树立五大发展理念,聚焦建设地方应用型高水平大学的学校"十三五"发展目标,紧扣"教学、科研和师生员工"三大服务主体,着力围绕"应用型人才培养、创新创业教育和实践能力养成"的工作重点,坚持"管理育人、服务育人、环境育人",强化责任担当,循着建设信息化、现代化"智慧后勤"的工作路径,有序开展后勤保障和服务工作。

一、稳步推进基本建设,办学条件不断改善

1. 征地拆迁工作

完成 161.4 亩土地的让地工作,使得两栋总建筑面积约 68000 平方米的教学实验楼的建设工作得以推进。完成清水塘村 166 户的拆迁工作,为后续的征地让地工作扫清障碍。启动清水塘村 111.7 亩的征地让地工作,相关材料已报送合巢经开区。

2. 校园规划调整及详规编制

由华南理工大学建筑设计研究院承担校园规划设计工作,方案结合校园现状,遵循可持

续发展的原则,整合空间秩序,形成了"一轴一带,三纵三横"的整体架构。规划方案设计文本已编制完成,并报合巢经开区规划部门审批。

3. 基建维修工作

完成新建学生公寓建设项目,六层框架结构,建筑面积7996.6平方米,共有宿舍184间,可容纳1100余人住宿。主体建筑于10月20日竣工验收,已投入使用。

完成新建学生食堂建设项目,三层框架结构,建筑面积9448平方米。主体建筑于11月20日竣工验收,已投入使用。

完成新建运动场建设项目,标准400米田径运动场以及标枪、铁饼投掷区,工程占地面积约30000平方米,于7月18日竣工验收,已投入使用。

推进校医院项目建设工作,建筑面积2427.97平方米,三层框架结构,工程已进入装饰装修阶段。

完成艺术楼改造项目,实施了艺术楼屋面防水改造、走道等墙面粉刷层及面层重做、连廊用铝合金窗封闭、更换木门、外墙清洗等工作,改善了教学、办公条件。

完成新建食堂电动采光窗采购安装项目,面积约116.88平方米,为食堂三层提供了良好的采光与通风。

完成新建工程低压电缆敷设项目,为新建学生公寓、食堂、运动场提供了电力保障。

完成新建工程衔接道路项目,道路长约70米,宽6米,沥青路面,连接了新建学生食堂、学生公寓和运动场区域与现有道路,为师生出行提供了便利。

完成图书馆防水维修,解决了屋面和卫生间墙壁渗漏问题。

完成东区水路改造工程,建成1000吨蓄水池及配套泵房、管线等设施,投入使用后,将负责校园东区供水,有效缓解校园供水压力。

完成雨污分流工程,实现了校园雨水、污水分开排放,减少了对环境的污染,提高了校园防洪等级。

完成校园绿化提升工程,对艺术楼南侧池塘及周边进行绿化升级改造,通过建设湖心岛、栈桥、绿叶广场等景观,美化了校园环境,提升了校园文化内涵。

完成明德楼改造工程,拆除了顶层塑钢结构教室,消除了安全隐患,对教室实施维修改造,更新课桌椅,改善了教学条件,使老旧教学楼重新焕发青春。

完成艺术楼至慎思楼道路建设工程,该条道路是校园横向主干道之一,缓解了校内交通压力,附属图书馆生态停车场解决了教职工车辆停放问题。

完成学生公寓、学生食堂太阳能热水系统建设工作。

4. 拟建项目

推进经济学院(法学院)、管理学院(理学院)教学实验楼勘察设计项目。由华南理工大学建筑设计研究院承担设计任务,方案总建筑面积约68000平方米,共5层,管理学院(理学院)教学实验楼主要为教室和机械与电子工程学院实验室,经济学院(法学院)教学实验楼主要为化学与材料工程学院、艺术学院、应用数学学院和外国语学院教学实验用房。设计方案将报合巢经开区规划部门审批,初步设计正同步进行。

完成门前道路勘察设计项目。经招标,勘察单位为冶金工业部华东勘察基础工程总公司,设计单位为中外建工程设计与顾问有限公司。工程主要内容包括两侧各10米宽、约300

米长沥青道路和中间60米宽景观绿化、喷泉等休闲广场。至12月,项目施工图和工程量清单已编制完成,即将进入招标程序。

二、积极探索后勤改革,服务水平不断提高

1. 内部管理改革

实现校园"大物业"管理,将水电管理和日常零星维修纳入物业服务项目,提高响应速度和服务质量。推进食堂社会化改革,平稳完成原第一、第二食堂员工解聘、分流工作。完成新建食堂社会化托管企业招标工作,引进黄山大厦、大佳一两家餐饮企业入驻。

2. 后勤管理信息化建设

积极配合学校智慧校园建设,建成学生公寓管理系统,下设网上报修、房源管理、人员管理、宿舍申办、宿舍违纪、宿舍卫生、学生排宿、学生住宿8个模块,学生从新生入住到毕业离校期间的各类宿舍管理事宜,均可在手机APP中办理。建立医药信息化管理系统,实现了大学生医保门诊直接报销,使服务更加优质、便捷。

3. 人员培训

组织食堂经营企业开展从业人员食品安全知识、专业技能培训,不断增强安全意识,提高服务水平。邀请消防部门进校对餐饮、物业从业员工开展消防安全知识培训,提高消防安全意识。

4. 服务沟通

制定《后勤管理与基建处首问责任制度》,及时处理师生诉求,提高办事效率。参加学生"8+1"联席会议,认真回应学生关切。定期开展食堂和浴室满意度调查,协助成立"学生伙食管理委员会",全面监督伙食供应各环境。建立"巢湖学院物业管理监督服务微信群"和"巢湖学院物业管理与学生交流微信群",让师生参与到学校物业服务的管理和监督之中。

三、扎实开展各项工作,服务保障全面有力

1. 餐饮服务

完成全校日常伙食供应工作。完成"四十周年校庆"期间3万余人次的"赠餐"和其他重要活动的伙食保障与接待任务。开展了"端午送粽子""光盘行动""新生军训送清凉""中秋赠餐"等向学生送温暖活动。加强对托管食堂经营服务监督管理,实行餐品供应公示制度,设立"公平秤"。实行后勤处、餐饮中心、食堂值班经理以及学生"伙管会"各级巡查制度,及时处理师生意见和存在问题。坚持各食堂每日自查、餐饮中心每周巡查和后勤处月度检查,邀请地方政府食药监部门来校开展专项督查,组织学生"伙管会"实行每周两次和每天不定期巡查,通过不同层级的检查方式"多管齐下",全方位保障食品卫生安全。

2. 物业管理

完成2017年物业招标工作。制定物业监管和考核办法,建立师生监督微信群,加强日常监督管理,不断提高物业服务水平,完成日常物业运行管理工作。完成图书馆大楼清洗和电梯维护工作。完成日常饮用水检测和二次供水许可证办理工作。坚持开展水质检测,定

期对蓄水池进行清洗、消毒,保障学校生活饮用水的卫生安全。

3. 绿化保洁

完成校园绿化种植和日常管理工作,定期对植被进行施肥和修剪。完成樱花林树木补植和烔炀镇捐赠树木移植工作,丰富了校园植被种类,形成了特色景观。完成校庆、文明创建检查等关键时期的校园保洁工作,给返校校友和考核专家留下良好印象。

4. 维修及住房管理

及时处理维修申请,认真执行维修企业库制度,严格招标程序,加强施工监管,全年共实施零星维修项目109项,小型维修工程45项,保证了校园各类设施的正常运行。完成校园路灯安装工作,及时更换损坏路灯,使夜间的校园更加明亮、安全。完成直饮水安装工程,在学生宿舍、教学场所安装了热水—直饮水一体机,师生随到随取,生活保障能力进一步增强。按照省委巡视组和学校要求,对违规占用的公有住房进行了清理、回收。全面梳理学校公有住房,完善信息,建立住房档案数据库。赴驻肥高校开展调研,积极与合肥市、巢湖市房产部门协商,推进学校房改工作。完成7♯、8♯单身教工宿舍整修工作,安排教职工重新入住。

5. 医疗服务及保障

完成师生员工日常诊疗服务工作,全年门诊接诊24000余人次,处理各种外伤900余人次,急诊出诊120余人次,注射治疗1200余人,排查、转诊疑似病毒性肝炎、肺结核、病毒性疱疹、流感等传染病300余例。积极推进标准化药房建设。通过了地方医疗主管和劳动保障部门对医护人员业务考核、医疗执业审核和居民定点医疗机构审核。通过了疾控中心对校医院甲流感、结核病、艾滋病等传染病的防控检查。完成毕业生和新生入学及教师资格证体检工作,对健康不达标和疑似传染病学生实行复查和跟踪。完善因病缺勤追踪记录及传染病登记制度,登记传染病及相关疑似病例共计23例。完成发热门诊约300个病例的追踪回访工作。配合市疾控中心完成对肺结核确诊病例流调信息的收集和迎接上级传染病专项督查工作。完成教职工健康体检工作。定期配合主管机构开展传染病相关防治知识的宣传教育工作,举行传染病防控宣传主题活动1次、专业讲座1次,开展2017级新生传染病防治知识入学教育,发放宣传资料8000份。完成大学生健康教育课程120个课时的授课任务。完成大学生医保门诊报销材料3000份,报销金额约55万元,异地住院报销材料116份,申请省级调剂金174235.51元。完成大学生参保信息的上报工作,全校参保大学生总数16230人。落实教职工的医疗补助及大病救助政策,处理报销材料约90份,印发宣传材料500份。

6. 宿舍管理

成立学生宿舍管理委员会,组织学生开展自我管理,加强对宿舍物业的监管,提高服务水平。完成学生公寓部分自习室改造工作,共改造15间,面积1235平方米,极大地拓展了学生学习空间,营造了良好的学习氛围。完成学生宿舍值班电话维护、空调遥控器发放、新生床上用品采购、发放等工作。做好学生公寓寒暑假学生留校期间的管理服务工作。完成新建学生宿舍学生搬迁、入住工作。不断丰富学生公寓服务内容,完成学生公寓洗衣机、电吹风招标和安装工作,不仅给学生日常生活带来了便利,还有效降低了使用违规电器和违规充电的现象,降低了用电安全风险。按照按届分楼、就近调整、科学合理原则,坚持以生为本的宗旨,完成了8633名学生的宿舍调整工作,实现了同年级学生集中有序居住。

7. 商贸管理

完成生活网点拆除工作,51间商铺全部拆除,彻底解决了校园后山的安全隐患。完成后山生活网点租金收缴工作。完成华联超市日常管理工作。启动新食堂三楼商贸中心招标工作。

8. 节能工作

完成年度能耗统计上报工作,生均能耗下降2%,完成省教育厅年度节能目标任务。积极申报厅节能示范项目,经过申报和评审,获得教育厅2018年节能专项资金支持20万元。

(撰稿:张凌)

文献保障与服务

图书馆在校党委的正确领导和全校各部门的大力支持下,围绕学校"十三五"规划,本着一切为读者服务的宗旨,扎实推进文献资源建设,努力拓展信息服务功能,为教学、科研与管理提供了有力的保障和良好的服务。

一、以服务至上理念,开展各项基础服务工作

图书馆接待读者60万余人次,借书72803册,还书72841册。2016年招标的240万实洋纸质图书,全部到馆上架流通。采编部验收、加工图书59737册。

过刊阅览室周一至周五工作日开放;期刊阅览室除周五晚间外,其余时间正常开放,一周开放时间超过70小时,日均接待读者160多人次。学生自习室全天开放,节假日不关闭,日均接待学生3000余人次。期刊部完成2016年度期刊整理下架工作。

信息技术部主要负责图书馆局域网和汇文文献信息服务系统的管理和维护,承担本馆服务器、图书馆网页以及所有工作站的维护和管理。本年度进行了两次电子资源采购,4月份购买了1种电子资源,合计44.98万元;10月份采购了18种电子资源,其中新增2种,合计107.4万元。

3月8日,研修间正式面向师生开放。

3月9日,图书馆正式启用"巢湖学院图书馆"微信公众号。

4月,期刊部完成2015、2016年过刊装订。

5~6月,开展2017届毕业生图书催还工作。

二、开展各项活动,延展图书馆功能

4月,图书馆开展了2016年度优秀读者评选活动。此次活动出台了详细的评选条件,依据2016年度读者借阅排行榜及读者自荐,经认真评议最终确定优秀读者20名,4月25日副校长朱定秀为获得优秀读者的学生颁发了荣誉证书和奖品。

4~5月,图书馆组织学生参加"全国高校图书馆2017年度'外研讯飞'杯英文经典诵读大赛安徽赛区活动",取得优异成绩,外国语学院15级商务英语专业金月同学荣获安徽赛区一等奖。

7月9~14日，图书馆组织六名同学参加由安徽省教育厅主办，合肥工业大学图书馆承办的安徽省第五届高校研究生信息素养夏令营。夏令营以"创新引领未来"为主题，组织举办了多场报告会和活动。我校学生积极参加各项活动，取得较好成绩，其中刘茜茜、汪茂文、邢俊芳、刘婕分别荣获真人图书馆、朗读者大赛二等奖、三等奖和优秀奖的好成绩；在信息素养课题大赛中，我校学生所在组别分别获得一等奖、二等奖、三等奖的好成绩。吴新兰指导的第四组学生获得本次信息检索大赛二等奖。张雨晨荣获"优秀营员"称号；吴新兰获得"优秀指导老师"称号。

9月11~26日，馆员黎小辉利用午休和晚间分批次地对4300余名新生进行入馆教育培训。

12月1日，图书馆、宣传部、团委共同主办的以"新时代心阅读"为主题的巢湖学院第六届读书月活动在致知楼报告厅隆重开幕。校党委委员、副校长朱定秀，校党委宣传部部长张道才，图书馆馆长钱云，团委副书记郑玲，宣传部副部长陈小波，图书馆副馆长吴宏和来自各学院近200名师生参加了此次活动。开幕式由张道才主持。朱定秀为开幕式致辞，她以习近平总书记的读书经历为例，希望广大的读者养成良好的读书习惯，确立正确的读书方式。钱云详细介绍了读书月的活动安排。开幕式后，安徽省委党校科学文化教研部主任、教授、博士邵明为同学们做了《社会转型时期文化价值建设的理论与实践》的专题报告。环巢湖文化与经济社会发展研究中心主任张安东为邵明的专题报告做了精彩的点评。

12月6日下午，在图书馆10楼第四会议室举行学生读者座谈会。图书馆馆长钱云、副馆长吴宏、图书馆各部室负责人与学校各二级学院10余名学生代表参加了座谈会，会议由钱云主持并向学生们介绍了一年来图书馆在资源建设、读者服务等方面的基本情况。之后学生们就图书馆自习室管理、图书借阅、服务情况、软件建设、电子资源等提出了自己的意见和建议。

12月8日下午，在图书馆七楼电子资源培训教室举办了"如何顺利通过四、六级考试"培训讲座。"FIF外语学习资源库"培训讲师李静为同学们做了精彩报告，全校各年级共100余名同学参加了此次讲座。本次活动得到了化学与材料工程学院"青年志愿者协会"同学们的大力协助。

12月13日下午，图书馆在七楼电子资源教室举行了"CNKI资源库信息检索与利用"培训讲座。同方知网技术有限公司讲师刘晓灵为全校各年级近100余名同学做了培训讲座。本次活动得到了化学与材料工程学院"青年志愿者协会"同学们的大力协助。

12月15日，由图书馆、党委宣传部、团委共同主办，大学生通讯社承办的第六届读书月之"勿忘国耻，振兴中华"经典评读大赛决赛在求实楼报告厅举行。图书馆馆长钱云、发展规划处处长徐礼节、党委宣传部副部长陈小波、机电学院副院长陈海波、马克思主义学院副教授向泽雄等担任决赛评委。来自全校各学院的400余名师生共同观看了此次比赛。来自经管学院的张子晗、张凯获本次比赛的一等奖；文教学院刘强强、周心语，外国语学院田文惠、任静获得了二等奖；袁金钊、张力、彭璟、李露露、汪银铃、杨帆获得了三等奖。赛后，向泽雄对比赛做出精彩点评。

12月21日上午9点，由图书馆主办，化材学院青协协办的"你选书，我付款"活动于图书馆一楼大厅举行。

12月22日和24日上午,图书馆、党委宣传部、团委等领导老师和青年志愿者们分别赴卧牛山街道花园社区综合文化服务中心和中庙街道综合文化活动中心开展"书香巢湖——巢湖学院送书进社区"活动。巢湖市文广新局党组书记、局长魏敏,卧牛山街道党工委副书记、办事处主任刘蕾,党委宣传部部长张道才,图书馆馆长钱云以及团委的老师参加了捐赠仪式,仪式由魏敏主持。此次活动共向社区赠送了800余本图书,内容涉及历史、人文、科学、旅游、儿童读物等。

12月29日,第六届读书月闭幕式在致知楼报告厅举行。朱定秀、钱云、张道才、郑玲出席闭幕式。闭幕式由郑玲主持。来自各院系的200余名同学共同参加了本次闭幕式。

三、加强学习交流,开创图书馆工作新局面。

3月27日下午,副校长朱定秀来到图书馆进行调研指导。钱云、吴宏、陆春华和孙冰参加了此次会议。朱定秀指出图书馆在信息资源建设方面要结合我校"十三五"规划,走出去多了解其他兄弟院校的发展情况,建设出符合自身需求的信息资源库;在信息安全工作方面,图书馆要加强网络安全防范,努力提升网络安全意识与能力,并与学校有关部门协同构建安全防范体系;切实提高信息资源的建设、管理与使用,为学校的人才培养和科学研究提供信息资源保障。

5月18日,图书馆参加了在安庆师范大学举行的安徽省高校馆员新型能力论文及专业知识竞赛,杨小雨基于本馆实际情况提交论文并取得优异成绩。

7月3日,吴宏、江静、陆春华、万万、樊振华、王玉亮一行六人,赴徐州医科大学图书馆就RFID自助借还系统的利用问题进行了调研考察。

7月15日上午,安徽科技学院图书馆馆长秦纪强一行3人来图书馆调研。钱云、吴宏和各部室主任参与了接待。钱云介绍了图书馆的建筑设计、规模布局、部门设置、馆藏分布、空间利用和读者使用等情况,并分享了在馆舍布局、功能区划和阅研环境改造提升等多方面的经验。秦纪强就安徽科技学院新馆筹建的具体细节与参会人员进行了交流和探讨。

(撰稿:孙冰)

校园信息化建设

现代教育技术中心(以下简称"现教中心")按照学校"十三五"信息化规划的总体部署,根据年度党政工作要点,结合部门实际,扎实开展各项工作。

一、坚持以习近平新时代中国特色社会主义思想为统领,抓党建、促发展

本年度现教中心积极贯彻落实党的十九大精神,按照学校党委关于党建工作的总体部署

和要求,紧紧围绕党员干部教育工作,从加强学习教育、强化内部管理和完善制度机制入手,转变工作作风,狠抓工作落实,切实加强党建工作,提高党员的真题素质,扎实推进各项工作。

1. 强化政治意识

现教中心始终把党建工作列入部门重要议事日程,把强化理论武装作为提高党员干部思想政治素质的首要目标。2017年是党的十九大召开之年,现教中心以深入学习中国特色社会主义理论体系为首要任务,以深入学习贯彻习近平总书记系列重要讲话精神为重点,深刻把握以习近平同志为核心的党中央治国理政新理念新思想新战略,不断增强政治意识、大局意识、核心意识、看齐意识。

2. 坚持理论学习

严格落实理论学习制度,坚持集中理论学习和个人自学相结合的方式,坚持领导带头,认真落实"三会一课"制度。转变学习方式提升学习效果,以领导带头学、干部集中学、讨论交流学等方式,推动干部开动脑筋、思考问题,提升学习质量。围绕学校中心工作和本单位工作实际,压实责任,坚守主业主责,结合本年度工作实际制定了党建工作计划,多次召开政治理论学习会议,传达学习有关领导讲话和上级文件精神,对党建工作进行全面安排部署。

二、坚持"服务全局、融合创新、深化应用、完善机制"的理念,重应用、夯基础、强管理、促服务

建成校级公共数据中心、统一身份认证、应用管理平台,完成"智慧巢院"、虚拟校园、移动校园、"大学工"系统建设,完成各类应用系统的集成和数据共享,融合校内、外服务,为师生提供各类应用,初步构建开放、融合、绿色、共享的智慧校园生态体系,助推学校工作向服务化转型。

本年度学校获安徽省教育和科研网优秀主节点单位,吕家云同志获得安徽省"十佳百优"CIO称号,侯加兵同志获安徽省教育和科研网先进个人称号。通过两年多的建设,我校的信息化建设已在全省新建本科高校位于前列,率先在全省高校中完成等保测评工作,校园网有线无线深度融合技术、迎新系统、移动校园平台的应用受到广大师生的一致好评。

(一)突出应用,完成智慧校园平台建设

1. 初步构建校级公共数据中心,建立一个全校范围内的、标准的、统一的权威主数据中心,实现学校各类数据共享。

2. 建立统一身份认证与管理平台,实现身份数据的统一存储、统一管理,实现全校各类应用的单点登录,以及各类访问与操作安全审计。

3. 完成"智慧巢院"平台建设,以服务为导向,以师生为中心,根据角色服务权限和内容,对各类应用服务进行重新梳理和归类,目前已推出各类服务达40多个。

4. 完成学校虚拟校园建设,为用户提供地理信息、校园地图服务、目标地点查询、校园导航、校园360度实景浏览、校园视频浏览等功能。

5. 完成移动校园应用平台建设,通过"今日校园"移动校园平台,为全校师生提供精彩的校园资讯、丰富多样的服务、完整的校园通讯录等内容,实现信息系统互联互通和资源共建共享。

6. 基本完成"大学工"平台建设,实现学生工作的精细化管理与人性化服务,满足核心学生工作的信息化需要。

7. 完成与图书、教务、人事、财务、网络计费、邮件、一卡通、电子政务等各类应用系统与主管理中心的系统集成和数据共享,融合校内、外各类服务,初步完成智慧校园平台建设,助推学校工作向服务化转型,为全校师生提供各类服务。

(二)夯实基础,进一步完善软硬件设施

1. 完成网络安全扩容项目,建成校级网络安全综合管理平台,构建巢湖学院网络安全体系,内外网同时部署安全防御系统,建立网络安全联动机制,实现学校网络安全一体化、全景化管理,积极保障网络安全,增加日志审核系统,完成对系统日志留存,达到国家等保要求。

2. 完成校园网扩容项目,完成对新建食堂、新建女生公寓的有线、无线网络综合布线工作和相关网络设备安装调试工作,完成部分室外无线 AP 的安装和调试工作,保障学生接入校园网的需要。

3. 完成大屏监控、存储扩容项目和一卡通扩容项目,通过大屏可实时监测校园网各类的设备的运行状态,通过存储扩容完成教学虚拟化平台的搭建。

4. 完成学校主页的改版及网站群系统升级,重新设计校园网主页,增加主页移动端自响应功能,提高网站安全性能。安排专人对全校各类网站进行全面检查,清理可能存在安全隐患,进一步规范学校网站管理。

5. 完成博学楼云桌面升级调整,年初博学楼首次采用云教学,运行以来基本良好,因"利旧"原则,设备和网络性能较差,通过此次优化和网络调整,进一步提升博学楼云教学的性能。

(三)强化管理,稳步推进部门工作

1. 加强制度建设,出台《巢湖学院信息系统管理办法》和《巢湖学院"十三五"信息化建设规划》,从制度抓起,规范学校信息化工作,为信息化建设提供强力保障。

2. 根据《安徽省教育厅关于开展高校信息化建设与应用状况调研的通知》要求,协调教务处、科研处、图书馆等相关部门,完成数据填报工作并按时上报。

3. 根据《安徽省教育厅关于报送安徽教育行业网络安全综合治理行动方案落实情况的通知》要求,依照《安徽教育行业网络安全综合治理行动方案》,起草《巢湖学院关于网络安全综合治理行动工作总结的报告》,成文后上报教育厅。

4. 根据《安徽省教育厅关于组织参加 2017 年国家网络安全宣传周活动的通知》精神,制定巢湖学院 2017 年参加国家网络安全宣传周活动方案,现教中心开展《网络安全法》专题讲座,倡导同学依法文明上网,增强网络安全意识。

5. 为统一思想凝聚共识,组织召开学校网络安全与信息化领导组会议,围绕学校信息化建设基本情况、已解决的问题和新形势下日益严峻的网络安全态势,结合《安徽省高等学校教育信息化建设评价指标体系》的任务,提出了解决对策。

6. 完成网络核心设备系统升级工作,优化设备性能,提高安全性能,使校园网更加稳定。完成机房精密空调维保工作,为学校信息化提供了硬件环境保障。

7. 根据国家互联网战略和学校"十三五"规划,结合学校实际,采取合理的技术手段,完

成IPV6的开通工作,下一步现教中心将加大对IPV6应用的推广。

8. 完成部分学生宿舍的清理工作,根据学校有关精神,现教中心以学生宿舍大调整为契机,安排人员对男生7♯、8♯和女生2♯、5♯共4幢宿舍的三大运营商的原有网络线路进行清理。

9. 举办网站群系统管理员培训、今日校园使用培训,完成博学楼、图书馆、明德楼等10余次光缆线路抢修。积极协调招生办和财务等部门,完成新生一卡通的制作和预充值工作;根据《巢湖学院一卡通管理规定》,对一卡通消费卡进行清理。

(四)主动作为,促进各类服务开展

1. 校庆40周年工作。积极参加校庆各项活动,设计制作校庆纪念卡,在电视台进行滚动宣传,利用移动校园对校庆40周年建设论坛和晚会进行现场直播,观看人数最高达7万多,取得了非常好的效果。

2. 提供虚拟服务器服务。在学校信息化建设关键之年,按照学校有关规定,由现教中心进行服务器的统一规划、统一管理、统一维护。年内已为职能部门和二级学院提供虚拟服务器达200多个,为学校信息化建设提供有力的技术支撑。

3. 完成一卡通与直饮水、一卡通与充电系统对接,配合直饮水、电控安装调试,完成节能监控平台的网络调试工作,为学生提供了便捷的生活服务,提升学校管理效能。

4. 配合完成监控网与校园网的线路剥离。自2016年以来,现教中心和保卫与校园管理处沟通,提出监控网与校园网剥离的思路,已配合保卫与校园管理处完成此项剥离工作。

5. 根据学校招生工作的要求和部署,文科综合实训部第三机房为学校的网络招生提供了硬件支持,工作人员从技术上确保招生网络的稳定畅通,现教中心在硬件和软件两方面有力地保障了学校网络招生工作的顺利完成。

6. 为确保学校多媒体教学顺利进行,全年组织有关人员对多媒体设备(电脑、投影机、功放、音箱、云盒)进行大量维保工作。

7. 工程实训部承担了机电学院和化材学院金工实训教学任务,全年合计完成教学人时数为41080。本年度无一起安全事故,圆满完成各类工程实训教学任务。6月中旬在校内举办了工程实训部实训教学成果展,并协助机电学院参加国家级、省级工程训练大赛的学生加工零件34次。完成国资处组织的教学科研设备使用效益与管理考核工作。

8. 文综实训部四个机房根据不同需求,对全校师生实行全天候开放,提供文献资料查询、学科竞赛、网上评教、实验教学、对口招生、计算机等级考试等服务。

(撰稿:石敏)

校园安全稳定工作

1. 消防安全

对学生宿舍消防和用电安全工作进行12次检查;更换图书馆消防应急指示灯16只,更换文教学院、现教中心、女生宿舍干粉灭火器480具;将夜间值班室改造为微型消防站,购置空气呼吸器1具、防火消防服2套、消防器材柜2组、防爆手电筒4只、伸缩式消防梯1个。

2. 门卫管理

严格门卫对进出校园的外来车辆登记换证管理,办理教职工和送货车辆通行证380张;对原出租车停靠站栏杆进行拆除,重新在学院路东侧拆除的建筑物上修建出租车停靠站;更新嵌入式路障14个,维修更换锥形路障4个;男生宿舍安装螺旋式非机动车停车位230米;清理僵尸非机动车280辆;联合巢湖市交警三中队集中开展校园"三无"摩托车专项整治4次,清缴违规车辆67辆;为方便车辆管理,招标建设校大门门禁系统。

3. 人民武装

开展适龄大学生入伍征集工作,印制征兵宣传册1万份,制作入伍条件、政策宣传挂图4张,联合市人武部、民政局、计生委、经开区公安分局召开大学生参军入伍政策解答会,本年度我校完成适龄男生兵役登记1604人,应征入伍男兵15人,直招士官2人;联合武警安徽省总队第二支队,圆满完成2017级新生军训工作。

4. 户政服务

为师生员工开具户口迁移、户籍关系、子女入户、居住证等证明27份,为新进教师办理入户手续6人次,接待学生业务咨询共计96人次。

5. 校园管理

严格落实24小时值班制度,加强对全校区域以及学生宿舍、图书馆、实验室、滋澜池等重点部位监管,并做好值班记录;开展对路边流动兜售外卖现象管理,一经发现没收外卖工具并严禁进入校园;联系监控建设单位对校园东侧施工工地和西小门监控盲区进行实地勘察,增加了高清红外枪机2台、高清红外球机2台、制高点鹰眼摄像机1台;为规范校园活动场地管理,审批校内团委社团、学生组织等活动12场次。

6. 安保服务

完成数字化校园监控及监控网络改造招标采购工作;顺利完成了省计算机水平考试阅卷、自主招生、专升本、外语等级考试、校运动会、全国高校排球赛、40周年校庆等安保工作;我处人员全体出动联合后勤处、学工部等相关部门开展学生宿舍大调整工作,在各主要路口设立交通执勤岗,对来往车辆进行疏导管制,保证宿舍区道路畅通。

7. 校园周边环境整治

在"校地"主导下,校内牵头,联合开发区管委会城管、公安、消防、安监局等单位开展对校园东(北)侧围墙外商业一条街治理工作,1月16日,封闭巢湖学院东(北)侧围墙公共通道和拆除跨墙楼梯;1月17日,关停校园东(北)侧围墙外所有水电气网;1月20日,拆除校园东(北)侧围墙外和校门前所有违章建(构)筑物。

(撰稿:何涛)

档案工作基本情况、馆藏及设备一览表

档案部门	档案馆成立时间		2012年	归属部门	学校办公室
	档案工作分管领导	祝家贵	档案馆建制	正科级	
	档案馆负责人	罗蓉	档案馆位置	图书馆四楼北	
	专、兼职档案人员数量	36人	档案工作晋级何年何月达何等级	2016年6月,省一级单位 2017年11月,常务理事单位	
	档案工作何年何月受何表彰		2014年11月,省直单位档案年检工作"优秀单位" 2017年11月,档案编研类学术成果获全省二等奖		
档案工作基本情况	档案数量	21406卷(盒、册) 18923件	电子目录	案卷级	6870条
				文件级	27047条
			电子全文	存量扫描	752000画幅
	资料数量	2156册(本)			
	文书档案	3309卷(册) 11214件	科技档案	246卷(册)	
	会计档案	15621卷(册)	业务档案	818卷(册)	
	声像档案	103.7G	其他档案	1412卷(册)	
	实物档案	73件	录像、录音带	20盒	
	照片	2747张	光盘	27盘(张)	
	电子档案范围	全馆数字化	档案管理方式	网络化,对接OA系统	
	当年利用人次	732人(次)	利用数量	421卷 1350件	
档案用房(m²)	总面积	630	库房	326	办公室	45
	阅览室	22	整理(技术)室		45
	储藏室	22	展室		170

续表

设备配置情况					
	铁皮五节柜	142套	火警感应探头	10个	
	防磁柜	2组	红外监控探头	7个	
	资料柜	4列	温湿仪	1个	
	计算机	3台	空调器	18台	
	去湿机	3台	照相机	1台	
	除尘器	1台	刻录机	1台	
	打印机	2台	复印机	1台	
	扫描仪	1台	消防设施设备	10台(套)	

年度学校经费收支总表

	项 目	年初预算	预算调整数	年末决算	备 注
收入	财政拨款收入	16171.00	19525.02	19399.31	
	事业收入	7372.00	7235.00	5644.42	
	其他收入			729.93	
	小 计	23543.00	26760.02	25773.66	
支出	基本支出	15599.50	18770.07	18171.71	
	其中:1. 人员经费	10821.67	14351.27	14802.73	
	2. 日常公用经费	4777.83	4418.80	3368.97	
	项目支出	7943.50	11119.41	11067.59	
	小 计	23543.00	29889.48	29239.30	

年度新增教科研仪器设备统计表

部门名称	仪器设备数(套、台)	仪器设备金额(万元)
经济与管理学院	23	58.8
文学传媒与教育科学学院	0	0

续表

部门名称	仪器设备数(套、台)	仪器设备金额(万元)
外国语学院	112	49.04
体育学院	30	18.39
应用数学学院	4	47.11
机械与电子工程学院	361	443.97
化学与材料工程学院	107	128
信息工程学院	308	296.41
旅游管理学院	74	70.41
艺术学院	1	0.17
马克思主义学院	0	0
图书馆	17	99.28
现代教育技术中心	230	288.32
其他部门	24	14.45
合　计	1291	1514.35

年度工程审计情况一览表

单位：元

序号	施工单位	项目	送审金额	审定金额	审减金额	核减率
1	巢湖市恒瑞建筑装饰服务中心	7#、8#单身宿舍维修改造工程	319287.04	288714.78	30572.26	9.58%
2	安徽丰瑞建筑工程有限责任公司	巢湖学院报告厅改造工程	99822.84	83851.19	15971.65	16.00%
3	巢湖恒兴建筑装饰有限责任公司	巢湖学院东区道路工程	51266.65	43832.98	7433.67	14.50%
4	巢湖经开区宏泉建筑装饰中心	巢湖学院零星维修工程	945821.97	769899.08	175922.89	18.60%
5	巢湖市恒瑞建筑装饰服务中心	巢湖学院教工宿舍改造工程	273708.22	231502.70	42205.52	15.42%

续表

序号	施工单位	项　　目	送审金额	审定金额	审减金额	核减率
6	巢湖市恒瑞建筑装饰服务中心	巢湖学院零星维修工程2016	703653.21	612178.29	91474.92	13.00%
7	巢湖经开区敏捷建筑装饰工程队	教职工宿舍维修项目	226081.23	191038.63	35042.60	15.50%
8	蒋应文	瓦工零星维修工程	72879.83	60712.44	12167.39	16.70%
9	巢湖经开区敏捷建筑装饰工程队	晒衣架制安及附属项目	144602.68	122189.26	22413.42	15.50%
10	巢湖经开区敏捷建筑装饰工程队	学院院内零星维修项目	373031.52	315211.63	57819.89	15.50%
11	合肥市汇泉物业发展有限公司	2016年度水电改造与安装	102567.97	82915.22	19652.75	19.16%
12	巢湖瑞林家具厂	2016年学生公寓木工维修	196786.80	165481.54	31305.26	15.91%
13	江苏光大体育工程有限公司	巢湖学院老运动场改造工程	1947658.16	1883607.65	64050.51	3.29%
14	南京耐斯坦体育建设工程有限公司	巢湖学院球场改造工程	2079567.33	1969900.45	109666.88	5.27%
15	中科软科技股份有限公司	巢湖学院图书馆智能化工程	3293602.72	2531058.72	762544.00	23.15%
16	巢湖市恒兴建筑装饰有限责任公司	巢湖学院艺术楼改造施工项目	1814674.06	1793029.44	21644.62	1.19%
17	江苏光大体育工程有限公司	巢湖学院新建运动场工程	6957363.46	6770246.57	187116.89	2.69%
	小　　计		19602375.69	17915370.57	1687005.12	8.61%

学校占地、绿地、运动场、建筑面积统计表

项　　目		小计(单位:平方米)	总计(单位:平方米)
占地面积			883015
绿化面积			368800
运动场面积	室内运动场面积	4365	77987
	室外运动场面积	73622	
建筑面积	教学科研及辅助用房	114794	329451
	行政办公用房	15985	
	生活用房	151117	
	教工住宅	42219	
	其他用房	5336	

十二、国际交流与合作

国际交流与合作工作

一、加强制度建设，提高国际交流与合作工作管理水平

根据学校国际化建设工作需要，国际交流与继续教育学院与相关院部研讨交流后，起草了《巢湖学院中外合作办学项目管理暂行办法》。6月，经过学校审核，以校字〔2017〕82号文形式成文颁发。该办法填补了学校之前中外合作项目办学管理中的不足，丰富了外事管理制度内容，使今后的国际合作项目办学管理规范有序、按章进行。

二、进一步拓宽对外交流合作宣传渠道

利用巢湖学院主网对外信息公开栏和国际交流与合作二级网站，积极宣传国际交流办学信息，把国外大学先进的办学经验介绍进来，把我校留学生的学习生活宣传出去，扩大了学校国际化办学的影响。

三、做好来访外宾接待工作

本年度，爱尔兰阿斯隆理工学院校长卡荣·欧·凯恩和国际部主任Mary Simpson、酒店管理专业教师Sean Gerard Connell分别于10月和11月来校访问、讲学。国继院做好外宾接待工作，祝家贵校长和徐柳凡副校长接见了卡荣·欧·凯恩一行，并就双方合作办学项目今后的发展方向进行友好沟通，相关二级学院也就目前办学的具体事宜做深入了解、协商。友好的沟通与交流，提升了项目班的教学和管理水平。

四、做好师生出国研修服务工作

7月，何后蒋等三位老师赴美国加利福尼亚浸会大学进行为期一个月（7月26日至8月24日）的访学交流。10月，陈佩树等四位老师赴美国俄亥俄州大学进行为期三个月（10月31日至1月28日）的访学交流。我们根据上级有关文件精神，严格按照因公出访的管理规则，规范、及时、热情地办理以上团队的出国（境）报批手续，使两个团队得以顺利成行。其中还增加了出访前校内公示和回国后总结汇报等工作环节，办事流程更加规范有效。

五、做好留学生和外教的服务管理工作

我校和韩国韩瑞大学有互派留学生项目。本年度，通过和韩瑞大学的密切沟通，按照留学生入学标准，严格遴选7名学生来我校做为期一年的汉语言文化研修学习。在文教学院和有关部门的大力支持下，留学生来校期间的学习、生活顺利、安全、有效、上进。

本年度有2名英语外教在我校任教，在校期间他们自觉遵守国家法律法规，认真教学，授课规范，和师生关系融洽，教学效果良好，对学校的外国语教学工作起到了很好的促进作用。

六、做好交流学生的服务管理工作

我校和韩国韩瑞大学、爱尔兰阿斯隆理工学院均有合作办学项目。本年度，国继院、艺术学院、旅游管理学院密切配合，加强共同管理，于暑假前召开留学说明会，为学生赴境外学习做好充分准备。9月，16名学生赴境外学习，其中韩国韩瑞大学8名，爱尔兰阿斯隆理工学院8名。

七、其他

2月,组织教师参加孔子学院总部、国家汉办组织的汉语教师志愿者报名;4月,组织韩瑞大学留学生参加由安徽省外国留学生教育管理学会主办的以"徽山·徽水·徽文化"为主题的第八届安徽省外国留学生黄山文化修学活动;12月,组织项目班学生参加由合肥学院举办的第十届安徽省顺天乡杯韩国语演讲比赛。

完成《2017年中国高等教育国际化发展状况调查》的数据采集和材料报送工作;完成《中外合作办学项目年度报告》。

认真学习和贯彻落实《国家中长期教育改革和发展规划纲要》和《留学中国计划》精神,积极响应国家外事战略,顺应高等教育国际化发展趋势,完成了"外国留学生数据""国际合作交流基本情况""外事安全研判分析材料""出国留学人员统计"等材料的总结、统计与报送等工作。

(撰稿:汪业群)

国际交流信息一览表

出访国(境)外教职工一览表

序号	出访人员	出访时间	出访国家及学校	出访目的
1	何后蒋等三人	2017.7.26~2017.8.24	美国加州州立大学	访学
2	陈佩树等四人	2017.10.31~2018.1.28	美国俄亥俄州立大学	访学

国(境)外来访高校一览表

序号	来访人员/职务	来访时间	来访目的
1	卡莱欧·凯思/爱尔兰阿斯隆理工学院校长	2017.10.25	对合作办学项目进行沟通和交流
2	Sean Gerard Connell/爱尔兰阿斯隆理工学院教授	2017.11.27~29	讲学

外籍教师名单

序号	姓名	性别	国籍	所授课程
1	Rohina	女	印度	英语
2	Marry Ann	女	菲律宾	英语

外国留学生名单

序号	姓名	性别	国籍	学生类别	学习时间	学习专业
1	李仑映	女	韩国	汉语进修	一学年	汉语言
2	金琉璃	女	韩国	汉语进修	一学年	汉语言
3	金炫智	女	韩国	汉语进修	一学年	汉语言
4	李松莉	女	韩国	汉语进修	一学年	汉语言
5	朴顥智	女	韩国	汉语进修	一学年	汉语言
6	黄智惠	女	韩国	汉语进修	一学年	汉语言
7	崔京顺	女	韩国	汉语进修	一学年	汉语言

赴国(境)外高校学习学生名单

序号	姓名	性别	专业	交流院校	学习时间
1	陈爽	女	视觉传达设计	韩国韩瑞大学	2年
2	朱瑞柏	女	视觉传达设计	韩国韩瑞大学	2年
3	聂丽敏	女	视觉传达设计	韩国韩瑞大学	2年
4	孙长兰	女	视觉传达设计	韩国韩瑞大学	2年
5	周超	男	视觉传达设计	韩国韩瑞大学	2年
6	李兆龙	男	视觉传达设计	韩国韩瑞大学	2年
7	张文	男	视觉传达设计	韩国韩瑞大学	2年
8	姚飞宇	男	视觉传达设计	韩国韩瑞大学	2年
9	汪孝	女	酒店管理	爱尔兰阿斯隆理工学院	1年
10	刘承愿	女	酒店管理	爱尔兰阿斯隆理工学院	1年
11	潘玉玉	女	酒店管理	爱尔兰阿斯隆理工学院	1年
12	黄紫琛	女	酒店管理	爱尔兰阿斯隆理工学院	1年

续表

序号	姓名	性别	专业	交流院校	学习时间
13	台 雨	女	酒店管理	爱尔兰阿斯隆理工学院	1年
14	叶 欢	女	酒店管理	爱尔兰阿斯隆理工学院	1年
15	孔雅洁	女	酒店管理	爱尔兰阿斯隆理工学院	1年
16	张文杰	男	酒店管理	爱尔兰阿斯隆理工学院	1年

十三、学院介绍

经济与管理学院

【概况】

学院设有国际经济与贸易、法学、市场营销、公共事业管理、财务管理与审计和审计学6个本科专业,涵盖经济学、法学、管理学三大学科门类。市场营销专业招收对口考生。内设6个教研室、1个实验室等7个教学机构。兼管市场营销协会、争鸣法学社、商道俱乐部和会计协会4个学生社团。

现有教职工63人,其中教授4人,副教授15人,讲师30人,助教13人,教务助理1人;博士12(含6位在读)人,硕士59人。95%的专任教师具有硕士以上学位。柔性引进特聘教授1人。全日制在校生2623人。

【年度工作】

一、人才培养

1. 深入开展调查研究,优化人才培养方案。深入政府、企业和高校展开调研,了解地方、企业对人才的需求,吸取有关高校在人才培养方面的成功经验。完成了5个专业6个培养方案的制定。另申报了"互联网金融""会计学"两个本科专业。

2. 不断推进教学改革,注重教学效果。强化案例教学、启发式教学等。市场营销教研室在管理学课程试点了基于项目式的课堂教学模式,财务管理教研室创立了课程移交制度。法学、市场营销、财务管理和审计学遴选了专业核心课进行教考分离改革。

3. 以培养应用型人才为立足点,实施毕业论文改革。2017届部分学生以调研报告、大学生创新创业项目成果等代替传统毕业论文。

4. 大力拓展第二课堂,学科竞赛成绩显著。全年共有40人次获得国家级奖项,307人次获得省级奖项。根据专业特点,开展了各类竞赛,包括:"卓越杯"市场营销策划大赛、未来律师辩论赛、模拟庭审竞赛、商务谈判大赛等。

5. 以质量工程项目为依托,精心打造优质课程。《品牌管理》《消费者行为学》《国际结算》等课程被评为优质课程。出版了《纳税实务》《新编经济法》两部教材,承担和完成各级各类项目92项。《基于外贸行业人才能力需求的"产教融合"实践教学体系研究与实践》《基于经管学科竞赛平台优化的应用型人才培养模式 创新探索与实践》项目分别获校级优秀教学成果一、三等奖。

二、科学研究

1. 申报国家人文社科基金4项,国家自然基金1项,省部级基金课题19项。获批安徽省人文社科重点项目6项,优秀青年基金2项;获批横向项目3项,委托项目1项。指导学生获得皖维基金11项,国元证券基金9项。

2. 以巢湖学院作为第一作者单位发表论文32篇,其中二类及其以上的4篇,学术著作1部。

3. 获安徽省社科联学术论文三等奖和优秀奖各1项;获批技术专利7项;2篇资政信息报告获得省主要领导批示。

4. 完成学术报告9场,其中外聘专家3场,合作单位实践专家3场,本院教授3场。

三、队伍建设

1. 全年引进教师10人,其中博士2人,博士1人,硕士7人。孔东民教授获批安徽省皖江学者特聘教授。11位教师晋升职称,其中副教授3人,讲师8人。

2. 利用多种形式在岗培训教师,提高业务能力。共有70人次参加各类培训。

3. 推进青年教师导师制。继续实行课程移交制度,由导师和青年教师共同开设一门课程,青年教师掌握一门则移交一门。青年教师参与导师的各类课题,共同研究,提高青年教师的教科研能力。

4. 组织青年教师参加各类教学竞赛。赵祺获安徽省第三届普通本科高校青年教师教学技能竞赛三等奖;沈菲飞在安徽省应用型本科高校第一届超星杯移动教学大赛中荣获"最佳创意奖"。王小骄获巢湖学院第九届青年教师基本功竞赛一等奖,程晶晶获巢湖学院第九届青年教师基本功竞赛三等奖。

5. 重视双师型教师的培养。有15名教师分批赴政府、企业、事业单位挂职锻炼。

四、社会服务与合作教育

1. 加强与企、事业单位合作,拓展实习基地。与巢湖市人民法院、巢湖市审计局、上海平安保险、上海链家房地产经纪有限公司、南京链家房地产经纪有限公司、安徽轩昂教育集团等单位签订了校政、校企、校地合作协议。

2. 继续深入开展与市司法局之间合作,给社区矫正人员进行"月度法制宣传教育"、"社区矫正法律问题实证研究"等主题是其重要内容。与巢湖市法制办继续合作,利用学校法学专业的人才优势和成果优势,为提升巢湖市执法机构的执法水平提供智力支持。

五、党建与思想政治工作

1. 全面开展十九大精神学习宣传活动。学院党总支利用教职工工作例会和党校讲坛,支部通过党员大会,班级通过主题班会和团日活动,组织广大师生多层级全覆盖,深入学习宣传党的十九大精神。

2. 开展"两学一做""讲重作"等专题活动。制定了两个专题活动计划。组织了"讲政治,我们怎么讲"等两次集中研讨;开展了班子成员和支部书记带头谈心谈话活动,广泛征求意见,召开了民主生活会和组织生活会。

设置学生党员辅导员助理岗、学生党员教学巡查岗、党员教师学科竞赛指导岗、党员暑期实践模范岗等平台,发挥师生党员在各类服务学生实践中的先锋模范作用。

3. 落实基层党组织标准化建设,发挥战斗堡垒作用。在多次党建工作检查考核中,学院党建工作得到省党建工作检查组专家们的充分肯定。在校基层党组织标准化建设网上指标巡查工作中,院总支申报的7个党组织全部审核通过,达标率100%。

举办2期党校,培训学员320名。发展预备党员89名,预备党员转正75名;完成了77

名毕业生党员党组织关系的转移和党组织关系介绍信回执接收、存档工作。按时完成党费足额收缴工作。

4. 坚持政治引领,筑牢师生思想政治教育阵地。开展了部分师生代表赴定远县暑期实践基地进行了解社情民意的考察、全体教师到三鸿基地接受素质拓展训练、党员教师到皖南事变烈士陵园进行"缅怀革命先烈,淬炼党性修养"、部分师生到南京大屠杀纪念馆进行不忘国耻的爱国主义教育等主题活动。

5. 落实"一岗双责"规定,加强党风廉政建设。班子成员履行党风廉政建设"一岗双责",率先垂范、相互监督、相互提醒,做到重大事项由党政联席会议集体研究决定。经费使用履行申报程序,严格按照财务规定做到公开、透明。

6. 严明政治纪律,开展新闻宣传工作。对新闻稿件、网络舆情实行审查、监控。共发报道 456 篇,上传校园网 213 篇,国家级媒体 19 篇、省级 14 篇、市级 35 篇、县级 15 篇。QQ 空间动态 1703 篇,单年访问量达到 30 余万。微信、微博咨询 514 篇。获"网宣工作先进单位",1 人获"优秀记者站站长"、3 人获"优秀新闻工作者"、15 人获"优秀网宣员"称号。

六、学生管理

1. 坚持以管理促学风、以督查带学风、以典型引学风,切实加强学风建设。积极落实辅导员晚自习值班制度。各教工党支部、学生党支部开展学风督查。龚翠翠、刘先彬同学荣获"巢湖学院十佳大学生"及"中国电信奖学金暨践行社会主义核心价值观先进个人",刘先彬获全国"自强之星"提名奖。

2. 坚持以立德树人为宗旨,扎实完成学生就业管理工作。获"就业创业工作先进集体"的荣誉称号。郭静同学获"创新创业"全国管理决策模拟大赛总决赛一等奖。

3. 扎实开展学生奖助工作,确保政策落实。完成 590 名贫困生入库,4 名国家奖学金、81 名国家励志奖学金、586 名国家助学金、384 名专业奖学金评审、材料报送和在线填报工作。

4. 严抓综合治理,把安全工作放在首位。院学生会查寝 24 次,班级查寝 20 余次,党总支书记、辅导员查寝 5 次;召开防盗、防骗、防传销和诚信考试等专题会议;参加学校组织的地震消防应急疏散演练。

5. 以党建带团建,积极开展团学实践活动。积极推广 PU 管理平台;举办了首届经济文化节;开展"学习总书记讲话做合格共青团员"教育实践活动,"社会主义核心价值观"等相关主题教育活动,开展"四进四信"活动。

(撰稿:孙定海)

文学传媒与教育科学学院

【概况】

学院设有汉语言文学、学前教育、广播电视学、广告学、应用心理学 5 个本科专业。汉语言文学专业、学前教育专业招收专升本学生,联合培养黄麓师范学前教育、英语、计算机教育、初等教育(3+2)专科学生。

现有教职工64人,其中教授6人,副教授14人,讲师(实验师)45人。博士8人,硕士55人。全日制在校生1803人。

【年度工作】

一、专业建设

完成"网络与新媒体"新专业申报论证。学前教育专业作为省级专业改造和新专业建设项目建设成功获得验收。汉语言文学专业成功获批为学校综合改革试点专业。广播电视学专业作为省级特色专业,建设有序推进。"汉语言文学专业""学前教育专业"率先接受校内专业评估,其他专业也进入专业自评建设阶段。

二、师资队伍建设

晋升教授2名,副教授3名,讲师4名。引进"学前教育""广播电视学"专业新教师各1名。5名博士在读。外聘兼职教授、教师4名。选送2教师参加暑期实践挂职锻炼。选送1位老师参加创新创新骨干教师高级研修班。1名教师获得校级教坛新秀称号。新增1个校级教学团队。26位教师申报"双师双能"教师。

获校级奖项8人次,市级奖励2人次,省级奖励4人次,其中,巢湖学院第九届青年教师基本功大赛一等奖1人,三等奖2人。2017年安徽省广播电视节目技术质量奖——二等奖、三等奖各1项。安徽省第五届创业指导课程教学大赛三等奖1项。

三、课程建设与教学管理

1门省校级精品资源共享课程和3门应用型课程建设获得结题验收。新增2门校级应用型课程立项(精品资源共享课和精品在线开放课程项目各1项)。

加强教学管理与教学运行监管。充分发挥教研室作用与教学督导功能。一个教研室获年度优秀。一位教师因为教学质量不高被停课处理,进行自我整改。

四、办学条件改善与建设

"传媒综合实验室"项目已完成招标,进入实施建设阶段。联合巢湖市教育局、50家公私立幼儿园,成立巢湖市幼教联盟,进一步加强校地合作。新建4个实践基地。巢湖学院—巢湖市视爵设计公司广告学专业校企合作实践教育基地获校级项目立项建设。

五、教科研工作

1. 选举成立文学传媒与教育科学学院基层学术委员会,开展了以"弘扬科学道德、遵守科研纪律"为专题的师德师风宣传系列教育活动。

2. 实际到账教科研经费63万,超额完成目标任务的24%。

3. 发表学术论文46篇,出版学术著作2本。其中SSCI期刊论文1篇,CSSCI期刊论文7篇,中文核心2篇。

4. 获批教育部项目1项,省级科研项目立项5项,校级科研项目立项5项。立项校产学研专项项目1项。"皖维科技创新孵化基金"项目立项8项,横向项目5项。安徽居巢经济开发区党建活动中心及党建综合展厅策划设计等推广成果6项。

5. 获批省级振兴计划和本科教学工程项 3 项,校级 14 项,其中专业综合改革试点项目 1 项,校企合作实践教育基地项目 1 项,教学团队项目 1 项,校级重点教改项目 1 项。教材建设立项 2 本。国家级大学生创新创业训练计划项目立项 9 项,省级大学生创新创业训练计划项目立项 11 项。

6. 组织学术讲座 11 场,其中校内专家 3 场,校外专家 8 场。参加全国性、地方性会议 15 人次,提交论文 4 篇。

7. 获安徽省文学艺术界联合会安徽省文艺评论奖一等奖 1 人,获省社科联三项课题优秀奖 1 人。

六、党建与思想教育工作

学院党总支认真贯彻上级党委决定及学校党委工作部署,加强党建与思想教育工作,强化主体责任落实。认真研究制定党总支年度工作计划、"两学一做"学习教育和"讲重作"警示教育计划及"管党治党宽松软"专项治理工作计划。形成由党总支书记负总责、带头抓,各总支委员为主体,各支部书记具体抓的工作格局。党总支组织政治理论学习 40 余次。完善组织建设与发展管理。选优配强支部书记和总支委员。制定"三会一课"、组织生活会、民主评议党员、党员活动日等十项制度。班子成员、总支委员和支部书记完成讲党课活动 28 次。牢牢把握意识形态工作主导权和领导权。组织辅导员、专任教师、团总支等在班级、官 Q 等开展社会主义核心价值观教育,教育引导学生树立正确的价值观念。履行廉政建设责任。班子成员严格落实"一岗双责"责任制。

1. 基层党建工作。推进"两学一做"学习教育常态化制度化。组织党员赴金寨参观红色教育基地,重温入党誓词,追忆红色精神等。开展 3 次专题教育。继续做好党员发展与教育管理工作。带领辅导员赴芜湖、铜陵等地开展贫困生走访。教工党员积极指导学生开展"互联网+"创新创业等活动,获得各种奖项 46 次,其中国家级奖项 4 次,省级奖项 7 次。召开师德师风和学风建设专题会议,选派李亚萍等党员教师参加师德师风比赛。设置党员先锋模范岗,鼓励党员教师争做教育教学能手、服务标兵,争当先锋模范。

2. 学生管理与学生文化实践活动。抓学风管理,努力为教学提供保障。做好学生日常管理和安全教育工作。全年未发生任何安全事故。开展毕业生文明离校教育系列活动。组织召开就业工作推进会及专场招聘会,2017 届毕业生就业率 94.88%。开展学生精准资助工作。举办第九届"传媒节",积极开展院系主题性文化实践活动。

七、大学生心理健康教育

1. 学校大学生心理健康教育工作领导组召开第一次工作会议,经认真梳理,积极赴安徽工程大学开展调研,制定《巢湖学院心理健康教育与咨询示范中心建设方案》。

2. 开展"心理健康教育"课程教学改革推进会,推动课程教学与考试模式改革。完成 2017 级新生的"心理健康教育"课程教学任务。完成 2017 级新生心理普测任务,第一次实行网络测评。

3. 开展第十一届"5·25 心理健康教育月"和 12·5 心理健康月系列活动系列活动。组织开展校园心理情景剧大赛、"十佳班级心理活动大赛"教师微课大赛等活动;组织五次 2017 级心理委员和心理部长培训,开展多项主题心理团体辅活动;进行团体沙盘游戏和户外拓展活动;开展学院心理大讲堂和专家讲座活动;运用宣传册、宿舍展架等多种方式,介绍心理学知识,营造关注自我心理健康的氛围;心理咨询师值班制度进一步加强,值班心理咨询师认真对待接受案例的处理并取得较好的效果。

(撰稿:袁家峦)

外国语学院

【概况】

学院设有英语(师范)专业、商务英语、英语(专升本)。专业语音室5座,口译实验室1座,商务英语实训室1座,大学英语小型口语教室10所,英语自主学习中心2所。学院建有充足的英语(师范)专业、商务英语专业实习基地。

现有教职工70人,其中教授3人,副教授8人,讲师45人。全日制在校学生925名。近年来,毕业生就业率持续稳定在98%左右。

学院以人才培养为根本,以提高质量为核心,以改革创新为动力奋力拼搏,锐意改革,与时俱进,致力于培养专业基础实、应用能力强、综合素质高,具有自立自强意识和开拓创新精神,适应地方经济社会发展需要的应用型人才,为办成具有一定水平和自身特色的外语专业而不断努力。

【年度工作】

一、人才培养

1. 积极推进学科建设。实施外国语学院"十三五"发展规划,科学合理地定位学科发展方向、发展层次,注重人才队伍建设,重视应用型人才培养,加强学科建设管理。修订完善人才培养方案。启动3门在线课程建设,推进各类课程建设。

2. 专业改革取得成效。英语专业综合改革试点特色较为明显。2015级、2016级、2017级英语专业已经切实实行专业试点改革;构建并实施特色比较明显的翻译方向、师范方向两个新的课程体系;翻译方向课程体系设置创新;建成同声传译教室教授口译课,努力提升办学质量内涵。持续推进大学英语教学改革与创新,优化分级教学、完善小班口语教学、高年级公共英语选修课、微课教学试点、在线课程辅导探索。

3. 实践教学颇有起色。新建4所实践教育基地。高度重视产学研并取得良好效果。圆满完成商务英语专业实习。师范专业实习采用新形式。

二、科研工作

1. 积极申报各类项目。教师申报质量工程项目共15项,其中6项成功立项。往年立项建设的各级质量工程项目、教改项目,通过中期进展检查。教师积极申报各类各级科研项目26项(其中国家级2项),成功立项13项,其中三类项目4项、四类项目1项。

2. 大创项目成绩可嘉,省级立项5项。积极开展创新创业工作并取得良好成绩。

3. 科研成果较为理想。本年度教师发表各级各类期刊教科研论文共 29 篇，其中一类期刊 SCI1 篇，二类期刊 CSSCI2 篇，北大中文核心期刊 2 篇。

4. 积极推动教科研与学科建设工作，营造浓厚的学术氛围，邀请外校专家来校讲座。院内教师举办 3 场学术讲座。

三、队伍建设

1. 积极落实规划。制定了切实可行的师资建设规划，积极引进高层次人才，努力培育人才梯队。引进新教师 4 人。

2. 重视团队建设。推进大学英语省级教学团队建设。以"翻译研究所"为基地，打造翻译教科研团队。申报校级翻译教学团队。

3. 注重教师能力提升。3 名教师参加"巢湖学院第九届青年教师教学基本功大赛"，2 人获二等奖，1 人获三等奖。2 名教师参加教学能力提升活动，接受网络课程培训。3 名教师参加巢湖学院创新创业教育骨干教师培训。3 名教师参加实践锻炼。青年教师创新创业成绩可喜。

4. 推进教师学业深造。鼓励支持骨干教师参加国内外专业进修。暑期选派 10 余教师参加外研社进修班学习。3 名教师赴美国进修访学。

四、党建与思想政治工作

1. 认真加强全体师生和党员的政治理论学习，切实增强党员师生党性修养。组织党员和教职工各类学习会、讨论会达 20 余次。采取集中学习和个人自学的方式，通过报告会、培训会、辅导讲座等形式，有效利用微信群、QQ 群、社团公众号等各种载体学习宣传党的大政方针政策和精神，营造浓厚的学习宣传氛围。举办师生及党员十九大专题辅导报告 2 次。

2. 注重加强党员师生的理想信念教育和职业道德教育，进一步规范教师立德树人的良好从教行为。利用"七一"党的生日契机，学院党总支组织 20 余名党员教师赴金寨革命老区，实地走访考察，在革命英雄纪念碑前重温入党誓词，接受革命传统教。开展"迎七一，评选优秀党员"活动。

3. 抓作风促班子建设，勤廉政使警钟长鸣。党总支坚持把学习教育、正风肃纪、解决问题、建章立制贯穿作风建设全过程，加强学习警示教育，不忘初心牢记使命，筑牢党员干部的规矩底线，3 次召开"讲政治、重规矩、作表率"党员学习讨论会，使党员教师警钟长鸣。

4. 结合总支、支部的实际情况和特点，以多种形式开展民主生活会。通过上党课、民主评议党员、评选优秀党员、参观革命教育基地、开展批评与自我批评等活动，增强认识，学习教育，改正不足，提高修养。开展党员评议，评出优秀党员 18 名，优秀率占 30%，合格党员 42 名，占 70%，无不合格党员。

5. 组织党员师生积极开展参加师德师风的教育活动，先后安排 5 名教师和 5 名学生参加学校举办的师德主题教育征文活动主题演讲比赛。

6. 认真做好发展党员工作。进一步完善党员发展过程中培养、考核和监督机制，严格组织程序，提高党员发展质量。吸收发展学生党员 35 人，转正 26 人。如期举办第 29 期和 30 期业余党校培训班，为 180 名学生积极分子开设了十余次党课。此外先后召开 3 次入党积极分子培训会。

7. 发挥党员师生的先锋模范作用。适逢校庆 40 周年庆典活动，总支党员教师积极响应学校的动意，纷纷主动捐款近3万元，其中何后蒋老师捐款1万元。党员教师还资助六安长集大墩村贫困家庭约2000元。

8. 以党建促团建和群建，促教风学风和谐发展。2017届毕业生就业率达98.15%。举办5场内容丰富、形式生动的创新创业报告会和就业招聘会。2017届毕业生考取研究生35人，录取比率占毕业生数11%。派出24名学生赴凤台县顶岗支教。建立上海龙文教育等实践就业基地，派出50余名商贸专业实习生赴基地实习，有10余名学生达成了继续就业意向。

五、 特色工作

1. 积极开展学雷锋扶贫帮困献爱心特色活动，青年志愿者协会开展多种特色活动。学院青年志愿者协会20余名同学，赴马鞍山和县龙华小学开展以关爱农村留守儿童为主题的暑期义务支教活动，该项目由马鞍山团市委上报获得团省委的社会实践优秀项目奖。

2. 积极倡导毕业生校友爱校情结、感恩之心，激发对母校的向心力和认同感。收集优秀毕业生和校友信息资料，邀请优秀校友回校交流。成功举办了以回顾、展望、传承为主题的外国语学院40周年校庆分论坛。

（撰稿：张园园）

体育学院

【概况】

学院设有体育教育、社会体育指导与管理2个本科专业，承担全校大学体育教学。现有体育教育教研室、社会体育教研室、大学体育教研室、体育综合实验室和场馆与赛事管理中心5个三级机构。

现有教职工52人，其中博士（含在读）3人，硕士40人，教授3人，副教授21人。国家一级裁判12人，省级学术和技术带头人后备人选1人，省级教坛新秀1人，国家体育特种行业职业培训师5人。全日制在校生847人。

先后承担各级各类教科研项目35项，其中国家哲学社会科学项目2项，国家教育部人文社科项目、安徽省哲学规划办项目等省部级9项；获得省级教学团队、省级精品课程等安徽省质量工程项目5项；省级高校拔尖人才学术资助重点项目1项，校级重点学科1项、重点建设学科1项。

近年来，学院在人才培养方面成绩显著。先后在安徽省师范生教学技能大赛获得一等奖4人次、二等奖6人次、三等奖8人次；在全国大学生英语竞赛D类中共4人获得一、二等奖；2017年在省级以上各类竞技赛事中获得金牌4枚、银牌8枚、铜牌5枚。毕业生就业率保持在94%以上，考研录取率保持在11%左右。

【年度工作】

一、党建与思想政治工作

（一）宣传贯彻落实十九大精神

通过党总支政治理论学习会、教职工政治理论学习会、党课、橱窗、网络平台等形式，广泛学习宣传十九大精神，把贯彻落实十九大精神作为学院重要的政治任务抓紧抓好。

（二）认真落实党总支抓党建工作责任

全年组织召开党政联席会 12 次，党总支委员会会议 11 次。全年发展党员 29 人，转正 25 人。举办第 3 期团校培训班、第 24 期党校培训班。

（三）推进基层党组织标准化建设

1. 启动早。2 月 10 日，召开新学期党政务虚会，明确了"强党建　增活力　促发展"的工作理念；3 月中下旬，教工和学生支部召开《普通高等学校党建工作标准》学习讨论会。

2. 有落实。抓支部阵地建设、抓党内政治生活、抓党员作用发挥，全面提升二级学院基层党建工作水平。严格执行"三会一课"制度，年初有计划，年终有总结，平均每月进行一次以上学习讨论；1 月 13 日和 9 月 1 日，分别组织召开处级党员领导干部民主生活会；12 月 13 日和 20 日，召开两次基层党建标准化建设推进会，对具体工作进行落实；学院领导积极参加所在支部学习讨论，为党员和入党积极分子上党课；认真按照要求缴纳和使用党费。

（四）落实党风廉政建设责任制

推进学院党风廉政建设，制定《体育学院 2017 年党风廉政建设工作要点》，在党员发展、评奖评优、设备采购、人才引进等方面坚持公开、公平、公正的原则，全年没有发生一起违纪违法案件。

（五）扎实推进"两学一做"学习教育常态化制度化

1. 凝聚合力抓落实。学院成立"两学一做"学习教育常态化制度化领导小组，制定《体育学院关于推进"两学一做"学习教育常态化制度化落实方案》《体育学院关于在推进"两学一做"学习教育常态化制度化中开展"讲政治、重规矩、作表率"专题教育的实施方案》。

2. 创新形式抓学习。通过观看视频新闻、专题研讨等形式开展集中学习讨论，通过 QQ 群、微信等形式进一步加强宣讲。

3. 务求实效抓实践。在中国四人制排球公开赛巢湖学院站、安徽省大学生排球联赛中，教工党员、学生党员发挥了党员先锋模范作用；号召全体毕业生党员在毕业季各项工作中为党旗增辉，为母校添彩；7~8 月，以党员和入党积极分子为骨干的暑期社会实践团队积极开展暑期社会实践活动，大学生文化艺术服务团获校级重点团队评比一等奖；重阳节前夕，学生党支部开展慰问老党员、老教师活动，以身作则弘扬尊老爱幼的中华传统文化；南京大屠杀 80 周年国家公祭日前夕，组织部分师生党员和入党积极分子赴雨花台革命烈士陵园祭奠革命先烈。12 月 26 日，体育学院举行专业汇报演出，共 10 余位党员教师担任节目指导，近 20 名学生党员参加演出和服务工作。

（六）加强思想政治工作

全年组织教职工政治理论学习 8 次。加强橱窗、条幅、网页和微博、微信等的审核。举办巢湖学院第二届体育文化节,推动我校群众体育运动有序开展;组织暑期社会实践校级重点团队赴武警安徽总队二支队、烔炀镇、散兵镇开展文艺演出、体育文化知识宣传、防溺水及民族传统体育支教活动。

二、学科专业建设工作

（一）加强专业发展

1. 体育教育专业综合改革项目周期已经过半,到目前为止建设良好,在阶段检查中获得良好等级。

2. 完成校内体育教育专业预评估,结果良好;社会体育指导与管理专业确定为校内重点建设专业;完成2个专业人才培养方案修订工作。

3. 共计派出12位教师参加教育部、国家体育总局、中国体育科学学会和中国高等教育学会体育分会、文化部等单位主办的专业培训与教练员培训会议。

4. 组织吉首大学、安徽师范大学以及宁德师范学院、阜阳师范学院等校外专家,巢湖市中小学教学名师、合肥市健之行等校企合作单位对2个专业2017级人才培养方案进行制(修)订,对申报休闲体育专业进行论证。组织申报休闲体育专业并参加学校专业申报论证会。

（二）参加教育厅专业合作委员会

体育学院2017年受邀参加安徽省专业合作委员会(体育学类)。

（三）联合办学工作

12月,与西安体育学院就联合培养硕士研究生、研究生实习实训基地建设签订合作协议,正处落实后续合作的具体事项。

（四）产学研推进

共推进产学研项目5项,到账经费60.2万元。

（五）学科竞赛

承办全国四人制排球赛和2017年安徽省大学生排球联赛,其中,校男子排球获省级联赛专业组亚军、女子获季军;武术获得省级联赛2项冠军和4项前八名,足球获得第六名;体育舞蹈获得教育部学科技能赛4项冠军和多项前三名。

三、实践教学工作

（一）实习工作

完成体育教育和社会体育指导与管理专业的2017届毕业生实习工作。

（二）实验室开放

第十四届校田径运动会期间对师生进行身体成分测试。完成体育综合实验室2017年度的22万元仪器设备招标、购买与安装调试工作。

四、教科研工作

获得教育部、省哲学规划办等省部级项目3项;校级科研项目1项,厅局级项目1项,产学研校级项目5项;大创项目3项。二类以上论文5篇,中文核心1篇,三类论文16篇,教研论文1篇;省级质量工程项目2项。

五、师资队伍建设

（一）人才引进

引进硕士研究生3名。参加北京体育大学举办的2018年度博士生招聘会1场。外聘3

位中小学教师指导实习工作。

（二）学术交流

邀请吉首大学、首都体育学院、南京师范大学、宁德师范学院、安徽师范大学和阜阳师范学院等国内知名专家学者讲学。校内教师姚磊、樊贤进等均做了专题讲座。参加国际体育史期刊（SSCI全文收录期刊）主办的体育史与体育文化国际融合发展的国际学术大会、国际运动医学与健康学术论坛等4次国家级以上学术会议。

（三）强化师资力量

组织教师先后参加教育部大学生体育协会主办的"体操类项目教练员、裁判员培训""全国柔力球教练员培训""高尔夫教练员培训"和"舞龙舞狮教练员培训"等培训工作。承办"国家一级气排球教练员培训班"1次，参加《体育舞蹈》课程教材编写组会议1次。

1名教师晋升教授，6名教师晋升讲师；江杭生、艾显斌和丁源源老师参加安徽省教育厅主办的教师专业技能大赛，获得1个二等奖和2个三等奖。

六、学生管理工作

（一）加强学风建设

定期召开辅导员工作例会和学生干部会议。总支书记、副院长、辅导员和部分专任教师能够深入课堂、宿舍，了解学生思想动态。

（二）鼓励创新创业活动

尚文正等同学的作品《易动APP》在第七届大学生电子商务"创新、创意和创业"挑战赛校级选拔赛中获得一等奖。

（四）新生入学和毕业季工作

完成2017级学生入学工作，开展入学教育；制定毕业季工作方案，开展感恩教育、诚信教育、安全教育、毕业生党员教育等活动。

（五）就业和资助工作

2017届毕业生初次就业率达96.32%，获巢湖学院就业工作先进单位；开拓实习就业基地3个；举办2018届毕业专场招聘会。先后赴苏州、上海走访16位毕业生和3家企业，就实习就业工作开展调研。赴舒城县、岳西县等地开展学生资助"百千万"走访活动，走访慰问5名困难学生。

（撰稿：王林）

应用数学学院

【概况】

学院设有数学与应用数学、信息与计算科学、统计学、金融工程、应用统计学5个本科专业。现有数学与应用数学、信息与计算科学、统计学、大学数学、金融工程5个教研室，应用数学学院综合实验室1个。

现有教职工 44 人,其中专职教师 38 人、管理人员 6 人。专任教师中教授 5 人、副教授 9 人、讲师 17 人;博士 7 人(在读 2 人)、硕士 30 人。全日制在校学生 1118 人。

近年来,教师主持省部级以上项目 10 余项,发表论著(含合著)2 部,在国内外学术期刊上发表论文百余篇(其中被 SCI、EI 索引的论文 25 篇),专利 8 项。获批省级教学团队 1 个,教育厅教研项目 5 项,4 人次获省级优秀教学成果奖,获批国家级大学生创新创业项目 20 余项。学生在全国大学生数学建模竞赛、全国大学生数学竞赛以及全国大学生市场调查与分析大赛安徽赛区等赛事中共获国家级奖项 8 人次,省级奖项 102 人次。近三届毕业生整体就业率均超过 92%。80 多名毕业生考取武汉大学、中南大学、电子科技大学、合肥工业大学等高校研究生。

【年度工作】

一、人才培养

1. 学科专业建设。按学校《"十三五"发展规划》以及社会发展对人才的需求,进一步加强统计学、金融工程专业建设,应用统计学专业首次招生。根据学院专业、师资力量和社会需求并经调研、论证后,申报了金融数学、互联网金融两个新专业。对数学与应用数学、金融工程两个专业的培养方案进行了修订,制定了应用统计学新专业的人才培养方案。

2. 课程建设。继续加强合格课程、优质课程、精品课程及应用型开发课程的建设力度。协同教务处召开大学数学课程研讨会,探讨进一步提高大学数学课程教学质量的方法和手段。积极申报精品课程和应用型开发课程。

3. 素质拓展教育。组织学生申报各类创新创业项目,全年共申报大学生创新创业训练计划项目 17 项,其中省级 8 项。鼓励学生参加各类学科竞赛。全年共有 7 人次获国家级奖项,54 人次获得省级奖项。

4. 本科教学工程项目。全年申报本科教学工程项目 17 项,获批省级 1 项、校级 4 项。

5. 教学质量保障与监控。多途径、多渠道开展教学督查,通过听课、教学巡查与座谈会,及时了解课堂教学和学生学习情况,强化了教学运行管理。在 2016~2017 学年度第二学期和 2017~2018 学年度第一学期两学期期中教学检查中均获得较好成绩。

6. 专业评估工作。根据《关于校内专业评估近期工作安排的通知》精神要求,完成了数学与应用数学专业校内预评估工作,并获得专家好评。同时金融工程、应用统计学两个专业评估准备工作已同步进行。

7. 本科教学审核评估工作。根据相关文件精神,召开全体教师专题会议,强调了教学档案的重要性,规范了档案材料整理归档流程,明确了质量标准、时间节点并具体任务责任到人。审核评估材料归档工作正在进行。

8. 实验室建设与资产管理工作。新建电话调查实验室,并已投入使用。根据《巢湖学院 2017 年度资产清查实施方案》精神要求,对全院资产进行全面彻底清查,通过查清全面了解全院所有资产的基本信息、使用状态和管理情况。

9. 成人教育工作。完成了 2015 级、2016 级、2017 级函授学员面授教学和 2017 届毕业生的学位申请工作。同时完成了数学与应用数学和金融工程两个专业招生宣传工作。

二、科学研究

1. 全年申报教科研项目共37项，获批15项，其中省厅级4项。被推荐参加2017年度安徽省科学技术奖评审1项。彭承亮获安徽省社科联"三项课题"研究成果二等奖。

2. 全年发表教科研论文20多篇，其中在SCI、EI发表的论文5篇；获批专利6项。

3. 邀请校外专家及优秀校友来校作学术讲座5次。本院教师作学术讲座3次。

4. 协助科技处进行了国元证券金融实践类项目评审工作。

三、队伍建设

1. 全年新进教师8人，其中专任教师7人，辅导员1人。6位教师晋升职称，其中教授1人，副教授2人，讲师3人。2位教师攻读博士学位，1位教师到美国进行短期访学。

2. 全年选派教师参加各类会议13人次，骨干教师教师研修班2人次。到企业进行实践锻炼4人次，15人次参加了网络课程在线培训。

3. 给7位新进专任教师配备了导师，指导教师对他们进行了全方位指导，提高了青年教师的教学、科研能力。

4. 积极组织青年教师参加各类教学竞赛，谢如龙获得安徽省应用型联盟高校青年教师基本功大赛二等奖，王珺获得安徽省应用型本科高校联盟"第一届'超星杯'移动教学大赛"三等奖。在巢湖学院第九届青年教师教学基本功竞赛中肖淑梅获得一等奖、严恒普获得三等奖。

四、社会服务与合作交流

1. 利用学院教学资源，与国家统计局巢湖调查大队签署校企合作协议，并受其委托开展了巢湖市群众安全感满意度调查活动。

2. 加强了与国元证券、上海东方激光教育有限公司等实习基地的合作建设力度，拓宽了与中银商务有限公司等实习基地的合作范围。赴中银商务有限公司合肥分公司签署了《银校合作签约协议书》，并举行了实习实训与就业基地揭牌仪式。与国元证券签署了校企合作框架协议及金融实践教育奖学金协议。

3. 多渠道积极联系校友，并邀请了部分优秀校友参加四十周年校庆活动。举办了四十周年校友应用数学学院分会场，开展2场学术讲座和1场师生联谊座谈会。

五、党建与思想政治工作

1. 理论武装与意识形态工作。以学习宣传贯彻党的十九大精神为重点，以培育和践行社会主义核心价值观为主线，以党团组织为主阵地，以"两学一做"学习教育制度化、常态化和"讲重作"专题警示教育为抓手，开展了一系列宣传教育活动，增强了"四个意识"，坚定了"四个自信"。

2. 领导班子与干部队伍建设。党政联席会议制度执行情况良好。配齐配强了支部书记与支委班子，举办了2次支部书记培训和为期一个月的党团骨干培训班，开展了以十九大精神为主题的学习讨论，提高了党员干部的政治思想素质和大局意识、责任意识。

3. 基层党组织与党员队伍建设。制定了《应用数学学院党总支关于建立党员活动日制度的实施办法》，完成了基层党组织标准化建设的各项任务，进一步落实了"三会一课"制度。召开了总支民主生活会和支部组织生活会，举办了两期党员积极分子培训班，开展了两次党员党性自评活动，举办了28、29期党校，培训学员200多名，党员积极分子的教育和管理得到了有效加强。

党员教师在学生创新创业、学科竞赛指导以及困难学生帮扶等方面的作用发挥明显,累计指导学生参加国家级、省级赛事四百多人次,获得省级以上各类奖励74项。

全年累计发展党员43名,39名预备党员按期转正。落实了2017届党员毕业生的组织关系转移工作。按时足额完成了党费收缴工作。评比表彰了10名"优秀共产党员",对六名困难党员进行了慰问。

4. 作风与党风廉政建设。严格执行"一岗双责"。组织党员教师赴泾县云岭新四军烈士陵园参观瞻仰并重温党章,强化了党员的党性观念和纪律意识。建立了"应用数学学院党建与学生工作群",及时推送上级关于"四风"问题和从严治党的指示精神,严格落实中央"八项规定"和省委"三十条"要求,围绕师德师风建设召开了三次专题会议,严明了纪律,明确了规范,提高了认识。公开、公平、公正地完成了各项评优评奖和困难学生资助工作,再次实现了零投诉。完成了六名困难学生家庭的走访工作。

5. 党建工作责任制。严格执行《应用数学学院党建工作责任制》,加强联动与监督,定期召开总支委员会会议和支部党员大会,及时传达了上级和校党委的决策部署,分析了学院党建工作存在的问题和不足,拟定了整改措施。

6. 和谐校园建设。组织辅导员、学生干部不定期排查安全隐患,学生党员联系宿舍制度效果明显,学生安全意识和防范能力进一步提高。遴选10名党员积极分子组建"2017优秀学子报告团",面向大一新生开展了持续一个月的系列宣讲,效果良好。加强信息报送,做好"三防"及心理健康教育,对校外兼职、外宿、毕业生实习就业,采取专门措施加强安全教育与管理,提高了安全工作的针对性、预见性与实效性。

六、学生工作

1. 举办了2017团学骨干培训班。开展了针对学风、素质拓展、学生心理健康以及择业等方面的广泛调研,提高了学生工作的针对性。

2. 以考级、考证、考研和学科竞赛为抓手,通过主题班会、读书沙龙、辩论赛、"创青春"创新创业大赛等一系列活动,加强了学风建设,丰富了第二课堂,优化了育人氛围。

3. 开展了2017暑期"三下乡"社会实践和志愿服务活动,其中"金寨精准扶贫政策宣讲团队"获校级一等奖。

4. 开设了7场就业与考研辅导讲座,组织多场招聘会,为毕业生特别是"双困"毕业生提供了一批合适的就业岗位。2017届毕业生初次就业率达到了96.97%,位列全校第二,毕业生就业质量提升明显。

(撰稿:陶正妹)

机械与电子工程学院

【概况】

学院设有电气工程及其自动化、电子信息工程、电子科学与技术、机械设计制造及其自动化、材料成型及控制工程、机械电子工程、物理学、微电子科学与工程等 8 个本科专业,现有省级特色专业 2 个,国家级大学生校外实践教育基地项目、省级"卓越工程师教育培养计划"项目、省级人才培养模式实验区、省级实训示范中心各 1 个,省级精品课程 1 门,校级重点学科 1 个,校级重点实验室 1 个。

现有教职工 84 人,其中教授 5 人,副教授(高级实验师)22 人,省学术和技术带头人 1 人,省中青年骨干教师培养对象 1 人,省级教学名师 2 人,省级教坛新秀 6 人,宝钢优秀教师奖 1 人,全国万名优秀创新创业导师 1 人。全日制在校学生 2661 人。

近年来,共发表学术论文近 600 篇,其中 SCI、EI 收录近百篇,5 篇论文获安徽省自然科学优秀学术论文奖;出版学术专著 2 部,主编、参编各类教材 17 部;获批专利 600 余项;主持各级各类教科研项目百余项,其中国家自然科学基金 3 项、安徽省自然科学基金 6 项、安徽省高校自然科学研究重大项目 2 项;教科研成果获省级以上奖励 8 项,获巢湖市青年科技奖 2 项。

近年来,组织学生参加全国大学生工程训练综合能力竞赛、"西门子杯"全国大学生中国智能制造挑战赛、全国大学生机械创新设计大赛、中国国际飞行器设计挑战赛、全国大学生智能汽车竞赛、全国大学生电子设计竞赛、全国应用型人才技能大赛、安徽省百所高校百万大学生科普创意创新大赛、安徽省"互联网+"大学生创新创业大赛、"挑战杯"安徽省大学生课外学术科技作品竞赛、安徽省高校物联网应用创新大赛、安徽省大学生职业规划设计大赛等各类学科与技能竞赛,获省级以上奖励 300 余项。毕业生初次就业率达到 90% 以上,共有 300 余名学生先后被中国科技大学、浙江大学、中国矿业大学等单位录取为硕士研究生。

【年度工作】

一、人才培养

1. 加强日常教学管理,继续落实多环节多角度质量监控。通过多种途径对教学质量进行监控,领导班子成员参与分组轮流巡查,分专业召开学生座谈会,随机发放教风问卷和学风问卷调查。对教学巡查与座谈反馈中发现的问题,及时调查原因并解决。认真落实青年导师制,确保青年教师的教学规范的学习和教学水平的提高。

2. 围绕办学定位,进一步加强专业建设。紧紧围绕学校办学定位及地方产业结构布局,调整、充实专业建设内涵。安排电气工程及其自动化、电子信息工程两个专业参加学校首轮专业预评估工作。重点加强新专业机械电子工程、材料成型与控制工程的建设工作。以"卓越人才教育培养计划""特色专业"等项目实施为引领,进一步探索多样化的人才培养模式。继续与惠而浦(中国)有限公司进一步深化合作,联合举办电气工程及其自动化卓越人才班,以培养企业急需的业务精湛的技术技能型机电人才。

3. 进一步加强实习基地建设,规范实习、实训工作。加强原有的上海昌硕科技有限公司、惠而浦(中国)有限公司、合肥合晶电子有限公司、合肥美菱股份有限公司、安徽康佳电子有限公司等实习基地建设工作。新建常州瑞声科技(常州)有限公司实习基地。强化实践教学,提高学生专业实践能力,初步实现实习就业一体化,提高就业质量。组织惠而浦卓越人才班学生赴惠而浦(中国)公司专业见习。

4. 质量工程建设取得明显进展。在年度省级质量工程项目和振兴计划阶段检查与结题验收中,国家级大学生校外实践教育基地等5个项目顺利通过阶段检查,12个项目通过结题验收。新获批校级教坛新秀3名。

5. 创新创业教育和学业导师制工作。全面落实在2015级学生中开展专业创新创业教育。全年共选派王玉勤、许雪艳、汪世义、申海洋、任玲芝、代光辉和徐兵等7位教师参加专业创新创业教育课程的培训。充分利用专家学术讲座、校友创业经验分享、学科专业竞赛等多种形式高质量地完成创新创业教育的教学任务。在2017级新生中6个招生的专业全部实行学业导师制。

二、科研工作

1. 不断提升科研成果水平,丰富科研成果形式。学院教师以第一作者发表学术论文45篇,其中SCI 2篇(一区两篇)、EI 2篇、CSCD 2篇、中文核心1篇。获批各类专利(包括发明实审)237项,其中发明专利(包括发明实审)71项、实用新型专利136项、外观设计专利28项、计算机软件著作权2项。论文《Evolution law of the negative binomial state in laser channel and its photon-number decay formula》获第八届安徽省自然科学优秀学术论文三等奖。

2. 积极拓展申报渠道,组织教师申报各级各类项目。组织教师申报国家自然科学基金、安徽省自然科学基金、安徽省教育厅自然科学项目、高校优秀青年人才支持计划项目、合肥市软科学项目、南京大学固体微结构物理国家重点实验室开放课题等各级各类纵向科研项目,获批各类项目16项。

3. 以学科技能竞赛和创新创业活动为抓手,切实提高应用型人才培养质量。组织学生参加全国大学生工程训练综合能力竞赛、"西门子杯"全国大学生中国智能制造挑战赛、中国国际飞行器设计挑战赛、全国大学生智能汽车竞赛、全国大学生电子设计竞赛、全国应用型人才技能大赛、全国科研类飞行器设计挑战赛、安徽省百所高校百万大学生科普创意创新大赛、安徽省"互联网+"大学生创新创业大赛、"挑战杯"安徽省大学生课外学术科技作品竞赛、安徽省高校物联网应用创新大赛、安徽省大学生物理实验竞赛等各类学科竞赛,共获省级以上奖励56项,其中国家一等奖5项、二等奖7项、三等奖11项。组织教师指导学生积极申报2017年度"皖维科技创新孵化基金"项目获批16项。在2016年度"皖维科技创新孵化基金"项目结项验收工作中,获优秀和良好等次各3项。

4. 推进重点学科与教科研平台建设。"模式识别与智能系统"校级重点学科建设工作正稳步推进。完成功能材料与器件实验室、电子创新实验室建设,大学物理实验室扩建及电力电子技术实验室改建工作,现代功能材料与器件实验室被批准为校级重点实验室。

三、队伍建设

1. 为提高教师的工程实践能力,安排了3名青年教师赴上海、深圳等地实践培训。
2. 引进3名博士、9名硕士研究生(其中2名副教授)充实教师队伍。
3. 1名教师赴美国短期学习应用型人才培养模式。
4. 不断提升教师队伍整体素质和教学水平。在学校举办的安徽省第三届普通高校青年教师教学竞赛校内选拔赛决赛中,代光辉老师获工科组一等奖,代表学校参加安徽省比赛并获得较好成绩。

四、对外合作交流

继续开展对外合作交流,拓展师生学术视野。邀请南京大学王智河、科大讯飞郭伟研究员等校外专家教授及企业行业专家开展学术报告4场；组织学院教师开展学术讲座6场。组织教师参加第二十一届全国半导体物理学术会议等学术会议8人次。

五、社会服务

大力推进校企合作，增强服务地方能力。学院与合肥中南光电有限公司、安徽双鹿车业有限公司、巢湖市科技局等单位签订产学研合作协议。与安徽双鹿车业有限公司联合申报宿州市科技攻关项目、宿州市工程技术研究中心。龚智强副教授入选巢湖市第七批科技特派员。

六、党建与思想政治工作

1. 持续加强基层党组织建设。新发展党员94人，转正46人，转出毕业学生党员74名。255名入党积极分子参加了第28期党课培训班学习，169名入党积极分子参加了第29期党课培训班学习。

2. 以学习十九大精神为导向，深入开展理论学习活动，提高党员同志的思想觉悟和政治意识。每周组织党员集中学习，利用微博微信、社交网络和手机多媒体等新媒体平台进行研讨交流。为深入学习领会十九大会议精神，校党委委员、副校长徐柳凡为学院全体教师做十九大学习报告。

3. 开展"两学一做"学习教育，加强思想道德建设。

（1）传达《巢湖学院关于推进"两学一做"学习教育常态化制度化的实施方案》等文件精神和要求，切实推进学习教育。

（2）召开专项治理工作会议，开展"四个专项自查"工作，制定具体计划安排。

（3）传达校教代会、工代会精神。召开师德师风专题会议，传达四类特殊群体资助事宜，做好资助统计上报工作。

（4）"三会一课"开展情况。共召开"三会"合计28次，领导干部和支部书记上党课33次。学院各党支部开好组织生活会、总支开好民主生活会。

4. 加强宣传工作建设，开展具有专业特色的志愿服务活动。利用网络新媒体平台制作"一学一做"学习教育产品，同时利用团总支官方QQ推送"一学一做"和习主席系列讲话内容。宣传成果显著，经中青网、中国文明网、大学生网等国家级宣传报道共16篇，安徽高校在线、安徽共青团暑期三下乡评选展示等省级报道共10篇，合肥文明网、巢湖文明网、巢湖网等市级报道共9篇，其他报道61篇。同时续建了惠而浦（中国）股份有限公司、中李村留守儿童之家、卜陈学校三个基地，新建了奇瑞汽车股份有限公司、卜集学校、金码头社区大学生社会实践基地、温泉社区大学生社会实践基地、巢湖东站大学生社会实践基地五个基地。

一学一做精神实践团队和精准扶贫实践团队，参加线上三下乡活动并开通头条号，且用开通的头条号已发布与相关三下乡视频2个，组图6个，文章10篇，问答11个，制作的视频经优酷、爱奇艺、腾讯、头条等媒体转发。荣获全国"优秀指导老师""优秀项目奖"等荣誉称号。

（撰稿：蔡玲存）

化学与材料工程学院

【概况】

学院设有无机非金属材料工程、应用化学、化学工程与工艺、生物工程、生物制药5个本科专业,设有教研室5个。

现有教职工59人,其中教授5人,副教授(高级实验师)22人,其他系列高级职称1人,讲师(实验师)20人。博士10人,硕士39人。现有国家级特色专业1个(无机非金属材料工程)、省级特色专业1个(无机非金属材料工程)、省级实训示范中心1项、省级精品课程2项。全日制在校生1597人。

【年度工作】

一、教学与人才培养工作

1. 启动专业评估和审核评估工作。为迎接2018年安徽省本科专业评估和教育部本科教学审核评估,化学材料与工程学院召开党政联席会议研究部署此项工作,成立了评估工作领导组。评估工作领导组按照学校要求组织了无机非金属材料工程和应用化学两个专业的专业评估工作。

2. 深化人才培养模式改革。学院重视人才培养模式的改革工作,完善2017级人才培养方案,推进实践教学改革和质量评估。深化校企合作,加强实践教学基地建设,新增华昌高科药业和滁州通用生物为实习实训基地。选派优秀学生参与安徽合大环境检测有限公司的检测项目,强化应用型人才培养,提升产学研合作育人水平,与实习企业共同指导毕业生毕业论文(设计)。

3. 做好应用化学专业2017级专升本自主招生工作与暑期函授工作。按照学校要求,学院2017年需完成应用化学专业80人的对口招生任务。完成应用化学和无机非两个专业的函授教学任务。

4. 加强学科专业建设和课程建设。学院注重强化专业内涵建设,推进课程改革,继续推进校级重点学科食品科学与工程的建设工作。开展专业评估工作,提升专业建设水平。对2017级人才方案进行调整,优化课程结构,强化应用型人才培养力度。积极组织申报相关课程参加学校第四届课程评估工作。

5. 注重提升教师教学能力。学院注重提升教学管理队伍水平和青年教师的教学能力,认真执行青年教师导师制。成功举办了安徽省应用型本科高校联盟第二届青年教师教学基本功竞赛选拔赛与安徽省第三届本科高校青年教师教学基本功竞赛选拔赛,秦国旭老师荣获巢湖学院"第三届本科高校青年教师教学基本功竞赛理科组"第一名,并代表学校参加省决赛荣获第三名;选派李宏林老师赴美国培训。

6. 积极组织学生参加各类专业技能竞赛。认真组织学生参加安徽省第四届大学生生物标本大赛,积极动员宣传,鼓励学生报名参赛,指导教师利用暑假精心指导学生开展生物标本制作,并于10月份组织校内选拔赛,选出8件作品参加省决赛,最终获省级二等奖1件,三等奖5件,作品获奖率达75%,超出了全省平均获奖率60%的指标。

7. 组织申报2017年度本科教学质量工程项目

学院组织教师申报各级各类本科教学质量工程项目共计21项,经专家评审,在教学研究、教学团队建设、课程建设、校企合作实践基地建设、专业综合改革等类别上共获立项10项。

二、科研工作

提升管理服务水平,组织申报科研项目。学院注重完善各类科研管理制度,提升管理服务水平。组建科研团队,整合科研力量,加强科研平台建设。积极动员、组织骨干教师和高职称高学历教师积极申报各级各类科研项目,如国家自然科学基金、省自然科学基金、省重点研究与开发计划项目、高校优秀拔尖人才培育项目等共30项,立项17项。公开发表学术论文36篇,其中SCI收录17篇。

三、队伍建设

1. 加强人才引进力度。为加强人才队伍,强化专业建设力度,化材学院落实进人计划,引进硕士学历专业教师4名,引进高层次人才4人,辅导员2人。

2. 加大教师培养培训力度。学院积极支持年轻教师进修访学、攻读博士学位。目前1人在工大访学,4人在职攻读博士学位。1人晋升教授,3人晋升副教授,1人晋升高级实验室,4人晋升讲师。

四、对外合作交流

1. 积极与企业对接,开展产学研工作。学院积极与地方企业交流对接,开展产学研合作。与安徽新合大工程管理有限公司、深圳山水乐环保科技有限公司等签订了产学研合作框架协议。教师与企业签订横向项目合同4项,合同金额70余万元,本年度到账28万元。

2. 积极开展学术交流。学院积极邀请校内外专家为师生作学术报告。学院王新、李宏林、韩圚俐、丁文兵等教师应邀到安徽省水环境研究中心作题为"三高废水的处理技术及工艺方案"的学术交流。

五、党建与思想政治工作

学院深入学习贯彻习近平总书记系列重要讲话和党的十九大精神。学院党总支带领全体党员学习习近平总书记系列重要讲话和十九大报告,本年度共组织党员干部集中学习6次,并邀请分管领导阮爱民书记做十九大报告专题学习辅导。

六、特色工作

1. 促学风建设,助力学子考研。学院狠抓学风建设,积极引导学生考研,组织党员教师分专业对考研学生进行针对性辅导,派专人、专车为学生送考,在学习场所安排、考研经验交流、联系导师等方面给予大力支持,为学生提供方便,逐渐形成了助力学子考研的良性工作机制。本年度学院毕业生共考上研究生76人,考研率高达20.26%。

2. 重思想引领,践行核心价值观教育。学院长期开展大学生"幸福之声生生畅"活动,至今已举办113期;开展团学讲堂系列活动,加强理论引导与实践锻炼。

(撰稿:黄钦)

信息工程学院

【概况】

学院设有计算机科学与技术、电子商务、网络工程、软件工程、物联网工程 5 个本科专业。现有基础实验室 4 个,专业实验室 10 个,研究与创新实验室 3 个,企业联合实验室 1 个。

现有教职工 51 人,其中教授 3 人,副教授 8 人,中级职称 28 人,博士 5 人,硕士 42 人。拥有教育部"产学合作·协同育人"校企合作项目 3 个、华为 ICT 网络学院 1 个、安徽省级精品课程 2 门、安徽省级实验实训示范中心 1 个、安徽省级特色专业 2 个、安徽省级专业建设与改革项目 1 项、安徽省重大教改项目 1 项、安徽省大规模在线课程示范项目 1 项,安徽省优秀教师 1 人、安徽省教学名师 2 人。全日制在校生 2284 人。

先后在"中国大学生计算机设计大赛"中荣获国家二等奖 2 个,国家三等奖 1 个,省级二等奖 3 个,省级三等奖 3 个;"中国机器人大赛"中荣获国家一等奖 6 个,国家三等奖 6 个,省级一等奖 2 个,省级二等奖 6 个,省级三等奖 6 个;"全国大学生电子商务'创新、创意及创业'大赛"获省级二等奖 4 个,省级三等奖 7 个,"全国'互联网+'大学生创新创业大赛"荣获国家级铜奖 1 个,省级金奖 1 个,省级铜奖 6 个,"安徽省高校物联网应用创新大赛"获省级二等奖 1 个。

近年来,出版著作、教材 15 部,发表论文近 100 余篇(其中 SCI 收录 5 篇,EI 收录 13 篇,国家级 22 篇);完成教育部课题 1 项,省级教学考试软件 1 项,省级教科研项目 30 余项;获省教育厅及学校奖励等 23 人次。

【年度工作】

一、人才培养

1. 教学管理常规工作

进一步完善各项常规教学管理工作,认真整改教学检查中发现问题;加强各教学环节的规范性,抓好课堂教学与实践教学管理,完善二级督导工作;规范教研室工作,各教研室开展一次主题为"专业如何办"的专题活动,明确专业发展思路。

2. 人才培养方案修订工作

为进一步优化人才培养方案结构,提高人才培养质量,根据学校关于修订人才培养方案指导意见,组织各教研室深入企业、高校调研,共召开三次专题会议研究、讨论,顺利完成五个专业的人才培养方案修订工作。

3. 质量工程建设工作

学院积极做好各级各类教科研项目申报工作和质量工程建设工作,重点推进网络工程省级实验实训示范中心建设、网络工程专业改造、重大教改项目、大规模在线课程（幕课）建设，网络工程省级实验实训示范中心、网络工程专业改造完成结项工作，幕课课程建设正式上线。

4. 专业评估工作

学院高度重视专业评估工作，对在首批 15 个受评专业中的计算机科学与技术、软件工程专业认真做好评估摸底工作，同时开展其他四个专业的摸底及材料整理。计算机科学与技术、软件工程已通过学校专业评估，两个专业 AB 级指标均达 50％以上，效果良好。

5. 学科竞赛及创新创业教育工作

（1）成功举办巢湖学院"互联网＋"大学生创新创业大赛暨省赛选拔赛，校赛结束后学院对 5 个项目进行集中培训，并推荐参加省赛，三个项目获得安徽省赛三等奖。

（2）积极备战第十届中国大学生计算机设计大赛，计算机科学与技术专业学生齐振丽、陶亮与经法学院学生胡寒兵组成的小组，夺得第十届中国大学生计算机设计大赛软件应用与开发类总决赛三等奖。计算机科学与技术专业学生郑雪菲、物联网工程专业学生刘朋朋、朱银娣同学组成的小组，夺得第十届中国大学生计算机设计大赛软件服务外包类二等奖。

（3）参加安徽省机器人大赛，安徽省物联网大赛等赛事，共取得二等奖 5 项，三等奖 2 项。

二、教科研工作

为进一步提高学院教师开展教科研的积极性，学院进一步落实打造教学和科研团队目标，教师积极申报科研项目，现已申报 6 项校级项目，并获批 2 项重点项目，获资助经费 12 万元；进一步推动产学研合作，加快移动互联协同创新中心项目的实施，实现项目导入、产教融合，实现立项 5 项，到账经费 93 万元。

三、队伍建设

师资队伍是影响学院发展的最主要瓶颈，本年度学院狠抓师资队伍建设，加强双师型师资培养和人才引进力度。引进 3 名物联网专业教师，其中副教授 2 名，柔性引进博士 1 名。

四、对外合作交流

1. 承办由安徽省高等学校计算机教育研究会、中软国际有限公司主办的"中软国际－华为软件开发云实战开发训练营"，学院 14 名教师及安农大、阜阳师院、池州学院等 5 所高校共 20 位教师参加。训练营结束后学院共有 10 位老师与中软国际智慧教育云平台项目签订合作开发协议。

2. 积极开展教师赴企业挂职及教师培训工作，暑期派出 3 名教师赴苏州风云网络挂职，3 名教师去华为进行网络工程师证书考试培训并取得证书。

3. 在中软国际、苏州风云科技、苏州高博、苏州协力同城、昆山杰普、合肥万畅、合肥寇丁等企业建立了专业实习基地，所有应届毕业生分两批，全部赴以上企业进行集中实习，成效显著。

五、社会服务

1. 应学校相关要求，在学院选派一名教师赴巢湖市商务局挂职担任副局长职务。

2. 继续承担全国高等学校（安徽考区）计算机水平考试阅卷工作。对 2017 年共 239838 份安徽省水平考试试卷进行评阅，严格按照阅卷规程，高质量地完成阅卷工作。

六、党建与思想政治工作

1. 党建工作

加强支部建设，认真落实"三会一课"制度；推进基层党组织标准化建设、提升党组织的战斗力；抓好入党积极分子培养和党员发展工作，顺利举办第 16、17 两期党校，培训入党积极分子 267 人。发展学生党员 69 人，44 位预备党员按期转正；开展形式多样的党员活动。

2. 深入学习宣传贯彻党的十九大精神

通过多种方式迎接党的十九大顺利召开，对党的十九大会议精神，组织院系中心组、各支部组织开展学习、宣传。强化"四个学"，即领导带头学、支部组织分头学、突出重点专题学和联系实际学。

3. 推进"两学一做"学习教育常态化制度化

深入开展"讲重作"专题教育、专题警示教育，以及"管党治党宽松软问题"专项治理工作。成立了专门的协调小组，制定具体的实施方案，根据学习计划，学院理论学习中心组、各支部组织党员进行了 6 次集中学习。开展民主评议党员活动，125 名党员全部参加。

4. 加强反腐倡廉建设

按照校党委的部署要求，把党风廉政建设融入各项工作中，认真抓好职责范围内党风廉政建设任务的落实。自觉执行"八项规定"，坚决反对"四风"，班子成员一起按照"一岗双责"和"谁主管、谁负责"的要求，在工作中一级抓一级，压紧压实"两个责任"。严格遵守各项规定，坚持党务公开、学生事务和重大事项公开，规范用权、接受监督。通过宣传学习《准则》《条例》，做好"小金库"专项治理"回头看"、基建采购突出问题专项治理、高校科研经费规范管理专项治理、师德师风专项整治等四个专项治理工作。提高了干部职工廉洁自律意识，营造风清气正的政治生态和育人环境。

七、特色工作

1. 实习实训教学工作

（1）进一步加强实验教学改革，积极引进企业资源，探索校企合作进行实验教学改革，聘请 12 名企业工程师承担教学任务。进一步加强实验室管理，制定各实验室管理制度，加强了实验课程的管理力度，进一步提高实验教学质量。

（2）建立创新应用型人才实践教学模式。开设中软国际、苏州高博、昆山杰普"卓越工程师班"。探索实践教学改革，实行"小学期"制，继续采取集中实习方式进行 2018 届毕业生实习实训工作，实习工作进展顺利。

2. 实验室新建与调整工作

新建三个专业实验室，学院利用暑期进行实验室改造、设备安装，同时对原有实验室进行调整，目前华为网院、智能网络实验室、云桌面实验室已投入使用，效果良好。

（撰稿：王巍）

旅游管理学院

【概况】

学院设有历史学、旅游管理、酒店管理、会展经济与管理4个本科专业,另有与爱尔兰阿斯隆理工学院合作的酒店管理3+1国际合作项目。现有旅游管理、酒店管理和会展经济与管理3个教研室、旅游管理和酒店管理综合实验室、"巢湖流域经济文化研究所"和"旅游发展与规划研究中心"。

现有教职工42人,其中,教授4人,副教授14人,讲师21人,助教3人;学历结构方面,有博士8人、硕士31人(含1名博士在读)、学士4人,具有研究生学历教师占专任教师的比例为90.48%。1名兼职硕士生导师。外聘教授2人,外聘行业教师2人,外教2人。全日制在校学生1221人。

【年度工作】

一、人才培养

进一步推进人才培养模式、课程体系与教学内容、教学方法、考核方式等方面的改革。健全和完善教学质量监控体系,认真执行教学质量评价制度,严格考勤,完善巡视检查制度,不断提高教学质量。本年度以学科、专业和课程建设及教学管理、教学研究和教学改革为主题的大型实质性教研活动16次,举办专业学术讲座活动11次,以教科研项目申报讲座活动9次。

2015~2017年人才培养方案的修订秉持四个原则:地方性、应用型、特色性、前沿性。不仅结合行业网络化线上线下同时运营发展的现状,增设了计算机和互联网的相关课程,还进一步拓展培养方向,着力打造"区域休闲旅游"和"智慧旅游"特色方向,以适应环巢湖国家级旅游休闲度假区、半汤国家级旅游度假区建设的远景需求,服务安徽以至长三角一带旅游业发展。旅游管理专业完成校内首轮专业评估工作。酒店管理专业搭建了基本能力、专业能力、发展能力三层递进能力培养模块,对课程内容进行精选、重组和充实,进一步优化了课程结构,整合课程资源,强化了课程模块在学生能力培养中的重要作用。

在2016级人才培养方案修订的基础上,学院在充分调研的基础上,对2017级旅游管理(包括专升本)、酒店管理(包括对口招生)、会展经济与管理专业人才培养方案进行修订,强调应用性,重视学生的实践应用能力的培养,强调创新性。

二、教科研工作

组织教师积极申报各类科研项目。李晓萌老师主持的《公益性社会组织参与社区居家养老的实证研究以安徽省为例》成功申报安徽"社会组织发展"理论研究课题并顺利结题,陈恩虎教授的《多元一体观下的巢国文明史研究》获安徽省三项课题一等奖、雷若欣老师的《安徽省特色小镇空间布局特征及其协同发展策略》分获安徽省三项课题一等奖和安徽省第六届旅游联盟会议二等奖,吕君丽老师获安徽省社科联第十二届学术年会优秀论文奖,杨帆老师的《合肥市水利文化遗产的活化保护与开发》获安徽省三项课题三等奖,杨帆老师的《环巢湖古村落文化遗产价值元素解读》获第五届安徽文化论坛优秀论文奖。

邀请巢湖民歌研究会会长蔡善康、扬州瘦西湖温泉度假区总经理郭鲲来校作学术讲座。陈恩虎教授当选为中国旅游协会旅游教育分会理事,安徽省炎黄文化研究会副会长,安徽省旅游学会常务理事,齐先文老师当选合肥巢湖文化研究会常务理事。

获批安徽省教育厅人文社会科学重大项目3项,安徽省社科规划项目1项,安徽省教育厅省级重点项目2项,安徽省旅游局项目2项,省级重点基地项目1项,各类科研项目33项,发表各类学术论文23篇,其中二类1篇,举办学术讲座9场,参加各类学术活动55场。

三、队伍建设

聘请1位客座教授,1位教师在读博士,1位教师晋升副教授,4位教师晋升讲师,4名教师赴政府、企业挂职,5名教师获得茶艺和礼仪培训师、调酒师、会展策划师等指导师资格证,1位教师获巢湖学院第九届青年教师基本功大赛二等奖。广大教师在教学科研上勤于探索,坚持科研与教学并重,加强与安徽省旅游学会、合肥市社科联、巢湖文化研究会、巢湖市文广新局、巢湖市旅游局的产学研合作。

四、对外合作交流

组织旅游管理相关教师参与与实习酒店开展的产学研合作,取得丰硕成果。参与中国旅游协会旅游教育分会年会暨国际旅游教育研讨会、安徽省历史学会"学习十九大精神暨纪念安徽建省350周年"学术研讨会、安徽省旅游院校合作联盟年会、合肥市社科界第七届学术年会、第五届安徽省文化论坛和常州市巢文化研究会巢氏先祖历史文化学习会等。与爱尔兰阿斯隆理工学院就酒店管理中外合作办学专业的课程设置、教师选派、课程资源、学生管理等方面进行了深入探讨。

五、社会服务

学院与巢湖市柘皋镇政府,烔炀镇政府,中庙街道办事处签订了全面合作协议,参与巢湖中庙5A景区的规划论证、巢湖市烔炀镇廉政文化公园的设计、巢湖市博物馆展陈设计方案文本修改等工作。为巢湖市招商局举办政务、商务接待方法技巧培训会,为巢湖市旅游局举办景区政务接待培训,为合巢经开区半汤街道青年干部综合素质能力提升班举办政务接待礼仪培训。

学院致力于不断拓展学生社会实践的渠道、扩大活动领域和活动内容,通过社会实践和志愿服务活动,引导学生参与和谐社会建设。学院青协开展活动要求主题性强、参与面广、效果佳,服务地方,为中庙姥山景区和褒禅山景区提供导游志愿服务,受到各大媒体的广泛关注;立足校企合作;开展爱心助考志愿服务;传承雷锋精神,深化志愿服务,学院志愿者们开展汤山垃圾清扫活动;赴巢湖市巢扬小学开展爱心支教志愿服务活动;举办消防安全宣传月系列活动;合肥第六届百里毅行巢湖站志愿服务等。

六、党建与思想政治工作

学院党总支先后组织开展了21次政治学习,学生参加业余党校191人。为进一步加强党员的管理工作,顺利完成了党员摸排情况,使党员管理工作更趋规范。2017届毕业生党组织关系转移省外 2 人、省内 41 人,发展预备党员 41 人,预备党员转正 31 人。召开 4 次民主党员干部生活会,以及 2 次党员组织生活会。党政联席会议共召开 15 次,设置了 4 个教工支部,1 个学生支部,并更换了新一届教工一支部党支部书记,增加了教工四支部书记,增设了学生支部的副书记,各支部共举行各类学习讨论 31 次。

先后开展"喜迎十九大践行社会主义核心价值观""青春喜迎十九大,不忘初心跟党走"等主题团日活动,"践行新思想 拥抱新时代"团支部主题组织生活会等。陈恩虎出席合肥市社科理论界学习贯彻党的十九大精神座谈会并做交流研讨。走近学生党员,利用活动载体开展党建思政工作。"学习提高 经典重温——精读一本书"等活动,开展以"弘扬志愿服务,践行两学一做"为主题的学雷锋志愿服务系列活动等。以党建带团建,关心学生会、学生社团的建设。团总支共计开展主题活动 15 场。

组织全体干部党员认真学习《廉政准则》,严格落实党风廉政建设责任制,深入开展"廉政文化进校园"工作,加强党员干部、教职员工的廉洁从教教育。

按照校党委对巡视整改的部署,旅游管理学院根据党委下达的《整改任务通知单》所列整改任务。召开党政联席会议和任务分解会议,逐条梳理巡视整改任务,坚决立行立改,真整真改,积极研究部署整改工作,制定了切实可行的整改方案、整改清单。

认真开展学习教育专项活动,召开"讲政治、重规矩、作表率"专题组织生活会暨新学期开学工作会议。多项举措,促进学风建设。认真学习教育部最新修订的《普通高等学校学生管理规定》(教育部令第 41 号),召开"学 41 号令精神·走法治之路"新生学习教育部 41 号令主题班会。

(撰稿:陈凯)

艺术学院

【概况】

学院设有美术学、环境设计、视觉传达设计、动画、音乐表演 5 个本科专业以及美术学(中国书画)、视觉传达设计(2+2 中韩合作)2 个本科办学方向,校级研究机构"中国书画艺术研究所"1 个。2000 年获教育部"全国艺术教育先进单位"称号,2010 年被教育部批准为"全国普通高等学校美术学本科专业课程教学试点学校",美术学教学团队获首批省级教学团队,动画专业获省级特色专业,并获省级影视动画实训中心。美术学获校内首批质量工程重点学科、艺术设计获重点专业、水彩水粉课程获重点课程。

现有教职工 66 人,其中专任教师 57 人。教授 1 人,副教授 20 人,讲师 33 人,其中兼职硕士生导师 1 人;博士后 1 人,在读博士 2 人,硕士 44 人。安徽省油画学会副主席 1 人,省美术家协会理事 1 人,合肥市美协副秘书长 1 人,合肥市音乐家协会副主席 1 人。全日制在校生 1354 人。

【年度工作】

一、人才培养

坚持服务地方、应用型人才培养办学定位。以专业评估为抓手,做好各项教学活动的开展。召开各专业人才培养方案修订及专业建设研讨会,修订人才培养方向,进一步明确专业办学定位;不断强化教学管理规范化,发挥学生教学信息员在常规教学环节中的重要作用,加大教学信息的收集、了解与反馈力度,努力提升课堂教学质量,强化教师责任意识;积极开展教研室活动,加强实验室建设;加强实习基地建设,加大实习环节监控,做好学生外出写生、考察工作,现有黟县宏村、屏山、西递、江西婺源等4个写生基地;加强就业(创业)教育、指导,开展就业创业指导讲座多场,组织学生参加学校各类就业(创业)培训活动;结合专业特点组织开展多种形式的展览和演出活动,激发学生学习兴趣,提升学生专业素质和应用能力,鼓励学生积极参加各类竞赛、展演活动。全年参加各级各类竞赛、展演近800人次,共获国家级和省级奖项70余项,获校级以上奖励90余项;成功举办2017届美术学专业李旭同学个人油画展。

二、教科研工作

高度重视科研工作,强化科研工作管理。制定《巢湖学院艺术学院2017年度科研工作计划》,宣传学校科研工作目标管理的相关精神,大力推动科研工作目标管理工作,加强在研项目的管理,及时了解在研项目的进展情况,督促保证已立项的项目按时结项。鼓励和支持广大教师积极申报或参与教科研项目,积极组织教师精心设计、论证课题,及时督促教师申报各类课题。全年共申报各级各类科研项目近30项,其中申报国家艺术基金项目3项,申报2017年度"三项课题"研究活动5项、申报校级课题6项(获批5项),申报教育部及省级人文社科项目多项(其中"环巢湖地区建筑风貌与景观规划应用研究"等3项获批省级人文社科重点项目),"巢湖流域古村落环境设计应用研究"获批省哲学社会科学规划青年项目;"皖维可分散性乳胶粉外包装改良设计"等3项课题获批"皖维科技创新孵化基金"立项资助。出版专著《礼乐文化与象征——对两周礼乐文化的象征性艺术精神之考察》,发表科研论文21篇。鼓励教师参加各类展览与演出活动,多幅作品入选安徽省美术大展等展览,其中《落叶归村》《化羽》《雪里云山玉作屏》等多幅作品获优秀奖(最高奖),获奖和作品入选数均位居全省前列。庆祝巢湖学院建校四十周年,举办"巢湖学院40周年校庆师生书画作品展",共展出师生作品80余幅,扩大了学校的影响力。制定科研讲座计划,邀请国内高校或科研工作单位的有学术影响力的人员来院系做学术讲座,加强交流与沟通,进一步拓展学术交流与合作的领域和渠道。举办《肖像漫画的艺术》《好用的透视》《书籍设计漫谈》《同构与嵌入——对于技能感知与音乐理论整体交互的思考》《品牌基因的发掘与品牌形象塑造》等多场学术讲座。

三、队伍建设

加强师德师风教育,巩固师德师风问题专项治理成果。组织学习《高等学校预防与处理学术不端行为办法》《巢湖学院预防与处理学术不端行为实施细则》《教育部关于严肃处理高等学校学术不端行为的通知》等文件,并就可能存在的学术不端,以及职称评审、项目申报中可能存在的弄虚作假行为,开展自查自纠。选派中青年教师赴企事业单位挂职锻炼,培养中青年教师的教学和科研能力,沈瑞贵老师赴安徽慕曼德家具有限公司设计部进行挂职锻炼。选派和推荐教师参加各级各类培训、学习和观摩活动,提高研究队伍的科研意识和科研能力。多人次分赴北京、衡阳、景德镇等地参加相关的专业学术会议和专业知识培训。组织教师积极申报职称,7人晋升副教授,8人晋升讲师,师资队伍职称结构进一步趋向合理、科学。鼓励和支持教师申报高校优秀人才、拔尖人才支持计划、高校青年骨干教师国内国外访问学项目等,田世彬、席景霞老师入选高校优秀青年骨干人才国内外访学研修项目,王永虎老师被选派赴意大利佛罗伦萨访学。

四、对外合作交流

继续加强与韩瑞大学的交流与合作,共同举办中韩合作2+2留学说明会,修订视觉传达设计(2+2中韩合作)专业人才培养方案。加强实习教学基地建设,积极开展校企校地协同育人,进一步深化与安徽省皖中印务责任有限公司、安徽慕曼德家具有限公司、北京百度装饰巢湖分公司、巢湖佰思特空间装饰设计有限公司、合肥甜橙子教育管理有限公司等实习基地建设,将学校教育与企业的用人有效地结合起来,提高学生的职业素质和实践技能,提高人才培养的针对性。重视产学研合作教育工作,多方位与地方政府、地方企业开展合作,与大贺传媒集团、中国文化管理协会传统工艺专业委员会、景德镇青麦陶艺文化有限公司等就学生培养和教师培训工作签订合作协议。借鉴和吸收兄弟院校先进和成功经验,进一步提高学员教学和人才培养质量,学院领导带领教研室主任和骨干教师,先后赴江苏第二师范学院、南京艺术学院、常州大学、苏州大学等高校进行了考察调研,在专业教育改革与课程实训、应用型技能人才培养、公共实验教学中心、建设、大学生创新创业等方面与相关院校专家进行了深入交流。

五、社会服务

加深与地方政府、企事业单位的产学研合作。获批巢湖特产《湖鲜酱、焗烫糕点、银鱼干、纯芝麻油》包装设计开发项目,与柘皋镇人民政府签订文明创城墙绘合作项目,与合肥尚艺影视传媒文化有限公司、庐江县中远建筑工程有限公司、巢湖市唯阁竹木业有限公司等多家单位签订合作协议,积极为各单位发展提供智力支持。鼓励支持教师把研究成果转化为社会服务,力推师生科研成果转化为现实性应用,做好专利技术的宣传和推广工作,辅助教师申报外观设计专利7项,实用新型专利7项。组织青年志愿者服务队,引导学生投身校内外志愿服务活动,定期组织学生赴无为县蜀山镇、巢湖市栏杆集镇等地开展志愿服务活动,受到当地政府和群众高度评价。组建多支大学生暑期社会实践团队,内容涉及禁毒防艾、乡村艺术支教、美丽乡村文明墙绘等主题,得到安徽教育网、今日头条、环湖晨刊等20余家媒体的关注报道。

六、党建与思想政治工作

狠抓党建与思想政治教育,扎实开展"两学一做"学习教育活动。按照上级"两学一做"总体部署及校党委"两学一做"实施方案,切实把政治建设放在首位,认真完成各阶段的工作任务,围绕"讲政治、我们怎么讲""重规矩、我们怎么做""做表率、我们怎么办"认真开展专题研讨和教育活动。加强理论武装,认真学习十九大精神,严格按照学校党委要求,组织广大师生认真学习十九大报告和十九大新修订的《中国共产党章程》,学习习近平治国理政第二卷相关论述等,切实发挥了共产党员的模范带头作用。重视支部标准化建设,狠抓学生党员发展工作,根据党支部建设标准化建设实施意见和标准化评估实施办法,落实好"三会一课"、民主评议党员、评优评先等制度,规范好党支部建设,共有两个党支部获得巢湖学院"先进基层党支部"光荣称号,王倩同志获得安徽省先进教育工作者荣誉称号。坚持民主集中制,认真履行"一岗双责",工作中坚持党政联席会,集体讨论决策学院发展的具体工作;贯彻民主集中制,反腐倡廉,责任到人。有关大的决定或重大事情,做到事先听取教师的意见,根据民主集中制的原则作出决定。重视积极分子教育培养和按计划发展,加强预备党员教育,严把新党员质量关。举办第17期党校,顺利完成党校各项教学、管理任务,培训学员226人,全部通过结业考试,评选优秀学员20人,组织发展工作正常有序规范,全年发展优秀学生入党48名,按期转正党员38人。工会、共青团、学生会等群团组织健全,团总支、学生会、青年志愿者协会等团学组织正常换届,活动正常且富有特色,在校团学组织考评中,获先进团总支称号,学生会、青年志愿者协会以及新媒体等学生组织成绩突出,在校级考核中名次靠前。

七、特色工作

为加强美术学专业教师的课堂实践教学能力提高,举办了"2017年秋季作品展——艺术学院美术学教师作品展",促进师生创作交流与互动,强化"大艺术教育观"的教育办学理念。加强学生的综合素质和理论修养,重视应用型人才的培养,在省内外同类院校中率先开设民俗学、中国传统文化、古文字学、艺术美学等理论课程设置,不断探索设计类专业人才培养新模式。明确需求,精准定位,紧紧围绕巢湖市创建全国文明城市工作,组织多支志愿服务队,为巢湖市城乡绘制主题墙绘2000多平方米,美化井盖500余个。进一步巩固和拓展校外实习实训基地,建设一批优质、稳定的学生实习实训基地,通过联合共建实习实训基地,深入了解企业和社会需求,科学设计人才培养目标和方案,提升学生综合素质。

(撰稿人:何冬冬)

马克思主义学院

【概况】

学院是负责学校马克思主义理论和思想品德教育的专门机构,开设"思想道德修养与法律基础""马克思主义基本原理概论""毛泽东思想和中国特色社会主义理论体系概论""中国近现代史纲要"和"形势与政策"5门必修课,设有《基础》课、《原理》课、《纲要》课、《概论》课和《形势与政策》课5个教研室,3个校级研究机构。

现有教职工25人,其中专任教师23人,教授5人,副教授10人,博士8人。先后获批国家人文社科研究项目3项,国家社会科学基金后期资助项目1项,教育部人文社科研究项目3项,教育部人文社科重点研究基地重大项目1项,安徽省哲学社会科学规划办研究项目2项,安徽省教育厅人文社科研究项19项。获批安徽省振兴计划弘扬社会主义核心价值观名师工作室项目4项,安徽省省级教研项目8项,省级思政课建设工程项目4项,省级重大教改专项1项,省级精品课程4门,省级教学团队2个。获批校级教科研项目20余项,校级精品课程4门。马克思主义理论是校级重点建设学科。出版专著和编写教材4部,公开发表学术论文300余篇,其中在二类以上期刊发表论文50余篇。

【年度工作】

一、人才培养

全面落实思政课教学计划,规范开展教学管理。进一步健全完善管理制度,制定、修订制度10余项。强化常规管理,切实开展教学检查。继续实施思政课课程预警制度,积极开展二级教学督导工作。制定并全面落实《巢湖学院2017年思想政治理论课教学质量年专项工作方案》,扎实开展提升思政课教学质量工作。开展集体备课,组织公开教学和教学研讨。接受教育部专家听课和调研。组织环巢湖,以及赴华西村、南京、淮安等地的社会考察,开展主题征文活动,举办PPT制作演讲比赛。加强教研室的建设和管理,支持教研室创造性开展工作。积极开展思政课精品课程建设。继续加强《形势与政策》课建设,邀请校内外专家学者开展11次专题讲座。组织编印《形势与政策》教学辅导材料2期。

二、教科研工作

积极开展三门省级精品课程和安徽省振兴计划弘扬社会主义核心价值观《概论》课名师工作室项目建设,并都通过学校的阶段性检查验收。弘扬社会主义核心价值观《基础》课名师工作室项目顺利结题。本科教学工程方面,获立省级精品课程1门,校级课程教改项目1项。科研方面,获立安徽省哲学社会科学规划办研究项目1项,安徽省高校人文社会科学研究基地重点项目1项。获立马克思主义理论校级重点建设学科。全年出版学术专著1部,在各级各类期刊上发表论文16篇,其中CSSCI期刊3篇。荣获安徽省社科联优秀论文二等奖、三等奖、优秀奖各1项。

三、队伍建设

继续加强省级课程教学团队、省级名师工作室团队建设。同时,以三个校级科研机构为平台,以马克思主义理论校级重点建设学科为抓手,着力打造学术团队。2名教师在职攻读博士学位。晋升副教授2人,讲师1人。校内转入教师2人。暑期选送5名教师参加教育厅组织的全省思政课骨干教师培训,1人参加安徽省委党校哲学社会科学教学科研骨干研修。荣获安徽省第二届应用型本科高校联盟青年教师教学竞赛巢湖学院选拔赛一等奖、二等奖各1人,校第九届青年教师教学基本功竞赛二等奖1人。安徽省省级教学竞赛一等奖、三等奖各1人。获安徽省"最美思政课教师"1人,校师德先进个人1人,校级教坛新秀2人。

四、对外合作交流和社会服务

邀请南京大学马克思主义学院李喜英教授、南京大学哲学系张晓东教授、安徽师范大学马克思主义学院王习胜教授、安徽师范大学韩家炳教授作学术报告。选派郑小春、胡万年、郭启贵、季春芳等老师参加相关学术会议达10余人次。积极开展社会服务工作。杨芳老师在"巢湖百姓大讲堂"作专题讲座。郭启贵、夏明群等老师为开发区非公企业党组织书记培训班作专题讲座。余京华老师为半汤街道党员干部、皖维集团开展专题宣讲。

五、党建与思想政治工作

严格执行干部定期学习、研讨制度。全年利用周三例会开展了13次政治理论学习,学习全国"两会"精神,学习习近平总书记系列重要讲话和党的十九大精神。深入推进社会主义核心价值观和党的十九大精神"三进"工作。积极开展"两学一做"学习教育常态化制度化和"四个专项治理"工作,严格开展师德师风和"小金库"问题专项治理自查工作,切实加强党风廉政建设。开展省委巡视组巡视反馈意见整改工作,按时上报巡视整改工作进展情况。在党员干部中开展"讲政治、重规矩、作表率"专题警示教育。召开专题组织生活会,开展批评和自我批评。开展民主评议党员工作。发展3名青年教师入党。加强基层党组织标准化建设工作。充分发挥"汤山思政人"微信群作用,宣传"两学一做"以及党建新动态新政策。加强学生理论社团"知行社"建设。

六、特色工作

组织开展党的十九大精神"三进"工作。召开十九大精神"三进"工作专题会议,制定十九大精神"三进"工作计划。召开学习贯彻党的十九大精神党课报告会。校党委书记朱灿平为马克思主义学院全体教师上十九大专题党课。编印学习宣传党的十九大精神专题辅导材料1期,做到学生人手一册。在"形势与政策"课教学中开设专题,系统宣讲党的十九大精神,做到一、二年级学生全覆盖。组织开展宣传十九大精神"名师示范课堂"活动。开设6个系列专题,由六位校领导深入思政课堂宣讲党的十九大精神。另外,组织开展社会考察、主题征文、演讲比赛等实践活动,在实践中宣传党的十九大精神。在2017级新生中,举办"弘扬传统美德 共筑精神家园"主题征文活动。11月,组织部分师生赴南京和淮安开展社会考察活动。12月,组织全校近百名新生代表开展环巢湖社会考察活动。11月,组织开展了"喜迎党的十九大、欢庆建校40周年"PPT演讲比赛。

(撰稿:赵光军)

十四、表彰与奖励

上级部门的表彰与奖励

学校(含二级单位)获奖情况

序号	单位	奖项	颁发单位	获奖时间
1	巢湖学院	安徽省社会科学界第十二届学术年会优秀论文评选活动先进组织单位	安徽省社科联	2017年
2	巢湖学院	第七届"挑战杯"安徽省大学生课外学术科技作品竞赛优秀组织奖	共青团安徽省委员会、安徽省教育厅、安徽省科学技术协会、安徽省社会科学院、安徽省学生联合会	2017年
3	巢湖学院	安徽省第三届普通高校青年教师教学竞赛优秀组织奖	安徽省总工会 安徽省教育厅	2017年8月
4	巢湖学院	安徽省高等学校教师教学发展联盟第一届同课异构教学竞赛优秀组织奖	安徽省高等学校教师教学发展联盟	2017年12月
5	巢湖学院	2017年安徽省高等学校师范生教学技能竞赛最佳组织奖	安徽省教育厅	2017年12月
6	巢湖学院社科联	安徽省高校社科联"三项课题"研究活动先进单位	安徽省社科联	2017年12月
7	巢湖学院学报	安徽省优秀学报评选优秀学报	安徽省教育厅、安徽省新闻出版广电局	2017年12月
8	巢湖学院团委	2017年全国大中专学生志愿者暑期"三下乡"社会实践活动优秀单位	团中央学校部、全国学联秘书处	2017年
9	巢湖学院汤山青年传媒中心团支部	全国基层活力团支部	团中央学校部	2017年
10	巢湖学院汤山爱心学校	安徽省第十一届青年志愿者"优秀项目"	共青团安徽省委	2017年
11	巢湖学院监察审计处	安徽省内审"五年提升""先进集体"	安徽省内审协会	2017年

教职工获奖情况

序号	姓 名	奖 项	颁发单位	获奖时间
1	郑 玲	2016年度安徽省优秀共青团干部	共青团安徽省委	2017年12月
2	杨松水	安徽省社科普及工作先进个人	安徽省社科联	2017年12月
3	许雪艳	全国万名优秀创新创业导师人才库优秀创新创业导师人才	教育部高等教育司	2017年10月
4	陈先涛	省优秀义务教育独立督查员	安徽省教育厅	2017年4月
5	丁俊苗	安徽省第十三届高校大学生创新创业优秀论文一等奖和二等奖		2017年6月
6	彭正生	2017年安徽省文艺评论奖一等奖	安徽省文学艺术界联合会	2017年7月
7	肖圣忠	安徽省"内部审计领军人物"	安徽省审计厅、总工会	2017年3月
8	王 燕	"恩智浦"杯全国大学生智能汽车竞赛安徽赛区组织贡献奖	安徽省教育厅	2017年7月
9	王 燕	暑期社会实践"线上三下乡 扶贫我先行"优秀新媒体传播指导老师	团中央	2017年11月
10	丁源源	安徽省普通高校体育教师教学技能比赛二等奖	省教育厅	2017年11月
11	江杭生	安徽省普通高校体育教师教学技能比赛三等奖	省教育厅	2017年11月
12	艾显斌	安徽省普通高校体育教师教学技能比赛三等奖	省教育厅	2017年11月
13	李 融	全国"镜头中的三下乡"社会实践活动优秀指导教师	团中央学校部	2017年12月
14	代光辉	安徽省第二届应用型本科高校联盟青年教师教学竞赛二等奖	安徽省高校联盟	2017年5月
15	谢如龙	安徽省第二届应用型本科高校联盟青年教师教学竞赛二等奖	安徽省高校联盟	2017年5月
16	开 琛	安徽省第二届应用型本科高校联盟青年教师教学竞赛三等奖	安徽省应用型本科高校联盟	2017年5月

续表

序号	姓　名	奖　项	颁发单位	获奖时间
17	代光辉	安徽省第三届普通高校青年教师教学竞赛三等奖	安徽省教育厅 安徽省总工会	2017年7月
18	秦国旭	安徽省第三届本科高校青年教师教学基本大赛第三名	省教育厅	2017年5月
19	赵祺	安徽省第三届本科高校青年教师教学基本大赛第三名	省教育厅	2017年5月
20	代光辉	安徽省第三届本科高校青年教师教学基本大赛第三名	省教育厅	2017年5月
21	石庆海	安徽省高校教师教学发展联盟第一届同课异构教学竞赛决赛一等奖	安徽省高校教师教学发展联盟	2017年12月
22	朱爱国	安徽省高校教师教学发展联盟第一届同课异构教学竞赛决赛三等奖	安徽省高校教师教学发展联盟	2017年12月
23	汪军	安徽省第十三届大学生就业创业论文二等奖	安徽省教育厅	2017年7月
24	牛美芹	第十三届高校大学生就业创业论文三等奖	安徽省教育厅	2017年7月
25	沈菲飞	安徽省应用型本科联盟第一届移动教学大赛最佳创意奖	安徽省应用型本科高校联盟	2017年7月
26	王珺	安徽省应用型本科联盟第一届移动教学大赛三等奖	安徽省应用型本科高校联盟	2017年7月
27	龚智强	2017年第四届安徽省大学生工程训练综合能力竞赛优秀指导教师	安徽省教育厅	2017年3月
28	陈恩虎 王成胜	安徽省社科联"三项课题"研究优秀成果一等奖	安徽省社会科学联合会	2017年12月
29	雷若欣	安徽省社科联"三项课题"研究优秀成果一等奖	安徽省社会科学联合会	2017年12月
30	彭承亮 何启志	安徽省社科联"三项课题"研究优秀成果二等奖	安徽省社会科学联合会	2017年12月
31	吴多智	安徽省社科联"三项课题"研究优秀成果二等奖	安徽省社会科学联合会	2017年12月

续表

序号	姓　名	奖　项	颁发单位	获奖时间
32	褚春元	安徽省社科联"三项课题"研究优秀成果三等奖	安徽省社会科学联合会	2017年12月
33	张安东	安徽省社科联"三项课题"研究优秀成果三等奖	安徽省社会科学联合会	2017年12月
34	朱鹤群	安徽省社科联"三项课题"研究优秀成果三等奖	安徽省社会科学联合会	2017年12月
35	石庆海	安徽省社科联"三项课题"研究优秀成果三等奖	安徽省社会科学联合会	2017年12月
36	杨　帆 陈恩虎	安徽省社科联"三项课题"研究优秀成果三等奖	安徽省社会科学联合会	2017年12月
37	姚　磊	安徽省社科联"三项课题"研究优秀成果三等奖	安徽省社会科学联合会	2017年12月
38	方习文	安徽省社科联"三项课题"研究优秀成果优秀奖	安徽省社会科学联合会	2017年12月
39	齐先文	安徽省社科联"三项课题"研究优秀成果优秀奖	安徽省社会科学联合会	2017年12月
40	余京华	安徽省社科联"三项课题"研究优秀成果优秀奖	安徽省社会科学联合会	2017年12月
41	朱鹤群	安徽省社会科学界第十二届学术年会优秀论文评选三等奖	安徽省社会科学联合会	2017年12月
42	余京华	安徽省社会科学界第十二届学术年会优秀论文评选三等奖	安徽省社会科学联合会	2017年12月
43	董颖鑫	安徽省社会科学界第十二届学术年会优秀论文评选优秀奖	安徽省社会科学联合会	2017年12月
44	吴克平	安徽省社会科学界第十二届学术年会优秀论文评选优秀奖	安徽省社会科学联合会	2017年12月

年度学科和技能竞赛成果汇总表

序号	申报单位	竞赛名称	主办单位	获奖项目	竞赛级别	竞赛类别	获奖等级	获奖学生	指导教师	获奖时间	备注
1	信工学院	第七届安徽省大学生电子商务"创新、创意及创业"挑战赛	安徽省教育厅、安徽省电子商务三创赛组委会	兼职宝	省级	B	二等奖	许开国 安峰妹 周 斌 张世丹 尹小伟	严小燕 刘晓波	2017.6.16	
2	信工学院	第七届安徽省大学生电子商务"创新、创意及创业"挑战赛	安徽省教育厅、安徽省电子商务三创赛组委会	简尚服饰	省级	B	二等奖	孙 静 刘文娟 黄 瑾 侯陈凤 汪湘琼	苗慧勇 曹 骞	2017.6.16	
3	信工学院	第七届安徽省大学生电子商务"创新、创意及创业"挑战赛	安徽省教育厅、安徽省电子商务三创赛组委会	全程旅游	省级	B	三等奖	邢俊芳 江 婧 李飞丽 张从瑶	张帅兵 李玲玲	2017.6.16	
4	信工学院	第七届安徽省大学生电子商务"创新、创意及创业"挑战赛	安徽省教育厅、安徽省电子商务三创赛组委会	V校园	省级	B	三等奖	胡楚涵 李萌萌 沈 婷 王晓晓 王雯阳	刘 旭 张帅兵	2017.6.16	
5	信工学院	第七届安徽省大学生电子商务"创新、创意及创业"挑战赛	安徽省教育厅、安徽省电子商务三创赛组委会	"聚安全"保护女性和未成年的一款产品	省级	B	三等奖	韩浩宇 李振国 吕 逢 陈 晨 刘陈道	刘 拥 张正金 梁宝华	2017.6.16	
6	信工学院	第七届安徽省大学生电子商务"创新、创意及创业"挑战赛	安徽省教育厅、安徽省电子商务三创赛组委会	"Blue Dream"心动设计平台	省级	B	三等奖	宋忠厚 黄培怡 葛晶晶 孔令成 田 然	陈文静 刘 波	2017.6.16	

续表

序号	申报单位	竞赛名称	主办单位	获奖项目	竞赛级别	竞赛类别	获奖等级	获奖学生	指导教师	获奖时间	备注
7	信工学院	第七届安徽省大学生电子商务"创新、创意及创业"挑战赛	安徽省教育厅、安徽省电子商务三创大赛组委会	潮教APP	省级	B	三等奖	范文韬 黄浩浩 郑 福 王梦云 王顼琛	夏 静 刘晓波	2017.6.16	
8	信工学院	第三届安徽省"互联网+"大学生创新创业大赛	安徽省教育厅、安徽省"互联网+"大学生创新创业大赛组委会	晓馆	省级	B	三等奖	葛东东 程华跃 赵大琼 陈 曦 林 婷 马仁壮	张正金 刘 旭	2017.11.2	创意组铜奖
9	信工学院	第三届安徽省"互联网+"大学生创新创业大赛	同上	V校园	省级	B	三等奖	沈 婷 王雯阳 王晓晓	刘晓波 张帅兵	2017.11.2	创意组铜奖
10	信工学院	2017年安徽省高校物联网应用创新大赛	安徽省教育厅安徽省计算机学会	微信家居	省级	B	二等奖	吴杰侯 效 超 户孝侠	刘 波 方 周	2017.10	
11	信工学院	中国大学生计算机设计大赛安徽省级赛	安徽省教育厅	停车宝	省级	C	二等奖	蒋治国 胡楚涵 阮 飞	方 周 刘 旭	2017.5	
12	信工学院	中国大学生计算机设计大赛安徽省级赛	安徽省教育厅	闲置二手书交易平台项目	省级	C	二等奖	许 明 曹文耀 宋瑞娟	方 周 吴其林	2017.5	
13	信工学院	中国大学生计算机设计大赛安徽省级赛	安徽省教育厅	优易捷——食堂辅助系统	省级	C	二等奖	王魏然 刘可俊 范 晨	王 魏 方 周	2017.5	
14	信工学院	中国大学生计算机设计大赛安徽省级赛	安徽省教育厅	智能机器人格斗	省级	C	二等奖	郑雪菲 刘朋朋 朱银婶	刘 拥 方 周	2017.5	
15	信工学院	中国大学生计算机设计大赛安徽省级赛	安徽省教育厅	你的钱柜	省级	C	二等奖	齐振丽 孙 静 牛菀钰	刘 拥 刘小燕	2017.5	

续表

序号	申报单位	竞赛名称	主办单位	获奖项目	竞赛级别	竞赛类别	获奖等级	获奖学生	指导教师	获奖时间	备注
16	信工学院	中国大学生计算机设计大赛安徽省级赛	安徽省教育厅	当然果园	省级	C	三等奖	韩伟杰 张 勇 张 鹏	方 周 刘 旭	2017.5	
17	信工学院	中国大学生计算机设计大赛安徽省级赛	安徽省教育厅	停友	省级	C	三等奖	蒋治国 胡楚涵 阮 飞	方 周 刘 旭	2017.5	
18	信工学院	2017年（第10届）中国大学生计算机设计大赛	中国高等教育学会、教育部高等学校计算机类专业教学指导委员会	智能机器人格斗	国家级	B	二等奖	郑雪菲 刘朋朋 朱银娣	刘拥 鲁业频	2017.7	
19	信工学院	2017年（第10届）中国大学生计算机设计大赛	同上	你的钱柜	国家级	B	三等奖	齐振丽 陶 亮 胡寒水	刘拥 刘小燕	2017.7	
20	信工学院	2017年"凌翔杯"安徽省机器人大赛	安徽省教育厅	仿人机器人单人舞蹈比赛	省级	B	二等奖	单云云 王 丽 葛 旭	鲁业频 王魏	2017.7	
21	信工学院	2017年"凌翔杯"安徽省机器人大赛	安徽省教育厅	仿人机器人短跑比赛	省级	B	三等奖	王 沈 葛 旭 方海月	黄贵林 梁宝华	2017.7	
22	信工学院	2017年"凌翔杯"安徽省机器人大赛	安徽省教育厅	仿人机器人多人舞蹈比赛	省级	B	三等奖	彭 军 郑雪菲 顾现成	吴其保 曹 隽	2017.7	
23	信工学院	中国机器人及人工智能大赛	中国人工智能学会、教育部高等学校大学课程教学指导委员会、中国机器人及人工智能大赛组委会	仿人机器人舞蹈赛：单人赛项目	国家级	—	二等奖	王 柯 戴栓华 郑宏伟	黄贵林 张正金	2017.10	

续表

序号	申报单位	竞赛名称	主办单位	获奖项目	竞赛级别	竞赛类别	获奖等级	获奖学生	指导教师	获奖时间	备注
24	信工学院	中国机器人及人工智能大赛	同上	仿人机器人竞速赛：障碍跑项目	国家级	—	二等奖	胡永康 宫新龙 焦叙明 曹九六	黄贵林 方周	2017.10	
25	信工学院	中国机器人及人工智能大赛	同上	仿人机器人竞速赛：短跑项目	国家级	—	三等奖	胡永康 宫新龙 王柯 郑宏伟 戴检华	黄贵林 樊乐乐	2017.10	
26	信工学院	中国机器人及人工智能大赛	同上	仿人机器人竞速赛：短跑项目	国家级	—	三等奖	胡永康 焦叙明 宫新龙 曹九六	黄贵林 鲁业频	2017.10	
27	信工学院	中国机器人及人工智能大赛	同上	仿人机器人舞蹈赛：多人舞项目	国家级	—	三等奖	胡永康 焦叙明 宫新龙 曹九六	鲁业频 黄贵林	2017.10	
28	信工学院	中国机器人及人工智能大赛	同上	仿人机器人舞蹈赛：双人舞项目	国家级	—	三等奖	胡永康 焦叙明 宫新龙 曹九六	黄贵林 刘晓波	2017.10	
29	经管学院	第七届安徽省大学生"创新、创意及创业"挑战赛	安徽省教育厅、安徽省电子商务三创赛组委会	"老顽童"老年生活服务平台	省级	B	二等奖	戴鑫 李静洁 芮倩 徐周轩	吴克平	2017.6.16	
30	经管学院	第七届安徽省大学生"创新、创意及创业"挑战赛	安徽省教育厅、安徽省电子商务三创赛组委会	向阳花开小布艺偶	省级	B	二等奖	纪嫚 梅梦莹 赵智勇 苑宝丰 张慧雯	赵祺 李融	2017.6.16	
31	经管学院	第七届安徽省大学生"创新、创意及创业"挑战赛	安徽省教育厅、安徽省电子商务三创赛组委会	嘿吖	省级	B	二等奖	桂思芹 杨雪莹 刘英妮 侯梦洁 张梦	苗慧勇 方玲	2017.6.16	

续表

序号	申报单位	竞赛名称	主办单位	获奖项目	竞赛级别	竞赛类别	获奖等级	获奖学生	指导教师	获奖时间	备注
32	经管学院	第七届安徽省大学生电子商务"创新、创意及创业"挑战赛	安徽省教育厅、安徽省电子商务三创赛组委会	自由之翼（无人机项目执行孵化中）	省级	B	二等奖	刘梦凯 陈新静 李健 郝进 王善	余雷 吴其林	2017.6.16	
33	经管学院	第三届安徽省"互联网+"大学生创新创业大赛	安徽省教育厅、安徽省"互联网+"大学生创新创业大赛组委会	"老顽童"老年生活服务平台	省级	B	三等奖	芮静 江一凡 李浩 王慧玲 程硕	吴克平 张号	2017.11.3	
34	经管学院	2017"创新创业"全国管理决策大赛	教育部高等学校工商管理类专业教学指导委员会、全国管理决策大赛模拟大赛组委会	全国总决赛	国家级	B	一等奖	郭静 查素辉 毕林枫	张洁 谭晓琳	2017.7	
35	经管学院	2017"创新创业"全国管理决策大赛	同上	全国半决赛	省级	B	一等奖	毕林枫 沈勇 陈怡	方淑苗	2017.7	
36	经管学院	2017"创新创业"全国管理决策大赛	同上	全国半决赛	省级	B	一等奖	查素辉 张丹霞 吴大鹏	张洁	2017.7	
37	经管学院	2017"创新创业"全国管理决策大赛	同上	全国半决赛	省级	B	一等奖	刘慧 范文韬 黄浩浩	尤春智	2017.7	
38	经管学院	2017"创新创业"全国管理决策大赛	同上	全国半决赛	省级	B	一等奖	胡蕾 蒋正理 路通	李璐涵	2017.7	
39	经管学院	2017"创新创业"全国管理决策大赛	同上	全国半决赛	省级	B	二等奖	徐芬芳 刘先彬 高玥	张倩	2017.7	

续表

序号	申报单位	竞赛名称	主办单位	获奖项目	竞赛级别	竞赛类别	获奖等级	获奖学生	指导教师	获奖时间	备注
40	经管学院	2017"创新创业"全国管理决策大赛	同上	全国半决赛	省级	B	二等奖	张循 邓雨梦 李淑静	左劲中	2017.7	
41	经管学院	2017"创新创业"全国管理决策大赛安徽省赛	安徽省教育厅	——	省级	C	一等奖	查秦辉 徐苏芳 胡蕾	欧雅琴	2017.7	
42	经管学院	2017"创新创业"全国管理决策大赛安徽省赛	安徽省教育厅	——	省级	C	一等奖	郭静 赵雪 石俊东	朱鹤群	2017.7	
43	经管学院	2017"创新创业"全国管理决策大赛安徽省赛	安徽省教育厅	——	省级	C	二等奖	毕林枫 沈勇 张风	张号	2017.7	
44	经管学院	2017安徽省大学生ERP管理新创业大赛	安徽省教育厅	——	省级	B	二等奖	毕林枫 曹亚珍 陈玲 章致远 李战文	甘泉 王政	2017.5	
45	经管学院	2017安徽省大学生ERP管理新创业大赛	安徽省教育厅	——	省级	B	二等奖	任林林 杨田田 耿林玲 詹琪 金学谦	赵祺 甘泉	2017.5	
46	经管学院	2017年第二届安徽省大学生国际贸易综合技能大赛	安徽省教育厅	——	省级	B	一等奖	陈宏羽 李博文 余成默 蒋正理 汤乔燕 丁杏娟 沈媛 吴梦琦 胡晓院 金通	王晶晶 张号	2017.5	
47	经管学院	2017年第二届安徽省大学生国际贸易综合技能大赛	安徽省教育厅	——	省级	B	一等奖	冯雅婷 曹盼盼 路佳 李怡悦 李健 王悦 余甜甜 杜颖 陈悦	姜方 曾玲	2017.5	

续表

序号	申报单位	竞赛名称	主办单位	获奖项目	竞赛级别	竞赛类别	获奖等级	获奖学生	指导教师	获奖时间	备注
48	经管学院	2017年第二届安徽省大学生国际贸易综合技能大赛	安徽省教育厅	—	省级	B	一等奖	高家红 周燕芳 徐巧云 瞿艳秋 梁云云 吴佳贤 周 蓉 杨 洋 轩 杨 柳	方 玲 苗丽娜	2017.5	
49	经管学院	2017年全国高校商业精英挑战赛国际贸易竞赛	教育部高等学校经济与贸易类专业教学指导委员会等	英语组总决赛	国家级	B	一等奖	陈宏羽 李博文 余成默 蒋正理 汤乔燕 丁杏娟 沈 媛 吴梦琦 胡晓晓 金 琦	王晶晶 方 玲	2017.5.29	
50	经管学院	2017年全国高校商业精英挑战赛国际贸易竞赛	同上	英语组总决赛	国家级	B	三等奖	高家红 周燕芳 徐巧云 瞿艳秋 梁云云 吴佳贤 周 蓉 杨 洋 轩 杨 柳	方 玲 苗丽娜	2017.5.29	
51	经管学院	2017年全国高校商业精英挑战赛国际贸易竞赛	同上	英语组总决赛	国家级	B	三等奖	冯雅婷 曹盼盼 路 通 李怡 李 佳 江雨琪 何成成 王陈晨 陈 悦	姜 萱 方 玲	2017.5.29	
52	经管学院	第十三届全国大学生沙盘模拟经营大赛	中国高等教育学会高等财经教育分会等	—	国家级	—	三等奖	毕林枫 曹亚珍 任林林 詹 琪 金学谦	甘 泉	2017.1	
53	经管学院	"安徽技术杯"首届安徽省大学生国际商务模拟谈判大赛	安徽省教育厅	—	省级	B	三等奖	闵志强 王雪莉 赵培瞳 黄培怡 张 钦 牛心媛	何 莎 张 倩	2017.12	

续表

序号	申报单位	竞赛名称	主办单位	获奖项目	竞赛级别	竞赛类别	获奖等级	获奖学生	指导教师	获奖时间	备注
54	经管学院	"安徽技术杯"首届安徽省大学生国际商务模拟谈判大赛	安徽省教育厅	—	省级	B	三等奖	王英芮 汪慧敏 叶花静 章致沅 杨洋	何方 莎玲	2017.12	
55	经管学院	"安徽技术杯"首届安徽省大学生国际商务模拟谈判大赛	安徽省教育厅	—	省级	B	三等奖	闵志强 王雪莉 赵瞳钦 章致沅 张 中心媛	何方 莎玲	2017.12	
56	经管学院	第二届安徽省大学生财税技能大赛	安徽省教育厅	—	省级	B	二等奖	纪嫒 李雪 程晓依 董瑜婷 刘欢 褚萍	赵祺 陈文静	2017.1	
57	经管学院	第七届"挑战杯·中国联通"安徽省大学生课外学术科技作品竞赛	共青团安徽省委员会、安徽省教育厅等	环巢湖地区家风家训的传承与弘扬现状探析——以柘皋镇为例	省级	B	二等奖	齐豪 柳雪 朱明建 杨婷婷 郭秀丽 沈新 宁萍 明	邓其志 郑玲	2017.6	
58	经管学院	2017年"国元证券杯"安徽省大学生金融投资创新大赛	安徽省教育厅、安徽省大学生金融投资创新大赛组委会	金融投资策略设计组竞赛	省级	B	一等奖	周昆举 余刘刘 尤容容 文以璇	王政	2017.9	
59	经管学院	2017年"国元证券杯"安徽省大学生金融投资创新大赛	安徽省教育厅、安徽省大学生金融投资创新大赛组委会	股票虚拟仿真交易组竞赛	省级	B	一等奖	吴楠 高王宁 刘浩宇	赵祺	2017.9	
60	经管学院	2017年"国元证券杯"安徽省大学生金融投资创新大赛	安徽省教育厅、安徽省大学生金融投资创新大赛组委会	股票虚拟仿真交易组竞赛	省级	B	一等奖	许海会 荆南南 徐慧	陈文静	2017.9	

续表

序号	申报单位	竞赛名称	主办单位	获奖项目	竞赛级别	竞赛类别	获奖等级	获奖学生	指导教师	获奖时间	备注
61	经管学院	2017年"国元证券杯"安徽省大学生金融投资创新大赛	安徽省教育厅、安徽省大学生金融投资创新大赛组委会	股票虚拟仿真交易组竞赛	省级	B	二等奖	李萌萌 张 旭 兰露露	赵 祺	2017.9	
62	经管学院	2017年"国元证券杯"安徽省大学生金融投资创新大赛	安徽省教育厅、安徽省大学生金融投资创新大赛组委会	股票虚拟仿真交易组竞赛	省级	B	二等奖	杨阿慧 张丽丽 许 奇 关 欣	赵 祺	2017.9	
63	经管学院	2017年"国元证券杯"安徽省大学生金融投资创新大赛	安徽省教育厅、安徽省大学生金融投资创新大赛组委会	金融投资策略设计组竞赛	省级	B	二等奖	葛子悦 张艺静 王 舒 徐佳佳	徐志仓	2017.9	
64	经管学院	2017年"国元证券杯"安徽省大学生金融投资创新大赛	安徽省教育厅、安徽省大学生金融投资创新大赛组委会	股票虚拟仿真交易组竞赛	省级	B	二等奖	秦咪咪 陈晓春 祖佳慧 李金平 陈亚莹	王 政	2017.9	
65	经管学院	2017年"国元证券杯"安徽省大学生金融投资创新大赛	安徽省教育厅、安徽省大学生金融投资创新大赛组委会	公司上市可行性分析组竞赛	省级	B	三等奖	袁 航 方事成 赵红雷	赵 祺	2017.9	
66	经管学院	2017年"国元证券杯"安徽省大学生金融投资创新大赛	安徽省教育厅、安徽省大学生金融投资创新大赛组委会	股票虚拟仿真交易组竞赛	省级	B	三等奖	高 洁 彭 琪 孙明月 郑 格 焦慧敏	赵 祺	2017.9	

续表

序号	申报单位	竞赛名称	主办单位	获奖项目	竞赛级别	竞赛类别	获奖等级	获奖学生	指导教师	获奖时间	备注
67	经管学院	2017年"国元证券杯"安徽省大学生金融投资创新大赛	安徽省教育厅、安徽省大学生金融投资创新大赛组委会	股票虚拟仿真交易组竞赛	省级	B	三等奖	刘 叶 管媛媛 陈 玲	黄 河	2017.9	
68	经管学院	2017年"国元证券杯"安徽省大学生金融投资创新大赛	安徽省教育厅、安徽省大学生金融投资创新大赛组委会	股票虚拟仿真交易组竞赛	省级	B	三等奖	常 乐 汪逸慧 于曼曼 张成功	黄 河	2017.9	
69	经管学院	2017年"国元证券杯"安徽省大学生金融投资创新大赛	安徽省教育厅、安徽省大学生金融投资创新大赛组委会	股票虚拟仿真交易组竞赛	省级	B	三等奖	秦鹏程 史静依 程丹丹 吴润芝 王辰铭	李 苹	2017.9	
70	经管学院	2017年"国元证券杯"安徽省大学生金融投资创新大赛	安徽省教育厅、安徽省大学生金融投资创新大赛组委会	公司上市可行性分析组竞赛	省级	B	三等奖	管海涛 孙珊珊 王颖玲 杨永亮 李昭琦	严爱玲	2017.9	
71	经管学院	2017年"国元证券杯"安徽省大学生金融投资创新大赛	安徽省教育厅、安徽省大学生金融投资创新大赛组委会	股票虚拟仿真交易组竞赛	省级	B	三等奖	凡小艳 刘安宁 任明越 杨丽丽	李璐涵	2017.9	
72	经管学院	2017年"国元证券杯"安徽省大学生金融投资创新大赛	安徽省教育厅、安徽省大学生金融投资创新大赛组委会	股票虚拟仿真交易组竞赛	省级	B	三等奖	朱珊珊 陈道远 李斗斗	程晶晶	2017.9	

续表

序号	申报单位	竞赛名称	主办单位	获奖项目	竞赛级别	竞赛类别	获奖等级	获奖学生	指导教师	获奖时间	备注
73	经管学院	2017年"国元证券杯"安徽省大学生金融投资创新大赛	安徽省教育厅、安徽省大学生金融投资创新大赛组委会	股票虚拟仿真交易组竞赛	省级	B	三等奖	张慧慧 戴思玲 曹启倩	章 砚	2017.9	
74	经管学院	2017年"国元证券杯"安徽省大学生金融投资创新大赛	安徽省教育厅、安徽省大学生金融投资创新大赛组委会	公司上市可行性分析组竞赛	省级	B	三等奖	张智能 褚 萍 杨秀萍 胡志佳 李五环	王 政	2017.9	
75	经管学院	2017年"国元证券杯"安徽省大学生金融投资创新大赛	安徽省教育厅、安徽省大学生金融投资创新大赛组委会	股票虚拟仿真交易组竞赛	省级	B	三等奖	方媛媛 陈 玲 侯锦妍 张 玲 郭孟茹	王 政	2017.9	
76	经管学院	2017年"国元证券杯"安徽省大学生金融投资创新大赛	安徽省教育厅、安徽省大学生金融投资创新大赛组委会	股票虚拟仿真交易组竞赛	省级	B	三等奖	卢姗姗 宁亚东 冯 威 刁家兴 石孟琦	徐志仓	2017.9	
77	经管学院	2017年"国元证券杯"安徽省大学生金融投资创新大赛	安徽省教育厅、安徽省大学生金融投资创新大赛组委会	股票虚拟仿真交易组竞赛	省级	B	三等奖	金胜楠 崔 靖 贺 雪 庞青菊	赵 祺	2017.9	
78	经管学院	2017年"科云杯"全国大学生财会职业能力大赛(本科组)	中国商业会计协会	全国网络赛	国家级	——	三等奖	陈昆强 方春燕 姚圣学 任明越	陈文静 赵 祺	2017.6	
79	经管学院	2017年"科云杯"全国大学生财会职业能力大赛(本科组)	中国商业会计学会	全国网络赛	国家级	——	三等奖	王倩玉 王辰铭 徐娅如 汪雅静	陈文静 程晶晶	2017.6	

续表

序号	申报单位	竞赛名称	主办单位	获奖项目	竞赛级别	竞赛类别	获奖等级	获奖学生	指导教师	获奖时间	备注
80	经管学院	第十一届"新道杯"全国大学生会计信息化技能大赛	工业和信息化部人才交流中心	安徽赛区	省级	—	三等奖	豆献磊 李金平 施 杨伊莎	朱丽 甘泉	2017.11	
81	经管学院	第十一届"新道杯"全国大学生会计信息化技能大赛	工业和信息化部人才交流中心	安徽赛区	省级	—	三等奖	李战文 佘永琴 王雪莉 朱玉婷	朱丽 甘泉	2017.11	
82	经管学院	2017年安徽省大学生未来律师辩论赛	安徽省教育厅、安徽省法学会、安徽省律师协会	—	省级	B	三等奖	程文丽 刘梦楠 王 杰 谢华蝶 黄亚丹 吴 威 丁 威 胡寒冰	刘德涛 朱鹤群	2017.9.13	
83	经管学院	2017年安徽省大学生未来律师辩论赛	安徽省教育厅、安徽省法学会、安徽省律师协会	—	省级	B	—	胡寒冰	刘德涛 朱鹤群	2017.9.13	优秀辩手
84	经管学院	第十届(2017)安徽省高等院校企业模拟大赛	中国管理现代化研究会决策模拟专业委员会等	—	省级	—	一等奖	张 风 吴 静 郭 彤	陈文静	2017.12	
85	经管学院	华东区第六届(2017年)高等院校企业竞争模拟大赛	中国管理现代化研究会决策模拟专业委员会等	—	省级	—	二等奖	张 风 王海岛 郭 静	陈文静	2017.12	
86	经管学院	2017年全国企业竞争模拟大赛暨第8届全国高等院校企业竞争模拟大赛	高等学校国家级实验教学示范中心联席会等	—	国家级	—	三等奖	刘旭慧 王 耀 石俊东	张 洁	2017.5	

续表

序号	申报单位	竞赛名称	主办单位	获奖项目	竞赛级别	竞赛类别	获奖等级	获奖学生	指导教师	获奖时间	备注
87	经管学院	2017年"网中网杯"华东区大学生财务决策大赛	中国高等教育学会高等财经教育分会	—	省级	—	二等奖	程厚昆 刘园园 李五环 陈晓春 金诗松	王 政 陈文静	2017.5	
88	经管学院	2017年安徽省大学生财会技能创新大赛	安徽省教育厅	本科组	省级	B	二等奖	陈昆强 方春燕 任明越 姚圣学	陈文静	2017.12.23	
89	经管学院	2017年安徽省大学生财会技能创新大赛	安徽省教育厅	本科组	省级	B	三等奖	金诗松 刘倩玉 纪 嫚 王 欢	赵 祺	2017.12.23	
90	数学学院	2017年"国元证券杯"安徽省大学生金融投资创新大赛	安徽省教育厅、安徽省大学生金融投资创新大赛组委会	股票虚拟仿真交易组	省级	B	一等奖	何静静 倪嫚婷 黄新敏 朱 杰	林天水	2017.9	
91	数学学院	2017年"国元证券杯"安徽省大学生金融投资创新大赛	安徽省教育厅、安徽省大学生金融投资创新大赛组委会	金融投资策略设计组	省级	B	一等奖	李 翔 朱思远 章 凌 高荣欣 罗国峰 成业	彭承亮	2017.9	
92	数学学院	2017年"国元证券杯"安徽省大学生金融投资创新大赛	安徽省教育厅、安徽省大学生金融投资创新大赛组委会	金融投资策略设计组	省级	B	一等奖	孙 刚 王子政 邱维浩 段体军 詹国峰	徐富强	2017.9	
93	数学学院	2017年"国元证券杯"安徽省大学生金融投资创新大赛	安徽省教育厅、安徽省大学生金融投资创新大赛组委会	金融投资策略设计组	省级	B	一等奖	张 珍 周 华 李 婷婷 潘 陈	徐富强	2017.9	

续表

序号	申报单位	竞赛名称	主办单位	获奖项目	竞赛级别	竞赛类别	获奖等级	获奖学生	指导教师	获奖时间	备注
94	数学学院	2017年"国元证券杯"安徽省大学生金融投资创新大赛	安徽省教育厅、安徽省大学生金融投资创新大赛组委会	金融投资策略设计组	省级	B	二等奖	章宁涛 吴 沁 张雨晨 杨中峰 许 洁	陈佩树	2017.9	
95	数学学院	2017年"国元证券杯"安徽省大学生金融投资创新大赛	安徽省教育厅、安徽省大学生金融投资创新大赛组委会	股票模拟仿真交易组	省级	B	二等奖	凌 云 郑必芳 吴梦娟 黄晓晨	陶有田	2017.9	
96	数学学院	2017年"国元证券杯"安徽省大学生金融投资创新大赛	安徽省教育厅、安徽省大学生金融投资创新大赛组委会	公司上市可行性分析组	省级	B	二等奖	凌 云 郑必芳 吴梦娟 黄晓晨	陶有田	2017.9	
97	数学学院	2017年"国元证券杯"安徽省大学生金融投资创新大赛	安徽省教育厅、安徽省大学生金融投资创新大赛组委会	股票模拟仿真交易组	省级	B	二等奖	郑道鹏 李 阳 李嘉辉 范和平	王冬银	2017.9	
98	数学学院	2017年"国元证券杯"安徽省大学生金融投资创新大赛	安徽省教育厅、安徽省大学生金融投资创新大赛组委会	公司上市可行性分析组	省级	B	二等奖	李 彬 李 磊 古 烽	吴永生	2017.9	
99	数学学院	2017年"国元证券杯"安徽省大学生金融投资创新大赛	安徽省教育厅、安徽省大学生金融投资创新大赛组委会	公司上市可行性分析组	省级	B	三等奖	储小丽 钱洪玥 杨骄骄 石昭敏 汪冠玉	彭承亮	2017.9	

续表

序号	申报单位	竞赛名称	主办单位	获奖项目	竞赛级别	竞赛类别	获奖等级	获奖学生	指导教师	获奖时间	备注
100	数学学院	2017年"国元证券杯"安徽省大学生金融投资创新大赛	安徽省教育厅、安徽省大学生金融投资创新大赛组委会	公司上市可行性分析组	省级	B	三等奖	何静静 倪曼婷 黄新敏 朱 杰	林天水	2017.9	
101	数学学院	2017年"国元证券杯"安徽省大学生金融投资创新大赛	安徽省教育厅、安徽省大学生金融投资创新大赛组委会	公司上市可行性分析组	省级	B	三等奖	孙玉翠 余佩琪 谷 悦	林天水	2017.9	
102	数学学院	2017年"国元证券杯"安徽省大学生金融投资创新大赛	安徽省教育厅、安徽省大学生金融投资创新大赛组委会	公司上市可行性分析组	省级	B	三等奖	叶士勇 柯旌程 黄锦辉 王艳芳	彭承亮	2017.9	
103	数学学院	2017年"国元证券杯"安徽省大学生金融投资创新大赛	安徽省教育厅、安徽省大学生金融投资创新大赛组委会	公司上市可行性分析组	省级	B	三等奖	章尼龙 李 飞 周 杰 曾小伟 白子祥	彭承亮	2017.9	
104	数学学院	2017年"国元证券杯"安徽省大学生金融投资创新大赛	安徽省教育厅、安徽省大学生金融投资创新大赛组委会	股票虚拟仿真交易组	省级	B	三等奖	潘红纹 王梦运 方 丽	彭承亮	2017.9	
105	数学学院	2017年"国元证券杯"安徽省大学生金融投资创新大赛	安徽省教育厅、安徽省大学生金融投资创新大赛组委会	股票虚拟仿真交易组	省级	B	三等奖	孙琳俐 汪彩凤 汪师羽 韦慧慧 姚婷婷	徐富强	2017.9	

续表

序号	申报单位	竞赛名称	主办单位	获奖项目	竞赛级别	竞赛类别	获奖等级	获奖学生	指导教师	获奖时间	备注
106	数学学院	2017年"国元证券杯"安徽省大学生金融投资创新大赛	安徽省教育厅、安徽省大学生金融投资创新大赛组委会	股票虚拟仿真交易组	省级	B	三等奖	唐相光 于同同 陈 波 杨 凡 王 山	马永梅	2017.9	
107	数学学院	2017年"国元证券杯"安徽省大学生金融投资创新大赛	安徽省教育厅、安徽省大学生金融投资创新大赛组委会	股票虚拟仿真交易组	省级	B	三等奖	叶新萌 何金平 殷梦婷	马永梅	2017.9	
108	数学学院	2017年"国元证券杯"安徽省大学生金融投资创新大赛	安徽省教育厅、安徽省大学生金融投资创新大赛组委会	股票虚拟仿真交易组	省级	B	三等奖	童宁涛 吴 沁 张雨晨 杨中峰 许 洁	陈佩树	2017.9	
109	数学学院	2017年"国元证券杯"安徽省大学生金融投资创新大赛	安徽省教育厅、安徽省大学生金融投资创新大赛组委会	金融投资策略设计组	省级	B	三等奖	胡 杰 巨娜娜 朱晓妹	陈佩树	2017.9	
110	数学学院	2017年"国元证券杯"安徽省大学生金融投资创新大赛	安徽省教育厅、安徽省大学生金融投资创新大赛组委会	金融投资策略设计组	省级	B	三等奖	王 珊 许晓柳 李婷 王 龙 凌 飞	陈佩树	2017.9	
111	数学学院	第九届全国大学生数学竞赛安徽赛区	中国数学会普及委员会	非数学专业组	省级	C	一等奖	高文翠	赵开斌	2017.11	
112	数学学院	第九届全国大学生数学竞赛安徽赛区	中国数学会普及委员会	非数学专业组	省级	C	二等奖	杨吉建	陈淼超	2017.11	

续表

序号	申报单位	竞赛名称	主办单位	获奖项目	竞赛级别	竞赛类别	获奖等级	获奖学生	指导教师	获奖时间	备注
113	数学学院	第九届全国大学生数学竞赛安徽赛区	中国数学会普及委员会	数学专业组	省级	C	二等奖	王文雷	王冬银	2017.11	
114	数学学院	第九届全国大学生数学竞赛安徽赛区	中国数学会普及委员会	非数学专业组	省级	C	三等奖	周磊	戴泽俭	2017.11	
115	数学学院	第九届全国大学生数学竞赛安徽赛区	中国数学会普及委员会	非数学专业组	省级	C	三等奖	储亚青	陈佩树	2017.11	
116	数学学院	第九届全国大学生数学竞赛安徽赛区	中国数学会普及委员会	非数学专业组	省级	C	三等奖	张金涛	刘相国	2017.11	
117	数学学院	第九届全国大学生数学竞赛安徽赛区	中国数学会普及委员会	非数学专业组	省级	C	三等奖	金铁飞	陈侃	2017.11	
118	数学学院	第九届全国大学生数学竞赛安徽赛区	中国数学会普及委员会	非数学专业组	省级	C	三等奖	宗胜杰	吴永生	2017.11	
119	数学学院	第九届全国大学生数学竞赛安徽赛区	中国数学会普及委员会	数学专业组	省级	C	三等奖	丁清	陶有田	2017.11	
120	数学学院	第七届全国大学生市场调查与分析大赛国赛	厦门大学、中国商业统计学会	合肥地区居民就医情况调查分析	国家级	B	二等奖	华巧 王皖凡 吴明月 张知非	马永梅 刘相国	2017.6.3	
121	数学学院	第七届全国大学生市场调查与分析大赛国赛	厦门大学、中国商业统计学会	大学生的游戏情动	国家级	B	三等奖	杨洁 项琼 史鑫 张洁兵 王海龙	王淑超	2017.6.3	

续表

序号	申报单位	竞赛名称	主办单位	获奖项目	竞赛级别	竞赛类别	获奖等级	获奖学生	指导教师	获奖时间	备注
122	数学学院	第七届全国大学生市场调查与分析大赛国赛	厦门大学、中国商业统计学会	走进教育之稚子"小学化"	国家级	B	三等奖	陶丹丹 李秋香 王珊 邢玉文 王健冬	林天水	2017.6.3	
123	数学学院	第七届全国大学生市场调查与分析大赛国赛	厦门大学、中国商业统计学会	手机套餐的选择与消费	国家级	B	三等奖	刘兰丽 贺丽 刘杰 张亚杰	徐富强	2017.6.3	
124	数学学院	第七届全国大学生市场调查与分析大赛国赛	厦门大学、中国商业统计学会	"全民健身"现状的调查与分析	国家级	B	三等奖	朱珉琨 方雷琼 张晨晨 许晓婷 徐丽丽	谢如龙	2017.6.3	
125	数学学院	第七届全国大学生市场调查与分析大赛国赛	厦门大学、中国商业统计学会	从小肚腩到马甲线,真有那么难?	国家级	B	三等奖	黄宁宁 李铭铭 史旭旭 张彩云 储亚青	马松林	2017.6.3	
126	数学学院	第七届全国大学生市场调查与分析大赛国赛	厦门大学、中国商业统计学会	全面二孩政策下居民的生育意愿及其影响因素	国家级	B	三等奖	邓亚 吴瑾 李梅 杨皖 江泽丽	翟清兰	2017.6.3	
127	数学学院	第七届全国大学生市场调查与分析大赛安徽省分赛	厦门大学、中国商业统计学会、安徽省教育厅	合肥地区居民就医情况调查分析	省级	C	一等奖	华巧 吴凡 张知非 王明月 王	马永梅 刘相国	2017.6.2	
128	数学学院	第七届全国大学生市场调查与分析大赛安徽省分赛	厦门大学、中国商业统计学会、安徽省教育厅	大学生的游戏情劫	省级	C	二等奖	杨洁 史鑫 王海龙 项琼 张洁兵	王淑超	2017.6.2	

续表

序号	申报单位	竞赛名称	主办单位	获奖项目	竞赛级别	竞赛类别	获奖等级	获奖学生	指导教师	获奖时间	备注
129	数学院	第七届全国大学生市场调查与分析大赛安徽省分赛	厦门大学、中国商业统计学会、安徽省教育厅	走进教育之稚子"小学化"	省级	C	二等奖	陶丹丹 邢玉文 李秋香 王健冬 王珊	林天水	2017.6.2	
130	数学院	第七届全国大学生市场调查与分析大赛安徽省分赛	厦门大学、中国商业统计学会、安徽省教育厅	手机套餐的选择与消费	省级	C	二等奖	刘兰丽 贺 刘杰 张亚杰	徐富强	2017.6.2	
131	数学院	第七届全国大学生市场调查与分析大赛安徽省分赛	厦门大学、中国商业统计学会、安徽省教育厅	从小肚腩到马甲线,真有那么难?	省级	C	二等奖	黄宁宁 李铭铭 史旭旭 张彩云 储亚青	马松林	2017.6.2	
132	数学院	第七届全国大学生市场调查与分析大赛安徽省分赛	厦门大学、中国商业统计学会、安徽省教育厅	"全民健身"现状的调查与分析	省级	C	二等奖	朱琰琨 方雪琼 张昌晨 许晓婷 徐丽丽	谢如龙	2017.6.2	
133	数学院	第七届全国大学生市场调查与分析大赛安徽省分赛	厦门大学、中国商业统计学会、安徽省教育厅	全面二孩政策下居民的生育意愿及其影响因素	省级	C	二等奖	邓亚瑾 吴江 李泽丽 杨佩 梅	瞿清洁	2017.6.2	
134	数学院	第七届全国大学生市场调查与分析大赛安徽省分赛	厦门大学、中国商业统计学会、安徽省教育厅	和谐外卖——共建美好校园	省级	C	三等奖	黄新敏 谷悦 孙玉翠 叶婷婷	蒋 澜	2017.6.2	
135	数学院	第七届全国大学生市场调查与分析大赛安徽省分赛	厦门大学、中国商业统计学会、安徽省教育厅	关注大学生素质拓展活动,探究大学生身心健康状况	省级	C	三等奖	郑雨婵 吴满满 石云 章立萍 杜白雪	赵开斌	2017.6.2	

续表

序号	申报单位	竞赛名称	主办单位	获奖项目	竞赛级别	竞赛类别	获奖等级	获奖学生	指导教师	获奖时间	备注
136	数学学院	第七届全国大学生市场调查与分析大赛安徽省分赛	厦门大学、中国商业统计学会、安徽省教育厅	健康积极老龄化调查	省级	C	三等奖	陈萍 朱艳秋 申娜 陈悦	陈淼超	2017.6.2	
137	数学学院	第七届全国大学生市场调查与分析大赛安徽省分赛	厦门大学、中国商业统计学会、安徽省教育厅	网购万象	省级	C	三等奖	凌莉 王婷婷 许晓柳 闫海芹 李圆圆	王珺	2017.6.2	
138	数学学院	第七届全国大学生市场调查与分析大赛安徽省分赛	厦门大学、中国商业统计学会、安徽省教育厅	"药以安为先"政府监管下的药品市场现状	省级	C	三等奖	冯妍妍 俞高娃 颜雨 汪金梦 夏	陈侃	2017.6.2	
139	数学学院	第七届全国大学生市场调查与分析大赛安徽省分赛	厦门大学、中国商业统计学会、安徽省教育厅	合肥都市圈共享单车市场调研报告	省级	C	三等奖	杜雪玉 罗成业 钱梦婕 朱欣梅 刘梦雨	陈佩树	2017.6.2	
140	数学学院	第七届全国大学生市场调查与分析大赛安徽省分赛	厦门大学、中国商业统计学会、安徽省教育厅	建设美好城市,多层次调研共享单车	省级	C	三等奖	王欣瑞 汪越 曹荣誉 刘素	王海莲	2017.6.2	
141	数学学院	第七届全国大学生市场调查与分析大赛安徽省分赛	厦门大学、中国商业统计学会、安徽省教育厅	探究外卖对当代大学生的影响——以安徽省巢湖市高校为例	省级	C	三等奖	曾晓伟 周立仙 马燕 陈露 田佳佳	陶有田	2017.6.2	
142	数学学院	第七届全国大学生市场调查与分析大赛安徽省分赛	厦门大学、中国商业统计学会、安徽省教育厅	关于人工智能调查报告	省级	C	三等奖	吴云晴 王雨 徐万明 熊梧 李娟	严佰普	2017.6.2	

续表

序号	申报单位	竞赛名称	主办单位	获奖项目	竞赛级别	竞赛类别	获奖等级	获奖学生	指导教师	获奖时间	备注
143	数学学院	第七届全国大学生市场调查与分析大赛安徽省分赛	厦门大学、中国商业统计学会、安徽省教育厅	网红时代，哪家直播最给力	省级	C	三等奖	刘 轩 秦 飞 陈 俊 束道诚 施正耀	陈佩树	2017.6.2	
144	数学学院	第七届全国大学生市场调查与分析大赛安徽省分赛	厦门大学、中国商业统计学会、安徽省教育厅	高校大学生创业意愿探究——基于创新教育视角	省级	C	三等奖	张 红 段子玉 陈左莉	章 砚	2017.6.2	
145	数学学院	第七届全国大学生市场调查与分析大赛安徽省分赛	厦门大学、中国商业统计学会、安徽省教育厅	众里寻他千百度	省级	C	三等奖	周昆举 陈婷婷 代胜男 周 珍	王 政	2017.6.2	
146	数学学院	第七届全国大学生市场调查与分析大赛安徽省分赛	厦门大学、中国商业统计学会、安徽省教育厅	安徽省青年群体网络使用调查报告	省级	C	三等奖	黄锦辉 叶士勇 王艳芳 彭霞红	葛国菊	2017.6.2	
147	数学学院	第七届全国大学生市场调查与分析大赛安徽省分赛	厦门大学、中国商业统计学会、安徽省教育厅	少年艺术培训班选择的影响因素调查报告	省级	C	三等奖	李庆凤 李德玲 徐家锋 朱钰铃 林媛媛	刘红梅	2017.6.2	
148	数学学院	第七届全国大学生市场调查与分析大赛安徽省分赛	厦门大学、中国商业统计学会、安徽省教育厅	大学生餐饮外卖消费的影响因素调查报告	省级	C	三等奖	黄欢杰 李云云 李楚云 程 明	余 雷	2017.6.2	
149	数学学院	第七届全国大学生市场调查与分析大赛安徽省分赛	厦门大学、中国商业统计学会、安徽省教育厅	聚焦都市消费群体，探究韩国商品在华销售现状	省级	C	三等奖	李睿童 孙 静 王子康 高荣欣 章 凌	王冬银	2017.6.2	

续表

序号	申报单位	竞赛名称	主办单位	获奖项目	竞赛级别	竞赛类别	获奖等级	获奖学生	指导教师	获奖时间	备注
150	数学学院	第七届全国大学生市场调查与分析大赛安徽省分赛	厦门大学、中国商业统计学会、安徽省教育厅	大学生网购平台选择影响因素探究	省级	C	三等奖	顾瑞瑞、段欠欠、郭明月、徐雨莲	张洁	2017.6.2	
151	数学学院	第七届全国大学生市场调查与分析大赛安徽省分赛	厦门大学、中国商业统计学会、安徽省教育厅	大学生移动支付平台选择影响因素调研	省级	C	三等奖	李健、蒋正理、吴佳贤、余新晨、李海涛	苗丽娜	2017.6.2	
152	数学学院	第七届全国大学生市场调查与分析大赛安徽省分赛	厦门大学、中国商业统计学会、安徽省教育厅	聚焦环境现状,探究雾霾对城市居民的影响	省级	C	三等奖	陶玉、陈兰娥、周艳伟、谢禹、杨俊梅	刘相国、秦喜梅	2017.6.2	
153	数学学院	第七届全国大学生市场调查与分析大赛安徽省分赛	厦门大学、中国商业统计学会、安徽省教育厅	号角吹响夕阳红,旅游来老 Are you ready?	省级	C	三等奖	王婷婷、董静、张勇、洪明亮	胡倩	2017.6.2	
154	外国语学院	2017全国大学生英语竞赛	高等学校大学外语教学指导委员会等	B级	省级	B	一等奖	田雅婷	王丽	2017.5.14	
155	外国语学院	2017全国大学生英语竞赛	同上	B级	省级	B	二等奖	廖纯	程艳	2017.5.14	
156	外国语学院	2017全国大学生英语竞赛	同上	B级	省级	B	二等奖	王庭庭	程艳	2017.5.14	
157	外国语学院	2017全国大学生英语竞赛	同上	B级	省级	B	二等奖	张志慧	任世梅	2017.5.14	
158	外国语学院	2017全国大学生英语竞赛	同上	B级	省级	B	三等奖	姚瑶	景西亚	2017.5.14	

续表

序号	申报单位	竞赛名称	主办单位	获奖项目	竞赛级别	竞赛类别	获奖等级	获奖学生	指导教师	获奖时间	备注
159	外国语学院	2017全国大学生英语竞赛	同上	B级	省级	B	三等奖	张心如	潘月红	2017.5.14	
160	外国语学院	2017全国大学生英语竞赛	同上	B级	省级	B	三等奖	董 荣	周 华	2017.5.14	
161	外国语学院	2017全国大学生英语竞赛	同上	B级	省级	B	三等奖	陈平洁	高红兵	2017.5.14	
162	外国语学院	2017全国大学生英语竞赛	同上	C级	省级	B	一等奖	郑 雨	王 钢	2017.5.14	
163	外国语学院	2017全国大学生英语竞赛	同上	C级	省级	B	一等奖	安 杰	贺 静	2017.5.14	
164	外国语学院	2017全国大学生英语竞赛	同上	C级	省级	B	一等奖	翁婷婷	张 健	2017.5.14	
165	外国语学院	2017全国大学生英语竞赛	同上	C级	省级	B	二等奖	江柯禹	方灵芝	2017.5.14	
166	外国语学院	2017全国大学生英语竞赛	同上	C级	省级	B	二等奖	郑 鑫	贺 静	2017.5.14	
167	外国语学院	2017全国大学生英语竞赛	同上	C级	省级	B	二等奖	汪慧敏	汪 琳	2017.5.14	
168	外国语学院	2017全国大学生英语竞赛	同上	C级	省级	B	二等奖	谢振晨	方灵芝	2017.5.14	

续表

序号	申报单位	竞赛名称	主办单位	获奖项目	竞赛级别	竞赛类别	获奖等级	获奖学生	指导教师	获奖时间	备注
169	外国语学院	2017全国大学生英语竞赛	同上	C级	省级	B	二等奖	陈萍	彭二梅	2017.5.14	
170	外国语学院	2017全国大学生英语竞赛	同上	C级	省级	B	二等奖	魏松	张健	2017.5.14	
171	外国语学院	2017全国大学生英语竞赛	同上	C级	省级	B	二等奖	黄爱萍	柯应根	2017.5.14	
172	外国语学院	2017全国大学生英语竞赛	同上	C级	省级	B	二等奖	马梦如	王钢	2017.5.14	
173	外国语学院	2017全国大学生英语竞赛	同上	C级	省级	B	二等奖	贡梦洁	王钢	2017.5.14	
174	外国语学院	2017全国大学生英语竞赛	同上	C级	省级	B	二等奖	孙淇	方灵芝	2017.5.14	
175	外国语学院	2017全国大学生英语竞赛	同上	C级	省级	B	二等奖	张星雨	王钢	2017.5.14	
176	外国语学院	2017全国大学生英语竞赛	同上	C级	省级	B	二等奖	朱械琴	王钢	2017.5.14	
177	外国语学院	2017全国大学生英语竞赛	同上	C级	省级	B	二等奖	张昊	王钢	2017.5.14	
178	外国语学院	2017全国大学生英语竞赛	同上	C级	省级	B	二等奖	胡悦	方灵芝	2017.5.14	

续表

序号	申报单位	竞赛名称	主办单位	获奖项目	竞赛级别	竞赛类别	获奖等级	获奖学生	指导教师	获奖时间	备注
179	外国语学院	2017全国大学生英语竞赛	同上	C级	省级	B	二等奖	唐健	张健	2017.5.14	
180	外国语学院	2017全国大学生英语竞赛	同上	C级	省级	B	二等奖	黄凤	王钢	2017.5.14	
181	外国语学院	2017全国大学生英语竞赛	同上	C级	省级	B	二等奖	江洪	王钢	2017.5.14	
182	外国语学院	2017全国大学生英语竞赛	同上	C级	省级	B	三等奖	钱洪玥	潘爱华	2017.5.14	
183	外国语学院	2017全国大学生英语竞赛	同上	C级	省级	B	三等奖	杨虹	柯应根	2017.5.14	
184	外国语学院	2017全国大学生英语竞赛	同上	C级	省级	B	三等奖	孙宇虹	柯应根	2017.5.14	
185	外国语学院	2017全国大学生英语竞赛	同上	C级	省级	B	三等奖	刘梦瑶	王钢	2017.5.14	
186	外国语学院	2017全国大学生英语竞赛	同上	C级	省级	B	三等奖	孟雪茹	方灵芝	2017.5.14	
187	外国语学院	2017全国大学生英语竞赛	同上	C级	省级	B	三等奖	苏从会	方灵芝	2017.5.14	
188	外国语学院	2017全国大学生英语竞赛	同上	C级	省级	B	三等奖	章成	徐艳	2017.5.14	

续表

序号	申报单位	竞赛名称	主办单位	获奖项目	竞赛级别	竞赛类别	获奖等级	获奖学生	指导教师	获奖时间	备注
189	外国语学院	2017全国大学生英语竞赛	同上	C级	省级	B	三等奖	王耀	王娟	2017.5.14	
190	外国语学院	2017全国大学生英语竞赛	同上	C级	省级	B	三等奖	丁柳	柯应根	2017.5.14	
191	外国语学院	2017全国大学生英语竞赛	同上	C级	省级	B	三等奖	江艳	柯应根	2017.5.14	
192	外国语学院	2017全国大学生英语竞赛	同上	C级	省级	B	三等奖	沈宣	柯应根	2017.5.14	
193	外国语学院	2017全国大学生英语竞赛	同上	C级	省级	B	三等奖	肖雨晴	王钢	2017.5.14	
194	外国语学院	2017全国大学生英语竞赛	同上	C级	省级	B	三等奖	郭亚寅	方灵芝	2017.5.14	
195	外国语学院	2017全国大学生英语竞赛	同上	C级	省级	B	三等奖	曹娜娜	江淑婧	2017.5.14	
196	外国语学院	2017全国大学生英语竞赛	同上	C级	省级	B	三等奖	陈蕊	朱海燕	2017.5.14	
197	外国语学院	2017全国大学生英语竞赛	同上	C级	省级	B	三等奖	赵文达	王钢	2017.5.14	
198	外国语学院	2017全国大学生英语竞赛	同上	C级	省级	B	三等奖	夏明凤	方灵芝	2017.5.14	

续表

序号	申报单位	竞赛名称	主办单位	获奖项目	竞赛级别	竞赛类别	获奖等级	获奖学生	指导教师	获奖时间	备注
199	外国语学院	2017全国大学生英语竞赛	同上	C级	省级	B	三等奖	闫文静	王钢	2017.5.14	
200	外国语学院	2017全国大学生英语竞赛	同上	C级	省级	B	三等奖	姚明月	王钢	2017.5.14	
201	外国语学院	2017全国大学生英语竞赛	同上	C级	省级	B	三等奖	高莉莉	朱海燕	2017.5.14	
202	外国语学院	2017全国大学生英语竞赛	同上	C级	省级	B	三等奖	洪心玥	徐结平	2017.5.14	
203	外国语学院	2017全国大学生英语竞赛	同上	C级	省级	B	三等奖	周洋	王钢	2017.5.14	
204	外国语学院	2017全国大学生英语竞赛	同上	C级	省级	B	三等奖	吴翌婷	王钢	2017.5.14	
205	外国语学院	2017全国大学生英语竞赛	同上	C级	省级	B	三等奖	安建玲	黄燕芸	2017.5.14	
206	外国语学院	2017全国大学生英语竞赛	同上	C级	省级	B	三等奖	尤素娟	谷峰	2017.5.14	
207	外国语学院	2017全国大学生英语竞赛	同上	C级	省级	B	三等奖	郭庆丰	方灵芝	2017.5.14	
208	外国语学院	2017全国大学生英语竞赛	同上	C级	省级	B	三等奖	周喆	方灵芝	2017.5.14	

续表

序号	申报单位	竞赛名称	主办单位	获奖项目	竞赛级别	竞赛类别	获奖等级	获奖学生	指导教师	获奖时间	备注
209	外国语学院	2017全国大学生英语竞赛	同上	C级	省级	B	三等奖	张 念	方灵芝	2017.5.14	
210	外国语学院	2017全国大学生英语竞赛	同上	D级	省级	B	二等奖	张 娜	孙琼琼	2017.5.14	
211	外国语学院	2017全国大学生英语竞赛	同上	D级	省级	B	三等奖	汪金金	王 娟	2017.5.14	
212	外国语学院	2017年度全国高校图书馆"外研讯飞"杯英文经典诵读大赛	安徽高等学校数字图书馆等	—	省级	—	一等奖	金 月	—	2017.05	
213	外国语学院	2017"外研社杯"全国英语阅读大赛	教育部高等学校大学外语教学指导委员会等	安徽赛区	省级	C	三等奖	姚 瑶	李 吟	2017.12	
214	外国语学院	2017"外研社杯"全国英语阅读大赛	同上	安徽赛区	省级	C	三等奖	杨 洋	奚 伟	2017.12	
215	外国语学院	2017"外研社杯"全国英语演讲大赛	同上	安徽赛区	省级	C	三等奖	陶 旭	陈国君	2017.10.29	
216	外国语学院	2017"外研社杯"全国英语演讲大赛	同上	安徽赛区	省级	C	三等奖	廖 纯	李河发	2017.10.29	
217	外国语学院	2017"外研社杯"全国英语写作大赛	同上	安徽赛区	省级	C	二等奖	李 丹	田 平	2017.10.29	
218	外国语学院	2017"外研社杯"全国英语写作大赛	同上	安徽赛区	省级	C	一等奖	沈巧娟	余荣琦	2017.10.29	

续表

序号	申报单位	竞赛名称	主办单位	获奖项目	竞赛级别	竞赛类别	获奖等级	获奖学生	指导教师	获奖时间	备注
219	外国语学院	第二十届"外研社杯"全国大学生英语辩论赛	中国共产主义青年团中学校部等	华东赛区	省级	C	三等奖	梁 荣 张志慧	何后涛	2017.4.23	
220	外国语学院	2017年安徽省高等院校"亿学杯"商务英语实践技能大赛	安徽省外国语言文学学会、安徽财经大学文学院、厦门亿学软件公司	—	省级	—	一等奖	徐书亭 俞 莹 杨子凡	奚 伟 王珊珊 何后涛	2017.5.27	
221	外国语学院	安徽省第一届校园阅读书创作活动	中共安徽省委教育工委、安徽省教育厅	《我们都是,留念人间的天使》	省级	—	三等奖	曹雪莹	—	2017.9	
222	外国语学院	第六届全国口译大赛（英语）	中国翻译协会	安徽省赛区复赛	省级	B	三等奖	江 琪	郑 颖	2017.4	
223	外国语学院	全国大学生三行诗文大赛	全国高校文联	—	国家级	—	三等奖	王祖彤	刘康凯	2017.11	
224	文教学院	中国大学生广告艺术节学院奖第15届春季赛	中国广告协会、中国大学生广告艺术节学院奖组委会	做不到独一无二,就一起消失	国家级	—	优秀奖	张冬梅	—	2017.7	
225	文教学院	中国大学生广告艺术节学院奖第15届春季赛	中国广告协会、中国大学生广告艺术节学院奖组委会	RIO之爱	国家级	—	优秀奖	赵义婷	李 艳	2017.7	
226	文教学院	中国大学生广告艺术节学院奖第15届春季赛	中国广告协会、中国大学生广告艺术节学院奖组委会	软萌CP（小汪小喵）	国家级	—	优秀奖	黄爱萍	周洪波	2017.7	

续表

序号	申报单位	竞赛名称	主办单位	获奖项目	竞赛级别	竞赛类别	获奖等级	获奖学生	指导教师	获奖时间	备注
227	文教学院	中国大学生广告艺术节学院奖第15届春季赛	中国广告协会、中国大学生广告艺术节学院奖组委会	锐澳,给生活加点料	国家级	—	佳作奖	朱文涛 方慧 程婧娴	周洪波	2017.7	
228	文教学院	安徽省高等学校师范生教学技能竞赛	安徽省教育厅	数学组	省级	B	一等奖	周慧敏	贾正华 陈佩书 许雪艳	2017.11	
229	文教学院	安徽省高等学校师范生教学技能竞赛	安徽省教育厅	综合一心理	省级	B	一等奖	何艺璇	郑志富 孙艳贾艳贤	2017.11	
230	文教学院	安徽省高等学校师范生教学技能竞赛	安徽省教育厅	数学组	省级	B	二等奖	韩萌	吴永生 王海莲 谢如龙	2017.11	
231	文教学院	安徽省高等学校师范生教学技能竞赛	安徽省教育厅	化学工程与工艺	省级	B	三等奖	曹玉峰	程磊 裴敏俊 程乐华	2017.11	
232	文教学院	安徽省高等学校师范生教学技能竞赛	安徽省教育厅	语文组	省级	B	三等奖	钱夏婷	曹栓姐 吴兵 徐兴菊	2017.11	
233	文教学院	安徽省高等学校师范生教学技能竞赛	安徽省教育厅	语文组	省级	B	三等奖	顾点点	褚群武 章杏玲 方习文	2017.11	
234	文教学院	安徽省高等学校师范生教学技能竞赛	安徽省教育厅	英语组	省级	B	三等奖	袁瑶	王丽 甘梅华 程艳	2017.11	

续表

序号	申报单位	竞赛名称	主办单位	获奖项目	竞赛级别	竞赛类别	获奖等级	获奖学生	指导教师	获奖时间	备注
235	文教学院	第七届"挑战杯·中国联通"安徽省大学生课外学术科技作品竞赛	共青团安徽省委员会、安徽省教育厅等	新建本科院校师生冲突调查分析	省级	B	二等奖	刘泽强 赵丽娟 张卓娅 崔云霞	黄钦 徐兆武	2017.6	
236	文教学院	第七届安徽省百所高校百万大学生科普创意创新大赛	安徽省科学技术协会	神奇的声光热力电	省级	B	三等奖	刘尹清 沈鸿恩 程雨 刘云开	黄颖	2017.4	
237	文教学院	安徽省教育摄影大赛	安徽省教育厅	我抢到了	省级	B	—	谢赛赛	—	2019.9	优秀奖
238	文教学院	第十二届"讯飞杯"全省大学生诗文朗诵比赛	安徽省语委办公室、安徽省教育科学研究院等	遇到到徽州	省级	B	二等奖	陈琴	陈小波	2017.6.15	非专业组
239	化材学院	2017年安徽省大学生生物标本制作大赛	安徽省教育厅	动物组（恶蚁来袭）	省级	B	二等奖	张诺 夏弘宇 蒋雯 姚佳倩 李杨	张凤琴 李融	2017.12	
240	化材学院	2017年安徽省大学生生物标本制作大赛	安徽省教育厅	动物组（乌龟骨骼标本）	省级	B	三等奖	叶涛 王坤 仝善公 杨孝贤	方舒	2017.12	
241	化材学院	2017年安徽省大学生生物标本制作大赛	安徽省教育厅	创新创意组（不忘初心，继续前行）	省级	B	三等奖	周洋枝 梁志存 路朝阳	蒋慧慧 李融	2017.12	
242	化材学院	2017年安徽省大学生生物标本制作大赛	安徽省教育厅	创新创意组（逆商教育）	省级	B	三等奖	邵娟娟 蒋文清 程梅 钟国勇	张凤琴	2017.12	

续表

序号	申报单位	竞赛名称	主办单位	获奖项目	竞赛级别	竞赛类别	获奖等级	获奖学生	指导教师	获奖时间	备注
243	化材学院	2017年安徽省大学生生物标本制作大赛	安徽省教育厅	动物组(生命与突破)	省级	B	三等奖	王艺锦 程阿梅 王香圆	方舒	2017.12	
244	化材学院	2017年安徽省大学生生物标本制作大赛	安徽省教育厅	创新创意组(千年之约)	省级	B	三等奖	苏蒙蒙 蒋稳 曹雅晴 陈冉	蒋慧慧	2017.12	
245	机电学院	2017年全国应用型人才技能大赛	教育部学校规划建设发展中心	"海尔洗衣机"杯智慧洗护双创大赛——木子、林夕	国家级	—	一等奖	张红成 王海鹏 胡慢谷	廖生温 王玉勤	2017.12	
246	机电学院	2017年全国应用型人才技能大赛	教育部学校规划建设发展中心	"海尔洗衣机"杯智慧洗护双创大赛——海星	国家级	—	二等奖	季海龙 武海峰 王黄斌	王玉勤 郭超	2017.12	
247	机电学院	2017年全国应用型人才技能大赛	教育部学校规划建设发展中心	"匠心·工业美"智能制造创新创意大赛——多线型绘图装置	国家级	—	二等奖	丁泽文 武海峰 季海龙	王玉勤 廖生温	2017.12	
248	机电学院	2017年全国应用型人才技能大赛	教育部学校规划建设发展中心	"匠心·工业美"智能制造创新创意大赛——一种辅助侧方位停车装置	国家级	—	二等奖	宋洋 王黄斌 丁泽文	王玉勤 许磊	2017.12	

续表

序号	申报单位	竞赛名称	主办单位	获奖项目	竞赛级别	竞赛类别	获奖等级	获奖学生	指导教师	获奖时间	备注
249	机电学院	2017年全国应用型人才技能大赛	教育部学校规划建设发展中心	"匠心·工业美"智能制造创新创意大赛——多功能隐藏性插座	国家级	—	三等奖	孙其龙 许洋洋 宋洋	王玉勤 徐兵	2017.12	
250	机电学院	2017年全国应用型人才技能大赛	教育部学校规划建设发展中心	"匠心·工业美"智能制造创新创意大赛——可升降式商品车运输半挂车	国家级	—	三等奖	王黄斌 霍新旺 武海峰	王玉勤 陈浩	2017.12	
251	机电学院	安徽省第六届"精科杯"大学生物理实验设计与创新大赛	安徽省物理学会	—	省级	—	一等奖	马元杰	余建立 刘雪刚	2017.12	
252	机电学院	安徽省第六届"精科杯"大学生物理实验设计与创新大赛	安徽省物理学会	—	省级	—	二等奖	王又奇	邵瑞 余建立	2017.12	
253	机电学院	安徽省第六届"精科杯"大学生物理实验设计与创新大赛	安徽省物理学会	—	省级	—	三等奖	王兵元	陈海波 邵瑞	2017.12	
254	机电学院	安徽省第六届"精科杯"大学生物理实验设计与创新大赛	安徽省物理学会	—	省级	—	三等奖	郑雨	朱爱国 吴家宽	2017.12	
255	机电学院	第十二届全国大学生"恩智浦"杯智能汽车竞赛	教育部高等学校自动化类专业教学指导委员会、安徽省教育厅	安徽赛区电磁普通组	省级	B	一等奖	杨回回 杨浩	李岩岩	2017.7	

续表

序号	申报单位	竞赛名称	主办单位	获奖项目	竞赛级别	竞赛类别	获奖等级	获奖学生	指导教师	获奖时间	备注
256	机电学院	第十二届全国大学生"恩智浦"杯智能汽车竞赛	同上	安徽赛区电磁节能组	省级	B	二等奖	张光照 宋中哲	李岩岩	2017.7	
257	机电学院	第十二届全国大学生"恩智浦"杯智能汽车竞赛	同上	安徽赛区光电追逐组	省级	B	二等奖	童小宝 刘文慧 汤 俊 李哲文	任玲芝	2017.7	
258	机电学院	第十二届全国大学生"恩智浦"杯智能汽车竞赛	同上	安徽赛区光电四轮组	省级	B	二等奖	何常宇 毛 瑞	任玲芝	2017.7	
259	机电学院	安徽省第十二届大学生电子设计竞赛	安徽省教育厅	B题(滚球控制系统)	省级	B	一等奖	潘文彬 汪 新 郑 雨	任玲芝 杨汉生	2017.10.13	
260	机电学院	安徽省第十二届大学生电子设计竞赛	安徽省教育厅	B题(滚球控制系统)	省级	B	一等奖	童小宝 李哲文 刘文慧	任玲芝 李岩岩	2017.10.13	
261	机电学院	安徽省第十二届大学生电子设计竞赛	安徽省教育厅	I题(可见光室内定位装置)	省级	B	二等奖	杨回回 杨 浩 张 韦	任玲芝 刘雪刚	2017.10.13	
262	机电学院	安徽省第十二届大学生电子设计竞赛	安徽省教育厅	I题(可见光室内定位装置)	省级	B	二等奖	张光照 宋中哲 闵旭波	李岩岩 朱爱国	2017.10.13	
263	机电学院	2017年"西门子杯"中国智能制造挑战赛	教育部自动化类专业教育指导委员会、中国仿真学会等	运动系统设计开发	国家级	A	一等奖	胡乐乐 蒋光好 金 霖	王 静 叶 松	2017.8	

续表

序号	申报单位	竞赛名称	主办单位	获奖项目	竞赛级别	竞赛类别	获奖等级	获奖学生	指导教师	获奖时间	备注
264	机电学院	2017年"西门子杯"中国智能制造挑战赛	教育部自动化类专业教育指导委员会、中国仿真学会等	连续过程设计开发	国家级	A	三等奖	潘程程 曹玉洁 曾奥运	王静 王正创	2017.8	
265	机电学院	2017年"西门子杯"中国智能制造挑战赛	教育部自动化类专业教育指导委员会、中国仿真学会等	连续过程设计开发	省级	B	特等奖	潘程程 曹玉洁 刘波	王静 王正创	2017.7	华东三赛区初赛
266	机电学院	2017年"西门子杯"中国智能制造挑战赛	教育部自动化类专业教育指导委员会、中国仿真学会等	运动系统设计开发	省级	B	一等奖	胡乐乐 洪明森 金霖	杨汉生 叶松	2017.7	华东三赛区初赛
267	机电学院	2017年"西门子杯"中国智能制造挑战赛	教育部自动化类专业教育指导委员会、中国仿真学会等	连续过程设计开发	省级	B	一等奖	曾奥运 王鹏程 陈伟	王静 陈海波	2017.7	华东一赛区初赛
268	机电学院	2017年"西门子杯"中国智能制造挑战赛	教育部自动化类专业教育指导委员会、中国仿真学会等	智能创新研发	省级	B	二等奖	孟柯峰 汪 李恩鹏	方愿捷	2017.7	华东一赛区初赛
269	机电学院	2017年"西门子杯"中国智能制造挑战赛	教育部自动化类专业教育指导委员会、中国仿真学会等	逻辑控制设计开发	省级	B	二等奖	王亮 林 闫鹏 锐	王静 汪世义	2017.7	安徽赛区

续表

序号	申报单位	竞赛名称	主办单位	获奖项目	竞赛级别	竞赛类别	获奖等级	获奖学生	指导教师	获奖时间	备注
270	机电学院	2017年"西门子杯"中国智能制造挑战赛	教育部自动化类专业教育指导委员会、中国仿真学会等	逻辑控制设计开发	省级	B	二等奖	殷天宇 谢 琼 张 冲	王 静 唐 静	2017.7	安徽赛区
271	机电学院	2017年"西门子杯"中国智能制造挑战赛	教育部自动化类专业教育指导委员会、中国仿真学会等	运动系统设计开发	省级	B	优胜奖	蒋光好 何 源 李昕龙	凌 景	2017.7	华东一赛区初赛
272	机电学院	2017年安徽省第四届大学生工程训练综合能力竞赛	安徽省教育厅	越障竞赛"8"项目	省级	B	一等奖	王子豪 杜安杰 檀竹鹏	龚智强 周晓光	2017.3	
273	机电学院	2017年安徽省第四届大学生工程训练综合能力竞赛	安徽省教育厅	越障竞赛"8"项目	省级	B	二等奖	张 兵 李泽恒 何 源	周晓光 王玉勤	2017.3	
274	机电学院	2017年安徽省第四届大学生工程训练综合能力竞赛	安徽省教育厅	无碳小车越野S项目	省级	B	二等奖	李修明 宗兆洋 陈雨婷	周晓光 王 燕	2017.3	
275	机电学院	2017年安徽省第四届大学生工程训练综合能力竞赛	安徽省教育厅	"S"型无碳小车	省级	B	三等奖	谢 傲 江弘治	代光辉 张晴晴	2017.3	
276	机电学院	2017年安徽省第四届大学生工程训练综合能力竞赛	安徽省教育厅	"自控行走"越障	省级	B	三等奖	汤 俊 周智文 赵保岗	李 健 邢 刚	2017.3	
277	机电学院	第五届全国大学生工程训练综合能力竞赛	教育部高等教育司等	越障竞赛"8"项目	国家级	A	三等奖	檀竹鹏 杜安杰 常数数	龚智强 邢 刚	2017.6	

续表

序号	申报单位	竞赛名称	主办单位	获奖项目	竞赛级别	竞赛类别	获奖等级	获奖学生	指导教师	获奖时间	备注
278	机电学院	"瑞杰杯"第四届中国研究生石油装备设计大赛	教育部学位与研究生教育发展中心等	水陆两栖垃圾捡拾机器人	国家级	—	三等奖	常数数 徐成克 郑 艳	龚智强 邢 刚	2017.9	
279	机电学院	第七届"挑战杯•中国联通"安徽省大学生课外学术科技作品竞赛	共青团安徽省委员会、安徽省教育厅等	渐开线雾化水龙头节水阀	省级	B	二等奖	谭展华 吴子文 胡仲意	孙 钊 王正创	2017.6	
280	机电学院	第七届"挑战杯•中国联通"安徽省大学生课外学术科技作品竞赛	共青团安徽省委员会、安徽省教育厅等	水面除脏浮游器	省级	B	三等奖	宁 壮 许大明 胡忠斌 李泉君 赵小杰 贺 龙	龚智强 王 燕	2017.6	
281	机电学院	第七届"挑战杯•中国联通"安徽省大学生课外学术科技作品竞赛	共青团安徽省委员会、安徽省教育厅等	基于ZigBee无线自组织网络的温度数据采集检测系统	省级	B	二等奖	方 涛 何常宇 程雨丽 沈琪丽 卞耀丽 吴梦娟	任玲芝 刘雪刚	2017.6	
282	机电学院	第七届"挑战杯•中国联通"安徽省大学生课外学术科技作品竞赛	共青团安徽省委员会、安徽省教育厅等	钨丝—金属网结构的离子风散热器	省级	B	三等奖	韩 慧 马翔宇 孙宏伟 周 俊	凌 景 朱爱国	2017.6	
283	机电学院	中国国际飞行器设计挑战赛暨科研类全国航空航天模型锦标赛	国家体育总局办公厅、教育部办公厅等	模型火箭运载与返回[固体火箭]	国家级	A	一等奖	管晗阳 何家文 魏明启	陈海波 孙春虎	2017.9.28	
284	机电学院	中国国际飞行器设计挑战赛暨科研类全国航空航天模型锦标赛	国家体育总局办公厅、教育部办公厅等	模型火箭运载与返回[固体火箭]	国家级	A	二等奖	王 桥 漆加兴 苑文强 高 赟	陈海波 孙春虎	2017.9.28	

续表

序号	申报单位	竞赛名称	主办单位	获奖项目	竞赛级别	竞赛类别	获奖等级	获奖学生	指导教师	获奖时间	备注
285	机电学院	中国国际飞行器设计挑战赛暨科研类航空航天模型锦标赛	国家体育总局办公厅、教育部办公厅等	对地侦察与打击	国家级	A	三等奖	苑文强 朱跃 王桥 漆加兴	陈海波 孙春虎	2017.9.28	
286	机电学院	中国国际飞行器设计挑战赛暨科研类航空航天模型锦标赛	国家体育总局办公厅、教育部办公厅等	机械分离舱	国家级	A	三等奖	王桥 纵文波 楼之潮	陈海波 孙春虎	2017.9.28	
287	机电学院	中国国际飞行器设计挑战赛暨科研类航空航天模型锦标赛	国家体育总局办公厅、教育部办公厅等	模型火箭运载与返回（固体火箭）单项团体	国家级	A	—	管晗阳 纵文波 魏明启 王桥 漆加兴 何家文 高赟	陈海波 孙春虎	2017.9.28	团体第二名
288	机电学院	中国国际飞行器设计挑战赛暨科研类航空航天模型公开赛	中国航空运动协会	模型火箭运载	省级	—	二等奖	朱跃 王桥 何家文 纵文波	陈海波 孙春虎	2017.07.19	南京站
289	机电学院	中国国际飞行器设计挑战赛暨科研类航空航天模型公开赛	中国航空运动协会	对地侦察	省级	—	二等奖	苑文强 王桥 楼之潮 纵文波	陈海波 孙春虎	2017.07.19	南京站
290	机电学院	中国国际飞行器设计挑战赛暨科研类航空航天模型公开赛	中国航空运动协会	电动滑翔机	省级	—	三等奖	高赟 王智磊	陈海波 孙春虎	2017.07.19	南京站
291	机电学院	中国国际飞行器设计挑战赛暨科研类航空航天模型公开赛	中国航空运动协会	电动滑翔机	省级	—	三等奖	管晗阳 魏明启	陈海波 孙春虎	2017.07.19	南京站
292	机电学院	中国国际飞行器设计挑战赛暨科研类航空航天模型公开赛	中国航空运动协会	模型火箭运载	省级	—	三等奖	高赟 苑文强 管晗阳 楼之潮	陈海波 孙春虎	2017.07.19	南京站

续表

序号	申报单位	竞赛名称	主办单位	获奖项目	竞赛级别	竞赛类别	获奖等级	获奖学生	指导教师	获奖时间	备注
293	机电学院	中国国际飞行器设计挑战赛暨科研类全国航空模型公开赛	中国航空运动协会	对地侦察	省级	—	三等奖	漆家兴 朱 跃 魏明启 郝 进	陈海波 孙春虎	2017.07.19	南京站
294	机电学院	2017年安徽省高校物联网应用创新大赛	安徽省教育厅、安徽省计算机学会	易停车智能系统	省级	B	三等奖	许洋洋 季海龙 武海峰	王玉勤 陈海波	2017.10	
295	机电学院	2017年安徽省高校物联网应用创新大赛	安徽省教育厅、安徽省计算机学会	智能便携温控椅	省级	B	优秀奖	宋 洋 丁泽文 王寅斌	王玉勤 汪世义	2017.10	
296	机电学院	第三届安徽省"互联网+"大学生创新创业大赛	安徽省教育厅、安徽省"互联网+"大学生创新创业大赛组委会	易停车智能系统	省级	B	三等奖	许洋洋 武海峰 孙其龙 霍新旺 季海龙	王玉勤 许雪艳	2017.11.2	
297	机电学院	第二届安徽省大学生先进成图技术与产品信息建模创新大赛	安徽省教育厅	机械类尺规绘图	省级	C	三等奖	霍新旺	王玉勤 廖生温 靳国宝 孙 钊	2017.6	
298	艺术学院	第九届全国大学生广告艺术大赛	安徽省教育厅等	你负责美我负责箱包	省级	B	一等奖	何 莉	曹 艺	2017.9.1	安徽分赛区平面类
299	艺术学院	第九届全国大学生广告艺术大赛	安徽省教育厅等	纸艺中的中国精神	省级	B	三等奖	周 莉	薛 梅	2017.9.1	安徽分赛区平面类

续表

序号	申报单位	竞赛名称	主办单位	获奖项目	竞赛级别	竞赛类别	获奖等级	获奖学生	指导教师	获奖时间	备注
300	艺术学院	第九届全国大学生广告艺术大赛	安徽省教育厅等	爱华仕——西游	省级	B	三等奖	刘永凤 宋广涛	刘宣琳	2017.9.1	安徽分赛区平面类
301	艺术学院	第九届全国大学生广告艺术大赛	安徽省教育厅等	舞出人生	省级	B	优秀奖	高智化	沈瑞贵	2017.9.1	安徽分赛区视频类
302	艺术学院	第九届全国大学生广告艺术大赛	安徽省教育厅等	外太空篇	省级	B	优秀奖	冯正萍	刘宣琳	2017.9.1	安徽分赛区平面类
303	艺术学院	第九届全国大学生广告艺术大赛	安徽省教育厅等	爱华仕吉祥物	省级	B	优秀奖	凌云凤 孙俭	余晓燕	2017.9.1	安徽分赛区平面类
304	艺术学院	第九届全国大学生广告艺术大赛	安徽省教育厅等	中华文化源远流长	省级	B	优秀奖	张永岩	沈瑞贵	2017.09	安徽分赛区视频类
305	艺术学院	绚丽年华第八届全国美育展成果展评	中国高等教育学会美育专业委员会等	唐诗选抄（学生组）	国家级	——	二等奖	李得磊	潘驰勇	2017.12	
306	艺术学院	全国美育成果展演	中华社会文化发展基金会等	书法（学生组）	国家级	——	一等奖	李得磊	潘驰勇	2017.12	

续表

序号	申报单位	竞赛名称	主办单位	获奖项目	竞赛级别	竞赛类别	获奖等级	获奖学生	指导教师	获奖时间	备注
307	艺术学院	中国第八届美术大赛	中国艺术大赛网	—	国家级	—	优秀奖	白雪	何冬冬	2017.1.11	
308	艺术学院	2017安徽省高校研究生信息素养夏令营	安徽省高校数字图书馆、合肥工业大学图书馆	信息素养课题大赛	省级	—	一等奖	刘婕	王倩	2017.7.14	
309	艺术学院	第二届全国大学生预防艾滋病知识竞赛	全国大学生预防艾滋病知识竞赛组委会	—	国家级	—	优秀奖	刘畅	何冬冬	2017.11	
310	旅管学院	2017年"巽震杯"第九届全国旅游院校服务技能(饭店服务)大赛	中国旅游协会等	中式铺床	国家级	—	一等奖	杨可文	吴萍 曾静 杨帆	2017.5	
311	旅管学院	2017年"巽震杯"第九届全国旅游院校服务技能(饭店服务)大赛	中国旅游协会等	西餐宴会摆台	国家级	—	一等奖	刘园园	曾静 吴萍 齐先文	2017.5	
312	旅管学院	2017年"巽震杯"第九届全国旅游院校服务技能(饭店服务)大赛	中国旅游协会等	鸡尾酒调制	国家级	—	三等奖	汪孝一	方玲梅 丁龙庆 朱学同	2017.5	
313	旅管学院	2017年"巽震杯"第九届全国旅游院校服务技能(饭店服务)大赛	中国旅游协会等	中餐宴会摆台	国家级	—	三等奖	李芳	丁龙庆 方玲梅 刘锐	2017.5	
314	旅管学院	2017年全国高校商业精英挑战赛酒店管理实践竞赛	中国国际贸易促进委员会商业行业分会等	—	国家级	—	一等奖	杨可文 许光林 朱颖颖 朱劲竹	吴萍 曾静	2017.11.5	

续表

序号	申报单位	竞赛名称	主办单位	获奖项目	竞赛级别	竞赛类别	获奖等级	获奖学生	指导教师	获奖时间	备注
315	旅管学院	2017年全国高校商业精英挑战赛酒店管理实践竞赛	中国国际贸易促进委员会商业行业分会等	—	国家级	—	一等奖	刘园园 李芸东 王玉洁	陈凯 曾静	2017.11.5	
316	旅管学院	2017年全国高校商业精英挑战赛酒店管理实践竞赛	中国国际贸易促进委员会商业行业分会等	—	国家级	—	一等奖	洪婷婷 洪明亮 谢祥实	吴萍 曾静	2017.11.5	
317	旅管学院	第三届全国导游大赛	国家旅游局、中国共产主义青年团中央委员会等	—	国家级	—	三等奖	程浩	孙玮	2017.6.29	铜奖
318	旅管学院	第三届安徽省"互联网+"大学生创新创业大赛	安徽省教育厅等	玩途电子商务有限公司环巢湖发展	省级	B	三等奖	朱波 董文文 王燕 徐仔菱 余安东 金诗松	齐先文	2017.11.2	就业型创业组铜奖
319	旅管学院	"徽府茶行杯"2017中国(安徽)大学生茶文化创新大赛	安徽省教育厅	个人竞赛	省级	B	三等奖	杨佳隽	唐丽丽	2017.5	
320	旅管学院	"徽府茶行杯"2017中国(安徽)大学生茶文化创新大赛	安徽省教育厅	团体竞赛	省级	B	二等奖	张方军 吴波 吴家庆 钱归 宋玲 王世雄	唐丽丽 雷若欣	2017.5	
321	体育学院	2017年全国大学生沙滩排球精英赛	中国大学生体育协会	男子体院组	国家级		一等奖	王度育 邓正嗣	李钟翔	2017.6.1	第二名
322	体育学院	2017年安徽省大学生排球联赛	安徽省教育厅	女子丙组排球	省级	B	一等奖	王梦远 冯娜娜 何珉 黄明娟 李娜 巧 吴小梅 赵梓岑	李钟翔	2017.11.13	第三名

续表

序号	申报单位	竞赛名称	主办单位	获奖项目	竞赛级别	竞赛类别	获奖等级	获奖学生	指导教师	获奖时间	备注
323	体育学院	2017年安徽省大学生排球联赛	安徽省教育厅	男子丙组排球	省级	B	一等奖	王度育 邓正嗣 王和标 符启标 洪德大 徐世伟 陶 健 王成剑 薛为显 陈贤龙 陈 真	钟 翔 李	2017.11.13	第二名
324	体育学院	2017年安徽省大学生田径运动会	安徽省教育厅	男子丙组100米	省级	B	三等奖	黄元林	李 靖	2017.4.26	第九名
325	体育学院	2017年安徽省大学生田径运动会	安徽省教育厅	男子丙组100米	省级	B	三等奖	吴金睿	余 明	2017.4.26	第十名
326	体育学院	2017年安徽省大学生田径运动会	安徽省教育厅	男子丙组100米	省级	B	三等奖	孙兆祥	余 明	2017.4.26	第十四名
327	体育学院	2017年安徽省大学生田径运动会	安徽省教育厅	男子丙组200米	省级	B	三等奖	金正南	李芳菲	2017.4.29	第十一名
328	体育学院	2017年安徽省大学生田径运动会	安徽省教育厅	男子丙组200米	省级	B	三等奖	孙兆祥	余 明	2017.4.28	第十三名
329	体育学院	2017年安徽省大学生田径运动会	安徽省教育厅	男子丙组400米	省级	B	二等奖	金正南	李芳菲	2017.4.25	第五名
330	体育学院	2017年安徽省大学生田径运动会	安徽省教育厅	男子丙组400米	省级	B	三等奖	黄元林	李 靖	2017.4.25	第十四名
331	体育学院	2017年安徽省大学生田径运动会	安徽省教育厅	男子甲组800米	省级	B	一等奖	沈建委	李芳菲	2017.4.27	第一名

续表

序号	申报单位	竞赛名称	主办单位	获奖项目	竞赛级别	竞赛类别	获奖等级	获奖学生	指导教师	获奖时间	备注
332	体育学院	2017年安徽省大学生田径运动会	安徽省教育厅	男子丙组800米	省级	B	一等奖	秦洋洋	李芳菲	2017.4.27	第三名
333	体育学院	2017年安徽省大学生田径运动会	安徽省教育厅	男子甲组1500米	省级	B	二等奖	沈建委	李芳菲	2017.4.28	第七名
334	体育学院	2017年安徽省大学生田径运动会	安徽省教育厅	男子丙组1500米	省级	B	三等奖	秦洋洋	李芳菲	2017.4.28	第十六名
335	体育学院	2017年安徽省大学生田径运动会	安徽省教育厅	男子丙组110米栏	省级	B	二等奖	晋叶成	李 靖	2017.4.28	第七名
336	体育学院	2017年安徽省大学生田径运动会	安徽省教育厅	男子丙组4×100米接力	省级	B	一等奖	黄元林 吴金睿 孙兆祥 金正南	李 靖 余 明 李芳菲	2017.4.28	第三名
337	体育学院	2017年安徽省大学生田径运动会	安徽省教育厅	男子丙组4×400米接力	省级	B	二等奖	黄元林 金正南 吴金睿 秦洋洋	李 靖 余 明 李芳菲	2017.4.29	第五名
338	体育学院	2017年安徽省大学生田径运动会	安徽省教育厅	男子甲组跳高	省级	B	三等奖	石 健	李 靖	2017.4.25	第九名
339	体育学院	2017年安徽省大学生田径运动会	安徽省教育厅	男子丙组跳高	省级	B	二等奖	晋叶成	李 靖	2017.4.27	第四名
340	体育学院	2017年安徽省大学生田径运动会	安徽省教育厅	男子丙组跳远	省级	B	三等奖	吴金睿	余 明	2017.4.25	第十一名

续表

序号	申报单位	竞赛名称	主办单位	获奖项目	竞赛级别	竞赛类别	获奖等级	获奖学生	指导教师	获奖时间	备注
341	体育学院	2017年安徽省大学生田径运动会	安徽省教育厅	男子丙组跳远	省级	B	二等奖	陈勤辉	李靖	2017.4.25	第八名
342	体育学院	2017年安徽省大学生田径运动会	安徽省教育厅	男子丙组三级跳远	省级	B	一等奖	陈勤辉	李靖	2017.4.29	第三名
343	体育学院	2017年安徽省大学生田径运动会	安徽省教育厅	男子丙组铅球	省级	B	三等奖	刘兆崧	余明	2017.4.28	第九名
344	体育学院	2017年安徽省大学生田径运动会	安徽省教育厅	男子丙组标枪	省级	B	一等奖	符启标	余明	2017.4.29	第二名
345	体育学院	2017年安徽省大学生田径运动会	安徽省教育厅	男子丙组标枪	省级	B	二等奖	刘兆崧	余明	2017.4.29	第五名
346	体育学院	2017年安徽省大学生田径运动会	安徽省教育厅	女子丙组100米	省级	B	三等奖	张颖	余明	2017.4.26	第十名
347	体育学院	2017年安徽省大学生田径运动会	安徽省教育厅	女子丙组200米	省级	B	二等奖	章文雯	李靖	2017.4.28	第八名
348	体育学院	2017年安徽省大学生田径运动会	安徽省教育厅	女子丙组200米	省级	B	三等奖	张颖	余明	2017.4.28	第十四名
349	体育学院	2017年安徽省大学生田径运动会	安徽省教育厅	女子丙组400米	省级	B	二等奖	潘成梅	李芳菲	2017.4.25	第六名
350	体育学院	2017年安徽省大学生田径运动会	安徽省教育厅	女子丙组400米	省级	B	三等奖	钟洁	李靖	2017.4.25	第十一名

续表

序号	申报单位	竞赛名称	主办单位	获奖项目	竞赛级别	竞赛类别	获奖等级	获奖学生	指导教师	获奖时间	备注
351	体育学院	2017年安徽省大学生田径运动会	安徽省教育厅	女子丙组800米	省级	B	一等奖	潘成梅	李芳菲	2017.4.27	第二名
352	体育学院	2017年安徽省大学生田径运动会	安徽省教育厅	女子甲组1500米	省级	B	三等奖	赵义婷	李靖	2017.4.28	第十五名
353	体育学院	2017年安徽省大学生田径运动会	安徽省教育厅	女子丙组1500米	省级	B	一等奖	唐寿彩	李芳菲	2017.4.29	第一名
354	体育学院	2017年安徽省大学生田径运动会	安徽省教育厅	女子甲组3000米	省级	B	三等奖	赵义婷	李靖	2017.4.27	第十三名
355	体育学院	2017年安徽省大学生田径运动会	安徽省教育厅	女子丙组3000米	省级	B	一等奖	唐寿彩	李芳菲	2017.4.27	第一名
356	体育学院	2017年安徽省大学生田径运动会	安徽省教育厅	女子丙组4×100米接力	省级	B	二等奖	章文雯 潘成梅 张颖 唐寿彩	李靖 余明 李芳菲	2017.4.28	第七名
357	体育学院	2017年安徽省大学生田径运动会	安徽省教育厅	女子丙组4×400米接力	省级	B	二等奖	章文雯 潘成梅 张颖 唐寿彩	李靖 余明 李芳菲	2017.4.29	第四名
358	体育学院	2017年安徽省大学生田径运动会	安徽省教育厅	女子甲组跳高	省级	B	二等奖	朱黄鹏	李靖	2017.4.27	第八名
359	体育学院	2017年安徽省大学生田径运动会	安徽省教育厅	女子丙组三级跳远	省级	B	二等奖	钟洁	李靖	2017.4.29	第四名
360	体育学院	2017年安徽省大学生田径运动会	安徽省教育厅	女子丙组标枪	省级	B	一等奖	唐玉	李芳菲	2017.4.27	第二名

续表

序号	申报单位	竞赛名称	主办单位	获奖项目	竞赛级别	竞赛类别	获奖等级	获奖学生	指导教师	获奖时间	备注
361	体育学院	2017年安徽省大学生田径运动会	安徽省教育厅	女子丙组铅球	省级	B	三等奖	唐 玉	李芳菲	2017.4.26	第十一名
362	体育学院	安徽省第三届高校武术锦标赛	安徽省高等院校教师教育合作委员会	男子乙组长拳	省级	B	一等奖	孙 路	陈启平	2017.11	
363	体育学院	安徽省第三届高校武术锦标赛	安徽省高等院校教师教育合作委员会	男子乙组长拳	省级	B	三等奖	卫 涛	陈启平	2017.11	
364	体育学院	安徽省第三届高校武术锦标赛	安徽省高等院校教师教育合作委员会	男子乙组太极拳	省级	B	三等奖	卫 涛	陈启平	2017.11	
365	体育学院	安徽省第三届高校武术锦标赛	安徽省高等院校教师教育合作委员会	男子乙组太极拳	省级	B	三等奖	张武斌	陈启平	2017.11	
366	体育学院	安徽省第三届高校武术锦标赛	安徽省高等院校教师教育合作委员会	男子乙组棍术	省级	B	一等奖	孙 路	陈启平	2017.11	
367	体育学院	安徽省第三届高校武术锦标赛	安徽省高等院校教师教育合作委员会	男子乙组剑术	省级	B	二等奖	孙 路	陈启平	2017.11	
368	体育学院	安徽省第三届高校武术锦标赛	安徽省高等院校教师教育合作委员会	乙组集体基本功	省级	B	二等奖	袁体宗 卫 涛 张武斌 孙健驰 许余杭 孙 路	陈启平	2017.11	

续表

序号	申报单位	竞赛名称	主办单位	获奖项目	竞赛级别	竞赛类别	获奖等级	获奖学生	指导教师	获奖时间	备注
369	体育学院	安徽省第三届高校武术锦标赛	安徽省高等教育校教师教育合作委员会	男子丙组长拳	省级	B	二等奖	冯 龙	陈启平	2017.11	
370	体育学院	安徽省第三届高校武术锦标赛	安徽省高等教育校教师教育合作委员会	男子丙组长器械	省级	B	二等奖	冯 龙	陈启平	2017.11	
371	体育学院	安徽省第三届高校武术锦标赛	安徽省高等教育校教师教育合作委员会	男子丙组刀术	省级	B	三等奖	冯 龙	陈启平	2017.11	
372	体育学院	安徽省第三届高校武术锦标赛	安徽省高等教育校教师教育合作委员会	女子丙组长拳	省级	B	三等奖	蒋 稳	陈启平	2017.11	
373	体育学院	安徽省第三届高校武术锦标赛	安徽省高等教育校教师教育合作委员会	女子丙组长拳	省级	B	三等奖	陈 冉	陈启平	2017.11	
374	体育学院	安徽省第三届高校武术锦标赛	安徽省高等教育校教师教育合作委员会	女子丙组长拳	省级	B	三等奖	黄倩竹	陈启平	2017.11	
375	体育学院	安徽省第三届高校武术锦标赛	安徽省高等教育校教师教育合作委员会	女子丙组太极拳	省级	B	二等奖	陈 冉	陈启平	2017.11	
376	体育学院	安徽省第三届高校武术锦标赛	安徽省高等教育校教师教育合作委员会	女子丙组剑术	省级	B	一等奖	蒋 稳	陈启平	2017.11	

续表

序号	申报单位	竞赛名称	主办单位	获奖项目	竞赛级别	竞赛类别	获奖等级	获奖学生	指导教师	获奖时间	备注
377	体育学院	安徽省第三届高校武术锦标赛	安徽省高等教育校教师教育合作委员会	女子丙组刀术	省级	B	三等奖	黄倩竹	陈启平	2017.11	
378	体育学院	2017年安徽省大学生足球联赛	安徽省教育厅	男子丙组足球	省级	B	二等奖	金正南 丁凯旋 黄志远等20人	王归然 蔡 广	2017.10.28	第六名
379	体育学院	2017年安徽省大学生乒乓球比赛	安徽省教育厅	乒乓球女子单打	省级	B	三等奖	王情情	唐赵平 陈 木	2017.3.21	第九名
380	体育学院	2017年安徽省大学生乒乓球比赛	安徽省教育厅	乒乓球女子团体	省级	B	三等奖	董敏慧 王雅梅 张 静	唐赵平 陈 木	2017.3.21	第九名
381	体育学院	第十三届中国大学生体育舞蹈锦标赛	中国大学生体育协会	大学专业院校B组单项C2组	国家级	B	一等奖	俞婷婷	赵胜国 樊贤进 丁源源 张 斌	2017.12.11	第一名
382	体育学院	第十三届中国大学生体育舞蹈锦标赛	中国大学生体育协会	大学专业院校B组单项C2组	国家级	B	二等奖	夏志远 刘 雪	同上	2017.12.11	第六名
383	体育学院	第十三届中国大学生体育舞蹈锦标赛	中国大学生体育协会	大学专业院校B组单项J2组	国家级	B	一等奖	夏志远 刘 雪	同上	2017.12.11	第一名
384	体育学院	第十三届中国大学生体育舞蹈锦标赛	中国大学生体育协会	大学专业院校B组单项J2组	国家级	B	二等奖	俞婷婷	同上	2017.12.11	第四名

续表

序号	申报单位	竞赛名称	主办单位	获奖项目	竞赛级别	竞赛类别	获奖等级	获奖学生	指导教师	获奖时间	备注
385	体育学院	第十三届中国大学生体育舞蹈锦标赛	中国大学生体育协会	大学专业院校B组单项P2组	国家级	B	一等奖	李蒙蒙 陈西霞	同上	2017.12.11	第一名
386	体育学院	第十三届中国大学生体育舞蹈锦标赛	中国大学生体育协会	大学专业院校B组单项R2组	国家级	B	一等奖	路飞 宋良葵	同上	2017.12.11	第二名
387	体育学院	第十三届中国大学生体育舞蹈锦标赛	中国大学生体育协会	大学专业院校B组单项T2组	国家级	B	一等奖	王衡 胡雅琴	同上	2017.12.11	第二名
388	体育学院	第十三届中国大学生体育舞蹈锦标赛	中国大学生体育协会	大学专业院校B组单项T2组	国家级	B	一等奖	芦哲 戴之晓	同上	2017.12.11	第三名
389	体育学院	第十三届中国大学生体育舞蹈锦标赛	中国大学生体育协会	大学专业院校B组单项W2组	国家级	B	二等奖	路飞 陈西霞	同上	2017.12.11	第五名
390	体育学院	第十三届中国大学生体育舞蹈锦标赛	中国大学生体育协会	大学专业院校B组二项S2组	国家级	B	一等奖	芦哲 戴之晓	同上	2017.12.11	第二名
391	体育学院	第十三届中国大学生体育舞蹈锦标赛	中国大学生体育协会	大学专业院校B组二项S2组	国家级	B	二等奖	王衡 胡雅琴	同上	2017.12.11	第四名

续表

序号	申报单位	竞赛名称	主办单位	获奖项目	竞赛级别	竞赛类别	获奖等级	获奖学生	指导教师	获奖时间	备注
392	体育学院	第十三届中国大学生体育舞蹈锦标赛	中国大学生体育协会	大学专业院校B组校园C团团舞2组	国家级	B	一等奖	宋良葵 阮小飞 胡雅琴 王紫焕 马亚亚 夏志远 陈青云 刘雪飞 路 陈西霞 徐春子 李蒙蒙	同上	2017.12.11	第三名
393	体育学院	第十三届中国大学生体育舞蹈锦标赛	中国大学生体育协会	大学专业院校B组校园J团团舞2组	国家级	B	一等奖	宋良葵 阮小飞 胡雅琴 王紫焕 马亚亚 夏志远 陈青云 刘雪飞 路 陈西霞 徐春子 李蒙蒙	同上	2017.12.11	第二名
394	体育学院	第十三届中国大学生体育舞蹈锦标赛	中国大学生体育协会	大学专业院校B组艺术表演舞2组	国家级	B	二等奖	谢梦琪 俞婷婷 赵欣怡 章燕宏 马亚亚 戴之晓 江小倩 徐春子 芦 叶孟凡 王 哲 阮小飞 衡	同上	2017.12.11	
395	学工部	"昆山花桥杯"第十二届安徽省大学生职业生涯规划大赛	安徽省教育厅、安徽省人力资源和社会保障厅、共青团安徽省委	安徽省大学生创客之星——智能停车预约系统	省级	B	三等奖	许洋洋 丁毛恩 武海峰	王王勤 丁继勇 刘雪刚	2017.12.4	银奖
396	学工部	"昆山花桥杯"第十二届安徽省大学生职业生涯规划大赛	安徽省教育厅、安徽省人力资源和社会保障厅、共青团安徽省委	安徽省大学生职业规划之星	省级	B	三等奖	卢 丹	刘小燕	2017.12.4	铜奖

第十四届运动会甲组前三名统计表

项目\名次	组别	第一名 姓名	单位	第二名 姓名	单位	第三名 姓名	单位
篮球	男	程竹 凤汝飞 鲍李华 王恒刚 倪翔 李飞 周枫 王涛 周杰 秦悦 余翔宇 程彬	应用数学学院	胡晓升 陈杰 朱振国 李鹏 董爱 王雪涛 张宇 方瑞 牛家旺 殷子珺 胡锦明 施强强	文学传媒与教育科学学院	吴鹏飞 谢圣达 余天龙 陈俨然 汤文涛 秦乙策 吴右千 李凯 陶超 谢晓松 石健 胡涛涛	机械与电子工程学院
乒乓球	男	杨文	机械与电子工程学院	陈畅	外国语学院	朱志广	机械与电子工程学院
乒乓球	女	董敏慧	机械与电子工程学院	罗梦杰	应用数学学院	王情情	经济与管理学院
羽毛球	男	孙增原	机械与电子工程学院	卞康	信息工程学院	奚耀念	艺术学院
羽毛球	女	程华跃	信息工程学院	罗梦杰	应用数学学院	高原	化学与材料工程学院
排球	男	王梦远 洪心玥 汤田静 汪雪仪 江雪梅 黎雷 王雨雪 倪曼婷 华巧 杜白雪	应用数学学院	季语 范晓雅 李悦 孙小杰 陈赛青 万小妹 陈宏 杨露 牛心 卢梅梅 陈熔熔 高凡	经济与管理学院	齐薏寒 冯娜娜 张蒙 杨敏 李远远 王青青 韦成 王佳丽 熊雅妮 李玲 李凌晨 卫华桃	外国语学院
足球	男	刘梦凯 瞿康宁 阮述红 许望之 胡立胜 郭庆 李昭奇 尹杰 孙泗豪 宋瑞 谢凯	经济与管理学院	陆呈祥 王吉 赵帅帅 吴昊 翟顺风 张涛 吴帅 湛长福 张李崇 顾帅 陆泉 李浩 刘泽龙 张晨	机械与电子工程学院	郑强廷 蔡必来 胡志文 王浩霖 程翰龙 王梓 刘辉 黄秋晨 陆波 陈瑞 吴顺顺 许维东	化学与材料工程学院

第十四届运动会乙组前三名统计表

项目\名次	组别	第一名 姓名	第一名 单位	第二名 姓名	第二名 单位	第三名 姓名	第三名 单位
篮球	男	陶武斌 裴青龙 邓树益 袁天磊 汤健 徐威 芮传权 田磊 吴友 陈强 钱昊 吴彬	13体教一班	王明 李宗传 胡锦峰 王校 王一鸣 徐怀成 赵紫文 朱宏远 曹海涛 张运和 赵永 陈科安 李顺 胡文彪	14体教一班	晋叶成 周恒斌 程虎 唐兵 李斌 刘峰 梅健臻 范昌情 金谷荣 万开益 吴建明 程杨	16体教三班
乒乓球	男	胡志国	15社体一班	聂志强	15社体二班	梅健臻	16体教三班
乒乓球	女	潘瑶	14体教一班	陈文蔚	15社体一班	何珉	16体教三班
羽毛球单打	男	徐世伟	15体教二班	郑德善	14体教二班	符启标	15体教一班
羽毛球单打	女	胡宇星	14体教一班	姚梦月	14社体一班	胡晶	15社体一班
羽毛球双打	男	符东 韦兵	15体教一班	黄有雄 张运和	14体教一班	李皆蔚 王大鸿	14体教一班
羽毛球双打	女	周杰 刘锐	14体教二班	俞婷婷 叶梦凡	15社体一班	黄巧 王玉兰	15体教一班
排球	男	王和标 洪德大 符启标 符东 马龙 王志伟 赵文蔚 张微尘	15体教一班	李珏 周著翔 薛为显 李梦杰 苏洪杰 陈贤隆 施阳	16体教二班	徐世伟 黄载宇 王佛君 何青林 汪鹏 黄志远 陶启明 陈涛	15体教二班
排球	女	黄巧 刘雪 强香月 陈西霞 王玉兰 谢梦琪 刘雪琴 刘雨晴	15体教一班	何珉 汪洁 唐玉 钟洁	16体教三班	李娜 何敏 陈青云 汪玲玲	14社体二班
足球	男	施顺 王芳臣 潘学正 王德帅 方增宝 张巍 丁坤和 黄友为 刘鹏 钱磊 毛伟 林明秀	14体教二班	徐俊 漆俊 项鑫 杨青松 田飞 王爽 杨世栋 陈宁宁	14社体一班	赵良俊 孔维郑 李杰 李靖 孙俊博 田孟迪 孟迪 王超 王建国 王雷 俞钢钢 余嘉伟 衡伟	14社体二班

学生其他获奖情况

序号	姓 名	奖 项	颁发单位	获奖时间
1	柳阿康	2017年全国大中专学生"三下乡"暑期社会实践优秀摄影奖	团中央学校部	2017年9月
2	施成海			
3	王 耀	安徽省十佳大学生	安徽省教育厅	2017年5月

学生参加省内外体育类竞赛获奖情况一览表

序号	获奖学生	竞赛名称	获奖等级	颁奖单位	时间
1	王情情	安徽省大学生乒乓球比赛 乒乓球女子单打	三等奖(第九名)	安徽省教育厅	2017年3月
2	董敏慧 王情情 王雅梅 张 静	安徽省大学生乒乓球比赛 乒乓球女子团体	三等奖(第九名)	安徽省教育厅	2017年3月
3	唐寿彩	安徽省大学生田径运动会 女子甲组3000米	一等奖(第一名)	安徽省教育厅	2017年4月
4	唐寿彩	安徽省大学生田径运动会 女子丙组1500米	一等奖(第一名)	安徽省教育厅	2017年4月
5	沈建委	安徽省大学生田径运动会 男子甲组800米	一等奖(第一名)	安徽省教育厅	2017年4月
6	唐 玉	安徽省大学生田径运动会 女子丙组标枪	一等奖(第二名)	安徽省教育厅	2017年4月
7	符启标	安徽省大学生田径运动会 男子丙组标枪	一等奖(第二名)	安徽省教育厅	2017年4月
8	潘成梅	安徽省大学生田径运动会 女子丙组800米	一等奖(第二名)	安徽省教育厅	2017年4月
9	黄元林 吴金睿 孙兆祥 金正南	安徽省大学生田径运动会 男子丙组4×100米接力	一等奖(第三名)	安徽省教育厅	2017年4月
10	秦洋洋	安徽省大学生田径运动会 男子丙组800米	一等奖(第三名)	安徽省教育厅	2017年4月
11	陈勤辉	安徽省大学生田径运动会 男子丙组三级跳远	一等奖(第三名)	安徽省教育厅	2017年4月
12	钟 洁	安徽省大学生田径运动会 女子丙组三级跳远	二等奖(第四名)	安徽省教育厅	2017年4月

续表

序号	获奖学生	竞赛名称	获奖等级	颁奖单位	时间
13	章文雯 张颖 潘成梅 唐寿彩	安徽省大学生田径运动会女子丙组4×400米接力	二等奖（第四名）	安徽省教育厅	2017年4月
14	晋叶成	安徽省大学生田径运动会男子丙组跳高	二等奖（第四名）	安徽省教育厅	2017年4月
15	刘兆崧	安徽省大学生田径运动会男子丙组标枪	二等奖（第五名）	安徽省教育厅	2017年4月
16	黄元林 吴金睿 金正南 秦洋洋	安徽省大学生田径运动会男子丙组4×400米接力	二等奖（第五名）	安徽省教育厅	2017年4月
17	金正南	安徽省大学生田径运动会男子丙组400米	二等奖（第五名）	安徽省教育厅	2017年4月
18	潘成梅	安徽省大学生田径运动会女子丙组400米	二等奖（第六名）	安徽省教育厅	2017年4月
19	沈建委	安徽省大学生田径运动会男子甲组1500米	二等奖（第七名）	安徽省教育厅	2017年4月
20	晋叶成	安徽省大学生田径运动会男子丙组110米栏	二等奖（第七名）	安徽省教育厅	2017年4月
21	章文雯 张颖 潘成梅 唐寿彩	安徽省大学生田径运动会女子丙组4×100米接力	二等奖（第七名）	安徽省教育厅	2017年4月
22	章文雯	安徽省大学生田径运动会女子丙组200米	二等奖（第八名）	安徽省教育厅	2017年4月
23	陈勤辉	安徽省大学生田径运动会男子丙组跳远	二等奖（第八名）	安徽省教育厅	2017年4月
24	朱黄鹂	安徽省大学生田径运动会女子甲组跳高	三等奖（第八名）	安徽省教育厅	2017年4月
25	刘兆崧	安徽省大学生田径运动会男子丙组铅球	三等奖（第九名）	安徽省教育厅	2017年4月
26	石健	安徽省大学生田径运动会男子甲组跳高	三等奖（第九名）	安徽省教育厅	2017年4月
27	黄元林	安徽省大学生田径运动会男子丙组100米	三等奖（第九名）	安徽省教育厅	2017年4月
28	吴金睿	安徽省大学生田径运动会男子丙组100米	三等奖（第十名）	安徽省教育厅	2017年4月
29	张颖	安徽省大学生田径运动会女子丙组100米	三等奖（第十名）	安徽省教育厅	2017年4月

续表

序号	获奖学生	竞赛名称	获奖等级	颁奖单位	时间
30	唐玉	安徽省大学生田径运动会女子丙组铅球	三等奖（第十一名）	安徽省教育厅	2017年4月
31	钟洁	安徽省大学生田径运动会女子丙组400米	三等奖（第十一名）	安徽省教育厅	2017年4月
32	吴金睿	安徽省大学生田径运动会男子丙组跳远	三等奖（第十一名）	安徽省教育厅	2017年4月
33	金正南	安徽省大学生田径运动会男子丙组200米	三等奖（第十一名）	安徽省教育厅	2017年4月
34	赵义婷	安徽省大学生田径运动会女子甲组3000米	三等奖（第十三名）	安徽省教育厅	2017年4月
35	孙兆祥	安徽省大学生田径运动会男子丙组200米	三等奖（第十三名）	安徽省教育厅	2017年4月
36	张颖	安徽省大学生田径运动会女子丙组200米	三等奖（第十四名）	安徽省教育厅	2017年4月
37	孙兆祥	安徽省大学生田径运动会男子丙组100米	三等奖（第十四名）	安徽省教育厅	2017年4月
38	黄元林	安徽省大学生田径运动会男子丙组400米	三等奖（第十四名）	安徽省教育厅	2017年4月
39	赵义婷	安徽省大学生田径运动会女子甲组1500米	三等奖（第十五名）	安徽省教育厅	2017年4月
40	秦洋洋	安徽省大学生田径运动会男子丙组1500米	三等奖（第十六名）	安徽省教育厅	2017年4月
41	王度育 邓正嗣	全国大学生沙滩排球精英赛	一等奖（第二名）	中国大学生体育协会	2017年6月
42	金正南 王立东 丁凯旋 聂志强 黄志远等	安徽省大学生足球联赛男子丙组足球	二等奖（第六名）	安徽省教育厅	2017年10月
43	王度育 邓正嗣 王和标 符启标 洪德大 徐世伟 陶健 王成剑 薛为显 陈贤龙 陈真	安徽省大学生排球联赛	一等奖（第二名）	安徽省教育厅	2017年11月

续表

序号	获奖学生	竞赛名称	获奖等级	颁奖单位	时间
44	王梦远 冯娜娜 何 珉 黄 巧 李 娜 黄明娟 吴小梅 赵梓岑	安徽省大学生排球联赛	一等奖 (第三名)	安徽省教育厅	2017年11月
45	孙 路	安徽省第三届高校武术锦标赛 男子乙组长拳	一等奖	安徽省高等 院校教师教育 合作委员会	2017年11月
46	孙 路	安徽省第三届高校武术锦标赛 男子乙组棍术	一等奖	安徽省高等 院校教师教育 合作委员会	2017年11月
47	蒋 稳	安徽省第三届高校武术锦标赛 女子丙组剑术	一等奖	安徽省高等 院校教师教育 合作委员会	2017年11月
48	孙 路	安徽省第三届高校武术锦标赛 男子乙组剑术	二等奖	安徽省高等 院校教师教育 合作委员会	2017年11月
49	冯 龙	安徽省第三届高校武术锦标赛 男子丙组长器械	二等奖	安徽省高等 院校教师教育 合作委员会	2017年11月
50	冯 龙	安徽省第三届高校武术锦标赛 男子丙组长拳	二等奖	安徽省高等 院校教师教育 合作委员会	2017年11月
51	陈 冉	安徽省第三届高校武术锦标赛 女子丙组太极拳	二等奖	安徽省高等 院校教师教育 合作委员会	2017年11月
52	冯 龙	安徽省第三届高校武术锦标赛 男子丙组刀术	三等奖	安徽省高等 院校教师教育 合作委员会	2017年11月
53	陈 冉	安徽省第三届高校武术锦标赛 女子丙组长拳	三等奖	安徽省高等 院校教师教育 合作委员会	2017年11月
54	蒋 稳	安徽省第三届高校武术锦标赛 女子丙组长拳	三等奖	安徽省高等 院校教师教育 合作委员会	2017年11月

续表

序号	获奖学生	竞赛名称	获奖等级	颁奖单位	时间
55	黄倩竹	安徽省第三届高校武术锦标赛女子丙组刀术	三等奖	安徽省高等院校教师教育合作委员会	2017年11月
56	黄倩竹	安徽省第三届高校武术锦标赛女子丙组长拳	三等奖	安徽省高等院校教师教育合作委员会	2017年11月
57	袁体宗 孙健驰 卫 涛 许余杭 张武斌 孙 路	安徽省第三届高校武术锦标赛乙组集体基本功	三等奖	安徽省高等院校教师教育合作委员会	2017年11月
58	张武斌 卫 涛	安徽省第三届高校武术锦标赛男子乙组太极拳	三等奖	安徽省高等院校教师教育合作委员会	2017年11月
59	卫 涛	安徽省第三届高校武术锦标赛男子乙组长拳	三等奖	安徽省高等院校教师教育合作委员会	2017年11月
60	王紫焕 俞婷婷	第十三届中国大学生体育舞蹈锦标赛暨第二届中国中学生体育舞蹈锦标赛大学专业院校B组单项C2组	一等奖	中国大学生体育协会	2017年12月
61	夏志远 刘 雪	第十三届中国大学生体育舞蹈锦标赛暨第二届中国中学生体育舞蹈锦标赛大学专业院校B组单项J2组	一等奖	中国大学生体育协会	2017年12月
62	李蒙蒙 陈西霞	第十三届中国大学生体育舞蹈锦标赛暨第二届中国中学生体育舞蹈锦标赛大学专业院校B组单项P2组	一等奖	中国大学生体育协会	2017年12月
63	宋良葵 陈青云 阮小飞 刘 雪 胡雅琴 骆 飞 王紫焕 陈西霞 马亚亚 徐春子 夏志远 李蒙蒙	第十三届中国大学生体育舞蹈锦标赛暨第二届中国中学生体育舞蹈锦标赛大学专业院校B组校园J团团舞2组	一等奖	中国大学生体育协会	2017年12月
64	骆 飞 宋良葵	第十三届中国大学生体育舞蹈锦标赛暨第二届中国中学生体育舞蹈锦标赛大学专业院校B组单项R2组	一等奖	中国大学生体育协会	2017年12月

续表

序号	获奖学生	竞赛名称	获奖等级	颁奖单位	时间
65	王 衡　胡雅琴	第十三届中国大学生体育舞蹈锦标赛暨第二届中国中学生体育舞蹈锦标赛大学专业院校B组单项T2组	一等奖	中国大学生体育协会	2017年12月
66	宋良葵　陈青云 阮小飞　刘 雪 胡雅琴　骆 飞 王紫焕　陈西霞 马亚亚　徐春子 夏志远　李蒙蒙	第十三届中国大学生体育舞蹈锦标赛暨第二届中国中学生体育舞蹈锦标赛大学专业院校B组校园C团团舞2组	一等奖	中国大学生体育协会	2017年12月
67	芦 哲　戴之晓	第十三届中国大学生体育舞蹈锦标赛暨第二届中国中学生体育舞蹈锦标赛大学专业院校B组单项T2组	一等奖	中国大学生体育协会	2017年12月
68	芦 哲　戴之晓	第十三届中国大学生体育舞蹈锦标赛暨第二届中国中学生体育舞蹈锦标赛大学专业院校B组二项S2组	一等奖	中国大学生体育协会	2017年12月
69	谢梦琪　阮小飞 赵欣怡　俞婷婷 章燕宏　戴之晓 马亚亚　徐春子 江小倩　叶孟凡 芦 哲　王 衡	第十三届中国大学生体育舞蹈锦标赛暨第二届中国中学生体育舞蹈锦标赛大学专业院校B组艺术表演舞2组	二等奖	中国大学生体育协会	2017年12月
70	王 衡　胡雅琴	第十三届中国大学生体育舞蹈锦标赛暨第二届中国中学生体育舞蹈锦标赛大学专业院校B组二项S2组	二等奖	中国大学生体育协会	2017年12月
71	骆 飞　陈西霞	第十三届中国大学生体育舞蹈锦标赛暨第二届中国中学生体育舞蹈锦标赛大学专业院校B组单项W2组	二等奖	中国大学生体育协会	2017年12月
72	王紫焕　俞婷婷	第十三届中国大学生体育舞蹈锦标赛暨第二届中国中学生体育舞蹈锦标赛大学专业院校B组单项J2组	二等奖	中国大学生体育协会	2017年12月
73	夏志远　刘 雪	第十三届中国大学生体育舞蹈锦标赛暨第二届中国中学生体育舞蹈锦标赛大学专业院校B组单项C2组	二等奖	中国大学生体育协会	2017年12月

2016～2017学年国家奖学金获奖名单

(共 25 人)

化学与材料工程学院(2 人)

　　曹永杰　董文文

旅游管理学院(2 人)

　　许光林　杨可文

机械与电子工程学院(5 人)

　　汪　新　谢　琼　季海龙　霍新旺　许洋洋

应用数学学院(2 人)

　　张彩云　叶婷婷

文学传媒与教育科学学院(2 人)

　　熊莲琦　胡　璠

外国语学院(1 人)

　　张心如

信息工程学院(3 人)

　　葛东东　安峰妹　任　慧

体育学院(2 人)

　　刘茜茜　刘　锐

艺术学院(2 人)

　　钱金华　张　丽

经济与管理学院(4 人)

　　余成默　王兆强　瞿艳秋　韩　蓉

2016～2017学年国家励志奖学金获奖名单

(共 503 人)

化学与材料工程学院(48 人)

　　沈建委　徐高晨　张慧文　赵　芳　王　婷　周文靖　祁倩倩　刘亚男　程阿梅
　　冯　龙　王忠杰　张志全　童　凯　匡开蕊　陈怡凡　陈曼莉　周　静　卜玉蒸
　　刘节平　石　玲　蔡世楠　穆癸材　范　影　周　仪　陈　晨　曹　璐　张志芬

夏珍妮　赵　青　唐凤霞　闫迁迁　徐　静　梁鸿镜　管徐芳　苏蒙蒙　陈　静
张闪闪　李　梅　夏　静　郭祖民　祝精武　赵玉玉　吴　洞　张　燕　陶兵景
董迎雪　余　悦　刘雨洁

机械与电子工程学院(84人)

秦雨晴　李玉丽　王鹏程　凤冰霞　王　浩　许苗苗　苏魁魁　何　瀚　王志武
后睿昕　石飞凤　汪　峰　孟　柯　殷天宇　赵明诚　罗　奎　张　颖　王子祥
高　飞　崔正宏　桂　浩　武晓龙　高道宁　李玉玉　陈秀秀　李双銮　朱慧珍
郭　孔　陈　哲　汪庆海　毕亚楠　石博文　秦　棋　王祥祥　吴文贤　赵祥祥
杨　浩　刘　涛　江　鑫　史杨梅　余　娟　沈先敏　王文齐　韩　锰　石江华
武海峰　赵国良　胡慢谷　李　腾　张红成　梁敏祥　王兵元　马　波　武国飞
王兆瑞　张　晨　吴海兵　姚传旭　任　杰　丁泽文　王春娥　闫雪廷　高云露
宗胜杰　赵　艳　胡忠斌　黄明涛　王认认　柯松凯　刘紫薇　张　乐　祁贤康
万家豪　童　蕾　许梦娜　郑　雨　王　童　陈　童　肖　勇　高明久　王昌平
张　静　王又奇　杨　衍

经济与管理学院(81人)

马巧遇　翟如悦　刘　平　崔　文　王情情　徐光飞　张子亚　王　炎　陈　诚
李晓琳　陶佳慧　王金媛　蒋雅洁　丁　威　闫紫薇　王慧慧　周笑笑　戚晴晴
王淑美　汪梦娇　张　舒　于婷婷　李　露　龚翠翠　齐　豪　金诗松　陈新静
徐娅如　张　静　杨田田　尤容容　杨秀萍　李五环　刘兰兰　吴珊珊　谈陆君
何芳芳　陈　琪　李文亭　尹彩霞　张　念　叶莉莉　甘　铃　陈宏羽　张梅娟
吴　彤　王　影　王慧玲　王　甜　沈　雪　崔梦月　赵玲玲　吴　爽　刘先彬
郑串串　王　耀　蒋正理　杜　雨　曾苗苗　何成成　吕晓璐　顾瑞瑞　李云云
周燕芳　刘旭慧　方春燕　朱黄鹂　芮　静　黎玲凤　李战文　郑必芳　杨伊莎
吴　倩　王雪莉　纪　嫚　戴　影　章慧雨　王　虹　周丽媛　王倩玉　吴梦娟

旅游管理学院(36人)

洪明亮　汪　佳　姬新新　江颖颖　陈双双　冯　珂　刘莉娟　安　琳　陈　瑶
汪家铭　刘丽梅　董　静　朱　迪　高　莉　刘菲菲　刘园园　管梦琪　沈菲菲
曹　凡　桂文学　刘云娟　谢明真　李妍妍　唐　围　何　俊　王雅雅　陆　亚
李　敏　张　颖　安建玲　唐文艳　李楠楠　谢祥实　李如意　雨　晴　胡　月

体育学院(27人)

朱进军　刘　雪　强香月　余文琪　梁蕴杰　李　明　汪　洁　王　雪　李　琳
唐寿彩　储著名　吴纯杰　盛　倩　严成群　王培培　詹旭兰　孙泰俊　梁珊珊
王　超　衡　伟　姚梦月　谢傲茹　胡雅琴　冯婷婷　马亚亚　王　鹏　章晶晶

外国语学院(29人)

方欣昱　朱　倩　徐书亭　李　梅　崔梦萍　杨悦悦　陈明月　庞仅仅　盛诺男

王雪琴　沈巧媚　何　立　祝芳琴　胡晓晓　宋永芳　王　晶　杨　洋　江　琪
陆小玉　音慧慧　周行敏　樊广艳　肖雨晴　杨梦琴　尚雨倩　胡　敏　阚　姝
王佳丽　张志慧

文学传媒与教育科学学院(45人)

孙昌梅　程紫娟　余　磊　张韦韦　陈雨晴　张小海　吴莹莹　张义波　张　悦
邓　敏　国慧慧　宋婷芳　营士田　杜　娟　邓雄娟　许　燕　李贝儿　郑文艳
周海燕　许林瑞　朱丽丽　韩利丽　吴雪婷　赵义婷　赵　元　陈丽勤　陈子和
王方好　张　月　顾点点　戴　芳　李甜甜　李　慧　江　艳　姚　柳　许　云
余礼培　张凯丽　路其情　王传艳　张倩倩　蒋芜陵　王开宣　管　婷　昌文艳

信息工程学院(75人)

杨靖文　丰　进　陈　娟　梁玉琴　施宏玲　许状状　郭大旗　刘　月　苏一凡
黄义超　阮　飞　马先波　韩洋洋　李　瑞　龚婷婷　孙晨皓　程晓洁　龚金明
张　勇　侯效超　龚芸云　涂　珍　陈秀玲　郭玉芳　胡　蝶　孙　静　魏晓燕
王　婷　刘春侠　赵　银　蔡新如　马仁壮　陈　曦　黄子艳　郑明明　舒　浙
李明辉　汪　萍　周冰雪　束道萍　李　勉　张倩倩　张瑶妹　朱银娣　刘娅利
朱　婷　陈　晨　宋安林　李代代　杨　尹　胡梦霞　史胜红　孔明柱　韦文洁
舒　琴　刘　芳　江雅玲　李　甜　方雅婷　程文丽　高　云　张　伟　钱　维
王雪晴　韩　倩　何豫皖　孙海霞　陈　玲　丁后发　张玉钦　杨志诚　皮韶兴
胡慧珍　张梦娜　李梦雪

艺术学院(44人)

郑月月　白　雪　孙　悦　任辉煌　刘莉娟　张慧慧　孟　雨　李兆斌　吴志斌
葛鹏志　钟　浩　张永岩　袁　昊　杨　泽　瞿　杰　陶　勇　陈丽婵　张新伟
刘　菲　童雅倩　周　红　强　雯　宗成慧　尹忻昕　赵　敏　吴　瑶　李　昊
王梓菡　卫　瑶　杨　冉　冯欣灵　唐云雁　卫　敏　陈立立　瞿康琴　吴梦君
赵瑞歆　王　燕　石莉雅　刘美凤　沈书利　刘淑雅　李木子　夏　盼

应用数学学院(34人)

彭霞红　王　珊　倪　翔　朱艳秋　黄新敏　周　珍　罗成业　李秋香　孟　娇
陈　维　张　琪　翁婷婷　陈　悦　江雪梅　李学健　刘　耀　祝梦伟　兰丽丽
徐锦航　庄静雅　杨　凡　张洁兵　周宏伟　王双全　刘倩倩　郑　翠　乔佩佩
李　娜　李　兰　刘珍珍　刘大刘　章立萍　王文雷　郑雨婵

安徽省普通高等学校品学兼优毕业生名单
(共123人)

化学与材料工程学院(11人)

孙浩波　徐亦青　迟慧芳　杜　梅　朱潜丰　张　莉　王会朵　程志华　王　静

张路路　张小选

旅游管理学院(9人)

马楚君　王　娟　林惠兰　胡耀宗　张　扬　张　雪　刘雪娇　殷田田　杨　静

机械与电子工程学院(18人)

张　晨　晋　蕊　叶政军　刘扬扬　张晓颖　王　宇　王　云　常数数　黄　卫
姜海辉　王义锋　何永琪　林　锁　梁　强　徐　钧　张　化　韩宝磊　陶勇君

应用数学学院(12人)

代超凯　徐　钰　邢佳晴　张淑雅　何成梦　乔文静　程　昊　董大强　秦晓鸣
王春雪　程奇敏　范妍妍

文学传媒与教育科学学院(21人)

章　琴　李　璐　彭珺悦　方　超　程　爽　胡城城　陈霖霖　张华原　张　慧
冉庆帮　余　婷　刘　晋　刘雨杰　潘良艳　李　凯　王文生　潘余同　程路雅
江亚平　徐美娜　杨丽敏

外国语学院(10人)

赵雪娣　程亚楠　刘珍珍　张　晴　潘玉琳　巫　荣　朱　淼　王　意　凌蜜蜜
姚　婷

信息工程学院(9人)

于佳婷　高光耀　胡丽艳　麻　超　李灵芝　李俊俊　赵旭升　陈　月　宋　振

体育学院(6人)

汪　浩　仰永丽　朱家秀　李　蓉　胡　月　时义豪

艺术学院(9人)

王　鹏　姚东凯　段紫瑜　曹广文　刘怿文　殷智慧　李　旭　胡安娌　陈　盛

经济与管理学院(18人)

李　健　王康辉　瞿康宁　喻　杰　赵泽光　韦　琳　丁　娟　曹　琼　施　雯
李慧文　高雅慧　赵　杰　李　雨　黄　敏　高　妍　肖　竹　汪文华　张　黎

学校的表彰与奖励

2016年度综合考核优秀单位和个人名单

经济与管理学院
旅游管理学院
文学传媒与教育科学学院
党委组织部(统战部)
党委(院长)办公室
纪委办公室(监审处)
发展规划处
党委学生工作部(学生处)
人事处

年度考核优秀个人名单

所属单位	名　单
经济与管理学院	左劲中　赵　祺　余　雷　方　玲　甘　泉　吴克平
文学传媒与教育科学学院	王宇明　周洪波　贾艳贤　信中贵　宋文峰　曹栓姐　张　平
外国语学院	余荣琦　田　平　王　钢　奚　伟　周建华　周　华　吴爱群　祖　艳
体育学院	赵胜国　陈永军　李月红　樊贤进　江杭生　李　李　朱桂华
应用数学学院	陈佩树　夏　静　王冬银　徐富强　王海莲
机械与电子工程学院	余建立　史良马　王玉勤　王　静　叶　松　任玲芝　靳国宝　王正创　张自锋
化学与材料工程学院	程　磊　方海燕　李　雷　钱德胜　秦国旭　王新运
信息工程学院	吴其林　梁宝华　疏志年　方　周　张　勇
旅游管理学院	郭晓艳　杨　帆
艺术学院	刘宣琳　王丹丹　刘靖宇　田世彬　马　磊　席景霞　王永虎
马克思主义学院	吴多智　董颖鑫
办公室	石　庭
组织部、纪委、宣传部	王　晖　彭正生　夏桂林(六安市选聘办年度考核优秀,不占学校考核指标)

续表

所属单位	名　　单
学工部、团委	郭　超　胡　佳
人事处、发规处	吴　芳　关　鹏
教务处	王　敏　宗　玛
科技处、环巢湖中心、国教院	朱华平　陈　凤
财务处、国资处	许　兵　李季纲
后勤管理处	黄世文　孔小东　张　凌
保卫处、工会	王迺静　何　涛　徐守成
图书馆	许家珍　陆春华　缪亚东
现教中心	侯加兵　顾正波
中层领导干部	罗发海　张继山　柳洪琼　徐志仓　陈恩虎　陈海波　余洁平　张连福 肖圣忠　徐礼节　刘金平　陈和龙
辅导员	王　倩　李本祥　汪　军　金　晶　张　号　孔银生　邓其志

2016~2017年优秀教师、优秀教育工作者、师德先进个人名单

(以姓氏笔画排序)

优秀教师(7人)

丁龙庆　卜华龙　王玉勤　余　雷　钟　翔　奚　伟　陶有田

优秀教育工作者(6人)

马永梅　李　融　李曙光　张　蕊　金　晶　侯加兵

师德先进个人(4人)

王　静　杨　芳　梁宝华　谢如龙

安徽省第二届应用型本科高校联盟青年教师教学竞赛巢湖学院选拔赛获奖名单

序号	参赛学院	姓名	性别	获奖等次
1	马克思主义学院	开 琛	女	一等奖
2	应用数学学院	谢如龙	男	一等奖
3	机械与电子工程学院	代光辉	男	一等奖
4	文学传媒与教育科学学院	胡雪梦	女	二等奖
5	马克思主义学院	周玲玲	女	二等奖
6	艺术学院	薛 梅	女	二等奖
7	体育学院	张金梅	女	二等奖
8	化学与材料工程学院	葛碧琛	女	二等奖
9	外国语学院	吴爱群	男	二等奖
10	机械与电子工程学院	李岩岩	女	二等奖
11	机械与电子工程学院	申海洋	男	二等奖
12	经济与管理学院	王小骄	女	三等奖
13	经济与管理学院	程晶晶	女	三等奖
14	经济与管理学院	谭晓琳	女	三等奖
15	旅游管理学院	李晓萌	女	三等奖
16	旅游管理学院	胡 倩	女	三等奖
17	旅游管理学院	丁龙庆	男	三等奖
18	文学传媒与教育科学学院	朱小泉	女	三等奖
19	文学传媒与教育科学学院	李文娟	女	三等奖
20	外国语学院	王珊珊	女	三等奖
21	外国语学院	张露露	女	三等奖
22	艺术学院	贡 婷	女	三等奖
23	艺术学院	曹 艺	女	三等奖

续表

序号	参赛学院	姓名	性别	获奖等次
24	应用数学学院	严恒普	男	三等奖
25	应用数学学院	陈侃	男	三等奖
26	体育学院	王富鸿	男	三等奖
27	体育学院	周雪华	男	三等奖
28	化学与材料工程学院	蒋慧慧	女	三等奖
29	化学与材料工程学院	张凤琴	女	三等奖
30	机械与电子工程学院	唐静	女	三等奖
31	信息工程学院	严小燕	女	三等奖
32	信息工程学院	张正金	男	三等奖

安徽省第三届普通本科高校青年教师教学竞赛巢湖学院选拔赛获奖名单

序号	参赛学院	姓名	性别	获奖等次
1	经济与管理学院	赵祺	男	一等奖
2	化学与材料工程学院	秦国旭	女	一等奖
3	机械与电子工程学院	代光辉	男	一等奖

第九届青年教师教学基本功竞赛获奖名单

序号	参赛学院	姓名	性别	获奖等次
1	经济与管理学院	王小骄	女	一等奖
2	文学传媒与教育科学学院	胡雪梦	女	一等奖
3	化学与材料工程学院	葛碧琛	女	一等奖
4	应用数学学院	肖淑梅	女	一等奖
5	马克思主义学院	周玲玲	女	二等奖
6	旅游管理学院	方玲梅	女	二等奖
7	外国语学院	胡丽	女	二等奖
8	外国语学院	王珊珊	女	二等奖

续表

序号	参赛学院	姓名	性别	获奖等次
9	信息工程学院	申晨阳	女	二等奖
10	信息工程学院	黄贵林	男	二等奖
11	机械与电子工程学院	周 玉	女	二等奖
12	机械与电子工程学院	董慧芳	女	二等奖
13	经济与管理学院	程晶晶	女	三等奖
14	外国语学院	王娟(大)	女	三等奖
15	应用数学学院	严恒普	男	三等奖
16	化学与材料工程学院	吴梦晴	女	三等奖
17	机械与电子工程学院	孔俊超	男	三等奖
18	艺术学院	曹 艺	女	三等奖
19	艺术学院	席景霞	女	三等奖
20	文学传媒与教育科学学院	李文娟	女	三等奖
21	文学传媒与教育科学学院	毛莎莎	女	三等奖
22	体育学院	艾显斌	男	三等奖
23	体育学院	周雪华	男	三等奖

2016～2017学年"三好学生"名单

(共816人)

旅游管理学院(共62人)

陈小旋　陈园园　周　敏　张金龙　胡　军　房云霄　殷田田　候巧莉　张静茹
邵玉红　王莹莹　王晓娜　池媛媛　周娟娟　余华磊　于　芹　褚文君　王泽霞
吴　慧　林　霞　周运运　王　芳　刘龙飞　王逸群　杨可文　茆伙梅　高　莉
杨琳琳　杨维维　马骁骁　荣　洁　刘丽梅　李雪情　陶　婷　刘菲菲　方鸿宇
陈　林　管梦琪　刘旭伟　王　杰　林惠兰　万瑞捷　张　敏　李　敏　张　静
朱莉莉　吴杨凡　陈　燕　项　燕　谢明真　严　清　娄　敏　刘茂莲　张诗雨
曹　可　曹　凡　王孝美　沈菲菲　刘云娟　李云露　秦继莹　王　欣

经济与管理学院(共119人)

欧阳丽　代　璇　施淑婉　许庆倩　刘雯娟　周　喆　刘雅晴　夏　琦　夏　睿
任雨瑶　岳淑珍　常　晟　汪祥祥　袁金钊　宋兰兰　黄文昊　陆雨晨　丁　威
谢华蝶　谢雅佳　王慧慧　王慧玲　赵志祥　叶顺帆　许　瑞　章素雅　汪凤萍

王　翔	赵玲玲	欧　锐	丁雨情	卢美玲	晏长露	丁　涛	万俊波	甘　爽
梅德凤	崔　文	彭茜南	朱丽雅	赵　雪	周笑笑	吴　璇	江一凡	金诗松
田　准	徐　惠	汪佳丽	谢慕华	杨田田	耿林玲	闵志强	刘　欢	李梦微
李五环	杨秀萍	汪雅静	李金平	吴　倩	倪赛赛	邓心宇	赵元梓	胡寒冰
孙文明	梁飘文	杨伊莎	戴甜甜	郑必芳	吴涵涵	朱莹莹	张梅娟	毕　蕾
周　轩	吴梦娟	查　梦	刘　倩	徐　倩	杨　曼	郭明月	芮　静	王　珊
郑美玲	王　玉	汪慧敏	赵瞳瞳	张　婷	邹　谨	于婷婷	龚翠翠	张慧慧
张雅文	郑串串	张　翠	韩　蓉	万小妹	程厚昆	盛越荃	王　悦	白玉环
刘梦凯	周　奕	刘旭慧	魏晓燕	曹盼盼	翟艳秋	周燕芳	傅可意	余成默
李嘉续	李　健	李云云	顾瑞瑞	邓　亚	张子亚	胡娟娟	秦永胜	王　炎
汪静静	杜荣玉婷							

文学传媒与教育科学学院(共91人)

邓雄娟	钱　陈	黄淑敏	张晓悦	杜　鹃	崔　悦	李品秋	李贝儿	吴娱婉
赵义婷	杨必成	冉龙祥	冯楠楠	肖亚兰	胡锦明	李特特	吴雪婷	李　慧
周海燕	温　柔	姚　丽	袁　丽	陈珊珊	张莹莹	陈晓霞	方鑫苗	韩利丽
夏彩凤	许　云	姚　柳	李晓荣	郭文倩	江小宜	张　奇	张　慧	李　雅
张　静	周世杰	王传艳	尹晓甜	蒋芜陵	徐　晋	刘　萌	杨　敏	沈逢智
陈飞燕	顾点点	许露露	陈子和	王子静	李甜甜	徐媛媛	胡媛媛	孙昌梅
熊莲琦	程月月	吴成军	史庆庆	赵丽娟	张咪唏	郑　叶	丁婧媛	汤凤霞
姜方琴	马慧慧	管　婷	王　敏	方　瑞	李　璐	张　莉	杨新柳	陈霖霖
宋有凤	张华原	张　慧	胡小燕	贺瑞瑞	袁　敏	张文雅	许玉娥	陈春芳
申崇阳	唐　静	黄文惠	金彤彤	陶玉婵	徐美娜	冉庆邦	陈　晨	刘雨杰
刘　晋								

外国语学院(共49人)

章婷婷	李梦蝶	夏雨婷	赵婉君	廖　纯	李远远	王丹丹	梅　婷	陈敏蕙
周行敏	梁美景	王佳丽	石　珂	张心如	付渡远	王莹莹	朱明第	薛皖如
陈瑶瑶	杨悦悦	高　玉	赵倩倩	王　勤	江　琪	赵生琳	朱雅新	陆婷婷
刘倩倩	庞仅仅	李　丹	袁　瑶	王　晶	吴晓萍	王雪琴	蒋　婷	陈雅茹
黄梅芳	乔舒萍	祝芳琴	沈巧媚	刘习习	檀玲燕	梁小娜	崔梦萍	汪京京
杨子芃	黎　莎	张榕榕	陶亚婷					

应用数学学院(共61人)

倪　翔	汪冠玉	倪宗梅	朱艳秋	王　兰	李　华	朱珉琨	储亚青	王　涛
章立萍	王　皖	康　迪	杨欣欣	韩　萌	姚群英	张　琪	王亚娟	洪心悦
张晨晨	彭霞红	王　珊	张佳佳	许晓柳	徐锦航	赵朵朵	张　静	程鹏翔
兰舒婷	邓亚楠	刘倩倩	王　珊	周宏伟	江柯禹	丁智健	高圣杰	王双全

王 情　王 艳　乔佩佩　刘小香　左呈昆　李 娜　王溪晨　张幸玉　魏阳阳
张 芳　代婷婷　何金平　杜 杰　朱红明　凌 飞　杨 凡　李海岗　高思敏
朱琳钰　刘梦雪　唐梦雨　胡珍颜　王海丽　汪 靓　郑 翠

信息工程学院(共 103 人)

赵 安　朱印婵　高健超　李 甜　王慧慧　陆文芳　吴建平　陶佳佳　韩 倩
王艳芳　何玉梅　周慈航　蔡新如　李振国　何 凯　韩守振　李 男　姚 丽
张赛虎　胡 琪　张倩倩　叶 亮　万天龙　安峰妹　尹小伟　刘园园　董晶晶
梁 超　刘春侠　李玉龙　胡丽艳　郦玮劫　麻 超　刘晓明　高光耀　宿 耀
丁后发　滕文瑄　朱 炜　陈子洋　张 影　刘如静　任 磊　王 柯　张 伟
钱 维　王 悦　张 婧　胡梦霞　张世仁　张澳生　杨 媛　郭继春　侯 磊
曹志高　胡 月　张梦颖　张梦娜　汤梦晨　侯效超　万永琪　余宏斌　段晨曦
阮 元　张乐园　李显军　洛 克　余继奎　陈 静　王思远　董维喜　孙 高
桂婷婷　彭 杰　苏莹莹　曾美娟　纪 斌　李京京　龚金明　刘琴琴　王巍然
许状状　张娟莉　宋仁杰　孙宁飞　汪 萍　窦泽平　杨雨豪　舒 浙　韩伟杰
朱唯冬　林 婷　宋卫霞　蒋岚岚　苏 婉　王 利　周 昂　相万春　朱曼婷
尹小林　王雯阳　任 慧　徐樊远鹏

体育学院(共 44 人)

沈 琼　梁 锐　陶 雯　斯雪霜　苏宣玉　方孝文　潘 岗　汪小你　王招招
曹 洁　程 康　潘 瑶　章晶晶　徐怀成　陈宇恒　梁姗姗　丁雪梅　宋飞云
李 慧　俞钢钢　周世春　陈 超　刘 雪　王志伟　梁蕴杰　赵欣怡　万志泉
俞婷婷　储 炀　方 涛　许世明　胡 倩　彭硕军　李 琳　卢 尧　曹 畅
潘成梅　李 明　金 涵　盛 倩　戚 康　周明志　韩家贵　卫 涛

机械与电子工程学院(共 133 人)

白少昀　曹恩智　查王春　陈 成　陈道洲　陈 伟　程 雨　储琴琴　慈 晴
崔正宏　丁 朝　丁 建　丁孟伟　杜安杰　房强利　高云露　高 赞　韩 慧
何 聪　何 桂　侯文华　后睿昕　黄成林　黄 凤　黄秋云　黄园浩　黄 悦
巨 迅　李 浩　李浩东　李进龙　李孟君　李明慧　李 芹　李 腾　李亚岚
李玉丽　梁昊宇　梁敏祥　刘文慧　刘 勇　刘 振　卢彧逸　陆 凯　缪旭辉
牛炫望　潘程程　潘文彬　漆艳菊　祁贤康　钱森森　强双妹　曲锦耀　任 杰
任子鸣　邵 宝　盛思涵　史杨梅　适正超　宋中哲　苏魁魁　孙明戌　孙其龙
孙晓旭　陶树声　陶帅帅　田金金　田 振　童 玲　赵 虎　汪 淦　汪澜澜
汪强林　汪庆海　汪业成　王棒棒　王兵元　王春娥　王栋贤　王 恺　王认认
王世峰　王文君　王又奇　王 云　王兆瑞　魏详详　吴丹玲　吴海兵　吴慧成
吴 娜　肖 潇　熊裕慧　徐红梅　徐挺想　徐小芳　许梦娜　薛浩然　薛文健
闫雪廷　杨 静　杨 军　于浩浩　袁伟伟　张金强　张 珂　张梦思　张圣澜

张婷婷	张晓颖	张永康	赵明诚	赵胜兰	赵小杰	赵艳	郑岩岩	郑雨
周迪波	周庆	周婷婷	周洋	朱博	朱庆	朱仁珍	朱伟平	朱亚林
宗胜杰	毛瑞	丰加明	陶壮	贺龙	吴广澳	唐丽		

化学与材料工程学院(共86人)

赵玉玉	韦庆柳	武玉娟	周雅楠	刘方方	岳胜	杨柳	胡小丽	何创创
张顺意	刘逸	周培培	运婉茹	陈倩倩	夏静	孙赓	彭勇	项厚政
范学松	祝精武	葛远玲	郭祖民	吴敏	尚丹丹	张慧文	郭子娇	徐梦
穆癸材	蔡世楠	郑东春	袁军	蒲玉真	施成海	王忠杰	冯龙	高志宏
高慧	吴沁	李猛	丁梅鹃	夏婷	李缘	曹永杰	程阿梅	贾嘉豪
屈文言	王宇	张永静	袁稳	董文文	纪鑫	侯慧洁	梁鸿镜	徐静
袁思雨	时英辉	张志全	樊旭	王倩	丁魏	陈怡凡	蒋文清	赵孝郑
武梦婷	牛志慧	何书语	张文欣	赵青	王香圆	周洋枝	苏蒙蒙	何梦婷
蒋美玲	张银莹	陈阳	王婷	马文斌	李明	周文靖	何静	杨利侠
刘亚男	郭乃凤	郭玥	吴敏媛	丁力				

艺术学院(共68人)

瞿杰	张丽	孙珊	高智化	潘雪莲	陈庆庆	柯俊兰	张家志	陶勇
刘莉娟	方宇程	袁昊	张博	葛鹏志	王松	孟雨	安慧子	王懿
钟浩	代数	强雯	郑婷婷	张永达	姜美志	吴晓芳	李梓瑞	刘婕
张新伟	包涵	杨红	孙长兰	司味	童雅倩	朱万梅	刘菲	钱金华
王济廷	戴妍	高占	赵培培	贺芳芳	李想	王雅楠	吴智园	魏程
杨娇娇	郑超	安绍庆	施虹	常明娜	顿慧娟	吴中奇	杨晨	赵梓寓
卫瑶	陈立立	王浩然	张保衡	蔡海霞	贾娟娟	刘相池	单祎	张鹏召
吴悦池	张祺	李婷	李沅泓	梁凌瑞玥				

2016~2017学年"优秀学生干部"名单

(共301人)

旅游管理学院(19人)

时洋	杨明	杨陕	张雪静	刘焕	陈双双	陆娟萍	崔传凤	姚福静
孙文婷	刘园园	江龙	李芸东	王明苗	吴博文	安建玲	黄春杰	邱晗笛
程浩								

经济与管理学院(35人)

吴梦婕	刁虎林	沈琪丽	谢子言	陈凌	张凯	朱敏	唐健	张沙沙
李土	张俊明瑛	刘颖	鲁璐	杨柳	孟庆寒	彭晨燕	刘梦楠	
李浩	赵晓涵	刘晓倩	陈芳	戴影	王雪莉	候进臧	冯威	刘先彬

郗辉军　王可可　陈敬秀　王　耀　李　莉　吴　宁　葛玉伟　杨　峥

文学传媒与教育科学学院(28人)

葛成超　王莹莹　汪桂鸿　陶娴静　邓博琳　胡月荣　王利利　许林瑞　谢赛赛
宋明艳　黄丽文　陈美晨　王开宣　邓　敏　黄　桅　何　浩　李品秋　倪士妍
徐一敏　徐超洲　许　燕　訾佳玲　张义波　王兆乾　房　萍　刘宝新　章　腾
殷子珺

外国语学院(15人)

钟　凯　胡雪婧　阚　姝　陈明月　代亚文　张　锋　张文佳　葛珊珊　金安俊
俞　莹　王　慧　屈明媛　余　瑶　徐书亭　张雨薇

应用数学学院(19人)

王梦远　郑雨婵　高　峰　翁婷婷　张　潘　王文雷　李　娟　李学健　马登峰
汤一凡　刘大刘　陈　波　王国宁　田佳佳　朱斯婷　张立祥　刘丹秀　程森林
周星语

信息工程学院(31人)

高鑫鑫　张京华　陈　晨　葛东东　厉　雨　王　劝　孔明柱　苏一凡　马先波
宋相楠　方　瑜　李　瑞　陈康凯　郭志成　孙立亮　张志强　王蜜蜜　束道萍
谢尚友　付春雨　吴　珊　孙晓康　朱　浩　宇荣亮　胡　倩　宇荣亮　张瑶妹
赵大琼　严　浩　王晓晓　盛大康生

体育学院(14人)

刘茜茜　刘　锐　班鹏飞　阮康路　朱进军　谢梦琪　潘明辉　冯婷婷　杨　桐
张国彪　谷文波　程　虎　朱海霞　陈　安

机械与电子工程学院(40人)

江　流　鲍时宝　崔　颖　凡　宇　方　坤　管晗阳　何　良　季海龙　江　鑫
金轶飞　李　贺　李销粉　李学成　林广森　刘扬扬　孟超繁　慕雨凡　彭悦悦
戚功媛　秦雨晴　沈　新　时　悬　孙乐宇　王　磊　韦　刚　吴阳阳　谢　傲
徐济渊　许　蒴　许超杰　杨希润　叶　健　尹先勇　余丹璐　张程前　张　凡
张秀文　左雪梅　赖清明　魏黎明

化学与材料工程学院(26人)

李天然　葛鸣君　夏　婷　张小娇　李　梅　尹慧茹　江紫荆　闫珍磊　曹玉峰
张　欢　季茹蓉　刘节平　张　娜　房然然　张志芬　杨　慧　范二壮　杨　鸿
王　盼　洪志远　邓　敏　张志蓬　李　皓　代林君　崔　畅　史玉林

艺术学院(21人)

江梦华　胡雪凡　王亭亭　庄建邺　赵　珊　李文静　沈书利　郑　瑶　夏　盼

王梓菌　祁荣荣　王楚君　陈　爽　白锦涛　张卿颖　孙　悦　李大宝　万　鹏
唐陆婧　王成辰　康贝明

学生会(11人)

赵豆豆　马青洋　汪逸慧　李国炽　周前程　张卓娅　郭文凯　郑明明　李　凯
童　子　欧阳紫微

学生社团联合会(13人)

沈习明　徐鲜丽　王家飞　桂敬春　徐九云　周建林　姜明明　杜　娟　黎　雷
尹小伟　张兆祥　张倩倩　章　静

青年志愿者联合会(9人)

李梦微　孙宏伟　项锦龙　鲁海霞　刘小波　蔡庭伟　吴　漾　章志伟　赵　纯

汤山青年传媒中心(9人)

曹　原　付瑞楠　黄忠玉　倪永钦　潘石兵　田　成　叶寅寅　张靖瑞　周钰漩

广播台(5人)

丁毛恩　谢　薇　谢辛若　郑必芳　汪　靓

大学生通讯社(5人)

张庆云　胡叶烁　曹雪莹　孙　珊　杨　杨

大学生艺术团(1人)

戴思玲

2016～2017学年"先进班集体"名单

(共40个)

旅游管理学院(3个)

2015级酒管(2)班
2016级会展(2)班
2015级旅管(1)班

经济与管理学院(5个)

2015级财管(4)班
2015级财管(3)班
2016级法学(1)班
2016级财管(1)班
2015级法学卓越班

文学传媒与教育科学学院(5个)

2015级广播电视学(1)班
2015级广告学(1)班
2015级广告学(2)班
2016级广告学(1)班
2016级广播电视学(2)班

外国语学院(3个)

2014级英语(3)班
2015级英语(2)班
2014级商务英语(1)班

应用数学学院(3个)

2014级数学与应用数学(2)班
2016级金融工程(1)班
2015级统计学(2)班

信息工程学院(4个)

2016级软件工程(2)班
2015级电子商务(2)班
2015级软件工程(1)班
2014级软件工程(1)班

体育学院(3个)

2014级社会体育指导与管理专业(1)班
2015级社会体育指导与管理专业(2)班
2016级体育教育专业(3)班

机械与电子工程学院(5个)

2015级电信(3)班
2016级电科
2016级机电(1)班
2016级机电(2)班
2014级电气(3)班

化学与材料工程学院(4个)

2015级化学工程与工艺(2)班
2015级生物制药(1)班
2015级生物工程

    2015级化工(1)班

艺术学院(5个)

    2014级环境设计(2)班
    2014级视觉传达(2)班
    2015级视觉传达(1)班
    2015级视觉传达(2)班
    2015级美术学(2)班

2017年品学兼优毕业生名单
(共239人)

化学与材料工程学院(15人)

陈俊仿　李前会　刘慧敏　吴冯奇　许　可　何　瑞　黄凯悦　方　利　徐洪文
董银萍　王　猛　胡晓芬　邢会会　李　菱　杨晴雪

机械与电子工程学院(37人)

赵义海　许超杰　张广银　赵　显　汪　华　曹兴芳　王　慧　王志闯　韩鹤松
王　伟　韩　菲　陈昌玉　颜　彦　吴保朝　高艳萍　李凯明　何孔飞　李明钰
李佳丽　陈　然　何　娇　马　壮　刘　威　吴增强　吴鹏飞　李　广　晋大鹏
刘遇军　李学红　杨山山　杨　静　魏如志　马向阳　王文款　张金旺　孙　浩
吴　娜

旅游管理学院(18人)

朱春勤　杨雅云　马圆圆　任晓霞　张静茹　刘雪琴　吴晓娇　张豆豆　王瑶瑶
张利利　李　情　桂　灿　祝艳艳　张安琪　葛灿坤　董丽珍　彭晓磊　刘佳佳

应用数学学院(24人)

贾国华　刘　欢　宣青青　刘姣丽　曹　瑞　文　露　储小艳　侯娇娇　王　慧
黄圆圆　汪　颖　单　俊　韦　薇　李文婷　程明珏　陈灵静　徐玉珠　谢慧慧
徐晓霞　朱　瑶　张　培　黄　青　陈士兵　程琪麟

外国语学院(20人)

汪绪琴　郑月月　李仁亚　李小蝶　王　方　胡晓梅　张彤彤　高丁祎　袁　洁
奚天寒　陶月婷　邓　娟　汪　雅　高爱美　钱　蕾　唐语杰　刘　鑫　朱曼雨
耿娇娇　胡庆芳

文学传媒与教育科学学院(41人)

卢文君　夏浣娟　孙倩倩　杨宝梅　叶士艳　张其凤　王雪涛　陈　斐　舒　丽
葛志成　段　锐　郭倩倩　程　絮　王　简　唐月琪　宋有凤　郭丽娟　黄　怡

付家瑶　陈　晨　袁　丽　尹　慧　黄苏苏　夏丹丹　吴　云　陈珊珊　杨玉凤
胡梦瑶　汪　鑫　何梦梦　郑　丽　何　鑫　陈春芳　许　婧　朱建平　唐　静
刘思祺　王希贤　陈园媛　陈亚琴　陶玉婵

信息工程学院(18人)

时唯唯　徐　蜜　张妍歆　陈　慧　刘君茹　朱庆祺　吕青青　田晓伟　王　锋
宋文超　郁星星　朱曼婷　任　静　王　燕　相万春　陈　尚　程少铭　刘善勤

艺术学院(19人)

李昕政　傅　芝　王荷蓉　孟维华　韩海婷　邱　超　杨　进　王　蕊　秦瑶瑶
刘科含　高真臻　费苗苗　姬张瑞　李佩佩　甘雪菲　刘晓玲　周梦颖　郑敏萍
张雨晴

体育学院(11人)

苏宣玉　曹丹丹　朱秋林　汪小你　倪家云　张　荣　黄童童　胡婷燕　朱娟娟
曹　洁　周　玉

经济与管理学院(36人)

汤　珂　金　圣　常菊梅　王　博　孙红霞　杜亚男　洪志丹　张羽彤　刘婧雯
王家鹏　方晓萌　陈文静　胡　南　王小凤　修亳宇　吴天琦　刘　允　宋莎莎
王　萍　王莲花　胡雪琴　金　琼　陈　超　杨　丹　龙　飞　周　琪　张利芝
邓　强　张　纯　李垚燕　何书贤　许倩倩　韩　毅　张　蕾　丁　香　张慧慧

2017年"十佳大学生"名单

序号	姓名	性别	民族	政治面貌	年级专业	推荐类别
1	霍新旺	男	汉	中共党员	14级机械设计制造及其自动化	科技创新
2	龚翠翠	女	汉	中共预备党员	14级财务管理	志愿服务
3	汪孝一	女	汉	中共党员	14级酒店管理	社会实践
4	安佳俊	男	汉	中共预备党员	14级数学与应用数学	自强奋斗
5	王　耀	男	汉	中共预备党员	14级无机非金属材料	学风创优
6	刘先彬	男	汉	中共预备党员	14级财务管理	自强奋斗
7	马龙涛	男	汉	中共预备党员	14级广播电视学	自强奋斗
8	肖　健	男	汉	中共预备党员	13级无机非金属材料	自主创业
9	肖　潇	男	汉	中共预备党员	14级机械设计制造及其自动化	志愿服务
10	刘茜茜	女	汉	中共预备党员	14体育教育	体育锻炼

2016～2017学年优秀学生奖学金获奖名单

化学与材料工程学院

一等奖(38人)

梅梦莹　夏　婷　张小娇　周培培　王　耀　程　诚　杨　帆　曹娜娜　韦庆柳
郭子娇　葛雨露　黄秋晨　郑强廷　蔡　童　杨　慧　张永静　袁思雨　张淑君
侯慧洁　纪　鑫　季茹蓉　鲁建伟　程紫文　翟梦杰　邓志芳　郭荣芳　赵孝郑
田山林　王艺锦　王　智　张卓周　周洋枝　王　倩　纵　放　杨书贤　孙　莉
张新妹　史玉林

二等奖(81人)

卜玉蒸　高志宏　刘节平　陈曼莉　李　缘　周　静　陈倩倩　黄慧蕊　运婉茹
陆景伟　郭　燕　李满意　马振振　周　磊　蔡春蕾　董　杰　薛晚晴　刘　伟
高媛媛　郭婷婷　张　朋　李天然　武玉娟　朱皖娜　曹玉峰　王小雨　徐　梦
刘一峰　张　欢　郑东春　袁　稳　方　慧　方祥养　王　盼　张　昕　陈露滋
单明君　刘兆丽　李松波　吴明月　余明清　盛　泉　房然然　梁修霖　石江华
陈　引　程　梅　蒋文清　王香圆　程佳欣　王　坤　孔　婷　夏彩云　张银莹
朱冠舒　丁　梦　何梦婷　时　杰　丁　魏　庞春丽　洪志远　李德玉　王珊珊
何　静　刘慧慧　司莫愁　戴顺意　李　明　李　瑞　郭乃凤　刘敏敏　王必源
王　宇　杨　柳　蒋雯雯　宋湘云　李　丽　尚丹丹　丁林敏　黄陈艳　梁希梅

三等奖(115人)

洪梦寒　宋锦锦　王　悦　吴　沁　张顺意　丁梅鹃　何京秀　张　娜　王　远
尹佳佳　叶丽荣　刘天芝　吴振国　谢　蕊　徐秋红　翟婉玉　范学鹏　范学松
刘　帮　尹慧茹　张　晴　彭　湃　常靖宇　侯德良　项厚政　张　华　刘方方
张家苑　曹梦圆　张　晴　周雅楠　高宁宁　薛　成　杨晶晶　容　娇　曹玉峰
方迎归　胡小丽　刘志强　蒲玉真　汪竹青　袁　军　张　欢　陈雪琴　丁安琪
刘　潇　吴　琼　俞栋梁　潘瑞雪　秦婷婷　邵　颖　温露露　赵梦恬　周胜强
杨　凡　叶　翔　张　静　周前程　李鹏飞　刘明霞　魏文涵　赵　蕊　芮　浩
汪　洁　杨　虹　周　泉　周婉婉　邓　敏　吴晓莉　刘　浩　荣佳佳　张文欣
徐雪静　杨孝贤　韩玲玲　宋金玲　余晓晓　张利杰　周慧雨　陈　蕊　姜倩倩
沈芳峰　唐琳珂　姚嫚妮　吕紫君　王志乾　陈　昕　刘雪刚　毛　潇　杨黄杰
何　金　李园园　刘　源　杨利侠　丁红叶　刘　雪　马文斌　陶冬梅　王雪婷
郭　玥　胡闽青　魏秀娟　周　慧　屈文言　汪　蔷　袁　稳　何慧婷　杨云云
钟思夏　吴　敏　陈梅娟　江紫荆　牛志慧　伍吉丛　张娟华

机械与电子工程学院

一等奖(70人)

李倩茹	厉佳冰	汤美琴	吴志峰	蔡 倩	张 凯	曹恩智	方 坤	蒋光好
曾奥运	余 超	梅 琴	赵 停	卜俊秀	李恩鹏	鲁兴益	毕婉蓓	丁紫微
凡京京	何 聪	慈 晴	束 桐	张大帅	王新茹	张金涛	黄秋云	雷赛楠
左雪梅	闵旭波	杨回回	张丹丹	黄园浩	田 杰	凌星星	吴慧成	朱奇磊
谭展华	张婷婷	朱 博	白少昀	胡汉林	李进龙	周智文	杨梦圆	赵 昕
金 敏	余 勇	张圣澜	朱仁珍	苑文强	韩 慧	马翔宇	赵冬青	程震磊
胡玉佩	魏黎明	赵 娜	朱 庆	庞思琪	赵文达	贺 龙	李浩栋	储琴琴
丁 凡	欧闯闯	陈 成	李明慧	马桂英	洪维力	贾景景		

二等奖(141人)

陈 欢	刘玉婷	宋红红	何云强	王祥磊	朱 燕	蒋雨涵	潘文彬	吴晨红
朱静静	黄潜芳	潘程程	吴龙飞	周 潇	陈 诺	黄伟杰	陈晓月	吴丹玲
丰加明	黄成林	金天佑	吴俊辉	林 锐	孟 飞	汪 华	王 亮	李 纯
唐 丽	杨子为	蒋厚芝	金双霜	夏岩岩	朱梦成	华文广	江弘治	李博寒
范利军	沈 聪	王 恺	陈 成	蒋华俭	孙晓旭	曹文杰	马培文	王劲松
李修明	杜安杰	檀竹鹏	顾 菌	漆艳菊	唐 伟	吴咏杉	陈单丽	陈璐营
肖 超	闫 磊	吕海坤	王 桥	韦 刚	吴长强	刘文慧	丁孟伟	陈明涛
吕孝辉	童小宝	王 灿	熊裕慧	胡丽娜	李宇峰	宋中哲	张光照	陈金玉
刘泽龙	卢鹏超	董苹苹	何常宇	慕雨凡	朱再武	孙其龙	吴子文	张得飞
张 鹏	宋金飞	刘国振	汪 宇	程 雨	王世峰	张先泽	亓信龙	王 磊
吴 帅	楚亚飞	赖清明	潘荣耀	夏仁良	谢文斌	赵升起	朱泽天	韩宝路
刘甲俊	刘 玉	庞明明	沈 新	何先亮	孙业辉	陶梦娇	张 珂	周 庆
杜祥胜	梁大壮	徐书婷	余丹璐	张星雨	蒋家燕	陈 航	崔 颖	李销粉
钱叶飞	强双妹	蔡 梦	蔡宗阳	尚慧敏	章龙虎	周南君	高 策	宁 壮
徐 泽	赵小杰	曲锦耀	吴广澳	徐济渊	陈 成	姚传旭	张 晨	高前程
李言军	沈银杰	宋 洋	漆家兴	徐 瑞	岳文凯			

三等奖(201人)

黄 凤	金淮湘	马梦如	张 浩	戚功媛	田金金	王旭阳	张子军	蔡晓艳
郝 进	李 凯	邵嘉伟	汪强林	方一森	黄庆春	王有刚	张骁勇	张妍妍
周 翔	贺鸣鸣	李进伟	秦红艳	周童侠	赵 帅	王 燕	范海峰	金轶飞
李 勇	牛明想	袁 涛	徐 成	刘 茹	钱 佳	徐小芳	闫 鹏	鲍时宝
陈 伟	何 桂	胡爱卿	李少磊	宋书莉	肖 培	陈晓晔	郝明杰	徐红梅
徐延想	胡 聪	李 攀	许 蒯	张运动	杜康俊	孙进俭	吴昌盛	袁 强

胡晨捷	康永莉	李逸飞	吕 伟	汪业成	曹 臻	耿 帅	顾 帅	汪明明
周现伟	耿 壮	李泽恒	崔飞健	宗兆洋	蔡贤文	陈 恒	胡晓玲	孔梦雨
马 彬	张畅畅	谷文海	鲁张飞	马云飞	薛浩然	叶 健	袁 丽	王 磊
张 群	郑岩岩	朱成义	朱青云	龚志君	李 明	刘 波	王 文	尤素娟
束 平	李紫岳	宁辛雨	吴志龙	张金强	赵振宇	陈 晨	高虎成	郝 俊
许世杰	杨 迎	张佳欣	曹俊杰	田 润	张梦思	熊晓琴	尹文静	刘玉叶
吕 楠	童 玲	赵子豪	胡仲意	郭 飞	于家富	刘 凡	汤舒青	马文静
汝 勇	王 伟	张旭东	郑华明	葛 龙	李 儒	任海鹏	孙 艳	杨 杰
胡少武	李亚岚	王 明	王春龙	张师榕	陈小雨	李才林	梁昊宇	陆 泉
袁永凯	段 珍	郭文强	张 凡	张卫鹏	高 赟	蒋 鹏	王鹏程	许溧彤
杨子荣	朱海洋	王程伟	许 龙	陈传升	方东旭	彭 超	汪北京	汪相国
张新新	张 咏	郑元竞	程林林	秦 聿	吴彦清	吴 雨	张坚胜	赵 毅
黄金宝	钱秀秀	董之伊	范和平	李嘉辉	万璐璐	吴荣润	阳 昆	郑道鹏
张 虎	吴昌波	程 潇	黄 健	王 猛	杨 婷	李思源	李 滔	孙江东
占庆元	冯 星	赖雪丰	席绪林	张 涛	张智彧	白煌阶	崔博文	刘 衡
齐康杰	纵文波	张李平	余海涛	戴明涛	纪雪刚	魏成俊	程 兵	刘裕梁
邵 旺	孙 荣	王 斌						

经济与管理学院

一等奖(66人)

李圣洁	周 谨	张 翠	张慧慧	汪增静	刘梦凯	董瑜婷	朱明健	时家芳
周 奕	傅可意	张晓娟	韩玲玲	李 健	桂 梅	王 善	朱金翔	耿林玲
徐佳佳	褚 萍	杨 柳	文以璇	任明越	倪赛赛	汪雅静	胡寒冰	蔡兴伟
吴 晨	张志惠	候进臧	戴 鑫	吴涵涵	毕 蕾	周 轩	郭 静	冯雅婷
徐 倩	王 珊	杨 蕾	欧阳丽	奚早满	许冉冉	周 喆	胡丽媛	陈柳柳
陈 颖	宋柳燕	陈 凌	刘克蒙	潘 云	吴 琪	谢雅佳	穆志云	赵 雪
朱丽雅	江一凡	吴 璇	李小晴	佘雪莹	朱 敏	吴翼雯	郑 鑫	陈联燕
许 莹	甘 爽	万俊波						

二等奖(135人)

韩恩丽	郝佳佳	江元霞	姜 梅	崔诗皓	方事成	童茜茜	王 芳	盛越荃
万小妹	李晓庆	程厚昆	马健飞	陈慧敏	张 丹	金雨洁	胡娟娟	梁洪波
方 秦	孙小杰	朱敏国	徐 含	邱凌云	曹盼盼	王 丽	张琳琳	魏晓燕
陈 欢	李 丽	周微微	朱洁群	李 莉	居 冉	刘梦娟	段欠欠	陈阿芝
王丹丹	张 颖	李媛媛	田 准	谢慕华	余浩东	余秋桐	李晓宁	鲁 璐
闵志强	涂 俊	张智能	杨丽丽	刘 欢	李梦微	付瑞楠	李金平	任林林

凡小艳	姚圣学	崔 爽	李聪聪	张宇婕	程文丽	尚云云	刘梦楠	汪慧敏
王 玉	叶英花	邵梦生	王 静	豆 献	管海涛	李 浩	孙珊珊	万馨悦
王源美	胡庆雪	赵 赏	朱莹莹	查 梦	陈 芳	李淑静	彭 凡	杨 曼
查秦辉	郭明月	汪园园	吕美婷	项玉玲	胡 蕾	代 璇	宋 瑞	孙艳芳
杨 帆	陈熔熔	陈杨慧	刘雯娟	刘雅晴	杨静静	储永红	任雨瑶	宁 美
朱业莉	杜晓娇	张 蕾	陈 慧	陈瑞婷	柳梦影	汪玉婷	吴亚婷	谢华蝶
郑莹莹	明 瑛	王道昌	彭茜南	刘 超	叶玲丹	王梦圆	王智慧	何 雪
李万里	刘笑咪	孙 梦	金学谦	吴翌婷	许 瑞	周 末	韩雪可	朱盼盼
车 敏	蔡云霞	范 荣	卢美玲	晏长露	范倩倩	魏皖丽	姚甜甜	
杜荣玉婷								

三等奖(192人)

许望之	张 艺	梁晓雨	邵 悦	孙 念	万 桐	王婧琦	沈 媛	苏 娟
汤乔燕	陈敬秀	程 椿	黄 康	刘寿叶	徐巧云	徐娅丽	杨 洁	任亚贤
吴佳贤	殷 悦	李嘉续	韩佳玉	梅钊斌	钱美琴	张金娣	邓 亚	侯思琪
姜效效	蒋雨航	荆南南	宋丹丹	郭 庆	梅彩蝶	王林娟	王 妍	徐家锋
朱钰玲	吕 蕊	陈亚莹	李 婷	郑红艳	王辰铭	王颜颜	秦咪咪	陈晓春
汤 炜	孟庆寒	梅 婷	陈 玲	鲁 升	邓心宇	韩 琪	高海峰	韩 玉
彭晨燕	陈 波	王延焱	张 艳	陈青雲	章致远	代丽亚	刘畅畅	张 婷
赵瞳瞳	戴甜甜	季 语	李殊妹	秦 艳	王偲林	王 娟	周 蔚	黄 敏
刘晓倩	王 雨	张 娜	张沈妮	赵 婷	敖雯雯	储文婷	付佳慧	王梦恬
肖爱文	丁 颖	徐 雯	尹双莲	张丹霞	周 洁	黄浩浩	刘 慧	刘 婕
王 会	郑美玲	储倩雯	董 林	郭庆丰	施淑婉	徐芬芳	朱玉鑫	邓新悦
刁虎林	宋 旸	王甜甜	吴情芬	张 迪	沈琪丽	郑 梅	岳淑珍	从秋叶
张雅文	李 雪	钟成阳	束 敏	王 楠	孙 燕	赵清怡	支 硕	程 皓
赵宏亮	许雅迪	张亚婷	韩 燕	谭小雪	吴 莲	谢雷雷	秦永胜	郭冰洁
韩 露	杨 峥	汪静静	李怡迟	路 通	王方胜	刘 盼	马 蕾	孙 茜
吴安云	钱 萍	焦慧敏	李雨璠	胡文睿	常 晟	刘 俊	林倩倩	宋兰兰
郭秀丽	龙小芳	代 欣	黄亚丹	姚静茹	张大巧	张昊东	张 凯	张荣汀
操淑贤	陈 宏	崔 靖	徐凯旋	许思思	韩 菲	郝丹梦	刘 颖	檀欣敏
吴 清	曹文妍	陈翼霞	马明明	杨心玥	赵志祥	洪洋洋	胡云娜	倪梦男
夏杨冉	闫文静	左 丹	徐萍萍	李 如	陈 慧	程李蜜	汤少琦	孟欣欣
曹亚珍	成 玲	彭 琪	徐 帆	尹月月	赵苗苗	陈晓越	刘 蒙	梅德凤
唐相梅	吴 妍	吴宗丽						

旅游管理学院

一等奖(31人)

刘 琦	朱颖颖	池媛媛	黄天奇	梁子豪	周梦霞	孙月芳	吴 慧	马骁骁	
魏 韩	茆伙梅	洪婷婷	杨佳隽	胡亚婷	李晴晴	杨华利	吴加庆	郑 榕	
江 龙	蔡妮娅	孙雨芹	马星玲	张诗雨	胡晓璐	夏姣姣	王明苗	张 玲	
程 浩	余华丽	胡勤勤	王孝美						

二等奖(60人)

程青青	权 玉	于 芹	曹佳丽	王晓娜	王莹莹	严 敏	江婷婷	严四红	
马雨晴	秦继莹	钟真真	朱苗苗	齐露露	吴晓婧	杨程程	李 芳	汪双燕	
庄义童	江柳春	王 燕	周皖兰	李 郡	茆伙梅	朱珍丽	陈小燕	李荣荣	
郑春玲	陈 林	方鸿宇	徐志金	许 可	黄 静	陶 婷	项飘飘	姚福静	
王 瑶	王子璇	汪宋星	颜晨晨	黄 潇	靳彩云	刘茂莲	祝倩倩	曹 可	
王丽文	李柏文	严 清	杨金文	江 洪	凌 阳	项 燕	张雨洁	马成成	
李会会	陶 金	张娇娇	陈 欣	罗 晶	邱晗笛				

三等奖(86人)

安宁宁	范琳华	刘 焕	吴 波	刘洋洋	鲍彩红	冀康园	万 娜	王之荣	
张雪静	刘龙飞	魏杰杰	徐敏慧	管冬霞	李云露	梁楚楚	鲁卉卉	慈倩倩	
匡子桢	辛前振	周运运	祝胜男	李立健	刘 影	汪之琴	王泽霞	叶志勇	
陈 旭	甘文丽	胡 萍	荣 洁	杨维维	章家镇	何文婷	张 勇	张 瑜	
赵言菊	刘旭伟	王 杰	辛侠敏	陈事贤	冯亚文	李雅楠	刘一凡	杨 云	
周 鹏	陈小平	郝州情	李雅星	童 珍	袁飘飘	张言利	朱 林	朱 政	
代 璇	沈 丽	汤道玉	刘晓梅	娄 敏	潘云飞	王 荣	许慧敏	孟 凯	
王巨芬	张 韩	朱志娜	方 倩	陶机琴	吴博文	徐 云	易林林	陈 燕	
洪金叶	黄家俊	戚贝贝	陶然然	陈 丽	查叶鑫	樊国鹏	卢皖侠	沈 荣	
黄 娟	江微微	裴宏坤	严梅英	周文豪					

体育学院

一等奖(19人)

陶 琴	周明娟	毛立梅	陈慧敏	方素灵	汤雪萍	武梦瑶	骆 飞	杨 桐	
李 凯	谢梦琪	付习习	杨琳琳	陈 安	张 娜	刘洋洋	雷雨婷	闫荣荣	
刘 峰									

二等奖(45 人)

杨 蓝	宋良葵	徐 俊	张 艳	阮康路	宋晓欣	王建国	黄有雄	潘 瑶
阮小飞	陈宇恒	丁雪梅	孙吉豪	吴少康	郭玉凤	彭绍刚	叶孟凡	章燕宏
王雅凌	彭硕军	章文雯	刘佳佳	刘雪琴	王志伟	梅秀萍	储 娟	戴之晓
李 玲	赵 欣	陈 全	刘 勇	周明志	朱海霞	戴雯雯	纪 祥	卫 涛
曹 畅	曹 欣	卢 尧	张 颖	谷文波	谷 雨	李 超	刘兆崧	余承首

三等奖(31 人)

班鹏飞	胡文文	刘 旺	王 雷	周阳阳	陈青云	何 敏	刘 昊	鲁小华
王 雷	王瑞瑞	陈文蔚	许余海	许余杭	许雨豪	杨 杰	聂志强	王 宜
徐帮怀	章 鹏	朱凤英	姜昌琪	孙赛赛	汪泽文	张 帆	赵清源	房继彪
牛祝超	申 坡	王光归	赵洪彪					

外国语学院

一等奖(28 人)

王雨晨	梁小娜	陶亚婷	张榕榕	汪京京	赵生琳	代亚文	田雅婷	董 荣
赵倩倩	蒋 婷	王 慧	檀玲燕	张文佳	汪 蕾	刘倩倩	袁 瑶	赵子维
周 岚	陈敏蕙	薛皖如	沈 宣	黄培怡	王怡昀	赵婉君	徐莎莎	王丹丹
徐江燕								

二等奖(47 人)

王月飞	余 瑶	杨 帆	杨子芃	余甜甜	李其慧	张雨薇	陈叶叶	杨 芬
王 慧	王 勤	高武虹	高 玉	王 慧	程珊珊	吴 畅	俞 莹	刘 唱
乔舒萍	朱 玲	李清华	屈明媛	曹 原	代成晓	刘淑芳	奚圆圆	苏 敏
郭雅茹	金安俊	金云云	葛米雪	汪 凤	梁美景	石 珂	徐宁霞	周慧敏
李 玲	付渡远	孙宇虹	夏雨婷	何玉银	廖 纯	梅 婷	冯晚晴	王冉冉
丁 柳	吕 婵							

三等奖(33 人)

陈婷婷	金 婷	刘文琳	杜 颖	刘春雨	周华玲	郭文慧	黄晚秋	王 莉
信 利	袁 杰	陈文娟	刘 敏	谢辛若	徐天献	丁一凡	解倩倩	牛 玲
单新军	丁 涛	沈新雅	徐 慧	许 雯	疏 慧	燕丹丹	陶文晴	张 颖
张月影	李冰洁	贡梦洁	匡鑫悦	孙 姗	叶梦瑶			

文学传媒与教育科学学院

一等奖(41人)

王　慧	占小娇	胡蘭兰	马龙涛	程月月	胡　璠	熊莲琦	黄丽文	马　燕
姜方琴	汤凤霞	崔　悦	李品秋	沈鸿恩	陶娴静	桂镁倩	肖亚兰	马青洋
张冬梅	田　爱	张慧慧	唐　成	张祖琴	李特特	宋省成	方学艺	李慧慧
马紫嫣	王玲玲	江小宜	丁萱萱	吴倩倩	徐　晋	刘　萌	敖晓娇	陈飞燕
项荣荣	王子静	陈美晨	魏金钊	郭文倩				

二等奖(75人)

李新月	张兴亚	郑　叶	房　萍	闻若晨	张佳丽	赵丽娟	房燕茹	吴成军
严　畅	翟　玲	胡媛媛	李　男	王晓倩	鲁李琴	王　敏	张婷婷	李　珍
马慧慧	王雅婷	倪士妍	宋明艳	谢赛赛	程佳宇	徐超洲	冯楠楠	孟庆华
王梦蝶	郭方圆	吴娱婉	张慧敏	袁　丽	罗　瑶	贺偏偏	蒋纯芳	林婷舒
马学佳	王　阳	张金梅	吴云霞	张　望	庄冬梅	张　静	朱怡萍	张　慧
郑　慢	李婷婷	刘先娇	张　奇	吴大莹	尹晓甜	张珍珍	杨彩萍	杨　敏
刘　倩	张清怡	房　芳	金　慧	孙　昕	贾云云	李家环	王远飞	余春艳
陈　锐	李曼玉	徐媛媛	汪　乐	汪　洋	吴圆圆	宫　飞	王秀琴	王　瑜
丁　梅	纪华芹	马小玲						

三等奖(58人)

何文佳	胡圣环	石　静	袁雪晴	张俊俊	朱　迪	李映雪	高苗苗	胡凤云
吴红玉	赵苏红	毕　然	王　娜	王兆乾	郑晓丽	朱品慧	陈　颖	李　朋
马叶雯	许春美	郑萌萌	操　春	代蓉蓉	张　玉	赵　纯	嵇　健	施京京
孙文浩	牛　芳	冉龙祥	王莹莹	赵　芳	罗冬露	邵俊南	汪桂鸿	朱　蕊
李　慧	李晓节	苏　倩	徐一敏	储　钰	何　浩	何艺璇	谢　诺	郝祥云
梁金云	田青青	曹雪生	李　雅	朱　旺	李光菁	李梦杨	宋秋雨	周小芳
田　运	胡于茜	黄爱萍	汪　京					

信息工程学院

一等奖(61人)

方　敏	李京京	王巍然	蒋尚玲	雷家顺	叶　丽	胡楚涵	李显军	刘　院
万永琪	周　莹	刘祥意	骆　克	户孝侠	王霖晖	曹志高	刘园园	张雨晴
周　倩	董晶晶	李　悦	沈　婷	范继超	韩守振	韩浩宇	牛菀钰	窦泽平
许高丽	余　玲	韩伟杰	姚泽瑞	潘明升	吴　珊	徐　娟	杨　慧	胡永康

宁雨晴　胡　琪　刘朋朋　程　天　李梦婷　王艳芳　胡继圆　汪尹丹　徐鑫鑫
刘浅汐　杨　嫒　耿晴雨　马晓慧　许佳乐　夏生荣　卢　丹　陈健斌　杨　蕾
程　雪　张　影　郭梦真　戴检华　程　雨　韩　梦　张　婧

二等奖(124人)

孙玉玺　王　莉　张　平　赵　迪　洪梦琦　汪莉娜　余静璇　曾美娟　刘　芳
刘琴琴　杨　杨　竹之林　单云云　董唐强　宋仁杰　袭若冉　李　兰　孙　高
赵玲凤　周　洁　高仕锦　胡亚东　李萌萌　宋相楠　高倩倩　汪　杰　吴学兰
陈　静　许　妍　张　鑫　陈康凯　潘琴玉　汤梦晨　张文慧　宋瑞娟　汪　琪
夏　妮　谢美传　申明柯　周　斌　王伟娟　张世丹　李飞丽　刘文娟　王雯阳
邢俊芳　潘　娜　王家飞　王婷婷　姚　丽　张姗姗　李振国　吕　逢　齐振丽
孙　静　陶　亮　陈　昊　陈小妮　刘　行　孙宁飞　孙中明　侯新灵　胡　升
雷智磊　李兵兵　朱馨亚　蒋岚岚　王　丽　吴伟宝　赵瑞霞　郑倩倩　陈　冬
黄星鑫　沈孟娟　张　莹　赵大琼　陈圆圆　宛　齐　万天龙　张雪芹　胡文静
程　鹏　刘　松　赵豆豆　罗鑫惠　陶佳佳　吴建平　孟雪茹　吴海霞　肖　敏
程　慧　王传飞　李海荣　张澳生　赵艳艳　郭继春　钟振菊　侯　磊　刘　欢
陆朝军　程华跃　金淑云　刘瑞瑞　钱光辉　宋忠厚　柏岚清　高健超　马晓芳
赵　安　周　思　滕雯瑄　汪　明　邢　芳　姚芳格　陈　静　陈子洋　厉　雨
刘如静　李　娇　彭　璟　朱秀娟　蔡　欢　李飞飞　任成露

三等奖(178人)

查　瑶　桂婷婷　强　蓉　宋寸寸　王　丽　白丽利　刘　锐　桑庆婷　宋江环
张冬青　陈　雪　孙玲玲　王　芬　王　锋　谢晓雯　崔洋洋　葛　旭　田　泉
姚　鹏　张娟莉　陈　敏　董维喜　任雨晴　王思远　朱正杰　程志伟　郭倩文
楼鑫杰　田　礼　杨双星　张振兴　姜　奇　连腾飞　苏旭亮　徐夏燕　杨红伟
曾召侠　兰生军　石莹莹　吴世青　余继奎　翟帅帅　高晓旭　韩　丽　李文进
王杨琴　张超翔　赵　亚　胡　月　钱　程　吴敏红　袁成智　张梦颖　胡　倩
李孟婷　施梦婷　水恒蕾　夏　露　周九丹　丁雅琦　侯陈凤　胡　昕　梁　超
张从瑶　周婵婵　徐　敏　陈　禹　李　男　钱　林　沈正超　唐亭亭　徐国庆
万　蕾　程　鑫　褚安凤　宫彬彬　何　凯　李丽雪　何　菲　谢尚友　张含熠
黄成建　刘敬媛　齐妹丽　赵德伟　梁洋洋　卞　康　曹理想　王胜良　杨　乐
左劲松　邓雨梦　梁盈盈　马　俊　苏　婉　陶　阳　王　晴　杨奇玉　陈　辉
褚大磊　段云凤　林　婷　吕秀兰　熊延龙　叶　萌　段伟东　康琦霞　孔大波
刘　溜　叶　亮　钟　婷　李　鑫　高　燕　杨　鹏　梁金卡　吕明运　王　涛
赵新会　周钰漩　胡艳秋　吕　盼　武　静　钟妹玲　陈志欢　彭静雅　徐慧子
许佩佩　周　子　鲍瑶洁　李凤娇　李天昊　刘媛媛　孙明英　徐浩浩　赵梦雅
桂　云　徐　玉　樊东乐　高凯利　任　静　汪永渊　周　勇　韩范山　陆文芳

罗雨晨 钱加权 王　庆 张京华 张菁瑶 李伟哲 高彩霞 李鑫杰 孙守信
汪　辉 王　婵 叶宇翔 范云娟 黄　健 施尧东 苏　妍 王　凯 杨梦娴
崔　梅 董　雪 洪　梅 吴　杰 许星苹 周　珊 洪　可 倪星鑫 彭德贤
王燕平 张美珍 杨　雪 牛　朵 潘海娇 潘　兰 王　洋

艺术学院

一等奖(39人)

张笑莹 孙　珊 马文清 陈宇凡 张宁璐 庄建邺 王　懿 陈庆庆 赵　珊
张　波 戴海榕 范馨元 吴晓芳 李缘港 黄燃燃 黄甜甜 刘　婕 王雅楠
王楚君 沈文婉 牛　涛 王济廷 李　婷 代　唯 林　帅 郑婷婷 张文玲
孙晶晶 余　雪 胡培育 罗海燕 庄新宇 白锦涛 田书勤 卢　钰 张　强
汪金金 王成辰 梁凌瑞玥

二等奖(72人)

郭闻韵 凌云凤 冯正萍 江梦华 吉雅丽 王　莹 代　数 姬金金 方宇程
刘　蓉 张晓彤 郭兴蕾 叶永洁 高智化 韦　璐 童　曼 魏玲玲 宁雅雯
郭亚兵 邵传宇 陶　冉 杨先秀 柯俊兰 周梦菲 李倩倩 李瑞好 高　占
赵　亮 李梓瑞 陶腊梅 王赛赛 项　静 胡　婷 李　想 周　洁 何　玉
杨雪艳 张　敏 吴悦池 谢永萍 包　涵 魏　婷 司　味 朱万梅 李晴霞
周　欢 李辛雪 王　敏 叶倪萍 黄泓波 张保衡 孙　杰 张　咪 张永达
贾馥萌 亓景兰 孙嘉蔚 崇雅琴 葛　芸 杨娇娇 张　宇 顾玲玲 刘赛男
万　鹏 王　坤 杨　晨 赵任婕 殷正媛 李俊玉 沈晓菊 施　虹 许纯琪

三等奖(72人)

蒋鹏飞 孙　俭 张　博 赵子旋 刘　倩 宋雯婕 孙　敏 宋然然 周　严
蔡　敏 余虹丽 张慧慧 张苗苗 胡雪凡 周传玉 李桑若 张　洁 张　燕
林　露 陆丹旭 彭　刚 高卫星 王紫艳 凤璐璐 申盈盈 吴新峰 赵　颖
戴　妍 梁欢连 原　媛 赵培培 候登山 乔　青 武　婕 吴丽娟 杨　颖
韩　雪 华媛媛 谢思婷 韩　然 倪　鹏 谢艳秋 曾　晨 郭　娟 李红霞
袁淑珺 李婷婷 苗　军 赵梓寓 安　琪 蔡海霞 贾丽娟 刘成琳 严　鹏
安子涵 段昕雨 曲星宇 赵怡莉 周　莉 顿慧娟 胡雅玲 吴中奇 柳德军
王忠梅 杨　倩 王亭亭 王唯雅 许　玲 邹文华 刘雅倩 汪玉婷
高月鹏程

应用数学学院

一等奖(30人)

闫海芹 马 燕 张知非 申 娜 李云翔 王晓莹 安佳俊 王亚娟 储亚青
杨 洁 陶 玉 王 皖 张卓娅 程鹏翔 黎 雷 俞雅莹 代胜男 刘小香
王海龙 刘丹秀 夏 梦 孙瑞瑞 孙本顺 汤一凡 谢振晨 高圣杰 江柯禹
陈 波 侯广宇 欧阳紫薇

二等奖(57人)

王婷婷 田佳佳 王艳芳 陈婷婷 刘 燕 袁 蝶 李晓颖 陆阿慧 马 荣
汪振兴 丁 清 丁一宸 杨菊蕊 姚群英 方雪琼 陶丹丹 汪金玲 朱珉琨
杜白雪 华 巧 吴满满 王 涛 汪 祎 程森林 邓亚楠 范 琳 郭刘生
徐鲜丽 范堃翔 陈淑婷 李 想 申子笑 叶 瑾 朱晓妹 李 娟 周星语
刘梦雪 王雨雪 朱斯婷 孔岗全 李海岗 沈 帅 王紫仪 邹利芳 崔 浩
程飞虎 丁志健 梁浩涵 吴秀婷 程雅歆 施思静 王 情 王 艳 王国宁
王海丽 徐 靖 叶新萌

三等奖(74人)

陈 露 谷 悦 李 晴 刘 素 钱梦婕 汪 越 张若愚 刘 贺 刘 杰
汤 沁 张 潘 赵慧慧 高 峰 张亚杰 杜雪玉 李铭铭 项 琼 许晓婷
俞高娃 陈兰娥 洪 艳 王明月 郁秀秀 石 云 李 薇 胡静怡 兰舒婷
秦 妍 沈秀香 汪雪仪 许晓晓 张 静 刘 昕 周子豪 凌 云 王乐进
王 珊 徐璐洁 许晓柳 章宁涛 郝思甲 唐梦雨 杨皖云 张晨晨 陈 昕
刘 婷 魏阳阳 杨泽永 周 韵 朱晓瑞 陈功盛 刁慧勤 方翠曼 郭亚寅
胡珍颜 赵虎辰 宋文强 李美娟 戴 芹 戴 云 管露露 洪子欣 孙福亮
朱红明 刘方林 卢玉洁 于同同 张志伟 章 程 程 鉴 胡 涛 黄全胜
李良财 朱琳钰

十五、质量年度报告